가정사역론

가정사역론

지은이 | 설은주
펴낸이 | 원성삼
펴낸곳 | 예영커뮤니케이션
초판 1쇄 발행 | 1997년 4월 10일
개정판 5쇄 발행 | 2018년 4월 3일
등록일 | 1992년 3월 1일 제2-1349호
주소 | 04018 서울시 마포구 동교로 55 2층(망원동, 남양빌딩)
전화 | (02)766-8931
팩스 | (02)766-8934
홈페이지 | www.jeyoung.com
ISBN 978-89-8350-576-7 (03230)

본 저작물은 저작권법에 의하여 한국 내에서 보호를 받는 저작물이므로
무단 전재와 무단 복제를 금합니다.

값 20,000원

 모든 인간은 하나님의 형상을 닮은 존귀한 존재입니다. 사람은 인종, 민족, 피부색, 문화, 언어에 관계없이 모두 다 존귀합니다. 예영커뮤니케이션은 이러한 정신에 근거해 모든 인간이 존귀한 삶을 사는 데 필요한 지식과 문화를 예수 그리스도의 사랑으로 보급함으로써 우리가 속한 사회에 기여하고자 합니다.

가정사역론

설은주 지음

예영커뮤니케이션

하나님 가정의 아름다운 비밀과
가정공동체 사역의 중요성을
일깨워주신 예수원의 고(故) 토레이 신부님, 제인 사모님,
믿음과 사랑의 그리스도인 가정의 모델을 보여주신
부모님 – 설진훈 장로과 김용원 권사님,
샬롬 가정교육문화원 동역자들께
이 책을 드립니다.

머 리 말

　오늘날 도처에 가정이 무너져가는 암담한 현실을 지켜보면서 마음 속 깊이 아픔을 느꼈던 적이 한두 번이 아니다. 세상의 가장 큰 재앙이 가정파괴라고 하지 않았던가. 강대국인 로마가 멸망한 가장 큰 원인이 가정의 타락과 가정파괴에서 비롯되었다는 사실을 모르는 사람은 거의 없을 것이다. 세상의 어떤 기관도 가정을 대신할 기관은 없다. 성스럽고 화목한 가정이 없는 척박한 땅에서 훌륭한 인간과 교육, 종교와 도덕, 건강한 사회는 만들어질 수 없다. 참된 가정이 없는 사회는 병든 불구의 몸과 같다. "역기능의 가정은 역기능적 사회와 역기능적 교회를 만들어낸다"는 말은 사실이다.

　오늘날 우리는 가정파괴라는 엄청난 위기에 직면해 있다. 이 어두운 현실 속에서 우리는 결혼과 가정에 대한 하나님의 놀라운 계획과 메시지를 선포해야만 한다. 가정의 가치와 본질을 회복시키는 작업을 해야 하며, 하나님께서 제정하신 가정의 놀라운 경륜과 신비와 성경적 원리들을 깨우쳐주어야 한다. 우리가 가정을 등한시하고 외면해버린다면 희망을 상실해버린 우리의 앞날은 심히 어둡기만 할 것이다. 가정의 위기시대를 살고 있는 우리에게 가장 필요한 것은 건전한 기독교 가정의 회복과 건설이다.

　본인은 십 년 전부터 "가정을 보호하고 양육하는 사역"에로 거부할 수 없는 주님의 부르심을 받았다. 그동안 가정사역을 감당해오면서 무너진 가정을 회복하며, 하나님의 가정을 건설하는 일과, 가정을 새롭게 변화시키는 사역이 얼마나 중요한지 가슴 속 깊이 헌신을 다짐할 때가 한두 번이 아니었다. 어찌 이 사역이 본인만의 사역이겠는가? 가정의 가치와 본질과 사명과 은혜에 대한 신념을 회복하며 가정을 강화시키는 가정공동체 사역은 우리 모두의 필수적인 사역이 아닌가? 그러나 가정사역이 이토록 중요함에도 불구하고 오늘 한국교회 안에는 가정사역을 위한 구체적인 목회전략과 방법, 이론들이 분명하게 제시되지 못하고 있다. 그래서 본인은 안타까운 현실 속에서 부담과 기도로 본 저서를 펴내게 되었다. 덜익은 글이지만 한국교회의 가정사역을 위한 작은 희망의 샘물이 되었으면 좋겠다. 앞으로 더욱더 좋은 책을 펴낼 것을 약속드리면서 이 책이 나오기까지 함께 동역자가 되어주신 고마운 분들을 잊을 수가 없다. 이분들은 이 책을 나오게 한 장본인들이다.

먼저 교회 코이노니아 사역과 가정공동체의 중요성을 알게 해주시고 귀한 영감을 주신 예수원의 토레이 신부님과 제인 사모님께 감사를 드린다. 그리고 늘 기도와 관심으로 격려해주신 한혜빈 교수님과 조갑진 목사님, 안혜성 선생님, 그리고 코이노니아 사역에 함께 동역자된 이윤식, 정태일, 김경수 목사님과 권요셉 형제님께 가슴 속 깊이 우러나오는 감사를 드리고 싶다. 이분들은 내 삶의 깊이와 넓이를 더해주신 분들이다. 그리고 오랫동안 '예수가정 코이노니아 모임'을 통해 가정사역의 비전과 우정을 나눠왔던 여러분들께 감사드리고 싶다. 또한 그리스도인 가정의 진정한 모델을 통해 신앙과 사랑의 의미를 일깨워주신 사랑하는 나의 부모님께 감사를 드리고 싶다. 그리고 대학시절부터 지금까지 변함없이 격려와 사랑을 보여주신 귀한 은사 - 배가례 교수님과 이강천 목사님께도 깊은 감사의 마음을 드리고 싶다. 끝으로 이 책의 출판을 맡아주신 김승태 집사님과 조규남 목사님, 그리고 서울신대 생활관 여학생 모두에게 감사드리며, 가정사역의 불길이 번져 이 땅의 가정들이 하나님께서 계획하신 대로 생명과 빛과 기쁨이 충만한 삶을 누리기를 기도하며 주님께 이 책을 드린다.

1996. 가을
설 은 주

차 례

헌사 ··· 5
머리말 ··· 6
서론 ··· 8

제1장 결혼과 가정의 신학적 기초

Ⅰ. 구약 성서의 가정관 ·· 25
1. 결혼에 대한 구약 성서의 태도 ······················· 25
2. 남자와 여자의 차이 ······································· 27
3. 결혼에서의 떠남과 연합의 의미 ····················· 28
4. 일부 일처제 ··· 28

Ⅱ. 신약 성서에서의 가정관 ································· 31
1. 예수 그리스도의 결혼과 가정에 관한 교훈 ····· 31
2. 사도바울의 결혼과 가정에 관한 교훈 ············· 33

Ⅲ. 기독교 가정관 ·· 40
1. 성서적 결혼의 기준 ······································· 40
2. 결혼의 한 몸 되는 원리 ································ 41

3. 기독교 윤리적 입장에서 본 결혼관 …………………………… 44
4. 기독교 가정의 본질 ……………………………………………… 45
5. 기독교 가정의 목적 ……………………………………………… 47

제2장 기독교 가정교육론

Ⅰ. 기독교 가정교육과 가정 공동체 ……………………………… 53
1. 가정의 교육적 의의 ……………………………………………… 53
2. 가정의 교육적 기능 ……………………………………………… 54
3. 가정교육의 문제점 ……………………………………………… 55
4. 가정교육의 방법 ………………………………………………… 57
5. 가정교육을 위한 성경적 원리 ………………………………… 65

Ⅱ. 기독교 가정교육의 역사 ……………………………………… 70
1. 이스라엘(히브리)가정교육관 ………………………………… 70
2. 종교 개혁자들의 가정교육관 ………………………………… 79
3. 근대(코메니우스) 가정교육관 ………………………………… 82
4. 호레이스 부쉬넬의 가정교육관 ……………………………… 83
5. 현대 기독교교육학자들의 가정교육관 ……………………… 89

Ⅲ. 가정의 교육 신학적 의미 ··· 91
 1. 창조와 은총의 장(場)으로써의 가정 ······································· 91
 2. 교육 공동체로서의 가정 ··· 94

제3장 가족의 사회학적 기초

Ⅰ. 가족의 사회학적 이해 ··· 99
 1. 가족의 정의 ··· 99
 2. 가족의 기능 ··· 102
 3. 가족의 본질 ··· 107
 4. 가족의 집단적 특징 ·· 109
 5. 가족의 생활주기 ··· 110
 6. 가족의 발달과업 ··· 113

Ⅱ. 현대가족의 특성 ·· 122
 1. 현대사회의 특성 ··· 122
 2. 현대가족의 특성 ··· 123
 3. 현대가족의 역기능적 요소 ··· 124
 4. 현대 한국가족의 변화 ··· 126

제4장 현대가족의 문제와 내용

Ⅰ. 현대가족의 제반문제론 ··· 137
 1. 가족문제의 개념정의 ··· 137
 2. 가족문제의 접근 ··· 138
 3. 역기능적 의사소통과 가족 문제 ··· 139
 4. 한국가족의 의사소통 유형 ··· 141
 5. 가족문제의 영향 ··· 144
 6. 가족문제의 제기 ··· 147

7. 문제가정의 특성 148
8. 문제가정의 발생과정 153

Ⅱ. 현대가족 문제의 실제적 접근 156
1. 역기능 가정의 문제 156
2. 역기능 가정의 정의 160
3. 가정 역기능의 표현 163
4. 역기능 가정의 성인아이(adult child)의 개념과 특징 170

Ⅲ. 가족문제의 내용 173
1. 가족폭력의 문제 173
2. 이혼문제 182
3. 가정과 청소년 문제 188

제5장 가족 관계와 가족생활교육

Ⅰ. 가족생활교육 205
1. 가족생활교육의 정의와 목적 205
2. 가족생활교육의 전망 205

Ⅱ. 결혼과 가족생활교육 211
1. 결혼의 기초 211
2. 결혼에 대한 신학적 이해 215
3. 결혼생활 풍성하게 만들기 교육 220
4. 결혼생활의 유형 225
5. 건강한 결혼생활의 특징 233
6. 행복한 부부의 조건 236

Ⅲ. 부부생활의 적응과 상호 관계성 ················ 240
1. 결혼생활의 적응개념과 관점 ················ 240
2. 결혼생활 적응을 위한 제안 ················ 243
3. 결혼생활 적응유형 ················ 244
4. 부부관계의 갈등과 공허한 가족(empty shell family) ················ 247
5. 부부갈등의 근원과 요인 ················ 249
6. 부부갈등의 해결 ················ 252
7. 부부역할의 변화 ················ 253
8. 부부역할의 내용 ················ 255

Ⅳ. 가족관계와 가족 커뮤니케이션 ················ 258
1. 가족원의 적응력(family adaptation) ················ 258
2. 가족원의 응집력(family cohesion) ················ 261
3. 가족간의 의사소통 형태 ················ 263
4. 가족 의사소통의 장애요인 ················ 266
5. 가족원의 의사소통 촉진방안 ················ 271

Ⅴ. 고부관계와 가족생활교육 ················ 279
1. 고부갈등의 변화 ················ 279
2. 고부갈등의 원인 ················ 283
3. 고부간의 적응 ················ 285

제6장 교회와 가정사역론(Family Ministry)

Ⅰ. 가정사역의 이론적 기초 ················ 293
1. 교회와 가정의 상호 관계성 ················ 293
2. 가정사역의 본질과 정의 ················ 297
3. 가정사역의 목표 ················ 299
4. 가정사역의 원리 ················ 301

5. 가정사역의 과제 ·· 303
6. 가정사역의 영역 ·· 306
7. 가정사역의 계획 수립 관계 ································ 307
8. 가정사역의 프로그램의 모델과 연중계획 ············ 309

Ⅱ. 가족생활주기에 따른 교회의 가족교육 ················ 315
1. 교회의 가족교육의 방향과 단계 ························ 315
2. 신혼기의 가족생활교육 ···································· 318
3. 임신기·영아자녀기의 가족생활교육 ·················· 319
4. 유아 자녀기의 가족생활교육 ···························· 321
5. 학동 자녀기의 가족생활교육 ···························· 323
6. 청소년 자녀기의 가족생활교육 ························ 324
7. 출가기 자녀의 가족생활교육 ···························· 325
8. 가정 축소기의 가족생활교육 ···························· 326
9. 은퇴와 배우자 사망기의 가족생활교육 ············ 327

Ⅲ. 가정공동체 회복과 성숙을 위한 교육 목회적 과제 ······ 329

제7장 가족 상담론(Family Counseling)

Ⅰ. 기독교 가정을 위한 가족상담 ···························· 335
1. 가족상담의 필요성 ·· 335
2. 가족상담의 목적 ·· 338
3. 가족상담의 기초원리 ······································ 339
4. 가족상담의 접근 모델 ···································· 342
5. 가족상담의 과정 ·· 344
6. 가족상담자의 수칙 ·· 347
7. 가족상담의 내용 ·· 348

Ⅱ. 부부 위기상담 ······ 360
1. 부부 위기상담의 중요성 ······ 360
2. 부부 위기상담의 목표 ······ 360
3. 부부 위기상담의 방법 ······ 363
4. 부부 위기상담의 과정 ······ 364
5. 부부 위기상담의 내용 ······ 366

Ⅲ. 혼전상담 ······ 373
1. 혼전상담의 중요성 ······ 373
2. 혼전상담 및 결혼 준비교육을 위한 이유 ······ 374
3. 혼전상담의 목적 ······ 375
4. 혼전상담의 구성 ······ 377
5. 혼전상담을 위한 준비교육 ······ 379
6. 혼전상담의 한 모델 ······ 382

제8장 부모교육론

Ⅰ. 부모교육의 본질과 이론적 기초 ······ 387
1. 부모교육의 정의 ······ 387
2. 부모교육의 필요성 ······ 388
3. 부모교육의 목적과 활동 ······ 389
4. 부모교육의 기본원리 ······ 391
5. 부모교육의 방법 ······ 392

Ⅱ. 부모역할의 특성과 내용 ······ 398
1. 부모역할의 특징 ······ 398
2. 자녀양육에 대한 부모의 태도 ······ 404
3. 어머니의 역할 ······ 404
4. 아버지의 역할 ······ 407

5. 부모역할의 내용 ·· 409

Ⅲ. 가정과 기독교 부모교육 ··· 422
1. 기독교인 부모의 개념과 자녀양육 원리 ··················· 422
2. 기독교 부모교육의 중요성 ·· 426
3. 기독교 부모교육의 모델 ··· 427
4. 교회에서의 부모교육 프로그램의 실례 ···················· 433

제9장 가정양육의 실제와 적용

Ⅰ. 부부목회와 가정생활 교육 ··· 439
1. 부부교육의 교육적 기초 ··· 439
2. 부부교육 프로그램의 계획과 작성단계 ···················· 442
3. 부부교육을 위한 건전한 가정의 모델 설정 ············· 444
4. 부부교육 프로그램을 위한 모델 ······························· 446

Ⅱ. 노인을 위한 사역 ··· 453
1. 현대사회와 노인문제 ··· 453
2. 노인의 개념 ··· 455
3. 노인의 사회 심리적 특성 ·· 457
4. 노인의 성격 특성 ·· 460
5. 노인의 발달과업 ·· 463
6. 노년기의 적응 ·· 465
7. 노인의 성격 적응 패턴 ·· 470
8. 노인의 학습욕구와 노인교육의 원리 ························ 474
9. 교회에서의 노인목회의 실제 ····································· 477

Ⅲ. 청소년을 위한 사역 ·· 486
1. 청소년의 이해 ·· 486

2. 청소년의 특징 ·· 490
3. 청소년의 유형 ·· 496
4. 교회에서의 청소년 목회의 방향 ···························· 499

Ⅳ. 가정의 영적성장을 위한 교육 ································ 507
1. 영성의 의미와 중요성 ·· 507
2. 가족의 영성훈련을 위한 가정예배 ························ 510
3. 가족 안에서의 신앙의 나눔을 위한 모델 ················ 520
4. 가정 안에서의 신앙교육의 방법 ··························· 521

Ⅴ. 행복한 가족을 위한 교육 ······································ 524
1. 건강하고 행복한 가정의 특징 ······························ 524
2. 행복한 가정 만들기 교육 ··································· 530
3. 행복한 부부 만들기 교육 ··································· 535
4. 가족대화의 기술교육 ··· 537

제10장 가족 공동체 회복을 위한 사역의 실제

Ⅰ. 가족 캠프 사역(Family Camp Ministry) ················ 545
1. 가족캠프의 중요성 ·· 545
2. 가족캠프의 목표 ··· 546
3. 가족캠프의 계획과 준비 ····································· 547
4. 가족캠프 프로그램의 작성 요령 ··························· 548
5. 가족캠프 프로그램의 실제 ·································· 549
6. 가족캠프의 형태 ··· 551

Ⅱ. 상호세대간 교육(상호세대-Intergenerational Christian Education)
·· 553
1. 상호세대간 교육의 정의와 필요성 ························ 553

2. 상호세대간 교육의 형태 ·· 554
3. 상호세대간 교육의 모델 ·· 556

Ⅲ. 가족송이집단교육(Family Cluster Education) ················ 564
1. 가족송이집단운동의 배경 ··· 564
2. 가족송이집단교육의 이론적 기초 ································· 565
3. 가족송이집단교육의 기본 목표와 형태 ······················· 567
4. 가족송이집단교육의 가치 ··· 570
5. 가족송이집단교육 프로그램의 실례 ···························· 571
6. 가족송이집단교육 교과과정의 요소와 기술들 ··········· 580

제11장 결론

■ 결론 ··· 583
■ 참고 문헌 ··· 588

서 론

　가정은 하나님의 창조질서에 있어서 가장 기본적인 단위이며 인간형성이 이루어지는 최초의 중요한 교육의 장이다. 인간은 누구나 가정이라는 장소를 통해서 삶의 과정에 필요한 기초적인 행동양식을 배우고 인격을 형성해간다. 특히 기독교 가정은 가장 기본적인 인격공동체로서 하나님의 뜻과 하나님의 목적에 부합하도록 생활하는 곳이고, 그리스도인의 삶을 안내하고 지도하는 기관이며, 그리스도인이 생활하는 학교이고 자녀들의 훈련장소이다.[1] 가정은 하나님이 인간에게 준 가장 기본적인 인격공동체이며, 교육과 사랑, 신앙과 봉사의 공동체이다. 다시 말해서 가정은 하나님이 그의 백성을 가르치시는(divine pedagogy) 공동체 학교(school of community)이며, 본질적으로 종교적인 교육의 단위(religiously educative unit)이다.[2] 또한 가정은 인간을 위한 기능만이 아니라 삶, 만남, 변화의 사건이 경험되는 신비적 공동체이며 양육의 공동체(nurturing community)이며, 기독교적 신앙인격의 형성에 있어서 가장 중요한 장이다. 세상의 어떤 기관도 가정을 대신할 기관은 없다. 가정이야말로 교육과 선교의 산 현장이다. 그리스도인 가정처럼 강

---

　1) Oscar E. Feucht, "The Christian Family in Today's World", *Adult Education in the Church*, Roy zuck & Gene A. Getz(ed) (Chicago : Moody press, 1970), p.238.
　2) Kieran Scott, "The Family, Feminism & Religious Education" (Religious Education, 1980), May / June, p. 329.

력한 복음전파의 도구가 없다. 그렇기 때문에 교회의 존립을 위해서도 가정은 올바로 양육되어야 하고 본질적인 기능과 위치를 회복해야만 한다.

그러나 가정이 이토록 중요함에도 불구하고 오늘의 가정들은 가정의 존립을 위협하는 사회적, 영적, 경제적, 정치적, 문화적 영향에 의해 커다란 어려움을 겪고 있으며 가정부재, 가정해체, 가정의 고립화, 가정파괴의 위기상황으로 치닫고 있다. 계속적으로 증가하는 이혼율과 가정불화, 가정교육의 부재, 결손가정(broken family)의 증가, 아동학대와 부부폭력의 증가, 청소년의 비행과 가정범죄, 노인문제, 성적타락과 낙태율의 증가, 세대적 갈등과 가족병리적 현상, 가족 간의 인격적 만남(encounter)이 없는 공허하고 텅빈(empty void)의 가정들, 도덕성의 타락과 가족가치의 쇠퇴와 가정기능의 상실, 첨예화된 가족 이기주의와 가정공동체의 상실과 비인간화… 등등의 모습은 오늘날 현대 가정들이 엄청난 혼란과 위기에 직면해 있다는 것을 실감있게 보여주고 있는 것이다. 월터 뮬더가 말하는 "가정부재의 신화"(cult of homelessness)의 비극적 경험이 서서히 우리의 경험이 되어가고 있음을 부인할 수 없다. 그런데도 마가렛 샤윈(Magaret M. Sawin)의 고백처럼 "가정은 인류 속에 가장 오랫동안 자리를 같이해오면서도 인간에 의하여 망각되어온 그룹(forgotten group)"[3]이 되었다. 우리는 가정의 위기들을 제대로 인식하지 못하며 이를 해결하기 위해 민첩하게 반응하지 못하고 있는 실정이다.

이러한 가정부재의 현실을 보면서 우리는 가정의 미래와 그 구원의 길을 모색하기 위한 작업을 서둘러야만 한다. 그렇지 않으면 우리는 엄청난 혼란에 빠지게 된다. 그동안 한국교회는 가정을 등한시해왔다. 이제 한국교회는 화려한 외양과 성장한 숫자를 성공의 표준으로 삼는 사고로부터

---

3) Magaret M. Sawin, *Family Enrichment with Family Clusters* (Vally Forge : Judson press, 1980), p.13.

탈피하여 깊은 영성과 함께 교회와 가정의 회복작업을 서둘러야 한다.
　이것은 한국교회를 향하신 하나님의 시대적 요청이며 명령이라고 볼 수 있다. 가정을 외면한 채, 건강한 교회는 세워지지 않는다. 한국교회의 많은 병리적 현상 중의 하나는 교회와 가정 사이의 심각한 단절현상이다. 진정한 교회성숙은 교회 구성원들의 가정이 참된 그리스도인 가정이 될 때 이루어진다. 교회와 가정은 서로 분리할 수 없는 역동적인 상호관계성을 가지고 있다. 그렇기 때문에 교회의 관심은 가정생활에 중점적으로 모아져야 한다.
　교회는 가정으로 하여금 기독교 가정의 본래의 의미와 기능을 회복하게 해주어야 하며, 가정의 발전형태, 가정의 생활양식, 각양 상황이 요구하는 특별한 필요를 알고 이해해야만 한다.
　가정의 가정화, 가정의 현장화를 위한 가정 그 자체를 변화시키는 교육을 실시해야 한다. 이것을 위한 교회의 목회적이고 교육적인 사역이 가정사역(family ministry)이다. 가정사역은 가정을 돕기 위한 모든 창조적인 노력이 집대성된 것이다. 그러므로 가정사역은 가정을 보는 교회의 신학적, 목회적, 교육적 배려에서 시작되는 것이다. 가정사역은 단순히 교회의 프로그램이 아니라 교회의 본질과 깊이 관련되어 있으며, 교회 조직 속의 하나의 부속물이 아니라 교회의 선교, 예배, 교육, 증거의 사역처럼 필수적이고 중요한 사역이라고 볼 수 있다.
　가정사역은 가정에서 하나님의 창조질서를 회복하여 가정이 선교를 위한 하나님의 도구가 될 수 있도록 예방하고 치유하는 사역이며, 가정의 참 의미를 회복하기 위한 교회의 총체적 사역이다. 여기서 강조하는 것은 하나님이 창조하신 가정의 의미를 회복하는 것인데 그것은 가정의 신성성, 본질성, 사명을 회복하는 일이다. 가정사역은 단지 몇몇 교회에서 실시하고 있는 단순한 프로그램이나 몇몇 강사에 의한 강의가 아니라, 총체적이고 지속적인 교회의 사역이다. 그러므로 가정사역은 가정에 관한 성서적이며 신학적인 이해, 사회학적, 기독교교육적 접근, 선교교육적, 윤리학적 접근, 목회적이며 상담학적 접근이 시도되어야 한다.
　위와 같은 전제를 가지고 본 저서에서 필자는 다음과 같은 내용을 전개하고자 한다. 제1장에서는 가정의 성서신학적 접근을 통해 성서가 제시하고 있는 결혼과 가정에 대한 본질과 원리들을 고찰해보았다. 제2장에서는 기독교 가정교육론을 연구하였는데, 이 부분에서는 가정의 교육적 기능과 방법, 의의 등 제반적인 가정교육 이론과 가정에 대한 교육신학적 접근과 아울러 기독교 가정교육의 역사를 통해 가정교육의 흐름을 밝혔다. 제3장에서는 가족에 관한 사회학적 접근을 시도했는데, 가족의 본질을 개괄해보고 가족에 대한 사회학적 이해와 현대가족의 특성과 변화를 중점적으로 연구하였다. 제4장에서는 현대가정이 지니고 있는 제반문제와 특성들을 기술했는데 특히 역기능적 가정의 문제와 가정폭력과 이혼, 청소년 문제를 자세히 다루었다. 제5장에서는 가족관계와 가족생활교육을 다루었는데, 여기에서는 예방을 위한 가족생활교육과 결혼교육, 부부생활의 적응과 상호관계성 및 가족 커뮤니케이션, 고부관계 교육의 구체적인 내용을 기술하였다. 제6장에서는 가정사역을 위한 실제원리와 적용을 다루었는데, 먼저 교회와 가정의 상호관계성을 살펴보고 가정사역의 본질, 정의, 목표, 영역, 구체적인 계획수립 단계와 연중 프로그램의 모델을 살펴보았고, 가족생활주기에 따른 구체적인 교회의 양육프로그램과 교육내용들을 살펴보았다. 제7장에서는 가족문제의 해결차원에서 가족상담론(Family Counseling)을 다루었는데 가족상담에 관한 제반적인 부분(접근모델, 내용과 과정) 특히 부부 위기상담과 혼전상담을 살펴보았다. 제8장에서는 가정의 교육적 역할과 기능의 회복을 위한 부모교육의 이론적 기초와 부모역할의 특성과 내용, 기독교 부모교육의 모델과 원리들을 살펴보았다. 제9장에서는 가정양육을 위한 실제와 적용부분을 다루었는데, 특히 부부목회, 노인목회, 청소년목회, 가정의 영성훈련, 행복한 가정건설을 위한 구체적인 교육의 내용과 방법등을 살펴보았다. 제10장에서는 가족공동체 회복을 위한 실제사역으로써 가족캠프사역과 간세대(상호세대간) 교육과 가족집단(Family cluster)교육을 집중적으로 다루었다. 그리고 마지막은 결론으로써 한국교회의 가정사역을 위한 방향과 구체적 대안들을 제시하였다.

제1장
결혼과 가정의 신학적 기초

Ⅰ. 구약성서의 가정관

결혼과 가정은 하나님에 의해 제정되었으므로 신중하게 개발되고 보호되어야 한다. 결혼은 우리 인간의 성별(sexuality)의 목적과 성취이며, 그리고 가정생활과 행복의 고유한 배경이 된다.

성서 속에는 결혼과 가정에 관한 많은 양식과 원리들 및 의미있는 친족관계와 행복한 가정을 세우고 육성하는 방법들이 많이 제시되고 있다. 가정과 결혼제도는 결코 우연의 소산물이 아니다.

결혼과 가정은 창조의 섭리에 따라 하나님께서 창시하신 것이며, 남녀 두 사람이 부모를 떠나 독립해서 애정과 책임감을 수반한 인격적, 육체적, 연합을 이룸으로써 형성되는 하나님께서 세우신 제도이다. 그렇기 때문에 가정은 하나님의 거룩한 뜻을 실천시켜나가는 도구이며 하나님의 창조질서를 유지시켜나가는 도구와 방편이 된다. 그리고 가정은 창조주께서 창조하셨고 또 그분의 창조를 끊임없이 진행하여가는 경륜과 질서의 영역이다. 가정은 창조의 한 질서(order of divine creation)이다.[4] 결혼과 가정에 관한 구약성서의 견해를 구체적으로 살펴보면 아래와 같다.

1. 결혼에 대한 구약성서의 태도

구약성서는 아주 실증적인 결혼관을 제시하고 있으며 결혼은 축복된 것이고, 정상적이고, 하나님께서 베풀어주신 관계라는 것을 밝히고 있

---

4) Emil Brunner, *The Divine Imperative* (London : Lutter worth press), p.348.

다. 구약성서는 "아내를 얻는 자는 복을 얻고 여호와께 은총을 받는 자니라"(잠18:22), "집과 재물은 조상에게서 상속하거니와 슬기로운 아내는 여호와께로서 말미암느니라"(잠19:14)고 결혼이 하나님의 선물이라는 것을 전형적으로 표현하고 있다.

실제로 결혼을 하지 않는 것은 구약시대 사회에서는 일종의 불명예로 생각되었다(사4:1). 구약성서는 결혼생활의 사랑에 관해 놀라울 정도로 솔직하다. 그것의 보다 깊은 상징이 무엇이든지 간에 솔로몬의 아가서는 사랑의 예찬을 기록하고 있으며 연가의 형식을 취하고 있다. 아가서는 사랑의 육체적 양상들에 대한 아주 특별한 언급들을 많이 내포하고 있다. 율법은 새롭게 갓 결혼한 신랑을 위한 특별 조항을 규정했다. 신랑은 군대복무와 다른 책임들을 면제받았다. 또한 약혼한 남자는 전투가 임박한 경우에도 집으로 돌아가는 것이 허용되었다. 구약성서에서는 결혼의 신실성이 매우 강조되었다. 간음은 십계명에 의해 금지되었을 뿐만 아니라(출20:14), 레위기의 율법에 의해서도 가장 중요한 범죄로 간주되었다(레18:20, 신22:22~24). 결혼생활의 불성실의 심각성에 대한 정도는 그것이 은유적으로 우상숭배에 비유되고 있다는 사실을 통해서도 발견할 수 있다.

그리고 구약성서에서 결혼에 관한 제한사항들을 살펴보면 초기 구약성서의 관습은 한 남자가 그 자신의 종족 그룹이나 씨족 내부에서 결혼할 것을 요구했다(창34:14). 그러나 이 요구는 나중에 이스라엘의 민족 내에 있는 어떤 사람이든지 포함되도록 확대되었다. 이스라엘 사람들은 외국인과의 결혼이 영적인 배교를 야기시키는 이유로 보았기 때문에 외국인들과 결혼하는 것을 금지하였다(출34:15-16, 신7:3-4). 포로이후 시대에서조차도 유다로 귀환했던 유대인들이 이방인들과 결혼한 것 때문에 느헤미야가 호되게 비난하고 있음을 보게 된다(느13:23-28).

이방인들과의 결혼에 관한 이 율법들과 더불어 가족 내부의 결혼에 관한 규칙들이 있었다. 실례로 남자가 그의 숙모와 결혼하는 것이 금지되었다(레18:14). 그리고 한 남자와 그의 딸 사이나 근친상간은 엄격히 금지되었다(레18:6-9). 한 남자가 동시에 두 자매들과 결혼해서는 안된다(레18:18). 이 법률들의 배경이 되는 이유들은 육체적인 관점과 영적인 관점에서 다같이 현명한 것이었다.

2. 남자와 여자의 차이

남녀 간에는 서로 육체적인 차이가 있다. 이 사상은 창세기의 창조기사에서도 분명하게 나타나고 있다. 성(sex)은 성경에서 추잡한 단어가 아니라 인류를 위한 하나님의 계획과 목적의 요소가 된다(창1:28).[5]

하나님께서 최초의 결혼을 주례하셨다고 말해도 과언이 아니다. 하나님께서는 하와를 아담에게 데리고 오셨다. 여자를 남자에게 데리고 오신 것이다. "집과 재물은 조상에게서 상속하거니와 슬기로운 아내는 여호와께로서 말미암느니라"(잠19:14) 남자에게 있어서 아내는 하나님께서 주신 선물이다. 그러기에 남자와 여자는 경쟁의 대상이 아니라 완성의 대상이다. 이성애(heterosexuality)의 기적과 상호적인 사랑의 이적을 통해 남자와 여자는 심리적이고 육체적인 완성을 발견하게 된다. 바로 여기에 결혼의 관계에 대한 기본적인 양식이 존재한다. 그밖의 것, 즉 동성애 관계나 혼외정사 등과 같은 것은 탈선이며 실제로 하나님의 질책과 심판을 받게 된다(출20:14, 신22:22, 레18:22, 20:13).[6]

자녀의 출산은 결혼으로 인한 자연스런 결과이다. 이상적으로 말해서 자녀들은, 성적 욕구를 동시에 만족시켜주는 부부의 사랑의 행위에 의해 출산이 된다. 그리고 결혼과 가정 내부의 안전을 받쳐주는 기반들 가운데 하나가 있는데 이것은 다음의 말씀이 지닌 의미의 본질적인 요소가 된다.

"이러므로 남자가 부모를 떠나 그 아내와 연합하여 둘이 한 몸을 이룰지로다"(창2:24)

---

5) 존 윌리암스, 『결혼과 가정생활』, 김영배 역(서울, 신망애출판사), pp. 9-20.
6) Ibid., p.22.

3. 결혼에서의 떠남과 연합의 의미

결혼과 가정의 중요한 양상들이 '떠남'(leaving)과 '연합'(cleaving 또는 결합)이라는 말들 속에서 표현이 되고 있다. 이 단어들은 모든 각 세대와 모든 각 새로운 가정 단위에 대한 독특하고 독자적인 역할을 암시하고 있다. 각각의 새로운 가정은 하나님의 대리인일 뿐 아니라 또한 하나님의 보호를 받는, 그리고 새로운, 독자적인, 그리고 책임있는 가정이기도 하다. 또한 이 단어들은 사람들이 적절하게 '떠날' 때만이 책임있게 '연합' 할 수 있다는 것을 암시하고 있다.*

연합하여 한 몸이 된다는 것은 결혼관계의 영속성을 암시한다.

한 몸을 이룬다는 것은 결혼행위 이상의 것을 의미한다.[7] 사실 결혼행위는 완전히 하나가 되는 것, 그리고 상대방에게 자기를 전적으로 주는 것을 나타내는 것이다. 그러므로 실제로 완전한 일치가 없다면 성적인 관계는 그 의미를 상실하는 것이다. 하나님의 의도는 두 사람이 결혼해서 하나가 되어 모든 것들을 서로 나누는 데 있다. 남편과 아내는 두 개체가 아니라 한 몸이다.[8] 한 몸의 개념은 실제적이고 명백하며 눈으로 볼 수 있는 방식으로 나타나야 한다. 이것은 온전한 친밀성과 깊은 연합을 말한다. 완전한 친밀성과 깊은 연합은 이상적인 결혼을 위한 하나님의 청사진의 한부분이다. 그러나 완전한 친밀성과 깊은 연합이 둘다 획일적으로 똑같아야 한다는 것을 의미하는 것은 아니다.

4. 일부일처제(monogamy)

구약성서에 간혹 일부다처제(polygamy)의 모습이 나타난다 할지라

---

7) 이강천,『기독교 윤리개설』(부천 : 서울신대 출판부, 1980), p.99.
8) Ibid., p.103.
* 떠남은 누군가로부터의 해방을 의미한다. 이것은 육체적으로나 정신적으로, 경제적으로, 감정적으로 독립하는 것을 의미한다.

도 그것은 하나님의 이상과는 어긋나는 행위이다. 일부다처제의 기원은 가인의 불미스러운 증손자 라멕에게로 거슬러 올라간다(창4:19).

일반적으로 말해서 성경시대의 경건한 사람들은 '한 남자와 한 여자' 즉 일부일처 질서를 준수했다. 그러나 사람이 유복해지고, 세속적이고, 그리고 영적으로 더욱 둔감해질수록 사람들은 처첩들을 거느리게 되었다(왕상11:1-6, 느13:26).

비록 아브라함, 야곱, 다윗, 솔로몬이 일부다처제를 실행했다 할지라도 그것은 그들의 이미지를 고양시키지 않으며 또한 하나님께서 그들의 행위를 너그럽게 용서해주셨다는 것을 암시하지도 않는다. 실제로 이 문제는 그들의 후손에게 온갖 종류의 비탄과 번민을 안겨주었다.

하나님의 이상은 '한 남편, 한 아내' 이다.9) 일부다처제가 구약성서에서 관용되고 있는 곳은 한군데도 없다.10) 그리고 이혼에 관한 구약성서의 견해를 보면 구약성서는 부당한 취급에서 여인들을 보호하기 위하여 세심한 입법조치를 첨가했다. 구약성서 신명기24:1-4은 이혼을 특별히 다룬 구절이다. "사람이 아내를 취하여 데려온 후에 수치되는 일이 그에게 있음을 발견하고 그를 기뻐하지 아니하거든 이혼증서를 써서 그 손에 주고 그를 자기 집에서 내어보낼 것이요, 그 여자는 그 집에서 나가서 다른 사람의 아내가 되려니와 그 후부도 그를 미워하여 이혼증서를 써서 그 손에 주고 그를 자기 집에서 내어보내었거나 혹시 그를 아내로 취한 후부가 죽었다 하자. 그 여자가 이미 몸을 더럽혔은즉 그를 내어보낸 전부가 그를 다시 아내로 취하지 말지니 이 일은 여호와 앞에 가증한 것이라. 네 하나님 여호와께서 네게 기업으로 주시는 땅으로 너는 범죄케 하지 말지니라" 이 본문에서의 중심어구는 '수치되는 일이 있음을 발견하고' 이다. 이 구절의 의미는 결혼생활의 부정에 대한 것을 나타내는 것 같다. 그것이 무엇이었든지 간에 이혼증서를 써주는 것은 이혼을 허락하는 것이라기보다는 오히려 이혼을 제한하기 위한 것이었다. 그것의 의도

---

9) John Williams, op. cit., p.18.
10) 창 2:24; 출 20:17, 21:5; 레 18:8, 20:10; 민 5:12; 신 5:21 참조.

는 이혼녀를 보호하는 동시에 결혼제도의 보존을 위한 것이었다. 한 여인이 그녀의 남편에 의해 이혼을 당한다면 이유없이 길거리로 내쫓겼던 것이 아니라, 합법적인 이혼문서의 적절한 보호와 양식을 제공받아야 했다.

분명히 이혼을 허용하고 있는 율법은 재혼을 허용했지만, 그러나 그 허용은 일단 한 남자가 그의 아내와 이혼했었으면 그가 그녀와 재혼하는 것이 허용되지 않는다는 조건부로 이루어진 것이었다. 예수께서는 모세의 이혼의 허용이 인간의 죄로 가득찬 심령의 강퍅함 때문에 주어졌다고 설명하셨다.

구약성서에 나타나고 있는 결혼은 일부일처제이다. 구약성서에 나타나고 있는 하나님의 가정은 한 남자와 한 여자의 결합으로서의 가정을 거룩한 것으로 축복하신 것이다. 구약성서가 말해 주는 바와 같이 가정은 그 원초적 전형을 바로 하나님 자신 안에서 발견할 수 있다. 그러기에 가정은 생명과 사랑의 공동체이다. 기독교 가정은 성경이 가르치는 가정의 모델에 관심을 가지고 성경적 가정관을 확립하여 현실에 적용하는 노력이 필요하다.*

---

* 성경적 가정관에 대해서는 Edith Deen, *Family Living in the Bible*(NewYork: Pyramid publications, 1969)을 보라.

Ⅱ. 신약성서의 가정관

1. 예수 그리스도의 결혼과 가정에 관한 교훈
결혼과 가정이 너무 쉽게 파기되고 있는 오늘의 시대에 있어서 예수 그리스도의 가정관은 강력한 지표가 될 수 있다.

1) 창조의 질서
예수 그리스도는 결혼을 매우 중요하게 여기실 뿐만 아니라 결혼에 대한 분명하고 직접적인 교훈들을 제시하고 계신다. 예수 그리스도는 "사람을 지으신 이가 본래 저희를 남자와 여자로 만드셨다"는 사실을 직시하셨다. 하나님께서는 그분의 형상대로 인간을 창조하셨고 서로 보완적인 남성과 여성으로 창조하셨다. 예수께서는 인간의 성별이 하나님으로 말미암았다는 사실을 나타내셨다. 남자와 여자는 상대편이 없이는 완전하게 되지를 못한다. 성별의 차이가 남녀를 보완하게 하는 것이며 그것은 하나님에 의해 계획된 대로 사회에서의 그들의 역할에 근간이 된다. 예수의 이러한 가르침은 동성애의 악용뿐만 아니라 남녀 성별폐지론자의 견해도 배척하신다. 예수께서는 남성과 여성의 관계가 갈등, 투쟁, 경쟁을 의미하는 것이 아니라 조화와 완전을 의미한다고 하셨다.[10]

2) 결혼의 연합과 신성함
예수께서는 결혼의 유대를 통한 남편과 아내의 하나됨을 주장하셨다. 이 사실은 " ... 그 아내와 연합하여 둘이 한 몸을 이룰지로다"[11]라는 창

---

10) Ibid., pp. 38-40.
11) 이 말씀은 육체적 연합만을 의미하는 것이 아니라 보다 심오한 심리적, 영적 연합의 의미가 있으며 아름다운 충만을 통해 하나가 되는 것이다.

세기의 말씀에 대한 주님의 인용과 "그러므로 하나님이 짝지어주신 것을 사람이 나누지 못할지니라"고 말씀하신 주님 자신의 논평을 통해서 분명하게 나타나고 있다. "하나님이 짝지어주신 것을 사람이 나누지 못할지니라"고 하신 예수의 말씀은, 결혼이 하나님에 의해 제정된 것임이 분명하다는 사실을 암시하고 있으며, 결혼은 신성한 것이며 그리고 결혼은 어길 수 없는 계약으로 이해되어야 한다는 사실을 우리에게 말해주고 있다. 예수의 말씀을 깊이 숙고하면 모든 결혼이 하나님에 의해 이루어지고 있음을 암시하고 있음이 아주 분명하게 드러나고 있다. 참된 결혼에는 신성함이 실재하고 있다. 다시 말해 예수의 결혼관의 특성은 첫째, 보완의 원리, 둘째, 일체성의 원리, 셋째, 연합의 원리, 넷째, 신성의 원리, 다섯째, 영원성의 원리가 있다.

3) 결혼과 가정의 축복

예수 그리스도의 첫 번째 이적을 기록한 요한복음 2장의 기사를 보면 예수께서 결혼을 매우 중요하게 여기신 것을 발견할 수 있다. 이 결혼잔치에서 행하신 예수의 유명한 기적은 무엇보다도 그분께서 인간의 행복을 인정하신다는 사실을 상기시켜준다. 이밖에 가정생활에 대한 예수의 존중과 인간관계에 대한 이해도 역시 그분의 이적들 가운데서 찾을 수가 있다. 예수께서는 사람들의 가족들이 직면하게 되는 일상적인 문제에 깊이 관여하실 뿐 아니라 사람들과 함께 하신다. 예수께서는 베드로의 장모를 회복시켜주셨고(마8:14), 야이로의 딸을 소생시켜주셨고(눅8:40-56), 수로보니게 족속 여인의 딸에게서 귀신을 쫓아내시고 치료하여 주셨다(막7:26-30). 그리고 한 과부의 죽은 외아들을 살리셨고(눅7:11-17), 나사로를 살리셔서 베다니에 있는 누이들에게 돌려보내셨다(요11:11-44). 또한 예수께서는 여러 가정들의 온정과 환대를 즐겨 받으셨다(마8:14, 마9:9-10, 눅19:17, 요11:1-5). 예수께서 부활하신 뒤에 처음 나타나신 장소들 가운데 하나도 엠마오에 있는 가정이었다(눅24:28-31).

4) 어린이의 가치

예수께서 그의 제자들로부터 하늘에서 누가 큰 자인가? 라는 물음을 받으셨을 때 한 어린아이를 부르시어 제자들 가운데 세우시고 이렇게 말씀하셨다. "진실로 너희에게 이르노니 너희가 돌이켜 어린 아이들과 같이 되지 아니하면 결단코 천국에 들어가지 못하리라. 그러므로 누구든지 이 어린아이와 같이 자기를 낮추는 그이가 천국에서 큰자니라. 또 누구든지 내 이름으로 이런 어린아이 하나를 영접하면 곧 나를 영접함이니 누구든지 나를 믿는 이 소자 중 하나를 실족케 하면 차라리 연자맷돌을 그 목에 달리우고 깊은 바다에 빠뜨리우는 것이 나으니라"(마18:3-6).

예수께서는 어린이들을 대단히 중요하게 여기셨으며 그들에게 영원한 가치를 부여하셨다. 예수는 어린이들을 순진하고, 복잡하지 않으며, 신뢰할 만하다고 생각하셨다. "삼가 이 소자 중에 하나도 업신여기지 말라. 너희에게 말하노니 저희 천사들이 하늘에서 하늘에 계신 내 아버지의 얼굴을 항상 뵈옵느니라"(마18:10). "어린 아이들을 용납하고 내게 오는 것을 금하지 말라. 천국이 이런 자의 것이니라"(마19:14).

예수의 이러한 말씀들은 예수께서 어린이들을 얼마나 소중히 여기셨으며 어린이들에 대한 성인과 부모의 태도들을 얼마나 진지하게 생각하셨는지를 나타내준다. 어른들은 어린이들이 얼마나 상처받기 쉬운지를 인식할 필요가 있다. 또한 부모들은 어린이를 방해하거나 죄에 빠지게 함으로써 야기되는 무서운 결과를 명심해야 한다. 그리고 예수께서 어린이들을 사랑하시고 환영하신다는 사실을 통해 격려를 받아야 할 것이다. 부모들은 주님의 신성한 축복과 은총이 자녀들에게 임하도록 부모의 신앙과 기도를 통해 자녀들을 예수께로 인도해야 한다.

2. 사도바울의 결혼과 가정에 관한 교훈

1) 신성한 언약과 계시로써의 결혼

바울의 결혼관 속에는 세속적인 것이 전혀 존재하지 않는다. 그에게 있어서 결혼은 하나님의 계시에 근거된 것이었으며, 신성한 언약을 내포한 것이며,[12] 그리고 절대적인 충절을 요구하는 것이었다. 또한 바울은 결혼관계의 본문에서 결혼의 신성함에 관해서 다음과 같이 언급했다. "믿지 아니하는 남편이 아내로 인하여 거룩하게 되고 믿지 아니하는 아내가 남편으로 인하여 거룩하게 되나니 그렇지 아니하면 너희 자녀도 깨끗지 못하니라. 그러나 이제 거룩하니라"(고전7:14)

바울은 비그리스도인의 결혼조차도 하나님의 규례의 틀 속에 들어 있는 것으로 생각했다. 이 사실을 부인하는 것은 인간사회를 위협하는 것이 될 뿐만 아니라 자녀들의 운명도 위협하는 것으로 보았다. 기독교는 정상적이고 합당한 인간관계를 파괴하기보다는 오히려 확고하게 다져준다. 바울은 남편과 아내와의 관계를 그리스도와 교회와의 관계에 비교하며, 결혼의 신성함에 관한 명백한 진술을 아래와 같이 제시했다. "이 비밀이 크도다. 내가 그리스도와 교회에 대하여 말하노라"(엡5:32). 이와 같이 그리스도인의 결혼은 그리스도와 그의 교회 사이에 존재하는 이상적 관계의 구체화이다. 그리고 사도 바울은 결혼이 평생의 관계로 생각되어야 한다는 사실을 명백히 했다(고전7:39, 롬7:2). 고린도전서에 기록된 몇몇 진술들은 결혼의 지속성을 우리에게 다음과 같이 말해준다. "혼인한 자들에게 내가 명하노니(명하는 자는 내가 아니요, 주시라) 아내는 남편에게서 갈리지 말아야 한다"(고전7:10), "남편도 아내를 버리지 말라"(고전7:11). "만일 어떤 형제에게 믿지 아니하는 아내가 있어 남편과 함께 살기를 좋아하거든 저를 버리지 말아야 한다"(고전7:12). "여자는 남편과 이혼해서는 안된다"(고전7:13). "네가 결혼했느냐? 이혼을 구하지 말라"(고전7:27). "아내는 그 남편이 살아있는 동안에 그녀의 남편에게 매여있다"(고전7:39).

이처럼, 바울은 한 남자와 그의 아내 사이의 결혼을 그리스도와 그의

---

12) Jay E. Adams, *Solving Marriage problems* (N.J : presbyterian & Reformed publishing Co., 1980). p. 26.

교회 사이의 계약처럼 영원한 것으로 보았다. 그리고 바울은 결혼에 있어서 일부일처제와 정절에 관한 분명한 신념을 지니고 있었다. 결혼이 남편과 아내 사이의 완전한 연합에 근거를 둔 강한 포괄적인 관계인 것처럼 또한 그것은 배타적인 관계이기도 하다. 결혼의 내적인 친교와 육체적인 관계에서 모든 다른 것들은 제외가 된다. 일부다처제는 바울에 의해서뿐만 아니라 그리스도에 의해서도 탈선으로 간주되었다. 그 이유는 그리스도와 바울의 가르침들이, 창세기2:24에 진술된 본래의 창조질서에 근거하고 있었기 때문이다. 이 기본구절은 그것이 일부일처제를 확증하고 있듯이 일부다처제도 분명하게 금지하고 있다. 또한 바울은 결혼의 아름다움을 강조했는데, 결혼을 그리스도와 그의 교회 간의 관계의 한 모형으로 보았다.

바울은 교회를 위한 그리스도의 목적을 "물로 씻어 말씀으로 깨끗하게 하사 거룩하게 하시고 자기 앞에 영광스러운 교회로 세우사 티나 주름잡힌 것이나 이런 것들이 없이 거룩하고 흠이 없게 하려 하시는 것"(엡5:26-27)으로 기술했다. 결혼에 대한 사도 바울의 원리를 정리하면 다음과 같다. 첫째를 신적 기원으로써의 결혼, 둘째, 결혼의 신성함, 셋째, 결혼의 영원성, 넷째, 결혼의 배타성, 다섯째, 결혼의 아름다움으로 정리할 수 있다.

2) 남편과 아내의 거룩한 책임

사도 바울은 남편에게 아내를 사랑하는 책임을 언급하면서 아내를 인도하는 남편의 의무보다 아내를 사랑하는 남편의 의무를 더많이 강조했다. "남편들아, 아내 사랑하기를 그리스도께서 교회를 사랑하시고 위하여 자신을 주심같이 하라… 이와 같이 남편들도 자기 아내 사랑하기를 제몸같이 할지니 자기 아내를 사랑하는 자는 자기를 사랑하는 것이라… 그러나 너희도 각각 자기의 아내 사랑하기를 자기같이 하고 아내도 그 남편을 경외하라"(엡5:25, 28, 33)는 바울의 가르침은 명백하다. 아내에 대한 남편의 사랑의 방식은 그리스도의 사랑의 방식이 되어야 한다. 그리스도의 사랑이 교회를 위한 희생으로 나타난 것처럼 남편의 사랑도 아내를 위하여 헌신적으로 베풀어져야 한다. 그리스도인 남편의 사랑은 단순한 감정에 그칠 것이 아니라 실제적이고, 사려깊고, 그리고 온유한 것이 되어야 한다.

바울은 또한 남편들에게 이렇게 말한다. "...자기 아내를 사랑하는 자는 자기를 사랑하는 것이라. 누구든지 언제든지 제 육체를 미워하지 않고 오직 양육하여 보호하기를 그리스도께서 교회를 보양함과 같이 하나니 우리는 그 몸의 지체임이니라"(엡5:28-30).

남편은 자신의 생명을 돌보고 보호하는 것처럼 아내를 위해서도 동일한 관심을 기울여야 한다. 이기심, 경쟁심 등은 모두 결혼생활의 일치를 파괴하는 것들이다. 그리고 사도 바울은 아내의 책임을 언급하면서, 남편에게 순종할 것을 요구하고 있다(엡5:21-24). 순종은 나약함이 아니라 강함의 반영이며 그리고 아내가 열등하다는 것을 암시하지 않는다. 창세기1:26-27, 2:2-3, 갈라디아서3:28은 남자와 여자의 지위와 존엄성이 평등하다는 것을 주장한다.

3) 부모에 대한 순종의 윤리

"자녀들아 너희 부모를 주 안에서 순종하라. 이것이 옳으니라. 네 아버지와 어머니를 공경하라. 이것이 약속있는 첫 계명이니 이는 네가 잘 되고 땅에서 장수하리라. 또 아비들아 너희 자녀를 노엽게 하지 말고 오직 주의 교양과 훈계로 양육하라"(엡6:1-4).

바울은 그리스도인 부모들에게 순종, 양육, 훈계, 사랑에 대해 관심을 가지도록 권면한다. 이 네 가지는 가족 행복의 비결을 위한 필수요소가 된다. 성경은 육신의 부모들에 대한 자녀의 순종을 상당히 강조하고 있다. 부모에 대한 순종을 배움으로써 자녀는 권위, 법, 책임과 아울러 하나님에 대한 복종들을 깨우치게 된다.

부모에 대한 순종의 명령을 사도 바울은 다음의 네 가지 것들에 근거하고 있다.

(1) 그리스도의 주권

'주 안에서' 라는 구절을 사용함으로써 사도 바울은 그의 가르침의 중심을 제시했다. 바울은 그리스도의 주권 아래 놓여 있는 가정들에 관해 말하고 있다. 그리스도인 가정에서는 모든 생각과 행동이 그리스도의 주권 아래서 지배를 받아야 된다.

(2) 표준적인 가정윤리

순종에 대한 바울의 두 번째 근거는 이것이 옳기 때문이다(엡6:1). 때로 '공정한'(just), '의로운'(righteous)이라고 번역되는 '옳은'(right)이라는 단어는 그 속에 '표준과의 일치'(conformity to a standard)의 사상을 지니고 있다.

바울은 그리스도인의 행위에 대한 그의 논거의 근거를 성서 내지는 소위 '초자연적인 계시'에다 두었다. 결국 기독교 사회이든 비기독교 사회이든 부모에게 순종하는 자녀들의 가치와, 자녀들에게 책임있게 행동하는 부모들의 가치를 인정한다. 부모에게 순종하는 행위는 그리스도인의 눈뿐만 아니라 이방인의 눈에도 옳게 비친다.

(3) 십계명

자녀들이 부모에게 순종해야 되는 이유에 대한 바울의 세 번째 근거는 십계명 가운데 다섯 번째 계명이다. 바울은 하나님의 법에 따라 사는 생활의 가치를 인정했다. 율법을 인용하면서 바울은 다음과 같이 기록했다.

"네 아버지와 어머니를 공경하라. 이것이 약속있는 첫계명이니 이는 네가 잘되고 땅에서 장수하리라"(엡6:2-3, 신5:16). 바울은 이 위대한 율법이 그리스도인들에게 적용되어야 함을 강조했다.

(4) 주님을 기쁘시게 함

골로새서3:20에서 바울은 부모들에 대한 자녀의 순종이 주님을 기쁘시게 해드린다고 기술했다. 자녀들이 그들의 부모들에게 복종할 때, 이것이 주님을 기쁘시게 하는 것이 된다. 복종하기를 거부하는 것은 예수의 교훈과 모범을 배척하는 것이 된다.

4) 자녀에 대한 훈육의 윤리

바울은 부모들에게 자녀를 훈육하라고 요구하고 있다. '훈육'(nurture)이라는 단어는 'paideia'라는 헬라어에서 유래된 것인데 훈련(training), 훈계(discipline), 교훈(instruction) 등으로 번역되고 있다. 이 단어는 성경이 행위의 규범으로 가르치고 있는 것을 스스로 체득하는 것의 중요성을 부모들에게 상기시켜주고 있다. 바울이 사용한 '파이데이아'(훈계)라는 단어는 '교훈이나 권면'을 의미하는 '누테시아'(교양)와는 현저히 다른 실제적인 훈련을 강조한다. 훈계는 자녀들에게 합당한 행위뿐만 아니라 권위와 책임의 양식들도 발견할 수 있게 해준다.

히브리서12:5-11에서 히브리서 저자는 육신의 부모들이 그들의 자녀들을 교화시키기 위하여 징벌을 하지 않으면 안되듯이 하나님께서도 그의 아들들을 징벌하시고 심지어 '채찍질'까지 불사하실 것이라는 것을 나타내기 위하여 잠언의 말씀들을 인용했다(잠3:11-12). 이 구절은 자녀들의 훈계에 대한 몇 가지 중요한 진리들을 가르쳐주고 있다. 첫째, 그것은 사랑에서 비롯된 징계이다. 둘째, 참된 훈계는 권위에 대한 존경과 복종을 가르친다(히12:9). 셋째, 징계는 반드시 사려깊게 시행되어야 하며 결코 감정적인 기분에 따라 시행되어서는 안된다. 그리고 징계는 언제나 교화적이고 생산적인 것이 되어야 한다(히12:10-11).

그리스도인 부모들은 부질없는 무익한 위협을 피해야 하며, 성질의 감정적인 반동들을 피해야 하며, 어떤 앙심이나 분개심을 완전히 버려야 하며, 그리고 사랑을 가지고 현명하게 행동해야 한다. 자녀에 대한 훈육을 함에 있어서 부모가 명심해야 할 것이 있다.

그것은 첫째, 교훈이다.

부모들에 대한 바울의 첫 번째 요구는 주의 교훈(instruction)으로 그들의 자녀들을 양육하라는 것이다.*

교훈이라는 단어는 '정신'(mind)이라는 의미를 가진 '누스'(nous)

---

*양육(nurture)은 파이데이아(paideia)라는 헬라어에서 나온 것인데 훈련, 훈계, 교훈, 교화, 징계 등의 의미를 가진다.

와 '놓다'(to place)라는 의미를 가진 '티테미'(tithemi)를 어근과 어미로 가진 헬라어 '누테시아'(nouthesia)의 번역이다. 그러므로 이 단어가 지닌 사상은 정신을 교훈하거나 가르친다는 것이다. 만일 훈계가 행동과 모범과 관계를 가지고 있다면, 교훈은 말들과 가르침들과 관계를 가지고 있다고 볼 수 있다. 그리스도인 부모들은 자녀들에게 영적인 교훈과 지도를 제공해야 한다. 부모들은 반드시 자녀들에게 기독교 도덕의 기초와 적용들의 분명한 이해를 제시해주어야 한다.

바울은 자녀교훈에 실패한 사람들은 교회의 지도자의 자격도 없다는 사실을 말함으로써 자녀교육을 중요하게 생각했다(딤전3:4, 5, 12, 딛1:6).

둘째, 사랑의 윤리이다.

그리스도인 부모들은 그들의 자녀들을 사랑하도록 권면을 받았다. 바울은 디도에게 쓴 서신 중에서 "젊은 여자들을 교훈하되 그 남편과 자녀를 사랑하게 해야 한다"고 말했다(딛2:4). 또한 바울은 "부모들이 그들의 자녀들을 사랑하고 진가를 인정하고 있음을 자녀들에게 보여주라"고 권면하고 있다. 자녀들은 부모들의 보살핌과 사랑이 깃든 양육을 필요로 한다.

양육이란 단어는 성경이 행위의 규범으로 가르치고 있는 것을 스스로 깨닫도록 하는 것의 중요성을 부모에게 상기시켜 주고 있다. 사도 바울이 그의 서신을 통하여 강조하는 것은 그리스도인 가정의 삶의 자세인데, 그것은 그리스도의 주권과 하나님의 사랑의 실천이다.

Ⅲ. 기독교 가정관

1. 성서적 결혼의 기준

결혼이란 하나님이 제정하신 것이다. 결혼의 근거가 하나님의 뜻이라는 사실은 신구약 성경에서 강하게 나타나고 있다.

성서는 일련의 결혼기준을 전체적으로 제시하여 준다. 오토 피퍼(Otto A. Piper)는 그 기준을 다음과 같이 말한다.[13]

평생의 지속 - 결혼을 통한 성적 결합은 두 사람의 생활에 끼치는 독특하고도 파괴될 수 없는 효과 때문에 평생을 지속하게 된다.

친교의 생활 - 결혼은 가정과 함께 공존한다. 부부의 완전한 결합을 가장 잘 나타내는 것은 부부 자신들의 공동 생활인 가정이다. 상대자의 약점을 보완하며 기쁘게 하는 개인의 친밀성의 교제가 요구된다.

상호 관계성 - 육체의 결합은 배우자에 대한 책임과 의무와 관계되어 기독교 신앙 안에서 이해된다(출21:10, 고전7:4-5, 살전4:4, 고전7:39).

자녀를 가지고 싶은 욕망 - 자녀는 부모에게 약속된 축복이란 사실을 통하여, 부모는 자녀를 바라는 것이 진정한 결혼으로 간주된다. 자녀수의 문제는 부모에게 위탁된 책임성과 자유성에서 결단되어야 한다.

일부일처주의 - 결혼은 평생 일부일처주의에서만 충분한 의미를 달성한다. 창세기2:23-24과 제7계명과 예수님의 교훈에 근거하여 하나님의 창조의 본래적 뜻이 일부일처 결혼관계임을 분명히 한다(마5:27-28,

---

13) Otto A. Piper, *The Biblical View of Sex and Marriage*, 강한표, 전경연(역), 『성과 결혼』(서울 : 대한기독교서회, 1976), pp. 190-203.

19:6-9, 막10:8-9). 특히 이스라엘과 하나님의 결혼상과 교회와 그리스도의 결혼상에 비친 사상에서 일부일처의 우월한 존엄성을 나타내주고 있다.

근친 결혼의 금지 - 일정한 촌수와 혈족, 친족의 결혼이 금지된다는 것이다.

2. 결혼의 한 몸되는 원리

결혼의 첫 번째 원리는 성서적 결혼은 일부일처의 결혼이라는 점을 분명히 한다.[14] 물론 성서에 기록된 결혼의 예로 보아서는 오토 밥(Otto Bab)이 살핀 대로 여가장 결혼, 부가장 결혼, 족외혼의 결혼, 동족결혼, 수혼에다 일부다처제 결혼과 일부일처의 결혼 등 일곱가지 다양한 형태가 있었다.[15] 그러나 하나님의 이상은 일부일처제의 결혼이었다.

창조의 질서와 대조되는 인간역사의 질서(orders of history)는 타락한 인간성으로 인하여서 창조자의 의지(will)를 바로 표현하지 못하고, 인간의 마음이 완악함을 나타내고 있는 것으로(마19:8) 진정한 의미에서 창조질서로써의 결혼은 이 역사의 질서를 초월하는 것이다.[16]

예수께서도 이 역사의 질서를 뛰어넘는 창조의 질서에 성과 결혼의 문제를 푸는 열쇠를 걸으셨다(마19:3-12). 창조의 질서란 "본래 저희를 남자와 여자를 만드시고 말씀하시기를 이러므로 사람이 그 부모를 떠나서 아내에게 합하여 그 둘이 한 몸이 될지니라"(창2:24, 마19:4-5) 하는 것이다. 한 몸이 된다는 것은 한 남자와 한 여자의 결합이다. 그것은

---

14) 이강천, op. cit. p.101.
15) 맹용길, 『기독교 윤리학 입문』(서울 : 대한기독교 출판사, 1976), pp. 116-117.
16) Helmut Thielicke, *Theological Ethics* (Philadelphia : Fortress press), pp. 104-105.

한 남자와 많은 여자의 결합이나, 한 여자와 많은 남자와의 결합이 될 수 없다.

창세기의 이 기록은 남자와 여자와의 관계가 원초적으로 일부일처제의 결혼이라는 점을 명백히 한다. 이 점은 성의 인격적, 영적요소와 더불어 가장 분명한 기독교적 결혼이해의 필수적 요소가 되었으며 일부다처는 타락한 본성의 발로요, 가인(Cain)의 후예로서 기록되고 일부다처는 창조주로부터 정죄되는 것으로 나타난다.

에밀 부룬너(Emil Brunner)에 의하면 결혼이 창조질서일뿐 아니라 일부일처가 창조질서라고 주장한다.[17] 그는 어린이의 인격이 정상적으로 발달하기 위하여 아버지와 어머니가 필요하고, 인간의 성은 본질적으로 단일적인 것이고, 인간의 존재성 자체가 일부일처의 본질적 인간성을 요청한다는 것이다. 다시 말하면 결혼은 사랑과 더불어 정절(fidelity)을 요구하는 것이다.

둘째는, 결혼의 영구성이다. 결혼은 둘이 한 몸을 이루는 결합이요, 이 결합은 전 생애에 걸친 영구성을 지니는 것이다. 결혼의 원리는 두 사람이 하나되는 것이요(창2:24), 이 하나님의 원리는 우연한 것이 아니라 창조의 질서요, 하나님의 뜻을 성취하는 과정이며 이것은 예수의 가르침에서 이혼과 관련하여 결혼의 영구성을 이 제도의 원리에 호소하여 설명한다.

"그 둘이 한 몸이 될지니라, 이러한즉 이제 둘이 아니요, 한 몸이니 그러므로 하나님이 짝지어주신 것을 사람이 나누지 못할지니라(막10:8-9)." 그러므로 결혼은 오직 죽음 외에는 종식시킬 수 없는 평생의 결합인 것이다.

에밀 부룬너의 결혼은 이해에 따라 그저 일어나는 우연의 사건이 아니며, 단순히 결혼하니까 두 사람이 하나된 기분이라는 느낌의 주관성에 의하여 결혼이 성립되는 것만도 아니다. 결혼은 그 자체가 둘을 하나로 묶는 하나님의 정하신 법도요, 윤리적 속성을 지닌 하나님의 뜻에 기초

---

17) Emil Brunner, op. cit., p. 345.

한 질서요, 제도로써 결혼의 원리와 법은 단순히 결혼하는 당사자에 의존하는 것이 아니다. 비록 둘의 결혼이 두 사람의 사랑에 의한 것이지만 그것은 하나님의 섭리와 인도하심을 배경으로 한다. 이는 결혼한다는 것은 사랑과 성(性)에의 주관적인 것이, 그 자체가 둘을 묶는 객관적 제도와 하나님의 의지(will of God)와 관련된다는 것을 의미한다.[18] 따라서 결혼은 평생의 성실성으로 지켜주는 평생의 상호헌신을 포함한다. 하나님께서 짝지워주신 것을 사람이 임의로 나눌 수 없다는 예수의 가르침은 결혼의 신성성과 영구성을 분명히 해주는 것으로써 결혼은 하나님의 의지에 근거하는 객관적 사건이요, 하나님 앞에서의 소명이요, 하나님 앞에서의 윤리적인 삶이라고 볼 수 있다.

셋째로, 결혼은 서로 다른 성(性)의 결합이라고 볼 수 있다. 하나님이 남자와 여자라는 서로 다른 성을 만드시고 하나되게 하시는 것이 창조의 질서라면, 결혼이란 서로 다른 성을 가진, 즉 남자와 여자의 결합이지 남자와 남자의 결합이나 여자와 여자의 결합이 될 수 없다는 것은 자명해진다. 남자와 여자의 결합을 위하여 존재하는 성애는 거룩한 것이지만 성 자체만의 어떤 욕망충족에 의하여 행사되는 성욕은 타락한 인간본성을 표현하는 것이다. 여기에서 특히 동성애(homo sexuality)의 문제가 일어나는데 바울은 분명히 인간의 타락한 본성은 성의 거룩한 목적에서 벗어나 "남자들은 순리대로 여자 쓰기를 버리고 서로 향하여 음욕이 불일듯 하매 남자가 남자로 더불어 부끄러운 일을 행한다"(롬1:27)고 지적한다.

넷째로, 결혼에서 남녀는 평등한 관계이다. 남자와 여자가 하나되는 결혼은 남자와 여자의 성적인 차이, 기능과 역량의 차이에도 불구하고 하나되는 것이므로 이것은 남녀평등의 원칙에 서있다는 것이다.

결혼에 있어서 남자와 여자는 주종관계이거나 상하관계일 수 없으며 서로는 서로를 위한 사랑과 성실성을 지녀야 하는 것이다. 부부 간의 윤

---

18) 이강천, op cit, p. 357.

리는 상호평등의 원칙에서 서로가 서로를 위한 존재로서의 관계윤리인 것이다. 사도 바울은 부부관계를 그리스도와 교회와의 거룩하고 신비한 관계와 비유하면서 서로 희생적인 사랑, 아가페의 사랑으로 이 사랑에 근거하여 경외하고 돌보는 한 몸되는 사랑의 윤리로 설명했다(엡5:22-23). 남녀가 평생의 반려자로서 상대방을 위한 것이 부부윤리의 방식이 되는 것이다.

다섯째로, 결혼은 윤리적 주체로서 성숙성을 전제한다. 창세기를 근거로 결혼에 관하여 언급된 한 가지 사실은 결혼하여 하나가 된 부부는 부부일체로써의 윤리적 주체자가 된다는 사실이다. 이것은 인간의 성숙성을 포함하며 독자적 윤리의 책임성을 간과할 수 없음을 암시해주고 있는 것이다.

3. 기독교 윤리적 입장에서 본 결혼관

첫째, 결혼은 한 남자가 그의 아내와 정신적, 성적으로 결합하여 하나의 삶의 영역을 이루며 하나님의 뜻을 이루는 것으로 이해한다.[19] 결혼은 하나님의 뜻을 이룬다는 점에서 먼저 의무적인 성격을 가진다. 하나님은 결혼을 통하여 세상 끝날까지 사람들로 하여금 종족을 보존케 하며, 결국 그의 영광을 위하여 살게 하신다(엡1:12).

하나님께서 결혼을 통하여 남녀를 짝지워주시고 결속시켜주셨다면 나눌 수 없다. 하나님의 뜻을 따라 죽을 때까지 결속되며 부름을 성취하여야 할 것이다. 이런 의미에서 결혼은 소명(vocation)이라 할 수 있다.[20]

둘째, 결혼은 남자와 여자 사이에 일어나는 언약이여 사적인 성격이다. 이들은 평생토록 반려자가 되며 평생을 같이하는 영속성을 가진다(골3:18-19).

---

19) 맹용길, 『기독교 윤리학 입문』 (서울 : 대한기독교출판사), p. 199.
20) Karl Barth, *On Marriage* (Philadelphia : Fortress press), pp. 1-3.

셋째, 결혼은 공동체의 성격이 있다. 결혼은 신랑과 신부의 계약인 동시에 가족의 언약이다. 새 가정은 출발은 사회에 세 가정 이상의 복수적 영향이 있는 것을 말한다. 다시 말해서 가정이란 한 남편과 한 아내가 언약관계 속에서 성적, 정신적으로 결합함으로 이루어진다고 볼 수 있다. 이 가족공동체는 한 남자와 한 여자가 그 자녀들과 함께 삶을 이어가면서 친교와 협력과 책임으로써 하나님의 뜻을 이루어가는 참 사랑의 교제가 실현되는 원초적 공동체이다.

4. 기독교 가정의 본질

가정에 대한 신학적 의미 추구는 가정의 정체, 그 자체가 무엇인가를 묻는 존재론적 질문에서 시작한다. 기독교 가정의 본질은 다음과 같다.

첫째, 예수 그리스도께 대한 헌신과 사랑으로 이루어져야 한다. 그리스도인은 예수 그리스도 안에서 하나님을 경험하고, 그 사랑 안에서 신앙으로 복종하여 예수 그리스도께 헌신하는 사람이다.[21]

둘째, 기독교 가정은 하나님의 자녀로서 부부관계, 부모관계, 어버이 됨, 형제관계 등 가족관계가 충실하여야 한다. 기독교 가정은 자연법이 아닌 하나님의 언약 아래 충실하여야 한다. 하나님의 언약으로써 결혼과 가정은 개인적인 만족이나 사회의 외부 압력이 아닌 기독교적 사랑과 신실에 기초한 거룩한 관계인 것이다. 기독교 가정은 자신을 존중하고 타인을 존중하는 특징이다.[22]

셋째, 기독교 가정은 예수 그리스도 안에서 공동신앙과 '기독교인'이라는 같은 이름을 가진다. 기독교 가정은 하나님께서 원하시는 역사적

---

21) Leon Smith, Edward D. Steples, *Family Ministry in the Church* (Tenessee : Nashiville press), pp. 20-29.

22) Oscar E. Feucht, "The family that Make it", *Family Relationships and the Church* (St. Louis : Concordia publishing. 1970), p. 9.

뿌리를 갖고 있다.

  넷째, 기독교 가정은 가족들의 관계의 질에 의해 드러난다. 기독교 가정의 관계는 성령 안에서의 삶을 추구하여, 하나님의 자녀로서 각 사람을 존중하여야 한다. 기독교 가정은 하나님의 사랑을 위한 통로이다. 이 사랑은 감상적인 것이 아니라 자신을 희생하여 참으로 돌보는 것이다. 하나님은 사랑의 원천이므로 사랑은 하나님으로부터 나와야 한다. 기독교적 사랑은 가족 안에 강한 일체감을 만들어준다.

  다섯째, 기독교 가정은 세상에서 '제자의 직분'을 수행해야 하는 사명감이 있다. 기독교 가정은 사회제도로써의 한 단위가 아니라 이 사회에 하나님 나라로써의 한 단위이다. 제자의 직분을 수행하기 위하여 기독교 가정은 이 세상에서 교회가 되도록 힘써야 한다. 따라서 기독교 가정은 하나님께 책임을 가지고 응답하는 청지기직이다.

  여섯째, 기독교 가정은 일반 가정의 문화와는 달리 그 문화가 기독교 전통과 가치에 의하여 계발되어야 하고 기독교 정신을 전달해주어야 한다.[23] 기독교 가정은 교회의 의식, 즉 세례와 성찬식 등에 온 가족이 함께 참여하여 자녀들이 기독교에 대한 이해와 신앙 속에 자라게 해야 한다. 온 가족이 축하 · 식사기도 · 기도회나 예배에 다 함께 참여하는 것은 자녀들의 이해와 신앙을 자라게 하고 가정을 하나로 묶는 이중의 가치를 갖게 한다.

  일곱째, 기독교 가정의 분위기는 가정에 스며들어 있는 기독교적 정신에 의해 알 수 있다. 이 정신은 가족의 친밀감, 하나됨, 성령의 임재로써의 신뢰, 믿음, 사랑, 이해, 감사, 기쁨, 서로 도움, 하나님께의 헌신 등으로 알 수 있다.[24]

  여덟째, 기독교 가정은 하나님을 믿는 신앙 가운데 확고히 서서 기독교적 소망 속에서 사는 가정이다.

---

23) Smith & Staples, op. cit., p. 28.
24) Balswick 부부는 가정신학의 개념을 언약, 은혜, 힘의 부여, 친밀감으로 보았다.

5. 기독교 가정의 목적

　기독교 가정은 예수 그리스도를 주(主)로 모시는 가장 친근한 친교관계를 이루고 있는 사회적인 단위이며, 자기를 내어주는 사랑과 신뢰의 관계에서 이룩된 하나님의 창조물이다. 그러기에 기독교 가정은 그 자체가 목적이 아니라 하나님의 나라 확장이라는 더 크고 중요한 목적을 가지고 있다. 이것은 그리스도인의 최고 충성이 가정이나 가정식구에게 있어야 하는 것이 아니라 그리스도에게 있어야 함을 의미한다고 볼 수 있다.[25]

　매스턴(T.B. Maston)은 기독교 가정의 목적을 종족보존이나 이해와 사랑과 교제를 제공하는 장소는 물론이고 하나님 아버지의 뜻대로 행하는 것이라고 했다.[26] 여기, 아버지의 뜻이란 하나님의 나라인데, 가정은 그 하나님의 나라를 세우는 역할과 세계를 변화시키는 데 기초가 된다.[27] 따라서 기독교 가정의 목적은 하나님의 명령을 지키는 것이다. 그 명령은 제자를 삼는 일이요, 가르쳐 지키게 하는 증인공동체가 되는 것이다. 증인공동체는 하나님을 영화롭게 하고 그를 영원토록 즐거워하는 책임과 의무가 있다.

　따라서 기독교 가정은 사랑의 교제, 전도, 교육, 봉사의 가정, 교회로서의 목적이 있다. 하나님은 기독교 가정에 미리 주님의 나라를 세우기 위해 저들의 가정에 거하신다. 교회와 가정의 공통적 목적을 살펴보면 다음과 같다.

---

　25) Maston & Tillman, *The Bilbe & Family Relations* (Nashville : Broodman press), pp. 40-41.
　26) Ibid., p. 39.
　27) Ray S. Anderson & Dennis B. Guernsey, *On Being Family* (Grand Rapids : Eerdman publishing), p. 151.

1) 의미있는 예배(meaningful worship)

기독교 가정의 목적은 하나님과 의미있는 경험을 하게 하는 것이다. 이 목적은 예배는 기독교적 성장을 위한 필연적 책임이며 가정의 가능성이라는 사실에 초점을 맞춘다.[28] 우리는 가정 안에서 여러 방식으로 하나님의 임재를 경험한다. 부모와 자녀들은 공동 가정예배 시간에 하나님의 음성을 듣고 하나님의 임재하심을 느낀다.

예배는 하나님이 그리스도 안에서 우리에게 주신 것, 즉 소망, 새생명(new life) 그리고 친교(fellowship) 등을 기념한다.

2) 목적있는 관계

사람들이 어떻게 서로 창조적으로 그리고 목적있게 살 것인가를 배우는 배경을 마련하는 것이 두 번째 공유된 목적이다. 가정은 항상 관계성의 첫 학교이다. 부부는 보완적 관계를 창출하기 위해서 어떻게 그들의 차이점을 용납하고 유사성을 북돋울 것인가를 배워야만 한다.

3) 가정중심의 전도와 선교

그리스도가 필요한 사람들에게 하나님의 사랑을 널리 증거하는 것이 교회와 가정이 해야 할 세 번째 목표이다. 교회는 다양한 전도를 실시한다. 이것이 교회의 존재목적이다. 가정도 마찬가지다. 비전있는 가정은 새가정을 탄생시킨다. 각 가정의 믿음과 경험의 특별한 질이 어떤지 알아보기 위해 가족을 초청하고, 가정들은 누구와 그들의 신앙을 나누어야 하는지 선택하도록 격려하며, 그 가정들에게 관련된 방법들을 발전시키도록 격려한다. 가정의 목적은 하나님 나라의 확장인데 교회와 가정은

---

28) John Howell, *Church and Family : Growing Together*(Tennessee : Broadman press), pp. 19-20.

이 세상에서 하나님의 동역자이다.

4) 타인에의 봉사

초대 예루살렘교회는 그 구성원들의 물질적 필요에 대한 활동적 관여를 실증하였다. 가정도 인간의 필요를 돕는 사역에 개입할 수 있다. 타인을 위한 가정의 관심은 가난한 이웃, 외로운 사람, 불쌍한 이, 편부모, 고아, 여러 사람의 위기상황 등 다양하게 도움을 필요로 하는 사람들을 보살핌으로 표현된다.

이러한 봉사를 통하여 가정과 교회는 진정한 선교 동역자가 된다. 가정은 봉사공동체이다. 가정생활은 자기희생과 봉사를 요구하는 것이다.

5) 하나님 나라의 확장

T. B. 매스턴(Maston)은 가정을 통한 하나니 나라의 확장에 대하여 다음과 같이 말하고 있다.[29] "이러한 개념으로 자신의 삶을 영위한다면 가정 안에서의 모든 관계들이 정결해지고 영화롭게 되며 가정이 지니는 그밖의 고유한 목적들이 더 심화되고 의미깊게 될 것이다. 또한 그들이 함께 사는 삶의 모든 국면들의 질이 높아질 것이며, 그들은 이 땅에서의 하나님의 일에 참여하고 있는 하나님의 동역자로서 자신을 보게 될 것이다." 그리스도인 가정의 목적은 하나님 나라의 확장이라는 궁극적 목적을 이루기 위한 하나의 도구이다.

---

29) T. B. Maston, *Christianity & World Issues*(N. Y.: Macmillan, 1957), p. 71.

제 2 장
기독교 가정교육론

I. 기독교 가정교육과 가정공동체

1. 가정의 교육적 의미

모든 인간은 가정 안에서 태어나서 거기서 자라며 성인이 되면 또 새로운 가정을 이룬다. 가정은 전체 사회체계 중에서 가장 핵심적인 소집단으로써 가족성원 간에 인격적인 결속력이 가장 강한 일차적 집단이다. 가정은 합법적인 혼인에 의하여 자녀를 출산하고 양육하는 곳이며, 일용할 양식을 생산하고 소비하는 경제적 단위이며, 가족구성원의 안식과 휴식처이며 개개인의 인격이 형성되는 교육의 장이다.[1]

여기서 가정의 교육적 기능이란 개인의 인격형성의 기틀을 마련하고 다지는 기능을 말한다. 혼자의 힘으로는 도무지 생존능력이 없이 태어나는 인간은 출생 당시부터 누군가에게 전적으로 의지해야만 비로소 성장발달이 가능해진다. 이것은 인간이 가정환경의 영향을 강하게 받으면서 형성될 가능성이 열려진 존재임을 말해준다. 이 교육 가능적이고 또 교육을 받아야만 하는 교육 필연적인 존재인 어린이가 최초로 접하게 되는 환경이 바로 가정과 부모이다. 따라서 인간은 누구나 그가 최초로 만나게 되는 부모와 가정이라는 환경을 통하여 인격의 기본적인 바탕을 형성해가게 된다.[2]

특히 어린 시절에는 모든 면에서 성장발달이 급속히 이루어지는 시기

---

1) 전풍자, "가정교육론" 오인탁외 4인, 『기독교 교육론』 (서울 : 대한기독교교육협회), p. 183.
2) Ibid., p. 179.

이고 가정의 영향을 가장 강하게 받는 시기이다. 그렇기 때문에 가정은 인간이 교육되는 최초의 장소이며 인간성장에 가장 큰 영향력을 미치는 중요한 교육환경인 것이다.

　심리학의 연구결과에 의하면 어린이의 인성(personality)이나 창의성의 발달이, 가정에서의 부모의 양육태도나 부모가 만드는 가정 분위기와 매우 높은 상관관계가 있음을 제시하고 있다. 인간의 양심, 도덕의식, 종교적 태도 같은 인간의 심층적인 특성은 그 바탕이 가정에서 부모와 가족들의 영향으로 알게 모르게 형성, 발달되는 것이다.

　E. 스프랑거(E. Spranger)는 "가정은 정서적 유대와 관습을 사랑을 통해서 배우는 곳이며, 가정에서 배워야 할 가장 귀한 것은 사랑의 감정을 바탕으로 하는 종교감각의 도야"라고 말하고 있다.[3]

　가정교육은 가족구성원 간의 사랑과 신뢰를 바탕으로 하여 성립되는 것이며 가정에서 배우는 것은 곧 생활화되고 습관화가 된다. 따라서 어린이의 조화로운 성장발달에 지속적인 영향을 미치는 전인교육의 현장이 바로 가정이다.

2. 가정의 교육적 기능

　보사드(Bossard)는 인간형성을 위한 가족집단의 교육적 효과를 다음과 같이 제시하고 있다.[4]
　첫째, 가정은 어린이에게 만족을 주어 안정성의 기초를 이룬다.
　둘째, 가정은 어린이의 능력을 계발시키는 장소이다.
　셋째, 인격승인의 욕구를 가정에서 성취해 사회로 확장해나간다.
　넷째, 가정에서 타인과의 관계를 익혀나간다.

---

3) 김정환, 『전인교육론』(서울 : 세영사, 1982), p. 182.
4) 이규환, 『교육사회학 원론』(서울 : 정민사), pp.38-50.

다섯째, 가정을 통해 지배, 복종, 협동, 대립 등 실존사회의 인간관계를 미리 경험하게 된다.
여섯째, 가정생활을 통해 사회에서의 교육준비를 갖춘다.
일곱째, 가정생활을 통해 사회생활에 필요한 습관, 예의, 태도 등을 익힌다.

이밖에도 가정의 교육적 기능을 요약해보면 다음과 같다.[5]
첫째, 사람으로서 지녀야 할 기본 자질을 몸에 익히도록 하는 것이다. 사람답게 성장하는 데는 수 많은 자질이 필요하지만 말을 배우거나 습관을 형성하거나 기본 예절들을 배우는 데에 나름대로의 결정적 시기(critical period)가 있는 바 이를 가정교육에서 가르쳐야 한다.
둘째, 바른 가치관을 심어주어 옳고 그름, 아름다움과 추함, 우리 사회에서 요구하는 규범의 분별, 시간의 흐름 속에서도 일관성을 유지하기 위한 가변성과 불변성을 구별하는 일 등을 가르쳐야 한다.
셋째, 배움에 대한 의욕을 계속 자극하여 부단한 자기 혁신, 평생동안 자기교육을 할 수 있도록 가정에서 가르쳐야 한다. 이스라엘은 가정을 예배공동체와 민족공동체로 이해하여 인간형성의 양축으로 삼아 종교의식과 민족의식을 일찍부터 교육하고 애국심과 신앙심은 다른 기관에 기대하지 않고 가정교육으로 해결하고 있다.
이러한 가정의 고유하고도 중요한 교육적 기능이 있지만 최근의 사회 변화로 인해 가정교육의 문제점이 점증하고 있다.

3. 가정교육의 문제점

우리 나라 가정교육의 문제점을 열거하면 다음과 같다.[6]

---

[5] 정원식, 『바른 가정교육』(서울 : 제일학원, 1990).
[6] 김재은, 『가정교육의 현주소와 이정표』(조선일보 사회부 : 가정교육, 1991).

첫째, 가정교육의 목표가 표류하고 있다. 과거의 가정은 효도와 예절 등 나름대로의 확고한 목표가 있었는데, 현대가정은 확실한 목표가 없어 옛날같은 가훈이나 수신이 없어졌고 가정과 학교와 사회가 상호갈등 혹은 가치의 불연속성을 나타내고 있다.

둘째, 부모의 교육적 자신감 상실이다. 새로운 시대상황과 과도한 자녀의 요구 앞에서 깊은 좌절을 경험하게 되었다. 옛날처럼 전세대가 후세대를 가르치면서 순행적 문화전달을 해왔던 것과는 달리 현대는 후세대가 거꾸로 전세대를 가르쳐야 하는 역행적 문화충격을 경험한다. 핵가정에서 가장의 존엄성은 점점 사라져가고 있다. 종적유대가 아니라 횡적유대 더 나아가 개인존엄성이 강조되다보니 종적 상하관계는 붕괴되어버렸다.

셋째, 부모·자녀 간의 관계변화이다. 옛날엔 부모의 절대적인 권위 때문에 자연적으로 가정교육이 되기도 하였다. 삼강오륜은 부모의 권위 때문에 지켜진 것이다. 부모와 자녀관계는 본질적으로 교육적 관계였다. 생활주변의 사람과 자연을 가르치고, 문화와 규칙을 일러주며, 습관과 태도를 지도하고 가치와 덕목을 교육해왔다. 그러나 오늘날 부모들은 응당 가르쳐야 할 것들을 포기하거나 가르치기를 두려워하고 있다. 자녀를 방임하는 것은 교육도 사랑도 될 수 없다. 그러나 요즘 기(氣)를 살린다는 명분으로 자녀를 방목하거나 지나치게 과잉보호해버리는 교육포기 증후군이 늘고 있다. "응당 할 일을 가르치지 않으면 응당 안해야 할 일을 감행하게 된다"는 평범한 진리를 알면서도 못지킨다.

넷째, '우리집' 주의의 폐해이다. 팽배한 가족이기주의는 이웃에 대해 폐쇄성으로 나타나기에 무국경시대를 살아가는 현대생활에 장애를 유발한다. 이웃을 협력자가 아닌 경쟁자로 인식해 과당경쟁이 생기고 돕고 돕는 관계가 아니라 이기고 지는 관계로 변해버리게 된다. 이는 타인들을 나의 행복과 승리를 위한 수단가치로만 대하게 되는 반사회적 행동을 유발할 수 있는 것이다.

다섯째, 주지주의 교육, 점수주의와 출세지상주의의 병폐가 있다. 착한 것보다 머리 좋은 것(영악한 술수일지라도)과 인재를 선호한다. 예능보다는 국·영·수 과목의 우수자를 선한 사람으로 보는 논리적 모순을 저지른다. 현재 우리 사회에는 배가 고파 음식을 훔치는 장발장식의 비행은 별로 없다. 오히려 대형범죄와 권력형 부조리, 지식인 비리 등 소위 고등범죄(white color crime)는 거의 모두가 머리 좋고 학벌 높고 고위직에 있는 지도자들에 의해 저질러지고 있다. 인간성(humanism)이 없는 학문(science), 도덕적 고려가 없는 지식이나 권좌는 사회를 더욱 불행하게 만드는 괴물인 것이다.

여섯째, 핵가족화와 집단주택화 현상이다. 도시화와 산업화의 부산물로 핵가족 현상이 나타났고 이것이 가족 간 유대를 파괴시키고 집안을 분리시키기에 이르렀다.* 아파트 주거환경은 소속감이나 연대감 등 공동체 의식을 급격히 깨뜨렸다. 일본에서는 20층 이상의 고층 아파트 주민 자녀들 사이에 사회성이나 유대관계가 현격히 악화되는 소위 '고층 아파트 증후군'이 나타나기도 한다.

일곱째, 아버지나 어머니가 부재 중인 가정이 늘고 있다. 아버지는 있으나 아버지 역할을 담당치 못하는 모자가정, 혹은 반대로 부자가정이 늘어가고 있다. 모자가정은 자녀들의 생활에 확고한 기준과 분별력이 약화될 수가 있고, 부자가정은 안정성이 모자라 가정 구성원들이 무질서하고 절제하지 못하는 경향이 있다. 옛부터 엄한 아버지, 사랑하는 어머니가 가정교육에 필요함을 강조해왔다. 아버지의 명령과 꾸중은 자녀들에게 생활의 방향과 중심을 잡아준다. 요즈음 자녀수가 적어짐에 따라 과잉보호는 있어도 절도있는 교육이 부족해, 태도와 자세, 예절과 분별에 많은 문제점을 보이고 있는 것이다. '강해진 자녀, 약해진 부모'의 현상은 오늘날 가정들이 극복해야 할 숙제이다.

4. 가정교육의 방법

가정은 한 개인의 인격형성이나 신앙형성에 있어서 가장 중요한 교육의 장이다. 가정이 살아있는 교육의 현장이 되기 위해서는 자녀들에게

---

* 핵가족에서 어린이들은 집에서보다 집밖의 친구들과 어울리는 또래문화를 발전시키게 된다. 어린이들은 모방할 모범적 인물을 갖지 못하기 때문에 아동의 성격 형성에 심각한 문제를 초래하게 되다.

무엇을 가르칠 것인가? 하는 교육내용과 함께 교육방법이 함께 숙고되어야 한다. 교육의 내용은 좋은 교육방법을 통해서 살아나기 때문이다. 가정교육의 방법은 교육기관의 교육방법과는 그 성격을 달리 한다. 우리는 학교교육을 형식적인, 의도적인 교육이라고 부르는 반면에, 가정교육은 비형식적이고 무의도적인 교육이라고 부른다. 가정교육은 사전에 계획된 교육보다는 주어진 환경을 통한 말이 없는 관계를 통해서, 그리고 주어진 생활상황에서 구체적인 경험을 통하여 교육하는 것이 큰 비중을 차지한다.

가정의 교육적 영향은 형식적이고 계획적으로 작용하는 것이 아니라 무의도적이고 잠재적으로 작용한다. 가정의 분위기나 부모의 일상적인 언행이나 부모의 삶의 자세가 실은 모두 포괄적으로 가정교육의 방법이 되는 것이다.

기독교 가정교육의 방법적인 특색은 첫째, 가족구성원의 사랑과 신뢰 위에서만 이루어진다는 데 있다. 사랑과 신뢰는 자녀의 전인적인 성장에 필수 불가결한 요소이다. 사랑과 신뢰가 결여된 환경에서 어린이는 발달상에 많은 지체를 보인다. 정서와 성격 장애를 비롯하여 지적인 지체, 그리고 적응면에서의 어려움을 보인다. 그러나 가정에서의 사랑과 신뢰의 경험은 이후의 종교적 태도의 형성을 위한 전종교적인 조건들이 된다. 사랑과 신뢰의 경험이 짙으면 후에 종교적인 확신과 신뢰가 형성되어질 가능성은 그만큼 높은 것이다.[7]

그래서 도로쉬 놀트(Dorosh Lolte)는 다음과 같이 가정 교육환경의 중요성을 강조했다.

"비난을 받고 자라는 아이는 남을 비난하는 것을 배운다.
적개심 속에서 자라는 아이는 남과 싸우는 것을 배우게 된다.
조롱을 받으며 자라는 아이는 부끄러움을 배우게 된다.
수치를 받으며 자라는 아이는 죄의식을 느끼게 된다.

---

7) 김정환, op. cit., pp. 185-192.

관용을 받으며 자라는 아이는 참을 줄 알게 된다.
격려를 받으며 자라는 아이는 자신감을 갖게 된다.
칭찬을 받으며 자라는 아이는 감사하는 것을 배우게 된다.
공평함 속에서 자라는 아이는 정의로움을 배우게 된다.
신뢰 속에서 자라는 아이는 자기 자신을 좋아하게 된다.
수용과 우정 속에서 자라는 아이는 세상에서 사랑을 찾을 줄 알게 된다."

　둘째, 가정교육의 방법적인 특색은 자녀의 심신양면의 교육이 조화롭게 이루어지는 데 있다.[8] 가정교육은 손으로 상징되는 신체와, 머리로 상징되는 지성과, 가슴으로 상징되는 감성의 조화있는 발달을 도모하는 데 있다.

　셋째, 가정교육의 방법적인 특색은 자녀의 개성교육을 할 수 있는 데에 있다.[9] 가정은 어린이들이 가지고 있는 개성을 키워줄 수 있는 곳이다. 현대의 학교교육은 어린이의 개성을 평준화시키고 있어서, 가정은 어린이의 개성을 각 가정의 독특한 환경적인 여건 하에서 개성있게 키워주어야 한다. 어린이가 가지고 있는 잠재적인 가능성을 꽃피울 수 있도록 키워주어야 하는 곳이 가정이다.

　넷째, 가정에서의 교육방법이 바람직한 것일 때 가정교육은 성공적인 것이 될 수 있다. 아무리 가정교육의 목표가 뚜렷하고 좋은 내용을 가지고 있다 하더라도 교육방법이 나쁠 때, 가정교육은 실패할 수밖에 없다.

　기독교 가정이 자녀들의 신앙적인 성장을 목표로 자녀들을 교육할 때에 중요한 것은 어떤 과정을 통하여 어떻게 지도하느냐 하는 것이다. 지도방법이 나쁘면 오히려 신앙적인 성장을 저해하는 경우도 얼마든지 있을 수 있다. 잘못된 교육방법으로는 광신적인 신앙이나 엄격한 교리주의 같은 획일주의, 무조건 부정하는 방법, 지나친 절대주의, 강제적인 행동

---

8) 전풍자, op. cit., p. 186.
9) Ibid., p. 186.

통제, 행동에 대한 율법주의적 자세 등을 들 수 있다.[10] 그리고 아주 잘못된 방법은 자녀들을 노엽게 하는 데 있다. 자녀들을 노엽게 하는 부모들의 잘못된 행동에는 다음과 같은 것들이 있다.[11]

■ 자녀들을 분노하게 하는 방법
① 고함치는 것
② 당황하게 만들거나 우습게 만드는 것
③ 무시하는 것(너무 바쁘다거나 귀기울이지 않는 것)
④ 화를 내며 훈육하거나 때리는 것
⑤ 아이의 필요를 고려치 않는 것
⑥ 비교하거나 편애하는 것
⑦ 날카로운 목소리로 말하는 것
⑧ 인내의 부족
⑨ 너무 제약이 많은 것
⑩ 부모 자신은 완벽한 체하는 것
⑪ 거짓말(약속을 지키지 않는 것)
⑫ 과잉반응, 과잉보호
⑬ 능력 이상의 지나친 기대
⑭ 원인이나 과정을 무시한 채 결론에만 집착하여 부당하게 비난하는 것
⑮ 비웃음과 다른 사람들 앞에서 꾸짖는 것
⑯ 부부끼리의 싸움(아이들에게 한 편을 들게 하는 것)
⑰ 일관성이 없고 신뢰하지 않는 것
⑱ 부당하거나 불공평하거나 너무 혹독한 체벌
⑲ 훈육이 없는 위협(잔소리)
⑳ 언제나 부정적인 면만 보는 비판적인 입장
㉑ 아이의 의견이나 결정을 존중하지 않는 것

---

10) 은준관, 『교육신학』 (서울 : 대한기독교서회), pp. 214-215.
11) Chase B. W, 주순희(역), 『인격적인 상담, 효과적인 훈육』 (서울 : 두란노서원), pp. 42-43.

㉒ 실수에 관해 말하는 것
㉓ 용서하지 않는 것

다섯째, 부모와 자녀 사이의 진정한 만남과 대화의 교육방법이 요구된다. 가정에 있어서 기독교 교육의 가능성은 실상 자녀들의 깊은 인생의 질문과 생의 요청을 들을 수 있는 대화의 만남의 차원에서 생겨날 수 있기 때문이다. 올바른 경청(listening)이 있는 곳에 진정한 응답(response)이 있을 수 있으며 그곳에서의 대화는 새로운 차원으로 열려지기 때문이다. 그렇기 때문에 하나님에 대한 물음문제, 신앙문제들이 함께 가정교육의 만남의 차원에서 이루어져야 한다.

여섯째, 부모의 훈육은 자녀교육에 있어 필수적 방법이다.[12] 자녀의 불순종을 바르게 고쳐주어야겠다고 부모가 느꼈을 때, 자녀들의 일차적 경향은 거부당하고 분리되고 부모에게서 떨어져나가는 느낌을 갖게 된다. 그러나 부모가 일관성있게 규제를 밀고 나가면 자녀는 부모에 대한 본능적 반항을 내어놓고 부모의 명령에 순응하기 시작한다. 그렇게 될 때 자녀는 긍정적인 감정이 회복되고 분리 공포가 치유된다. 이것이 자녀훈육과 감정발달의 핵심이다. 훈육이 없이는 자녀가 소속감이나 가치인식을 가질 수 없다. 자녀를 훈육하는 데 있어서 세 가지의 단계가 있는데, 이것을 도표로 표시해보면 다음과 같다.

- 훈육의 3단계

1단계	취학전, 만 3-4세까지	자녀와 '맞서는' 시기
2단계	만 4-13세까지	'함께 수고하는' 시기
3단계	사춘기 만 13-18세	자녀에게서 '물러서는' 시기

훈육의 1단계는 자녀와 '맞서는' 과정이다. 이 연령의 자녀들이 공공연히 부모의 권위에 도전할 때 부모는 단호하게 자녀의 의지에 맞설 필요가 있다. 흔히 만 3세의 자녀들은 부모에 대한 자신들의 의지를 강하

---

12) Ibid., pp. 217-230.

게 맞세워본다. 이때 부모는 자녀의 의지와 부모의 의지 사이의 싸움에서 이기기 위해 단호한 행동을 취할 필요가 있다.

훈육의 2단계는 만 4-13세의 자녀들로 하여금 부모의 의지에 응할 수 있도록 그들과 함께 수고하는 과정이다. 함께 수고한다는 것은 자녀를 알고 자녀의 개성을 이해하는 가운데 자녀가 어렵지 않게 순종할 수 있도록 여러 가지 방법을 시도하는 작업을 포함하고 있다. 부모는 자녀가 순종하도록 이끌되 1단계에서와는 달리 그가 왜 부모에게 순종해야 하는지 그 이유를 말로 설명해줄 필요가 있다. 함께 수고하는 이 시기에는 자녀가 협조할 수 있도록 하기 위해 부모가 행동을 취하게 된다. 또한 이 단계에서는 지도(instruction)와 훈련(training)이 상당히 요구된다. 부모는 이유와 상황을 설명하고 한계를 정하고 그것을 강화시켜야 한다.

또한 이 시기에는 논리적 귀결을 사용하는 것이 매우 효과적이다. 논리적 귀결 속에서 자녀는 선택을 하게 되고 그 가운데서 자신의 선택의 결과를 이해하면서 자라게 된다. 잘못된 선택으로 주어진 부정적인 결과 속에서도 부모의 권위는 유지된다. 논리적 귀결 속에서 자녀는 자신의 행동과 그 결과 사이의 관계를 보게 되는데 이것이 자녀가 좀더 현명해지고 책임감있게 자라는 데 도움이 된다.

훈육의 3단계는 만 13-18세의 사춘기 자녀들에게서 물러서는 과정이다. 이 시기의 자녀에 대한 목표는 자녀들이 제 역할을 해내는 성인이 되도록 돕는 것이다. 독립성은 이 시기의 주요한 발달과업이다. 이 단계에서는 자녀들로부터 물러섬으로써 이 발달과업을 위해 협력해가는 것이다. 이것은 부모가 사랑과 관심과 지원을 떨쳐버리는 것을 의미하는 것이 아니라, 점차적으로 더 많은 의사결정의 권한을 자녀에게 물려줘야 한다는 것을 의미한다.

일곱째, 가정에서 자녀들을 교육할 때 격려하면서 양육하는 것이 중요하다. 어린이들을 격려하는 양육법을 구체적으로 소개하면 [13]

① 부모 자신과 어린이들을 현재 있는 그대로 인정한다 - 온갖 결함에도 불구하고 부모 자신과 아이들을 있는 그대로 받아들이는 것은 자녀들

에게 자신감을 심어주는 데 꼭 필요하다. 인정은 자신감을 심어주지만 거부는 자녀들을 좌절시킨다.
　② 이중적인 기준은 피한다 - 가정 안에서 이중적인 기준을 사용하는 것은 금물이다.
　③ 죄의식은 동기가 되지 않는다는 사실을 인정한다 - 죄의식을 이용하여 자녀들의 행동을 변화시키거나 개선하려고 하는 것은 자기 패배적인 행동이다. 자녀들에게 계속해서 그들의 허물과 실패를 상기시키는 것은 자녀들을 책임있는 아이로 성장시키는 데 저해요인이 된다. 자녀들은 변화에의 용기와 확신을 얻기 위해 격려를 필요로 한다.
　부모들이 죄의식을 자녀들을 통제하는 수단으로 사용해서는 안된다. 그리고 자녀들에게 '나쁜', '더러운', '수치스러운', '쓸모없는', '멍청한' 이라는 표현을 써서는 안된다.
　④ 행위와 행위자를 분리한다 - 자녀들은 부모가 원하는 대로 움직여 주지 않는다. 비록 자녀들이 불순종하고 잘못을 저지르더라도 그들이 여전히 가치있고 중요한 존재임을 알려주어야 한다. 자녀들이 어떤 일을 하든지 간에 자녀 자신이 그가 하는 일보다 더 중요하다는 것을 분명히 밝힘으로써, 자녀들에게 자신감을 심어주고 다른 사람들에게 인정받을 수 있는 존재로 성장시킬 수 있다.
　⑤ 비교는 경쟁심을 조장한다 - 자녀들을 비교하여 한 아이에 대해서는 그의 노력과 성과를 인정하고, 다른 아이에 대해서는 비관적인 입장을 취할 때 무시당하는 어린이는 마음에 상처를 받기가 쉽다. 이러한 비교가 반드시 말로만 표현되는 것은 아니지만 부모의 얼굴표정, 음성을 통해 자녀들은 부모가 자신들을 인정하는지, 못마땅하게 생각하는지를 알아차린다. 자녀들을 그들의 형제나 친구들과 비교하는 것은 그 자신에게 갈등과 좌절감을 안겨줄 뿐이다. 부모들이 자녀들을 계속 비교할 때,

---

13) Paul Lewis, 최종훈(역),『아빠가 가르치는 자녀양육교실』(서울 : 파이디온선교회), pp. 119-123.

자녀들은 자신을 정당화하고 자존심을 지키며 자기를 더 낮게 보이도록 다른 사람의 약점을 노출시키려고 한다.

⑥ 비현실적인 기대와 야망이 자녀들을 좌절시킨다는 사실을 깨달아야 한다 - 부모들은 자녀들이 모든 면에서 뛰어나기를 기대한다. 그러나 지나치게 욕심이 많은 부모는 자녀들에게 터무니없는 요구를 하는 경향이 있다. 지나치게 높은 기대는 자녀로 하여금 자신감을 잃게 만든다. 불필요한 규정과 요구들은 자녀들을 억압하며 그들로 하여금 좌절감을 느끼게 한다. 이런 자기패배적인 태도는 새로운 경험에 대한 공포를 야기시킨다. 부모의 기대치에 미칠 수 없다고 느끼는 아이들은 거부당하고 수치를 당할까 두려워서 새친구를 사귀거나 새로운 활동을 하기를 꺼린다. 자녀들이 부모의 요구를 충족시키지 못하더라도 그들이 소중한 존재임을 확인시켜주는 것이 매우 중요하다.

⑦ 긍정적인 진술을 만들어내는 대화를 실천한다 - 그들에게 사랑과 수용을 전하는 것은 부모가 배워야 할 중요한 기술이다. 부모들이 자녀의 공헌과 노력을 칭찬해준다면 가족 내의 불필요한 긴장들을 피할 수 있다. 자녀들은 부모가 인정해줄 때, 자신이 쓸모있는 존재이며 특별한 존재라고 느끼게 된다. 그러나 무조건 칭찬만 한다고 해서 자녀들이 자신감을 갖거나 안도감 내지 가치있다는 느낌을 갖게 되는 것은 아니다. 자녀들의 인격적인 면보다는 노력이나 개선에 목적을 두고 인정을 해주어야 한다. 그러기에 부모들은 아첨의 말과 긍정의 말을 잘 분리하여 사용하여야 한다.

다음은 아첨의 말과 격려하는 말의 차이를 기술한 것이다.

아첨의 말 (×)	격려와 긍정의 말 (○)
"넌 대단한 일꾼이구나"	"너의 일하는 방식이 내 마음에 든다"
"정말 일을 잘하는구나"	"내가 지켜봐도 괜찮겠니?"
"넌 엄마의 도움이 필요하지"	"도와주어서 고맙다. 많은 도움이 되었다"
"넌 잘하니까 걱정할 것 없어"	"난 네가 그걸 잘하리라고

"넌 스스로 결정을 내릴 수
있을 만큼 컸단다"
"넌 그것을 거의 완벽하게
행하고 있어. 네가 프로가
되는 것은 멀지 않은 일이야"

생각한다"
"나는 너의 판단을 믿어. 난 네가
선택하는 방법이 마음에 들어"
"넌 점차 발전해가고 있어. 내가
보기에 넌 정말 일을 열심히 하고
옳은 사람이 되려 애쓰는 것 같구
나. 일을 행하는 새로운 방식을
배우고 싶지 않니?"

5. 가정교육을 위한 성경적 원리

　가정은 신앙과 정신을 계승하고 보존 발전시켜나가는 진리의 릴레이 장소이다. 인간은 교육을 통하지 않고는 인간이 될 수 없는 존재이기 때문에 가정은 하나님께서 마련해주신 학교요, 작은 교회이다. 그러므로 가정이 파괴된 자녀들은 이미 하나님을 체험할 수 있는 직접적인 통로가 제거된 것뿐만 아니라, 생활의 기본적인 능력을 도야할 수 있는 기회를 상실하게 되는 것이다.
　가정은 자녀들의 중요한 신앙교육의 센터이다. 부모들에게 주어진 중요한 과제로써 먼저 자녀들을 종교적으로 성장하도록 가르쳐야 한다. 그리고 자녀의 신앙을 양육해주어야 하며 하나님의 뜻을 구체적으로 가르쳐야 한다. 주의 말씀으로 자녀들을 훈육해야 한다. 부모들이 자녀들과 함께 수행해야 할 기본적인 성경적 목표를 제시하면 다음과 같다.[14]
　① 자녀들로 하여금 예수 그리스도의 구원의 지식을 갖게 한다. 자녀들이 위로부터 받은 새 성품을 갖기 전에는 하나님이 원하시는 사람이 될 것을 기대할 수 없다.

---

14) R. L. 스트라우스, 곽선희(역), 『이렇게 가르치라』 (서울 : 양서각), pp. 26-28.

② 자녀들로 하여금 그 삶을 온전히 그리스도께 맡기도록 한다. 우리는 자녀가 주님의 뜻에 따라 결정하고 삶의 모든 것을 기도를 통해 그분과 나누며, 모든 체험을 통해 그분을 믿기를 바라야 한다. 우선 "주여, 우리가 무엇을 하기를 원하시나이까?" 하고 묻는 습성을 길러야 한다. 이는 아주 어릴 때부터 시작되어야 한다.

③ 자녀들에게 하나님의 말씀이 그들의 삶 속에 있도록 가르쳐야 한다. 자녀들에게 하나님의 말씀을 신실하게 가르치고 삶의 정황에 관련시켜 그에 따른 본보기를 설정하도록 해야 한다.

④ 자녀들에게 마음에서 우러난 순종심을 가르쳐 권위를 존중하도록 해야 한다.

⑤ 자녀들에게 자기훈계를 가르쳐야 한다. 행복한 삶은 규제를 받는 삶이다. 먹는 일, 잠자는 일, 시간과 돈의 사용, 그리고 물질에 대한 욕망 등의 분야에서 규제를 받는 삶이다.

⑥ 자녀들에게 책임을 가르쳐야 한다. 자기들에게 부여된 일을 즐거운 마음으로 효율적으로 성취하는 책임, 소유물을 적절히 돌볼 책임, 그리고 행동의 결과에 대한 책임 등을 가르쳐야 한다.

⑦ 자녀들에게 정직, 근면, 진실성, 공의, 이타심, 친절, 용기, 헤아림, 관용, 정의, 인내, 감사 등과 같은 기본적인 기독교적 성품을 가르쳐야 한다.

그리고 부모들은 자녀양육을 위한 성경적 원리를 잘 이해하고 수행해야 한다.

성경이 말하는 자녀양육의 원리는 다음과 같다.[15]

① 자녀가 태어나기 전에 그 자녀를 위하여 기도하고 출생 후에도 그를 위해 계속 기도한다(삼상1:11, 27-28, 시71:6).

② 자녀를 향한 기대를 검토해 본 후 그 기대들이 과연 현실적인가 성

---

15) Wayne Mack, *Marriage Relationship* (N.J : Presbyterian & Reformed Publishing, 1977), pp. 148-150.

서적인가를 평가해본다.
　③ 조건 없이 자녀를 사랑한다(신7:7, 요일4:19).
　④ 자녀를 칭찬할 수 있는 기회를 찾는다. 자녀를 인정하고 있다는 마음을 자주 표현한다(빌1:3, 살전1:2).
　⑤ 자녀들의 좋은 점들을 먼저 인정해주고 그 다음에 잘못을 비판한다(고전1:3-13).
　⑥ 중대한 문제가 아니면 자녀들이 스스로 결정을 내리도록 자유를 준다. 부모들의 목표는 자녀가 부모에게 의지하도록 하는 것이 아니라(잠22:6, 골1:27-28) 그리스도 안에서 성숙하게 자라도록 돌보는 것이다.
　⑦ 자녀들을 다른 사람들과 비교하지 않는다(갈6:4, 고후10:12-13, 고전12:4-11).
　⑧ 자녀들을 조롱하거나 흉보지 않는다. 자녀들을 얕잡아보지 않는다. 그를 "바보, 못난이, 어리석은 놈"이라 부르지 않도록 주의한다(마7:1-2, 엡4:29-30, 잠12:18, 16:24).
　⑨ 다른 사람들 앞에서는 절대로 쓸데없이 꾸중하지 않는다(마18:15).
　⑩ 부모들이 실천하지 못하는 것들을 지키라고 협박하거나 강요하지 않는다(마5:37, 약5:12).
　⑪ 자녀들의 요구에 "안돼"라고 말하는 것을 두려워하지 말고, 안된다고 할 때는 정말 안된다는 것을 설명해준다(창18:19, 잠29:15, 삼상3:13).
　⑫ 자녀가 문제를 가지고 있거나 자녀 자신이 문제일 때, 흥분하지 말고 자신을 잃지 않는다. 소리를 지르거나 고함치거나 악을 쓰지 않는다(엡4:26-27, 고전16:14).
　⑬ 모든 것이 다 잘될 것이라는 믿음과 기대를 자녀에게 전한다. 자녀에 대하여는 포기해버렸고 자녀를 실패작이라고 생각해 체념한다는 것을 말로나 행동으로 결코 내보이지 않는다(고후9:1-2, 고전13:7).
　⑭ 부모의 신념대로 꾸준하게 생활한다. 자녀들은 부모의 말을 듣는 것보다 부모의 행동을 더 많이 배울 것이다(신6:4-9, 살전2:10-12, 빌

4:9).

⑮ 자녀들이 이 세상에서뿐만 아니라 내세에서 살도록 자녀를 준비시켜야 할 책임이 있다는 것을 깨닫는다(엡6:4, 신6:4-9).

⑯ 자녀들의 욕구, 느낌, 두려움, 의견들에 대해 민감하게 반응한다(마18:10, 골3:21).

⑰ 자녀를 진정으로 소중히 여기고 언제나 있는 모습 그대로 용납한다(마18:5-6).

⑱ 자녀를 노엽게 하거나 분통이 터지게 하는 말들을 피한다(잠15:1, 엡4:31-32).

⑲ 매일 자녀들과 성경을 읽고 강론하며 기도를 쉬지 않는다(신6:4-9, 딤후3:15).

⑳ 교회의 예배와 봉사에 가족 전체가 적극적으로 참여한다(히10:24-25).

㉑ 가정을 손님접대의 중심지가 되게 하고, 자녀들이 많은 그리스도인들과 자주 접촉할 수 있는 곳으로 만든다(롬12:13, 히13:1-2, 왕하4:8-37).

㉒ 자녀를 예수 그리스도의 구원에 참여하도록 인도한다. 자녀를 그리스도 앞에 인도하기 위해서 노력한다. 자녀를 그리스도께로 인도하기 위해서는 어떠한 일도 감행한다. 하나님께서 구원하시며 죄를 깨닫게 하시며 회개와 믿음을 주실 것이다. 그리고 기도와 성화된 행실로써 하나님의 구원에 이를 수 있는 환경을 만들어준다(딤후3:14-17, 신6:4-9, 마10:13-14, 롬10:13-17).

또한 자녀교육을 위한 실제적 지침도 부모들은 알아두어야 한다.
① 자녀들이 어렸을 때, 주께 인도해야 한다(딤후3:14-16).
② 계속적인 모범이 된다(고전11:1).
③ 하나님의 뜻을 최고의 갈망이 되게 한다(롬12:1-2).
④ 인정하고 칭찬한다(마25:21).
⑤ 독립적인, 개성있는 인격으로 양육한다.

⑥ 자녀를 이용하지 않는다.
⑦ 자녀들과 함께 시간을 보낸다.
⑧ 다른 아이들과 비교하지 않는다.
⑨ 부모의 도덕의식을 분명히 제시한다.
⑩ 모든 삶의 환경을 교육의 기회로 삼는다.
⑪ 그들이 가정에서 필요한 존재임을 알리고 자주 구체적으로 자녀를 향한 부모의 사랑을 표현한다.
⑫ 자녀에게 깊은 관심과 온정, 수용과 존중감을 나타낸다.
⑬ 일정한 범위내에서 자녀의 자유를 허용한다.
⑭ 자녀에게 일관성있게 사랑과 성실성, 안정감을 나타낸다.

Ⅱ. 기독교 가정교육의 역사

1. 이스라엘(히브리) 가정교육관

1) 가정관

　가정은 창조의 섭리에 따라 하나님께서 창시하신 것이다. 하나님은 인간을 창조하실 때에 가정도 함께 만드셨다. 가정은 교회라는 신앙공동체가 형성되기 훨씬 이전에 형성된 가장 기본적인 작은 단위의 신앙공동체이다. 하나님은 친히 가정 안에 거하시고 가정을 통하여 역사하신다.

　구약시대의 가정은 하나님의 임재를 밀도있게 체험할 수 있는 터전이었고, 신앙적인 성장의 통로의 역할을 수행하였다. 그리고 자녀들의 종교교육의 중요한 장이었다. 구약시대의 가정은 종교적 공동체로서 자녀의 신앙을 책임지는 종교교육의 살아있는 현장이었다.[16] 이스라엘에게 있어서 가정은 생동적인 신앙전승의 장소였다.[17] 히브리 가정은 자연적 유대 그 이상의 종교적 공동체이며, 종교교육의 가장 구체적이고 중요한 장이었다.[18]

　구약성서를 보면 히브리 사람들은 연속되는 역사적인 변화와 정치적 소용돌이 속을 뚫고 꾸준히 하나의 민족공동체로서 몸부림쳐왔다. 그 몸

---

16) 전풍자, "기독교 가정에서의 자녀교육", 교육교회, 1983. 5. (서울 : 장로회신학 기독교 교육연구원), p. 255.
17) Haus Bernhard Kaufmann, 한숭홍(역), "세대간의 신앙, 학습, 교육", 『성숙한 교회와 교육선교』(서울 : 예장총회 교육부), p. 358.
18) Lewis J. Sherrill, *The Role of Christian Education* (NY : MacMillian Co.), p. 17.

부림 가운데서도 꾸준하게 지속시켜온 한 가지는 히브리 사람들을 하나로 묶을 수 있었던, 민족적 사건-출애굽 사건에 대한 살아있는 증언이었다. 그 사건이 증언될 때마다 그 사건의 주역이셨던 여호와 하나님의 약속은 히브리 사람들의 가슴 속에 되새겨져왔다. 이 약속은 율법으로 언약되었었고 그것은 한 세대에서 다른 세대로 증언자들에 의해 성실하게 전수되어왔다. 바로 이것이 히브리인 나름대로의 자율적인 종교교육이었다. 히브리인의 교육에서 중요한 교육행위의 하나는 히브리 가정에서 히브리 어른들이 자기들의 자녀들에게 하나님의 뜻을 가르쳐온 사실이다.[19] 그리하여 제사장과 예언자들에 의한 종교의식과 해석이라는 교육과 병행하여 히브리 가정은 하나님의 뜻이 생활 속에 구현되는 통로였으며 히브리 어린이들의 생활의 변화를 가져온 종교교육의 장이 되어왔다. 이것은 가정을 장으로 하는 교육의 처음의 형태라고 볼 수 있다. 어느 가정이든 그곳은 모든 인간관계의 기본적 단위를 형성하는 공동체라는 점에서 히브리 가정들도 종교교육이 가능했던 가장 중요한 장소였으며, 여기서 부모와 자녀 사이의 관계는 신의 계시와 뜻이 전달될 뿐 아니라 생활화되었던 매개였던 것이다. 히브리 가정은 자연적 유대(생리적 관계에 의한) 그 이상의 종교적 공동체였으며, 따라서 가정은 종교교육이 가능할 수 있었던 가장 구체적이고도 살아있는 현장이었다. 무슨 근거로 가정이 교육의 살아있는 현장이 되는가? 그 하나의 이유는 유아의 출생은 곧 신의 은혜와 직결되어 이해되었다는 데서 시작된다. 아기를 낳는 아내는 야훼의 축복을 받은 사람들이었다.

  신의 축복을 받은 가정에서 시행하였던 종교교육은 바로 하나님의 의지를 깨닫고 실천하는 행위라고 보았고 그 행위를 수행하는 교육방법을 크게 네 가지로 분류하였다.

---

19) 은준관, 『교육신학』 (서울 : 대한기독교서회 1986), p. 85.

2) 가정교육의 방법

첫째로 히브리 가정의 교육은 온 가족들이 공동으로 행하는 활동에 직접 그리고 함께 참여하게 하는 것이었다.

둘째로 종교교육 방법은 어린이들의 모든 행위를 통제함으로써 실시되었다.[20] 부권사회였던 그때의 아버지의 권위는 절대적이었으며 도덕률은 온 가족이 지켜야 할 절대적인 규칙들이었고 이는 야훼의 뜻을 수행하고 복종하는 구체적인 행위들이었다. 잠언서, 전도서는 이에 대한 부모의 책임을, 그리고 출애굽기, 레위기, 신명기는 사회생활과 가정에서의 일상생활을 위한 길잡이였다.

셋째의 교육방법은 가정에서의 구전을 통한 방법이었다. 부모는 자녀들이 진리를 깨닫도록 말로 직접 가르쳤다.[21] 그 진리란 두 가지 양상에서 이해되었는데, 하나님은 역사를 통하여 인간들 속에 자기를 계시하셨다는 진리와, 율법이란 인간을 위한 야훼의 뜻이 담긴 계시라는 교훈이었다. 이 역사와 율법을 통한 신의 의지는 모든 히브리 가정에서 부모들의 구전을 통하여 젊은이들에게 전달되어왔다. 구전의 내용이란 이렇듯 역사 속에서 보여주셨던 하나님의 구원의 사건을 압축시킨 성서의 이야기였다. 신명기6:4-9절에 나타난 대로 그 구체적인 표현은 율법이었다.[22]

"이스라엘아 들으라. 우리 하나님 여호와는 오직 하나인 여호와시니 너는 마음을 다하고 성품을 다하고 힘을 다하여 네 하나님 여호와를 사랑하라. 오늘날 내가 네게 명하는 이 말씀을 너는 마음에 새기고 네 자녀에게 부지런히 가르치며 집에 앉았을 때에든지, 길에 행할 때에든지,

---

20) Lewis J. Sherrill, op. cit., p. 18.
21) Ibid., pp. 19-20.
22) 이 부분은 쉐마라고 일컬어지는데, 쉐마는 '들으라' 란 뜻으로 아침, 저녁으로 하는 기도이며 하나님은 한 분이며 초월적인 분으로서 다른 신은 존재하지 않는다는 사실에 대한 확언이다.

누웠을 때에든지, 일어날 때에든지 이 말씀을 강론할 것이며 너는 또 그것을 네 손목에 매어 기호를 삼으며 네 미간에 붙여 표를 삼고 또 네 집 문설주와 바깥문에 기록할지니라" 그리하여 히브리 가정은 생리적 관계일 뿐 아니라 사회적 기본공동체였고 또 더 나아가서는 역사와 율법 속에 계시하셨던 야훼의 뜻을 말로, 종교적 행위로 되살려온 신앙과 종교교육의 현장이었던 것이다.

넷째의 교육방법은 종교의식(religious rites)에 의한 것이었다.[23]

히브리인들이 가진 종교의식들은 여러 가지 종류였음을 엿볼 수 있다. 그 중의 하나는 가정에 태어난 어린아기가 남아인 경우에는 생후 팔 일만에 실시하는 할례(circumcision)라는 의식이었다. 그러나 할례는 아버지가 행하는 의무적인 행사만은 아니었다. 오히려 신앙 가정의 언약된 일원으로 인정되는 엄숙한 의식이었다. 그 다음 그 남아의 생후 사십 일이 되면 생모는 어린양을 잡아 속죄를 위하여 바친다는 것이다. 다른 하나의 의식은 메쥬자(mezuzah)라는 양피지에 글을 새겨 넣고 이를 나무나 쇠로 만든 상자 속에 넣어 문에 매달아 놓았던 것이다. 문을 드나들 적마다 "하나님이 나의 출입을 지금부터 영원까지 보호할지어다" 라고 외우고 나서는 그것에 입맞추곤 하였다.[24]

십삼 세가 되면 소년들은 종교적 책임을 져야 하는 바 미즈와(Bar Mizwah)라는 의식을 거쳐 히브리 공동체의 한 성원이 되어 모든 의무와 책임을 가지게 된다. 그리고 히브리인의 또 다른 의식은 안식일(Sabbath)과 밀접히 관계되었다. 안식일은 야훼와 그의 백성 사이의 언약의 표시로써 예배와 안식을 위하여 거룩한 날로 정해졌던 것이다. 금요일 저녁이면 안식일 등불이 켜지고 테이블은 깨끗한 식탁보로 싸이며 그 위에는 선조들이 광야에서 먹었다는 만나를 기념하는 빵 두 조각을 놓는다. 회당에서 돌아오면서 부모들은 자녀들을 축복해주고 함께 앉

---

23) Lewis, J. Sherrill, op. cit., pp. 20-30.
24) 은준관, op. cit., p. 90.

아서 식사를 했던 것이다. 이외에 히브리인들에게는 두 가지 중요한 절기가 있었는데 이는 교육적 행위와 깊이 연결되어 있었다. 하나의 절기는 유월절(Passover)로써 이것은 가정에서 시행하였다. 이 절기는 히브리인들이 흩어지고 또 예루살렘이 멸망한 이후에도 무교병으로 준비한 유월절 식사, 축복과 시편읽기 등으로 계속 히브리 가정에서 시행되어 온 중요한 행사였다. 또 하나의 절기는 장막절(The Feast of Tabernacles)이었다. 모든 히브리 남자들은 매년 꼭 칠 일간은 장막(booth) 속에 함께 살아야 했으며 팔 일째 날에는 율법의 기쁨이라는 행사가 열렸다. 이 기간에 그들은 율법에 의한 교육을 받았다. 그리하여 유월절은 자유와 해방을 위한 히브리인의 의식이었고, 장막절은 율법의 새로운 이해를 위한 것이었다. 이러한 모든 종교의식들, 즉 할례, 메쥬자, 바 미즈와, 안식일, 유월절과 장막절들을 통하여 히브리인들은 한 가지 중요한 교육적 의미를 살렸다. 즉 히브리인의 교육은 종교적 사상이나 그들의 신앙구조를 추상적으로 전달한 것이 아니라 가정의 엄격하고도 부드러운 분위기를 장으로 하여 참여, 행위, 대화를 통해 경험의 차원에서 이루어져왔다는 사실은 매우 중요한 것이다. 그리하여 히브리인의 종교교육은 야훼의 역사와 계시적 사건(신앙구조)을 제사장과 예언자들을 통한 선포와 해석으로, 그리고 구체적으로는 히브리인의 가족전체의 생활과 의식들을 통하여 이루어져왔음을 엿볼 수 있다. 더우기 이 모든 것에 참여함으로 하나님과의 관계를 모색하였고 또 그것은 계속 증언되어온 교육이었다.

3) 이스라엘 가정교육의 특색

가정을 장으로 하는 이스라엘의 가정교육의 특색을 자세히 살펴보면 다음과 같다. 이스라엘 교육의 특색 첫 번째가 하나님에 의한 교육이었다면 두 번째는 가정을 장으로 하여 전생활을 통한 교육이었다는 점이다. 그들의 교육은 삶 자체였고 생활없이 가르치고 배운다는 것은 불가능했다.[25]

그들에게 있어서 생활은 곧 교육이며 교육은 곧 생활이었다. 생활 중에서도 가정생활은 그들 교육의 중심을 이루는데, 이 가정 중심 교육의 특색은 종교적이고 실제적이라는 점이다. 이들의 교육은 경건과 교육이 분리되지 않았다. 성서는 가정이 어린이 교육의 기본이 됨을 강조하고 있다.[26]

가정은 하나님이 세우신 것이며 또한 하나님이 계획하신 것이며 가정 자체가 곧 하나님의 메시지였다. 그래서 요하네스 에드가(Johnes Edgar)는 "종교적인 가정의 창조는 하나님의 지혜로운 가르침의 좋은 아이디어 중의 하나"이며 항상 사회적인 수준은 가정생활의 수준보다 높지 못하다고 말했다.[27]

가정은 다른 어떤 곳에서도 경험할 수 없는 학습경험이 일어난다. 가정교육은 시간과 공간에 의하여 제한받는 것이 아니라 삶의 모든 측면에 실제적으로 대응할 수 있는 현장으로써, 그들에게 마음을 다하고 성품을 다하고 힘을 다하여 하나님을 사랑하는 삶 자체로써의 교육을 가능케 하는 곳이었다. 그리고 이스라엘 가정교육관에서 있어서 그들이 갖는 부모관은 아래와 같다.

4) 부모관

이스라엘 종교교육이 가정 안에서 이루어졌다는 것은 그들의 교육이 부모에 의하여 이루어졌음을 말하는 것이다. 실제적으로 이스라엘 가정 안에서 부모는 하나님으로부터 가르침을 위탁받은 사람으로서 가정의 유일한 교사였다. 어머니는 가르치는 입장에서 아버지와 동등한 위치를 차지했다. 어머니는 신의 여종으로서 신의 선물인 자녀(시127:3-5)를 신의 뜻에 합당하게 양육하며 사랑하는 것이 커다란 책임이었다. 구약성

---

25) 전천혜, 「쉐마를 통한 이스라엘의 종교교육」 (서울장로회신학대학원 석사학위 논문, 1980).
26) G. A. Gets, "The Role of the Home in Childhood Educatiion"(Chicago : Moody press, 1975), p. 468.
27) Johnes Edgar, *Proverb & Ecclesiaties*. (London : S.C.M press), p. 59.

서의 신명기는 부모에게 교육적 책임을 가르치는 책이다.

신명기 여러 곳에서 가르침에 대한 부모의 의무에 대하여 말하고 있는데 그 중에서도 많은 이스라엘 부모들의 머리 속에 박혀있는 말씀이 '쉐마'라 할 수 있다. 신명기 기자는 여호와의 말씀을 가르치지 아니하는 자는 여호와의 말씀을 멸시하고 그 명령을 파괴하여 그 죄악이 자기에게 돌아가서 완전히 끊어질 자(신6:6~15)라고 표현함으로 교육의 중요성을 말해주고 있다. 또한 '부친'이라는 히브리 원어의 의미 가운데 '교사'라는 의미가 있다는 것은 흥미있는 일이다. 이스라엘에게 아버지는 교사와 동질적인 의미로 받아들여졌다. 그리고 부모는 자녀에게 절대적인 권력을 가지고 있다. 이러한 절대적인 부모의 위치는 부모를 향한 자녀들의 의무 속에 확실히 나타나 있다. 성경은 부모를 향한 자녀의 윤리를 이렇게 말하고 있다.

"아비의 훈계를 들으며(잠1:8), 어머니의 법을 떠나지 않으며(잠1:8), 구박하지 말며(잠19:26), 저주하지 말며(잠20:20), 부모의 물건을 도적질하지 말며(잠28:24), 부모를 즐겁게 하고, 낳은 어미를 기쁘게 하라"고 했다. 자녀들에게는 부모를 순종하는 일이 으뜸되는 일이었는데 그들은 이러한 부모 순종을 통하여 하나님을 순종하는 법을 배울 수 있었다. 따라서 부모를 학대하거나 순종하지 않는 자녀들은 저주의 대상이 되었다. 잠언에서는 "아비를 구박하고 어미를 쫓아내는 자는 부끄러움을 끼치며 능욕을 부르는 자식이니라"(잠19:26)고 하였다. 이와 같이 이스라엘 가정의 자녀들은 부모를 공경하고 순종해야 할 절대적인 의무를 지니고 있었다.

5) 자녀관

이스라엘 가정교육에 있어서 자녀관은 다음과 같다. 이스라엘 민족보다 어린이를 더 중요하게 생각한 민족은 없다. 자녀의 출생은 곧 하나님의 은혜의 표시이며 하나님의 축복의 표시라고 생각했다. 구약에서 자녀에 관해 나타나는 사상 가운데 가장 큰 사상은 자녀는 하나님의 축복의 결과라는 사상이다. "자식은 여호와의 주신 기업이요, 태의 열매는 그의

상급이로다"(시127:3). 그러므로 자녀를 갖는 것은 땅에서의 기쁨의 면류관으로 인정되었다(잠17:6)

아브라함과 이삭은 그 자손이 하늘의 별들과 같을 것이라는 약속을 받았다. 이스라엘의 부모들은 "마땅히 행할 길을 자녀에게 가르치라. 그리하면 늙어도 그것을 떠나지 아니하리라"(잠 22:6)는 훈계의 말씀에 유의하여 자녀들을 가르쳤다.

6) 가정교육의 내용

이스라엘의 가정교육 내용은 하나님의 뜻과 생의 방향을 제시하여 삶을 전개시키고 삶의 의미를 부여하는 것이었다. 즉 "하나님의 뜻을 찾는 교육"이었으며 하나님과의 계약자로서의 생활의무를 가르치는 교육이었다. 포로가 되어 이방권력의 압박 속에 살았던 시기에 가장 중요했던 문제는 종교적 신앙과 생활이 위협을 받기 시작했던 것이다. 즉 동질성(identity)의 문제였다. 이러한 상황 아래 종교적 신앙을 하나로 묶을 수 있었던 요소는 하나님의 뜻으로 알려진 토라(torah)였다. 토라는 모세오경 즉, 창세기, 출애굽기, 레위기, 민수기, 신명기이다. 유대인의 역사와 세계의 의미와 그에 따른 하나님의 뜻을 묻고자 할 때, 그 해답이 토라에 있으며 토라는 유대인 교육의 현장이며 이것을 통해 유대인은 민족적 존재의 기반과 공동체적인 역사를 배웠다.

B.C 586년 유대인이 바벨론에게 침공을 당하자, 성전은 파괴되고 종교의식도 금지되었다. 이때, 이스라엘은 민족을 건질 해결책으로 토라를 생각해냈다.[28]

이들은 문서로 기록된 것과 구별된 토라를 포로들에게 가르침으로써, 유대인들이 바벨론에 있으나, 하나님이 이스라엘로 돌아가도록 하실 때까지 이교도의 환경 속에서 확고한 신념을 갖도록 교육했다. 이때 전수

---

28) A. 코언, 원용순, 김선해 (공역), 『탈무드』 (서울 : 한국기독교 문학연구소 출판부), p. 26.

된 토라를 통하여 학자들은 보존된 교리들을 이어받고, 자기 시대의 새로운 상황에 맞도록 계발하고 적응시켜 탈무드(Talmud)를 만들었다.

탈무드의 내용은 '미쉬나'(mishna)로 시작되는데, 미쉬나는 모세의 율법(torah)을 중심으로 해서, 역대의 랍비(rabbi)가 그것으로부터 연역한 사회전반에 대한 사항이 구전된 것이다. 미쉬나를 중심으로 발전된 논의나 토론이 '할라카'(halaka)와 '아가다'(agada)로 나뉜다. 할라카는 유대인의 제사, 건강, 예술, 식사, 언어, 대화, 대인관계 등에 관한 것이고 아가다는 철학, 신학, 역사, 도덕, 시, 속담, 성서해석, 과학, 의학, 수학, 심리학, 형이상학 등의 내용으로 구성되었다.[29]

유대인은 무엇보다 교육을 중요시하여 성서인 토라를 배워 진정한 유대인이 되고, 탈무드를 자녀에게 가르침으로 그들의 문화를 계승해왔다. 특히 '쉐마(Shema)'[30] 는 이스라엘 교육의 중심을 이루어서 모든 남자들은 매일 두 번씩 이 신앙고백을 하여야 했으며, 어린이의 초기 언어발달시 외우게 하는 것이 쉐마였고, 임종시, 안식일에 외우는 기도가 쉐마였다.[31] 이처럼 쉐마는 유대민족 의식 깊이 박힌 신앙고백의 본성이며, 하나님께로 향하는 충성의 선포로써, 신앙고백적인 의미와 함께 교육학적인 깊은 의미를 가지고 있음이 사실이다.

이스라엘 가정교육의 내용 중 마지막은 지혜교육이다. 지혜(wisdom)는 인간의 모든 일에 깊숙히 관여하여 선견지명, 식별, 조심성, 기술 등 많은 형태로 나타난다. 그런데 지혜의 근본은 하나님을 경외하는 것이었다(욥28:28, 잠1:7, 9:10).

결국 유대인에게 있어서 지혜란 자기의 생활을 하나님 중심으로 바꾸고, 동시에 하나님께 봉사하며, 율법을 준수하고 헌신하는 것을 뜻하였

---

29) Marvin Tokayer, 박인식(역), 『탈무드』 (서울 : 육문사), p. 17.
30) 전통적인 쉐마는 "쉐마 이스라엘"로 시작하는 신명기 6 : 4-9을 말한다.
31) 김용호(1982), 「구약에 나타난 유태인의 가정교육」 (장로회신학대학원 미간행 석사학위 논문), pp. 39-40.

다. 구약에서 지혜문서(wisdom literature)인 잠언, 욥기, 전도서는 인생을 올바르게 살기 위한 교육적 관심과 노력의 표현으로 하나님의 백성으로서 개인의 일상생활의 철학이 논의되었다.[32] 구약의 지혜교육은 이웃을 섬기고, 봉사하며 남을 이끌어주는 교육에서 찾았다.

2. 종교 개혁자들의 가정 교육관

종교개혁자들은 기독교 신앙의 개혁을 부르짖으며 복음에로의 환원을 시도하였다. 후세 교육에 그 성패가 달려 있음을 깨닫고, 자녀들에 대한 가정에서의 종교교육에 지대한 관심을 두고 부모들의 교육적 책임을 계속적으로 강조했다. 부모의 자녀에 대한 종교교육적 책임과 역할에 새로운 각성을 불러 일으킨 사람은 루터(Martin Luther)였다.[33] 루터는 가정에서 부모의 자녀교육은 하나님께서 위임하신 중대한 의무이며 교회와 학교가 종교교육을 더불어 할 수는 있으나 결코 가정교육을 대신할 수는 없다고 주장했다.[34] 부모들은 자녀들을 잘 양육하는 것으로 하나님을 위한, 신앙을 위한, 세계를 위한, 그들 자신과 자녀들을 위한 최상의 의무를 수행한다는 이치를 알아야 한다. 왜냐하면 그것이 하늘나라를 향한 지름길이기 때문이다.[35] 부모는 가정에서 자녀에게 영적, 현세적 주권을 가진 복음전파의 사도요, 목사요, 교사로 자신의 임무를 완수해야 한다. 부모는 자녀를 하나님이 주신 귀중한 보물로 생각해야 한다.

루터는 가정교육을 매우 중요시하였다. 자녀교육의 시기는 빠르면 빠

---

32) 김중은, "삶과 교육의 주체로서의 지혜", 교육교회, 1986. 5 (서울 ; 장신기독교 교육연구원), p. 328.
33) 방현덕, 「기독교 가정교육론」 (서울:바울서신사, 1985), p.24.
34) 지원용, 『루터의 사상』 (서울 : 컨콜디아사, 1977), p. 195.
35) J. H. Westerhoff Ⅲ, *Bringing up Children in the Christian Faith* (Minesota : Winston press, 1980), p. 86.

를수록 좋으며 시기상조란 있을 수 없고 가능한 한 일찍부터 시작해야 한다고 하였다. 그것은 나무가 어릴 때에 가꾸기가 쉬운 것같이, 어린 아이들은 성장한 사람보다 교육시키고 훈련시키기가 훨씬 수월하기 때문이다. 즉 교육의 대상이 어리면 어릴수록 교육의 효과를 더 크게 할 수 있다. 그러므로 어린이가 어머니의 젖을 빨기 시작하는 그 순간부터, 곧 요람에서부터 자녀교육은 시작되어야 한다.

 루터는 첫째 자녀교육에 있어서 중용의 덕을 취할 것을 주장했다.[36] 자녀 교육에 있어서 엄격함도, 부드러움도 필요하다. 그 모범을 루터는 하나님이 인간을 다루시는 모습에서 찾고 있다. 부모는 동일한 방법으로 자녀들을 다루어야 한다는 것이다. 벌을 받아 마땅할 때는 벌을 주어야 하지만, 징벌에는 애정있는 말을 함께 함으로 자녀들이 용기를 잃지 않게 해야 하고, 부모도 자녀에게 더 좋은 것을 기대하고 있다는 사실을 알게 해야 한다. 곧 자녀의 징벌은 좋은 목적을 위하여 한다는 어떤 증거를 보여주는 데 실패해서는 안된다. 사과가 늘 회초리 곁에 놓여있는 형식으로 자녀와 학생들을 벌해야 한다고 루터는 말하였다. 즉 어린이가 부모를 두려워하고 동시에 사랑하게 함으로 제4계명에 규정된 부모-자녀의 관계를 이룩하도록 하기 위해 회초리도 사과도 동시에 필요한 것이다. 부모의 사랑이 훈육을 통해 나타나는 것만으로도 이 세상에 어머니의 사랑과 그 힘을 능가할 수 있는 것이 없고, 모범을 보이는 것이 명령이나 권고보다도 귀하고 효과적인 교육인 것이다.

 둘째, 루터는 부모들로 하여금 "어린이가 되라"고 주장했다. 어린이와 더불어 어린이처럼 마음대로 지껄이며 그들의 놀이터에 들어가 함께 노는 데 적합해야 한다는 것이다. 이것이 바로 그리스도가 보여주신 것이다. 부모들은 자녀를 가르치기 위해 자녀들과의 관계에서 일종의 신성한 천진성과 종교적인 유모어를 가져야 한다.

 셋째는 자녀들에게 철저한 복음적 훈련을 시킬 것을 루터는 강조했다.

---

36) 지원용, op. cit., p. 205.

루터는 교육프로그램에 있어서 훈육, 단련, 규율을 중요시했다. 종교교육에서 사용되는 모든 징계는 하나님의 말씀과 그의 큰 계명, 즉 사랑에 근거해야 한다. 부모들은 자녀들이 신앙과 의무에 대한 조항들을 철저히 배우는지 늘 관찰해야 하며, 적어도 일 주일에 한 번은 그들이 배우는 것을 시험해야 하고 매일 습관이 되도록 해야 한다고 하였다. 그러나 부모는 이 모든 일에 있어 인간적인 방법으로만 하지 말고 하나님께 기도해야 한다고 가르친다. 비록 부모들이 자녀들에게 좋은 훈련을 했을지라도 어린이들이 나쁘게 되는 경우가 있다. 그러므로 우리의 노력이 성공일 때도 감사해야 하고 그렇지 못할 때에도 지혜와 용기를 얻어 자녀들을 잘 다스리고 가르치기 위해 기도해야 한다. 루터는 "어린이 교육을 등한시하는 것은 최대의 불경건이며, 죄악이며, 생의 마지막에 하나님의 진노를 받기에 합당한 큰 죄"라고 지적했다.[37]

칼빈(John Calvin)도 가정에서의 기독교교육을 강조했다. 왜냐하면 자녀들이 계약공동체에 포함될 수 있는 것은, 오로지 부모의 신앙고백을 통한 유아세례로만 될 수 있고 그것에 의해서 수세자로 간주되기 때문이다. 칼빈은 가정에서 부모들이 자녀들에게 교리문답과 기독교 생활양식을 가르치도록 요구하였다. 그리고 목사는 자녀들을 가르치면서 또한 그 부모들이 그들의 교육적 의무를 수행하고 있는지 여부를 조사, 부모의 행동과 자녀의 교육을 감독하게 했다.[38]

존 낙스(John Knox)도 가정교육을 강조하는 데 예외는 아니었다. 그는 자녀들에 대한 부모의 종교교육적 책임을 다음과 같이 강조하면서 그것의 중요성을 역설했다. "어떤 아버지도 자기 마음대로 자녀를 부려먹어서는 안된다. 아버지들은 자녀들을 가르치고 덕성을 훈련시켜야만 한다. 부유하고 유능한 사람들은 자녀들이 무익하게 게으름에 방치되게 해

---

37) J. Donald Bulter, *Religious Education* (NY : Harper & Row, 1962), pp. 32-40.
38) C. B. Eavey, *History of Christian Education* (Chicago : Moody press, 1979), p. 163.

서는 안되며, 교회의 감독 하에 교회를 위해 자녀들이 헌신하도록 권면해야 한다.[39]

낙스는 기독교의 기본 의식인 주의 만찬의 의미를 가르치는 일차적 책임이 부모들에게 있다고 보고 아버지들에게 다음과 같은 책임을 일깨웠다. "모든 가장(家長)은 기독교 원리에 따라 자녀들과 종들과 모든 가족들을 가르치거나 또는 가르침을 받을 수 있게 해야 한다. 주의 만찬 식탁에 적절한 지식없이 앉도록 허용해서는 안된다. 왜냐하면 그토록 우둔하고 무지한 상태로는 만찬행위의 존엄성과 신비함을 알 수 없기 때문이며 만찬을 의미있게 먹고 마실 수 없기 때문이다.[40]

낙스는 부모들이 자녀들을 교육하는 일에 헌신해야 함을 강조했으며 또 그 헌신을 정규적으로 새롭게 할 것을 요구했다. 그는 매일 가족이 함께 성경을 읽고 중요한 성경구절을 함께 암송할 것과, 자녀들에게 기독교 교리와 십계명 그리고 시편을 가르치도록 요청했다.

3. 근대(코메니우스) 가정교육관

코메니우스(John Amos Comenius)는 종종 현대 교육의 아버지로 불려진다. 코메니우스는 자녀들을 학교에 보내기 전에 그들을 준비시키는 부모들의 책임의 중요성을 인식하고 유아학교(School of Infancy)를 저술하여 육 세까지의 아동들의 발달과정을 설명하면서 가정에서 부모들이 자녀들을 교육하는 데 필요한 아이디어를 제공해주었다.[41]

코메니우스의 교육관을 살펴보면 다음과 같다.

---

39) Marshall Coleman Denby, "John Knox", Elmer Towns(ed), *A History of Religious Education* (Grand Rapids : Baker Book House, 1975), p. 163.
40) Ibid., p. 170.
41) S. E. Frost Jr., *Historical & Philosophical Foundations of Western Education*, p. 224.

하나님의 형상으로 태어난 인간은 하나님이 성령을 통하여 선물로 주신 경건의 씨앗을 가지고 있다. 경건은 인간이 하나님의 진리와 의지, 하나님의 지혜와 지식을 찾고 갈망하는 영적인 능력이다. 코메니우스는 경건교육의 근원을 성서에 두고 있으며, 경건의 교사는 하나님의 음성이자, 생명의 말씀을 가르치는 성령으로 간주하고 있다. 경건교육의 위대한 교사이며 계시자이신 성령은 가정에서 부모를 통하여 자녀들에게 경건한 마음을 갖도록 지도한다. 경건교육은 자녀들이 어릴 때부터 경건한 생활과 표현에 익숙하도록 조기 시행되어야 한다.

그들에게 불가시적인 하나님을 경외하며 사랑하는 영적인 훈련은 지연될 수 없다. 그 이유는 하나님의 형상인 자녀들은 어릴 때부터 겸손, 친절, 순종, 온유함의 조화를 이룰 수 있는 마음의 창이 열려져 있기 때문이다. 반면에 어린이들은 세상의 죄와 악의 환경 속에서 쉽게 오염될 가능성이 있으므로 경건교육의 조기실시는 그들의 성품과 속성을 보호하는 데 절대 필요한 것이다. 경건교육을 통하여 무엇보다 자녀들로 하여금 하나님을 경외하며 사랑하게 할 뿐만 아니라 신령한 생활과 세속적인 생활을 분별하는 능력을 갖게 할 수 있다. 그리고 그들에게 이 세상의 생활과 내세를 준비하게 함으로써 영생과 구원에 대한 하나님의 약속 성취를 배우게 하는 데 목적이 있다.

4. 호레이스 부쉬넬의 가정교육관

기독교 교육 역사상 가장 중요한 선각자 중 한 사람이 호레이스 부쉬넬(Horace Bushnell)이다. 부쉬넬은 「기독교적 양육(*Christian Nurture*)」에서 부모의 정신과 성격이 자녀의 생활과 성격에 결정적으로 영향을 끼치는 사회적 장소로써의 가정이 기독교 교육의 중요한 장이 됨을 부각시켰다. 부쉬넬은 부모들이 진정한 기독교인이 아니라면 진정한 부모로서의 성공은 불가능하다고 보았다.[42] 부쉬넬이 피력한 가정교육관을 구체적으로 살펴보면 다음과 같다.

1) 기독교 교육의 현장으로써의 가정

호레이스 부쉬넬은 기독교교육이 진실로 가능한 현장을 가정으로 보았다. 호레이스 부쉬넬은 하나님 나라가 이 땅에 실현되는 두 기본적 매개가 있다고 주장한다. 첫째는, 회심의 과정으로써 어른들이 신앙과 경건으로 돌아오는 길을 말한다. 둘째는, 가정이 가지는 힘으로써 이 힘은 가정구성원들의 신앙과 경건을 불러일으키는 힘 자체라고 했다. 바로 이러한 가정이 가지는 힘이야말로 교육의 질(quality)인 것이다. 그러면 어떤 이유로 가정이 이토록 중요한 교육의 장이 되는가? 부쉬넬은 그 이유를 첫째로 가정을 하나님의 언약의 공동체로 이해했다. 아브라함과의 언약은 아브라함과 그의 가족, 그리고 후손에게 미치는 신앙의 인침(seal of faith)이었던 것이다.[43] 언약의 공동체로서의 가정, 그것은 아브라함과 신앙인 부모들을 향한 하나님의 언약이기 때문에 그곳엔 신앙과 성령의 임재가 약속되어 있다.

둘째, 언약공동체로서의 기독교 교육적 보장과 가능성은 부모들의 신앙적 책임을 전제로 하여서 주어지는 유아세례에 있다고 부쉬넬은 주장했다. 부모에게 주어지는 신앙의 인침은 곧 자녀들의 신앙형성의 근거가 되며, 바로 이러한 이유 때문에 세례받은 자녀들은 부모의 신앙에 의하여 계수된 신자(accounted believers)가 된다. 셋째로, 이러한 가정은 그 본질에 있어서 유기적(organic)이라고 보았다.[44] 이 유기성은 생리적으로 파생된 부모와 자녀 사이의 유기성도 아니며, 단순히 교육적 공동체라는 의미에서의 유기성도 아니라, 신앙적, 영적 의미에서 맺어진 유기성인 것이다.[45] 이는 성령이 임재하는 집, 구속의 힘에 의하여 삶의 변화를 경험하게 되는 사랑성(loveliness)의 유기적 가정인 것이다. 가정

---

42) Westerhoff Ⅲ, 이숙종(역), 『기독교 신앙과 자녀교육』 (서울 : 대한기독교서회, 1991), p. 107.
43) 은준관, 『교육신학』 (서울 : 대한기독교서회), p. 212.
44) Ibid., p. 213.
45) Horace Bushnell, *Christian Nurture*, p. 12.

의 이러한 영적, 신앙적 유기성은 그 안에 성령의 힘이 깃들고 있어서 이루어지는 유기성이며 그 자체가 곧 신앙과 경건의 힘이 된다고 보았다. 넷째로, 이러한 유기적 가정은 부모와 자녀들이 공동으로 참여함으로 이루어지는 신앙과 삶의 장이 되는 것이다. 예배를 통해서 부모와 자녀들은 진정한 하나의 신앙과 삶의 공동체를 형성하게 된다.[46] 여기에는 새로운 힘이 형성된다. 여기서 가정정신이라는 새로운 분위기가 형성되며 그것은 가정 구석구석까지 스며들어 자녀들이 날마다 숨쉬는 공기의 맑음과 같이 된다. 바로 이 가정정신은 부모에게서 시발되기는 하나 결국 자녀들의 참여에서 이루어졌을 때에 그것은 그 가정의 성원들을 특징짓는 동화력까지도 가지게 된다.

2) 교사로서의 부모

기독교 가정 안에서 부모가 차지하는 근본적 위치는 하나님과 자녀 사이의 관계형성과 신앙을 매개하는 일에 있다고 부쉬넬은 전제한다. 이렇게 정의된 부모의 위치는 구체적으로 부모가 가지는 교육적 사명을 규정짓는 근거가 되고 있다.

부모의 잘못된 교사상은 '그리스도의 빛' 안에 있지 않은 데에 원인이 있다.[47] 그리스도의 빛 안에 있지 않는 부모는 자녀들에게 진리를 전하고 가르치기는 하나 그 진리는 내적 능력(inward power)을 가지지 못한다. 이 내적 능력 없는 진리란 부모가 한낱 의무와 저질적인 사상과 왜곡된 의견으로 강요하는 교육을 실시하는 것이다. 그리스도의 빛으로부터 떨어짐으로 오는 부모의 잘못된 교사상은 경건한 체함(sanctimony), 완고함(bigotry), 광신주의(fanaticism), 남의 흠만을 찾아내는 습관(censorious habit), 불안(anxiousness)이다.[48] 기독교 교육

---

46) Ibid., pp. 77-80.
47) Ibid., pp. 68-70.
48) Ibid., pp. 225-227.

의 핵심적인 장은 부모와 자녀들이 얽혀있는 유기적 관계이지만, 그것은 자동적으로 보장된 완성이 아니라, 가능적 존재인 아동과 부모 사이에 이루어지는 신앙과 사랑의 관계에서만이 이루어지는 것이다. 그러나 부모의 무자격, 무책임은 오히려 엄숙한 기독교 교육적 책임을 왜곡시키는 죄악을 범하게 한다. 기독교 교육의 성패는 가정이라는 장에서 교사로서의 책임을 다하는 부모에게 달려 있다. 진정한 부모의 자격은 먼저 부모 자신들이 주님의 돌보심(nurture of the Lord) 안에 있어야 한다. 이것은 하나님을 향한 부모의 신앙적 관계이다. 그 다음 주님의 돌보심 안에 있는 부모는 하나님과 그리스도께서 복음을 전달하는 매개로 쓰신다. 부모의 모습, 삶의 스타일, 자세 등은 그리스도의 복음을 담는 그릇들이며 그것들을 통하여 자녀들은 기독교 복음과 만나게 된다.

3) 가정교육의 방법

부모들은 신앙의 방법(method of faith)으로 자녀들을 교육해야 한다. 신앙의 방법이란 사랑과 참음에서 형성되는 분위기 자체를 의미한다. 자녀들이 배운다는 말의 진정한 의미는 부모의 진정한 사랑, 순수성으로 꾸며지는 가정이라는 장으로부터 시작된다. 진정 하나님을 사랑할 수 있는 부모는 가정에서 자녀들에게 지식과 교리만을 가르치는 것이 아니라, 그들을 하나님의 자녀로 진정 사랑할 수 있는 인내 속에서 진정한 교육이 이루어진다. 이와 같은 전제를 가지고 가정교육의 구체적인 방법을 살펴보면 다음과 같다. 먼저 부쉬넬이 지적하는 잘못된 교육방법을 논의해보기로 하자. 부쉬넬이 지적하는 잘못된 교육방법은 가정을 장으로 하여 이루어지는 아동과 부모와 성령 사이의 관계 속에서 생성될 신앙적, 영적 성장의 가능성을 가로막는 모든 행위는 그 어떤 것이든 잘못된 것이다. 잘못된 방법은 여러 가지가 있다.[49]

부쉬넬이 지적하는 잘못된 교육방법은 ① 획일주의이다. 그것은 열광

---

49) 은준관, op. cit., pp. 214-215.

주의적 신앙일 수도 있으며 엄격한 교리주의일 수도 있다. 아무리 좋은 내용과 동기가 있었다고 해도 획일주의 방법은 결국 관계와 성령의 역사의 가능성을 소멸하기 때문이다. ②잘못된 교육방법은 아동들에게 육적 감각과 육적욕심, 무절제이다. ③ 무조건 부정하는 방법이다. ④강제로 행동을 통제하는 방법이다. ⑤신의 이름을 빙자한 지나친 절대주의이다. ⑥폭군적 행위이다. ⑦행동에 대한 율법주의적 자세이다. ⑧의미 없는 성경암송 등이다. 이러한 방법은 아동의 영적 가능성을 가로막는 잘못된 방법이다. 부쉬넬은 학습이 암기나 모방이나 강제에 의해서 일어나는 것이 아니라 오히려 보는 데서, 음성을 듣는 데서, 움직임 가운데서 학습이 이루어진다고 보았다. 많은 지식이나 사실들을 안다는 데서 학습이 이루어지는 것이 아니라, 오히려 지식과 사실들에 참여함으로써 얻어지는 자기 경험에서 학습은 이루어지는 것이다. 그러므로 사랑과 경험, 인내와 참여 또 부모와 자녀들 사이에 이루어지는 공동적인 신앙경험은 가정에서의 기독교 교육의 가장 중요한 방법인 것이다. 이러한 원리 하에서 부쉬넬이 지지하는 가정교육의 방법은 다음과 같다.

첫째로 신체적 양육의 방법(physical nurture)이다. 부쉬넬은 이와 같은 신체적 양육에 대해 잠언30:8~9의 말씀을 인용하면서, 신체적 양육은 언제나 그의 종교적인 삶과 성품을 형성함에 직접적인 관계가 있다고 본다.[50] 둘째 방법은 가정정부에 있어서의 처벌의 방법이다. 가정정부(family government)란, 하나님의 돌보심 안에 있는 부모의 권위는 하나님의 권위이며, 이 권위는 가정정부라는 방법을 통해 나타난다. 자녀들의 본성에 영향을 줌으로 법과 질서를 유지하면서 권위를 가지고 다스리는 의미의 가정정부를 말한다. 가정정부에 있어서의 처벌은 자녀교육에 중요한 방법이기는 하지만, 처벌을 받는 자녀의 인간 존엄성을 살려주는 한도 내에서 용납될 수 있는 것이다. 부쉬넬은 자녀를 다스림에 있어서 부모가 가져야 할 생각이 두 가지가 있다고 지적하는데 첫째는

---

50) Ibid., pp. 216-218.

깊은 관심이며, 둘째는 질서를 유지하고 주장함에 있어서, 그리고 자녀의 잘못을 시정함에 있어서 결코 일정한 재판관의 관계를 유지해야 한다는 것이다. 부모로서 부모됨을 결코 소홀히 해서는 안된다. 부모가 법을 주장할 때 그것은 자신의 신앙적인 법이어야 하며, 자녀들을 용서할 때도 그 용서는 그리스도인으로서의 용서여야 한다. 셋째 방법은 놀이(play)의 방법이다. 인간은 운동하는 감각과 본능을 가지고 있다. 인간은 태어날 때부터 풍성한 삶을 누리는 놀이를 가지고 있다. 가정은 놀이의 장이 되어야 하며 부모는 어린이들의 놀이와 행동에 관심을 갖고 놀이의 기구와 환경을 조성해주어야 한다. 어린이들의 놀이와 행동에 관계되어 있는 삶은 하나님의 큰사랑과 은혜와 결코 상반되는 것이 아니다. 넷째 방법은 성경해석의 방법이다. 가정에서의 성경암송은 바람직하지만 그것만으로 끝나서는 안된다. 올바른 성경해석은 성경을 생활화함으로써 부모의 생활을 통해 아동들도 성경의 진리를 사랑하도록 만드는 일이라고 부쉬넬은 보았다. 그러므로 성경암송이 중요한 것이 아니라, 성경의 말씀이 생활 속에서 기쁨과 자유로 경험될 수 있는가가 더 중요한 방법이 되어야 한다. 다섯째 방법은 치유적 목회(ministry of healing)의 방법이다.[51] 부쉬넬은 부모와 자녀 사이에 이루어지는 좋은 대화는 설교보다 더 좋은 방법임을 시사하고 있다. 더욱이 오고가는 부드러움(corresponding gentleness)은 부모와 자녀들을 성령의 뜨거움으로 인도한다. 여섯째 교육방법은 가족들의 공동적인 기도이다. 기도의 초점과 내용은 다를 수 있으나 기도는 그 본질에 있어서 하나님과 교통하는 대화이다. 기도가 계속되는 동안 하나님은 인간들 마음 속에 가장 좋은 조화(harmony)를 이루시며 가족들 사이에 동의하는 마음을 가지게 하신다.[52] 이상의 가정교육 방법들은 하나님과 부모 사이의 신앙과 경건의 생활화를 가능하게 하는 매개들이다.

---

51) Horace Bushnell, op. cit., p. 326.
52) Ibid., p. 335.

4) 가정 종교교육의 목적

교육목적이란 영적 가능 존재로서의 아동과 복음의 매개로써의 부모 사이에서 이루어지는 결과가 무엇인가에 대한 물음인 것이다.

호레이스 부쉬넬은 단적으로 교육의 목적을 "경건 안에서의 성장" (growth in piety)이라고 표현한다. 가능적 존재인 아동들은 가정에서 부모의 훈계와 사랑을 통해서 성장하게 되며 그 성장은 경건의 성장이라는 말이다. 부쉬넬이 말한 경건의 개념은 첫째로 기독교인이 된다는 것과 동의어였다.[53] 이 말은 좋은 크리스천이 되면 될수록 그는 선을 추구하게 되며 선을 사랑하기 시작하면 바로 그곳에서 새로운 삶의 새벽이 열린다는 것이다. 또 다른 경건의 의미를 부쉬넬은 '거룩한 덕'(holy virtue)이라고 불렀다. 거룩한 덕이란 성령을 받은 사람의 상태를 의미한다. 이를 영적은사라고 불렀다. 또 초월적으로 주어진 하나님의 영적 약속인 성령의 힘이 인간에게 주어진 상태를 경건이라고 불렀다. 그리고 거룩한 덕에는 영적은사 이외에 도덕적 생활의 변화(moral renovation)라는 실생활적 면이 깃들어 있다. 성령을 받은 자는 세계와 세상에서 빛(light to the world)의 역할을 담당하게 된다는 의미인 것이다. 이 영적은사와 도덕적 생활의 변화를 통칭한 경건을 부쉬넬은 기독교적 덕(Christian virtue)이라 불렀다. 그러므로 이 덕이란 윤리적 교육에서 일어날 수 없는 성령의 것이라고 보았다. 오히려 영적 변화가 일어나 그곳에 진정 하나님을 향한 의존과 신앙을 가질 수 있는 깊은 차원에서 오는 경건과 덕을 의미했다. 경건의 본질적인 의미는 하나님 은혜 안에서 이루어지는 영적 변화와 도덕적 생활 변화의 총화를 뜻한다.

5. 현대 기독교 교육학자들의 가정 교육관

현대 기독교 교육신학자인 제임스 스마트(James Smart)는 가정을

---

53) Ibid., p. 336.

장으로 하는 교육을 강조했는데, 그 교육이란 구약의 가정을 중심으로 하는 가족구조와 신약의 세례로 이루어지는 가정구조에 근거를 두고 있다. 이런 가정이야말로 하나님의 은총으로 이루어지는 것이며, 이러한 가정은 가족구성원들의 사랑으로 이루어지는 것이며, 이러한 가정은 가족구성원들의 연대의식(solidarity)를 의미하는 공동체이다. 여기서 부모는 지혜와 사랑, 진리와 정의를 가지고 자녀를 위해 기도하므로 새로운 의미의 권위있는 교육이 이루어진다고 했다.

J. 스마트는 옛 형태의 가정과 가정교육이 오늘날 문화 속에서 사라져 버렸고 가정의 구조와 기능변화는 하나의 집단으로서의 가정을 분산시켰다고 말한다. 그러나 가정은 기독교 교육이 행해져야 할 엄숙한 현장이기 때문에 가정의 연대성을 회복해야 한다고 했다. 이 가정의 연대성은 사회학자들이 말하는 자연집단이 아니라 주 안에서 의와 진리와 사명을 자녀들에게 가르치는 계약집단을 말한다.

데이비드 스튜어드(David Stward) 기독교 교육학자는 "교사로서의 부모" Parents as Teacher라는 논문에서 부쉬넬의 사상을 현대가정 속에 끌어들이는 새로운 접근을 시도하였다. 그가 말하는 부모(parenthood)의 개념은 통속적인 자녀를 갖는다는 의미가 아니라 다른 인격성을 향한 삶의 의미를 가진 자를 뜻한다. 그러므로 부모란 부모화(parenting)의 책임과 과정을 동반하는 새로운 의미를 가진다.

이러한 부모는 어린이를 부모에게 연속시키는 것이 아니고 사회화시키는 존재로 이해하여 자기가 책임지고 있는 자녀들을 양육하고 교육하는 인격적 상호관계 안에 있을 때 부모가 된다는 것이다. 어머니는 양육하고 돌보는 역할을 하는 "어머니됨"(mothering one)을 의미하고 아버지는 가정의 구조 결정을 책임지는 "아버지됨"(fathering one)을 의미한다. 이렇게 볼 때 부모는 부모로서 책임있는 역할과 기능을 다할 때에만 비로소 부모일 수 있다는 것이다.

Ⅲ. 가정의 교육신학적 의미

1. 창조와 은총의 장(場)으로써의 가정

　신학적 의미에서 가정은 창조의 질서에 따라 하나님이 창조하신 것이다. 하나님은 인간을 창조할 때에 가정도 함께 만드셨다. 가정은 남녀 두 사람이 부모를 떠나 독립해서 애정과 책임감을 수반한 인격적, 육체적 연합을 이룸으로써 형성되는 하나님이 세운 제도이며, 자녀를 낳고 기르며 자연을 다스리고 하나님을 섬기는 자리로써 인간에게 처음부터 주어진 삶의 형식이다.
　구체적이고 실질적인 목적이 순수한 인격적 목적과 가장 친밀하게 상통할 수 있는 공동체는 가정이다. 일반적으로 현대의 개인주의에서는 결혼이란 다만 사랑(eros)의 결합으로 자유로운 계약으로 이뤄지는 사회제도로 보지만 기독교의 결혼이해는 "하나님이 짝지워준 것을 사람이 나누지 못한다"는 말씀에 의해서 신적 결합사상에 기초한 창조질서로 본다.[54] 이 결혼은 남녀 간의 인격적 주체로서 결합된 것이므로 일부일처의 결혼만이 정당하며 그외에 모든 성적 결합은 인격적 결합 이하의 것이 된다.
　하나님의 창조질서에 기초한 결혼공동체야말로 곧 인격적인 동등성과 사명의 동등성이 남녀 사이의 성적 능력 차이에서 오는 비동등성과 결합되어 있다. 이것은 곧 남편은 아내에게 할 일을 다하고 아내는 남편에게

---

54) Emil Brunner, *The Divine Imperative* (London : Lutterworth press, 1937). p. 345.

할 일을 다해야 하며, 또한 남편은 아내에게 마땅한 사랑을 돌리는 것과 마찬가지로 아내도 남편에게 그렇게 해야 함을 지시해준다. 이것이 결혼 공동체에 내재해있는 창조질서의 법이며 하나님의 신성한 명령으로써의 정의이다. 가정이란 공동체는 개인의 결혼을 통해서 이루어지는 것인데 이 공동체는 현존 질서 중에 가장 기본적인 것으로 가정이란 공동체가 없이는 인간생활이란 생각조차 할 수 없다.

가정은 모든 공동체의 근원이며 원형으로써 이 기본적 공동체의 권리는 다른 어떤 공동체, 특히 국가의 권리보다도 절대적으로 우월하다. 이 가정은 창조질서에 있어서 가장 원초적인 권리를 가지고 있기 때문에 어떠한 국가도 자의로 결혼과 가정의 법을 제정할 수가 없다. 만약 그런 경우라면 국가가 가정을 위한 의무와 책임을 가질 때에만 정당하게 된다. 현대 가정의 근본적인 위기는 가정의 존재를 구성하는 근거의 상실에 기인한다. 인종번식을 가정의 존재이유로 외치고 나선 자연주의적 해석도, 사랑만이 가정의 근거라고 주장하는 낭만주의의 논거도 가정의 정체를 이해하는 일에 있어서나 가정구원의 근거는 될 수 없다. 그것들은 가정을 이해하는 초월적 개념을 제시하지 못하고 있기 때문이다. 기독교 신앙은 가정의 정체를 밝히는 존재론적 근거를 제시한다. 가정의 근거는 하나님의 창조 행위에 있으며, 가정이란 하나님 창조의 구체적 영역이고 법칙이다. 이러한 신학적 가정론의 의미를 다시 정리하면 다음과 같다.

첫째, 하나님의 창조영역으로써의 가정이란, 인간의 결합, 생산, 그리고 사회화보다 먼저 존재해오는 하나님의 의지가 그 속에 깔려 있다. 그러므로 신학적 가정론은 인간의 창조가 아니라 궁극적으로 가정은 창조주 하나님에 의하여 주어진 하나의 신성한 질서이다. 그러기에 가정은 생겨나거나 만드는 것이 아니라 '주어지는 것'(givenness)이다.[55]

둘째로, 신학적 가정론의 의미는 가정을 창조되는 영역으로 받아들일 때, 한 남자와 한 여자가 사랑 안에서 비로소 하나가 된다는 신비적 연

---

55) Ibid., p. 345.

합의 이유와 근거가 주어지는 것이다. 이 말은 한 남자와 한 여자의 결합은 궁극적으로 그들 사이의 사랑도 생산의 목적이 아니라, 가정을 통하여 두 사람을 하나로 묶어주시는 하나님의 창조 안에 동참하는 데서 그 의미를 찾는다는 것이다. 하나님의 창조 안에서 한 주체가 다른 주체와 연합되는 근거가 마련되는 한, 남자와 여자 그리고 부모와 자녀들 사이의 관계는 비로소 끊을 수 없는(묶어두는 예속이 아니라 거룩한 것으로) 신비적인 것으로 변화되어간다.[56]

신학적 가정론의 세 번째 의미는 사랑이다. 가정을 창조하신 하나님은 존재구조를 창조하셨으며 존재구조에서 신비적 연합의 근거를 찾는 인간들의 사랑도 창조하셨다.

가정은 하나님의 창조의 질서이며, 존재구조이며 동시에 사랑의 영역이다. 인간의 자연적인 사랑을 떠나서는 인간은 서로를 책임 안에서 결합시키는 존재구조를 경험할 수 없다. 조지아 하크네스(Georgia Harkness)는 에로스(eros)와 필리아(philia)는 아가페(agape, 계산하지 않는 사랑)에 의해 변화를 경험하는 때, 비로소 에로스와 필리아의 경험 속에서 그 아가페의 질을 경험하는 것이라고 해석한다.[57] 결국 가정의 근거는 창조라는 존재구조에서 연유되지만 그 구체적인 경험은 에로스와 필리아 속에서 경험하는 아가페(사랑)이다.

신학적 가정론이 제시하는 공헌은, 가정의 정체를 기능주의적이고 낭만주의적이며 아울러 전통주의적인 관점에서 해석해온 현상주의를 넘어서서 가정의 존재론적 근거를 신학에서 발전시켜간 점을 들 수 있다.* 가정은 하나님의 창조의 질서이며 존재구조이며 동시에 사랑의 영역임을 밝혀준 것은 사회학이 제시할 수 없는 접근인 것이다. 또한 가정은 교육신학적 의미에서 접근한다면 하나님의 은총의 매개(a means of Grace)이며 가정은 본질상 언약공동체(covenant community)이다.

---

56) Ibid., p. 347.
57) Georgia Harkness, *Christian Ethics* (N.Y : Abingdon press), pp. 131-132.
*은준관, 「기독교 교육 현장론」 (서울: 기독교출판사, 1988) p. 84.

이는 가정이 가지는 본질이 구속적일 뿐 아니라 그것은 사랑의 관계와 신앙적인 양육의 책임을 지니고 있음을 의미하는 것이다.

언약공동체인 가정은 구속적인 관계를 구조화하는 유기체일 뿐 아니라, 하나님께서 쓰시는 구원의 도구이고 매체이다.[58] 또한 은총의 매개로써의 가정은 부모의 신앙화뿐 아니라 자녀들의 영적성장과 경건의 훈련에까지 성령께서 친히 일하시는 일터라고 볼 수 있다. 언약공동체로써의 가정이 하나님과의 관계구조를 의미하는 것이라면, 은총의 매개로써의 가정은 하나님의 역사와 신앙교육의 경험적 사건을 말하는 과정으로 이해될 수 있다.

결론적으로, 신학에 있어서 가정은 하나님의 창조질서요, 언약공동체요, 구원과 사랑을 경험하는 가장 중요한 원초적 기독교-신앙공동체라고 정리해 볼 수 있다.

2. 교육 공동체로써의 가정

가정이 그 본질에 있어서 창조의 질서이고 은총의 매개라는 신학적 이해는 적어도 사회학에서 말하는 세 가지 기능인, 생리적 번식기능, 가문의 보호기능, 그리고 사회화의 기능을 전면으로 부정하는 것은 아니다. 그것들은 중요한 기능들로 수용된다. 창조 질서로써의 가정은 하나님의 창조적 행위와 이에 인간들이 동참하는 창조의 자리이다. 은총의 매개인 가정은 성령으로 임재하시는 하나님의 사랑과 함께 그 사랑을 나누는 인간들의 경험이 만나는 자리라는 의미이다. 그러기에 신학적 가정론은 초월과 경험의 만남이며 은총과 사랑의 교차이며 동시에 신앙과 교육이 통합되는 제3의 영역으로 이해된다. 가정은 창조와 은총이 경험되는 장일 뿐만 아니라 교육공동체로써의 성격도 강하게 지니고 있다. 가정은 신의

---

58) Horace Bushnell, *Christian Nurture* (Yale University press), p. 123.

교육이 경험되는 장이다. 가정을 교육의 장으로 보는 관점은 키란 스카트(Kieran Scott)에 의해 확대, 전개되었는데, 스카트는 가정을 '종교적인 교육의 단위'(religious educative unit)로 규정했다.[59] 이 말은 가정이라는 신비적 공동체가 지니는 내면적 종교교육적 과제를 분명히 해석하는 그곳에서 개개인의 삶과 세계의 재구조화가 가능하며 나아가 나와 너의 세계 사이의 관계도 재설정할 수 있다고 풀이한다. 그 이유는 인간을 위한 기능만이 아니라 삶, 만남, 변화의 사건이 경험되는 신비적 공동체이기 때문이라는 것이다. 신비적 의미의- 양육의 공동체(nurturing community) - 가정은 개개인이 삶의 구조와 가치를 창조하여 가는 삶의 순례를 할 수 있으며 초월자와의 만남을 경험하는 종교적인 장이 된다. 또한 스카트는 가정의 양육적 공동체의 의미를 개개인의 종교화라는 현장적 의미와 함께 개개인의 삶과 세계와의 사이를 변증법적으로 종합해가는 인간형성의 장으로 이해한다. 가정은 개개인의 종교적 형성에서 시작하여 다시 세계와의 연관관계에로 인간의 능력을 키워주는 교육적 의미를 지니고 있으며 끊임없이 이어지고 진행되는 양육적 과정에서 부모와 자녀 사이의 관계는 종교적인 삶과 역사적인 삶을 함께 창조해가는 경험으로 전환되는 것이다.

결론적으로 말하면 가정은 인간의 창조도 아니며, 단순한 기능의 결과도 아니며 그것은 창조주에 의해 끊임없이 창조되는 과정이며 동시에 그 속에서 인간들이 참여하여 형성하는 전인적인 인간형성의 장 - 감정, 사회, 도덕, 종교가 다 포함되는 인간형성의 장이라고 볼 수 있다.[60]

---

59) Kieran Scott, "The Family Feminism & Religious Education"(*Religious Education*, 1980, May / June), p. 329.
60) E. Clinton Gardener, *Biblical Faith & Social Ethics* (N. Y: Harper press), p. 208.

제 3 장
가족의 사회학적 기초

Ⅰ. 가족의 사회학적 이해

1. 가족의 정의

가족이란 너무나 보편적인 사회집단이며 누구에게나 친근한 개념이기 때문에 쉽게 정의할 수도 있다.

그러나 가족을 대상으로 분석하고 연구하기 위해서는 가족에 대한 구체적인 정의가 필요하다.

많은 학자들은 가족을 정의할 때 머독(G.P. Murdock)의 정의를 고전적인 것으로 삼는다. 머독은 "가족이란 공동거주, 경제적 협력, 그리고 생식의 특성을 갖는 사회집단"으로 본다.[1]

머독은 구조기능론의 입장에서 정의를 내리고 있으며 공동생활을 하는 거주단위와 일치하는 동거집단을 가장 중요한 요소로 보았다. 이 개념은 가족구조에 있어서 가족은 생물학적 조건에 기반을 두고 형성된 1차적 공동체 단위이며, 자녀출산과 양육, 의식주, 성적욕구의 충족 등의 기능을 하는 단위로 보았다.

레비 스트라우스(Levi-Strauss)는 가족의 유대, 관계, 결합을 중요한 요소로 보고 기능집단과 운명공동체적 성격을 중요시하는 역동적 모델로 보았다.[2]

"가족은 결혼에 의해 출발하며, 가족구성은 부부와 자녀, 그리고 다른

---

[1] G.P. Murdock, *Social Structure* (MacMillan, 1949), p.1.
[2] C.Levi-Strauss, 'The Family' H.L. Shapuric(ed), *Culture and Society* (Oxford University press), p.267.

근친자가 포함될 수 있다. 가족구성원은 법적 유대, 경제적, 그리고 성적 의무와 권리, 존경과 애정 등과 같은 다양한 심리적 감정으로 통합되어 있다"고 정의하고 있다.

이광규는 가족에 대한 정의에서 가족이란 가족구성원, 동고동락의 생활공동체라는 것 이외에 가풍, 가훈을 포함하는 폭넓은 개념으로써의 문화집단임을 강조하였다.[3]

이효재는 "가족은 사회조직의 가장 원초적 집단으로서 개인이 나서 자라며 사람의 인격이 형성되는 보금자리이며, 가족공동체 속에서 사회적 인간으로 만들어지는 훈련장"이라고 정의하였다.

최재석은 가계를 공동으로 하는 민족집단을 가족으로 간주하고, 거주와 가계를 같이 하는 자와 독신으로서 주거를 가지고 단독생활을 영위하는 자를 가구로 간주하였다.[4]

이상과 같은 여러 학자들의 가족에 대한 정의를 종합해보면 다음과 같다.

① 가족은 결혼, 혈연, 입양에 의해 맺어진 친밀한 관계로 그 관계는 법적으로 보호를 받으며 지속적이다.

② 가족 내의 노동은 분업이 되어 있으며 주로 남자는 대외적인 경제활동을, 그리고 여자는 대내적인 자녀양육과 정서적인 기능을 담당한다.

③ 가족성원들은 대부분 동거, 동고동락하는 공동운명체의 사회집단으로써 어떠한 사회집단보다도 구성원 간의 유대관계가 밀접하다.

④ 가족은 법적 유대, 경제적 협조, 부부 간의 성적욕구 충족, 정서적 상호협조 등으로 통합되어 있다.

⑤ 가족관계는 대부분 일생동안 또한 영구히 계속되는 관계이다.

⑥ 가족은 생활공동체이며 집, 가풍, 가문 등을 포함하는 넓은 의미의

---

3) 이광규, 『한국의 가족구조 분석』 (서울:일지사, 1981), p.30.
4) 최재석, 『한국 가족 연구』 (서울:일지사), p.29.

개념을 갖고 있는 문화집단이다.

⑦ 가족은 자녀에게 인격형성과 사회화 교육을 시켜주는 훈련장이며 사회와 교량역할을 해주는 사회집단이다.

이상의 가족에 대한 정의는 가족구조, 가족기능, 가족관계 등을 근거로 하고 포괄적인 의미를 갖고 있다.

이와 같은 가족의 개념에 대한 정의 아래서는 대부분의 가족관계는 혈연관계를 중심으로 하고 자연발생적인 공동운명체적 사회집단의 성격을 갖고 있다. 따라서 사회집단으로서의 가족구조 내에서 가족관계의 특성을 다른 사회집단의 인간관계와 비교할 때 다음과 같이 설명할 수 있다.

① 가족은 자연발생적인 혈연관계를 중심으로 하는 소집단으로서 가족성원들의 선택이나 이탈이 자유롭지 못하다. 가출, 별거, 이혼 사망 등으로 가족구조가 해체된다고 하여도 부모와의 관계와 자녀와의 관계 등 혈연관계는 단절할 수 없으므로 완전히 인연을 끊을 수는 없다. 따라서 가족관계는 비교적 고정된 조직체이며 장기적 혹은 영구적으로 지속되는 소집단이다.

② 가족성원들은 성별, 연령 등에 따라 각 구성원들의 지위와 위치가 배정되고 그것에 따라 역할이 배분된다.

③ 가족성원 간에는 분업관계, 권리와 의무관계 그리고 일상생활에 수반되는 행동 유형이 있다.

④ 가족관계는 가족성원 간의 인간관계로써 부모와 미혼자녀로 구성된 핵가족만 하여도 부부관계, 부모-자녀관계, 부녀관계, 모자관계, 자매관계, 형제관계 등의 많은 가족관계선이 있다. 이것은 가족성원 간에 정서적, 심리적으로 복잡하게 얽혀있는 밀접한 관계를 의미한다. 그리고 가족은 상호 간에 밀접한 관계에 있으므로 가족성원 한 사람의 행동이나 생각의 변화는 다른 가족성원과 가족전체에 영향을 준다는 것을 의미한다.

⑤ 가족들은 각각 사회적, 문화적, 시간적, 지역적, 경제적 조건에 따라 그 속의 가족관계가 다르며 가족관계는 각 가정의 성장과 발전단계에 따라 변화된다.

이상에서 서술한 것처럼 가족은 사회구조와 문화에 따라 가족형태가 다양하고, 사회와 가족이 요구하는 기능은 가족이 독립적으로 이행하기보다는 가족이 속한 더 큰 사회조직체에 의해 상호보완적으로 이루어진다.

2. 가족의 기능

가족의 진정한 기능을 살펴보는 일은 가족의 본질을 이해하는 데 도움이 된다.

가정은 각 개인에게 있어서 생활의 근거지요, 혈연공동체로서 한 국가나 사회를 구성하는 최소의 기본단위이다. 따라서 가정집단은 구성원들에게 사회생활 능력과 의사소통, 상호협력 등 적은 기술을 체득하게 해 준다. 그리고 서로서로 위로와 인정을 통해 정서적 만족을 경험하는 곳이다. 이와 같은 가정의 기능에 대한 견해는 여러 가지가 있다. W. 오그번(W.Ogburn)은 가정의 기능은 애정의 기능, 경제적 기능, 교육적 기능, 보호적 기능, 오락적 기능, 지위적 기능, 종교적 기능으로 구별하고 있으며 H. 뱅커(H.Becker)는 새생명의 출산, 자녀의 양육과 보호, 물건의 생산과 활용, 자녀의 교육과 오락, 그리고 애정적 상호작용을 열거하고 있다.[5]

머독(Murduck)은 합법적으로 성생활을 영위하는 기능, 인류의 계승을 위한 자녀의 출산과 양육기능, 생산과 소비를 통한 경제적 기능, 문화의 전수를 통한 교육적 기능, 그리고 애정과 안식을 누리는 애정교환 기능을 가정의 기능으로 이해하고 있다.

이상과 같은 여러 이론들을 종합해보면 가정의 기능을 성생활과 자녀출산, 양육과 보호, 애정과 교육, 경제활동, 휴식과 종교적 기능 등으로

---

5) W. 오그번(W.Ogburn), W.F., "The Family and it's Functions" *Recent Social Trends* (New York: Mcgraw-Hill, 1933) p. 13.

분류할 수 있을 것이다.
 여하튼 개인을 둘러싼 다른 환경, 즉 학교나 사회에서 기대할 수 없는 기본 생활과 원초적 욕구에 대한 해결이 가정을 통해서만 가능하게 되어 있다. 그런데 최근 가정의 구조적 변화가 급격하게 나타나고 있어 가정의 기능과 역할도 근본적인 변화를 겪고 있다.
 A. 토플러(A.Toffler)는 현대의 가정변화를 탈 핵가족화(post-nuclear family)의 태동이라고 본다. 산업혁명 이후 급격한 산업화 추세에 따라 도시로의 인구이동, 직업의 다양화에 따른 신분의 이동 등이 급격히 뒤엉켜 기존의 규범과 사회구조를 부수어버렸다. M. 미드(M.Mead)는 양성 3세대 가족을 바람직한 것으로 지적했지만 지금은 '2세대 가족', '소인수 가족', '무자녀 가족' 등이 보편화되어가고 있다. 1992년말 현재 가구당 평균 가족수는 3.7명이다. 급증하는 이혼, 늘어가는 독신자들이 이같은 가정해체를 촉진하고 있다.
 W.오그번은 이같은 핵가족화 이후의 단계로 넘어오면서 가정만이 갖고 있던 고유한 기능들이 분업화와 전문화의 흐름으로 인해 상실되어간다고 보았다. 대체로 가정이 갖고 있는 기능을 구체적으로 기술하면 다음과 같다.

1) 가정의 기능
(1) 자녀출산과 자녀양육의 기능
 역사적으로 가족은 자녀를 낳아 기르는 기능을 수행하여 왔다.[6] 가족은 사망에 따르는 인구충원을 계속하는 동시에 종족을 이어왔다. 부모는 자녀를 낳는 데서 그 역할이 끝나는 것이 아니다. 부모는 낳은 자녀를 양육하고 교육할 책임이 있다. 그리고 부모가 자녀에게 영양을 공급하고 위험에서 보호하며 가정생활을 통하여 생활교육을 시키는 것이 가장 자연스럽고 효율적인 것이라고 할 수 있다. 가정에서의 자녀교육은 장차

---
6) 이효재, op. cit., p.15.

자녀가 성장하여 사회생활에 필요한 역할수행, 상대방의 기대에 대한 적절한 반응을 통한 적응력을 배양하기 위하여, 가치관, 언어, 행동, 전통문화, 사회규범 등의 필요한 지식과 생활의 지혜를 생활경험을 통하여 가르치는 것이다. 이것은 한 사회가 여러 세대를 통하여 문화적 집단으로 전통을 이어나가는 가족의 중요한 기능인 것이다. 문화의 전통은 부모의 자녀교육을 통하여 자녀의 의식구조와 가치관으로 내면화되기 때문에 가족은 사회의 문화전달 기능도 수행하는 것이다.

(2) 정서적 지지기능

본능적으로 인간은 인정받고 소속감을 가지고 애정을 주고받고자 하는 욕구를 가지고 있으며 이러한 욕구가 지속적으로 충족되기를 희망한다. 가족이 생활하는 과정에서 상호 간에 애정을 표현하고 가족성원 간에 동일시하며 가족성원들이 소속감을 가지고 가족구조 내의 지위와 역할을 부여받으며 정서적 지지를 받을 수 있는 가장 적합한 사회기능 집단이 가족이라고 할 수 있다.

일반적으로 가정 밖의 생활에서 받는 긴장을 가족 안에서 휴식을 취하고 정서적 지원을 받음으로써 회복하기를 기대하고 새로운 활력을 가지고 사회생활을 지속하려고 한다. 그러나 변화하는 사회와 전문화되고 복잡한 직장생활, 인간관계 등을 통해 현대인들은 많은 긴장 속에서 살고 있다. 특히 부부가 직장생활을 하는 경우 그 가족이 받는 긴장은 더욱 가중될 수 있다. 이와 같이 사회생활이 복잡해지고 더많은 긴장을 받을 수록 가족들은 더 심리적, 정서적 지지의 필요성을 느끼며 사회생활의 긴장을 회복시켜주는 안식처에 대한 요구는 더욱 강해진다.[7]

(3) 사회화 교육의 기능

사회화 교육은 사회생활을 하는 데 있어 필요한 사회적 역할을 수행하며 집단, 가족, 사회의 기대에 적절하게 반응하면서 적응할 수 있는 사회적 능력을 키워주는 것을 의미한다. 사회화 교육의 내용은 전반적인

---

7) 송성자, 『가족관계와 가족치료』(서울:홍익제), p.22.

사회생활에 필요한 역할학습, 의사소통 능력, 가치관, 윤리관, 역할 기대 등에 관한 것을 의미한다. 그리고 사회가 개인에게 요구하는 일반적인 것보다는 대인관계에 있어서 상대방의 기대와 욕구에 대한 지식을 습득하는 데 강조점을 두고 있다.[8]

사회화 교육은 가족구조 내에서 가족성원 간의 반복되는 상호작용, 상대방의 기대와 반응, 모방 등을 통하여 가장 잘 이루어진다. 그리고 부모는 자녀에게 같은 성의 모델이 되고 이성관계 유지를 보여주는 모델이 되며, 각 가족성원들은 자기통제의 능력과 적응능력을 가족관계 속에서 경험을 통하여 학습한다. 현대사회는 변화에 적응할 수 있고 사회의 요구에 반응할 수 있는 사람을 필요로 한다. 이러한 것은 현대생활에서 절대로 필요한 측면이며 사회화 교육과 적응력을 키워주는 것은 가족의 중요한 기능이 되고 있다.

(4) 성애(性愛)의 기능

결혼에 의하여 생기는 부부관계에서 성적 욕구를 충족시키는 기능을 성애적 기능이라고 한다. 사회적으로 볼 때에는 성적 통제의 기능을 수행한다고 할 수 있다. 이 기능은 질서를 지닌 인간적인 기능으로 인격적, 이성적인 애정과 신뢰에 의한 결합이라는 점에서 본능적인 것과는 다르다. 또한 이 성적 관계는 양성의 본질적인 평등에 입각하여 당사자의 애정과 이해에 바탕을 둔 자유로운 계약에 의하여 성립되고 존속된다는 점에서 전근대적인 강제적 결합과는 다르다.

(5) 경제적 기능

가족의 생명을 유지시키고 그 문화적 생활의 기반을 이루는 것이 경제적 기능이다. 따라서 이 기능을 생명유지의 기능이라고 하는 경우도 있지만, 가족은 외부의 생산적 기업에 대하여 노동력을 제공하고 소득을

---

[8] Elizabeth McBroom, "Socialization and Social Casework", Rovert and Nee(ed), *Theories of Social Casework* (The university of Chicago press, 1970), pp.337-342.

얻으며 생활자원을 구입하여 노동력과 생명을 재생산한다는 의미에서 경제적 기능을 수행한다고 볼 수 있다.

가족의 경제적 기능은 국가나 사회의 경제적 압력에 의하여 커다란 영향을 받기도 하지만, 가족의 소비생활의 형태가 생산의 패턴에 영향을 주며 가족의 경제적 축적이나 투자, 소비성향이 산업자금의 회전과 긴밀한 관계를 가진다는 점에서 볼 때, 가족의 경제적 기능은 사회 경제에서도 중요시되는 부분이라 할 수 있다.

(6) 사회안정의 기능

가정은 사회구성의 기본단위라는 관점에서 가족의 건전한 성장이 곧 사회발전의 기틀이 된다고 하여 이 기능을 독립된 중요한 기능으로 다루는 경우도 많다.

근래에 커다란 사회문제로 드러나고 있는 청소년 비행이나 범죄의 증가가 결손가족이나 가족적인 파탄에서 기인하는 경우가 많다고 하는 통계에서도 찾아볼 수 있듯이, 가정의 생활안정과 가족의 건전한 단합, 가족생활의 행복은 곧 사회 안정의 기반이 될 수 있다고 본다.

(7) 종교적 기능

가족원의 신앙욕구를 총족하는 기능을 말한다. 종교적 의례나 의식의 수행만 뜻하는 것이 아니라 가족과 함께 살아가는 동안 삶의 진리를 터득할 수 있고 종교적 생활태도를 갖는 것을 말한다.

가족의 기능의 유형과 상호관계를 도표로 나타내면 다음과 같다.[9]

〈가족기능의 유형과 상호관계〉

성격	대내적인 기능(가족원, 개인)	대외적인 기능(사회전체)
고유기능	애정, 성	성적인 통제
	생식, 양육	종족 보존, 사회 구성원 보충
기초 기능	생산(고용충족, 수입획득)	노동력 제공, 분업에 참가
	소비(기본적, 문화적 욕구 충족, 부양)	생활보장, 경제질서의 유지

부차적 기능 (파생 기능)	교육(개인의 사회화)	
	보호	
	휴식	
	오락	
	종교	

3. 가족의 본질

사회학의 시조 A. 콩트(A.Conte)는 가족을 사회의 단위집단으로써 중요시하여 부부, 자녀 사이에 자연적으로 발생하는 종족과 신뢰, 그리고 상호감정의 정을 가족의 본질이라고 보았다.[10]

가족의 일반적 특성은 대략 다음과 같다.

1) 성(性)과 혈연의 공동체

가족은 우선 구성요소로 보아, 양성으로 성립되어 있으며 처음에는 결혼관계로 결합된 부부가 공동생활을 형성하나 이어 자녀의 출산에 따라 혈연관계를 이룩하고 공동생활을 영위하게 된다. 따라서 가족은 원초적이고 보편적인 기초적 집단이다.

2) 주거의 공동체

자녀와 부부의 결합관계로 성립된 가족은 '집'이라는 특정한 장소에서 같이 취사하고 동거하는 주거의 공동체를 이룩하고 있다.

---

9) 유영주, 『신가족 관계학』 (서울:교문사, 1986), p.35.
10) Ibid., pp.32-33

3) 가계(家計)의 공동체

가족이 집단으로서 계속 존속하기 위해서는 가계의 공동이 불가결한 요소가 된다. 성적 관계나 혈연적 관계가 아무리 강하다 하더라도 그것만으로는 가족이 존속해나갈 수 없으며 생산, 소비, 가계의 공동을 통하여 결합관계가 더욱 강력히 유지된다. 따라서 성적관계나 혈연관계가 존재하는 곳에는 가계소비의 공동이 이룩된다.

4) 애정의 결합체

가족은 남녀의 사랑이 기초가 되어 결혼관계로 시작된 집단이므로, 그 누구의 간섭이나 강요가 없어도 서로가 서로를 지극히 사랑하는 비타산적이고 애정적인 결합관계가 형성된다. 따라서 가족 간에는 인내와 봉사, 희생이 자연적으로 발생하며 인격형성이 이루어지는 인간형성의 장이 된다.

5) 운명의 공동체

가족은 출산과 더불어 소속이 결정되고 가족원 간의 지위와 역할이 부여된다. 가족원은 서로 책임감을 갖고 이를 위해 상호협조할 뿐만 아니라 자기를 희생하기도 한다.

따라서 가족은 필연적으로 운명공동체의 성격을 갖는다.

또한 가족은 가족성원에게 지위와 역할을 분담할 뿐만 아니라, 이에 따른 행위유형을 갖게 한다. 부모는 자녀에 대하여, 자녀는 부모에 대하여 취할 수 있는 태도와 행하여서는 안될 행위가 있다. 이러한 지위와 역할 및 행위유형은 넓은 의미의 제도 속에 포함된다. 따라서 가족은 가족제도를 갖게 된다. 가족은 하나의 가족제도를 갖고 운명공동체의 목적을 수행하는 사이에 가족만이 갖는 특유의 기능을 갖게 되는 것이다.

4. 가족의 집단적 특성

1) 가족은 1차적 집단(primary group)이다.
1차적 집단이란 성원 상호 간의 친밀한 관계로서 그 내부에서 개인성(personality)이나 태도(attitude)가 형성되는 기본적인 역할을 수행한다.[11]
또한 이들은 대면적 결합관계(face-to-face-association)에 있다는 특징이 있다. 그 결과 그들 성원 상호 간에 '우리의 감정'(we-feeling)이 발생하여 강한 일체감을 유지하고 있다. 가족은 이러한 특성을 지닌 1차적 집단이다.
여기에 대하여 2차적 집단(secondary group)이란 간접적인 거리를 가지고 접촉하는 결합관계를 갖는 것으로 사회, 조합, 국가 등을 들 수 있다. 2차적 집단은 구조가 비교적 크고 제도화되어 있다.[12]

2) 가족은 공동사회 집단(Gemeinschaft)이다.
Gemeinschaft는 퇴니스(F. Tennis)가 사용한 개념으로써 공동사회, 또는 희생사회라고도 불린다. 이러한 집단은 성원 상호 간의 애정과 이해로 결합되어 외부적인 어떤 장애나 분리에도 결코 분열되지 않는 본질적 결합관계를 갖는다.

3) 가족은 폐쇄적 집단(closed group)이다.
폐쇄적 집단이란 성원이 되기 위한 자격의 획득이나 포기가 용이하지 않은 집단을 의미한다. 즉 가족은 가족의 일원이 되기 위해서는 그의 근친자이어야 하고 또 이것을 거부하고자 해도 그의 혈연으로 태어난 이상 그의 가족관계를 포기할 수 없으므로 폐쇄적 집단인 것이다. 이에 반하여, 개방적 집단이란 집단의 소속성이 자유롭고 원하는 대로 그 집단성

---

11) 이옥임, 이옥주, 『가족 관계학』(서울:수학사, 1983), p.13.
12) Ibid., pp.14-15.

원의 자격을 획득, 포기할 수 있는 집단을 말한다.

4) 가족은 형식적 집단(formal group)이나 가족관계는 비형식적, 비제도적(informal)이다.

형식적 집단(formal group)이란, 객관적 조직과 특정의 습관적 절차의 체계를 갖고 이것에 의하여 행동이 통제되는 집단이다. 즉 집단 내의 어떤 지위에 있느냐에 따라서 개인의 특성에는 관계없이 그 지위에 대한 역할행동이 요구된다. 가족은 결혼의 법적 절차에 의하여 부부관계가 성립되므로 이러한 면에서는 형식적이고 제도적인 집단이다.

그러나 가족 상호 간의 관계에 있어서는 가족성원 모두가 각각 인간적인 감정으로 연결되어 있다. 때문에 대인관계에 있어서 어느 사회보다도 자유롭고 솔직하며 순수하며 형식이나 예의에 얽매이지 않는 비형식적인 자유로운 집단이다.

5. 가족의 생활주기

정상적인 가정이라면 세월의 흐름에 따라 다소 비슷한 발달과정을 겪어나가게 된다. 즉-결혼, 첫 아이의 출산, 막내의 출가, 은퇴 등-결정적인 전환기를 겪으면서 동일한 순서 또는 단계를 거쳐나간다. 가정도 개인과 마찬가지로, 각 구성원들이 나이가 들어감에 따라 가족 역할의 변화를 경험하는 생활주기(life cycle)를 가지고 있다. 확실히 각 가정마다 독특하고 특유한 생활 리듬과 템포, 위험과 보상, 조화와 불화를 가지고 있다.[13]

헬리(Haley)는 가족의 생활주기가 정상적으로 펼쳐지지 못할 때 고통

---

13) Irene Goldenberg & Herbert, *Family Therapy an Overview* (California:Cole Publishing), p.27.

과 정신병적 증상이 나타난다고 한다.
 가정은 다음과 같은 순서의 생활주기를 가진다. 즉 두 사람이 자기가 태어난 가정을 떠나 결혼하여 새로운 가정을 형성하고, 남편과 아내로서 서로 적응하기를 배우고, 첫 아이가 출생함으로써 아버지와 어머니로서의 새로운 역할을 띠게 된다. 가정에 가족의 수가 늘어날 뿐만 아니라, 가족구조와 생활양식이 드러나게 재조직된다. 가족이 성장함에 따라, 새로운 부모 자녀 관계가 발달하고, 이 과정에서 아버지와 어머니의 관계가 변화를 겪게 된다. 그리고 불어나는 자녀에 의해 확대되었던 가정은 이들이 출가함에 따라 다시 축소된다. 가족생활에 관한 상담가인 드볼(Duvall, 1977)은 여덟 가지로 구획을 이룬 원으로 정상적인 가정의 생활주기를 아래와 같이 제시하고 있다.

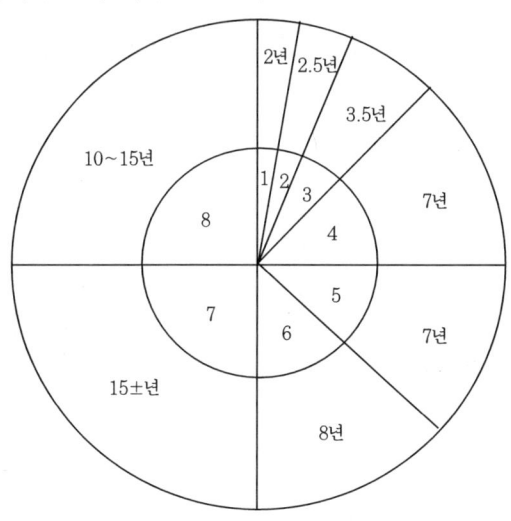

1. 신혼부부(자녀없음)
2. 자녀양육가정
   (맏이, 출생~30개월)
3. 학령전기의 아동을 가진 가정
   (맏이, 30개월~6세)
5. 십대의 자녀를 가진 가정
   (맏이, 13~20세)
6. 자녀의 출가(맏이에서 막내까지)
7. 중년의 부모
   (자녀 출가 후에서 은퇴까지)

4.학령기의 아동을 가진 가정		8.노년기의 가족성원
   (맏이, 6~13세)			(은퇴에서 양 배우자의 사망까지)

*Duvall(1977)이 제시한 전통적인 가족 생활주기에서 8단계 중 각 단계가 차지한 기간. 각 단계가 차지하는 기간은 가계의 예산편성, 주택구입, 건강, 가정경영, 레크리에이션, 교육 기타 여러 가지의 가족 자원 및 서비스와 관련된다. 특히 자녀들이 출가한 뒤 부부끼리 보내는 기간이 반이나 된다는 사실에 유의하라(Duvall, E.M., *Marriage and Family Development*(5th Ed.), J.B. Lippincott Company, 1957, 1962, 1967, 1971, 1977의 p.148 그림 7-2).

물론 이 그림은 평균을 나타낸 것으로써 모든 가정에 똑같이 적용시킬 수는 없다. 그러나 일반화된 가족의 기대와 각 가정이 거치게 되는 단계와 가정의 생활사에서 각 단계에 도달하게 되는 대체적인 시기는 구분해 볼 수 있다. 특히 명기할 것은 가정생활에서 절반 정도는 가정에서 자녀와 함께 보내는 시기이고 나머지 반은 남편과 아내만이 보내는 시기라는 점이다.

핵가족 생활사는 구혼기간에서 시작하여 부부 중 마지막 남은 사람의 사망에 이르기까지 펼쳐진다. 가족들에게는 이러한 연속적인 과정에서 각 단계마다, 다음 발달단계로 넘어가기 위해 달성해야 할 과업이 요구된다.

모든 가족은 구애, 결합, 보금자리 건설, 자녀 양육, 자녀 출가라는 발달과정을 겪게 된다.[14]

---

14) Howells, J. G., *Principles of Family Psychiatry* (Brunner/Mazel, Inc., 1975).

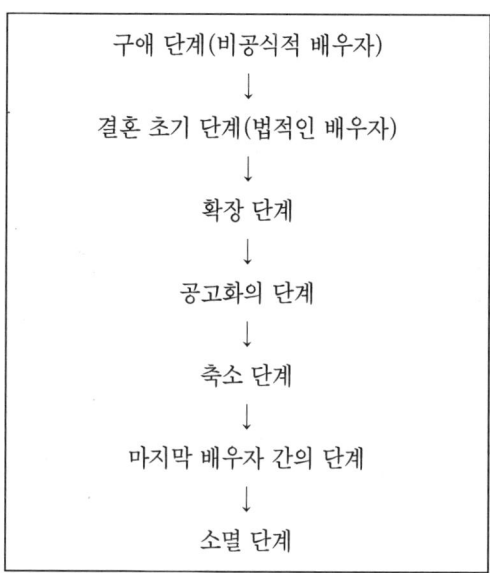

6. 가족의 발달 과업

각 발달단계마다 가족들에게는 새로운 과업, 새로운 적응 기술을 익혀야 할 필요성과, 또한 이에 상응하는 새로운 가정 역기능의 위험이 따른다. 각 단계마다 얼마나 잘 적응할 수 있는가 하는 문제는 각 가족이 그 전 단계에서 요구된 과업을 얼마나 잘 달성하였느냐에 달려 있다. 자기 부모에게서 완전히 독립되지 못하여 자기네의 새로운 독립된 단위를 형성할 수 없었던 신혼부부는 생활주기의 다음 단계-자녀 출산과 양육-에서 상당한 고통과 갈등과 혼란을 겪게 된다.

결혼이란 두 사람의 만남 그 이상의 것이다. 차라리 결혼이란 결혼에 대한 의사결정 과정에 참여하여 영향력을 행사하는 두 가문의 만남이라 해야 할 것이다. 기존의 가족체계에서 벗어나기 위해 서둘러 결혼하는 것도 드문 현상이 아니다. 이러한 경우에서는 일단 부부가 결혼하면 결혼을 하려고 했던 이유가 사라져, 그들 관계의 건전한 토대를 구축해야 하는 문제가 발생한다. 결혼에서의 첫 과업은 부부가 서로에게 적응하고 서로에게 만족을 가져다줄 수 있는 새로운 의사거래 유형을 발달시키는 일이다. 부부는 각자 자기 가정에서 성장해왔기 때문에, 각각 일단의 기대 또는 부부 상호작용의 규칙을 획득하게 된다. 미누친(Minuchin)과 그의 동료들이 말했듯이 부부 각자는 자의식을 유지하기 위해, 결혼할 때 지니고 있었던 패러다임을 계속 보존해야 한다. 또한 부부가 공동의 생활을 하기 위해서는 이 두 패러다임을 조화시킬 필요도 있다. 이와 같이 두 배우자는 자기네 패러다임을 조화시켜 나가면서 서로 친숙하고 효과적으로 대응할 수 있는 새로운 의사거래 유형을 발달시켜야 한다.

또한 신혼부부는 자기가 태어난 가정에서 독립되어야 할 발달과업도 가지게 된다. 부부 각자는 자기 부모, 형제, 인척과 새로운 관계를 맺어야 한다. 이제부터는 무엇보다 결혼에 충실해야 되기 때문에, 각자가 태어난 가정의 가족들이 이러한 개성을 수용하고 지지해주어야 한다. 동시에 부부는 각자 상대방의 친구를 만나고 부부의 친구가 될 사람들을 선택해야 한다. 새 부부는 새로운 친구를 얻는 동시에 옛 친구와의 접촉이 적어지게 된다.

처음 결혼했을 때에는 부부의 역할에 융통성이 있어서 서로 역할을 바꿔 행사할 수 있는 여지가 많다. 자녀가 없을 때에는 가족구조상 눈앞의 문제들을 해결하는 데 다양성이 많다. 예를 들어 혼자서나 둘이서 같이 식사준비를 할 수 있고, 같이 외식하러 나갈 수 있고, 친구나 부모집에 가서 식사할 수 있고, 각자 따로 식사할 수도 있다. 그러나 자녀가 생기면 식사시간 이전과는 달리 얽매이게 된다. 그리고 의무의 분담, 일의 구분도 보다 분명해져야 한다. 누가 장을 보고, 누가 식사를 준비하고, 누가 탁아소에서 아이를 데려오고, 누가 설거지를 할 지 각자 해야 할 몫을 나누어야 한다. 신체적으로 심리적으로 아기에게 매달리다보면 부부 사이의 의사거래 유형도 바뀌어지기 마련이다. 여기서 일어나는 위험은 남편과 아내의 역할이 예전의 융통성이 많던 시절과는 달리 지나치게 고정되고 경직될 우려가 많다는 점이다.

자녀양육은 한동안 여성에게 성인생활을 중단시키며, 이것이 개인적으로 좌절감을 줄 수 있다. 헬리(Haley)에 의하면 자녀가 학교에 들어갈 무렵에 공통적으로 위기가 온다고 한다. 이는 언젠가 자녀가 가정을 떠날 것이라는 사실을 처음으로 맛보게 하기 때문이다.[15]

조부모와 함께 사는 가정, 특히 부모가 한 사람밖에 없는 가정인 경우에는 조부모·부모·어린이의 삼각관계가 생겨, 성장하는 어린이를 잘 다루려다 갈등이 심화되는 경우가 많다. 결혼생활이 중년에 접어들면, 남편의 경우 청년 시절의 야망을 달성하지 못했다거나 이와 반대로 기대 이상으로 성공했다는 사실을 의식하기 시작한다. 자신이 야망을 달성하지 못했다고 느낄 경우 전체 가족에게 우울이 퍼질 수 있고, 기대 이상의 성공을 했는데도 아내가 잇따른 원한과 가족 갈등으로 인해 그에게 예전과 차이없이 대할 수 있다. 이와 마찬가지로 아내도 옛날 자기 미래에 대해 꿈꾸어왔던 야망이나 원하던 결혼관계를 성취하지 못했다고 느낄 수 있다. 여가시간이 늘어남에 따라 옛날의 계획을 다시 실현시키고 싶은 강렬한 충동을 느끼지만, 이제 와서 자기 능력에 회의를 느끼게 된다. 그러나 집안에 박힌 생활에서는 목적을 찾을 수 없고, 자녀가 성장하여 더 이상 자기를 필요로 하지 않을 쇠퇴기에 들어가면 특히 더 그러하다. 은퇴의 문제도 빠뜨릴 수 없다. 이러한 문제는 하루 24시간 떠나지 않고, 수입도 현저하게 준다. 남자는 익숙했던 직장의 역할에서 물러서야 하고, 부부 둘 다 새로운 계획을 세우고 가정 밖에서 직업과 무관한 활동도 찾아야 한다.

배우자 한 사람이 사망하면 가족들은 남아 있는 부모에게 마음을 써야 한다. 가족의 생활주기가 마지막 단계에 접어듦에 따라 새로운 위기에 봉착하는 일이 많다.

하월즈(Howells, 1975)의 가족생활주기의 단계가 다시 한번 제시되어 있는데, 여기에는 각 단계에서 요구되는 공통적인 발달과업도 함께

---

15) Haley,J., *Uncommon Therapy* (New York:Norton, 1973). p. 162.

기술되어 있다.[16]

〈가족생활주기의 발달적 단계와 성취해야 할 각 단계의 주요 과업〉

단 계	발 달 과 업
구애단계	부모로부터의 배우자 선택 압력 : 어느 정도의 독립성을 유지하며 자주성 포기, 상호 만족스러운 성적 생활을 포함한 결혼의 준비 : 부모로부터의 독립
결혼초기	성적인 양립성 : 배우자와의 간헐적 접촉이 영속화됨 : 친척에 대한 대처 : 자녀출생에 대비 : 생활수준의 향상 : 독립성
확 장 기	자녀출생-부모로서의 새로운 역할, 아내의 노동력 상실로 수입감소 : 산아제한 임신 자녀양육 문제에 대한 배우자 간의 동의 : 더 많은 독립성 : 자녀들 간의 경쟁에 대처 : 부모 중 한 사람 또는 모두가 자녀에게 과잉 관여하는 데 대한 대처
공 고 화	가족의 수는 늘지 않지만 학교, 청소년기의 문제 따름. 자녀들의 성문제 : 부모에게 고수입이 요구됨 : 자녀들에게 증대되는 독립심 : 부모와 자녀 간의 세대차에 따른 충돌
축 소	자녀가 출가함으로써 부부의 주요한 활동-부모의 일이 사라진다 : 새로운 흥미의 개발 요구 : 자녀에 대한 관여의 상실 : 경제적 번영
마지막 배우자 간의 단계	아내가 직장을 그만 두었을 경우에 다시 복귀 : 배우자로서의 새로운 역할 : 남편의 지위 부상 : 높은 경제적 지위
가족의 소멸	은퇴로 인한 경제적 지위의 하락과 위신의 감소 : 상대방에 대한 의존성 증대 : 배우자 간의 접촉시간 극대화 : 사별(死別)의 문제-배우자의 상실, 고독

---

16) Howells, J.G., *Principles of Family Psychiatry* (Brunner/Mazel. Inc.,1975).

이밖에 가족의 생활주기에 따른 구체적인 발달과업과 개인의 발달과업은 아래와 같다.[17]

〈가족생활주기에 따른 가족의 발달과업〉

1. 부부만의 시기 Married couple	아내 남편	• 서로 만족하는 결혼생활 • 임신과 부모됨에 적응 • 친족관계 형성
2. 자녀 출산 및 양육기 Child-bearing & rearing	아내-어머니 남편-아버지 영아기의 자녀	• 자녀를 낳고 그에 적응하며, 영아 발달을 조장 • 부모와 영아 모두를 위한 만족스런 가정을 형성
3. 미취학 아동기 Preschool age	아내-어머니 남편-아버지 딸-자매 아들-형제	• 성장을 자극·촉진시키기 위해 취학 전 아동의 욕구와 관심에 적응 • 부모는 에너지의 소모와 사생활의 부족에 적응
4. 학동기 School age	아내-어머니 남편-아버지 딸-자매 아들-형제	• 학동기 아동을 위한 건설적인 가족 공동체 형성 • 아동의 교육적 성취를 고무
5. 청소년기 Teen age	아내-어머니 남편-아버지 딸-자매 아들-형제	• 성숙한 청소년으로서의 책임감과 부모로부터의 해방감에 균형을 유지 • 성숙한 부모로서의 자질과 능력 갖춤
6. 진수기 (독립심)	아내-어머니-할머니 남편-아버지-할아버지	• 적절한 의식이나 사회의 도움으로 취직, 군입대, 대학 입학, 결혼 등에

---

17) Duvall E.M. & B.C.Miller, *Marriage and Family Development* (Harper & Row Publisher, 1985), P.62.

Launching center	딸-자매-숙모 아들-형제-삼촌	직면 • 지지기반으로써의 가정의 기능을 유지
7. 중년기 Middle aged parents	아내-어머니-할머니 남편-아버지-할아버지	• 결혼관계에서 다시 초점을 맞춰 • 신·구세대 간의 친족 결속력을 유지
8. 노년기 Aging family	과부나 홀아버지 아내-어머니-할머니 남편-아버지-할아버지	• 사망하거나 혼자 남게 됨 • 가족이 해체되거나 가족의 종말에 적응 • 은퇴에 적응

〈가족 생활주기에 따른 가족의 발달과업〉

	영아기 출생~1·2	아동초기 2·3~5·6·7	아동후기 5·6·7~사춘기	청년초기	청년후기	성인기	노년기
1. 적절한 독립-의존 패턴의 형성	• 의존적인 존재 • 자아를 인식하기 시작	• 개인적인 것에 대한 관심이 감소 • 정서적으로는 의존성이 강하나 신체적으로는 독립적	• 성인에 대한 동일시의 단계를 벗어남	• 모든 행동 영역에서 독립성을 정립	• 성인이 되기 위한 독립된 개체로 성장	• 자녀의 독립성·자율성을 고무 • 상호 의존성을 익힘	• 무기력해지고 의존적이 되어 타인의 도움이 필요하다는 사실을 수용
2. 적절한 애정 교류 패턴을 형성	• 사랑을 느끼도록 성장	• 사랑을 베푸는 능력의 발달 • 사랑을 나누는 것을 익힘	• 사랑의 보답을 익힘 • 동료들과 우정을 나눔	• 자신을 사랑받을 가치가 있는 사람으로 인정	• 배우자와 강한 애정적 유대를 형성	• 만족스런 결혼관계를 유지 • 자녀 및 손자녀와 건전한 유대관계 • 늙어가는 배우자에 대한 새로운 애정으로 현명하게 대처	• 배우자가 사망하면 과거의 애정관계를 회상 • 자녀와의 새로운 애정관계 형성 • 손자녀 및 타가족 성원들과 애정관계 형성 • 가정 밖에서의 만족스런 우정관계를 유지
3. 변화하는 사회 집단과 관련된 행동	• 살아있는 것이나 친숙한 것을 지각하기 시작	• 또래와의 상호작용 능력을 발달시키기 시작 • 사회 성원으로서의 아동을 기대	• 아동 및 성인의 세계를 명확히 구분 • 또래집단을 형성하고 소속감을 학습	• 다양한 또래집단의 규율에 따라 행동	• 성인 위주의 사회 가치를 수용	• 다양한 사회·정치·지역 사회 집단 내에서 합리적으로 활동 • 배우자의 인척 및 결혼한 자녀와의 만족스런 관계를 형성·유지	• 건강·에너지·흥미에 맞는 사 활동과 역할을 수행
4. 양심의 발달	• 타인의 기대에 적응하기 시작	• 지시와 권위에 순종하는 능력을 개발	• 규칙을 한층 더 학습하며 참된 도덕성을 발전		• 원리와 실행간의 차이를 이해하고 이들을 합리적으로	• 건전한 인생철학을 발전시키고, 사회와의 친밀감	• 생의 희망이나 꿈에 대해 절망스러울 때 도덕

과업								
		• 양심적인 것에 순종하는 능력을 개발	시킴		로 해결	형성을 위해 도덕 규칙을 변화 • 자녀가 타인의 기대에 적응하고 도덕성을 갖도록 도움	적 통합감을 유지
5. 정신적-사회적-생리학적 성역할의 학습		• 남녀 성인의 역할을 동일시	• 동성의 친구들을 동일시하기 시작	• 동성의 친구들과 강한 정체감을 형성 • 이성관계에서 자신의 역할을 학습	• 바람직한 배우자상을 정립 • 직업 선택 • 책임있는 지역사회의 시민이 되기 위한 성인의 역할을 수용	• 부부의 역할에 적응하며, 훌륭한 결혼생활을 유지 • 시민이며 직장인으로서 올바른 사회적 역할을 이행 • 훌륭한 부모가 되도록 노력	• 퇴직금에 의해 생활 • 늙은 배우자의 훌륭한 동반자가 됨 • 배우자의 죽음에 대해 마음의 준비
6. 신체의 변화에 적응	• 수유의 욕구를 알림 • 성인에게 자신의 요구를 명확히 전달	• 근육 발달로 야기된 기대에 부응		• 신체적 변화와 그에 따른 사상과 감정을 재구성	• 성적 충동의 적절한 출구를 마련	• 결혼 후 성생활에 잘 적응 • 성인 세계의 압박감 속에서 건강한 생활을 유지	• 나이가 듦에 따라 기력이 쇠되하는 것에 잘 적응
7. 신체의 변화를 관리하고 새로운 운동 패턴	• 생리적 균형을 발전 • 눈과 손의 협응 동작을 발전	• 전체적인 근육을 조절 • 크고 작은 근육들을 협응시킴	• 세련된 기술로 작은 근육들을 사용	• 새로운 신체 변화에 적응		• 새로운 능력과 활동성을 가진 사회의 바람직한 성인상을 모색	• 노쇠한 신체에 활력을 주기 위한 적절한 활동에 관심
8. 물질 세계에 대한 이해와 조절	• 물질 세계를 탐구	• 성인의 기대에 맞추어 활동범위를 확대	• 물질 세계를 다루고 탐구하는 데 있어서 보다 현실적인 방법을 택함			• 개인과 사회의 복지를 위해 의료 및 과학 분야에 대한 지식 획득	• 개인을 둘러싼 주변의 물리적 환경을 인식하고 이에 대처하는 방법을 익힘
9. 적절한 상징체제와 개념 능력의 발달	• 언어적 의사소통 능력을 향상	• 상징체제의 사용을 확대 • 많은 개념들을 정교화	• 생각의 교환을 위해 언어 사용 • 일상적인 관계들을 이해하기 시작 • 개념 구분이 명확	• 복잡한 개념들을 표현하고 명료화하기 위해 언어를 사용 • 구체적 사고에서 추상적 사고로, 일반원리에서 특정원리에로 전환	• 자신이 할 수 있는 합당한 수준에 도달	• 소득세, 사회보장, 금전거래 등을 포함하는 전문적인 상징체제에 익숙	• 만년을 통해 가능한 한 오랫동안 능률성을 유지
10. 자신을 우주와 관련해서		• 우주 속에서 하찮은 위치라 할지라도 자신의 소질을 개발	• 과학적 접근법을 개발		• 신념과 가치체계를 형성	• 경험을 토대로 합리적인 인생철학을 세워 이를 실천	• 살 수 있다는 신념과 함께 언제 있을지 모를 죽음에 대비

(Aldous, 1978;104~107)에서 인용

가족의 발달주기에 따른 과업뿐 아니라 공히 이루어야 할 가족의 기본적 과업도 간과할 수 없다. 가족을 유지 존속하기 위한 가족의 기본적 과업은 다음과 같다.

가족구성원은 가족의 유지존속을 위해 필수적인 기본과업(basic

tasks)을 수행해야만 한다. 가족에게 요구되거나 기대되는 기본과업은 아래와 같다.[18]

1) 물질적 부양(physical maintenance)
가족원들을 위해 의·식·주와 양호를 제공한다.

2) 자원의 분배(allocation of resources)
각 가족원들의 욕구에 따라 시간, 공간, 애정, 설비 등의 자원을 지출하거나 분배한다.

3) 노동의 분배(division of labor)
가정을 관리하고 가족원을 부양하는 데 있어서 누가 어떤 일을 할 것인가를 고려한다.

4) 가족원의 사회화(socialization of family)
가족 또는 그 외부세계에서 성숙한 역할을 내면화함으로써 각 성원들의 사회화를 모색한다.

5) 가족원의 재생산, 원기 회복과 휴식(reproduction & release of family members)
사회가 허용하는 한도 내에서 애정·공격성·성적 충동들을 표현하거나 의사소통과 상호작용하는 방식 등을 터득한다.

6) 질서의 유지(maintenance of order)
자녀를 낳고(또는 입양하고), 이들을 키우며 가족의 한 성원으로 적절히 연합하게 한다.

---

18) 유영주 외 2인, 「가족발달학」 (서울: 교문사, 1995) pp. 63-67.

7) 전체 사회에 대한 자신의 위치 확인(placement of members in the larger society)

학교, 교회, 직장, 공동체 생활 등과 관계를 맺고 인척, 친척, 친구, 대중매체 등에 대한 적응 수단을 익힌다.

8) 개인의 사기와 동기 유지(maintenance of motivation & morale)

사기와 동기를 유지하고 성취로 보답받으며, 목표를 설정하고 가족에 대한 충성심과 가치를 발전시킨다.

각 가족은 그들이 존재하는 한 나름대로의 방식에 의해 이들 기본 과업을 수행해야 한다. 또한 각 개인도 다음과 같은 행동유형의 발달과업들을 준비해야 한다.

① 적절한 독립 - 의존 패턴의 형성
② 적절한 애정 교류 패턴을 형성
③ 변화하는 사회집단과 관련된 행동
④ 양심의 발달
⑤ 정신적 - 사회적 - 생리학적 성역할의 학습
⑥ 신체의 변화에 적응
⑦ 물리적 환경 세계에 대한 이해와 조절
⑧ 적절한 상징체계와 개념능력의 발달

Ⅱ. 현대 가족의 특성

1. 현대사회의 특성

■ 가족의 변화에 영향을 주는 현대사회의 특징적 요소

현대에 와서 모든 변화는 다방면으로 심한 소용돌이를 만들고 있으나 그 많은 변화 중 가족에게 영향을 주는 요소는 다음과 같은 것들이 있다.

첫째, 현대사회는 개인의 능력만을 요구하는 고도의 공업화된 사회이다.
개인은 그가 태어난 가정, 출신배경을 불문하고 능력에 의해 직업을 선택할 수 있다. 따라서 친족조직의 붕괴를 용이하게 하고 있다.[18]
둘째, 현대의 공업사회는 완전히 전문화된 사회이다. 전문화, 세분화된 직장생활에서의 인간관계가 직업적이고 부분적이어서 전인격적인 접촉이 거의 불가능하다. 따라서 자유로이 애정을 교환하고 전인격적인 접촉을 밀접하게 할 수 있는 핵가족, 그러한 가족관계가 필요하다.
셋째, 현대인의 생활은 직업을 중심으로 이동이 잦다. 이사를 쉽게 다니기 위해서는 가족수가 적은 소가족이 훨씬 유리하며 이는 친족결속의 붕괴를 초래한다.
넷째, 현대의 공업사회는 자연스러운 배우자 선택의 기회를 갖게 한다. 직업, 직장을 찾아 부모형제를 떠나 멀리 낯선 지역에서 생활하면서

---

18) 유영주, op.cit. pp.281-282.

자연스러운 배우자 선택의 기회를 가지게 됨에 따라 결혼의 형태가 자유,연애결혼으로 변화되어간다.

다섯째, 새로운 가치관으로 대두된 개인주의가 저변에 흐르고 있다. 철저한 개인주의의 발달은 개인을 가족의 일원으로서가 아니라 개인 그 자체의 능력으로 보게 되었으며, 남녀평등 사상은 여성의 취업기회를 확대시켜주었다.

2. 현대가족의 특성

첫째, 확대가족에서 핵가족으로, 가족수는 소인수 가족으로 변화되고 있다.

둘째, 현대 가족생활은 친척들과의 접촉이 감소되었으며 상호부조의 정신이 약화되어가고 있다. 즉 가족이 불안정하다.

셋째, 배우자 선택에 있어서 결혼은 두 당사자 사이의 문제로 한정되고 이성이 만날 수 있는 기회가 많아짐에 따라 자유, 연애결혼의 형태로 되어가고 있다.

넷째, 살림의 형태는 두 사람이 새로이 건설하는 단가살이인 독립생활의 형태로 바뀌고 있다.

다섯째, 남녀평등 사상에 따라 가계계승에 있어서 부계단일제도에서 양계제도로 변모되어가고 있다.

여섯째, 가족의 안정면에서 핵가족은 고립된 단위인 만큼 인간관계의 범위가 부부와 자녀와의 관계로 좁아졌다.

일곱째, 가족의 생산기능 소멸과 소비단위로써의 기능강화로 많은 상품 중에서 어떻게 현명하게 물자구입을 해서 어떻게 현명하게 소비하느냐가 문제이며 따라서 가정경제와 밀접한 관계를 맺고 있다.

여덟째, 가족의 교육, 양육의 기능이 약화되면서 인성교육, 도덕교육, 전인교육이 어렵게 되었다.

아홉째, 노동력 재생산을 위한 휴식, 애정기능의 강화로, 긴장과 경쟁 속에서 시달린 심신의 피로를 풀고 노동력 재생산을 위한 휴식이 필요하게 되었다.

드볼(Duvall)은 가족의 기능 중 인간의 발달과 상호작용이 이루어지는 사회적 단위로써의 기능에 중점을 두고 있다. 아울러 현대가족은 특히 가족 간의 애정, 가족의 안정과 수용, 가족의 만족감과 목표의 달성, 사회적 역할수행과 사회화, 동료감과 협동감의 지속, 올바른 가치관의 확립 등이 필요함을 강조하고 있다.

3. 현대 가족의 역기능적 요소

1) 가족의식 변화의 불균형

확대가족 구조에서 핵가족 구조에로의 변화는, 가정의 경제적, 감정적 후원을 제공하는 능력을 약화시키므로, 고정된 역할의 협력관계에서 유동적 역할의 협력관계를 가져왔다. 이로 인해, 여성의 산업사회 진출을 요구하고 역할구조에 과감한 변화를 촉구하게 되었다. 이러한 역할구조에 대해 가족 서로가 의식을 달리함으로써 가족의 정상적인 기능수행을 저해하고 있다.

이러한 가족의식의 불균형은 세대 간과 남녀 사이에서 나타나고 있다. 즉 남녀 둘 사이에 어느 한 편은 새로운 역할구조에 대한 이해에 소극적이며 전근대적인 가족의식을 고집하며, 나머지 한 편에서는 변화하는 사회현상에 민감하게 반응을 하여 새로운 역할을 찾기에 서두르는 경우, 그 가족은 통일적인 질서를 잃고 반목과 불신이 싹트며 전체로써의 기능수행에 장애를 일으키게 된다.

가까운 예로 젊은 남녀의 결혼을 전후하여 남성은 여성에게 가정을 지키는 주부로서만 있어주기를 바라며, 여성은 자신이 이미 획득한 사회적 지위나 앞으로의 자아실현에 대한 욕구를 내세움으로써, 서로가 해결하기 어려운 갈등에 빠지거나 약혼의 취소 등의 바람직하지 못한 결과를 맺는 것을 볼 수 있다.

2) 성윤리의 타락

현대사회의 특징으로 지적되고 있는 인간소외와 가치의식의 혼란은 인간의 성적 규범마저도 타락시키고 있어, 현대가족의 특징으로 인식되는 일부일처제를 무색하게 하고 있다.

경제적 지위가 낮고, 가정과 사회에서 차별을 받고 있는 여성의 입장에서는 죄의식과 더불어 다른 가족을 파괴하는 행위를 하는 부류가 있는가 하면, 아내로서의 최종의 권리와 기능을 상실하고도 아무런 대책없이 희생하고마는 부류도 있다.

유복한 남성 가운데 가정 밖에서 성적인 만족을 찾아 방황함으로써 실질적인 일부다처제를 형성하는 경우가 있으며, 이런 경우, 경제적으로 무능한 아내는 이혼을 단념하고 바퀴가 떨어진 수레와 같은 파괴된 가정을 이끌어간다.

이와 같은 현상은 가족의 고유한 기능을 파괴함으로써 결론적으로 가정의 무용론을 이끌어내기도 하는데, 남녀 사이에 남녀차별의 의식이 깨어지지 않고 경제적 불평등이 계속되는 한, 아무리 법으로 다스린다 해도 없어지지 않을 것이며, 앞으로도 가족의 행복을 좀먹는 무서운 적이 될 것이다.

3) 사회, 경제체제의 복잡화

날로 증가하는 과학기술을 중심으로 하는 생활은 가족들에게 여가를 제공하는 반면에, 소비자에게 초점을 맞추는 사회에서 경제적 압박을 받고 있다. 또한 산업화된 사회에서 날이 갈수록 경제체제가 복잡해지므로 개인의 경제적인 능력이 약화되기 쉽다.

현대사회는 치열한 경쟁과 복잡한 사회적 압력에 눌리고 국가 사회적인 경제 정책에 좌우되므로 개인이 경제적으로 자립하고 대응해나가는데 많은 어려움을 겪게 된다.

또한 인구증가로 자원부족과 구직난, 주택문제 등이 가중되어 자칫하면 가족생활의 경제적 기반이 흔들리거나 위협을 받기 쉽다.

가족의식의 불균형과 성윤리의 타락, 사회, 경제, 정치, 문화체계의 복잠성은 청소년 비행과 범죄의 증가, 결손가족과 가족의 파탄 등 가족의 정신적 결속과 안정에 많은 위협을 주고 있다.

4. 현대 한국가족의 변화

■ 산업화와 한국가족의 변화

현대산업사회에서 합의된 가치관은 민주주의 사상이다. 민주주의는 국가, 사회에 따라 다양한 제도의 체계로 구현되고 있지만 그 기본목표는 자유, 평등, 사랑이며 이것이 현대국가 헌법의 기초를 이루며 국가생활의 각 분야를 이끌고 규제하는 방향이다. 가족에 있어서도 예외가 아니어서 가족생활을 규제하는 법적제도와 사회의식과 인간관계에서 이 사랑은 기본이었으며 산업화는 이러한 보다 근대화된 의식이 가족생활 전반에서 실천될 수 있도록 유도한 동기가 되었다. 배우자 선택과 혼인에서 과거의 가문과 혈통 계승을 위주로 부모가 주장하는 방식에서 벗어나 개인의 행복을 위해 애정을 전제로 해서 혼인 당사자들이 결정하게 되었다. 부부관계와 부모 자녀 관계는 평등한 인격을 기저로 한 상호 간의 협동과 타협의 관계를 전제로 하고 있었으며, 자본주의 경제구조 아래에서 남자들은 가족의 부양 책임자로 직장에 나가 일에 종사하며 여자들은 생산적 사회 역할에서 소외되었다. 경제적 합리주의와 공리주의는 가족과 친족관계에 영향을 미쳐 사랑과 협동에 기반한 온정적 유대를 약화시켰고 점차 이기적 개인주의가 가족생활을 지배하게 되었다. 산업화 과정을 거치면서 한국가족에 나타난 변화를 가족구조, 가족주기, 가족기능, 가족가치관으로 나누어 고착하고자 한다.

1) 가족구조상의 변화

가족은 사회의 기본단위로 그 규모가 생활공동체로서 가장 큰 의미를 지닌다. 즉 몇 명의 가족원이 어떤 형태를 유지하면서 어떻게 살고 있는가 하는 것이다.

가족은 생활공동체로서 그 자체의 존속을 위해 가족성원 또는 가족집단끼리 협력관계를 지니며 그 규모와 형태를 자연스럽게 조정해왔다. 사회의 존속은 가족의 존속을 통해 이루어지며 나아가 사회는 그 사회의 유지를 위해 나름의 가족 이데올로기를 형성시켰다. 그러한 가족 이데올로기에 따라 가족구성원들 사이에 형성되는 권력관계는 달랐으며 그 권력구조에 따라 그 사회가 이상적으로 받아들였던 가족기능도 달랐다.

한국인의 이상적 가족형태는 직계가족이었으나 한국인의 실제적 가족크기는 부부가족의 크기를 크게 벗어나지 않았다. 산업화를 거쳐오면서 한국가족의 가족원 수, 가족형태에 나타난 변화를 보고자 한다.

(1) 가족구성원 수의 감소

가부장제의 전통사회는 장남을 위주로 가계계승을 하고 차남부터는 분가형태를 취함으로써 가족규모를 유지시켜왔다. 우리 나라의 가족 평균 인원은 1955년 5.15명인데 비하여 1975년 4.6명, 1990년은 3.8명으로 감소하고 있으며[19] 도시화의 정도가 높은 지역일수록 그리고 시간이 경과함에 따라 2명 가구나 3~4명 가구는 현저히 증가하고 있는 반면에 7명 이상으로 구성된 가구는 상대적으로 급속한 감소를 보이고 있다. 따라서 고도산업화, 도시화가 이루어지면 가족은 더욱 단순화, 소인수화될 것으로 예측된다.

이러한 가족 평균 인원수의 감소원인을 김주수는 다음과 같이 설명하고 있다.

첫째, 산업화 과정에서 나타난 가족분화와 핵가족화 현상으로 인한 가족규모의 축소에 의해서이다. 둘째, 인위적인 출산조절 정책으로 인한 출생인수의 감소이다. 우리 나라는 1966~1968년 사이에 총출생률이 22% 저하하고, 1975년에는 24% 그리고 1980년에는 23.4% 저하하고 있다. 이러한 출생률의 저하와 함께 인위적인 출생제한 즉 피임과 낙태문제에 관한 논쟁이 일어나고 있다. 셋째, 가족으로부터의 독립의 증

---

[19] 공세권, 『한국가족구조의 변화』 (서울: 한국인구보건연구원, 1987), p.46.

가이다. 도시에서의 고용기회가 점차 증가되고 거기에 따른 농가자녀의 도시이동이 늘어나고, 특히 도시 내에서의 1인 가구 증가가 가족규모를 소인화시키고 있다.

이외에도 가족결손이나 가족해체로 인한 단독가구의 증가도 가구당 가족구성원 수를 감소시켰다.

(2) 부부가족의 증가

1955년 도시부부가족은 63.4%이었는데 1975년 74.3%, 1990년 67.5%로 되어 서울뿐 아니라 농촌에서도 부부가족 비율이 증가하고 있다. 이는 3대 가족과 4대 가족, 혹은 5대 가족에 비해 2대 가족이 증가하는 것으로 세대구성이 단순해진다고도 볼 수 있다. 여기서 자녀가 없는 부부와 자녀가 결혼해 부모 곁을 떠난 부부와 같은 1대 부부가족을 포함시키면 그 비율은 더 증가한다. 이와 같은 부부가족의 증가원인은 앞의 가족구성원 수의 감소원인과 같은 것이며, 특히 장남분가율의 상승이 이런 변화를 촉진시켰다고 본다.

2) 가족주기상의 변화

산업화, 도시화를 거치면서 가족은 자주 이동되고, 이동되면서 분화되고 따라서 가부장권이 도전받게 되어 부부가 과거의 가부장권을 나누어 맡게 되었고 가족의 주요기능의 일부는 전문적 기관으로 나누어졌다. 아이들의 교육은 거의 학교에 맡겨지고 노인부양의 일부가 공적 부양체계로 넘어갔으며 새로운 일자리가 생김에 따라 가족은 이사를 다녀야했으며, 따라서 집합주택이 대량공급되었다. 이러한 이동과정에서 가족은 헤어지기도 하고 경제적 회오리에 시달리면서 적응력으로 새로운 기술체계와 사회변화에 적응해갔다.

땅을 밟고 흙내음을 맡으면서 철따라 나는 곡식물을 나누며 부모와 자녀가 함께 사는 모습은 휴가시 또는 정년후 우리가 꿈꾸는 생활로 이상이 되어버렸다. 도시로 자녀를 유학보낸 뒤 부모와 자녀는 각각 다른 생활양식으로 살게 되었으며, 1960년 이후 물질적으로 풍요로운 환경에서 자라난 신세대들은 조부모와 부모세대의 생활양식과 가치관을 수용할 수가 없어 부모와 자녀는 따로 사는 것이 서로 편하다고 느끼게 되었으며, 노인단독세대가 증가함에 따라 노인연금제도가 필요하게 되었고 부양가족이 없는 노인들에 대한 사회보장제도가 요구되었다.

여성취업의 증가로 인해 맞벌이 가족이 증가함에 따라, 전통적으로 가정에서 여성이 담당해오던 자녀양육이 가정 밖의 유아교육기관으로 이전되면서, 이에 적절한 부부 역할 분담원칙이 세워지지 않아 아이가 가정 밖에서 겉도는 자녀양육 형태가 이루어지게 되고, 그외 많은 가사노동의 분담이 여전히 여성의 일로 남아 여성의 직업성취를 저해하였다. 그러나 1980년대에 들어와서, 오히려 사회는 여성노동을 다시 필요로 하게 되었다. 따라서 맞벌이 가정의 증가는 가사노동 수행방식의 다양함을 인정해야 된다는 주장을 낳게 하였으며 전업주부의 경우에는 불가시적인 가사노동에 대해 합당한 평가가 이루어져야 된다는 주장이 제기되었다.

수명의 연장, 소자녀화 등으로 인해 가족주기에도 많은 변화가 나타났다. 과거의 부모 자녀 중심에서 부부 중심 가족으로 변화함에 따라 부부 전기와 부부 후기의 중요성이 강조되었고 특히 부부 후기의 장기화는 노년에 대비해야 된다는 새로운 가정 설계 방식을 일깨워주었으며 이에 따라 여성과 특히 노인의 사회교육 활동이 증가하였다.

부부의 결혼에서 사망까지의 전 기간을 하나의 가족주기로 보고 이 기간을 가족생활로 특정짓는 몇 가지 인구학적 사건에 따라 구분해보면 이러한 가족의 변화가 사회변화와 함께 크게 변화하고 있음을 알 수 있다.

3) 가족기능에 있어서의 생활

근대화의 이행 과정으로써의 산업화, 합리화가 가속화됨에 따라 사회구조에도 본질적인 변화가 나타났다. 농경 중심의 우리 사회의 여러 가지 미풍양속이었던 상부상조의 사회체계가 붕괴되었고 대신 개인주의의 만연으로 개인의 소외현상과 점차 자아상실의 심화 및 과다한 경쟁심리로 인한 이기적 사회로의 변화가 그것이다. 과거 전통가족의 안정성은 그 가족체계에 있었다기보다는 오히려 가족을 에워싼 친족공동체와 자연과의 지속적인 긴밀한 유대, 그리고 경제, 사회문화적인 공동체로써 모든 면의 생활을 가족이 다같이 영위한 데서부터 가능하였다고 본다면 핵가족은 이러한 가족의 연대성과 안정성을 계속 유지하기에는 적합하지 않다.

집합가구가 등장하게 됨에 따라 성원 개개인의 격리된 생활공간이 늘어가고 공동의 생활시간과 공간이 줄어들었다. 특히 기능들은 반드시 가정 내에서만 이루어져야 되는 것은 아니게 되었다. 과거 가족에 있어서의 중심기능이었던 의식주 공급기능은 가사노동의 사회화와 함께 가정 밖의 기관으로 이전되었고, 심지어 양육과 교육의 기능도 많이 약화되어 현대가족은 휴식의 기능과 자녀출산과 애정의 기능 정도를 가지고 있을 뿐이다.

그리고 자녀양육이 점차 공동 양육화되고 학교교육의 기능이 강화되면서 자녀들은 어려서부터 부모의 영향권을 벗어나게 되었다. 그 결과 부모 자녀 간의 애정의 유대도 약화되고 점차 증가하는 이혼율은 당사자인 부부에게도 위기겠지만, 특히 자녀문제와 사회 전체의 안정성의 위협이라는 점에서 주요한 현대가족문제로 인식되고 있다.[20]

혈연 중심의 전통사회에서 노인의 위치는 매우 강력하였다. 그러나 산업화에 따른 핵가족화는 필연적으로 노인문제를 제기시키고 있다. 전통적 개념의 붕괴, 취업에 따른 가족이동의 간편성과 주택구조의 변화, 업적위주의 인간관 등에서 오는 노인에 대한 의식은 가족 내에서 노인의 위치를 위태롭게 만들었다. 우리 나라의 노인들은 전형적인 직계가족 친자 중심제도에서 생활해온 사람들로 노후 생활에 대한 심적, 물적 대비가 전혀 없으며 경제적 무력화는 더욱 노인의 정체에 많은 회의를 불러 일으킨다.[21] 노인들이 상대적으로 자녀세대에 비해 교육수준이 낮고 직업적 경험이 충분하지 못하며 빠른 사회의 변화에 적응하기가 어렵고 자녀세대보다 경제적 지위가 낮기 때문에, 열등감을 가지며 동시에 전통적

---

20) 김혜선, "현대가족문제에 관한 연구" (서울:대한가정학회지, 20권, 1호), p.98.
21) 이정덕, "한국의 전통적 가족윤리에 대한 고찰" 한국가정관리학회지 3권 2호 1985, p. 181.

권위주의적 의식으로 현실적인 사회적 기대를 충족시키기 어려운 상황에 놓여져 있는 것 등이 그 이유이다. 이러한 노인 문제의 극복은 노인에 대한 공적부양체계의 확립과, 노인 스스로 노후에 대한 보다 계획적인 가족생활계획 등으로 극복되어야 한다고 보며, 보다 중요한 것은 가족들의 노인에 대한 심리적 부양의 풍성함이다. 부부중심 가족이 가지고 있는 특색을 가정 내외적으로 나누어볼 때 가정 내적으로는 가족기능의 축소와 가족 결합의 약화, 가족성원의 생활태도의 개성화, 가족성원 상호 간의 사회적 관심과 생활태도에 있어서의 간격이 개성화와 함께 자주 틈을 보이게 된다. 그리하여 상대가 요구하는 역할과 다른 경우에 발생하는 충돌이 증가된다. 가정 외적으로는 가족 성립조건의 불안정이다. 배우자 선택에 있어 전통적 가족의 선택보다는 사회적, 문화적 배경이 다른 경우의 결합이 일어날 가능성이 더 높아졌고 결혼이 당사자 간의 개인적 관계로 인식되기 때문에 매우 불안정해질 수 있다. 가족을 지지하는 주위의 친족과 지역사회에서의 제도적, 관습적 감시 감독과 원조를 기대할 수 없으므로 가족이 위기시 쉽게 해체되어버린다.[22]

4) 가족 가치관의 변화

전통적인 부계 혈연가족 중심의 가치관이 점차 약화되면서 결혼에 대한 태도에 변화가 일어났다.

결혼에 대한 태도 변화를 살펴보면 결혼연령이 높아지고 배우자 선택방법도 순수 중매혼에서 중간적 형태인 연애를 통한 당사자 선택으로 바뀌어가고 있다. 배우자 선택기준도 가문, 학력 등 사회경제적 요인을 중시하기보다는 가치관, 인성 등을 중시하는 경향으로 변화되었다. 부부 간의 역할분담과 권력구조에도 변화가 나타나 과거의 권위주의적, 수직적 부부관계에서 오늘날은 평등주의적, 수평적으로 바뀌어가고 있다. 과거의 가부장제 가족제도 아래에서 가정생활의 모든 권위와 결정권이 가장에게 집중되었던 것이 요즈음에는 부부공동결정 유형으로 변화되고

---

22) 최재윤, "현대 가족의 가족문제와 가족 윤리에 관한 연구" 전남대 논문집 28집, 1983. p. 69.

있다. 또한 남자가 가족의 부양책임자로 경제적 역할을 담당하고, 여자는 가정에서 자녀를 낳아 기르고 애정적, 정서적 역할을 담당하는 것에는 아직 큰 변화가 없으나, 일상적인 부부 간의 역할분담에는 점차 변화가 나타나 역할분담의 뚜렷한 구분이 약화되어가고 부부가 상호협조하는 경향을 보이고 있다. 이와 아울러 여성의 사회참여에 대한 태도도 점차 긍정적, 개방적인 경향으로 바뀌어가고 있다. 자녀에 대한 가치관에도 변화가 있어 아들을 통한 가계계승과 노후 의존도가 점차 약화되어가고, 자녀양육 자체에 대한 보람과 자녀를 통한 자신의 자아발전에 의의를 두는 경향이 높아져가고 있다. 따라서 노부모들도 결혼한 장남과 동거하기를 희망하기보다 경제적으로 독립해서 따로 살기를 원하는 경향이 높아 자녀에 대한 노후 의존도가 점차 약화되어가고 있다.

이와 같이 산업화 및 도시화의 영향으로 한국가족은 형태적으로는 소규모의 부부가족 형태가 되어가고 있으며 가족 가치관에 있어서도 다양한 변화가 나타나고 있다. 이 과정에서 한국가족은 두 가지 측면에서 지체현상을 나타내고 있다. 하나는 가족제도의 변화와 사회의 다른 제도들의 변화 간에 나타나는 지체현상이고, 다른 하나는 가족자체 내의 구조와 가치관 간에 존재하는 지체현상이다.[23] 산업화는 경제조직과 직장에서의 인간관계에 급격한 변화를 가져왔다. 사회생활은 비인간적, 공리적, 능률적 관계에 기초하게 되고, 개인들은 그들의 사회적 지위와 업적에 의해 평가받게 되었다. 따라서 산업구조는 개인의 자유와 사회적 이동을 특징으로 하는 자유주의적 이데올로기를 조성시켜 사람들이 경쟁을 통해 직업적 성취와 경제적 성공을 추구하게 만들었다.

이렇게 사회가 급격히 변화하는 데 비해 가족의 구조와 가치관은 천천히 변해 전반적인 사회변화와 가족의 변화 간에는 지체현상이 발생하게 된 것이다. 가족이 이러한 사회구조의 변화에 적절히 적응하지 못함으

---

23) 이동원, "한국 가족의 변화와 여성" 한국여성연구소 편 「여성학」 (서울: 이대출판부, 1985) p. 385.

로써 이혼율의 증가, 청소년의 비행, 가족성원들 간의 세대차와 갈등 등의 문제가 발생하고 있다.

또한 가족의 자체 변화에도 구조와 의식 간의 불일치가 존재한다. 가족의 구조적 측면은 서구의 부부중심 가족과 유사한 핵가족화되어가고 있으나 가치관의 측면에서는 아직도 전통적인 가부장적 이데올로기를 벗어나지 못한 상태이다. 따라서 남성우월주의, 남아선호사상, 성 격리 문화, 개인보다 집안을 중요시하는 가족주의 등이 가족성원들의 의식과 행위를 좌우하고 있는 것이다. 이러한 전통적 가치관은 현대 사회에서 요구하고 있는 합리주의, 개별주의, 민주주의 등과 상치되는 것으로 가족성원들 간의 갈등을 조장하고 있다.[24]

이러한 가족의 변화는 또한 불가피하게 많은 가족문제를 발생시키고 있다. 여성취업의 증가에 따른 자녀양육과 가사노동 분담의 문제가 그것이다. 자녀양육과 가사노동의 분담화, 합리적인 사회화가 이루어지지 않아 결국에는 가족 내 다른 누군가가 전통적 여성의 몫을 떠맡게 되어 또 다른 지배-종속의 인간관계가 만들어지고 있다든지, 또는 부부중심의 생활방식이 결과적으로 아이들을 소외시키게 되어 자녀 과보호에 못지 않게 자녀의 정서 불안정 등이 핵가족의 문제점으로 지적되고 있다.

여성만이 변화되고 남성은 변하지 않은 상태에서 부부폭력의 가시화, 이혼율의 증가 등이 나타나고 있으며 가족구조와 형태가 변화되는 것만큼 보편적 사회체계도 완비되어야 한다.

---

24) 장상희, 「성과 가족 제도: 성-여성-여성학」 (부산대출판부, 1993) pp. 72-73.

제4장
현대가족의 문제와 내용

Ⅰ. 현대가족의 제반문제론

1. 가족문제의 개념정의

가족문제란 가족생활에 관계되는 여러 가지 문제로 결혼문제, 양육과 교육문제, 의료와 주택문제, 빈곤문제, 노후문제 등과 같이 가족에 관련되는 사회체제와의 관계를 총망라한 광범위한 개념과 가족 내의 가족관계적인 개별적 문제를 포함한다.*

가족 내의 개별적 문제는 엄격히 구별하면 가족의 문제라 하는 것이 더욱 타당할 것이다.

문제가족이란 집단으로서의 가족의 조직화가 약화되고 기능상의 장애를 일으키고 있는 가족으로 병리가족, 이상가족, 부적응가족, 이탈가족, 역기능가족, 가족 아노미라고도 한다. 문제가족의 문제가 악화되어 해결되지 못할 때, 가족의 붕괴가 일어나며 가족해체 현상이 나타난다.

문제가족, 또는 부적응 가족은 가족성원의 의식, 태도, 가치관, 이해관계가 대립되어 상호관계가 결여된 상태의 가족이다. 즉 가족의 성적, 경제적, 보호적, 교육적, 정서안정적, 지위관계적, 사회적 제기능이 원만하게 이루어지지 않고 1차적 집단으로써의 전인적 상호관계가 결여된 가족이다. 따라서 가족성원 서로 간의 밀착성이나 연대성이 없어 성원 상호 간의 역할기대와 역할수행이 이루어지지 않음으로써 여러 종류의 역할모순, 부적응, 부조화 등이 있는 가족이다.

가족관계의 대립, 긴장, 갈등이 발생하여 가족성원 상호 간의 의사소통이 이루어지지 않아 가족성원의 욕구불만이 해결되지 않고 전체성, 통일성, 응결성, 융합성이 없는 가족이다.

* 핵가족화된 현대가족의 문제점으로는 ① 자녀교육 ② 세대차와 대화단절 ③ 노인문제 ④ 가족이기주의 ⑤ 가족파괴및 이혼의 증가 ⑥ 경제만능주의 ⑦ 가족갈등 ⑧ 성적 방종및 타락 ⑨ 자녀에 대한 지나친 간섭 등을 들 수 있다.

2. 가족문제의 접근

가족 사회학이 가정문제에 접근하는 방법에는 가정문제를 전반적 사회문제의 한 부분으로 파악하려는 거시적 접근(macro approach)과, 개인과 가족과의 관계에서 접근하는 미시적 접근(micro approach)이 있다.

미시적 접근의 대표적 이론가는 미국의 W. 구드(W.J. Goode)이다. 구드는 구조, 기능론적 접근을 한다.

이 이론에 따르면 가정이 안정을 유지하려면 각 구성원이 제 역할을 수행해야 한다. 만약 가족 중 어느 구성원이 제 역할을 수행하지 못하면 그 가정은 한 단위 집단으로써의 그 기능을 제대로 발휘하지 못한다.

이러한 입장에서 그는 가정문제를 다음과 같이 여섯 가지 형태로 구분하여 설명한다.[1]

첫째, 불완전한 미혼모 가정 : 아버지와 남편의 역할을 해야 할 사람이 결여된 상태이다.

둘째, 부부 중 어느 한 편이 자의로 떠남으로써 초래된 가정붕괴 : 별거, 결혼취소 등이다.

셋째, 문화변동의 영향으로 가족구성원의 역할규정에 변화가 옴으로써 초래되는 문제 : 부부 간의 갈등과 부모와 자녀 간의 세대 차이에서 오는 갈등이다.

넷째, 가족관계는 유지하지만 정서적으로 서로 북돋우지 못하고 최소한의 대화와 접촉만을 지속하는 상태이다.

다섯째, 죽음, 장기복역, 홍수, 전쟁과 경제공황과 같은 가정의무에서 오는 문제들에 의해 조성된 가정위기이다.

여섯째, 정신박약, 정신이상, 정서와 생리장애 등과 같은 가정 내부의

---

1) 이 효재, 『가족과 사회』 (서울:경문사), p.343.

불행 때문에 가족을 위한 역할을 수행하지 못하는 상태이다.
  그리고 루빈 힐(Reubin Hill)은 가족문제의 형태를 세 가지로 구분했다.
  첫째, 문제의 원인이 가족 내적인 것과 가족 외적인 것.
  둘째, 문제의 원인이 가족구성에 변화를 가져오는 것.
  셋째, 문제의 영향을 주는 사회적 사건의 종류로 구분하였다.

3. 역기능적 의사소통과 가족문제

  역기능적 의사소통(disfunctional communication)을 하는 가족에서는 상대방의 의견을 경청하거나 긍정적인 반응을 하지 않는다. 또한 새로운 상황에서 적절하게 행동할 수 있는 지식, 기술능력이 부족하다. W. 비벌스(W.Beavers)에 따르면 심각할 정도로 역기능적인 가족은 빈약하게 규정된 세력구조를 가지고 있다.
  그는 역기능적인 의사소통을 불분명하게 말함, 비효과적으로 말함, 협상기술이 부족함, 우울하게 말함, 냉소적으로 말함 등으로 정의한다.[2]
  역기능적 의사소통이 발생하는 상황은 아래와 같다.

1) 의사소통의 거절(rejection of communication)
  의사소통에 흥미가 없으며, 무뚝뚝하며, 상대를 긴장시키고, 침묵을 지키고, 상대방을 당황하게 한다. 그러나 관계를 피하는 것은 아니다.

2) 의사소통의 과잉수락(acceptance of communication)
  어떤 사실에 대하여 끝까지 알고자 하며 상대방이 일단 반응하면 멈추

---

[2] J. Haley, *Leaving Home : The Therapy of Disturbed young* (NY : McGraw-Hill Book Co.), pp.35-36.

기가 힘들다.

3) 무의미한 의사소통(disqualification of communication)
자기 자신이나 다른 사람에게 비효과적인 방법으로 의사소통한다.
즉, 자기모순, 반박, 일관성이 없음, 화제를 자주 바꿈, 엉뚱한 말을 함, 불완전한 문장을 사용함, 쉽게 오해함, 애매모호하게 말함 등이다.

4) 증상적 의사소통(the sympton of communication)
자신의 결함, 무능함, 불가능한 것을 정당하게 의사소통하려는 것이다. 즉 자는 척, 못 들은 척, 술취한 척하는 것이다.

이상에서 역기능적 의사소통과 가족관계가 밀접한 인과관계가 있음을 보여준다. 역기능적 의사소통은 지나치게 권위적이어서 상대방을 무시하고 주위 사람에게 무조건 복종과 충성을 요구하는 행위, 공격적이고 세력중심적인 행위, 불평불만이 많고 비판적이며 비융통적인 행위, 모든 것을 아는 척하고 쓸데없는 고집을 부리는 것, 분명치 않고 모순되게 말하는 것, 상황에 맞지 않는 비효과적인 언행, 애매호모하고 혼돈된 언행, 지나치게 의존적이고 자신감이 부족한 행위 등을 의미한다.
따라서 역기능적 의사소통을 하는 가정은 역기능적 가족을 만든다.
역기능적 가족은 위계질서와 영역이 역기능적인 가족을 말한다. 변화하는 욕구에 대한 부적절한 반응을 하거나 적응력이 부족한 가족, 비성공적인 문제해결 방법을 시도하는 가족, 간접적이고 애매모호하고 정직하지 못한 의사소통을 하는 가족, 가족 규칙이 완고한 가족, 협상기술이 부족하고 만성적으로 비효과적인 의사소통을 하는 가족 등을 말한다.

4. 한국가족의 의사소통 유형

1) 한국가족 의사소통의 특색
(1) 지나친 감수성 - 감정우위

한국가족은 이성적이라기보다는 감정적인 경향이 있다. 외부의 자극이나 인상을 감각신경에 의해 받아들이고, 직관적이어서 감격을 잘하고 충동적인 경향이 있다. 지나친 감수성은 이성적 판단을 흐리게 하여 잘못된 행동을 하게도 하며, 타협이 힘들고 자기주장만 내세우고 무엇인가 통일적으로 하나의 견해로 합쳐지지 않으면 만족하지 않는 강박적이고 성급한 속성이 있다.

(2) 권위주의적 열등의식

권위주의적 성격은 한편으로는 누구보다도 권위에 복종하면서 다른 한편으로는 약한 자를 괴롭힘으로써 자기의 힘을 과시하려는 경향이 있다. 권위적인 성격은 열등감, 무력감, 개인의 무의미성에서 생기는 것이다.

(3) 과거에의 집착-보수성

과거에 집착하는 것은 새로운 것을 반대하고 재래의 것을 유지하려고 하며 과거의 것을 잊지 못하는 것을 의미한다. 과거에 집착하여 사고나 행동의 기준을 선행에서 찾는 이유는, 과거에 경험한 것은 확실감과 안정감을 주지만 새로운 사고나 변화는 불안감을 주기 때문이다.

(4) 체면중심-형식주의

이것은 체면을 중요시하는 것으로 남을 대할 때 옷차림과 몸가짐을 중요시하고 다른 사람이 어떻게 생각하는 지에 관심을 두고 다른 사람의 의견에 따라 움직이는 의존적인 경향을 말한다. 형식주의적 성격을 한국가족구조와 관련시켜볼 때 가족구조 내의 계층과 서열, 그리고 거기에 따르는 지위와 권위가 개인의 능력에 의해 주어지는 것이 아니고 연령, 성, 출생순위 등에 의해 주어진다. 이런 이유 때문에 지위에 맞고 지위를 유지하기 위한 체면의식과 형식주의가 발달했다고도 볼 수 있다. 따라서 가족구조 내의 상하관계에서 대등한 입장에서 솔직한 대화가 힘들고 직관적으로 상대방의 태도와 생각을 알아채는 감각, 즉 눈치가 발달하였다고 본다.

(5) 비언어적 의사전달

솔직한 감정표현의 부족과 어른스러운 행동의 강요, 엄격한 아버지, 상하의식과 같은 요인들은 비언어적인 표현을 조장할 수 있다. 있어도 없는 척하고, 아파도 아프지 않은 척하고, 좋아도 좋지 않은 척하고, 싫어도 좋은 척하는 것은 모두 상대방의 비위를 건드리지 않기 위해서이다. 이와 같은 명백하지 못하고 솔직하지 못한 의사전달은 오해의 원인이 될 수 있다.

(6) 의존성

의존적 성향은 가부장제 가족구조에서 형성된 성격이라고도 볼 수 있다.
어려서부터 가족 내의 최고 권위자에게 무조건 복종하면 일신상의 안전이 보장되므로 의존적인 성향이 조장되어왔다고 볼 수 있다. 그리고 자녀를 지나치게 과보호하는 경향이 있는데 이것은 참을성이 부족하고 급한 성격과 어려움에 부딪힐 때 자기 힘으로 극복하지 못하고 의존하려고 하는 성향을 형성하는 중요한 요인이 된다.[3]

2) 한국가족의 역기능적 의사소통 유형

가족 내에 어떠한 문제가 없는 일반적인 가족에서는 가족구성원의 원만한 의사소통을 하기 위하여 의사소통 방법을 터득하고 유지하며 계속 발전시켜나간다. 그러나 원만하지 못한 역기능적인 의사소통을 하는 가족에서는 상대방의 의견을 경청하거나 긍정적인 반응을 하지 않는다. 그리고 새로운 상황에서 적절하게 행동할 수 있는 지식, 기술, 능력이 부족하다. 역기능적인 의사소통을 하는 가족성원들은 서로 방해하고, 거의 상호작용을 하지 않고 고집스럽고, 의미없는 말을 하고 불명확하고 애매모호하게 의사소통을 하는 경향이 있다.

역기능적인 의사소통이란 자기 자신을 해치고 다른 사람을 위협하는

---

3) 정동제일교회, 상담학교교재, 1993.

행동, 혼돈되고 불명확한 언행, 분명한 이유도 없고 예측할 수도 없는 행위, 공격적인 행위, 예의에 어긋나고 규칙을 지키지 않는 언행, 권위에 복종하지 않는 언행, 다투는 식의 언행을 말한다. 이밖에도 비난, 주위산만, 평가의 언행을 말한다.[4]

역기능적 의사소통을 하는 유형은 아래와 같다.

(1) 권위지향적 의사소통 유형

가족 권위지향적인 의사소통의 유형은 주로 남편이 사용하는 경우이다. 이 유형은 상대방을 무시하고 비난하므로 자신의 체면과 지위를 유지하려는 경향이 많다. 권위적 의사소통 유형을 많이 사용하는 사람들일수록 상대방의 의견을 존중하지 않고, 부정적이며 새로운 것이나 변화에 대하여 소극적이고 저항적인 성격을 가지고 있다.

(2) 소심지향적 의사소통 유형

소심지향적 의사소통 유형은 비관적이고 아무것도 아닌 것을 공연히 두려워하며, 비사교적이고, 소극적이고, 걱정이 많고 불안하며, 자기 혼자서는 결정을 못하고 우유부단하고 아집이 강하고 다른 사람의 말을 들으려 하지 않는 유형이다.

(3) 불성실지향적 의사소통 유형

이 유형은 산만하고, 상황에 맞지 않고, 일관성이 없고, 정확한 답변을 회피하고, 거짓말을 하고, 무책임한 말을 하는 경향이 있다. 남편은 자신의 무력감이나 부정행위를 숨기려는 방어전략으로 불성실한 의사소통 유형을 사용하는 경향이 있는 반면에, 아내의 경우 무조건 동의하고 상대방의 의견에 따르는 경향이 있다. 이것은 대인관계에서 임시변통적인 행위를 나타내는 것으로써 신뢰성이 없으며 자기 자신의 행위에 대한 책임을 지지 않는 성향을 가지고 있다.

---

4) Virginia Satir, *People Making* (California : Science and Behavior Books, 1972), pp.59-95.

(4) 희생지향적 의사소통 유형

이 유형은 지나치게 남을 의식하고 가족을 위하여 무조건 희생하려는 성향을 말한다. 자신감이 없고 열등감이 있어 자기 자신을 방어하고 보호하기 위하여 희생적인 의사소통 유형을 사용하는 경향이 있다. 이 유형은 산만하고 무조건 동의하고, 해야 소용없다는 식의 의사소통 유형을 사용한다. 이와 같은 희생적인 의사소통을 사용할수록 상대방은 권위적, 지배적, 불성실한 의사소통 유형의 반응을 나타낸다.

(5) 지배지향적 의사소통 유형

이 경우는 아는 척, 잘난 척, 장담을 하는 것으로 자신의 능력을 과시하면서 상대방을 명령적, 지시적으로 지배하려는 경향이 있다. 또한 자기주장을 고집하기 위해 이유를 따지고 양보하지 않는 자기 중심적이고 지배적이기도 하다. 지배적 의사소통 유형은 서열의식, 남녀차별, 체면의식 등을 중요시한다.[5]

5. 가족문제의 영향

가족문제가 가족에게 미친 영향은 가족문제의 종류와 그 심각성의 정도에 따라 다르다. 또한 그러한 문제를 받아들이는 가족의 반응에 따라서 문제를 극복해나가기도 하고 좌절하기도 한다. 그러면 가족문제가 어떠한 영향을 미치며 이것을 받아들이는 가족적 반응은 어떤 것인지 기술하고자 한다.

1) 가족에게 미치는 영향

가족에게 미치는 영향은 크게 두 가지로 볼 수 있다. 하나는 가족 자체

---

5) 송성자, 「한국 부부간의 의사소통 유형과 가족문제에 관한 연구」(숭실대학교 대학원 박사학위 논문, 1985), pp.121-141.

가 존재하지 않는 가족해체의 현상이고, 또 하나는 가족 자체는 존재하되 가족생활에 이상이 생겨 정상적인 생활을 하지 못하는 가족이다.

이혼은 부부가 동거할 수 없게 되어 법적으로 부부관계를 취소하는 것으로, 핵가족에서는 이혼이 곧 가족의 해체가 되지만 확대가족에서는 이혼이 곧 가족의 해체는 아니다. 그러나 가족의 형태가 핵가족이거나 확대가족이거나를 막론하고 가족이 해체된다는 것은 비극 중의 비극이다.

2) 개인에게 미치는 영향

가족이 건전하지 못할 때, 그 가족은 수행하여야 할 기능을 충분히 수행하지 못할 것이고 그것은 개인에게 충분한 안식을 주지 못할 것이고, 그러한 개인은 사회에서 건전하고 올바른 생활을 할 수 없다. 가족 간의 관계가 원만하지 못하고 가정의 분위기가 좋지 않은 가정에서 자란 자녀가 결혼하여 이룩한 가정이 또한 바람직하지 못할 것이며, 그들이 사회에 미치는 영향은 지대할 것이다.

더욱 현저하고 심각한 문제는 사회문제에까지 파생되는 가출자, 불량자, 각종 사회범죄 등이다. 가출자, 청소년 범죄가 무서운 사회공해를 일으키고 있다.

3) 사회적 위기와 가족적 반응

많은 가족은 언제나 자연적, 사회적 환경에서 오는 위기의 위협 아래서 생활한다. 이러한 사회적 위기와 타격을 어떤 가족은 내부적 강화와 단결로 무난히 극복하고 방지해내는가 하면, 어떤 가족은 외부적 타격에 쉽사리 내부적 파괴를 일으킨다. 이러한 가족을 루빈 힐(Ruebin Hill)은 위기경향적 가족(the crisis-prone family)이라고 했다.[6]

---

6) Ruebin Hill, *Social Stresses on the Family* (Source book in Marriage and the Family), p.33.

이렇게 내적으로 불안하고 약한 가족은 외부의 타격에 대한 지각과 판단의 위기의식에 좌우되며 이성을 잃고 건설적인 행동으로 반응할 수 없다.

또한 루빈 힐은 사회적 위기사태가 가족적 위기로 발전하는 과정을 다음의 도식으로 설명하고 있다.

A(사건)→B(위기에 대처하여 가족적으로 극복할 수 있는 능력이 없는 가족)는 그 자체를 위기 속으로 몰아넣게 되는 것이다. 이러한 저력이 없는 지각과 판단이 이성적이지 못한 이른 바 문제가족은 경제적 요인보다 심리적, 인격적 요인에 기인하는 바가 많다.

즉, 심리적으로 건전하지 못하고 가족 간의 상호관계가 원만치 못하여 갈등, 좌절감, 정서적 불안이 있을 경우, 가족의 단결력과 적응성을 잃게 된다.[7]

가족이 굳게 융합하려면 성숙한 감정과 더불어 생활의 공통적 관심과 공통의 취미, 생활관을 가지고 일상생활에서 일관성과 통일성이 있는 상대관계를 이루어나가야 한다.

이러한 가족에서는 개인들이 가족에 대한 애착과 소속감을 강하게 느끼며, 정서적 안정을 얻으므로 위기에 대한 저항력을 내적으로 갖추게 될 것이다.

또한 이러한 저항력과 아울러 중요한 것은 외부적 사건에 대한 주관적 지각과 판단이다. 쉽게 말해서 문제를 어떻게 보고, 어떻게 받아들이느냐의 문제이다. 즉 사건 자체의 객관적 심각성보다 그것에 대한 반응여하에 따라 그의 위기성이 결정된다. 가족은 그들이 지니는 가치체계, 과거의 경험을 따라 자신들의 입장에 관련시켜 판단한다. 이러한 지각과 판단이 또한 적응하는 태도의 방향을 좌우하게 된다.

---

7) 이 효재, 『가족과 사회』 (서울 : 경문사), p.304.

6. 가족문제의 제기

문제가족이란 가족관계의 대립, 긴장, 갈등이 발생하여 가족성원 상호간의 의사소통이 이루어지지 않아 가족성원의 욕구불만이 해결되지 않고 전체성, 통일성, 응결성, 융합성이 없는 가족이다.
문제가족을 만드는 가족문제를 제기해보려고 하다.

첫째, 가족의 경제성, 사회적 역할을 생산자의 역할에서 소비자의 역할로 전환시키고 있다.
또한 소비의 성격에 있어서도 생활 필수품의 형태에서 점차 서비스의 형태로 대치되고 있다.
이런 상황 속에서 가족은 일차적으로 심리적 단위가 되며 부차적으로 경제적 단위가 되고 있다. 따라서 쇼핑센타, 각종 여가센타는 원초적 가정의 기능을 대행하는 제2의 가정이 되고 있다.
둘째, 가족이 점차 도구화하고 있어 이로 인해 가족의 해체가 예견된다. 가족의 해체는 통합, 충성심, 합의, 가족 단위적 기능의 붕괴, 혹은 결속력의 파괴를 의미한다.
가족해체의 증상적 문제들로는 이혼, 별거, 배우자 혹은 가족유기, 가족 내의 폭행, 알코올과 약물중독, 혼전출산, 혼인외 동거, 모자가족, 부부불화, 부모와 자녀 간의 세대적 갈등, 가출, 비행, 사생아, 기아 등의 현상으로 나타난다.
가족해체의 대표적인 형태의 이혼은 성적 부적응, 불량한 주택환경, 가족의 경제적, 교육적, 종교적, 오락적 기능상의 약화, 조기의 자유결혼, 도덕력의 쇠퇴, 아노미의 작용, 부부관계를 규정하는 개인의 주관적 요소 등 인간관계론 내지 다른 원인론에 의거하여 설명할 수 있다.
셋째, 산업화의 진전으로 인한 의학기술의 발달과 그에 따르는 출산수의 억제와 사망률에 대한 통계는 인구의 노령화 현상을 초래하고 있다. 따라서 현대사회의 노인은 사회적 노동력과 지위를 상실하였고, 가족 내에서의 조부모적 지위와 역할까지도 하락되어 생명이 연장되면 될

수록 그 존재적 가치는 그만큼 더 잉여화하고 있는 실정이다.
 산업사회에서 미생산 인구인 노인의 가치는 생산인구인 자녀세대에 의하여 결정되기 때문에 이 두 다른 세대가 상호호혜 관계를 유지하지 못하는 한 노인은 가족과 사회로부터 소외될 수밖에 없다.
 넷째, 현대가족은 아동과 노인보호를 그 원초적 기능으로부터 제2의 제도로 부분적 혹은 전적으로 위임, 분리시키는 결과를 초래하고 있다.
 우리는 이런 사회, 이런 가족에서 상호 이방인이 되어가고 있다. 가족이 제2의 제도와의 계약을 증대시키면 시킬수록 가족 내에서 밀도있는 인간관계를 형성, 유지시킬 수 있는 기회는 그만큼 제약을 받는다.
 다섯째, 자연적 세계를 인위적 세계로 대치시킴으로써 가족에 바탕을 둔 인간성을 상실시키고 있다. 사실 공업화는 자연적 세계를 인위적 세계로 대치시키는 과정이라 볼 수 있다.
 따라서 현대인과 가족은 인위적 환경에 적응하기 용이하다는 이유로 진정한 개성을 팔아버리는 경우가 많다.
 여섯째, 공업화의 진전으로 교통통신의 발달은 세계를 지구촌으로 축소시키고 있어 정보의 신속성을 도모할 수 있는 한편, 세계 도처의 사회격차 현상이 가족들에게 역영향을 미칠 수 있다. 즉, 개인들은 어떤 합리적 평가 과정조차 거치지 않고 적응하기 용이한 가족 형태를 취하는 경향이 있어서 가족의 안정과 주체성 확립에 심각한 위기를 자아내고 있다.

7. 문제가정의 특성

 1) 가족체계와 외부와의 경계선이 지나치게 유동적인 가정[8]
 한 가족에는 가족이라는 체계와 가족 외부의 세계를 분리시키는 경계선이 있다. 가족집단과 외부와의 경계선이 지나치게 유동성이 있을 때 가족생활이 수시로 외부의 간섭을 받고 가족의식이 결핍되어 가족 내의 상호지지를 기대하기 어렵다. 이러한 가정에서는 가족원들 간에 서로에게서 일어나는 일들을 전혀 모르고 마치 같은 집에서 생활하는 하숙생들 같은 관계를 맺는다. 이러한 가정을 유리된(disengaged) 가정이라고 한다.

2) 가족체계와 외부와의 경계선이 지나치게 경직되어 있는 가정

위와 반대로 이러한 가족은 구성원들 간에 지나치게 밀착된 관계를 이루어, 개인의 자아의식이 발달하지 못하고 오직 가족 간의 공동자아만이 존재하게 된다. 즉 가족구성원들이 "내가 너이고, 네가 나"인 관계를 이룬다.

이러한 가족을 밀착된 가족(enmeshed family)이라고 부른다. 이러한 가족에서는 부부 사이나 부모 자녀 간에 지나친 간섭과 구속이 있을 수 있다. 이러한 가족에선 한 가족원에게 문제가 생기면 가족 전체가 함께 문제에 빠져들어가 문제가 생긴 가족원을 올바로 도울 수 없다. 유리된 가족에서는 행동장애를 가진 가족원들이 주로 나타나고, 밀착된 가족에서는 불안증, 우울증, 정신신체적 질병들의 정서장애를 가진 가족원들이 주로 나타난다.

3) 가족 안의 각 하위체계 간의 경계선이 잘못된 하위체계, 부모 자녀로 이루어지는 하위체계, 형제로 이루어지는 하위체계가 존재한다.

각 하위체계는 다른 하위체계와의 경계선이 신축성이 있으면서도 분명하여서 다른 하위체계로부터 침해를 받지 말아야 한다. 문제가정에서는 흔히 부부 하위체계가 견고하지 못하므로 자녀세대가 경계선을 침범하여 부부 하위체계에 개입하게 된다.

이때 세 가지 가능한 관계성이 형성된다. 첫째, 삼각관계로서 부모가 아이를 두고 적대적 관계를 이루고, 아이는 두 사람 중 어느 누구의 편

---

8) 엄예선, "가족치료의 소개 및 한국문화에서의 가족치료의 적합성" (정동제일교회 상담학교 교재, 1993).

도 들지 못하고 양부모에 대한 충성심이 반분되어 강한 갈등을 느끼는 경우이다.

둘째, 결탁관계로서 자녀가 부모 중 한 편이 되어 다른 부모에게 대항하는 경우이다.

셋째, 부부갈등이 자녀에게로 우회되어 겉으로 볼 때, 부부관계가 원만하고 그대신 자녀가 관심의 대상이 되어 부모가 함께 자녀를 공격하는 가정에선 행동장애를 일으키는 아이가 많이 나오고, 함께 과보호하는 가정에선 정서장애의 증상을 나타내는 아이가 많이 나온다.

4) 위계질서가 잘못된 가정

건강한 가정에서는 부모가 동등하거나 비슷한 권력을 갖고 있고, 아이들이 부모보다 적은 권력을 갖고 있다.

부부관계에 있어서 권력의 차이가 클수록 겉으로는 평화로울지 모르나, 해결되지 않은 갈등의 뿌리가 속으로 자라나서 지배받는 배우자나 아이에게서 증상이 나타날 가능성이 크다. 부부 중 한 사람의 권한이 일방적으로 강할 때 인격 대 인격의 만남이 있을 수 없고, 명령과 복종의 군대식 분위기가 가정에 생기게 되고, 이러한 분위기 속에선 문제를 지닌 가족원이 배출될 확률이 매우 높다. 가정의 위계질서가 잘못될 때, 때로는 자녀가 집안에서 지나치게 많은 권력을 휘두르고 부모를 통제하려들 수가 있다. 이런 경우가 심하면 자녀가 여러 가지 증상들을 나타낸다. 또 이러한 증상들로 인해 더욱 더 자녀가 온 가족을 지배하는 현상도 유발될 수 있다. 즉 자녀의 증상이 클수록 그 증상을 통하여 자녀가 가족을 지배하고, 부모의 통제력 결핍으로 자녀가 가족을 지배하는 위치에 설수록 증상은 더욱 심각해지는 악순환 관계를 이룬다.

5) 가족의 규칙이 잘못된 가정

모든 가족은 가족 특유의 규칙이 있다. 이 규칙은 그 가정 내에서의 가르침과 가치관과도 직결되며 또 가문의 전통과도 연관될 수 있다. 문제가정에서는 흔히 과거엔 필요했으나 현재엔 바람직하지 못한 규칙들이 지속된다.
 오늘의 많은 한국가족은 가족의 공통 가치관이 없이 전통적 가치관과 현대적 가치관 사이에서 가치관 분열증, 가족생활에 관한 혼란증에 걸려 있다.

6) 바람직하지 못한 역할이 발견되는 가정
 흔히 문제가정에서는 아래와 같은 바람직하지 못한 역할들을 이행하는 자녀들이 발견된다.
 (1) 부모역할을 하는 아이
 부모가 자신들의 역할을 올바로 이행하지 못할 경우 자녀 중 하나가 어른의 위치에서 부모와 동생들의 일을 돌보는 경우이다. 흔히 첫째 자녀가 이런 위치에 있는 경우가 많다. 물론 일시적으로 상황에 따라 자녀가 부모역할을 해야 할 경우가 있겠으나, 이러한 역할이 고착화되면 자녀는 자기 성장이 멈추어지고 모든 에너지가 타인에게로 향하게 되고 지나치게 무거운 가정의 짐을 지고 살게 된다. 이런 자녀에게서 우울증 등의 증세가 생길 수 있다.
 (2) 애완동물 같은 역할을 하는 아이
 이런 자녀는 겉으로 나타나는 문제가 없고 흔히 집에서 '모범생', '귀염둥이' 등으로 불린다. 가족 중 어느 누구도 이런 자녀의 말에 깊은 관심을 두지 않고 그저 스쳐지나간다. 흔히 형제가 많은 집의 막내나 가운데 자녀가 이런 역할을 담당한다. 그들은 가정의 분위기를 부드럽게 하는 역할을 함으로써 다른 가족을 돌보나 가족원으로부터 소홀한 취급을 받는다. 이들은 자신이 가족 안에서 의미있는 위치를 차지하지 못한다고 생각한다. 이런 아이들의 내면 깊숙한 곳에는 낮은 자아존중감과 생에 대한 허무감, 우울증 등이 깔려 있다.
 (3) 희생양 역할을 하는 자녀
 가정 전체에 불화가 많은 가정일수록 어느 한 자녀를 희생양으로 만들고, 이 자녀를 문제아로 낙인찍는 과정을 통하여 나머지 가족원들이 하나로 통일되는 경우가 많다. 즉 가정의 불화는 문제아를 필요로 하므로 가정의 근본적 문제가 해결되기까지 문제아는 항상 문제를 일으키는 역할을 하게 된다. 때로는 문제아가 치료를 받아 완쾌되어 더이상 문제행동을 일으키지 않으면 그 가족은 다른 자녀를 희생양으로 삼게 되는 경우도 있다.

(4) 부모의 상담자 역할을 하는 자녀

부모 중 한 사람 혹은 두 사람이 다 자녀에게 개인적인 문제와 부부갈등을 털어놓고 자녀는 문제를 들어주고 충고해주는 역할을 하는 경우이다. 흔히 부모와 가장 밀착된 관계에 있는 자녀가 이런 역할을 이행한다. 어떤 집에선 부부 싸움을 하면 꼭 아이를 불러서 심판, 혹은 중재역할을 시키거나 두 사람이 서로에게 직접 말을 안하고 자녀를 통해 의사소통을 한다.

이런 경우 자녀의 역할은 부모역할을 하는 자녀의 역할과 매우 비슷한 점이 있다.

7) 잘못된 의사소통을 하는 가정

가족원 간의 의사소통 유형은 가족과 외부와의 경계선의 유연성과 경직성, 하위체계 간의 경계선 상태, 위계질서, 규칙, 가족발달 단계의 위기 등이 표현되는 통로이다. 문제가정에서는 이중 메시지가 많이 발견된다. 이중 메시지란 말하는 내용과 말하는 사람의 표정, 행동, 억양 등이 서로 모순되는 경우이다. 가족학자들은 자녀가 부모로부터 지속적으로 이중 메시지를 받을 경우 정신분열증에 걸릴 수 있음을 지적하고 있다.

부부 사이에도 이중 메시지가 많을수록 그만큼 부부갈등이 커질 수밖에 없다. 문제가족 의사소통에서 발견되는 또 하나의 유형은 상대방을 미혹화하는 것이다. 즉 상대방의 생각과 느낌의 타당성을 부인함으로써 상대방이 혼란을 느끼고 스스로의 정신상태를 의심하게 만드는 방법이다.

많은 문제가정에서 발견되는 의사소통면의 공통점은 대화의 결핍과 부정적인 내용의 대화가 많은 것이다.

8) 가족의 발달단계에 적응하지 못하는 가정

가족은 결혼, 결혼초기, 자녀의 영아기, 학령아동기, 자녀들의 사춘기, 자녀들이 집을 떠나는 시기, 자녀들의 결혼기, 손자손녀의 탄생기, 남편 혹은 부부의 퇴직기, 배우자 사망의 단계를 거친다. 각 단계는 가정에 위기를 가져올 수 있는 가능성을 지닌다. 건강한 가족은 각 단계에 따르는 과업을 잘 수행한다. 문제가족에서는 시간의 흐름을 부인하고 가족의 발달단계를 부인하는 특징을 가진다.

8. 문제가정의 발생과정

버지니아 사티어(Virginia Satir, 1983)은 문제의 가정이 발생하는 과정을 다음과 같이 예시한다.[9]

첫째로, 심리적으로 미숙한, 자기자신에 대한 긍지나 자부심이 적은, 혹은 부정적 자아개념을 가진 청년과 처녀가 만나서 사귄다. 이들은 통상 자신감이 부족하고 열등의식이 있거나 정서적으로 불안하고 의존적이다. 따라서 타인평가에 민감하여 자율성이나 개성을 억압하고 살아간다. 그리고 낮은 자존감을 숨기기 위하여 가면이나 가식을 앞세우고 자기방어에 급급하다. 또한 부모에 대한 의존성이 커서 사춘기를 지나 청년기에 이르러서도 심리적 이유를 달성하지 못한다.

둘째로, 자기 스스로 존재가치나 중요성을 느끼지 못하는 사람은 필연적으로 사귀는 사람에게 비현실적으로 큰 기대를 가지기 쉽다. 결과적으로 상대방에게 자주 실망하고 좌절에 빠지게 되어 남을 불신하게 된다. 자신의 존재가치를 자각하지 못하고 자신을 불신하는 사람들은 결국

---

9) Virginia Satir, *Conjoint Family Therapy* (California : Science and Behavior Books, 1983), pp.109-110.

다른 사람들도 불신하게 마련이다.

셋째로, 배우자 선정시 그와 같은 남성들은 속으로는 자신이 없고 무기력하고 두렵지만, 자기가 사귀고 싶은 여성 앞에서는 자신감에 차있고 유능하고 강한 남성처럼 말하고 행동하는 경향이 있다. 또한 스스로 생각할 때 자신이 없고 매력적이지 못하고 우유부단한 여성은, 자기가 사귀고 싶은 남성 앞에서는 명랑하고 매력적이고 사랑스러운 여성인 양 말하고 행동할 가능성이 높다. 사귀는 동안에 두 사람은 의식적 무의식적으로 자기자신과 상대방을 속이는 데 성공하는 셈이다. 결혼 후에 서로 기대했던 사람이 아닌 것을 발견하고 그들은 좌절, 실망, 분노를 느끼게 될 것을 내다보지 못한다. 그토록 자신감이 없고 자존감이 부족하면서도 배우자 선택에 관심을 갖게 되는 이유는 ① 성욕이 왕성하게 발동하는 나이이고 ② 주위의 압력과 기대가 배우자 선택을 요구하고 ③ 서로 사랑을 느끼면서부터 없었던 존재가치와 자부심이 생겨서 상대방이 사랑하는 한 온전한 남성 혹은 여성이 될 수 있을 것 같은 믿음을 가지게 되기 때문이다.

넷째로 서로 상대방을 위하여 살기 시작한다. 그가 사랑해주는 한 모든 것이 해결될 것 같은 느낌을 가지게 되어, 부족한 자신을 충족시켜주고 행복하게 만들어줄 것을 믿게 된다. 이때에 자신의 참모습을 그 여인이 알아내면 자신을 떠날지도 모른다는 불안이나, 더 이상 사랑하지 않을지도 모른다는 두려움 때문에 그는 온갖 노력을 하게 된다. 그리고 서로 상대방 비위를 거슬리지 않으려고 상대방에게 좋은 인상을 주려고 상대방에 대한 불평, 불만, 두려움, 의견차이, 비난들을 삼가한다. 그리고 서로 같은 점, 비슷한 점, 공통된 점만을 강조한다.

그럼에도 불구하고 주위환경의 변화나 중요한 결심을 내려야 할 때가 되면 두 사람은 우유부단하고 자신이 없어 갈등을 겪기도 한다.

다섯째로, 다음과 같은 기대와 희망을 마음 속에 간직하고 결혼에 돌입한다.

"배우자가 나의 존재가치와 자부심을 높여주리라. 사회도 우리를 알아주리라.

나의 부족한 점을 배우자가 알아서 메꾸어주리라. 그가 나를 사랑한다고 맹세했으니 부족한 나를 충족시켜주리라.
　우리의 분신인 자녀를 가지게 되리라. 자녀들 또한 우리의 필요를 충족시켜주고 우리에게 자부심을 더해주리라.
　나의 배우자는 온전하고 부족함이 없어 끊임없이 희생적으로 나만을 위해주리라"
　여섯째로, 배우자들 사이의 차이점, 다른 점은 곧 불화를 의미한다고 느낀다. 서로 다르면 상대방이 모자란다고 느끼거나 나쁘다고 판단한다. 서로 차이점을 발견하면 둘 사이에 긴장과 불안이 조성된다. 의견의 불일치는 일심동체가 아닌 것을 증명하는 것이라고 해석하고 서운한 감정을 가지게 된다. 배우자들 사이의 서로 다른 성격, 교육적 배경, 취미, 흥미, 체질 등은 삶을 풍요롭게 하지 못하고 둘의 관계를 해치는 방향으로 작용한다.
　일곱째로, 서로 다른 점과 의견의 불일치는 서로 사랑하지 못하게 하고 상대방에게 상처를 주는 원인이 된다. 부부 사이에 갈등과 다툼이 잦아진다. 서로를 공격하고 상처를 준다.
　이제 상대방에게 요구할 것은 많은데 상대방에게 베풀 것이 없어 보인다. 결혼 전과는 달리 상대방에게서 받고 싶은 것은 많고 줄 것이 없다. 상대방에게 베푸는 것은 일방적으로 손해보는 일이고 무의미한 희생이라고 판단한다.
　여덟째로, 상처를 주고받기에 지친 부부들은 정서적으로 이혼한 상태에 접어들거나 이혼을 생각해본다.
　이 단계에 오면 부부 중에 어느 하나가 무관심과 초연한 자세를 유지하는 것이 특징이다. 의미있는 대화가 부족하고 부부 간에 눈의 접촉이 없어지고 피상적인 관계를 유지한다.

Ⅱ. 현대 가족문제의 실제적 접근

1. 역기능 가정(dysfuntional family)의 문제

　가족상담과 가족치료를 전문으로 하는 학자들은 가정을 설명할 때, 정상적, 비정상적이라는 말 대신에 순기능적 가정(funtional family), 역기능적 가정(dysfuntional family)이라는 표현을 사용한다. 기능을 잘 하는 건강한 가정을 순기능 가정이라고 하고, 제기능을 제대로 못하는 비정상적 가정을 역기능 가정이라고 한다. 순기능 가정은 가정식구들의 욕구가 정상적으로 충족되는 가정이다. 순기능 가정은 도전과 위기에 능동적으로 반응하며, 정확하게 의사를 전달하며, 가족에 대해 책임감을 공유하며, 서로의 언약을 중요시하며, 서로 사랑과 고마움을 표현한다. 가족구성원들이 서로 수용하고 지지하며 격려하는 것이 순기능 가정의 특징이다.[10] 그러나 역기능 가정은 그렇지 못하다.
　가족체계에서 가장 주된 구성요소는 결혼관계, 즉 부모 하위체계(parental subsystem)이다.
　어머니의 자신과의 관계와 아버지의 자신과의 관계, 그리고 그들의 상호관계가 가정의 기초가 된다. 남편과 아내는 가정의 설계자들이다.
　역기능 가정은 역기능적 결혼에 의하여 창조되는 것이다. 순기능 가정은 여러 식구들의 요구가 정상적으로 충족되는 가정이다. 역기능 가정은 식구들의 욕구가 충족되지 않으며 징후적인 행동이 일어나는 가정이다.
　잘 기능하는 가정(well-functioning family)은 권력을 공유하고 가족

---

　10) 순기능의 건강한 가정의 특성을 가족사회학자들은 ① 표현되는 5가지 자유: 인지, 사과와 해석, 감정표현, 선택, 상상력을 사용하여 창조적으로 되는 것 ② 분명하고 일관성 있는 의사소통 ③ 친화력 ④ 신용 ⑤ 개별성(자아분화) ⑥ 개방성과 유연성 ⑦ 충족된 욕구 ⑧ 개방적인 법칙을 든다.

구성원들의 개성을 존중하고 분리와 상실에 대해 현실적으로 대처하는 능력을 육성시키는 구조를 가지고 있다. 이러한 가정은 다른 가정보다 따뜻하고 풍부한 감정을 드러낼 줄 알고, 세월의 흐름과 어쩔 수 없는 변화(자녀가 성장하여 부모보다 강력해지는 것, 부모의 감퇴되는 능력, 피할 수 없는 사별)를 수용하려는 경향이 높다.

 제대로 기능하지 못하는 가정은 어떠한가. 비버스(Beavers)는 가족 기능의 효율성을 이해하기 위한 잣대로 엔트로피(entropy)라는 체계개념을 도입하고 있다.[11] 엔트로피란 어떤 사물이 혼란 상태로 빠져들어가려는 경향을 나타낼 때 쓰인 용어이다. 따라서 엔트로피가 낮은 가정일수록 질서가 정연한 가정이라고 할 수 있다. 가족체계를 포함하여 모든 체계가 높든 낮든 어느 정도의 혼란(disorder)상태에 놓여 있기 때문에 모두 어느 정도의 엔트로피를 가지고 있다. 비버스는 폐쇄적인 가족체계일수록 엔트로피가 증대된다고 한다.

 약간 역기능적인(moderately dysfunctional) 또는 중간 범위의 가정들은, 최상 또는 적절한 기능을 하는 가정보다 엔트로피가 높아, 일상적인 기능에 고통과 어려움을 겪는다. 이러한 가정의 자녀들은 심한 역기능 가정의 자녀들만큼의 심각한 장애는 아니지만, 신경증 또는 행동장애라는 진단을 받을 정도의 문제를 안고 있다(심한 역기능적 가정의 자녀들은 대체로 환경에 대한 대처 방법이 부적절하고 심한 우울과 불안을 경험하며, 약간 역기능적인 가정의 자녀들은 가정 밖의 세계에서 기대하는 행동규칙에 잘 부응하지 못한다).

 비버스(1977)에 의하면 이러한 중간적인 가정에서는 부모끼리의 연합(parental coalition)이 있기는 하지만 불안정하다고 한다. 그리고 최상으로 기능하는 가정에서와 같이 세대 간에 경계가 있어서 부모와 자녀가 가정 내에서 독립된 역할을 인정하지만, 권력 문제는 여전히 분명하게 규정되어 있지 못하고, 가족 규칙은 가족 사이의 상호작용을 통한 협의보다는 위협을 통한 '의무' 투성이다. 이러한 가정에서도 가족끼리 커

---

11) Beavers, W.R., *psychotherapy and growth : Family systems perspective* (New York : Brunner, 1977).

뮤니케이션을 하려고 하지만, 감정 사고 행동에 대한 책임을 회피하려고 한다. 또한 이러한 가정은 가정신화(family myths)-사회와 가정 일반의 습성적인, 그러나 근거없는 왜곡된 사고방식-의 지배를 받는다. 말하자면 아버지는 일에만 전념해야 하고, 어머니는 참기만 해야 하고, 한 아이는 항상 착한 반면에 한 아이는 항상 상스럽다는 등의 왜곡되고 스테레오타입화된 사고방식에 지배되는 것이다. 비버스가 약간 역기능적인 가정이라고 이름붙인 이러한 가정은 최상으로 기능하는 가정과 달리, 세월이 흐름에 따라 봉착하게 되는 변화를 받아들이지 못한다.

가족성원들 사이에 경쟁과 숨은 갈등이 내재해 있다고 하더라도 그럭저럭 살아갈 수는 있지만, 이러한 경쟁과 갈등은 가족 전체에게 좌절감을 심어주고 가족 사이의 의사거래에 항상 영향을 미치는 요인으로 작용한다. 이러한 현상에서 오는 흔한 결과로써, 자녀들은 성장하면서 대개 스테레오타입화(定型化)된 역할을 학습하고 완전한 정체감을 발달시키지 못한다. 예를 들어 약간 역기능적인 가정에서의 남자는 강하고 감정표현이나 인간관계에 있어서 이해심이 부족하고 활동지향적이고 공격적이며 재정적으로 성공해야 한다는 고정관념을 가지고 있다. 마찬가지로 여자는 당연히 가냘프고 정서적이고 감정과 인간에 대해 직관적이고 의존적이어야 한다는 고정관념에 젖어 있다. 가정신화와 더불어 이러한 스테레오타입화된 역할규정은 어릴 때부터 행동유형을 고정시켜버리기 때문에, 개인의 능력을 발달시키고 또 바깥세계와의 접촉을 증대하기 위해 환경을 융통성있게 조절할 수 있는 여지를 남겨놓지 않는다.

심각한 장애를 가진 가정에서는 폐쇄적-혼란되고 경직(rigid)되고 외부세계와의 상호작용이 거의 없음-인 체계를 가지고 있다. 비버스는 이러한 심한 역기능적인 가정이 구심적 양식을 띠고 있으면 자녀 중 한 명 또는 그 이상이 과정성 정신분열병(process schizophrenic)에 걸리기 쉽다고 말한다(과정성 정신분열병은 어릴 때부터 사회적으로 고립감을 느끼고 타인에 대한 정서적 반응이 결여되어 있으며, 성인이 되면서 점차 위축되고 혼란된다). 그리고 원심적인 가정의 자녀들은 사회병리적 행동을 나타내기 쉽다(사회병리적 인간이란 무감각하고 무책임하고 자기중심적이고 충동적 반사회적 인간으로서, 경험이나 벌을 통해서도 아무것도 학습하지 못하며 어떤 가책이나 후회도 느끼지 못한다. 많은 범죄자들이 이러한 반사회적 성격의 소유자들이다).

심한 역기능적 가정에서 구심적 생활양식을 가지고 있으면 부모 간의 연합이 대단히 취약하여, 가정에 지도력이 없고 자기 권한을 행사할 줄 모르며, 누가 부모이고 누가 아이인지 구별하기 어렵다. 이러한 가정에서는 개성을 살려주지 않고, 가족끼리 친밀하다는 것은 생각과 감정이 똑같은 것이라고 보기 때문에 자녀들을 자주적인 인간으로 키우지 못한다. 따라서 자녀들은 올바른 정체감을 형성하지 못하거나, 자기 자신의 경계(즉 다른 가족성원들과 자신의 구별)에 대한 분명한 의식을 발달시키지 못한다. 또한 가족 경계의 불투과적 성격으로 인해 가족 외의 다른 사람들과 관계를 맺지 못한다. 가정 내에서의 커뮤니케이션도 유치되고 혼란되어 가족성원들 사이의 차이를 협의에 의해 해결한다는 것은 엄두도 내지 못한다. 특히 이러한 가정의 특징은 따뜻한 애정의 결여인데, 외부 사람의 눈에는 가족끼리의 만남이 파괴적인 행위로밖에 보이지 않는다. 세월이 흐름에 따라 겪어야 하는 변화를 수용하지 못하고, 모든 일 모든 사람이 항상 존속하길 바란다.

원심적 양식을 가진 심한 역기능적 가정에서는 가족들이 상호작용할 때 공공연한 불화를 드러내고 지분거리는 일이 많다. 가정의 조직이 불안정하여 어느 누구도 자기의 역할이 무엇인지 분명히 알지 못하고, 가정의 통솔력이 이 사람에게서 저 사람에게로 시시각각 바뀌거나 아니면 아예 찾아볼 수 없으며, 가족 개개인 간의 접촉도 없다. 가족끼리 말다툼하고 서로 비난을 하고 위협을 통해 억누르려고 하기 때문에, 그야말로 혼돈을 이루고 커뮤니케이션이 이루어지지 않는다. 두 사람이 대화해도, 같은 주제를 놓고 대화한다거나 앞서 한 말에 대답한다고 보기 어렵다. 자녀들은 가능한 한 이러한 가정환경에서 떠나려고 하며, 가출을 한다든가 법에 저촉되는 반사회적 행동을 하여 유치장에 감금되는 경우가 있다.

온화하고 따뜻한 사랑의 결여, 일관성없는 가정규칙을 따르는 데서 오는 혼란, 권력구조의 변화, 왜곡된 커뮤니케이션 등이 엔트로피가 높은 가정의 특징이기 때문에 가족끼리 친근하고 서로 염려하는 분위기를 거의 찾아보기 힘들다. 비버스(1977)에 의하면, 겉으로 보기엔 무관심이 발달하여 자녀들에게 죄의식이 없는 것처럼 나타나지만, 사실은 절망감을 느낀다고 한다. 이러한 가정에서의 경험은 각자의 감정, 충동, 욕구를 수용할 수 없게 만든다. 반사회적인 인간의 자기패배적 행동은 비정한 세계에 대한 분노의 표시인지도 모른다.

2. 역기능(dysfunctional)가정의 정의

스트레스의 관점에서 병든 가정과 건강한 가정의 특성을 연구한 큐란(Curran)은 역기능 가정을 다음과 같이 정의했다.[12]

"역기능 가정(dysfunctional family)은 스트레스에 대처하기 위해 충분한 자원을 동원할 수 없는 가정으로 그 결과 스트레스로 하여금 더 긴장시키고 부서지게 만드는 가정이다"라고 했다. 그러나 역기능 가정을 만드는 데 무슨 재앙이 필요한 것은 아니다. 일상적인 스트레스가 조금씩 쌓여서 이미 취약해진 가정단위를 더 약화시킬 수가 있는 가정을 말한다. 역기능 가정은 종종 주변의 사회문화적 환경으로부터 격리되어 있고 세대 간의 경계에 대해 혼돈되어 있고, 식구상호 간에 독립과 자유를 주는 과정에 갈등을 겪고 있으며 부모와의 관계에 대해 아직도 불안해 하고 있는 가정을 일컫는다.

또한 가정에 습관적으로 술을 마시는 알코올중독자나, 가정을 돌아보지 않고 돈버는 일이나 직장일에만 열중하는 일중독자, 충동적으로 노름

---

12) Curran, Dolores, *Stress and the healthy family* (Minneapolis : Winston press, 1985), p.3.

을 하지 않으면 견디지 못하는 도박꾼, 외도를 해 다른 살림을 차리고 배우자와 자식을 돌아보지 않는 아버지, 이혼했거나 재혼한 가정에서의 편모, 계부, 계모, 엄격하고 율법주의적인 신앙생활을 고집했던 부모, 중풍이나 뇌성마비 같은 중병을 앓는 환자, 의처증이나 의부증 증세로 상대를 말이나 행동으로 학대했던 부모, 근친상간 등 습관적으로 성폭행을 하는 아버지 등을 둔 가정을 역기능 가정이라고 부른다.[13]

역기능 가정은 부모 간의 연합이 대단히 취약하여, 가정에 지도력이 없고 자기 권한을 행사할 줄 모르며, 누가 부모이고, 누가 아이인지 구별하기 어렵다. 온화하고 따뜻한 사랑의 결여, 일관성없는 가정규칙을 따르려는 데서 오는 혼란, 권력구조적 변화, 왜곡된 의사소통 등이 혼란을 가중시키는 것이 역기능 가정의 특징이라고 볼 수 있다.

브래드쇼오(Bradshaw)는 역기능 가정의 특징을 다음과 같이 묘사하고 있다.[14]

① 역기능 가정은 그들의 문제를 부인한다. 문제가 있음을 시인하지 않기 때문에 결코 문제가 해결되는 적이 없다.

② 역기능 가정은 친밀감 공백(intimacy vacuum)이 있게 마련이다. 구성원들은 서로 거리감을 느낀다.

③ 역기능 가정은 수치심에 기반을 두고 있다. 부모는 수치심을 느끼지 않는 것처럼 행동하고 자녀들은 가정에 대해 수치심을 느낀다. 자신에 대해 갖고 있는 감정, 생각, 자기가치에 대한 평가를 할 때, 자기가치 감정과 자기존중 감정 수준이 낮다.

④ 역기능 가정은 고정되고 경직된 역할에 의해 특징지워진다. 가족체계의 필요에 따라 역할이 생겨난다. 자녀는 체계의 필요를 돌아보기 위

---

13) Charles Sell, 정동섭, 최민희(공역), 『아직도 아물지 않은 마음 상처』 (서울 : 두란노서원, 1992), p. 11.
14) Bradshaw, John, *The Family : A revolutionary Way of self-discovery* (Deerfield : Health Communications,1988). pp. 122-123.

해 그들의 현실을 포기한다. 속죄양이 된 자는 자기 자신을 희생시키는 한이 있더라도 가족을 손상시키지 않기 위해 투쟁하는 것이다. 속죄양이 된 사람은 가족이 어떤 식으로 낙인찍느냐(마스코트, 멍텅구리, 천치, 바보, 꾀병장이, 허풍선이, 약한 녀석)에 따라 여러 가지 증상을 나타낸다.[15]

⑤ 비분화된 가족자아 집합체(undifferentiated ego mass) 역기능적 가정의 식구들은 피차의 경계선 안에 속박되어 있다. 어머니가 겁에 질려있으며 모두 겁에 질려 있다.

⑥ 역기능 가정의 식구들은 개인적 필요를 충족시킬 수 없다. 개인은 체계 전체를 위해 자신의 욕구를 희생한다. 언제나 낮은 수준의 분노와 우울한 감정이 깔려 있다.

⑦ 역기능 가정의 대화 스타일은 공개적인 갈등이거나 '의견을 결코 달리하지 않기로 합의하는 것(confiuence)' 이다. 의사소통이 간접적이고 애매모호하며 정직하지 못하고 표현능력이 부족하며 진정한 인격적 접촉이 없다.

⑧ 개인적 차이는 가족체계의 필요를 위해 희생된다. 개인은 가족을 위해 존재한다.

⑨ 가족들이 느끼고 행동하는 데 기초적인 규범이 되며 가족제도로 발전하는 가족규칙이 경직되어, 비인간적이며 비타협적이고 바꿀 수가 없다. 이러한 규칙은 대개 통제와 완전주의 그리고 비난이다.

⑩ 공개된 비밀은 역기능 가정을 얼어붙은 채로 있게 하는 거짓의 한 부분이다. 공개된 비밀에 관하여는 모든 사람이 모르는 척하기로 했음을 안다.

⑪ 변치 않는 폐쇄된 체계, 외부 사회와의 관계를 맺는 것을 두려워하고 회유적이며 책임전가적이다. 각자가 가정을 지배하는 문제를 통제하기 위해 자기 역할을 한다. 각자가 자신의 역할을 수행할수록 체계는 그

---

15) Goldenberg, op. cit., p.91.

대로 있다는 데 역기능 가정의 딜레마가 있다.
⑫ 절대적이고 과대망상적 의지 - 모든 식구들의 의지가 기능을 할 수 없게 되었다는 데 역기능 가정의 비극이 있다. 갈등과 좌절의 부인은 개인으로 의지를 발휘하게 하는 상황을 만든다. 이는 그에게 문제에 대해 무엇인가 한다는 착각에 빠지게 만든다.
　수잔 포워드(Susan Forward)는 알코올중독자, 통제하는 부모, 말로 학대하는 자, 육체적 학대자, 성적 학대자가 가정에 있을 때 그 가정이 역기능적 특성을 드러낸다고 지적했다.[16] 그리고 알코올이나 마약 못지 않게 우리의 몸과 마음과 영혼에 해를 끼치는 '통제할 수 없고 충동적인 행동'을 수반하는 중독으로 과식, 일중독, 문란한 성행위, 이교집단심취, 도박, 운동, 충동적 쇼핑, 건전치 못한 신앙생활을 역기능 가정의 특징이라고 볼 수 있다. 약물중독자의 가정 외에도 ①정서적, 심리적으로 혼란된 가족체계 ②신체적으로, 성적으로 학대하는 가족체계 ③종교적으로 경직되고 독선적인 가족체계가 역기능적 가정에 해당된다.[17]

3. 가정 역기능의 표현

1) 병리적 커뮤니케이션

　가족이 효과적으로 기능하기 위해서는 분명한 커뮤니케이션 채널을 마련하여 유지시킬 수단과 방법이 발달되어야 한다. 언어는 사실적인 정보를 교환할 수 있는 가장 효과적인 수단이지만 사람들 사이의 정서적 상호작용은 비언어적 메시지-제스처, 어조, 안면표정, 나아가 대화하는 사람의 물리적 공간까지를 통해 표현된다. 때로는 침묵도 강력한 메시지

---

[16] Susan Forward, 이동진(역), 『이런 사람이 무자격 부모다』 (서울 : 삼신각, 1990).
[17] Subby, Robert, "The co-dependent reality" *Lost in the shuffle* (FL : Health C., 1987).

로 작용한다. 부부가 한동안 상대방에게 말을 끊는 것은 '마음이 상하여 화가 나있다' 라는 메시지이다. 벡(Beck)와 존(Jones, 1973)의 조사에 의하면 가족상담을 요청한 부부 사이에 가장 큰 문제가 커뮤니케이션 문제라는 사실이 밝혀졌다.

① 이중구속 메시지와 위장

역기능적인 가정에서는 서로 대화 대신에 연설을 하고, 상대방이 말을 할 때 고개를 돌리거나 시선을 마주치지 않으려는 것이 공통적인 현상이다. 어떤 사람들은 대화를 하는 듯하지만 실제 다른 행동(예를 들면 TV를 보거나 방안을 왔다갔다 하는 행동)을 하며, 분명하고 직접적인 커뮤니케이션을 하지 못한다. 또 어떤 사람들은 이중구속 메시지(double-bind message)를 교환한다. 이러한 이중구속적 상황에서는 한 사람이 다른 사람에게 말을 할 때, 여기에는 적어도 두 가지 또는 그 이상의 상반된 메시지나 요구를 담고 있다. 이때 메시지를 받는 사람은 반응을 해야 하지만 어떤 식으로 반응하든 실패하기 마련이다. 왜냐하면 한 메시지에 반응하면 자동적으로 또 하나의 다른 메시지에 위반되기 때문이다. 따라서 어떤 메시지에 응답할 필요가 없는 것이다.

케이닝(Kaing, 1965)은 가정 내에서의 갈등이나 상반되는 관점을 미혹시키거나 모호하게 하거나 가면을 쓰고 반응하는 현상을 위장(mystification)이라고 부른다. 이러한 가면효과는 갈등을 피하게 하는 것이 아니라 가리우는 것이다. 어떤 사람은 일상적인 가정생활에서 자기 행동을 통해 상대방으로 하여금 어떤 생각을 품게 하면서도 그 생각을 말로 표현하면 부인함으로써 위장한다.

위장의 주요 기능은 현상을 유지하려는 것이다. 가족 중의 한 사람이 자기가 경험하는 일로 인해 현상을 깨뜨리려고 할 때 이러한 위장이 일어난다. 자신이 불행하다고 불평하는 어린이는 부모로부터 그것이 말도 되지 않는다는 소리를 듣는다. "너는 그렇게 생각할 수 없어. 네가 원하는 대로 해주지 않은 것이 무엇이니? 그렇게 고마움을 모를 수가 있어?" 부모는 위장을 통해 어린이가 말하는 것이 전혀 터무니없다는 듯이 어린이의 느낌이나 경험을 그저 부정하는 것이다. 그러나 부모는 어린이가 경험하는 바를 더 잘 알고 있지만 그의 생각에서 타당성을 박탈시킨다. 청소년기의 소녀가 부모에게, 성적인 생각을 하고 때로는 자위행위도 한다는 사실을 넌지시 밝혔는데도 부모는 절대 그럴 리가 없다고 단호하게 잘라 말한다. 이러한 유형이 반복되다보면 소녀는 자기 감정과 생각의 타당성을 의심하게 되어 서서히 정신분열증으로 빠져들게 된다.

② 대칭적 및 보완적 관계

사람들 간의 커뮤니케이션 유형과 관계는 대칭적(symmetrical)일 수도 있고, 보완적(complementary)일 수도 있다. 대칭적 관계에서는 참여자가 서로 상대방의 행동을 반영시킨다. 대칭적인 관계의 특징은 동등성과 상호 차이의 극소화이거나 아니면 경쟁성이다. 상호 경쟁적인 관계에서는 각자의 행동이 상대방의 반응에 영향을 주어 상승작용을 하는 위험을 낳게 되는데, 이를 대칭적 확대(symmetrical escalation)라고 하기도 한다. 따라서 한 사람이 심술궂게 조롱을 하면 이것이 상대방으로 하여금 더욱 심술궂게 행동하게 하듯이, 싸움이 걷잡을 수 없을 만큼 악화일로를 걷게 된다.

보완적 상호작용은 불평등과 차이의 극대화에 바탕을 둔다. 이러한 형태의 상호작용에서는 한 사람(전통적으로 남성)이 지배적인 자세를 취하면 한 사람(전통적으로 여성)은 복종적인 자세를 취한다. 그러나 밖으로 드러난 이러한 모습만 보고 누가 강하고 누가 약하다고 말할 수 없다. 각자는 상대방으로 하여금 지배적 또는 복종적 자세를 취하도록 한다. 이러한 관계는 서로의 행동유형은 다르지만 맞물려 돌아간 연동적 관계(interlocking relationship)이다.

2) 속박과 유리

최상으로 기능하는 가정에서는 가족 간의 경계가 분명하고, '우리'라는 집단에 소속된 의식을 가지고 있으면서도 자의식을 잃지 않는다. 즉 각 가족성원은 개성을 띠고 있으면서도 가정에 대한 소속감을 잃지 않는 것이다. 또한 하위체계의 경계도 분명하여 올바른 가족기능이 이루어진다. 대부분의 가족체계는 속박(enmeshment: 경계의 모호)과 유리

(disengagement: 경계가 지나치게 경직되어 하위체계들 사이의 커뮤니케이션이 힘듦)라는 연속선상의 어느 한 점에 머물기 마련이다.

속박이란 가족들 간의 상호작용에서 그들의 관계가 지나치게 밀접하고 강력하여 서로의 생활에 지나치게 관여하고 과잉염려를 하는 것을 가리킨다. 이러한 극단적인 경우에서는 가족들 간의 구분이 모호하여 누가 가족으로부터 독립하려는 태도를 취하면 배신행위로 간주된다. 가정에 대한 소속감이 모든 경험을 지배하여 가족 각자가 분리된 자기의식을 발달시킬 수 없다. 가족 중 어느 한 사람에게 어떤 일이 생기면 가족체계 전체에 영향을 미친다.

이러한 속박의 가정에서는 하위체계의 경계가 미분화되고 약하고 쉽게 뒤바뀐다. 어린이가 부모처럼 행동하며 부모의 통제가 영향을 주지 못한다. 지나친 일체감과 공유감 때문에 프라이버시가 없다. 왜냐하면 가족끼리 서로의 생각과 감정에 지나치게 참견하고 가족 중 어느 한 사람의 사소한 기분변화에도 가족 모두가 신경을 곤두세우기 때문이다. 속박된 가정의 가족성원들은 가족의 소속감을 지나치게 중시하여, 자주성은 있을 수 없고 가정 밖에서 문제를 탐구하고 해결하려는 의지가 강할 수 있다. 그러나 유리된 가정의 가족성원들은 지나치게 자주적이요, 독립적으로 기능하여 가정에 대한 충실성을 거의 찾아볼 수 없다. 이들은 가족끼리의 상호의존성이 없고, 필요할 때에도 가족들에게 도움을 청하지 않는다. 가족끼리 커뮤니케이션이 잘 이루어지지 않으며, 가정의 보호기능이 마비되어 있다. 가족 중 한 사람이 스트레스를 받고 있을 때, 속박된 가정에서는 지나치게 격렬하고 급격하게 반응하나 유리된 가정에선 거의 반응을 나타내지 않는다.

유리된 가정에서는 경계가 부적절하게 경직되어 있어서 가족 중의 한 사람이 심한 스트레스를 받을 때에라야 겨우 다른 가족성원들이 관심을 나타낸다. 유리된 가정의 가족들은 가족체계에서 분리되어 있다고 여기기 때문에 반응이 필요할 때에도 여간해서는 반응을 보이지 않는다.

① 비행조성의 가족

어느 한 획기적인 연구에서 비행 아동을 많이 배출하는 가정을 조사했

더니 이러한 가정의 특징은 지나치게 속박된 가정이거나 아니면 유리된 가정이라는 사실이 발견되었다. 이러한 가정에서는 대부분 아버지가 없기 때문에 자녀양육과 교육이 완전히 어머니에게 맡겨져 있다. 어머니는 자기 임무를 충실히 수행하려고 하나 지도와 통제가 요구될 때에는 불안을 느낀다. 속박된 가정의 어머니는 자녀의 행동을 전적으로 자기 책임이라고 느낀다.

② 정신신체적 가족

이 유형의 가정에서는 흔히 가족관계가 속박되어 있고, 하위체계의 기능이 제대로 이루어지지 않으며, 개인적 경계가 약하여 자주성이 없다. 정신신체적 가정에서는 과잉보호의 경향이 많아 어린이가 독립심, 유능감(compotence), 가정 밖의 활동에 대한 흥미를 발달시킬 기회를 박탈한다. 때때로 생리적으로 상처받기 쉬운 어린이는 가족 전체의 관심을 끌 증상을 나타냄으로써 가족을 보호하려고 한다. 특히 현상을 유지하고자 하는 경직된 가정에서(아버지가 직업을 바꾸거나 어머니가 가정 밖으로 일하러 나가는 등의) 외부 스트레스가 발생하면 가족들의 역기능적인 대처기제에 과중한 부담을 주어 어린이가 병에 걸린다. 이러한 가정은 갈등역(threshold for conflict)이 대단히 낮아 조화와 일치를 위해 갈등을 피해야 한다고 느낀다. 가족들 사이의 의견상의 불일치를 용납하지 못해, 이러한 차이에 직면하거나 해결책의 강구를 거부한다.

어린이의 정신신체적 증상은 가족체계를 조절하는 기능을 한다. 부모가 서로 대면하기를 꺼리더라도 자녀가 병에 걸리면 다같이 염려한다는 점에서 일치를 이룬다. 속박적이고 정신신체적인 가정에서는 병든 아이가 가족 갈등의 제거자 역할을 하는 일이 많다. 병든 아이에게는 자신의 병이 가족을 원래의 균형상태로 되돌아오게 하는 강화물로 작용하여, 가족에게 이와 비슷한 위협이 일어날 때마다 발병률이 높아지는 것이다.

3) 속죄양

인간은 어떠한 사회체계 내에서든 역할을 배우고 채택하며 부여받는다. 가족들도 예외일 수가 없다.

증상을 나타내는 속죄양은 대체적으로 환자로 지적된 사람(identified patient)으로서 전체 가족을 위해 병리적 문제를 짊어지고 있는 것이다. 이와 같이 속죄양이 되는 것은 본인뿐만 아니라 가족 모두가 이 과정에 참여하는 것이다. 부모는 자기들의 갈등을 자녀에게 전가시켜 자녀의 정서적 발달의 희생을 통해 조화로운 관계를 유지하려고 하는 경향이 많다. 반면에 자녀는 자기 자신을 희생시키는 한이 있더라도 가족을 손상시키지 않기 위해 투쟁하는 것이다. 속죄양이 된 사람은 가족들이 어떤 식으로 낙인찍느냐에 따라 다양한 증상을 나타낸다. 그 대표적인 것으로는 '마스코트', '버르장머리없는 녀석', '멍텅구리', '천치', '바보', '사기꾼', '꾀병장이', '허풍선이', '악한 녀석' 등을 들 수 있다. 가족생활주기가 변함에 따라 가족성원들이 다른 역할을 부여할 수도 있고, 또 다른 가족성원들이 속죄양이 될 수도 있다.

4) 고질적인 가정신화

전체 가족뿐만 아니라 각 개인들도 신화(myth)-근거가 박약하고 자기 기만적이지만 잘 체계화된 자기 자신에 대한 무비판적인 신념-를 견지하고 있다. 가정 내에서 가족 모두가 공유하고 있는 이러한 신화들은 가족들 간의 상호작용 형태를 결정짓고, 보완적 역할을 부여하고, 어느 정도 가정 내의 관계를 규정짓기도 한다.

현실에 대한 왜곡과 부정뿐 아니라 상호위장이 이러한 신화를 구성하는 요소이다. 때로는 이러한 신화를 통해 일반적인 가족의 특징을 추리할 수도 있다. 예를 들자면 "우리 가정은 무사태평하지만, 우리 이웃은 케케묵고 답답하다"는 등의 생각이다. 때로는 이러한 신화가 가족성원들에게 차별을 둔다. "우리 편은 유머가 많고 쾌활하지만 너희 편은 음울하다", "이 가정에서는 남성이 감정적인 여성보다 지적으로 우월하다" 이러한 신화가 외부 사람들에게는 명백한 허위진술로 보이지만, 해당 가족들은 도전할 수 없는 진리처럼 모두 같은 생각으로 떠받치고 있다.

가족의 유형과 규칙은 가족의 신화, 신념 또 서로에 대한 기대로 바뀌어 서로 별 다른 생각없이 자동적으로 행동으로 옮아간다는 사실에 주목할 필요가 있다.
① 가성 상호소통

 가성 상호소통이라는 말은 가족들이 겉으로는 서로 관계를 유지하려고 애를 써서 서로 개방적이고 이해심을 가지고 상호작용하는 것 같지만, 실제로는 서로 큰 거리감을 두고 있는 관계를 의미한다. 이러한 가족들이 공통적으로 가지고 있는 것은 무의미함과 공허감을 느끼지 않기 위해 똑같은 조처를 취하고 있다는 사실뿐이다. 이러한 가성 상호소통은 정신분열증이 발생하는 가정의 특징이라고 여겨진다. 이러한 가정의 가족성원들은 기존의 확고하고 친근한 관계에서 떨어져나갈까봐 불안을 느껴, 자기 행동이나 기대가 다른 가족성원들의 행동이나 기대와 서로 완전히 합치되어 있다는 환상을 발전시킨다. 따라서 가족들 간의 다양한 견해란 있을 수 없다고 생각하며, 가족 간의 일치가 이루어져야 한다는 환상 속에 살고 있다. 가족들의 유대를 공고히 해야 한다는 목적 때문에 가족 각자의 성장 가능성이라든가 자주성은 꺾이고 희생된다.

 가성 상호소통을 하고 있는 가정에서는 가족 각자가 서로의 개성을 인정하고 존중하면서 자기 자신의 독립적이고 독특한 정체감을 발전시킬 수 있는 관계를 발전시키지 못한다. 가성 상호소통을 하고 있는 가정에서는 가족 각자의 개인적인 정체감을 희생시키면서까지 모두 형식적 역할에 맞추는 것이다. 견해, 흥미, 태도 등이 다르면 가족관계가 파괴된다고 보기 때문에 이를 기피한다. 그 결과 가족 각자는 독립성을 기를 수 없고 자기 가능성을 실현시킬 수도 없다. 개인적인 정체감을 발달시키기 위해서는 서로 상대방으로부터 정직하고 유의미한 피드백 정보가 필요하지만 이러한 가정에서는 이를 기대할 수 없다. 더욱이 자기 개성을 주장한다는 것은 상호관계에 대한 위협이라고 생각한다.

 정상적인 가정에서는 가족 각자가 가족집단의 일원일 뿐만 아니라 동시에 소속된 단체나 전체 사회의 일원이라고 생각한다. 그러나 가성상호관계적 상황에서 성장하게 되면 외부 세계와 지속적이지만 불안정하고 유동적인 가족경계를 지닌 자족적 사회단위(self-sufficient social unit)의 일부로 느끼게 된다.

4. 역기능 가정의 성인아이(adult child)의 개념과 특징

역기능적 가정에서 자라난 사람을 '성인아이(adult child)'라고 부른다.[18] 성인아이들은 '내재과거아'를 지니고 있다.*

역기능 가정 출신의 자녀들은 일정한 행동과 태도상의 특징을 지니는 것으로 나타나고 있는데 성인아이는 적어도 네 가지 분야, 즉 사람을 신뢰하고, 감정을 처리하고, 우울감을 느끼고, 책임감을 다루는 데 있어서 문제가 있음을 고백하고 있다. 지금까지의 연구결과를 종합하면 성인 아이들은,

① 낮은 자존감 때문에 자신과 타인을 무자비하게 비판하고 완전주의적으로 행동하고, 남을 돌보는 역할을 함으로 고압적으로 행동하고, 남을 비웃고 험담함으로 자신의 부족감을 감추거나 보상하려고 하며,

② 자신을 고립하는 성향이 있으며 다른 사람들, 특히 권위를 상징하는 사람들 주위에서 안절부절하고,

③ 인정받기에 갈급해 하는 사람으로, 다른 사람으로 자신을 좋아하게 하기 위해서는 무슨 일이나 하려고 한다. 충성할 필요가 없을 때도 끝까지 지나칠 정도로 충성한다.

④ 분노와 개인적 비판에 쉽게 위협을 느끼며 따라서 쉽게 불안해 하며 민감하게 반응한다.

⑤ 습관적으로 중독적, 충동적인 사람들과 관계를 맺는 쪽을 택한다. 정서적으로 건강한 사람에게는 덜 매력을 느낀다. 희생자로 생활하면서 사랑과 우정관계에서 다른 희생자에게 끌리고, 사랑과 동정을 혼돈해 구조할 수 있는 불쌍한 처지에 있는 사람을 사랑한다.

⑥ 지나치게 책임감이 있거나 지나치게 무책임하다. 다른 사람의 문제

---

18) Friends in recovery, *A spiritual Journey : A Working guide for Adult children from addictive and other dysfunctional Families* (San Piego, CA : Recovery press, 1988).

* '내재과거아'란 성인이 된 현재에도 생활 속에서 그대로 남아 계속되는 지난 과거의 소아적 모습을 말한다.

를 해결해주려 하거나 다른 사람이 자신을 위해 책임져주기를 기대한다.

⑦ 자신을 위해 권익을 주장하거나 자기 주장적으로 행동하면 죄책감을 느낀다. 자신을 돌보는 대신 다른 사람을 위해 자신의 바람을 포기한다.

⑧ 어린이 시절에 받았던 충격으로 인한 감정을 부인하거나 축소시키거나 억압한다. 따라서 감정을 표현하는 능력을 상실한다.

⑨ 거절이나 버림받는 것을 두려워하는 의존적 인격이다. 따라서 자신에게 해로운 직업이나 관계 속에 그대로 머무는 성향이 있다.

⑩ 친근한 관계에 어려움을 겪는다. 불안정하게 느끼고 다른 사람을 신뢰하지 못한다. 분명한 경계가 없어서 다른 사람의 감정과 필요로부터 자신을 개별화시키지 못한다.

⑪ 시작부터 끝까지 어떤 일을 따라가는 데 어려움을 겪는다.

⑫ 매사에 통제에 대한 강력한 필요를 느낀다. 우리가 통제할 수 없는 일에 변화가 일어나면 과민반응을 하고 어쩔 줄을 모른다.

위이티츠(Woititz)는 성인아이의 문제를 다음과 같이 요약하고 있다.[19]

① 정상적인 것이 무엇인지에 대해 혼돈하고 있다.
② 일이나 과업을 완수하는 데 어려움을 겪는다.
③ 그럴 필요가 없는데도 충동적으로 거짓말을 한다.
④ 자신에 대해 지나치게 비판적이다.
⑤ 자신에 대해 너무 심각하며 재미있는 시간을 갖는 데 어려움을 겪는다.
⑥ 성인으로서 친밀한 관계를 맺는 데 어려움을 겪는다.
⑦ 자신의 생활을 통제할 필요를 강하게 느끼는데 뜻대로 안되면 지나친 분노를 느낀다.

---

19) Woititz, Janet, *Adult children of alcoholics* (FL : Health C., 1993).

⑧ 평생동안 인정과 칭찬을 받기에 급급하다.
⑨ 다른 사람과 스스로 다르다는 느낌이 있다.
⑩ 지나치게 책임감이 강하거나 지나치게 무책임하다.
⑪ 그럴 이유가 없는데도 자신을 학대하는 부모에게 충성한다.
⑫ 가끔 충동적인 행동을 해서 이미 있는 문제를 더 악화시킨다고 이해하고 있다.
⑬ 생각과 행동에 융통성이 없다.
⑭ 변화를 거부하며 소속감을 느끼지 못한다.
⑮ 자신에 대해 수치감을 느낀다.

페린(perrin)도 성인아이의 특징을 다음과 같이 말한다.*
① 성인아이들은 지연된 만족보다 즉각적인 만족을 추구한다.
② 성인아이들은 갈등을 조장하나 이를 처리하려 하지 않는다.
③ 성인아이들은 거절과 버림받음을 두려워하면서도 다른 사람들을 거절한다.
④ 성인아이들은 비판과 판단을 두려워하면서도 다른 사람을 비판하고 판단한다.
⑤ 성인아이들은 시간을 잘 관리하지 못하면서도 자신을 위하여 일이 잘 되도록 우선순위를 정하지 않는다.

---

* 정동섭, 『어떻게 사람을 변화시킬 수 있는가?』 (서울: 요단출판사, 1996) p. 117.

Ⅲ. 가족문제의 내용

1. 가족폭력의 문제

1) 가족폭력의 본질

최근 가족학자, 사회학자 또는 일반인 모두는 빈번하게 발생하는 가족폭력에 대해 많은 관심을 나타내고 있다.* 기능론적 견지에서 가족 내의 갈등이나 해체는 비정상적이고 반사회적인 현상으로 보는 반면에, 갈등론적 입장에서는 가족갈등을 가족역동성에 있어서의 자연스러운 부산물이라고 본다. 즉 갈등론자들은 가족을 잠재적이고 실제적 갈등을 내포하는 체제라고 보고 갈등은 가족관계에서 당연하고 필요불가결한 것으로 본다. 따라서 가족원 간에 갈등이 있을 때, 그것을 회피하는 것이 좋은 것이 아니라 어떻게 관리하고 해결하는가가 더 중요하다. 가정은 사랑의 장인 동시에 갈등과 폭력의 장이 될 수도 있다. 폭력은 가족 간의 갈등을 건설적으로 해결하지 못하고 공격적이고 파괴적으로 해결하는 표출방법 중의 하나이다. 현대사회의 스트레스, 핵가족의 고립화, 정서적인 지지를 강조하는 부부관계, 부모 자녀의 친밀감을 요구하는 핵가족의 이념은 가족이 갈등을 일으킬 수 있는 장이 될 수 있다. 가족폭력은 가해자와 피해자에 따라 남편이 부인을, 부모가 아이들을, 부인이 남편을, 자녀가 부모를, 형제가 형제를 학대하는 유형 등이 있을 수 있다.

2) 가족폭력의 실태
(1) 부부폭력

우리 나라의 경우 서울시내 기혼남녀 1천 2백 명을 대상으로 조사한 〈가정폭력의 실태와 대책에 관한 연구〉(형사정책연구원, 1992)에 의하

---

* 우리나라에서 가정폭력에 대해 구체적인 관심을 갖기 시작한 것은 1983년 '한국 여성의전화'가 구타와 폭력으로 희생되고 있는 여성들을 위해 상담 및 인권운동을 시작하면서부터이다.

면 전체 응답자 중 71.9%가 부모와 형제로부터 폭행당한 적이 있다고 하였다. 특히 결혼기간 중 남편의 폭력을 경험한 여성은 45.8%인 293명에 달하고 있으며 지난 1년 동안 아내가 남편을 폭행한 경우에는 전체 가구 중 15.6%인 183가구로 조사되었다.

폭행당한 여성 중 37.2%가 결혼 후 1년 이내 첫 폭행을 경험한 것으로 나타나 신혼시절부터 아내에 대한 폭행이 시작되는 것으로 보인다. 남편은 부인에게 주로 손, 발, 주먹, 몽둥이 등을 사용하였으며 아내는 남편을 주로 밀치거나 물건을 던지는 것으로 나타났다. 남편의 폭력과 관련하여 여성에게 책임이 있다고 생각하는 응답자가 43.1%, 남자의 폭력은 있을 수 있다고 생각하는 경우가 63.1%나 되어 아내에 대한 폭력을 용인하는 풍조가 여전히 남아있는 것으로 분석되었다. 특히 부모에게 매를 맞고 자랐거나 아버지가 어머니를 때리는 장면을 자주 본 남성일수록 부인을 더 많이 폭행하는 것으로 나타났다.

여성문제를 상담하는 여성의 전화(1991)에 의하면 내담자 중에 남편의 구타로 고민하는 주부가 57%로 가장 많고, 그외 남편의 외도(10%), 강간(9%), 부부갈등(8%), 소송 등 법률문제(7%), 시집갈등(5%)의 순이었다. 학대받는 어린이가 학대하는 부모에게서 떠날 수 없으나, 학대받는 부인들은 남편에게서 떠날 수 있음에도 불구하고 그 상태에 머무르는 경우가 많다.

핀(Finn)의 연구에 의하면 학대받는 부인들은 경제적으로 남편에게 의존하고 있거나 아이들 때문에 쉽게 떠날 수 없는 것으로 나타났다.[20] 또한 사회적, 심리적 자원이 부족하거나 다른 대안이 없어서 그 상황에 머물러 있는 것으로 나타났다.[21] 아내학대는 일회적 사건이 아니고 근본적인 해결이 없으면 계속 반복되거나 점차 심각해지는 특징을 지닌다.

---

20) Finn. J., *The Stress and Coping Kehariose of battened Woman* (The Journal of Contemporay Work).

21) Richard J. Gells, *Family Violence* (Beverly Hills : Sage publications).

이러한 순환성은 긴장이 싸이는 단계 (tension building), 학대사건 발생단계 (acute explosion), 화해단계(remorse or honeymoon)로 구분되어 다시 반복되고 있다.

첫째, 긴장이 쌓이는 단계는 부부 사이에 스트레스나 긴장이 누적되는 기간으로 기분 나쁜 일들이 적절히 표현되기보다는 내부에 머물게 되며 이는 점차적으로 학대행위로 발전된다. 이 시기에 학대자는 상대의 결점을 끄집어내거나 무시, 비난, 폭력적 대결의 예고, 음주 등과 같은 행동상의 특징을 보인다.
둘째, 학대사건 발생단계에서는 쌓인 갈등이 폭발할 것이 예감되고 점차 통제력을 잃으면서 학대행위가 발생된다.
셋째, 화해단계에서는 잘못을 사과하는데 피해자는 학대자를 받아들여 결혼생활을 지속하게 된다. 가족폭력의 순환이 자주 반복될수록 폭력의 정도나 빈도가 더욱 악화된다.

쟈크 엘룰(Jacques Ellul)은 폭력의 법칙을 아래와 같이 다섯 가지로 나누어 설명한다.[22]

첫째, 계속성의 법칙을 따르면, 일단 폭력에서 출발하면 폭력과의 관계를 끊을 수 없게 되고, 폭력을 단순히 편법으로 생각하고 사용한다 하더라도 한번 사용하면 불가피하게 계속 사용하게 된다는 것이다.
둘째, 상호성의 법칙은 폭력을 창조, 생산, 방출한다는 것이다.
셋째, 동일성의 법칙에 따르면 정당한 폭력과 정당하지 못한 것, 해방과 예속시키려는 폭력은 동일하다는 것이다. 즉 남편에게 폭력을 당한 아내가 자녀에게 폭력을 행사할 때에는 이 둘은 동일하므로 차이가 없다

---

22) J. Ellul, 최종고(역), 『폭력 : 기독교적 반성과 전망』 (서울 : 현대사상사), pp. 111-129.

는 것이다.
 넷째, 폭력은 폭력을 낳는다는 법칙이다. 폭력은 폭력을 낳기 때문에 그것은 고상한 목표도 실현할 수 없고 자유도 창조할 수 없다.
 다섯째, 폭력을 사용하는 사람은 항상 폭력과 자기 자신을 정당화하려고 애쓴다는 것이다.

 가족폭력의 영향을 살펴보면 남편의 학대를 많이 받은 아내들은 자존심과 자신감을 잃고 무기력해지며 자신도 죽고 싶고 남편도 죽었으면 하는 정신상태인 것으로 나타났다. 특히 심한 폭력을 경험한 여성들은 사람 만나는 것을 기피하고 매사에 불안, 우울하고 모든 일이 어렵게만 느껴지고 자신이 없고 사람을 만나는 것이 싫고 두려워하는 증상이 나타났다.

(2) 아동학대
 어린이 학대나 폭력은 부모의 절대적인 권위, 가부장제가 강한 나라에서 특히 팽배하다. 이러한 나라의 아이들은 아버지의 소유물로 취급되며 부권은 모든 특권, 권위와 힘을 행사할 수 있게 만든다. 또한 핵가족화함에 따라 어린이 양육에 관한 한 부모의 권리가 강조되었기 때문에 국가나 사회기관의 개입을 바람직하게 생각하지 않는다. 어린이 폭력이나 학대는 또한 어린이를 훈육하는 데서 비롯된다. 많은 부모들이 어린이를 양육하는 데 체벌이나 때리는 것으로 어린이를 훈육하려 한다. 학대받는 어린이와 부모들에 관한 연구에 의하면 학대하는 부모의 특성을 파악한 연구가 많지 않아 이러한 부모의 특성을 결정적으로 확인하기는 어려우나 전반적으로 모든 사회계층에서 일어난다고 한다.
 아동을 무차별적으로 구타함으로써 생기는 문제점은 상당히 심각하다. 그들에게 발생되는 문제는,
 첫째, 신체적, 정신적 손상이 파괴적이고 치명적이다. 신체적 손상으로는 멍듬, 화상, 팔다리뼘, 골절, 실명, 뇌출혈 등으로 인한 뇌의 손상이 있다. 그리하여 저능아, 간질환자, 학습장애 등이 나타난다. 정신적, 정서적 손상은 더욱 문제되어 야뇨증, 신경질, 과다행동, 낮은 자아의식, 강박적 성격, 정신병적 기질 등이 형성된다.[23]

둘째, 아동구타는 온갖 폭력의 온상이 되어 사회폭력과 사회병리를 제공하게 된다. 직접 구타당한 경험이 있거나 폭력을 관찰하고 자란 아이들은 폭력 구사자가 되거나 폭력에 순응하는 사람이 된다. 이들은 충동을 제대로 억제하지 못할 뿐 아니라 반사회적 성향이 나타나므로 비행성 자녀로 크게 된다.

3) 가족폭력의 이론

사회학자, 심리학자, 정신분석학자 등 여러 분야의 학자들은 가족학대의 원인을 여러 가지 면에서 설명하고자 하였다. 이러한 여러 가지 이론은 가족학대가 매우 복합적이고 여러 측면에서 설명될 수 있다는 것을 의미한다. 이러한 폭력에 관한 이론은 크게 세 가지로 나눌 수 있다.

첫 번째 부류의 이론은 주로 개인적인 차원에서 정신병리학적으로 선천적으로 공격적이거나 술, 마약에 의한 것이며, 두 번째는 사회심리학적인 측면에서 주로 사회학습, 교환, 상호작용 이론이다. 세 번째 부류의 이론은 사회문화적 차원으로 사회적 자원, 갈등체계 또는 문화적 규범 등으로 설명된다.

가족폭력 학자들은 가족폭력을 설명하기 위하여 다음과 같은 다섯 가지 이론을 제시하였다.

(1) 자원이론 - W. 구드(W. Goode)는 자원이론에 의하면 사람이 가족폭력은 자원이 많으면 많을수록 더 많은 권력을 행사할 수 있다고 하였다. 그러나 사람이 자원을 많이 가지고 있는 사람일수록 실제로 폭력을 행사하는 비율은 적다.

따라서 폭력은 다른 자원이 부족하거나 불충분할 때 마지막 수단으로 쓰이는 것으로 보인다. 예를 들면 실직한 남편이 부인을 복종하게 하기 위하여 폭력을 사용할 수가 있다.

---

23) 김광일, 『아내 구타의 허상과 실상, 가정폭력-그 실상과 대책』(서울 : 탐구당 1987).

(2) 일반체계이론 - 스트라우스(Straus)는 일반체계이론을 적용하여 가족폭력을 설명하였다. 목적을 추구하고 적응하는 사회적 체계로써의 가족에서 폭력은 개인적인 병리현상이라기보다는 가족체계의 산출(output)로 간주한다. 남성의 폭력에 대해 여성이 대항하지 않을 경우 긍정적인 환류(feed back)로 폭력이 강화되고 부정적인 환류반응 즉, 거부하거나 대항하면 폭력수준을 줄일 수 있다. 그러나 여성이 불복하면 남성이 지배체계를 유지하기 위하여 더욱 더 여성에게 폭력을 가함으로써 여성에게 부정적인 환류를 보내고, 여성은 복종하지 않음으로써 남성은 폭력을 다시 사용하게 되어 폭력이 빈번하게 일어나게 된다.

(3) 생태학적 견해 - 가바리노(Garbarino)에 의하면 어린이 학대는 부모와 가족, 이웃, 지역사회가 부조화를 이룰 때 일어난다고 하였다. 이 이론적 견지에 의하면 인간의 발달은 유기체와 환경의 점진적이고 상호적인 적응이다. 인간은 환경의 질에 영향을 받고 어린이와 가족 삶의 질을 형성하는 정치적, 경제적, 인구학적 요인에 의하여 영향을 받는다는 것을 강조한다. 즉 어린이에 대해 신체적 힘을 사용하는 것이 사회적으로 용인되거나 가족지지체계가 부족하거나 부적절하게 사용될 때 폭력이 일어난다. 따라서 어린이 학대는 한 가지의 요인에 의해서 일어나는 것이 아니라 여러 수준의 원인에 의해서 일어남으로 개인의 행동, 인성, 부모의 발달적 역사, 어린이의 특성, 부모와 어린이가 살고 있는 가족, 지역사회, 그리고 사회환경을 모두 고려해야 한다고 본다.

(4) 진화론적 견해 - 버제스(Burgess)는 폭력이 부모의 투자(parental investment)로부터 일어난다고 하였다. 부모 자녀 간에 유대감이 형성되지 않았다든가, 부모가 갖는 불확실성 같은 상황이 어린이의 학대로 향할 경향이 높다고 하였다. 또한 자원이 부족한 부모는 자녀에게 하는 투자의 가능성이 감소하는 반면 학대 위험이 증가한다. 같은 맥락으로 발달상의 문제, 지체아 등 이러한 아동의 경우 부모가 자녀에게 하는 투자를 줄이고 학대위험을 증가시킨다.

(5) 가부장적 견해 - 다바쉬(Dabash)에 의하면 폭력은 오랜 역사를 거쳐 여성에게만 행사되어져왔다고 하였다. 가부장제도는 남편이 부인

에게 체계적 폭력을 행사할 수 있도록 하고 복종하게 하는 규범을 형성한다. 우리 나라의 경우 남자 중심의 문화유산이나 잘못된 관습이 가정 내에서 아내나 자녀에 대한 가정의 폭력, 사회문제가 되는 청소년 범죄들을 상당부분 조장 또는 용인한다. 예를 들어, '사랑의 매', '여자와 명태는 때릴수록 맛이 난다'는 관념은 가정폭력의 정당화 논리를 가르치고 남편 중심의 전횡과 남편의 가족 내 폭력을 정당화시켜주고 있다. 가정폭력에 관련된 사회적 변인들은 다음과 같다. 이러한 사회적 요인들은 많은 연구에서 일관성있게 발견된 것이다.

① 폭력의 반복 내지 전이(cycle of violence) - 어렸을 때 폭력적이거나 학대받은 어린 시절을 경험했을 경우, 성인이 되어 어린이 학대나 부인학대를 할 경향이 있다. 이러한 경우, 폭력이 폭력을 낳고 세대를 넘어서 폭력은 전이된다고 할 수 있다.[24]

② 스트레스 - 가족 내에 스트레스가 많으면 폭력이 일어날 가능성이 많다. 실직, 임시직, 재정적 어려움, 편부모와 같은 특별히 스트레스를 주는 상황이나 조건일 때 폭력이 일어나기 쉽다.

③ 사회적 고립 - 사회적인 고립감이 폭력을 일으킬 가능성이 높다.

4) 가족폭력의 원인
(1) 인간의 공격성향은 생물학적, 생리적 근거보다는 사회적, 문화적, 규범 내지 관습과 보다 큰 관련이 있다. 그러므로 사회적으로 가정폭력이 금지 혹은 억제되는 사회 혹은 문화보다는 이러한 폭력이 묵인, 혹은 촉진되는 문화에서 더욱 많은 문제가 발행할 수 있다.

(2) 개인이 갖고 있는 공격적 특성은 아동기부터 양육 과정과 사회화 과정을 통하여 형성되는 것이다. 그러므로 부모가 취하는 아동양육 형태(권위적 혹은 자유방임적, 민주적 자녀양육 방법)나, 부모가 보여주는

---

24) 고정자, 김갑숙(1992), 『부부 갈등이 자녀학대에 미치는 경향』(아동학회지, 13), pp.80-111.

공격행동의 관찰학습을 통하여 새로운 공격행동 기술을 습득하게 된다. 그후 아동이 좌절상황에 빠졌을 때, 그 문제해결의 수단으로써 평화롭고 온전한 방법을 채택하지 않고 공격행동 방법을 선호하여 실행에 옮기게 된다. 이와 같은 행동경향은 단순히 아동에게만 국한되는 것이 아니라 성인기에도 계속된다.

(3) 가정 혹은 사회의 전반적인 공격행동 허용의 분위기는 결국 아동이나 성인을 막론하고 금지해제를 유발하여 공격행동의 표출이 더욱 쉽게 이루어지게 한다. 다시 말하면 그동안 부모와 사회적 압력으로 인하여 억압해왔던 공격행동을 이제 더이상 억압, 혹은 금지시킬 필요성을 느끼지 않게 되고 아무 거리낌없이 자신의 공격성을 외부로 표출하게 된다.

(4) 공격행동에 대한 '좌절-공격가설'에서 볼 때, 개인이 처한 좌절의 상황에서 그 감정해소 창구를 가족구성원에게서 찾는 경우가 많다. 그러나 이런 경우 역시 공격성과 분노의 배출구를 가족이 아닌 다른 곳에서 찾아야 할 것이며 가족을 희생양으로 이용해서는 안될 것이다.

(5) 일단 한번 공격행동을 취하게 되면 그것이 강화작용을 일으켜 후속적인 공격을 더욱 촉진시키게 된다. 이것은 일종의 조건화 내지 습관형성의 기제를 거치게 된다. 그러므로 가정 내의 폭력의 경우에도 공격자와 피해자 사이에 일종의 조건화와 습관형성이 이루어지는 경우가 많고 그 결과 정신건강의 수준에서도 상당한 장애를 일으키게 된다.

(6) 가정을 한 사회의 구성요소로 기제를 거치게 된다. 그러므로 가정 내의 폭력의 경우에도 공격자와 피해자 사이에 일종의 조건화와 습관형성이 이루어지는 경우가 많고 그 결과 정신건강의 수준에서도 상당한 장애를 일으키게 된다.

(7) 가정을 한 사회의 구성요소로 본다면 그 사회에 만연되는 공격성과 폭력이 가정 내에서도 그대로 표출될 수 있다. 즉 T.V, 영화, 비디오 등을 통한 폭력물, 지나치게 선정적인 자극물, 그리고 사회 전반의 공격 및 폭력사건들이 가정 내의 폭력을 직접, 혹은 간접적으로 촉진, 강화시켜주게 된다.

(8) 특히 아동학대와 아내구타와 같은 가정폭력은 이들 피해자에 대하

여 가해자인 남성이 갖는 태도와 신념과 관계가 있다. 가해자들은 이들 자녀와 아내를 하나의 독립된 인격체로서보다는 개인의 소유물 혹은 종속적 존재로 잘못 생각한 나머지 부당한 권리침해와 신체적, 정신적 고통을 가하게 된다.

(9) 특히 아내구타를 비롯한 여성에 대한 남성의 폭력은 여성에 대한 사회적 고정관념과 분명한 관계가 있다. 다시 말하면, 법률상의 지위, 지능, 여러 가지 능력과 업적, 성취동기, 남녀의 독특한 성역할, 교육과 취업의 기회불균등 문제 등에 있어서 여성에 대한 편견과 부정적인 고정관념은 사회 전반에 만연된 것이다. 그러므로 이와 같은 부당한 고정관념이 가정 내에서의 여성에 대한 남성의 폭력을 불러일으키는 원인이 될 수 있다. 만일 여성에 대한 이와 같은 고정관념이 법적 지위, 교육제도, 고용기회 등에서 사라지게 된다면 가정에서의 폭력문제도 그 수가 크게 감소하게 될 것이다.

5) 가족폭력의 대책

가족폭력은 한 인간을 망치는 동시에 가족과 사회를 모두 병들게 하기 때문에 어떠한 일이 있더라도 근절시켜야 하며 폭력을 예방하는 조치가 필요하다. 가족폭력을 예방하는 구체적인 대책은 다음과 같은 것이 있다.

(1) 가정교육, 학교교육, 각종 전달매체를 통한 대중계몽과 교육, 전문직에 대한 교육과 태도개선이 필요하다.

(2) 남녀 차별의식을 배제한다. - 가부장적 사회규범의 변화가 필요하다.

(3) 폭력을 용납하거나, 미화하는 일 등의 금지, 즉 폭력을 용납하지 않는 분위기를 조성한다.

(4) 어린이에 대한 심한 체벌은 폭력을 정당화할 소지를 마련하므로 삼가한다.

(5) 가정폭력의 심각성, 내용, 문제성에 대해 계몽한다.

(6) 여성과 약자에 대한 법적 보호마련, 가족법, 민법 등에서 남녀평등, 구타당하는 아내나 아이를 긴급보호하고 구타자를 제한하는 제도적 장치를 마련한다. - 가해자에 대한 처벌강화가 필요하다.

(7) 관계기관의 협력체계를 구축(병원, 상담소, 변호사, 판사)한다.
(8) 결혼교육을 강화하며 폭력으로 부부갈등을 해결하지 않도록 교육 프로그램을 실시한다.
(9) 가정폭력을 용납하지 않는 분위기를 조성해야 한다.
(10) 피해자 응급치료 대책 : 신체적 손상치료가 위주이다. 정신치료는 손상된 자존심을 회복시켜주고 치료관계를 형성하고 사회적인 고립을 해소해주어야 한다. 우선은 가정폭력 문제를 돕는 기관과의 접촉도모, 폭력에 대응해나가는 방법모색, 독립심 향상 등을 치료의 목표로 한다.
(11) 가해자에 대한 교정과 치료 프로그램을 활성화시켜야 한다.

2. 이혼문제

1) 이혼의 본질

우리 나라를 포함한 많은 사회에서 최근까지 결혼이란 죽음에 의한 것 외에는 해체할 수 없는 것으로 여겨왔다. 전통적인 사회에서 결혼은 사회적 의무와 계약이고, 결혼의 성공은 사회적 존경을 유지하고 혈연이나 지역사회의 요구에 순응하는 것으로 간주되었다. 이러한 상황에서의 결혼은 일생 동안의 영구적인 계약이고 죽음이 갈라놓을 때까지 지키고 존재하는 것으로 여겨지며, 다른 사람이 어떻게 생각하는가가 중요하므로 이혼은 바람직하지 않을 뿐만 아니라 혈연, 친구, 지역사회 사람들이 용납하지 않기 때문에 하지 못한다. 따라서 결혼은 부부관계에서 일어나는 갈등이나 불행에 상관없이 존속한다. 또한 전통적인 사회에서는 혈연관계가 강하므로 부부 간의 정서적인 관계는 결혼에서 중요하게 여기지 않았다. 특히 우리 나라의 경우 전통적으로 가족주의 가치관이 강하여 가(家)의 유지존속을 가장 중요시하였고, 개인의 행복보다는 집합주의적인 가족구성원 공동체의 행복을 우선으로 하였다. 이와 같이 가문의 영속화와 가족 간의 유대의식을 강조하는 규범 하에서 가족의 해체를 초래하는 이혼은 거부되었고 용납되지 않았다. 따라서 이혼한다는 것은 가족의 해체이고 비극이며 수치로 간주되었다.

그러나 사회가 근대화, 도시화되고 핵가족화되면서 가족의 기능이 축소되고 정서적 기능이 가장 중요시됨에 따라 동질혼의 특성은 쇠퇴하고, 결혼이 사회적 책임이거나 혈연관계의 문제이기보다는 오히려 개인적인 욕구에 의해 존재하고 개인적인 책임이 되어가는 경향이다. 이에 따라 결혼은 사랑, 로맨스, 성을 기초로 한 인간관계가 되고 개인에게 강한 영향력을 끼치게 되었으며 개인은 결혼으로부터 애정적이고 정서적인 욕구를 충족하길 원하고 많은 것을 기대한다.

결혼에서 추구하고자 하는 조화로움과 행복, 정서적 욕구에 대한 높은 기대수준은 일상적인 결혼생활에서 오는 현실과는 괴리가 있을 수 있다. 이러한 결혼에 대한 이상적인 견해나 결혼관계에서 추구하는 정서적 욕구의 수준이 높아감에 따라 불만족의 수준도 높아간다. 구드(1956)에 의하면 이혼의 궁극적인 원인은 다른 욕구와 가치관을 가진 두 사람이 서로 조화롭게 살아야만 하는 결혼 그 자체가 요구하는 필수조건 때문이라고 갈파하였다. 이와 같이 부부가 만족스럽지 않는 관계를 유지하려는 의지나 이유는 점점 줄어가고, 전통적인 사회에서는 불행하더라도 이혼하지 않았지만 현대에는 이혼으로 치달을 수 있다. 현대사회에서 결혼이 개인적인 의미라고 간주될 때 이혼은 두 사람 살이에 일어나는 결혼의 종말이고 부부가 결혼에서 만족하지 못할 때 일어날 수 있다고 볼 수 있다.

이혼율이 증가하는 현상은 사람들이 배우자와의 관계의 질을 가족구조보다 더욱 중요하게 생각하기 때문이라고 설명할 수 있다. 다시 말하면, 결혼의 성공이란 전통사회에서와 같이 존속이나 영속성보다는 비록 상대자가 변한다 하더라도 좀더 의미있고 역동적인 상호작용을 추구하는 것이라고 생각한다. 결과적으로 과거에 비하여 결혼은 점점 더 활기있고 성공적이 되어가고 있다. 뿐만 아니라 이혼한 편모가정이나 재혼가정을 새로운 형태의 가족구조의 하나로 본다. 따라서 이혼은 사회적인 문제라고 보기보다는 불행한 결혼에 대한 하나의 돌파구이며 대안으로 간주된다.

반면에 결혼이 사회적 의미이고 영속성이 결혼의 성공이라고 간주될 때 이혼은 가족해체를 의미하고 가족의 불안정성을 나타낸다. 따라서 이혼은 가족붕괴의 지표로 간주되고, 더 나아가서 사회적 붕괴의 반영이라고 볼 수도 있다.

2) 이혼의 사유

결혼이 사회적 의미, 즉 어떠한 대가를 치르더라도 이혼해서는 안되는 견해에서 결혼이 좀 더 개인적인 문제로 변화해감에 따라 이혼사유도 변화해가는 경향이 나타났다.

전통적인 결혼관은 일생 동안 지속하는 영속적인 제도로 결혼은 두 사람과의 관계에 갈등이나 불행에 상관없이 법적으로 존재하고 지속되는 것이었다. 이조시대에는 칠거사유(七去事由) 즉, 시부모를 잘 섬기지 못할 때, 음탕할 경우, 아들을 낳지 못할 때, 질투했을 때, 악질의 질병이 있을 때, 말이 많을 때, 절도를 했을 때만 남편은 처와 이혼할 수 있었다.

근대화되어감에 따라 일정한 사유가 있을 때에는 이혼이 허용되었다. 배우자의 부정은 전 사회적으로 허용되어온 이유 중의 하나이다. 현대사회에서는 어떠한 이혼사유나 배우자에게 결점이 없어도 이혼이 허용되어가고 있는 경향이다. 이혼사유의 경향을 보면 1960년대에는 존속학대 등이 중요한 사유였고, 성격차이, 배우자의 부정 등 부부 간의 불화가 70년 65%에서 89년 3.4%로, 건강문제는 5.6%에서 1.4%로, 경제문제는 4.9%에서 2%로 낮아졌다. 또한 「91사법연감」에 의하면 재판상 이혼이 1만2천8백95건, 합의이혼이 4만4천7백50건으로 재판상 이혼과 합의이혼의 비율이 29:100로 합의이혼이 증가하고 있다. 한 해 동안 전국법원의 재판이혼 사건들의 이혼사유로는 배우자의 부정이 가장 많았고, 합의이혼의 경우 부부 간의 성격차이가 압도적인 비중을 차지하고 있다. 전체적으로도 남자보다 여자가 결혼에 불만이 더 많았고 남녀 모두 성격 차이, 애정없음, 역할 불충실, 신체적 폭력 등을 높은 이유로 지적하고 있다.[25] 이러한 현상은 우리 사회에서 점점 개인적 만족이나 정서적, 성적인 만족에 결혼의 가치를 두고 있다는 것을 의미한다.

3) 과정으로써의 이혼

이혼은 하나의 과정으로 간주된다. 보하난(Bohannon)에 의하면 이혼 과정은 단순히 법적인 절차를 의미하는 것이 아니라고 한다. 또한 대부분의 이혼은 법적 절차를 법정에서 거치지 않고 주로 당사자들끼리의 합의에서 이루어지며, 이혼을 법적으로 원하는 사람이라도 실질적으로 법적인 절차를 밟는 동안 변하는 것으로 나타났다.

이혼이란 매우 복잡한 현상으로 당사자에게 깊은 상처를 주는 경험이 될 수 있다. 이혼하는 사람들은 흔히 서로의 감정을 신뢰하지 못하기 때문에 이혼이라는 상황으로부터 회피하고 위기가 천천히 오게 함으로써 그러한 불쾌한 경험을 좀더 감당할 수 있도록 한다고 하였다. 보하난은 이혼의 과정을 다음과 같이 열거하고 있다.[26] 이러한 여섯 단계는 순서적으로 일어나는 것은 아니고 그중의 몇 가지는 동시에 일어날 수도 있다. 각각의 단계는 다른 과업을 수반한다고 한다.

(1) 정서적인 이혼

이 단계는 결혼이 악화되고 있다는 것을 느끼고 이혼의 가능성을 생각하게 하는 초기의 원동력이 될 수 있다. 많은 부부가 정서적으로는 이혼을 했으나 법적인 이혼없이 평생을 같이 갈 수도 있다.

(2) 법적인 이혼

정서적으로 이혼한 사람은 어떤 근거에 의해서 법적이혼을 찾는다. 부부는 법적이혼을 하기 위하여 타당하고 받아들일 수 있는 이유를 찾아야 한다. 법적인 이유는 진정한 이혼사유와 다를 수도 있기 때문에 법적인 절차에서 정의될 수 있고 또 다른 고통의 근원이 될 수 있다. 그러나 무결점 이혼은 이유를 요구하지 않는다.

---

25) 김정옥,『현대사회와 가족문제 중 이혼의 사회적 배경』(대한가정학회지. 1992).
26) Bohannon P., "The Six Station of Divorce", Bohannon(ed), *Divorce and after* (N. Y : Doubleday).

(3) 경제적 이혼

돈과 재산을 분리해야 하는 과정을 겪어야 한다. 재산이나 가구는 대체로 양분되고 위자료나 어린이 양육비는 부인의 요구수준과 남편의 지불능력에 따라 달라진다.

(4) 공동부모 역할이 끝나는 이혼

이때는 양육권, 방문권이 문제가 되며 이혼으로 인한 문제에서 가장 고통스럽고 괴로운 과정으로 누가 어린이 양육권을 가질 것인가를 결정하는 것이다. 어린이 양육권은 어린이의 이익을 최상으로 추구하는 원칙에 의해 결정된다. 전통적으로 우리 나라는 가부장적인 이념 아래 아버지가 어린이의 절대적인 친권을 가지고 있었다. 그러나 새로운 법은 어머니와 양육권을 합의할 수 있다.

(5) 지역사회로부터의 이혼

이혼한 사람의 변화는 가족, 친구, 이웃에게서 고립되기 쉬우며 적응하기가 어렵다. 자기 자신을 부적절하게 느끼고 외로움이 문제가 된다. 특히 우리 나라의 경우 이혼에 대한 부정적인 시각이 이혼 당사자 특히, 이혼한 여성의 적응을 어렵게 한다.

(6) 정신적인 이혼

이혼으로부터 회복하는 데 가장 어려운 단계로써 긍정적으로 자립심을 다시 획득하는 것이다. 자주성을 얻는다는 것은 누군가에 의존하지 않고 자기 스스로의 능력으로 이겨나가는 것이다.

4) 이혼의 영향

이혼이 이혼한 당사자나 어린이에게 어떻게 영향을 미치는가를 알아보기 위해서 이혼은 하나의 사건이라기보다는 과정으로 인식되어야 한다. 이혼은 전환을 포함하는 일련의 경험들이다. 이 전환은 이혼 전의 가족상황으로부터 이혼 후 가족상황으로 변화되는 과도기로 불균형과 혼란을 겪는다. 이 기간 동안 가족원들은 새로운 삶의 상황을 다루는 데 있어서 성공적일 수도 있고, 실패할 수도 있는 여러 종류의 대처행동을 경험하게 된다. 그후에 새로운 가족형태의 재조직과 새로이 형성된 평형을 얻게 되는데 이러한 적응과정은 적어도 2년 이상은 걸린다고 한다.
 (1) 이혼이 당사자에게 미치는 영향
 많은 연구에서 묘사하는 이혼이나 별거에 대한 정서적 반응은 분노, 우울, 저하된 자존심, 상실감, 초조감, 안도감, 지속되는 애착감, 새로운 기회가 있을 것이라는 느낌 등이다. 이혼에 대해 누가 결정적인 역할을 했느냐에 따라 이혼에 대한 반응도 매우 다르다. 이혼을 먼저 하고자 한 사람은 슬픔, 죄책감, 걱정, 분노 등을 느끼지만 이혼을 당한 사람은 거부당한 느낌, 굴욕감, 수치심을 느낀다. 이러한 심적 반응에는 배우자의 이혼에 대한 역할, 성격, 다른 외부적인 요인 즉 애인, 어린이의 존재, 지지체계, 경제적 상황 등이 영향을 준다. 상당히 많은 남녀들이 이혼으로 인해 파괴되고 회복할 수 없이 압도당한 것으로 나타나 이혼이란 누구에게나 만병통치는 아니라는 것을 알려준다. 이혼한 남녀가 경험하는 문제와 적응에 영향을 미치는 변인을 실증적으로 탐색한 현경혜의 연구에 의하면 가장 어려웠던 문제로 자녀의 앞날에 대한 걱정으로 나타났다. 여자가 남자보다 외로움, 자녀를 돌볼 시간 부족, 주위사람들의 부정적 인식, 사회활동 참여에 있어서의 어려움 등을 더 많이 경험하는 것으로 나타났다.
 이혼한 남녀는 전 배우자와의 결혼한 기간이 짧을수록, 다양한 대응전략을 활용할수록, 경제적 형편이 좋을수록, 전 배우자에 대한 애착이 낮을수록 이혼 후 생활에 잘 적응한 것으로 보고하고 있다.
 (2) 자녀에게 미치는 영향
 이혼이 증가하는 것에 대한 부정적인 견해는 아마도 어린이에 대한 걱정과 관심에서 시작될 것이다. 이혼이 결혼초기에 일어나고 있으며 현재 이혼에 개입된 어린이의 수는 확실하지 않다. 이혼한 직후에 어린이는 여러 가지 스트레스원, 예를 들면 한 부모의 상실, 부모와의 불화, 가족제도의 혼란, 부모 - 자녀 관계의 변화를 겪고 또한 분노, 무서움, 우울, 죄책감 등을 느낀다. 대부분의 문헌은 이혼이 어린이에게 부정적인 영향을 미치며 어린이의 생애에 가장 파괴적인 사건으로 보고하고 있다. 그러나 이혼 후의 장기적인 영향인 어린이의 심리적 복지나 적응에는 이혼 그 자체보다 이혼 후의 편부모 가정에서 자랄 때의 환경 조건이나 상황에 의해 더 영향을 받는 것으로 보인다.

3. 가정과 청소년 문제

1) 청소년 문제의 개념

  요즘 들어 청소년 문제에 관한 우려의 소리가 높아지고 있으며 이에 따라 청소년 문제에 관한 연구와 논의도 활발해지고 있다. 이들 논의를 살펴보면 우선 청소년 문제를 청소년 비행과 동일시하여 청소년 비행에 관한 연구에 초점이 모아지는 경향을 보이고 있다. 청소년 비행은 폭력, 강도, 살인 등 형법에 저촉되는 범죄행위는 물론, 음주, 흡연 등 각종 풍기문란, 또는 불량행위를 포함하는 광범위한 개념으로 사용되고 있다. 이렇게 되면 논의의 대상이 비행을 일삼거나 비행의 가능성이 있는 일부 청소년들에 국한하게 된다. 청소년 문제를 청소년 비행에 국한시키는 것은 청소년 문제가 성인 또는 지배층의 입장에서 일방적으로 규정되고 있는 상황을 반영하는 것이다. 청소년 문제는 포괄적인 의미의 사회문제의 하나로써 청소년에 관한 사회문제라고 일단 규정할 수 있다.*

  청소년 문제는 청소년 비행이나 문제 청소년뿐만 아니라 청소년 자신들이 느끼는 고민이나 문제를 포함하여 논의되어야 하나, 문제를 규정하는 주체들의 역학관계 때문에 실제 논의는 성인들의 관점에 의해 주도되기 마련이다.

2) 가정구조의 변화와 문제가정

  청소년 문제와 관련이 깊은 가정구조의 변동사항으로는 우선 핵가족화 경향을 들 수 있다. 산업화 과정에서 가족의 기반이 토지 중심에서 임금 중심으로 옮겨감으로써 대가족에서 소가족에로의 전환이 있어왔으며 우리 나라에서 지난 20년 사이에 3세대 가족은 절반수준으로 떨어지고 1세대 및 부부와 미혼자녀로 구성된 핵가족이 1970년의 76.8%에서

---

* 청소년 문제는 청소년 비행이나 문제 청소년뿐만 아니라 청소년이 살고 있는 환경, 청소년의 고민, 일상생활, 가치관 등에 대한 포괄적인 내용을 포함한다.

1990년에 87.7%로 급속히 증가하는 현상을 보여주고 있다. 그리고 자녀수에 있어서도 감소 현상을 보여주고 있어, 출산율이 평균 2.18명으로 일본의 가족구조를 따라가고 있으며, 또한 여성의 노동참여율이 증가하여 취업여성이 증가하였고, 이혼율의 증가와 근무형태의 영향으로 이산가족이 증대되어 실질적인 편부 편모 가족형태가 증가되었다. 도시에서 주거소유 비율이 감소하고 이사 횟수의 증가로, 청소년들의 이웃관계의 부재와 잦은 전학현상이 나타나고 이로 인해서 정서적 불안정을 가져오게 되었다.

이와 같이 핵가족화와 더불어 가족구조에 있어서 취업여성의 증가, 이혼의 증가, 주말부부의 증가, 자녀수 감소, 주거생활 변화 등으로 인하여 문제가정과 신체적, 정신적, 정서적으로 장애를 가진 아동이 많이 생겨날 뿐만 아니라 가출 및 비행 청소년 등 각종 문제를 가진 청소년을 사회에 배출할 가능성이 높아지게 되었다.

이러한 가족구조의 변화로 인하여 현대가정에서 여러 가지 형태의 문제가정이 생겨나게 되었다. 청소년 비행 및 문제행동과 관련하여 비교적 상관관계가 높아보이는 현대사회에서의 문제가정의 형태를 보다 구체적으로 분류해보면 다음과 같다.[27]

(1) 부도덕 가정(immoral family) : 가족원 중에 범죄자, 비행자 등이 있는 가정.

(2) 결손가정(broken family) : 양친 중 일방 혹은 쌍방이 사별, 이혼, 별거, 실종, 장기수형 부재 등에 의해 결손된 가정.

(3) 애정결여가정 : 양친 자녀 사이, 형제 자매 간에 애정적 관계가 결여된 가정.

(4) 갈등가정(conflict family) : 가족원 사이에 감정, 이해관계, 가치관 등에 갈등이 있어 불화를 느끼는 경우

(5) 훈육결여가정(defective discipline family) : 자녀에 대한 훈육과

---

27) 한국청소년개발원, 『청소년 문제론』 (서울 : 서원출판사), p.19.

감독이 적절치 못한 가정
　(6) 빈곤가정 : 경제적으로 가계에 타격을 받는 가정.
　(7) 시설가정(institutional home): 고아원 등 아동양육 시설이 가정의 역할을 하는 경우
　위와 같은 여러 형태의 문제가정들을 청소년 비행과 문제행동에 크게 영향을 미칠 수 있는 중요 요인으로 지적할 수 있을 것이다. 그리고 가정기능의 변화에 따른 현대가정의 문제점은 다음과 같다. 가정은 인간의 기본적 욕구를 해결하기 위하여 오랫동안 여러 가지 기능을 수행해 왔다. 성적 욕구의 만족, 자녀출산, 사회화의 교육, 애정의 교환, 지위의 부여, 보호기능, 경제적 기능 등 여러 가지를 수행해왔다. 이러한 전통적 가정의 여러 기능 중에서 산업화되어갈수록 많은 변화가 있어 왔다. 가족의 구조와 기능이 변화함으로써 현대가정은 여러 문제를 안게 되었다. 특히 가족구조에 있어 대가족에서 핵가정으로 변화되고 가정기능이 약화됨으로써 야기되는 여러 문제점이 있을 수 있으나 여기에서는 주로 청소년들에게 미치는 영향을 고려하여 그 문제점을 살펴보면 다음과 같다.

　첫째, 현대가정이 핵가족화됨으로써 나타나는 문제이다. 직업구조의 변동과 그에 따른 도시화, 출산자녀수의 감소 등으로 가족수가 줄어들고 가족형태가 변모함으로써 가족관 및 도덕관의 변동으로 인한 문제가 나타나고 있다. 즉 가족 간의 관계가 단조로워져서 청소년들이 대가족제에서 배울 수 있는 보다 넓은 인간관계를 형성하는 데 저해요인이 되며, 고립화되고, 나아가 소외감을 갖거나 정서적 안정감을 잃게 된다는 점이다.
　둘째, 부모가 집에 거주하는 시간이 줄어들면서 오는 문제이다. 점차 가정을 중시하는 경향을 보이고는 있지만 아직도 한국의 아버지는 집 밖에서 있는 시간이 많다. 맞벌이 부부의 증가로 어머니도 직장을 갖게 됨으로써 아파트의 키보이(key-boy) 노릇을 하는 청소년들이 늘어나고, 오락기 놀이에 심취하는 등 혼자 있는 시간이 늘어나고 있으며, 부모와의

대화시간이 부족해지고 있다는 점이다. 도시의 아파트 등 주거구조가 폐쇄적으로 됨으로써 인간관계를 단절시키고 있으며, 부모의 권위가 약화되어 청소년에 대한 교육, 훈육, 통제를 기대할 수 없게 되었다는 점이다.

셋째, 부모의 과잉보호는 지나친 기대에 따른 문제이다. 핵가족은 대가족에 비하여 자녀수가 적음으로 인하여 부모의 관심과 보호가 지나쳐 자녀들을 자신의 보상심리에 따라, 덕육이나 정서교육이 결여된 채 무리하게 입시준비만 시킴으로써 심리적 부적응현상과 청소년에게 부정적인 영향이 많다. 과잉보호는 의존성, 심약성, 비타협을, 그리고 지나친 기대는 탈선과 비행을 가져오기도 한다.

넷째, 문제가정 또는 결손가정의 증가에 따른 문제이다. 핵가족은 부부의 애정을 중심으로 형성되어 있으나 애정이 식어버리는 경우 그 가정은 제기능을 상실하고 만다. 배우자의 사망, 이혼, 불법출산, 별거, 부모가출 등 결손가정은 청소년으로 하여금 극도의 열등감과 소외감 또는 반항심을 유발하여 청소년 비행을 촉발시키기도 한다.

다섯째, 대중매체의 가정침투로부터 오는 문제이다. TV, VTR 등 대중매체가 가정에서의 여가시간을 대부분 빼앗아감으로써, 가족 간의 대화를 단절시킬 뿐만 아니라, 대중매체에 대한 무비판적인 모방 등으로 청소년들의 정신적 혼란과 가치관의 갈등을 가져오기도 한다.

그밖에 도시에서의 잦은 이사로 인한 가족생활의 불안정성, 부모 자녀 간의 세대차로 인한 갈등, 가족에 의한 폭력, 역할모델의 부족, 가정에서의 가치태도, 정서예절 교육의 부족 등이 청소년 문제를 야기시키는 중요 문제점들로 지적되고 있다. 요컨대 현대가정 내에서의 중요 문제점은 부모와 자식 간, 부부 간, 또는 가정 내의 세대 간의 대화단절로 인한 애정의 결핍이라고 할 수 있다. 이는 포괄적 의미에서의 현대가정의 문제점이라 할 수 있을 것이며 오늘날 청소년의 탈선이나 가출 등의 주요 원인을 제공하고 있다고 볼 수 있을 것이다.

3) 가정과 청소년 문제와의 관계

가정이 청소년 비행이나 문제행동에 결정적인 영향을 미친다고 판단하는 가정환경 결정론자들은 흔히 "문제 청소년 뒤에는 문제부모, 문제가정이 있다"는 명제로부터 출발하여 청소년 비행의 원인이 가정환경과 높은 상관관계가 있다고 말한다.[28] 이를 자세히 설명하면 다음과 같다.

(1) 결손가정과 문제 청소년과의 관계

청소년 비행의 원인으로써 가정환경의 결함이 중요한 의미를 가지며, 가정의 정서적, 사회적 상황이 불안정할 경우 청소년 범죄를 저지를 가능성이 높다는 것이다. 즉 결손가정에서의 비행률이 높은 것으로 나타나고 있다. 최근 조사에 따르면 서울소년원생 600명을 대상으로 조사한 결과 재생원의 44%가 결손가정인 것으로 알려졌다. 일반학생의 경우 결손가정의 비율이 7%에 불과한 것과 비교할 때 상당히 높은 것으로 나타났다.[29]

결손가정이란 부모 중 어느 한 쪽이 없거나 또는 모두가 없는 경우와 부모가 생존하더라도 부모 간의 갈등, 불화, 부도덕 등으로 가족의 정상적 기능이 마비된 경우를 의미한다. 여기에서 특히 문제가 되는 것은 부모의 생존 여부보다는 부모의 부재로 인한 애정의 결핍 또는 정서적 불안이 큰 문제로 야기된다.

(2) 부모의 양육방식과 청소년 문제와의 관계

부모의 양육방식은 가족의 심리적 변인의 하나로써, 부모가 자녀를 어떠한 방식으로 양육하는가가 자녀의 비행 즉, 청소년 비행에 많은 영향을 주는 것으로 알려져 있다.

부모가 지나친 폐쇄성, 방임성, 통제성, 보호성 등의 심리적 특성으로 자녀를 양육하는 가정은 청소년 비행의 주요 원인이 되는 것이다. 심응철(1992)은 부모의 양육형태와 비행유형 간의 차이를 연구해본 결과 부

---

28) 심응철, "청소년 비행의 원인과 대처방안", 『청소년 지도자 연수교재 I』(서울: 한국청소년연맹, 1992).
29) 전광희, "가족제도의 변동과 청소년 범죄", 『청소년 범죄의 원인과 대책』(서울: 형사정책연구원, 1992).

모의 양육형태에 따라서 비행에 큰 차이가 있는 것으로 보고하고 있으며, 과잉통제나 과잉보호로 인한 청소년 비행이 점차 늘어나고 있다고 한다. 또한 김준호(1990)은 부모의 양육방식과 비행종류와의 관계를 연구하면서 재학생과 재수생 집단을 비교하여 비행빈도와 최초 비행시기를 검토하였다. 그 결과 비행빈도에 있어서 재학생의 경우는 부모의 양육방식이 권위적일 때 모든 비행이 가장 많이 이루어지고, 방임과 보호, 민주의 순으로 비행빈도가 나타난 데 반해, 재수생의 경우는 부모의 양육방식이 방임적일때 가장 많이 나타나고, 권위, 민주, 과보호의 순으로 나타났다.[30]

그리고 최초 비행시기에 있어서도 재학생의 경우 재산비행은 다른 비행유형 간의 유의도가 낮게 나타났지만, 그 양상에 있어서 모두 비행빈도와 마찬가지로 부모의 양육방식이 권위적일 때 가장 빠른 것으로 나타나고 방임, 과보호, 민주순으로 나타났다. 따라서 재학생과 재수생이 양육방식에 따른 비행 간의 양상이 약간 다르기는 하지만 부모의 양육방식이 권위적이고 통제적일 때 문제행동을 유발한다는 것이다.

이와 관련하여 파링톤(Farrington, 1978)은 부모의 양육태도와 청소년의 공격성향에 관한 연구들을 종합해본 결과,

① 부모에게서 혹독한 양육경험을 맛본 아동들은 이미 8살 때부터 남을 무시하는 태도와 소극적 태도를 가지고 있는 것으로 판단하였고,

② 강압적인 부모와 양육태도, 범법사실이 있는 부모의 경력, 부부의 별거변인 등은 청소년들이 14살이 될 때 난폭한 비행을 유발하게 만드는 요인이 되고, 14살때 보여준 난폭한 비행은 이미 8-10살 때 아동이 보여준 공격성향과 밀접한 관련을 갖고 있다고 판단하였다.[31]

---

30) 김준호, 『청소년 비행의 원인에 관한 연구』(서울: 형사정책연구원, 1990). pp. 99-101.

31) Farrington, (1978) "Family Backgrounds of Aggressive Youth" Hersov & M. Berger(ed), *Aggression and Anti-Social Behavior in Childhood and Adolescence* (Oxford : Pergamon press).

이러한 연구결과들은 부모의 양육태도가 청소년의 공격성향이나 기질과 매우 밀접하게 관련되어 있다는 사실을 보여준다고 할 수 있다.*

4) 청소년 문제행동의 원인

인간이 문제행동을 일으키는 배경에는 사회적, 경제적, 문화적인 여러 요인이 발생조건으로서 작용하고 있지만 문제행동의 당사자 자신에 관해 말하면 세 가지 요건이 있다.
① 인간 자신 즉 인격구조에 어떤 문제가 많이 있을 경우,
② 가족, 학교, 직장 등 기초적인 생활관계에 지장을 줄 경우,
③ 문제행동 발생의 현장 상황에 문제가 있을 경우이다.

이와 같이 보면 문제행동 발생의 연구영역으로서는,
① 행동주체의 생육사와 성장 후의 생활사에 있어 인격형성과 인격변화의 왜곡에 관한 문제,
② 기초적인 생활집단에 있어 생활장애를 둘러싼 문제,
③ 현장 상황과 그것에 관계되는 문제가 있다.

그러면 문제행동은 인격붕괴, 생활붕괴, 상황학에 의해 전개되고 있다고 볼 수 있다. 인격붕괴에 관한 것은 인격의 구성요소 예컨대 욕구(욕망)체계, 가치·태도체계, 역할체계, 행동양식 체계, 성격, 능력 이상, 일탈상태 등 인격이 인격으로서 기능치 못하는 상태이다. 예를 들어 정상이 아닌 성욕, 금전욕, 규범의식 형성의 지체와 왜곡 등은 정상적인 기능을 저해한다.

인격붕괴는 생육사에서의 일탈적 사회화에 의하기도 하지만 그것과 관계없이 성장 후의 생활사 즉 직업사와 가족사에서의 좌절과 실패에 의하기도 한다. 다음으로 생활장애에 관한 것은 개인의 경우는 생활행동이 구조화(생활구조)되어 있는데 이러한 생활구조의 붕괴 즉 생활붕괴가 문제된다. 특히 욕구충족, 목표달성과 역할의 취득, 이행 등의 실패가 문제이다. 더욱이 기초적인 생활집단으로서 가족과 직장에 있어 생활붕

---

* 부모의 과잉통제나 과잉보호, 방임 등이 청소년 비행의 주요 원인이 된다.

괴의 영향이 크다. 이것은 갈등, 긴장, 소외, 부적응 문제이기도 하다. 그리고 상황과 이탈행동과의 관계를 보면 상황은 자연적 상황(계절, 기후), 시간적 상황(시간대), 공간적 상황(터미널, 유원지), 사회적 상황(사람이 많이 모여 혼잡한 곳) 등은 문제행동 발달의 원인이 된다.

다음으로 청소년들이 문제행동을 일으키는 원인에 대한 이론적 설명을 예를 들어 머턴(Merton)은 범죄·비행을 일탈행동으로 파악하고 있다. 즉 일탈행동은 제도적 기대로부터 일탈한 행동이며 집단의 지배적인 규범으로부터 일탈한 행동이라고 했다.[32]

아노미(무규범 상태)를 문화적 목표와 제도적 수단 간의 불일치에서 찾고 있다. 이 목표와 수단 간의 괴리, 붕괴는 비행을 발생시킨다. 그러나 같은 행동이라고 하더라도 그 행위자의 사회적 지위 여하에 따라 비행의 해석이 다르다. 조사에 의하면 문제행동의 심리적 동기를 보면 일시적인 충동이나 호기심(58.1%), 마음의 불안이나 긴장해소(23%), 어른이나 사회에 대한 저항심(11.1%), 어른들의 행동모방(7.8%)으로 응답하여 정서적 불안정과 불안감 등이 중요한 심리적 동기로 나타났다. 또한 청소년의 문제행동을 일으키는 환경적 원인에 대해 퇴폐적인 성인문화(35.4%), 입시위주의 획일적, 경쟁적 학교 교육(30.8%), 가정이 화목하지 못해서(19.2%), 친구나 선배의 영향(14.7%) 등으로 응답하여 환경적 원인으로 사회환경과 학교환경의 중요성이 부각되었다. 더구나 문제행동을 한 청소년의 합리화 방식은, 주위의 환경 탓이지 내 탓이 아니다(35.3%), 친구들과의 관계가 중요하므로 어쩔 수 없다(27.8%), 남에게 피해를 주지 않으니까 괜찮다(19.0%), 그 정도의 행동을 금지시키는 것은 잘못이다(18.0%)의 순으로 응답하여 책임의 부정과 충성심, 의리가 중요한 합리화 방식으로 나타났다.[33]

---

32) Merton, R. K., "Continuities in the Theory of Social Structure and Frame", *Social Theory & Social Structure* (N. Y 1968).
33) 송광성, 『한국 청소년의 실태와 문제』 (서울 : 한국청소년연구원, 1991), pp.76-77.

5) 문제행동의 유형

청소년 문제의 유형을 T. 파슨즈(T.Parsons)는 AGIL도식으로 설명한다.

A 기능은 체계에 있어 환경과의 조정 등 외부적인 문제와 관련하며 수단으로써의 의미를 갖는 활동을 말한다. 이것을 적응(adaptation)이라 부른다.

G 는 A 기능과 같이 환경과의 조정 등 외부적인 문제와 관련하고 있으나 그것 자체가 달성해야 할 목표로써의 활동을 말하며 목표달성(goal-attainment)이라고 한다.

I 기능은 행위체계 내부의 구성단위의 통합 자체를 목적으로 하는 문제를 말하며 통합(intergration)이라고 부른다.

L기능은 행위체계 내부의 문제를 해결하기 위하여 수단으로 필요한 문제를 말한다. 이것을 유형유지(pattern maintenance)라고 부른다.

네 가지 기능은 사회체계에 있어 행위이론의 기본적 발상이다. 그리고 사회체계는 동기부여된 행위자가 상호관계를 갖고 조직화된 체계이며 동기부여된 행위는 욕구성향의 충족을 목표로 하고 있다. 즉 욕구성향이란 객체에 대하여 일정한 양식으로 지향과 작용을 행하여 이것들의 행위로부터 일정한 결과를 기대하는 경향이다. 그리고 욕구를 충족시키기 위하여 기본적인 행위의 동기로써 적응·달성·통합·유지라는 네 가지를 가지고 있다. 이러한 논리에서 유추해보면 청소년의 문제행동은 기능요건과 동기에서 ① 적응의 문제행동 ② 달성의 문제행동 ③ 통합의 문제행동 ④ 유지의 문제행동이 분출된다.

구체적으로 우리 나라 소년법의 예를 들어 보면 범죄행위(범죄소년), 촉법행위(촉법소년)는 법에 저촉되는 행위와 사회적 가치체계로부터 일탈한 행위를 말한다. 즉 우범의 소지에 관계되어 행동하는 상태를 의미한다. 그러나 '상태'라고 하더라도 우범행위는 범죄성(반항적, 반사회적)이 강하고, 불량행위는 비행성(퇴행적, 비사회성)이 강하다. 우범행위와 불량행위는 공통적으로 타인의 덕성을 해롭게 하는 성질은 같으나 우범행위는 타자지향형이고 불량행위는 자아지향형이라고 볼 수 있다.

또 행위에 대한 인식은 우범행위는 사회적 성격이 강하고, 불량행위는 도덕적 성격이 강하다. 그래서 여기에서는 문제행동을 좁은 의미의 불량행위로 본다. 그러면 문제행동의 유형 즉 불량행위의 유형은 ① 흉기소지, 싸움 등의 폭력적 불량(폭력적 문제행동) ② 부녀희롱, 불순 이성교제, 남녀혼숙 등의 성적 불량(성적 문제행동) ③ 음주, 흡연, 불건적 오락, 유흥장 출입 등의 풍속적 불량(풍속적 문제행동) ④ 가출, 불량교우, 불량집단 가입, 환각물질 소지 등의 퇴행적 불량(퇴행적 문제행동) ⑤ 절도, 도벽, 도박, 금품탈취 등의 금전적 불량(금전적 문제행동)으로 구분할 수 있다.

6) 청소년 문제행동의 실태

청소년 문제행동 진단을 위한 조사에 의하면, 청소년들이 문제행동을 경험한 비율은 전자오락실 출입(19.5%)이 가장 높게 나왔다. 다음으로 음주(13.4%), 이성교제(11.1%), 과대치장(10.4%), 음란물 보기(9.2%), 노름(8.2%), 흡연(7.2%), 무례한 행동(6.2%), 무단외박(6.0%), 디스코장 출입(3.5%), 하급생 구타(2.5%), 집단싸움(1.9%), 본드흡입(0.9%) 순으로 나타났다. 또 다른 조사를 근거로 하여 풍속적 문제행동을 보면 음란서적 소지, 음란 비디오 관람 등은 70% 내외의 청소년들이 경험한 적이 있다고 한다. 그 다음으로 흡연, 음주, 당구장 출입으로써 모두 60%에 미치는 경험을 했으며 디스코장 출입은 고등학교 때 처음 경험한 비율이 더욱 많은 것으로 나타났다.[34] 더욱이 풍속적 문제행동보다는 상대적으로 심한 문제행동으로 간주되는 폭력적 문제행동과 금전적 문제행동의 경험률을 보면 경험률이 높은 행동은 공기물파손, 소액(5000원이하)절도, 폭행이 35%를 차지했으며, 그 다음으로 경험률이 높은 항목은 금품탈취, 흉기소지, 패싸움으로써 약20%

---

34) 최윤진, 『청소년 문제행동 진단을 위한 조사연구』(서울 : 한국청소년연구원, 1990), pp.125.

이다. 금전적 문제행동의 경험이 있는 청소년들의 최초 시기는 모든 항목에 걸쳐서 중학교 때라고 응답한 비율이 고등학교 때라고 응답한 비율보다 앞서고 있다. 성적 문제행동은 음란전화걸기, 사창가 출입, 길가는 여성 희롱, 강간, 이성과의 혼숙, 버스나 전철에서 여성에 대한 가벼운 추행 등을 말한다. 퇴행적 문제행동은 약물남용(각성제 복용), 가출, 자살 등이다. 예를 들어 만 13세-18세 청소년들의 각성제 복용 경험은 4.8%, 본드흡입 1.8%, 부탄가스 흡입 1.1%로 나타났다. 청소년 약물남용의 이유는 약물에 대한 호기심, 열등감, 소외감, 사회적 압력, 가족관계, 스트레스 등의 요인 때문인 것으로 나타났다. 청소년들이 주로 남용하는 약물은 각성제, 항히스타민제, 신경안정제, 환각제 등이며 비행청소년의 경우 흡입제를 남용하기도 한다. 청소년 가출의 동기는 대부분 가정문제에 기인된 것으로 가정불화, 가족방임, 훈육방식, 부모와 자녀의 관계 등을 지적할 수 있다. 또 청소년 가출은 주로 친구와 함께 행해지는 경향이 높으며 가출한 청소년들은 대부분 번화가로 배회하거나 일자리 혹은 아는 사람을 찾아다니며, 모르는 사람에게도 끌려다니는 것으로 보고되었다.

더욱이 자살의 경우를 보면 최근 1년 동안 전국에서 중·고등학생이 3일에 한 명 정도 자살하는 것으로 보고되었으며, 청소년 자살의 원인은 가정불화, 신병비관, 경제빈곤, 남녀관계, 입시문제 등의 요인 때문이다. 청소년들은 고등학생의 경우 남자의 63%, 여자의 82% 정도가 자살충동을 느껴본 경험이 있으며 성적비관 자살에 대해 그럴 수 있다는 응답이 64% 정도로 나타났다.

7) 청소년 성문제의 원인과 예방

청소년이 성범죄의 가해자로서, 그리고 피해자로서 청소년과 관련된 성문제의 원인은 다양한 요인이 복합적으로 영향을 주는 것으로 보인다. 그러한 원인을 개인적 요소와 사회적 요소로 나눌 수 있다. 개인적 요소로는 순간적 충동에 대한 자제력 부족, 성욕 이상자나 성적 기벽자를 들 수 있고, 또 비성적인 동기로 욕구발산, 보상적 행동 등의 심리적 기제

가 성적으로 나타나는 경우를 들 수 있다.[35]

그러나, 이 개인의 생리, 심리적 요소는 청소년 성문제가 1970년대 중반 이후 급격히 상승하는 변화에 대해 별로 설득력이 없다. 최근 성문제의 내용과 범위는 변화하는 사회·문화가 갖는 문제와 불가분의 관계에 있다. 사회제도적 원인으로,

첫째, 학교교육에서 체계적이고 적극적인 성교육의 부재를 원인으로 들 수 있다. 거기다 가정에서도 부모를 통해 성교육을 받지 못하고 있다. 자연히 범람하는 저속한 대중매체를 통해서라도 청소년기의 강력한 성에 대한 호기심을 채우고 있다. 가속화되는 성개방 풍조에 따라 청소년 성문제가 심각히 노출되고 있음에도 불구하고 기성세대는 성을 금기시하여 성문화 지체현상이 일어났다. 성교육을 전적으로 무절제하고 자극적인 잡지, 왜곡된 성지식을 통해 배우도록 무방비 상태로 노출시키고 있다.

둘째, 성의식 구조의 변화가 청소년 성범죄를 급증시킨 원인으로 들 수 있다. 현대사회의 급격한 변화과정에 따라 기존의 가치체계가 무너지고, 올바른 가치관은 아직 정립되지 못하고 전반적으로 가치관 혼란현상이 오고 있다. 전통 가치체계에서는 가족종족의 번식을 목적으로 할 때만 성행위의 정당성이 공인되었고, 그밖의 성은 부정한 것, 죄악으로 간주되었다. 그러나, 산업화에 따른 핵가족화로 가족구조의 변화는 성의식 자체에 크게 변화를 가져왔다. 서구사회의 개방적 성윤리가 우리 사회에 이식되어 이제 성은 단순한 쾌락의 원천이 되어버렸다. 성을 부정하거나, 쾌락을 추구하기 위한 것으로만 보는 극단의 편견에서 벗어나 건강한 성의식의 정립이 중요함을 볼 수 있다.

셋째, 우리 사회에서 남성의 성욕과 공격성을 남성적이라고 전적으로 받아들이는 사회·문화적 성의 각본이 남자 청소년의 여자 청소년에 대한 성폭행을, 성인 남자의 소녀에 대한 성적확대와 성폭행을, 그리고 십

---

[35] 전광문, "청소년의 성문제 실태와 대책" (청소년, 제 38호), pp.76-77.

대의 탈선과 윤락을 조장하는 원인이 된다. 인간의 성은 생물학적으로만 형성된 것이 아니라, 심리와 사회문화적 구조의 상호연관성 속에서 복합적으로 구성된 것이다.[36] 청소년 강간 피해자가 거의 모두 여자이고, 가해자가 거의 모두 남자라는 점은 분명히 남녀 성의 상호작용에 문제가 있음을 보여준다. 우리 사회는 남녀에게 성의 규범을 각각 다르게 적용하는 이중적 기준이 있다. 그것은 남성의 난잡한 성을 문제시하기보다는 도리어 남성성의 과시로 보는 반면, 여성에게만 순결을 지키라는 이중적 성윤리이다. 이 윤리체계에서는 "여성의 본분은 남성의 성방종을 묵인하고, 은폐하고 또 기꺼이 감수할 수 있는 아량과 인내를 가지는 것으로 요구되었으며 이는 남성의 성일탈 행위를 조장하는 원인"이 되기도 한다.[37] 남자의 혼외의 성관계, 이혼 남성의 성적 방종의 목적은 그 상대자인 여자 청소년으로 하여금 매춘업에 종사하게 하는 성일탈을 유도하는 결과를 가져온다.

넷째, 이중성 윤리에 가세한 것이 우리 사회의 퇴폐·향락산업의 특수성이다. 어느 사회에나 향락산업이 있기 마련이나, 우리의 향락업소는 개인적인 차원을 넘어 '남자들의 공적인 사회생활의 일부'가 되었다.[38] 우리 사회의 경우는 부정부패와 80년대의 한탕주의 풍조에 향락업소가 구조적으로 연계되어, 외국에서 개인적 차원으로 이루어지는 것에 비해 음란·퇴폐의 정도가 극심하다. 한국 남성의 상품화된 성행위는 서구 남성의 사십 배를 넘는다는 수치가 그것을 입증한다.[39]

다섯째, 경제적 원인이 성비행을 선택하게 한다. 남자의 절반 정도밖에 안되는 고질적인 여성의 저임금 실정은 사회경제적 지위의 빈곤, 저

---

36) 한국여성연구회, "성과 사랑", 『여성학 강의』 (서울 : 동녘출판사, 1991), pp. 102-103.
37) 이영자 "성일탈과 여성" (한국여성학, 제5호), p.80.
38) 김준화, "성범죄의 사회적 요인" (광장, 제 188호), pp.49-58.
39) 장수임, "한국사회의 성매매와 남성 이데올로기" 『지배문화, 남성문화』 (서울 : 청하출판사, 1988).

학년 출신의 여자 청소년들이 보수가 월등히 높은 향락산업 관련 직종을 애초에 택하거나, 하위 단순 근로직에서 전직하여 매춘으로 들어가게 만든다. 최근의 한 윤락여성 연구에 의하면, 전직 공장근무가 가장 큰 비중인 38%를 차지하여 산업체의 여자 근로청소년들이 매춘의 길로 빠져드는 경향이 높음을 보여준다. 다른 연구들에서도 43%~60%의 윤락여성이 '돈을 벌기 위해' 그 직종을 택했다고 한다.

여섯째, 가족관계의 문제가 청소년의 성비행을 일으키는 원인이 된다. 우리 나라에서는 전체 청소년 범죄자의 대부분이 부모가 있으며, 도리어 정상적인 부모동거 중의 청소년의 비행률이 매년 증가하고 있다.[40] 따라서 가족의 구조상 결함이 청소년 비행과 관련이 있다고 단정하기는 어렵다. 그러나, 부모의 양육방식이 권위적일 때 전반적으로 비행을 일으키는 빈도가 높다. 그리고 부모와 자녀의 정서적 친밀도가 낮을 경우 비행의 개연성이 높다. 즉, 결손가족 자체보다는 가족의 기능상의 장애가 청소년의 사회화 과정에 부정적 영향을 주고 있는 것이다. 이것은 특히 여자 청소년 비행에 관련되어 있는데, 부모와의 갈등적 관계와 부정적 가정 분위기가 비행 청소년보다 비행소녀에게 더 높게 나타나고 있다. 대가족제와 달리 핵가족제는 소수의 가족성원 간에 첨예한 갈등이 형성될 소지가 많다. 정서적으로 예민한 소녀의 경우 부모에게서 받는 거부감, 애정결핍에서 대상적 만족의 수단으로 성비행으로 치달을 수 있다.

일곱째, 현행 교육제도의 문제가 청소년 성비행에 심각한 영향을 주고 있다. 학생의 성비행의 급증하는 추세가 이것을 잘 말해주고 있다. 입시 위주의 교육제도에 의해 아이들이 학교와 가정에서 받는 압박감이 심하고, 탈락, 부적응의 학생들은 폐쇄적이거나 공격적이 되기 쉽다. '입시와 천박한 대중문화 산업'의 사이에 있는 청소년들은 입시문제로 스트레스를 받으면 받을수록 '이성관계에 집착하게 되고 감각적이고 일시적인 관계에 매혹' 당하게 된다. 공부만 하라는 부모에게서 도망하기 위해

---

40) 양춘, 『청소년 문제와 노인문제』 (서울 : 정음사, 1984), p.107, pp.86-99.

서라도 이성교제에 집착한다. 그러다가, 공부에 대한 압박이 비행 전반에 많은 영향을 주는 것과 같이, 공부로 이루지 못한 성취감이 성비행의 행위로 터져나오고 있다. 중고생이 연 십만 명 가출하여 이들의 78%가 제 발로 술집에 취업한다는 보도는 아이들이 학교생활에 재미를 못 붙이고 있다는 증거다.[41] 학교교육이 청소년의 욕구에 부응하고 청소년의 성숙을 위해 제 기능을 발휘해야 할 것이다. 지금까지 검토한 바에 의하면, 청소년이 성폭행을 당하거나 저지르는 성비행의 원인들은 더 넓은 차원의 사회, 경제, 문화적 요인이 복합적으로 작용하는 데 기인한다. 이것은 청소년의 성문제 예방을 위해선 우리 사회 전체가 공유하고 있는 성에 대한 인식에 변화가 있어야 하고, 사회구조가 변화해야 한다는 것을 시사하는 것이다.

---

41) 《조선일보》, 1992. 1. 6.

제 5 장
가족관계와 가족생활교육

I. 가족생활교육

1. 가족생활교육의 정의와 목적

가족생활교육은 많은 가족 프로그램 중의 하나로 간주되고 있다. 이 가족프로그램이란 가족성장그룹(Family Growth Group, Anderson, 1974 ; Rupp, 1972), 가족집단교육(Family Cluster Education, Sawin, 1972; Otto, 1976, 1972), 가족풍요프로그램(Family Enrichment, Clake, 1970; Kreml, 1970) 그리고 가족치료캠프 (Therapeutic Family Camping) 등인데, 가족생활 교육프로그램은 가족기능 강화를 위한 네 가지의 접근법-가족생활교육(Family Life Education), 행동수정(Behavior Modification), 가족치료(Family Therapy), 가족풍요프로그램(Family Enrichment)-중의 하나로 가장 오래되고 가장 많이 알려져 있다.

가족생활교육은 그 자체가 다차원적인 성격을 지니므로 이를 정의하기는 어렵고, 때로 제한적이다. 애브리(Avery C. E.)와 리(Lee. M. R.)에 의하면, 가족생활교육이란 교사가 학생의 현재와 미래의 능력을 개발시키도록 도와주는 모든 학교 경험을 포함하는데, 여기서 능력이란 한 개인이 자신의 가족역할을 가장 적절하게 건설적으로 해결할 수 있는 지식, 태도, 기술을 의미한다.[1]

컬코프(Kerckhoff)는 가족생활교육이란 남녀교제, 결혼, 부모됨과 관

---

1) Avery C.E. & Lee M.R., *Family Life Education : Its philosophy and purpose : The Family coordinator*, pp.27 - 37.

련된 지식, 태도, 기술을 포함한다고 하였다. 따라서 가정관리교육, 부모교육, 혹은 가족사회학이나 성교육을 포함하는 것이 당연하다. '관계' 즉, 부모-자신, 남편-아내, 남-녀 등의 관계로 구성되어 있다. 피셔(Fisher)는 가족생활교육이란 대상이 누구이며, 어떠한 발달단계와 어떠한 맥락에서 문제가 발생되었는지에 관한 설명없이는 의미있는 정의를 내릴 수 없으며, 정의가 단지 내용에 대한 경계를 한정짓는 의미가 아니라, 적어도 이 교육에서 요구되는 지식, 태도, 기술, 능력을 특징지어야 한다고 하였다.

가족생활교육이란 가족이 가족생활의 질적 극대화를 실현하기 위해 도움을 필요로 하는 것이 정상적이라는 가정(assumption)에서 출발한다. 가족생활교육은 가족원들이 그들 가족관계를 개선하는 데 도움이 되는 자원, 정보, 기술을 가족에게 제공하고 지도함으로써 행해질 수 있다고 하였다.

가족생활교육은 가족생활에 변화를 주기 위해 의도된 것으로, 역기능적이며 문제성이 있고 혼란된 행동을 기능적이고 적응된 행동으로 변화시키기 위해 고안되었다.[2]

1) 가족생활교육의 목적

가족생활 및 가족생활교육에 대한 관심은 지난 수 세기 동안 다각도로 나타났으나, 19세기 후반부터 20세기 초반에 이르기까지 폭넓게 전개되어왔다. 물질문명의 발달, 소비위주의 생활상, 핵가족화 경향, 기계화로 인한 비인간화 성향 등이 파생되어 인간소외와 불평등 현상을 심화시킴으로써 가족을 기존의 위치에서 밀려나게 만들었다.[3]

---

2) Fisher, B.L. & Kerckhoff, R.K., *Family Life Education : Generating Cohesion out of Chaos : Family Relations*, pp.505 - 509.

3) 김재은,「후기 성인을 위한 사회교육과 생활 만족도의 상관적 고찰」(이화여대 석사학위 논문, 1987).

스키너(Skinner)는 제반 가정생활의 구조적인 변동과 가족관계의 변화로 가족 내에 상당한 스트레스와 긴장이 항상 내재하고 있으며, 이로 인해 여러 가지 갈등과 적응문제가 발생된다고 하였다.

해링턴(Harrington)은 이혼자들을 대상으로 이혼 발생 원인을 연구한 결과, 자신과 배우자에 대한 이해 부족, 사랑·헌신·결혼에 대한 이해 부족, 자신과 배우자에 대한 가치체계의 이해 부족, 명백한 의사소통의 필요, 성문제, 경제문제, 신앙적 이해 부족, 비현실적 기대, 역할과 역할수행의 혼란 등이 가장 빈번한 원인임을 지적하였다.

송성자는 자녀양육과 부부 취업에 따른 사회제도의 가정에 대한 기여는 긍정적으로 받아들여지나, 반면 가족해체 현상이 증가하고 있고 청소년 문제와 기타 가족 문제 등의 사회문제가 증가하고 있음을 지적한다. 이를 해결하고자 많은 분야에서 연구하고 있으며, 사회의 어떠한 질문집단이 가족의 정서적 지지기능과 사회화 기능을 대신 제공해줄 수 있는가에 대한 연구도 많이 이루어지고 있다고 하였다. 이들의 결과나 제언이 당면한 가족문제의 형태와 심각성을 파악하게 해주며, 심도있는 가족생활교육을 위한 초석을 제공하고 있다.

라베트(L'Abate)는 가족생활교육이란 가족이 어떻게 학습해야 하며 가족생활교육에 대한 형상학적인 측면들을 어떤 방법으로 강조할 것인가에 관한 정보를 제공하는 것을 목적으로 한다고 하였다.

아커스(Arcus)는 가족생활교육의 목적을 개인과 가족으로 하여금 현재와 미래의 가족원으로서의 능력을 개발하고, 가족생활에 대한 그들의 욕구를 충족시키도록 도와주는 것이라고 하였다.

2. 가족생활교육의 전망

오늘날의 가족은 그 기능을 유지시켜줄 수 있는 다양한 유형의 노력을 필요로 하고 있으며, 가족생활교육은 이러한 조력을 공급해줄 수 있는 가장 좋은 방법이라고 본다. 가족생활교육은 과거에 받은 경험이 있을지라도 가족의 욕구, 다양한 목표, 철학, 배경, 재정차원 등에 대한 환경적 조건의 변화로 인하여 가족생활의 내용, 상황 등이 항상 변화하게 되므로 다양한 가족생활교육 프로그램이 계속적으로 필요하게 된다.

가족생활교육을 위한 실제적인 프로그램을 작성하고자 할 때, 그것 자체가 건강한 가족을 위한 것으로 당연히 귀결되며, 가족향상 내지는 가족의 잠재력을 최대한 구가시키기 위한 것으로 생각된다.

1) 건강하고 건전한 가족

건전한 가족의 개념은 최근 여러 연구의 중요한 영역으로 부각되고 있으며, 이 건전한 가족의 특성을 근거로 하여 가족생활교육 프로그램을 발달시킬 수 있다.

스티넬(Stinnett) 등의 연구에서 가족의 건전성의 요인으로 나타난 것을 종합해보면, 사랑, 존경, 개성 존중, 이해, 칭찬, 인정, ego설정, 지지, 진실, 다른 사람에게 감사를 표현, 기꺼이 함께 시간을 보내고 활동에 참여, 훌륭한 의사소통 유형, 종교생활을 영위하는 가족 등으로 나타났다.[4]

건전한 가족의 대부분은 남녀-아내, 부모-자녀 간의 친밀성과 행복을 높게 생각하는 것으로 나타났다. 건전한 가족의 부모들은 그들 자녀에게 감사의 표현, 그들과 함께 많은 시간 보내기, 그들의 활동에 참여, 그들 흥미에 대한 긍정적 표현 등의 형태로 나타난다.

오토(Otto)의 연구에서는 사랑과 종교가 가장 중요한 요인으로 발견되었고, 캐사스의 연구도 사랑, 이해, 부부 간의 존경, 가족단란, 종교 등으로 나타났다.

결론적으로 스티넬(stinnett) 등은 건전한 가족의 구성요소를 아래와 같이 제시하고 있다. 가족구성원의 신체적, 정신적 욕구들을 제공, 가

---

4) Stinnett N., Sander G., & Defrain J., *Strong Families : A national Study : Family Strengths*, pp.33 - 41.

족구성원의 여타 욕구를 수용, 원활한 의사소통 지지, 안전, 격려를 제공 성숙-생산적인(growth-producing)관계를 유지 창조, 공동체 상호작용의 책임, 자녀를 통해 자녀와 함께 성장하는 능력, 자립의 능력과 적시에 도움을 받아들일 수 있는 능력, 가족 역할을 융통성있게 수행하는 능력, 가족구성원의 개성을 위한 부부 간의 존중, 가족만이 갖는 고유성, 충성, 가족들 간의 협동 등이다.

2) 가족향상

가족향상 프로그램들은 그들 가족이 잘 기능한다고 믿는 사람과 가족생활이 앞으로 더 좋아지기를 바라는 사람을 위해 고안된 것으로, 가족의 건전성을 강화시켜주고 개개인과 가족의 잠재력을 개발시키기 위해 가족의 의사소통과 정서적 생활을 고양시키는 데 관심을 둔다. 결혼과 가족향상 프로그램의 주요관심은 부부의 관계로써, 개개인의, 그리고 두 사람의 잠재성의 개발을 추구하는 것이다.

이 프로그램에서는 어떤 유형의 가족에 대한 정보를 많이 제공하기보다는 가족의 상호작용, 커뮤니케이션 과정을 수정하는 데 더욱 중점을 두고 있다.

3) 가족의 잠재력 개발

이것은 치료적인 성격보다는 예상적이고 교육적인 것이며, 가족생활교육이 가족생활을 지원하고 가족 잠재력 개발을 촉진시키는 데 필수적인 전달체계(delivery system)을 제공할 수 있다는 사실을 가정한다.

오토(Otto)는 건전한 인간은 자신의 잠재력을 극대화시킴으로써 가능하다고 했다. 특별한 목적을 위한 그룹에 있어서 개인의 잠재력을 극대화시키는 데 대한 관심과 행동 노력들은 상당히 증가되었다. 그러나 가족 그룹 내 인간의 잠재력 개발을 위한 또는 개개인과 그 체계의 하부단위를 포함한 가족체계의 잠재력 개발을 위한 노력에 대해서는 소홀했다고 하였다.[5]

앤더슨(Anderson)의 가족 잠재력 정의를 보면, 가족 잠재력은 변화와 성장, 사랑과 양호, 커뮤니케이션, 갈등해결, 모험을 감행, 창의, 즐거움을 경험하는 등의 모든 가족 내 잠재된 자원들로 이해될 수 있다. 문제성보다는 성장에 더욱 초점을 두고 있는 가족성장그룹은 가족 특유의 건전성과 자원에 대한 그들 자신의 지각을 증진시키고, 가족생활에 잠재된 능력을 실현하도록 하는 기회를 가족에게 제공하고 있다.

 가족성원을 위한 가족체계의 교육적인 잠재력이 대부분 무시되어왔는데 초기 아동기 교육과 발달에 있어서의 가족의 역할에 관한 견해는 가족원의 성장 잠재력을 극대화시키기 위한 가족중심의 아동보호와 교육적 프로그램에 대한 필요성을 명확히 제시하고 있다.

---

5) Otto, H.A., *What is a strong Family? Marriage and Family Living*, pp.70 - 80.

Ⅱ. 결혼과 가족생활교육

1. 결혼의 기초

1) 결혼의 순결모델

결혼의 언약성이 순결을 주장할 때 순결은 성(sex)과 밀접한 관계에 있다. 성은 성경에서 금기의 주제가 아니다. 성 자체는 하나님께서 창조하신 것이며 사실 성적인 욕구는 남녀로 하여금 결혼하도록 유도하는 하나님의 창조의 영역에 속한다. 예수께서 비난하신 것은 성을 타락시키는 간음적 욕망과 호색적 음욕에 관한 것이다.

거의 성경 전편에서 긍정적인 각도에서든지 또는 부정적인 각도에서든지 성에 대한 언급을 회피하지 않는다. 그런데 성경이 말하는 성은 분명한 목적이 있다. 즉 성경은 결혼 이외의 성적인 행위에 대하여서는 거듭 경고하고 있다는 사실이다. 성의 욕구는 반드시 결혼 안에서만 사용되어야 하며 성의 오용과 혼외 성관계는 분명 죄악이다. 올바른 성의 내용을 살펴보면 첫째, 성은 하나님에 의해 창조되었고 선한 것이다. 하나님은 인간을 남성과 여성으로 만드셨고, 하나님 보시기에 좋았다고 성경은 말씀하신다. 그리고 하나님께서는 생육하고 번성하라(창1:28)고 하시며 한 몸이 되라(창2:24)고 하신다. 히브리서13:4는 모든 사람은 혼인을 귀하게 여기고 침소를 더럽히지 않게 하라고 가르친다. 이 말씀은 결혼의 성은 하나님이 창조하셨기 때문에 귀하게 여겨 더럽히지 말아야 한다는 명령이다.[6]

---

6) 오성춘, "부부 및 가족상담의 성경적 기초"『기독교 가족상담』(서울: 예장총회출판국, 1992), p.24.

둘째, 성은 자녀생산과 즐거움을 위해 창조되었다. 아가서7:1-10은 결혼의 성의 기쁨을 꾸밈없이 있는 그대로 표현하고 있다.

셋째, 결혼한 후에는 성생활의 만족을 위해 부부는 상호책임을 져야 한다(고전7:3~5).

넷째, 하나님의 법도 안에서만 성의 욕구는 충족되어야 한다. 성은 하나님의 피조영역 중 하나이다. 그러나 인간타락과 함께 성도 타락하였고 따라서 성의 오용으로 인한 수치스럽고 혼란스러운 죄악들이 세상에 들어왔다. 그래서 성경은 결혼 이외의 성적인 방종과 그 영향에 대하여 엄중히 경고한다(고전6:12~13, 18~20). 성은 결혼의 언약적 헌신을 위해 순결하게만 사용해야 한다.

2) 결혼의 사랑모델

결혼에서의 사랑은 에로스(eros)의 의미가 아니라 아가페의 의미에서 이해해야 한다. 여기 아가페의 의미는 그리스도의 그의 교회에 대한 섬김에 관한 계속되는 진술에서 분명해진다.[7] 그런데 아가페의 사랑과 관련하여 신약성경을 기록한 헬라어는 그 당시에 사랑을 의미하는 다섯 개의 다른 차원들을 포괄하는 다섯 개의 단어를 가지고 있으며 이 단어들 중 어떤 단어들은 성경에 명시적으로 기록되었고 어떤 단어들은 암시적으로 나타난다.[8] 사랑의 다섯 차원을 모두 이해하는 것은 아가페의 사랑에 대해 올바로 이해하는 것이다. 사랑의 다섯 가지 차원을 살펴보면, 첫째, 육체적인 관계에서의 사랑을 의미하는 에피투미아(epithumia)이다.[9] 이 단어는 강렬한 욕구(a strong desire)를 의미하는 사랑이다. 성경은 에피투미아가 잘못된 방향으로 흐를 때 정욕, 탐욕, 또는 육신의 일이 된다고 암시한다. 결혼에서 에피투미아의 사랑은 남편과 아내 서로

---

7) 헬뮤트 틸리케, 이종윤(역),『기독교 성윤리』, (기독:기독교문화사, 1988), p.21.
8) D. Wheat, *Love Life for Every Couples* (Michigan:Zondervan corporation, 1980), p.58.
9) Ibid., pp.58-59.

간의 강렬한 육체적인 애착을 의미하며 성적인 즐거움을 바라는 욕구를 포함한다.

둘째, 정신적인 로맨스의 사랑을 의미하는 에로스(eros)이다. 에로스의 뜻은 감각적 자극보다도 사랑하는 사람과 연합하고자 하는 갈망, 또는 사랑하는 사람을 소유하고자 하는 열망이다. 이 사랑은 낭만적이며 정열적이며 감상적이다. 그러나 에로스의 사랑은 변화무쌍하며 오래 지속되지 못하는 약점이 있다.

셋째, 동반자 관계를 의미하는 스톨게(storge)의 사랑이다. 이것은 부부가 서로에게 느끼는 본성적인 애정이요, 소속감이라고 할 수 있다. 이 사랑은 신약성경에 여러번 언급된 사랑으로(롬12:10; 딤후3:3) 부부 간에 서로 믿어주고, 감싸주고, 부부가 서로에게 쉴 곳이 되고, 평안함을 주고, 기댈 수 있는 안식처를 제공하는 사랑을 의미한다. 즉 이 사랑은 서로에게 따사로운 보금자리를 만들어주는 사랑이다. 스톨게의 사랑은 서로의 약점과 갈등들을 용납하고 서로 조절하며 그의 허물을 덮어주며 수용하며 지지하는 상호신뢰의 사랑이다.

넷째, 우정과 친밀한 교우관계를 의미하는 필레오의 사랑이다. 필레오(phileo)라는 단어는 신약성경에 자주 나온다. 필레오는 사랑의 대상을 소중히 여기고 또한 부드러운 애정으로 아낀다는 의미를 갖는다.[10] 그러나 필레오의 사랑은 항상 사랑의 대상에게서 응답을 요구하는 사랑이다. 즉 필레오는 관계적인 사랑으로 우정관계, 함께 나눔, 커뮤니케이션, 동료관계에 중점을 두는 사랑이다. 이 사랑은 생명력이 있는 관계적 사랑이므로 성장하지 않으면 시들어버리는 사랑이다. 그러므로 끊임없이 성장을 위해 노력해야 하는 사랑이다. 부부는 가장 친한 친구가 되어야 하며 부부 사이에는 서로 간에 감격을 주는 친구 간의 사랑이 항상 머물러 있어야 한다. 필레오의 사랑을 성장시키기 위해서는 친구관계(comradeship)와 동반자 관계(companionship)와 커뮤니케이션

---

10) Ibid., pp.60 - 61.

(communication)을 계발해야 한다.

다섯째, 하나님의 무조건적인 사랑을 의미하는 아가페의 사랑이다. 아가페(agape)의 사랑은 자기의 유익을 구하지 아니하는 사랑으로 아무런 보상도 기대하지 않고 계속적으로 사랑하는 하나님의 사랑이다. 신약성경에 나오는 사랑이라는 단어는 주로 아가페의 사랑을 말한다. 그 이유는 신약은 성육신하신 사랑의 예수 그리스도를 소개하기 때문이다. 하나님은 모든 인간을 아가페의 사랑으로 사랑하신다. 아가페의 사랑은 하나님이 사랑하고, 하나님께 순종하는 그의 백성에게 베푸시는 하나님의 능력이며 은총이다. 아가페의 사랑은 감정에 의존하지 않고 우리의 의지와 결단을 통하여 행동하는 사랑이며, 기분에 좌우되지 않고 실천하는 사랑이다. 즉 아가페의 사랑은 결혼관계에서 다음의 특성들을 갖는 사랑이다. 첫째, 아가페의 사랑은 행동하는 사랑이다. 둘째, 이 사랑은 배우자에게 사랑할 만한 것이 없어지고 사랑받을 만한 값어치가 없어졌을 때에도 배우자를 위해 수고하고 보살피게 하는 힘이다. 셋째, 아가페는 감정에서 솟아나온 사랑이 아니라 지식에 근거하여 배우자에게 최선이 무엇인가를 판단하고 의지를 가지고 노력하게 만든다. 넷째, 이 사랑은 언제나 배우자에게 충실하다. 아가페는 배우자에게 끊임없는 축복과 기도를 보내는 신앙의 사랑이다. 이러한 아가페는 하나님의 선물이다. 이 사랑은 성령께서 우리 안에 오셔서 이루는 사랑이다. 이러한 아가페는 하나님의 선물이다. 하나님께서만이 이러한 아가페의 사랑을 우리에게 주실 수 있기 때문에 우리는 말씀과 기도 가운데서 우리 가운데 임재하시는 주님과 교제하면서 주님께 아가페를 구하고 성령의 권능을 받아야 한다.

그리스도의 사랑을 그 본보기로 삼고 있는 남편이 아내에게 나타내어야 할 사랑에 대해 바클레이는 다음과 같이 주장한다.[11]

첫째, 그것은 희생적인 사랑이어야 한다. 둘째, 그것은 깨끗이 하는 사랑이어야 한다. 그리스도는 자신이 신부인 교회를 물로 씻고 신앙을 고

---

11) William Barclay, 『에베소서 성서주석』 (서울:교문사, 1972), pp.268 - 271.

백하게 하는 것으로 깨끗하고 거룩하게 하셨다. 참된 사랑은 모든 생명을 깨끗케 하고 거룩하게 하는 것이다. 인격을 거칠게 하는 사랑, 거짓을 말하는 사랑, 도덕적인 기질을 약화시키는 사랑은 사랑이 아니다. 셋째, 그것은 돌봐주는 사랑이어야 한다. 남편은 아내 사랑하기를 자기 몸을 사랑하듯 하여야 한다. 참사랑은 언제나 사랑하는 자를 소중히 하며 보살핀다. 넷째, 그것은 떨어질 수 없는 사랑이다. 몸의 지체가 서로 연합됨으로 남편과 아내는 한 몸이 되었다. 다섯째, 그 모든 관계는 주님 안에 있다. 그것은 주님 앞에서의 삶이다. 그 모든 사랑은 주님의 다스림을 받는다. 이상과 같이 남편이 아내를 사랑하는 그 사랑이란 에피투미아, 에로스, 스톨게, 필레오의 사랑을 모두 포함하는 아가페의 사랑이어야 한다.

2. 결혼에 대한 신학적 이해

결혼은 책임있는 사랑과 회개와 용서의 교제에 대한 언약이며, 남자와 여자의 영적이고 성적인 결합을 통하여 하나님의 창조의 목적을 성취시키는 것을 의미한다. 또한 결혼이란 계속적인 성장과 관계의 발전을 추구하는 두 사람이 영적으로 살아있는 만남을 창조하는 것이다. 결혼은 거의 모든 사회에서 그것에 의해 가족의 기본단위가 수립되는 제도이다. 결혼은 부부의 행복(이것이 먼저 지칭됨)과 자녀 생산 그리고 교육을 위한 삶의 공동체이다.

결혼은 성교와는 구별되어야 한다. 결혼을 통해 성행위는 공식적으로 인정받으며, 결혼한 사람들에게 성적 만족을 주는 것 외에도 중요한 기능들을 지니게 된다. 구약에서의 결혼의 기능들은 다음과 같다. 첫째는 성행위이다. 둘째는 남편과 아내 사이의 반려 관계 형성이다(창2장). 셋째는 가족 사업들을 통한 경제적인 기능들이고, 넷째는 종교적인 기능들이다. 종교적 기능에서 대부분의 축제들은 가족들의 참여가 중심을 이루었다. 그리고 다섯째는 중요한 기능으로써 자녀들을 낳아서 적출(摘出, 정실의 소생)로 인정하고, 사회에 적응하도록 하는 것 등이었다.

1) 신성하며 창조적인 결혼

예수께서는 결혼이 인간을 위한 하나님의 계획의 일환이며, 결혼이 창조적인 신의 질서 위에 있다고 증언하신다. 주님처럼 바울도 결혼의 유효성의 기반을 하나님의 창조질서 위에 두고 있다. 바울에게는 결혼이 (인간의 사회적 진화의 소산이거나 인간적 편의의 산물이 아니라) 하나님의 선물이었다. 바울은 다음과 같이 기록했다. "이러므로 사람이 부모를 떠나 그 아내와 합하여 그 둘이 한 육체가 될지니"(창2:24, 엡5:31). 한마디로 결혼에 대한 바울의 기본 전제는 "결혼이 하나님에 의해 제정되었다"는 것이다.

"하나님이 짝지어주신 것을 사람이 나누지 못할지니라"고 하신 예수의 말씀은 결혼이 하나님에 의해 제정된 어떤 것임이 분명하다는 사실을 암시하고 있다. 이것이 암시하고 있는 것이 무엇이든지 간에 그 말씀은 결혼이 한 제도로써 신성한 것이며, 그리고 결혼이 어길 수 없는 계약으로 이해되어야 한다는 사실을 우리에게 말해주고 있다.

사도 바울은 결혼을 그리스도와 교회 사이의 신비한 연합의 상징으로 보았다(엡5:22-33). 기독교인에게 있어서 결혼은 다른 어떤 것보다도 '거룩한 것'(holy estate)이었다. 사랑과 애정에 의한 완전한 결합과 목적과 관심은 (결혼은)일종의 한 인격을 형성하기 위해서 두 정신을 결합하는 어떤 종류의 신비적인 결속 또는 정신-육체적(psycho-physical) 결속으로 생각될 수 있을 것이다.

"… 생육하고 번성하여 땅에 충만하라…"(창1:28)는 하나님께서 인간을 창조하시고 인간에게 내린 첫째 계명이며 가장 중요한 계명이다. 성(sex)은 성경에서 추잡한 단어가 아니라 인류를 위한 하나님의 계획과 목적을 이루는 요소이다.

자손의 보존과 성을 보존하기 위한 결혼의 중요성 때문에, 결혼은 성서시대의 사회에서 실제적으로 널리 퍼져 있던 관습이었다.

인간은 하나님의 창조 과정에 참여함으로써 창조주의 뜻에 동참한다. 결혼을 통하여 인간은 예수 그리스도를 영화롭게 하고, 그를 섬기며, 그의 왕국을 준비하는 존재가 된다. 결혼은 창조 질서의 법이며 선한 것으로 주장된다(딤4:4).

　결혼은 일종의 하나의 계약이다. 즉 억제되지 않은 방종과 과도한 탐닉에 가해지는 건전한 제약이다. 결혼은 우리의 능력과 활력을 극도로 요하는 의무와 책임을 수반하며, 지속적인 인내와 자아 부정을 요구한다.

　그러나 결혼에는 더 참된 면이 있다. 복음은, 우리에게 다른 어떤 관계에서보다도 명백히 그러한 제약이 부과되고 자아 부정이 요구되는 것은 제약이나 부정 그 자체를 위한 것이 아니라, 좀더 참되고 좀 더 영구적인 축복의 수단을 위한 것이라는 사실을 가르쳐주고 있다. 거룩한 결혼은 인류의 복지를 위하여, 또한 축복의 원천이 될 수 있도록 신성하게 제정된 것이다.

2) 인격적이며 관계적인 결혼

　결혼은 사랑의 관계성으로 이루어지고 다른 사람과 삶 전체를 함께 하기 위한 기회이다. 하나님의 형상을 닮은 인간은 인격적인, 이성적인, 창조적인, 주권적인 그리고 영적인 피조물이다. 인간은 도덕적인 선택과 지성적인 결단을 내릴 수 있다. 또한 깊고 의미있는 관계들을 맺을 수 있다. 바울은 결혼 관계에 있어서 평등성과 상호 관계성을 강조하였다(고전7장). 즉 그리스도 안에서 영적 동등성을 주장한다(갈3:28).

　창세기에 의하면 결혼은 인간의 사회적 본성의 요구를 만족시키기 위해 설립되었다고 보고 있다. 사람의 독처하는 것이 좋지 못하기 때문에 그리고 인간의 동료들과의 사귐이 인간의 본성을 완전히 개발하는 데 필요하기 때문에, 결혼제도가 주어졌고 그것은 인간에게 가장 밀접하고 친밀한 형태의 사귐을 제공해주는 것이다.

　인간의 참된 삶은 만남 속에서 이루어진다. 이 만남은 '나와 그것'(Ich-Es)이 아닌 '나와 너'(Ich-Du) 즉 우리를 이루는 것이다. 이 '우리'는 관계 속에서 설명할 수 있다. 이러한 관계 속에서 '내'가 '너'에게 작용하고 있듯이 '너' 역시 '나'에게 작용하고 있다는 말이고, '나와 너' 즉 '우리'의 만남 속에서 발생하는 사랑은 창조적인 신적 질서로 인식된다.

특별히 하나님의 형상(God's image)을 닮은 인간이라는 점(창1:27)을 볼 때, 한 몸을 이루는 밀접한 결합, 결혼 및 가족공동체는 만남의 관계에 기초한 신적인 에너지가 하나로 결합된 사건들(divine energy-events)이다. '나와 너', 즉 '우리'의 만남에서 발생한 사랑과 결혼은 인간과 인간뿐만 아니라 인간과 자연, 더 나아가 인간과 하나님과의 총체적 관계 속에서 이루어지는 것이다.

3) 영성적이며 성장적인 결혼

건강한 결혼은 두 사람이 성령의 인도하심을 따라 하나가 되는 것이며, 자기 안에서 진리와 이해(truth and understanding)를 발견하기 위해서 끊임없이 노력하는 것이다. 진리와 이해를 추구하는 인간의 내적 탐구는 성령에 의해 인도되며, 하나님 나라를 향한 통로(pathway)라고 볼 수 있다.

성령의 능력 안에서 진리와 자기 자신을 탐구하는 각 사람은 자기-이해(self-understanding), 자기-책임(self-responsibility), 그리고 온전함(wholeness)에 이를 수 있다. 이 탐구는 인간이 어떻게 하나님의 형상대로 창조되었는가를 발견하려는 것이다.

자기를 발견하려는 인간이 더욱 건강하게 되는 순간은 그가 평화를 만드는 자(peacemaker)가 될 때이다. "화평케 하는 자는 복이 있나니"(마5:4)라는 예수의 말씀은 인간이 불유쾌한 기억들과 자기를 향해 걱정되는 요소들을 가지고 있음에도 불구하고, 인간에게는 평화를 찾기 위한 내적인 탐구가 필요하다는 것을 의미한다. 인간이 각 사람 안에 있는 평화를 더 발견해갈수록 그는 더욱 창조적으로 되는 것이며, 그의 배우자와 함께 사랑과 애정을 나눌 수 있을 것이다.

평화를 향한 길은 다음과 같은 순간에 발견된다. 그 순간이란 각 개인이 더욱 자기 이해와 온전함으로 인도될 뿐만 아니라, 결혼 관계 속에서 서로 존경해주고, 인격적 자각과 통전(personal awareness and integration)을 수용해줄 때이다. 바로 이러한 평화를 향한 통로들이 기독교 신학과 기독교인의 결혼에 대한 핵심이 된다. 예수에게 있어서 가장 큰 윤리적 가치는 양심적인 사람이 되는 것이며, 그리고 자유로운 사람이 되어가는 것을 의미한다. 두 사람이 모두 양심적으로 되며, 또한 서로의 관계가 자유로워짐에 따라, 더 깊은 차원에서 기독교인의 결혼이 완성될 수 있다.

결혼은 두 사람이 함께 참여하는 것이며, 엮어가는 것이다. 결혼에는 영적이며, 성장의 기회가 내포되어 있다. 만약 두 사람이 내적인 탐구(여행)를 거절한다면, 이것은 성령의 본질적인 활동을 막는 것이며, 하나님 나라를 향한 운동과 기독교 결혼에 잠재되어 있는 풍성함을 막는 것이다.

자기-이해(self-understanding)를 향한 탐구를 거절하는 사람들은 종종 혼란, 무기력, 결혼에의 절망 그리고 인격적 균형과 온전함이 상실됨을 경험한다.

기독교인의 결혼은 두 사람이 건강함을 찾아가는 길 속에서 하나(one)가 되는 것을 의미한다. 성서에 기반을 둔 다음 지침들은 기독교적인 관점에서 각 개인과 부부 성장에 대해서 언급하고 있다. ① 자기를 사랑하며 화해하는 측면들(loving and reconciling aspects of the self), ② 배우자들 사이에서 오고 가는 비판과 비난(judging and blaming between spouses) ③ 결혼 관계 사이에서 일어나는 우월감과 열등감(feelings of superiority and inferiority in marital relationships) ④ 내용보다 더 중요한 것으로써의 결혼 과정에 대한 숙고(marital process considerations as more import than content) 그리고 ⑤ 결혼의 욕구충족을 위한 한계들의 형성(formation of boundaries for marital satisfaction)이다.

3. 결혼생활 풍성하게 만들기 교육*

1) 풍성한 결혼생활
(1) 결혼생활을 풍성하게 하는 모임의 목표

결혼생활을 풍성하게 하려는 모든 노력의 목표는, 부부를 도와 완전한 평등과 적극적인 성실이 바탕이 된 더욱 친밀하고 개방적인 인간 관계를 계발해나감으로써, '훌륭한 결혼생활을 더욱 훌륭하게' 하려는 것이다.

(2) 결혼생활을 풍성하게 하기 위한 도구와 방법

결혼생활을 풍성하게 하기 위해 사용되는 관계형성의 방법은 결혼생활의 어느 단계에서도 본질적으로 동일하게 사용된다.

■ 결혼생활 점검

이것은 결혼생활의 과정, 즉 우리 부부가 어디에서부터 같이 왔으며, 지금은 어디에 있고, 미래에는 어디로 가고 싶은가 등의 관계를 주의깊게 평가하는 것부터 시작되어야 한다.

단계 1. 함께 살아오면서 이루어 놓은 가장 중요하다고 생각되는 발전과 성과에 대한 견해를 나누고 서로 비교하라.

단계 2. 현재의 인간 관계가 가지는 힘, 자원, 문제점, 한계 등에 관한 견해를 서로 이야기하라.

단계 3. 앞으로 1년 동안의 결혼생활에 대한 각자의 소망에 대해서 토론해보고, 여기에 비추어 구체적인 목표를 뽑아보아라.

단계 4. 이 목표를 향해 나가기 위한 실천적인 계획을 수립하라. 훈련과정이나 묵상기도회에서는 서너 쌍의 부부가 모여서 각각의 계획에 대해서 공동으로 점검해보면 더욱 좋다.

■ 계약의 수정

모든 폐쇄된 인간관계는 어떤 절대적인 기본 원칙과 암묵적인 동의에 따라 역할을 규정한다. 대부분의 결혼생활에서 이 동의는 결혼생활 초기의 상호작용에서 기본 원칙이 무엇인지에 대한 의식적인 자각이 없는 상태에서 단지 우연하게 형성되어 굳어진 것일 뿐이다. 이런 식으로 계약에 대한 이해에 있어서, 부부 사이에 기본적인 차이가 있을 때는 만성적

---

* '결혼 생활 풍성하게 만들기' 교육은 예방, 향상, 현실화, 성장의 의미를 포함하고 있다.

인 갈등이 그 결과로 남는다. 결혼 초기에 비교적 공평했던 계약도 대개 중년에 이르면 부분적으로 불공평하게 되며, 시대에 뒤떨어지게 된다.

논리적으로 이것은 여러분의 인간관계를 재평가하고, 여러분이 가진 기존관념과 가치에 대해서 다시 생각해보는 것에서 출발한다. 재계약할 때 기본단계는 다음과 같다.

① 아래에 열거된 질문들과 여러분 부부의 인간관계에 해당하는 다른 질문에 글로써 대답하는 것부터 시작하라. 부부가 현재 동의하고 있는 것에 대한 이해를 글로 옮겨보는 것은 여러분 자신의 생각을 뚜렷하게 하는 데 도움이 된다. 또한 그것은 계약에 대한 자기의 개인적인 인식을 상대방에게 전달해주는 데도 도움이 된다.

② 여러분 부부가 계약을 이해하는 데서 나타나는 비슷한 점과 차이점에 대해서 토론해보라.

③ 의견이 일치하지 않는 모든 부분과 현재 일치하고 있지만 조정을 통해 더욱 향상될 수 있는 부분을 표시해두라. 이것들을 하나하나 점검하면서 가능한 오랜 시간을 들여 절충안을 협상하고, 여러분 부부의 계약을 더욱 공평하고 서로 성장하도록 도움을 주는 것으로 변화시키는 것에 대한 결정을 하라. 만일 그 과정에서 진전이 잘 되지 않을 때에는 여러분의 목회자나 믿을 만한 부부를 찾아가서 중재인이 되어달라고 요청하라.

④ 수정, 개선된 계약의 내용을 공동의 표현으로 문자화하라.

⑤ 간단한 제의(祭儀)를 통해 부부가 성취한 것을 축하하라. 이 축하행사는 부부끼리 행하거나, 혹은 함께 훈련과정에 참여한 다른 부부와 집단으로 행할 수 있다.

계약을 수정하고 새롭게 할 때 많은 부부가 구체적인 관심에 초점을 맞춘다. 그 예로는 다음과 같은 것들을 들 수 있다. (우리는) 결혼생활에서 무엇을 기대하고 있나? 아내(남편)와의 관계에서 아내(남편)가 내게 무엇을 기대하고 있나? 자녀양육의 책임을 어떻게 나눌까? 지저분한 일과 만족스런 일은 어떻게 분담하나(앞으로의 교육 등을 통해서)? 개인적인 재능을 개발하기 위한 각자의 기회에 대해서 내가 이해하고 있는 것은 어느 정도인가? 누가 돈을 벌어들이나? 돈을 쓰는 데 대한 결정은 누가 하나? 영화구경을 가는 것은 어떻게 결정하나? 친구, 종교, 성관계, 오락, 친척, 대화의 시간 등에 대해서 우리가 일치하는 점은 무엇인가? 이러한 계약을 재평가하자는 의견에 얼마나 자주 동의하나? 물론 이것들 외에 부부의 계약은 새롭게 할 수 있다.

■ 투자계획의 수정과정

부부가 그들의 가치와 기존 관념을 수정할 수 있는 여섯 단계가 있는데, 이것은 부부뿐만 아니라 상담이나 결혼생활을 풍성하게 하기 위한 훈련과정에서도 사용될 수 있다. 여기서는 이 단계에 대해서 개략적인 설명을 하고서, 이것을 수행하기 위한 몇 개의 도구에 대해서 기술하고자 한다.

① 각자 자기 인생의 지침이 되는 가치와 우선적인 과제들을 명백하게 확인하라.

② 각자가 이것을 재평가하고 중요도에 따라 순위를 매겨라.

③ 부부가 같이 각자의 가치와 과제들을 비교하고 통합하라.

④ 수정, 개선된 목표를 향해 나가기 위해, 시간과 힘을 재할당하기 위한 계획을 고안하고 균등하게 배분하라. 재계약은 이 단계와 다음 단계의 한 부분이다.

⑤ 이 계획을 실행에 옮겨라.

⑥ 생활방식을 정기적으로 재검토하고, 선택한 방향으로 꾸준히 나가기 위해 필요한 방향수정을 필요할 때마다 하라.

'가치수정실습'은 위의 여섯 단계를 수행하는 데 도움이 되는 도구인데, 혼자서나 혹은 집단에서 유용하게 사용될 수 있다.

성장일지 속의 종이 한 장에 여러분의 생활에서 가장 중요한 열 가지를 왼쪽 편에 위에서 밑으로 열거하라. 예를 들면 직업상의 일, 가족 간의 인간관계, 종교, 건강, 오락, '이념' 등이 있을 것이다. 이번엔 이 열 가지를 가장 좋아하는 순서대로 일련번호를 매겨라. 각 항목마다 지난 2주 동안 일에 투자했던 대략적인 시간의 합계를 그 오른쪽에 써넣어라. 거기에도 가치가 덜 주어진 기타의 활동을 소비된 시간과 함께 추가해써 넣어라.

　이젠, 여러분이 실제로 여러분의 생활을 투자하는 정도(여기서는 시간)와 우선적인 과제가 일치하는지 주의깊게 살펴보자. 여러분이 행한 시간 배당이, 여러분이 진정으로 중요하게 생각하는 가치와 우선적인 가치가 여러분이 목록작성한 것에서보다 더 정직하게 나타났는가? 그렇지 않다면 진짜로 중요한 것에다 더 많은 시간과 힘을 다시 배당할 필요를 느끼는가? 더 많은 투자를 하고 싶은 항목 옆에는 '+' 표시를, 그 반대의 항목 옆에는 '-' 표시를 하라.

　이렇게 확인한 것을 배우자와 같이 살펴보라. 어떤 항목에서 부부의 가치가 상충하는가? 이 발견에 대해서 토론하라. 여러분의 결혼생활과 생활방식에 어떤 변화가 요구되는가?

　이제 부부가 같이 중요도에 따라 더 많은 것을 투자할 수 있는 계획을 글로 써라. 부부 사이에 가치가 상충하는 부분에서는 협상과 창조적인 타협이 필요하다. 이 변화를 수정된 결혼 생활계약에 통합시켜라.

　계약의 당신 몫을 수행하는 데에 책임감을 가지고 가치에 새로이 적응하기 위해서 나타날 수 있는 분투에 대해선 부부가 서로 격려하라. 계획 성과 수정된 가치에 의해 인도되는 생활방식의 수행을 향한 진전을 성장일지에 계속 기입하라.

2) 정신적 풍성함과 내면적 삶의 일신(一新)

　이 부분은 창조성을 증가시키기 위한 중요한 방법으로써, 서로를 생기 있게 해주는 결혼생활로 발전하는 필수적인 토대이다. 이 부분은 목회자가 결혼생활 상담에서 해줄 수 있는 독창적이고 본질적인 도움이 포함된 영역이다.

　내면적 삶이 가난한 것은 부부 사이의 무료함과 갈등을 유발시키는 일반적인 원인이다. 자신으로부터의 소외는 언제나 인간 관계에서의 거리감을 조장한다. 자기 자신의 내면적 삶과 다시 연결을 맺어서 이 내면적 공간을 더욱 편안하게 만들려고 노력하는 것은 언제나 인간관계와 행동에 건강한 효과를 발생시킨다.

결혼생활에서 정신적인 면을 나누어 가지는 기회를 늘려감에 따라 그 인간 관계의 친밀성은 더욱 깊어진다. "결혼생활의 정신적인 차원은 정신적인 성장과 건강에 훌륭한 자양분이 된다"

(1) 가장 중요한 것에 대한 대화

부부는 그들의 진정한 관심사에 대한 정기적인 대화를 가짐으로써 서로 상대방의 내면적 일신을 자극하고, 도움을 줄 수 있다. 그리고 지적, 정신적인 분투와 가치 갈등을 나눔으로써 서로의 성장이 고무되는 것이다.

이런 종류의 대화를 실천하기 위해서 먼저 조용한 장소를 찾아 함께 앉아라. 그리고 다음 문장을 완성시켜라. 여기에 필요한 요구사항은 한 번에 한 문장씩 하라는 것과 그 문장에 대한 감정과 논점을 완전히 토론할 수 있도록 가능한 한 많은 시간을 할애하라는 것밖에 없다. 문제의 문장은 다음과 같다.

"내가 가장 흥미를 가지는 생각과 논점은 …이다", "지금, 인생을 가장 살맛나게 해주는 것은 …이다", "나는 …때 가장 즐겁다(고통스럽다, 희망을 가진다, 외롭다, 당신과 같이 있다는 것을 느낀다)", "내가 하나님에 대해 진정으로 믿는 것은 …이다", "…때 나는 정신적으로 향상된다", "지금 나에게 가장 의미를 주는 것은 …에 대한 믿음이다", "어릴 때부터 믿어왔지만 이젠 더 이상 의미가 없는 믿음들은 …이다", "…때 인생은 내게 최대의(최소의) 의미를 가진다", "내가 당신과 정신적으로 가장 친하다고(소원하다고) 느끼는 것은 …이다", "우리 부부가 정신적으로 더욱 많은 것을 나누어 가질 수 있도록 …을 권하고 싶다", "우리 가족의 정신적인 생활을 풍성하게 하기 위하여 내가 하고 싶은 것은 …이다", "우리 부부의 정신적인 성장에 대해서 내가 갖고 있는 다른 관심은 …이다", "이 질문에 대한 토론에서 내가 느끼는 것은 …이다"

(2) 지적인 일신(一新)

여기에서 지적인 일신을 위한 계획적인 접근법이 마련되어 있다. 먼저, 성장일지에 여러분이 더욱 많이 알고 싶어하는 주제, 논점, 문제를 열거하라./사용하고 싶은 모든 기술을 써넣어라. 나열한 것들을 배우자의 그것과 비교하고 공통된 관심거리들이 있는가 살펴보자./같이 개발할 관심거리들 중 하나를 선택하라./이젠 각각 개인을 개발할 관심거리를 하나씩 골라라./개인적인 성장 목표와 부부의 공동 성장 목표로 선택된 그 두 주제를 탐구해나가는 데 도움이 될 책의 종류, 세미나의 형태, 참가하는 사람, 과정의 내용, 기타 다른 자원 등에 대해서 결정하라./여러분 자신의 정신적 영역을 넓히고, 지적인 친밀감을 풍성하게 하기 위한 실천가능한 계획을 수립하라.

(3) 내면적 삶의 공간을 풍성하게

우리는 명상을 통해서 내면적 삶이 신선해짐을 경험할 수 있다. 명상은 또 신앙적인 경험을 확장시키기도 한다.

(4) 기본적인 신뢰의 회복

신뢰의 내면적인 샘을 정기적으로 맑게 해 주는 것은, 결혼생활을 정신적으로 풍성하게 만드는 데 도움이 된다. 인생은 그 고통과 실망에도 불구하고, 본질적으로 믿을 만하다는 신념은 신뢰가 가득한 결혼생활을 할 수 있도록 안내한다.

더 훌륭한 길을 발견하기 위해서는 사랑을 경험해야 한다. 전통적인 기독교 언어로는 이런 종류의 사랑을 '은총'이라 부른다. 인간관계—배우자와의 정신적인 성장을 촉구하는 모임에서의 상담자와의 인간관계—속에서의 은총을 경험하는 것은 성장과 신뢰 회복을 경험하는 것이다. 이와 같은 경험은 우리 마음 속에 있는 하나님의 이미지를 자각하도록 해준다. 이것은 또 "우리 자신을 있는 그대로 인정하도록 도움을 준다"

4. 결혼생활의 유형[12]

결혼생활은 적응과 상호관계라는 틀 속에서 이루어진다. '부모를 떠나

---

12) David Field, 이종록(역), *Marriage Personalities* 『결혼의 일곱가지 얼굴』 (서울:두란노서원, 1991), pp. 32-131.

서 배우자의 연합하는' 결혼은 배우자 상호 간의 성장배경의 차이와 가족과 친족관계 등으로 인해서 문제가 야기될 수 있다. 이것을 극복하고 상호조화를 통해서 성공적인 결혼생활을 영위하는 것이 중요하다.

결혼이란 매우 복합적인 요소를 가지고 있다. 결혼생활은 부부에게만 중요한 것이 아니라 부모의 결혼생활이 자녀들의 행복한 결혼생활의 주요 요인이 된다.[13]

결혼생활의 적응은 어느 한 편만의 노력으로 되는 것이 아니라 부부 모두의 헌신적 노력을 바탕으로 하여 이루어진다.

결혼생활의 적응은 부부의 문화적 배경과도 직결되며 특히 부모의 결혼생활이 하나의 규범으로써 중요한 의미를 가지고 작용한다.

결혼생활이란 각자 독특한 특성을 가지고 있다. 그러나 이러한 독특성을 몇 가지 범주로 나누어서 고찰하는 것은 부부의 결혼생활을 점검하는 데 도움이 되는 중요한 의미를 가지고 있다.

결혼생활의 유형은 다음과 같다.

1) 적극적─수동적 결혼유형

결혼생활의 유형 가운데 가장 보편적인 유형으로써 결혼한 사람들 가운데 약 28%가 이 유형에 속한다.

이것은 결혼생활을 영위하기 위해서 열심으로 노력하는 적극적 배우자와 거기에 이끌려가는 수동적 배우자로 이루어진다. 적극적인 쪽은 수동적인 쪽에 결혼생활과 가사를 돌보도록 압력을 넣고 자극을 주며 수동적인 배우자는 자신이 갇혀 있으며 상대방의 지시를 따르고 또한 눌려서 산다고 생각한다.

대부분의 적극적─수동적 결혼유형은 보완적인 것, 즉 서로의 빈 공간들을 채우는 것에서 시작된다.

---

[13] J.T. Landis & M.G Landis, *Building a Success Marriage* (Englewood Ciffs, N.J:Prentice-Hall, Inc., 1973), p. 92 .

그러나 이들의 외적인 행동은 일치하지 아니한다. 이 유형에서는 대부분의 아내들이 적극적이어서 아내는 무대에 서있고 남편은 청중석의 관중에 불과한 것처럼 보인다.

이들은 부부 사이에 흥겨운 대화가 없고 단편적 이야기들로 끝나며 육체적 관계는 부분적으로만 채워진다. 그리하여 이 부부는 서로에게 정직하고 개방적으로 대하려는 신뢰보다는 상처를 입지 않을까 하는 두려움이 더 강해서 그들의 영역에서 움직이지 않고 머물러 있는 것이 더 편하게 느껴진다.

이들 유형의 부부는 극단적이지 않고 평범한 이웃과 함께 살아가는 평범한 사람들이다. 이들의 장점은 인내하고 안정된 성품을 지니고 있고 현상유지에 숙달한 삶을 살아간다.

이들이 공동체에 협조하는 방식은 주도자나 지도자의 입장이 아니라 참여자의 위치에 선다. 이 부부는 의존적이며 가족구성은 강력한 반면 가족을 이루는 과정은 약하다.

이런 유형의 부부들이 가지는 단점은 첫째, 커뮤니케이션(communication)의 미숙이다. 정확한 의사표시를 하지 못하는 점이다. 둘째, 자신들을 다른 부부들과 비교함으로써 파생되는 미숙하고도 지속적인 열등감을 갖는 점이다. 셋째, 도피적 행동이다. 이들은 서로 상대방을 기쁘게 해줄 수 없다고 믿기 때문에 서로를 피한다.

이러한 유형에서 부부가 서로 고쳐나가야 할 사항에 대해서 데이빗 필드(David Field)는 다음과 같이 지적하고 있다.

① 적극적 배우자는 상대방에게 칭찬을 많이 해야 한다. 수동적 배우자로 하여금 그들의 관계에서 필요한, 능력있는 사람으로 느끼게 해야 한다.

② 적극적 배우자는 자기가 원하는 것과는 정반대되는 관계 속에서 살 위기도 생각해야 한다.

③ 적극적 배우자는 거울을 통해서 자신의 모습을 보고 자신이 가족에게 어떠한 모습으로 보이는가를 아는 것이 중요하다. 상대방을 비난하거나 불평하는 습관을 줄여나가는 것이 현명하다.

④ 적극적 배우자는 자신의 결혼관계에 대해서 긍정적인 목록들을 만들어두고 자신이 결혼생활에 실망하게 될 때 자신의 모습을 되돌아보도록 한다.
⑤ 수동적 배우자는 대면하기를 꺼리는 그의 천성적 기질을 깨뜨리고 그의 배우자와 솔직하게 대면하는 것을 배워야 한다.

2) 적극적―저항적 결혼유형
이 유형은 재능많고 의지가 강한 두 사람에 의해서 나타나는데 한 사람은 관계 속에서 친밀감을 찾는 데 주력하고, 다른 사람은 그러한 노력을 애써 거부하는 유형으로 결혼한 사람들의 24%가 여기에 속한다.

적극적―저항적 유형의 부부는 예리하고 능력있는 사람으로 쉽게 대화를 이끌어가고 사회적으로도 능숙하게 처신할 줄 아는 사람으로 보인다.

다른 사람들은 그들이 즐겁고 사랑하고 삶을 즐기면서 산다고 생각한다. 그러나 그들은 자신이 처한 사회적 상황 속에서 각각의 길을 가는 경우가 많다.

이런 결혼의 유형은 대부분 자기주관이 뚜렷하고 자기주장이 강한 유능한 전문직을 가진 남녀 사이에서 볼 수 있으며, 여성이 주로 적극적이고 남성이 저항적이며 그들의 결혼생활은 경쟁적인 것이 특징이다.

이런 유형의 부부는 그들의 장점과 겉으로 넘쳐나는 자신감을 보고 서로에게 이끌려 결혼한 타입이다. 적극적인 배우자는 공격적인 교정을 요구하고 저항적인 배우자는 조정을 받는다. 그러나 두 사람은 내적으로 고독, 조심, 혼돈에 사로잡혀 있다.

이런 유형의 부부는 사회에 기여하는 바가 많다. 전문직을 가졌고 수입이 많으며 사회적으로 인정을 받고 있다.

이들의 장점은 그들에게 많은 능력과 장점이 있다는 점이다. 그러나 역설적으로 이 장점들이 그들의 결혼생활에 약점으로 나타날 수 있다.

이들은 친밀감의 문제로 갈등을 겪는 경우가 있는데 적극적인 배우자가 자신의 궤도를 약간만 수정하면 안정감을 얻을 수 있다.

3) 돕는 자―받는 자 결혼유형

이 유형은 도움을 받는 자가 돕는 자를 필요로 한다는 사실에 의해서 유지되는 것으로써 결혼한 사람의 8%가 여기에 속한다.

돕는 자―받는 자 결혼유형은 대조적 관계를 이룬다. 어느 한 쪽이 문제를 갖고 있고 상대방은 자기의 배우자를 도와주는 상태에 있다. 따라서 이 관계는 어느 한 쪽이 그 상대방의 삶에서 가장 중요한 필요를 채워주는 형식으로 지속된다.

이 유형은 주는 자와 받는 자의 형식으로 성립되는데 그들은 둘 다 자신의 필요를 채우기 위해서 상대방을 이용한다. 돕는 쪽은 도와주는 역할을 통해서 성취감을 맛보고, 도움을 받는 자는 필요한 도움을 얻음으로써 만족하게 된다. 이들의 외적모습은 다양하다. 한 쪽이 의사이면 다른 한 쪽은 환자이며, 한 쪽이 상담자이면 다른 한 쪽은 피상담자의 관계를 가지고 있다. 이 유형의 특성은 한 쪽이 다른 한 쪽을 책임지고 있다는 것이다.

이 부부에게 나타나는 두 가지 공통적 정서는 분노와 죄의식이다.

그들은 좌절감을 느끼기 때문에 분노하고 자신들이 더 나은 삶을 살아야 한다고 생각하기 때문에 죄책감을 갖는다.

이러한 유형의 부부가 갖는 장점은 공감이다. 두 사람 중 어느 한 쪽도 결혼생활의 문제의 핵심이 드러나는 것을 좋아하지 않지만 각자는 그것을 이해할 수 있는 능력을 가지고 있다.

또 다른 장점은 각각의 배우자가 한 개체로서 성장하고자 하는 점이다.

이런 유형에서는 두 사람이 그들의 문제에 집착하지 않고 거기서 벗어남으로써 중요한 진보를 이룰 수 있다. 이러한 전환을 위해서는 그들이 서로 상향적이고 진보적이며 목적이 분명한 방식으로 관계를 맺는 것이 중요하다.

4) 마초식 결혼유형

마초(macho)란 서부영화에 나오는 총잡이(gun man)와 같이 거칠고

수완있고 자기중심적인 남성을 의미한다. 이것은 남성주도적 관계이며 여자는 아내와 종이라는 복합적인 자격으로 옆에 서있는 유형이다. 그러나 이 결혼유형은 남성과 여성에 대한 관점의 변화, 그리고 역할에 대한 태도의 변화로 말미암아 예전처럼 심하지는 않다.

마초형 부부는 구조와 방향성, 그리고 안정에 대한 그들의 욕구를 충족시켜주기 때문에 그들의 관계에 만족하는 경우도 있고 또 다른 경우에는 그들의 관계가 계속해서 서로를 마비시키기 때문에 황폐해진다.

마초형 결혼유형의 기원은 그들의 출신가문과도 직결된다. 일반적으로 폭군형 남자의 출신가정은 별로 좋지 못하다.

이들의 결혼생활은 남자는 으르렁거리고 여자는 도망가는 형태이며 남자는 여자를 소유하였다는 인상을 심어주고 여자는 그를 두려워하는 동시에 그에게 의지하는 경향을 나타낸다.

폭군형 남자는 흑백논리적 사고를 가지고 있으며 아내가 자신에게서 벗어나지 않도록 감시한다. 반대로 아내는 친절하고 감수성이 예민하며 협조적이다. 그래서 마찰을 피하려고 노력한다.

이러한 형태에서는 남자가 돈을 벌고 여자는 살림을 하는 것이 일반적 관례이다. 이들은 자기 자신들의 가치를 낮게 평가한다. 남편의 거친 외모 뒤에는 공포심, 즉 통제력을 상실할지도 모른다는 두려움이 도사리고 있다.

폭군적인 사람은 두려움과 자기 불신뿐만 아니라 자기비하로 인해서 고통을 당하는데 그것은 냉소적이고 비판적이며 질투심이 많은 그의 성향으로 표현된다. 아내 역시 자신의 가치를 회의하고 자신이 존경받을 만한 가치가 있는지를 의심한다. 이들은 온화함의 결핍과 과도한 역할지향이라는 단점을 가지고 있다.

5) 가장된 결혼유형

이것은 가장 희귀한 유형으로써 서로에게 전혀 애정을 느끼지 않는 두 사람 사이에 나타나는 관계이다. 이들은 전적으로 다른 배경, 관심, 목표, 그리고 가치관을 가지고 있다.

이들의 결혼은 어떤 강력한 사랑의 감정보다는 결혼할 수밖에 없는 외적 압력에 의하여 시작되는 경우가 많다. 이들은 대체로 친근하고 자상하다. 이들은 연인이기보다는 친구처럼 보이는 경우가 많고 감정적으로 연결점이 없기 때문에 서로의 아픔과 즐거움에서 사랑과 미움을 깊이 경험하지 못한다.

이들은 사회적으로 아무런 문제가 없다. 그들은 제각기 활동하기 때문에 이들 부부는 남보기에는 문제없는 가정이다.

그들은 애정결핍으로 인하여 커다란 도전에 직면한다. 애정없는 사람과의 결혼생활에 대한 갈등을 느끼기도 하지만 그들의 생활구조는 안정되고 가족에게 질서의식을 준다.

이러한 가장된 결혼유형은 서로 사랑할 수 있는 감정을 가지도록 노력해야 한다.

6) 청소년 결혼유형(조혼)

청소년 결혼유형은 삶의 어려움을 직면할 준비가 되어 있지 않은 두 미성년자들의 결합이다. 이들의 생활은 결혼의 위기의 연속이다. 이 결혼관계에서 주로 나타나는 장점과 단점은 동일하다. 그것은 이 부부들이 어리다는 것이다. 이 부부는 어리고 힘이 넘치기 때문에 어렵고 힘겨운 상황들에 적응할 수 있고 좌절하지 않고도 나쁜 기억들을 잊어버린다. 이들은 다투고 화해하고 난 뒤에도 화를 내는 대신 계속 생활을 해간다. 하지만 어리다는 것은 약점이기도 하다. 이 두 사람은 미성숙하고 결혼생활의 책임을 수행할 준비가 되어 있지 않다. 그것은 그들이 서로를 사랑하지 않는다거나 서로를 아끼지 않는다는 의미가 아니다. 그들은 서로 관계를 맺고 서로에게 책임을 져야 하는 임무를 완성하기 위한 준비를 미처 다하지 못한 상태에서 이 엄청난 책임을 떠맡게 되었다는 뜻이다.

이들 부부의 또 다른 약점은 객관적이지 않고 종종 지나치게 감수성이 예민해서 서로 마찰을 빚는다.

이들 부부는 부모 그리고 자신들에게 관심을 갖고 있는 다른 성인들과 접촉할 필요가 있을 뿐만 아니라 누군가의 도움을 요청할 필요가 있다.

이들은 자신들 결혼생활, 재정문제, 영적인 문제, 그리고 직장생활 등을 점검하기 위해서 최소한 한 달에 1회 이상, 성숙한 부부들과 만남을 가져야 한다. 또한 부부 성경연구 모임이나 여러 가지 가정생활훈련을 위한 모임에 정기적으로 참여해서 다른 부부들과 교제를 나누는 것이 좋다.

이들은 결혼생활을 견고하게 하기 위해서 외부로부터 객관적인 충고와 도움이 필요하다.

7) 적극적―적극적 결혼유형[14]

적극적―적극적 결혼유형은 두 사람이 결혼관계 속에서 자신들을 최고로 발전시켜나갈 것을 개인적으로 결심한 유형이다. 이들은 원만한 결혼생활을 유지할 수 있는 능력과 재능을 겸비하고 있으며 성숙하고 방향설정이 되어 있으며 과거를 수용하고 좋은 가족 모델을 갖고 있다.

적극적―적극적 유형의 결혼생활의 일반적인 주제는 '의도적인 헌신'이다. 이들은 자신들의 행동에 책임을 진다.

이 부부는 어려움이나 불행한 일을 만나도 위축되지 않는다. 오히려 그런 위기를 전화위복의 기회로 삼는다. 이들은 자신들의 관계를 원활하고 충만하게 만들기 위해서 서로 돕고 희생할 필요가 있음을 알 정도로 충분히 성숙해 있다.

이들의 특성은 서로를 진정으로 위하고 좋아한다.

적극적―적극적 결혼유형의 두드러진 특징은 부부가 자신들의 관계에 최고의 가치를 두는 것이다. 대개의 경우 이들은 어떤 일이나 사회적인 활동보다도 자신들의 성공적인 결혼생활을 더 소중히 생각한다.

이 유형의 남편과 아내는 스스로에 대해서 자유롭다. 이들은 상대방에게서 자신을 보호하기 위해서 고민하지 않는다. 자신들의 아픔과 꿈, 약점, 상처입기 쉬운 점들, 그리고 매일매일의 일들을 이야기하는 것이 이들의 관계를 신선하고 생기있게 해준다.

적극적―적극적 결혼유형의 주요장점은 성숙도이다. 이들은 서로의 관계에 대해 책임있게 행동하고 자신의 필요를 충족시키려고 공급하는 것과 동일한 힘으로 배우자의 필요를 기꺼이 채워주려고 노력함으로써

---

14) Total Marriage라고 불리워지기도 한다.

성숙한 모습을 보여준다.
 이들은 서로 용납하고 협력한다. 이들의 우선적인 관심은 결혼생활이며 다른 사람들이나 어떠한 상황들이 이들의 초점을 흐려놓도록 허용하지 않는다. 이들은 서로를 존중함으로써 안정감을 느낀다. 이 같은 장점 외에 이 결혼유형에도 몇 가지 단점이 있는데 그 가운데 하나는 각자의 명확한 주체성이다. 이들 부부는 모두 개성이 강하기 때문에 각자의 요구가 상충할 때는 마찰을 빚게 된다.
 다른 약점은 배타성이다. 이 두 사람은 단 둘이서 잘 생활해가기 때문에 다른 부부와 관계를 맺을 필요성을 별로 못 느낀다. 이들 관계는 '무인도 증후군'으로 발전할 수 있는데 그것은 주위의 사람들과는 별개로 살아가는 것이다. 이들은 다른 사람들에게서 생산적인 결혼생활에 대해 배울 수 있는 기회를 놓치게 된다. 이들은 이들의 진보를 견책하고 이들의 기술을 발전시킬 필요가 있다.

5. 건강한 결혼생활의 특징

 데이빗 필드 (David Field)는 건강한 결혼생활의 특성을 다음과 같이 규정하고 있다.[15]

 1) 시간을 함께 보내는 것
 부부가 시간을 함께 보내야 하는 것은 당연한 의무이다.
 결혼관계라고 하는 것은 남편과 아내가 진정한 의미를 지닌 만남을 지속하지 않고서는 결코 그 건강을 유지할 수 없다. 함께 있는 것을 즐기고 그런 시간계획을 세우는 부부들은 그들의 관계에 있어서 보다 행복하고 건강함을 누린다. 건강한 결혼생활을 위하여 부부가 함께 계획을 세우고 함께 시간을 보내는 것은 매우 중요한 일이다.[16]

---

15) D. Field (1986) *Marriage Personalities*(Oregon: Harvest House Publishers) pp. 19-29.
16) J.T. Landis & M.G. Landis, *Building a Success Marriage*(Englewood Ciffs. N.J.: Prentice-Hall. Inc.. 1973), p. 92 .

2) 영적 생활의 강조

하나님이 계시고 그분께서 그들의 삶 속에 적극적으로 개입하신다는 사실을 알고 있는 부부들은 보다 건강한 결혼 생활을 영위할 가능성이 더 많다. 그들은 그들의 삶 속에서 하나님이 역동적으로 살아 역사하신다는 사실을 알고 있을 뿐만 아니라 하나님을 기쁘시게 하는 방식으로 살고자 노력한다. 간혹 이것은 그들 자신을 변화와 개인적인 발전과정에 넣는 것을 의미한다.

두 사람이 동일한 영적 가치체계를 갖고 있지 않고, 영적인 활동에 함께 참여하지 않는다면 그들은 어려운 상황에 보다 쉽게 상처를 입는다. 간단하게 말하면 영성은 결혼생활과 관련해서 개인의 가치관 형성에 있어 심대한 역할을 한다.

3) 화해의 능력

부부의 삶은 커뮤니케이션을 통해서 이루어진다.[17]

상대방의 이야기를 들어주고 변명하지 않고 거기에 응답하는 능력은 결혼생활을 성공적으로 이끄는 중요한 요소가 된다. 상대방의 말을 경청하고 거기에 적절한 반응을 보이는 공명하는 청취는 단순히 상대방의 말을 흘려 듣는 것이 아니고 상대방이 몸짓으로 나타내는 표현까지도 유심히 관찰하는 것이다.

훌륭하게 의사소통을 하려면, 한 사람이 그의 생각과 감정을 표현하는 동안 다른 사람은 성급하게 대꾸하지 말고 상대방의 말을 주의깊게 그리고 끝까지 경청해야 한다. 청취자가 할 일은 그의 배우자가 무엇을 말하고 있는지를 이해하려고 노력하는 것이다.

서로가 상대방의 말을 경청하고 그의 관점을 이해하려고 한다면 서로의 의견의 일치를 보지 못한다고 해서 그렇게 문제가 되지 않는다. 의견

---

17) 정정숙, "기독교 상담과 설득 커뮤니케이션", 『기독교 상담학』 (서울: 베다니, 1994), p.521.

의 일치보다 서로를 존중해주는 것이 더 중요하다.

4) 성숙

성공적으로 결혼생활을 영위하려면 대개 쌍방이 어느 정도 성숙되어 있어야 한다. 그러한 성숙의 정도는 서로를 받아들이고 서로에게 민감하게 반응하도록 한다. 그들은 자신에 대해서 좋은 감정을 가지고 있기 때문에 서로에게 방어적일 필요가 없다. 오히려 상대방의 좌절, 기쁨, 성공에 대해서 솔직하게 인정하는 적절한 반응을 보일 수 있다. 불행히도 성숙함은 미리 계획한다고 자동적으로 이루어지거나 나이가 들어 장년에 이르렀기 때문에 자동적으로 얻게 되는 것은 아니다.

성숙한 사람은 자아중심적이거나 저항하거나 부정적이거나 또는 비협조적이지 않고 오히려 겸손하다. 그는 자신의 잘못을 기꺼이 인정하고 다른 사람에게서 배우고자 한다.

5) 놀이와 유머

건강한 결혼관계를 유지하기 위한 요소로써 놀이와 유머는 대단히 중요하다. 웃음은 긴장을 완화시키고 우리로 하여금 현실을 받아들이도록 도와주기 때문에 결혼생활을 건강하게 해준다.

6) 친밀함

친밀감은 감사와 애정표현, 신체적인 접촉, 기도 등을 포함한다. 그것은 배우자의 외적인 면뿐만 아니라 내적인 것까지도 모두 아는 것을 의미한다. 친밀감은 서로 마음 속 깊은 생각들과 감정들을 나누는 것을 필요로 한다. 그것은 그들 자신의 연약함과 부족함, 바라는 것들과 꿈들에 대해서 함께 기도하고 깊이 나눌 때 발생한다. 친밀감은 또한 상호 간의 성적 즐거움도 포함한다.

7) 헌신

의도적이고 인내하는 관계에 대한 헌신이 없는 결혼관계는 매우 연약해서 감정적인 별거와 법적인 이혼으로까지 갈 수 있다. '좋을 때나, 나쁠 때나, 부유할 때나, 가난할 때나, 병이 들었을 때나, 건강할 때나, 죽음이 둘을 나눌 때까지', 결혼관계에 있어 개인적으로 그리고 의도적으로 헌신하는 두 사람의 관계만큼 굳은 것은 없다. 이러한 헌신은 전적으로 무조건적이기 때문에 주어진 상황들을 초월한다.

신뢰는 두 사람이 주저하거나 망설이지 않고 그들의 결혼관계를 굳혀 나가는 헌신의 한 요소이다. 신뢰는 배우자가 신뢰할 만한가 하는 자격 여부와는 관계가 없다. 이외에 행복한 부부생활의 조건은 다음과 같은 것들이 있다.

6. 행복한 부부의 조건

결혼생활이 안정되고 행복하기 위해서는 부부가 민감하게 생각하고 행동해야 한다. 현대의 결혼이 지속되기 위해서는 부부 간에 함께 나누고 공유하는 것이 있어야 하고, 서로의 욕구가 충족되어야 하며 정서적으로 안정감이 있어야 한다. 특히 부부 간의 애정이 식지 않고 꾸준히 발전되어야 한다. 테만(Terman)은 행복한 결혼 생활을 하고 있는 사람의 특성을 연구하였는데, 행복한 부부는 정서가 안정되어 있고 타인에 대해 친절하고 협조적이고 일에 있어서 계획적이고 주의력이 깊고 자선적이고 일에 관심이 많고 생활이 검소하고 금전사용에 대해 신중하고 종교, 정치, 도덕적인 면에서 보수성향이 있는 것으로 나타났다. 일반적으로 행복한 부부가 되기 위해서는 결혼 전에는 교제기간이 길며, 연애결혼을 하되 신중하게 배우자 선택을 하는 것이 매우 중요하다. 이는 시간을 두고 상대방의 성격, 가치관, 습관 등을 관찰하고 서로에 적응하는 방향으로 만들어가며, 미래에 대한 준비 등을 통해 마찰이 일어날 수 있는 영역 등을 최소화할 수 있는 준비기간이 있기 때문이다. 또한 양가 집안이 승낙하는 결혼으로 출발하는 것도 행복한 결혼의 전제조건이 된다. 행복한 부부생활을 유지하기 위해서 남편과 아내가 해야 할 일은 다음과 같다.

1) 남편이 할 수 있는 일
① 결혼 전과 신혼기에 아내에게 보였던 사랑과 관심이 계속 변치 않도록 노력한다.
② 사랑과 관심을 행동으로 표현한다. 즉, 가끔씩 꽃과 선물 등을 사다 주기도 하고 언어로도 나타낸다.
③ 결혼기념일과 아내의 생일을 잊지 않는다.
④ 아내의 자존심, 쉼, 개성을 존중해주고 성장시켜준다.
⑤ 모든 일을 아내와 의논하고 결정하는 습관을 갖는다.
⑥ 가사일이나 자녀양육, 소비생활 등에서 상황에 따라 적극적으로 참여한다. 역할의 융통성은 현대 부부에게 매우 필요하다.
⑦ 의식적으로 대화를 하도록 노력한다. 서로의 느낌, 생각, 사상을 교류할 수 있는 주제, 시간, 장소를 만든다.
⑧ 부부 간에 갈등이 있을 때는 경쟁하기보다는 타협과 양보의 자세를 갖는다. 경청하는 습관을 갖는 것이 좋다.
⑨ 아내의 나쁜 점보다 좋은 점을 보려고 노력하며 좋은 점을 칭찬해 준다.
⑩ 아내가 만든 음식에 대해 불평을 하지 않는다. 다만 식생활과 다음 식단에 대해 먼저 논의하고 요청하는 기술을 터득한다.
⑪ 직업 등 사회활동에 대해서도 조언을 구한다. 이때 아내는 남편을 생각하는 입장에서 의논상대가 되어준다.
⑫ 둘이 좋아하는 음악판, 책을 사가지고 올 줄 아는 센스를 갖는다. 남편의 예기치 않은 감정의 표현은 아내에게는 매력적이다.
⑬ 아내에게 상처를 주는 농담이나 행동을 삼가한다.

2) 아내가 할 수 있는 일
① 자기 자신과 남편의 자존심을 존중하는 행동을 한다.
② 가정의 분위기를 편안하게 유지하도록 노력한다.

③ 항상 자신과 가정을 청결하고 아름답게 꾸미도록 한다. 여성적인 모습은 여성의 권리이다.
④ 집안 일을 항상 남편과 의논하며, 아내가 취업시는 역할을 공유하도록 한다.
⑤ 가정경제의 주된 관리는 아내의 몫이라고 생각하고 절약하는 지혜와 방법을 터득한다.
⑥ 남편의 좋은 점을 발견하고 칭찬해준다.
⑦ 남편의 인생에 대한 동반자 의식을 갖고 도움을 주려고 노력한다.
⑧ 가족이 모두 즐길 수 있는 식탁의 메뉴를 꾸밀 줄 아는 지식을 갖는다.
⑨ 가족 내의 갈등이 생길 때는 감정보다는 이성적으로, 문제 중심적으로 대화하는 자세를 갖는다.
⑩ 친족관계를 잘 유지할 수 있도록 기념일 등을 챙기고, 그에 대한 문제를 남편과 의논한다.
⑪ 항상 자기개발을 하는 모습이어야 하고 사회교육을 게을리 하지 않는다. 가정에 있을수록 독서, 사회봉사활동, 정치, 경제 변화 등에 관심을 갖는다.
⑫ 남편에게 변치 않는 관심과 사랑을 표현한다.
⑬ 가족관계가 원만할 수 있도록 분위기를 이끌어가고, 남편이 가족 안에서 소외되지 않도록 노력한다.

3) 부부가 함께 할 수 있는 일
① 항상 서로가 존중하는 태도와 예의를 갖춘다. 가끔 둘이서 처음 만났을 때처럼 서로 대화하고 분위기를 바꾸어본다.
② 좋은 면으로 서로 같아지기를 노력한다.
③ 함께 할 수 있는 운동, 취미생활을 개발한다.
④ 부부싸움을 하더라도 한 방에서 잠을 잔다.
⑤ 서로 좋은 친구들을 사귄다. 싸움을 잘 하는 친구를 가지면 그 친구 때문에 문제가 된다.

⑥ 사람들 앞에서 서로를 깎아내리고 경쟁하는 모습은 보이지 않는다. 오히려 서로를 존중하는 모습을 보인다.
⑦ 함께 대화를 나누는 시간과 장소를 만들고자 노력한다.
⑧ 가끔씩 주말여행을 가지거나, 여가를 둘이서 보내는 여유를 갖는다.
⑨ 가족 모두가 공유할 수 있는 오락, 취미 등을 개발한다.
⑩ 장래 계획은 항상 같이 만든다. 가구장만, 저축, 집마련 등 모든 것을 자세히 의논한다.
⑪ 친구나 친척, 이웃보다 중요한 사람은 서로의 배우자란 점을 잊지 않는다. 서로의 건강관리, 무기력한 상태 등을 파악하면서 위로와 그에 대한 전략을 실천해준다.

4) 행복한 결혼의 조건
① 부부가 결혼에 대한 환상을 버리고 건강한 기대를 갖고 있다.
② 부부가 사랑의 단계별로 변화한다는 현실주의적 이해를 하고 있다.
③ 부부가 인생에 대해 적극적인 태도를 가지고 있다.
④ 부부가 자신의 감정을 전달할 능력을 갖고 있다.
⑤ 부부간에 성적인 차이를 이해하고 그 차이점을 받아들인다.
⑥ 부부간에 생기는 문제를 해결할 능력을 갖고 있다.
⑦ 부부간에 영적으로 공통적인 기초와 목표를 갖고 있다.
⑧ 부부간에 서로의 행복과 복지를 위해 상호간 관심을 갖고 존경하고 상대방이 필요로하는 욕구 충족에 자발적인 책임감을 갖는 관계를 지속시킨다.

Ⅲ. 부부생활의 적응과 상호 관계성

1. 결혼생활의 적응개념과 관점

결혼은 사회적 제도로써 사회적 의미를 지닌다. 애정, 낭만적 사랑 등 결혼에 이르는 모든 사건들이 사적인 일이라면, 결혼은 결혼식이라는 공적, 상징적인 의식을 통하여 한 부부로서의 새로운 사회적 관계를 알리며, 이에 따라 사회 구조 속의 한 부분으로 지위의 변화가 오고, 법률적, 사회적으로 기대되는 성인으로서의 책임과 권리가 따른다. 과거의 결혼이 경제 안정, 사회적 지위의 획득, 자녀 출산 등 실용적 필요에 바탕을 두고 도덕률이나 사회 규범이 강조된 제도가 우선적이었으나, 오늘날에 이르러는 배우자 상호 간의 동료감, 애정, 자아성장 등 개인의 정서적 충족을 추구함에 따라, 배우자 관계는 상호 요구 수준도 높아지고 있다.

이처럼 사회변화에 따라 결혼생활에서 추구하는 바도 변화하고 있으나, 결혼이 독신생활로부터 한 부부의 생활로 바뀌는 결정적인 전환점이며, 새로운 인생의 시발점임에는 변함이 없다. 그럼에도 불구하고, 대부분의 부부는 그들이 직면한 많은 변화로 인하여 혼돈과 당혹감을 경험하기도 한다.

1) 결혼생활 적응의 개념과 관점
부부는 사회적 지위의 변화와 같은 피상적인 생활의 변화뿐 아니라, 결혼 전과는 상이한 생활을 경험하게 되며 여기에는 상호작용이 요구된다. 이러한 변화에 대한 적응과정에서, 개인의 생활에서 당연하게 여기던 부분에 대해서도 도전을 받게 되며, 자아에 대한 본질적인 면의 변화를 경험하기도 한다.

따라서 결혼은 행위로써의 고정된 상태가 아니라 당면한 새로운 현실로의 전환을 통하여 부부가 창출해내는 역동적 과정이라 하겠다.

결혼에 이른 부부의 적응방식과 적응의 정도는 결혼 생활의 성공과 개인의 행복에 매우 중요한 영향을 미친다. 적응은 그 나름대로 역동성을 지닌 과정으로 결혼적응이라는 용어에는, 결혼한 부부는 새로운 상황에서 함께 생활하는 것을 배우며, 또한 독립적 개인으로보다는 함께 사는 부부로서의 상호 일상적 요구에 대처해야 한다는 의미가 포함된다. 나아가 상대방의 기대에 보다 잘 부응하기 위하여는 각자 자신의 행위를 적절히 변화시켜야 하며 또한 부부가 하나의 단위로 상호작용하기 위하여는 이러한 변화를 바람직한 것으로 받아들여야 한다는 점이 전제된다.

따라서 새로운 상황과 변화를 융통성있게 수용하고 다양한 상황에서 모든 사람과 원만한 관계를 유지해나갈 수 있는 사람은 결혼생활 적응이 보다 용이하다고 하겠다.

웰즈(Wells, 1984)는 결혼생활 적응에 대한 다섯 가지 관점을 제시하고 있는데 첫째는, 결혼생활 적응을 결혼생활에서 드러나는 부부 간의 차이점에 대하여 상호 조화시켜나가는 과정으로 보는 관점(reconciling differences)이다.[16]

이것은 부부 각자가 그들의 차이점을 제거하는 방향으로 변화하는 것이 아니라 차이점에 대하여 상호 갈등이나 부조화없이 생활해나감을 말한다. 대부분의 부부는 생활습관, 사고, 행위 등 모든 생활 영역에 있어 어느 정도 다른 점을 지닌 채 결혼생활에 임하기 마련이다. 이러한 경향은 동질혼의 경우에서도 마찬가지이다.

두 번째는 결혼생활 적응을 결혼한 관계의 상호관계나 상호작용이 결혼 전과는 다르게 변화해나가는 과정으로 보는 관점(functional change in a relationship)이다.

결혼 전의 상호작용은 대체로 이성교제와 구애의 목적을 강화하는 기

---

16) Wells, J. G., *Choices in Marriage and Family* (Piedmont press, 1984).

능에 국한된 것이었으나 결혼 후의 관계는 결혼 전과는 상이한 상황에서 이루어지며 따라서 원만한 결혼생활에 기여하는 방향으로 재조정되어야 한다.

　세 번째는 개인의 인성을 결혼생활이나 성인생활에 적절하도록 조정해나가는 사회화 과정(adjustment as socialization)의 부분으로 결혼생활 적응을 보는 과정이다.

　성인의 사회화와 성인 발달 과정에 관한 연구에서는, 개인은 생애주기에 따라 새로운 상황을 맞이하며 새로운 역할을 학습하고 수행하면서 계속적으로 성장, 발달해나감을 제시해주고 있다.

　결혼은 개인의 생애주기에서 새로운 역할로의 전환을 의미하며 따라서 결혼생활 적응이란 새로운 역할에 대한 사회화 과정이라는 것이다.

　특히 의학의 발달로 평균수명이 증가되고 출산율 감소, 조기단산 등으로 자녀양육의 책임으로부터 벗어나 탈 부모기 이후에 두 부부만 남는 시기도 장기화되어가고 있으며, 이러한 사실은 결혼생활에 대하여 어떤 계획을 가지며 부부 상호 간 무엇을 기대하게 되었는가에 영향을 미친다. 따라서 결혼생활은 변화, 발달, 성장의 개념이 포함되는 역동적 상호작용의 지속적인 과정이다.

　이러한 관점에서의 결혼 적응의 이해와 분석을 위하여는 역할갈등, 역할긴장, 역할모호 등에 관한 역할분석이 요구된다.

　네 번째로 결혼 적응의 또 다른 관점은 적응이 결혼생활에서 요구하는 일상적 과업들을 학습해가는 과정(learning the routine)이라는 것이다.

　결혼 전과는 상이한 새로운 과업들을 수행하기 위하여는 부부의 생활을 새롭게 조직하여 일상화시켜야 하며 이러한 과정이 적응에 요구된다.

　다섯 번째는 결혼적응을 두 사람의 독자적 생활 양식을 융합하는 과정으로 보는 관점(integration of two life styles)인데 영향력있는 배우자 쪽에서 보다 강력히 자신의 생활유형을 주장할 것이며 갓 대학을 졸업했거나 조혼인 경우 자신이 성장한 가족의 생활유형에 더욱 집착하는 경향을 보일 것이다.

2. 결혼생활 적응을 위한 제안

결혼생활의 적응을 위한 여러 학자들의 견해를 종합적으로 제시하면 다음과 같다.

첫째, 인간 간의 관계는 지속적으로 변동하며 따라서 상호관계는 결코 고정적이 아니다. 이러한 변화는 연령 증가, 지능, 인성의 변화 등 개인과 관련된 많은 복합적 요인에 기인하며, 어느 결혼생활이나 개인의 의지와는 관계없이 계속적인 변화가 있기 마련이므로 이러한 변화를 통제하고 대처해나가야 한다.

둘째, 적응은 결혼 이전부터 시작되며 결혼 초기에 적응이 잘 이루어지도록 하는 것이 바람직하다. 일반적으로 결혼 이전에 중요 영역에 대한 적응이 잘 이루어진 경우에 결혼 후의 적응이 보다 용이해진다. 해결되지 않은 채 미루었던 문제나 상이점들이 부부관계에서 치명적인 상처로 남을 수 있으므로 가능한 한 결혼 초기부터 적응이 잘 이루어지도록 하는 것이 좋다.

신혼 초에는 부부 각자가 상대방의 욕구나 필요에 민감하므로 상호 행위의 변화가 보다 용이하나, 결혼이 진행되면서 상대방의 요구에 덜 민감해지며, 개인의 행위는 보다 습관적으로 굳어버리고 자기만족을 추구하는 경향을 보인다.

결혼초기의 다양한 문제와 상이점에 직면하게 되는데 이러한 상황에 부부가 어떻게 적응해나가며 또한 문제에 대하여 어떻게 대처해나가는지는 이후의 가족주기 진행에 따른 제반 적응에 영향을 미친다.

셋째, 결혼 후 상대방을 고치려는 노력보다는 자신에게 적절한 배우자를 현명하게 선택하는 것이 중요하다. 개인은 결혼 이전에 이미 형성된 역사를 지니고 있으므로, 결혼 후의 자신이나 상대방의 극적인 변화를 시도하는 것은 무리한 일이다.

넷째, 결혼생활 적응은 일생동안 지속되는 과정이다. 결혼 초기에 성공적 적응이 이루어졌다 하더라도 가족주기의 진행에 따라 변동이 발생하며 또한 다양한 위기에 대처하여 변동이 요구된다. 이러한 변동은 지속적인 적응을 요구하며 부부 간의 친밀감의 유지발전을 위하여는 상호 지속적인 적응과 관심을 요한다.

3. 결혼생활 적응유형

대부분의 사람들은 결혼생활에 대한 낭만적이며 유토피아적인 기대와 환상에 사로잡히는 경향이 있다. 이것은 특히 여자들 사이에서 높다. 그러므로 결혼생활이 경과함에 따라 이에 대한 실망이나 불만이 상대적으로 높아질 수 있으며 이혼의 가능성이 높아질 수 있는 것이다. 결혼 생활을 연구한 사람들은 오랫동안 안정된 결혼생활은 행복하고 성공적이라는 것을 전제로 행복과 성공에 대한 비결, 또는 그것을 좌우한다고 생각하는 여러 가지 요인을 규명하는 데 초점을 맞춰왔다. 그러나 결혼 생활의 현실은 행-불행 또는 성공-실패라는 직선적 척도 위에서 단순하게 저울질할 수 있는 성질의 관계가 아님을 깨닫게 되었다. 따라서 근년에 와서는 성공의 비결이나 실패의 원인을 규명하려는 데서 소위 정상적이며 안정된 결혼 생활의 그 정체를 파악하기 위한 연구가 행해지기 시작하였다. 그중 큐버(Cuber)와 하로프(Harroff)가 1965년에 실시한 연구는 안정된 결혼생활의 다양한 성격을 제시하는 흥미있는 결과를 보여주므로 여기에 소개하려 한다.

그들은 미국사회에서 직업적으로나 경제적으로 안정된 전문직, 관리직에 종사하는 남녀 437명을 상대로 그들의 결혼생활에 대한 체험담을 수집하였다. 이들은 35세에서 55세 사이의 연령층에 속하는 사람들로서 지속적이며 정상적인 결혼생활을 영위하는 사람으로서의 체험을 기록하게 하였다. 이러한 자료의 내용을 분석한 결과 이들의 결혼생활에서 다음과 같은 다섯 가지 형태를 파악할 수 있었다는 것이다.[17]

- 싸움이 습관화된 결혼생활
- 생기를 잃은 결혼생활
- 소극적-자적적(congenial) 결혼생활
- 생기있는 결혼생활
- 전면적인 결혼생활

1) 싸움이 습관화된 결혼생활(conflict-habituated marriage)

이 형태의 결혼생활에서는 부부가 자주 싸우는 것이 특징이다. 단순히 함께 있는 것만으로도 싸움이 일어날 충분한 이유가 되는 것이 보통이다. 그리고 이 부부들은 잘 싸운다는 사실이 친구들 사이에서도 널리 알려져 있는 실정이다. 그러나 이들의 부부싸움은 결혼을 해체시킬 만한 사유가 되지 못한다. 이것이 그들의 대화형태이기도 하다. 즉 싸우면서 살아가는 관계인 것이다. 큐버와 하로프는 "이러한 부류의 부부들은 표현하지 않으면 안될 많은 적대감을 느끼고 있고 그래서 부부싸움이 그들을 묶는 끈이 된다고 추측하고 있다" 그러므로 이러한 형태의 결혼생활은 서로 적응이 안된 불안정한 상태라고 단순히 단정지을 수 없는 것이다.

2) 생기를 잃은 결혼생활(devitalized marriage)

생기를 잃었다는 것은 아내나 남편 어느 개인에게 해당되는 것이 아니며 부부관계에 해당되는 것이다. "이 유형에 속하는 부부들은 낭만적인 사랑과 친근감에 휩싸여 결혼생활을 시작하였으나 세월이 흐름에 따라 그러한 낭만적 분위기로부터 점점 떨어져나간 사람들로서, 그러면서도 여전히 그럭저럭 서로 간의 관계를 유지하며 살아나가면서 결혼 상태에 머물러 있기를 바라는 사람들인 것이다"

---

17) Arlene Slolnicl, *The Intimate Environment, Exploringn Marriage and the Family* (Boston: Little Brown Co.), pp. 236-242.

3) 소극적-자적적 결혼생활(passive-congenial marriage)

이 부류에 속하는 부부들은 처음부터 상대방에 대하여 높은 정도의 정서를 품은 일이 없다는 점에서 '생기를 잃은 부부들'과 구별한 것이다. 이들은 결혼에 대해 높은 기대를 걸기보다 그저 편리하고 안락한 삶의 한 방편으로 생각할 정도이다. 그리고 자신들의 관심과 창조적 역량을 다른 곳에다 쏟고 있다는 것이다. 이들은 결혼생활을 공리주의적으로 받아들이는 태도를 지닌 것이다.

4) 생기있는 결혼생활(vital marriage)

이 유형에 속하는 결혼생활과 다음에 설명할 전면적인 결혼생활의 두 유형은 그들이 연구한 사례들 중 결혼의 이상적 형태에 가장 근접해 있는 것이라고 한다.

생기있는 결혼생활이란 부부관계에 관한 것이며 배우자들의 개인적 성격을 표현하는 것은 아니다. 이들의 결혼생활은 부부가 많은 시간을 함께 보내며 그리고 함께 있는 시간을 즐길 정도이다. 제각기 독자성을 지니면서 부부관계 자체가 각자에게 극히 중요한 것으로 되어 있다는 점이다. 그리고 이들은 자신들의 직업활동과 사회활동도 성공적이어서 앞서 지적한 공리주의적 태도의 부부들과는 이 점에 있어서 차이가 없다는 것이다.

5) 전면적인 결혼생활(total marriage)

이 유형은 부부가 생활의 보다 많은 측면에 걸쳐서 함께 참여한다는 점에서 네 번째 유형인 "생기있는 결혼"과 구별된다는 것이다. 아내는 종종 여러 가지 방법으로 남편의 일에 참여하고 있는 것이다. 이 두 유형에 속하는 형태의 부부관계에 있어서 흥미있는 양상은 그들이 친구들이나 이웃들로부터 이탈감을 느낀다는 사실이다. 그들 중 많은 사람들은 자기의 배우자에 대한 자신의 진정한 감정을 숨기지 않으면 안된다고 느끼고 있었는데, 이것은 남들이 비웃거나 의심하지 않을까 하는 두려움에서였다. 전면적인 부부관계는 상호동료감과 관여도가 높다.

갈등이 있을 때는 누가 옳고 그른가보다는 긍정적 상호관계를 그대로 유지하는 데 더 큰 관심이 있다. 즉 이들은 상호 친밀하고 깊이 몰두하는 내면적 관계의 부부들이다.

4. 부부관계의 갈등과 공허한 가족(empty shell familly)

현대가족은 그 안정성과 지속성이 부부관계에 주로 의존한다.
현대인에게 있어서 결혼은 부부 사이의 애정적 유대에 그 기반을 두며 가문의 계승과 단합 등에 본질적 의의를 두지 않으므로 부부 간의 상호관계가 현대가족의 중추를 이룬다. 현대 부부생활은 핵가족 내의 상호작용이 대단히 밀접하며 강함으로써 원숙하게 깊이 발전할 수 있는 한편, 또한 그 과정에 있어서 상호기대에 어긋나는 데 대한 불만과 좌절감으로 갈등을 일으킬 가능성이 많다.

1) 부부관계의 갈등적 측면
버제스(Burgess)와 왈린(Wallin)은 부부 간의 상호작용에 여러 측면이 있음을 지적하였다. 부부 간의 친밀성은 결혼생활을 견고하게 하는 데 큰 힘이 된다. 그 친밀성은 애정과 성생활의 발전과 표현에 관련된 것이다. 그리고 일반적으로 결혼생활의 행복과 안정성은 애정, 상호의존, 용납성 및 상호 만족감과 정비례한다. 그와 반대로 결혼생활의 불만과 불안정성은 서로 무관심하고 적대시하며, 상호 비용납적이며 독립적일수록 심해질 것이다. 부부 간에는 감정적으로 상호의존하며 공통된 관심과 취미를 가지는 면이 있어야 하는 한편, 또한 개별적 활동으로 개성을 살리며 성격적 차이를 상호용납할 수 있는 관계를 지녀야 한다. 그러므로 그들의 역할을 공통으로 하는 것도 있어야 하지만 개별적으로 이행하는 것도 있어야 한다. 이것은 부부 간에 애정이 두텁다고 해서 반드시 모든 역할을 같이 하며 공동 관심과 취미를 위하여 함께 활동해야 한다는 것을 의미하지 않는다. 즉 상호 의존성과 독립성, 그리고 공동생활과

개별활동의 양측면을 함께 유지하는 데서 원만한 부부관계를 발전시켜 나갈 수 있는 것이다.[18]

그리고 부부 간에 문화적 배경의 동질성과 이질성을 상호관계의 발전을 위하여 어떻게 기여하느냐가 문제인 것이다. 문화적 배경이 상이한 부부 사이에서도 서로 동화되고 창의성을 발휘할 수 있으며 피차에 상이한 관심과 가치 등이 자극이 되고 상호 보충적이 될 수 있다. 그러나 문화적 배경에 심한 차이가 있을 경우 상호보완의 역할이 불가능하며 갈등을 초래할 경우가 많다. 동질적 배경을 지닌 부부 사이에서도 창의성을 살려 상호 자극적인 관계를 지속할 수 있는 한편, 너무 동화됨으로써 생길 수 있는 권태에 쉬 빠질 수 있으며 상호 간의 흥미를 상실할 가능성이 많은 것이다. 부부관계가 발전적이 되기 위하여는 살림살이, 자녀양육, 가족생활과 가족의 병, 그리고 친우의 관계에 있어 공동으로 참여하며 기쁨과 고통을 함께 나눌 수 있는 관계에 달해야 한다. 만일 부부 중에서 어느 한 편이 집안 일에 무관심하며 외부활동과 생활에 혼자 도피해버린다면 부부관계에 불안과 갈등을 면치 못하게 될 것이다.

2) 공허한 가족(empty shell familly)

부부가 이혼이나 별거를 하지 않고 동거하면서도 서로 필수적인 것만을 사무적으로 요구하고 의무적으로 다할 뿐 거기에는 감정이 없고 전인격적인 상호작용이 결핍된 상태이다. 이들 사이에서는 싸움도 없고 폭력도 없다. 분위기에는 웃음이나 재미도 없다. 침울만이 지배한다. 대화를 최소한으로 하며 감정이나 경험에 대하여 서로 말하지 않는다. 남편은 자신의 경제적 부양 책임을 다한다. 아내는 청소, 식사담당, 병자간호, 등 살림살이를 위한 주부노릇을 한다. 자녀들은 학교에 나가며 그들의 일상생활에 책임을 진다. 부모 자녀 간에는 생활에 필요한 사무적 역할

---

18) E. W. Burgess & Paul Wallin, *Engagement and Marriage* (Philadelphia : J. B. Lippincott Co.), pp. 418-419.

과 의무만 지킬 뿐 표현이 없다. 자녀들의 자녀스러운 애정의 표현이나, 즐거움의 표현도 무시당하거나 거부당한다. 부부 간의 성생활은 불만족 또는 단절상태이다. 두 사람 사이의 적대감정은 크지만 서로 억제한다. 다투는 일은 사소한 일에 한정되고 근본적인 문제에 대한 싸움은 이혼으로 치달을 수밖에 때문에 피한다. 이 단계에서는 종교적 이유, 자녀, 체면 등의 이유로 서로 이혼을 기피하는 것이다. 그러므로 이러한 가족은 감정적으로 자유스럽지 못하며 자녀들의 이성교제에 대하여 보수적인 태도를 나타내므로 자녀들은 그들의 생활을 부모에게 감추는 이중생활을 한다. 따라서 사회생활에서도 대체로 만족스러울 수가 없다.[19]

5. 부부갈등의 근원과 요인

1) 부부갈등의 근원

부부갈등은 여러 근원에서 출발하는데 여러 근원들이 상호 관련될 때 갈등의 양상은 더욱 복잡해진다. 부부의 갈등에 대한 근원으로써 이영실은 정신 내적 원인, 신체 내적 원인, 상호 정신적 원인, 상황적 또는 환경적 원인을 들 수 있다.

(1) 정신 내적 원인

개인 내에서 생성되는 내적 충동, 본능, 가치들이 서로 맞지 않음을 의미하며 여기서 나온 갈등은 배우자와 연관된 것이 아니라 자신의 문제이다. 이러한 내적 갈등에 의해서 긴장이 유발되며, 나아가서 내적 긴장의 결과로 개개인들은 긴장을 자극하는 상황에서 서로 의견이 맞지 않거나 말다툼을 하게 된다. 이처럼 불규칙적인 공포, 불안, 신경적 증세들이 부부갈등의 근본적인 요인이 되는 것이다. 한편, 정신 내적인 원인으로

---

19) W. J. Goode, "Familly Disorganization" in R. L. Merton and Nisbet(ed), *Contemporary Social problem* (N.Y: Hartcourt, 1961), p. 510.

생긴 갈등은 어린 시절에 경험한 불안 등이 개인의 내면에서 충동됨으로 야기될 수 있으며, 이것은 개인의 정신에 뿌리박혀 있는 것이다.

(2) 신체 내적 원인

신체가 지니는 내적인 긴장을 의미하며, 특히 신체적 피로는 짜증, 분노, 참을 수 없음, 왜곡된 사고 등을 야기시키므로 중요한 신체 내적 원인이 될 수 있다. 뿐만 아니라 저혈당(a low level of blood sugar)은 긴장의 잠재적 원인이 되며, 정서적 병(emotional illness)은 좌절과 논쟁의 주요원인이 된다.

(3) 상호 정신적 원인

인간 간의 관계에 일어나는 갈등의 원인이며, 특히 부부의 갈등은 자녀, 친척, 친구 등 다른 사람과의 관계에서 올 수도 있다. 뿐만 아니라 부부 간의 관계에서 야기되는 생물학적 또는 정신적 욕구의 좌절은 가장 중요한 갈등의 원인이 되며, 이러한 좌절이 되풀이되거나 계속되면 긴장이 쌓여 갈등으로 표출된다.

(4) 상황적 또는 환경적 요인

가정의 생활조건, 가족성원에 대한 사회적 압력, 가족기능을 혼란시키는 기대하지 못한 사건 등을 말하는데 특히, 실업, 예기치 않은 임신, 죽음, 별거, 이사 등은 정서적으로 불안정한 부부에게 논쟁이나 싸움을 일으키기에 충분한 것이다. 그러므로 상황적 또는 환경적 원인의 근본문제는 부부의 정서적인 미성숙함에 있다.

2) 갈등의 요인

(1) 애정관계 요인

부부관계의 기초를 이루는 사랑과 신뢰감, 서로에 대한 관심이 결여되거나 문제가 생길 때 갈등이 야기된다. 예를 들어 신혼기에는 애정 표현과 관심이 많은데 자녀양육기에 들어 부부관계보다 일과 사회활동에 관심을 쏟음으로써 불만요인이 제기된다. 또한 배우자의 부정행위는 부부불화의 대표적 원인이 된다. 우리 나라 이혼 사유의 제1순위가 배우자의 부정행위이다.

(2) 성문제 요인

성은 결혼 생활의 전부는 아니지만 중요한 기본적 요소가 된다. 성관계는 육체적인 관계 외에 그보다 앞서 애정과 정서적인 문제와 관련되며, 무엇보다도 믿음이 선행되지 않으면 안된다.

(3) 경제적인 요인

가정의 파탄, 실업, 부인의 취업, 빈곤, 도박 등으로 문제가 야기되는데, 특히 생활비의 부족은 부부싸움의 중요한 근원이다. 또한 도박 등으로 인한 재산의 탕진, 부인의 비자발적 취업 등은 갈등의 요인이 된다.

(4) 성격문제

현대에는 성격 차이에 의한 이혼이 늘어나고 있는 실정이다. 여기에는 이기주의, 질투, 불신, 불성실, 폭력성, 미성숙, 기만행위 등이 포함된다. 따라서 생활환경이나 성장배경이 다른 가운데 형성된 생활습관과 성격 등이 전면적으로 부딪힘으로써 갈등이 야기된다.

(5) 사회 문화적 배경문제

인생에 대한 가치관, 종교, 철학 등의 배경 등이 다름으로써 나타나는 갈등이다. 예를 들어 한 쪽 배우자가 너무 광신적이거나, 다른 종교를 가져 배타적일 때 종교로 인한 갈등은 심각하다.

(6) 자녀문제

자녀양육, 자녀에 대한 태도 등으로 갈등을 한다. 특히 문제 자녀가 있을 때 그 자녀에 대한 태도와 문제지도의 방향, 책임전가로 인해 갈등이 있다.

(7) 건강문제

정신질환, 질병, 알코올 과다, 학대 등으로 배우자의 신체적, 정신적 건강을 위협할 때 생기는 갈등이다.

(8) 친족관계

고부 간의 갈등, 친척 간의 소원한 관계, 재산, 분쟁 등 집안 간의 교류 문제로 생기는 부부 간의 갈등이다. 우리 나라는 아직도 시댁과의 갈등이 부부갈등의 요인에 중요한 부분을 차지한다.

(9) 부부의 대인관계 문제

최근에 나타나고 있는 갈등의 이유는 상당히 주관적인 문제인데, 여기에는 친밀감의 결여, 의사소통의 부족, 공통 관심사가 다른 점, 책임감 부족, 동반자 의식 부족, 상호 간의 무관심, 상호 간의 역할과 권력의 불균형 등으로 어려움을 갖는 문제 등이 포함된다.

6. 부부갈등의 해결

부부관계에서의 갈등은 그것이 해결되는 방식에 따라 부부관계에 치명적일 수도 있으며 혹은 더 친밀한 관계로 발전하는 데 밑거름이 될 수도 있다. 만약 갈등을, 박탈 또는 방해로 인해 일어나는 부정적 현상으로만 인식하고 그것을 분노나 적대감으로 표출하게 되면 부부관계는 조화를 이룰 수 없다. 그러므로 갈등에 수반되는 부정적인 감정을 어떻게 긍정적인 방법으로 표출시키느냐 하는 것이 갈등 해결의 결정적인 실마리가 된다. 부부 간의 갈등을 건설적인 방법으로 표현하는 방법들을 구체적으로 살펴보면,

첫째, 갈등의 표현은 감정을 근거로 한 언어행동으로 표현된다. 불만이 있을 때는 감정을 누르고 이성적인 언어로 명확히 표현한다.
둘째, 갈등의 요인과 원인을 먼저 파악하고 나서 그 문제에 대한 이해와 느낌을 정확히 전달한다.
셋째, 항상 문제중심으로 다루며 상대방의 약점이나 인신을 공격해서는 안된다.
넷째, 한 문제 한 상황에 대하여만 논의한다. 과거의 일이나 사소한 일까지 모두 동원하면 이것은 해결이 아니라 전쟁의 시작이다.
다섯째, 갈등의 표출 방법이나 시간도 상황을 고려하여 나타낸다. 예를 들어 식탁이나 자녀들 앞에서의 부부갈등이나 부부싸움은 좋지 않다.
여섯째, 갈등의 해결을 위해서는 관용이나 화해, 타협, 양보, 의견접

근, 적응 등의 여러 방법이 있을 수 있다. 갈등의 주제에 따라 다양한 방법을 사용한다.

　일곱째, 갈등의 시작과 끝을 명확히 한다. 예를 들어 싸우다가 집을 나간다든가, 폭력을 쓴다든가 하는 것은 바람직하지 않다. 항상 감정을 정리하고 갈등의 해결 실마리를 갖고 끝낸다.

　여덟째, 문제를 논쟁하기 전에 자신과 상대방의 입장을 생각해본다. 또한 상대방의 항변과 논점을 들어주는 시간과 여유를 갖고 접근한다. 대체로 부부갈등을 표출할 때는 자신의 감정과 논리에만 집착하는 경향이 있다.

　아홉째, 어떤 경우에라도 부부 간의 갈등표출 방식으로 폭력을 사용해서는 안된다. 신체적 폭력뿐만 아니라 언어적 폭력도 사용하지 않아야 한다. 폭력은 상처를 남기기 때문에 후유증이 크다.

　열번째, 부부싸움에는 결코 승리자가 없다는 점을 인식한다. 서로에 대한 이해와 사랑, 신뢰를 근거로 포용하는 자세를 갖고 타협자가 되려는 의식이 근본적으로 있어야 한다. 즉, 서로에게 도움이 되는 방향으로 논쟁하고 표현하는 기술을 배워야 한다

7. 부부 역할의 변화

　원만한 가족생활은 가족원 간에 적절한 역할을 수행해야 가능하다. 특히 부부 간의 역할은 가족생활의 핵심으로써 남편으로서, 아내로서 역할을 얼마나 잘 수행하느냐에 따라 가족의 안정과 행복이 좌우된다.

　부부 간의 역할도 사회변화에 따라 달라지고 있다. 즉, 핵 가족화, 여성 교육의 향상, 남녀평등 사상의 보급, 자녀수의 감소, 여성취업의 증가 등으로 전통적인 형태에서 근대적인 형태로 역할이 변화하고 있다. 즉 근대적 부부역할 방향은 인생의 동반자, 역할의 공유, 출산의 선택과 가족계획, 이혼의 선택, 평범한 남녀관계 의식 등이 내재된 방향으로 가고 있다.

⟨부부 간의 역할 변화⟩

전통적인 부부역할	융통성있는 부부역할
① 남편은 지배, 부인은 종속	① 인생의 평등한 동반자
② 부인은 가사노동, 남편은 생계책임자 역할, 엄격한 역할 구분	② 부인은 선택적으로 취업, 남편도 가사에 관여, 역할구분 모호
③ 극히 소수의 부인이 취업하나 남성보다 보수가 낮음	③ 능력에 따른 동등한 보수
④ 남성, 여성에 대한 고정 관념이 지배적	④ 남, 녀 모두 재능, 취미를 자유로이 개발
⑤ 여성은 결혼, 남성은 성공이 주된 관심사	⑤ 남, 녀 모두 교육, 사회, 경제분야에 능력껏 공헌
⑥ 자녀출산은 의무	⑥ 자녀양육은 선택
⑦ 사랑은 젊은이들의 성숙한 일	⑦ 사랑은 지속되는 상호관계에서 성숙됨
⑧ 자녀돌보기는 부인, 양육비는 남편책임	⑧ 자녀양육은 부모 모두의 책임
⑨ 이혼은 실패로 간주	⑨ 이혼은 새로운 삶의 선택
⑩ 여성은 상냥하고 남성은 강하고 씩씩하도록 사회화	⑩ 희노애락의 솔직한 감정표현이 상호이해에 기여
⑪ 성차별, 남성우위	⑪ 성차별은 남, 녀 모두의 권리, 기회를 빼앗는 것임

(가족환경연구회, 가족과 환경, 1988)

아담스(Adams, 1980)는 부부역할 변화 경향을 전통주의형, 신전통주의형, 평등주의형으로 분류했다.[20]*

전통주의는 부부 간의 역할 구분이 뚜렷하여 남편과 아내는 각기 분리된 채 역할 수행을 하게 되며 서로의 역할에 관여하지 않음을 뜻한다.

신전통주의는 아내의 사회진출, 사회적 역할은 경우에 따라 인정하되 그에 따른 남편의 가족 내 역할 보충은 일어나지 않으며 근본적으로 남성 우위적인 가치의식이 지배적인 역할 분담 형태를 말한다.

평등주의는 남편, 아내이기 이전에 한 사람의 인간으로서, 자신의 삶의 목표나 능력에 따라 원하는 역할을 선택적으로 수행할 수 있는 것을 말하는 것으로 부부직업형(dual career), 역할공유형(role sharing), 역할전환형(role reversal) 등은 평등주의에서 가능한 역할유형이다.

부부직업형은 부부 각자가 자기실현을 이룰 수 있는 직업을 가지고 있어서 직업생활에서 생의 만족을 얻고 상대방의 성취를 통해서 간접적 만족도 얻는다. 역할공유형은 경제적 생산의 역할, 가사역할, 의사결정 등의 모든 역할을 남녀가 공평하게 분담하는 것이다. 역할전환형은 필요에 따라 합의가 된다면 여성이 가계부양자 역할, 남성이 가정운영자로 역할을 바꾸어 수행하는 유형을 말한다.

8. 부부역할의 내용

파슨즈(Parsons)는 전통적인 부부역할로써 남성은 도구적 역할(instrument role)인 경제부양자, 직업역할 수행, 문제해결 및 과업수행 등의 역할을 맡고, 여성은 정서적 안정과 긴장완화, 가족 간의 관계통합, 아동양육 등의 표면적 역할(expressive role)을 맡아왔다고 본다. 그는 성별에 의한 이러한 역할 구분은 부부결속과 가족의 기능을 원활하게 유지하는 기능이라고 주장했다. 그러나 부부역할 내용은 필요에 따라 분담되고 실행되어야 하는데 대체로 부부가 행해야 할 역할 내용에는 다

---

20) Adams, B.N., *The Familly: A Sociological Interpretation* (Cicago: Rand Mcnally College Pub., 1980).

 * 스캔 죠니(Scan zonis)부부는 구조적으로 부부역할을 ① 가용하는 권위형(enforced authority) ② 전통적인 머리와 보완형(traditional head-complement) ③ 동반형(companionship) ④ 인류 평등주의형(equalitarian)으로 구분하고 있다.

음 역할이 포함되어야 한다.

1) 자녀양육과 사회화의 역할
부부의 역할 중 자녀출산과 함께 자녀의 건전한 인성형성과 성장에 부모로서 올바른 역할을 수행해야 한다. 이것은 아버지, 어머니의 역할을 부여하게 된다.

2) 가계부양자의 역할
독립적인 가계운영을 위해서는 수입이 필요하다. 이것은 과거엔 남편의 역할이었으나 점차 여성도 가계부양자의 역할을 공유한다.

3) 성적인 역할
남편과 아내로서 갖는 고유한 역할이 성의 파트너가 되는 것이다. 감정적 교류, 대화의 방법이기도 한 성행동은 부부관계의 기초이기도 하다. 부부의 성적인 역할이 제대로 수행되지 않을 때는 여러 문제가 발생한다.

4) 치료적 역할
부부가 서로의 고민과 어려움을 털어놓고 상담하며 문제점을 해결하는 카운셀러의 역할이 필요하다. 이 역할은 특히 현대사회의 변화와 함께 새로 부여된 부부의 역할이다. 따라서 필요에 따라 치료적 역할을 수행해 주지 못할 때는 부부생활에 틈이 생기고 고독할 수 있다.

5) 오락과 휴식의 역할
가족 내에서 진정한 휴식과 평화를 얻어야 하는데 휴식과 오락의 제공은 아내뿐 아니라 남편도 상황에 따라 해줄 수 있어야 한다. 예를 들어 적절한 가족 여가, 안정된 가정 분위기 연출, 가족원 간의 조화, 즐거움을 갖도록 부부가 공동으로 노력한다.

6) 친족관계의 조정역할

부부는 친족들과 원만한 관계를 유지하고 감정적 유대를 갖도록 서로 노력해야 한다. 아내이면서도 며느리이며, 남편이면서 사위의 지위를 갖고 있는 관계로 그러한 역할을 무시해버리면 가족과 가족이 결합특성을 갖고 있는 우리 나라의 상황에서는 갈등이 생긴다.

부부역할이 성공적으로 실행되기 위해서는 다음과 같은 사항들이 고려되어야 한다.

첫째, 부부 간의 역할에 대한 인지와 기대, 수행상의 일치를 갖도록 한다. 남편과 아내로서 자신의 역할과 상대방의 역할 일치도가 높을수록 부부관계가 원만하다. 특별히 남편은 전통적인 성역할 태도를 갖고 있고, 아내는 근대적인 성역할 태도를 갖고 실제로 그렇게 역할을 수행한다면 항상 역할 갈등이 있게 마련이다.

둘째, 역할수행상 부부 간의 역할 공유도를 높이는 방향으로 가정일을 분담하도록 한다. 자녀양육, 여가활동, 대외적 활동, 소비생활, 가사노동, 가계부양 등을 성별로 나누어 하기보다 필요에 따라 나누기는 하지만 함께 공동으로 할 때, 부부 간의 만족도가 더욱 높아진다.

셋째, 부부 간의 역할은 협의하여 담당하도록 한다. 서로에 대한 애정과 신뢰가 있는 상태에서, 서로의 발전을 위해서 역할영역과 수행방법이 결정되는 것이 바람직하다. 부부 간의 역할은 어디까지나 서로의 행복과 자아실현이 될 수 있는 여건을 중심으로 수행되어야 한다.

Ⅳ. 가족관계와 가족 커뮤니케이션

1. 가족원의 적응력(family adaptation)

가족의 적응력이란 가족체계가 상황적으로 또는 발달과정에서 발생할 수 있는 문제에 대응하여 가족의 권력구조나 역할, 관계의 규칙을 변화시킬 수 있는 능력, 즉 융통성의 정도를 뜻하는 것이다.[21] 이것은 가족원들이 자신의 의견을 주장하는 유형, 리더십, 부모의 양육태도, 타협방식, 역할관계, 가족규칙의 융통성 등 여섯 가지 요인을 근거로 측정된다. 가족 적응력을 측정하기 위한 지표와 적응력의 수준은 아래의 도표와 같다.

〈가족 응집력 지표[22]〉

적응력 수준 측정요인	경직	구조적	융통성	혼돈
주 장	수동적, 공격적 유형	일반적으로 단호히 주장	일반적으로 단호히 주장	수동적, 공격적 유형
통 제	권위주의적 리더십	민주주의적 리더십	동등한 리더십	리더십이 없음
훈 육	권의주의적 매우 엄격	민주주의적	민주주의적	방임형 매우 관대
타협 협상	제안된 협상, 문제 해결 능력 빈약	구조적 협상, 문제 해결 능력 좋음	좋은 협상, 문제 해결 능력 좋음	무한정의 협상, 문제 해결 능력 빈약
역 할	경직된 역할, 스테레오 타입의 변화	역할 분담	역할 확립 및 역할 분담, 역할의 자연 변화	역할의 극적인 변화

적응력 수준 측정요인	경직	구조적	융통성	혼돈
규 칙	경직된 규칙, 명시된 규칙이 많고 함축적인 규칙이 적음, 엄격하게 규칙 준수 요구	규칙의 변화 거의 없음, 함축적인 규칙보다 명시적인 규칙이 더 많음 보통규칙 강요	규칙의 변화가능, 함축적인 규칙이 더 많음, 때때로 규칙 강요	규칙의 극적인 변화, 함축적인 규칙이 많음, 명시적인 규칙 거의 없음, 규칙을 마음대로 적용시킴

*출처 : Olson and McCubbin(1982), p.52.

모든 체계는 스스로를 유지하기 위하여 안정지향성(morphostasis)과 변화지향성(morphogenesis)을 동시에 지니며 체계가 제대로 기능하기 위하여는 안정과 변화를 모두 필요로 하는데 변화능력은 기능적 가족과 역기능적 가족을 구분하는 기준이 된다.

"지나치게 변화 지향적인 가족을 혼돈가족(chaotic)이라 하며, 이러한 가족은 예측할 수가 없고, 변화로 인하여 공통의 의미를 형성하고 관계를 발전시킬 기회가 결여되므로 역기능적인 가족이 된다.

반대로 변화를 지나치게 억제하는 안정지향적인 가족은 경직가족(rigid)이다. 가족체계는 가족주기의 진행에 따라 실직, 질병 등 가족이 경험하는 다양한 생활 사건에 대응하여, 끊임없이 적응하는 과정을 통하여 재구성되어야 함으로, 경직된 가족 역시 역기능적이다.

경직된 가족과 혼돈된 가족의 중간에 구조적 가족(structual)과 융통적 가족(flexible)이 위치하며, 이들은 적절한 수준의 적응력을 지닌 가

---

21) 가족 적응력은 가족기능의 원활성 여부, 즉 역기능 : 순기능 측면에서 볼때 측정되는 영역은 응집력(cohesion), 성장능력(ability to grow), 적응력(adaptation), 정서적 관여(affective involvement), 통제력(control), 의사소통 등이다.

22) Olson D. H. and Mccubbin H. I., *Circumplex Model of Marital and Family System : Application to family stress and crisis intervention*

족으로 기능적이다."

이러한 내용은 다음과 같이 나타낼 수 있다.

```
    경직      구조적     융통적      혼돈
  ←─────────────────────────────────→
    낮음                              높음
            〈가족 적응력 정도〉
```

이와 같이 변동의 관점에서 적응의 개념을 정의한 올손(Olson)이 적응력과 가족의 기능 정도와는 곡선의 관계가 있다고 가정하는 데 대하여, 비버스와 볼러(Beavers and Voeller)는 성장의 관점에서 적응을 개념화하면서 적응력의 증가에 따라 가족이 보다 기능적으로 된다는 직선의 관계를 상정하고 있다. 이에 대하여는 실증연구와 논란이 계속되고 있는 중이다.

가족주기 진행에 따른 적응력 변화에 대한 올손의 연구에 의하면, 진수기를 제외한 모든 단계에서 아내의 적응력이 남편에 비하여 높은 것으로 나타났으며, 적응력 수준은 부부 모두 신혼기에서부터 점진적인 감소를 보여, 청소년기 가족, 진수기 가족에 이르기까지 지속적으로 감소하다가 그 이후에 다시 증가함을 보인다.

남편은 청소년기 가족에서, 아내는 진수기 가족에서 적응력 수준이 가장 낮았으며, 사춘기 자녀는 부모에 비하여 자기 가족의 적응력 수준이 낮다고 평가하였다.

이것은 사춘기에 처한 자녀들이 가족으로부터의 자유와 자율을 추구하며, 기존 가족 규칙에 도전하면서 보다 자유로이 융통성을 추구하기 때문으로 사료된다.

2. 가족원의 응집력(family cohesiom)

응집력은 가족체계 내에서 가족원 상호 간에 지니는 정서적 유대감과 가족원 개인이 경험하는 자율성의 정도를 의미하는 것으로 가족 내의 다른 체계 또는 가족원 간의 친밀감이나 일체감, 유대감을 느끼는 정도를 뜻한다.

가족 응집력 정도를 측정하기 위하여 연구되는 구체적 내용은 정서적 유대, 가정의 외부환경이나 하위체계 간의 경계, 연합이 이루어지는 정도와 대상, 가족 공동의 시간과 가족원 개인의 사적 시간의 허용정도, 가족공동의 관심사와 여가 등 여덟 가지 주제이다. 가족 응집력을 측정하기 위한 지표와 응집력의 수준은 아래 도표와 같다.

〈가족 응집력 지표〉

측정요인 \ 응집력 수준	과잉분리	분리	연결	속박
정서적 유대	매우 낮음	낮음-중간	중간-높음	매우 높음
가족의 경계	외부와의 경계: 개방적 내부와의 경계: 폐쇄적 세대간의 경계: 경직	외부와의 경계: 반개방적 내부와의 경계: 반개방적 세대간의 경계: 명확	외부와의 경계: 반개방적 내부와의 경계: 개방적 세대간의 경계: 명확	외부와의 경계: 폐쇄적 내부와의 경계: 혼잡 세대간의 경계: 불명확
연합	연합정도 약함	부부의 연합 명확	부부의 연합정도 강함	부모, 자녀와의 연합, 속죄양 현상
시간	가족과 물리적 정서적 시간적 분리가 매우 큼	홀로 보내는 시간, 함께 보내는 시간 중요시함	함께 보내는 시간 중요시, 합당한 이유라면 개별시간 허용	함께 보내는 시간 매우 많음
공간	물리적 정서적으로 공간적 분리 최다	사적 공간 허용 가족과도 때때로 같이 있음	가족과 함께 하는 공간 많음. 사적 공간 최소	가정에서의 사적 공간은 거의 허용치 않음

응집력 수준 측정요인	과잉분리	분리	연결	속박
친구	주로 개인친구만 존재, 가족친구들은 거의 없음	개인친구와 가족친구 존재	개인친구, 부부, 가족친구와 함께 활동	개인친구 거의 없음, 주로 부부, 가족친구들과 함께 활동
의사결정	주로 개별적으로 결정	대부분의 결정은 개별적으로 이루어지고 가족과 관련된 문제는 함께 결정	개별적으로 내려야 할 결정도 함께 나눔, 대부분의 결정은 가족과 함께 결정	모든 결정(개별적 관계적)은 가족만이 결정
관심사와 여가	주로 개별 활동만 이루어짐	자발적으로 가족 활동, 개별 활동 지지	가족활동, 가족은 개별 활동에 관심 보임	대부분의 활동과 관심사는 가족과 함께 나누어야 함

*출처: Olson and McCubbin(1982), p.50.

개인이 경험하는 자율성의 정도를 의미하는 것으로, 가족 내의 다른 체계 또는 가족원 간의 친밀감이나 일체감, 유대감을 느끼는 정도를 뜻한다.

가족 응집력 정도를 측정하기 위하여 연구되는 구체적 내용은 정서적 유대, 가족의 외부환경이나 하위체계 간의 경계, 연합이 이루어지는 정도와 대상, 가족공동의 시간과 가족원 개인의 사적 시간의 허용정도, 가족공동의 공간과 개인의 사적 공간의 허용정도, 친구관계, 의사결정유형, 가족공동의 관심사와 여가 등 여덟 가지 주제이다. 가족 응집력을 측정하기 위한 지표와 응집력의 수준이 앞의 도표에 나와있다.

응집력이 지나치게 높은 가족을 속박가족(enmeshed)이라 하는데, 이러한 가족에서는 가족원 상호 간 지나치게 밀착되어 있어, 개인의 자율성이 결여되고 사생활을 침해받으며, 개인의 목표를 실현하지 못하므로 역기능적인 가족이 된다.

반대로 과잉분리 가족(disengaged)은 응집력 수준이 지나치게 낮은 가족으로, 가족원 간의 정서적 유대나 친밀감이 거의 없어 상호 무관심하며 가족원 각자가 지나치게 자율성과 개성을 지니는 가족이므로 역시 역기능적이다. 그러나 가족주의를 바탕으로 영위되는 우리의 가족생활을 감안할 때, 응집력이 지극히 낮은 경우 병리적이라 한 점은 수긍이 가나 응집력이 높은 가족도 병리적이라는 데에는 지나친 단순화가 아닌가 생각된다. 속박은 전 가족원에 해당하는 현상이 아니고, 가족 내의 하위체계에 국한되는 것이 일반적이며, 건전한 높은 수준의 응집력과 병리적 속박은 구분되어야 할 문제라고 생각된다.

속박된 가족과 과잉분리된 가족의 중간에 분리가족(separated)과 연결가족(connected)이 위치하며, 적절한 수준의 응집력을 지니므로 기능적이다.

이러한 내용은 아래의 그림과 같이 나타낼 수 있다.

| 과잉분리 | 분리 | 연결 | 속박 |

낮음 ←――――――――――――――――――→ 높음

〈 가족 응집력 정도 〉

3. 가족 간의 의사소통 형태

1) 부부 간의 의사 소통 형태

부부 간의 의사소통 형태 분류는 분류하는 기준에 따라 다르게 제시되고 있다.

기브(Gibb)는 의사소통의 가능성에 따라 방어적 의사소통과 지지적 의사소통으로 분류한다. 방어적 의사소통이란 독단, 통제와 전략, 무관심, 우월감 등의 역기능적 의사소통을 의미하며, 지지적 의사소통이란 성실한 정보추구, 정보제공, 자발적인 문제해결, 감정이입이 되는 이해, 대등함 등의 순기능적 의사소통을 의미한다.

사티어(Satir)는 대인 간의 상호작용에 관심을 갖기 시작한 지 30년이 되면서 대인 간의 의사소통에 어떤 일반적인 유형들이 있다는 것을 실패를 통하여 알게 되었다고 하면서 다섯 가지 유형, 즉 회유형

(placating), 비난형(blaming), 계산형(computing), 혼란형(distracting), 수평형(leveling)을 제시하였다. 수평형을 제외한 나머지 네 유형은 개인이 위협을 느끼지만 자신의 약점을 나타내기 싫기 때문에 그 약점을 감추려고 노력할 때 나타나는 유형들이다.[23]

첫째, 회유형(placating)은 상대방이 화나지 않게 하려는 유형으로 상대방의 기분을 맞추려고 애쓰고, 사과하고, 결코 반대하지 않으며, 아무 일도 아닌 것처럼 말하며, 자기 스스로는 아무일도 할 수 없는 듯이 말한다. 한마디로 회유형의 사람은 아첨꾼으로 모든 일에 "예"라고 말한다.

둘째, 비난형(blaming)은 자신을 강하게 보이도록 하려는 유형으로 상대방의 결정을 발견하여 비난하고, 독재자나 우두머리로서 행동하며, 목소리는 딱딱하고 날카롭고 크다.

셋째, 계산형(computing)은 아무런 해가 되지 않는 것처럼 행동하고 큰소리를 사용함으로써 자신의 가치를 내세우려고 하는 유형으로 어떠한 감정도 겉으로 나타내 보이지 않고, 매우 이성적이며 정확하고 침착하고, 냉정하며, 목소리는 건조하고 단조로우며, 말은 추상적이기 쉽다.

넷째, 혼란형은(distracting)은 위협을 무시하고 마치 위협이 없는 것처럼 행동하는 유형으로 다른 사람의 행동이나 말과는 무관한 행동이나 말을 하며, 초점에 맞는 반응을 하지 못하며, 목소리는 단조로우며 말과는 맞지 않는다.

다섯째, 수평형(leveling)은 불화를 화해시키고, 곤경을 타개하고, 사람들 사이에 다리를 놓는 유형으로 목소리, 얼굴 표정, 몸의 자세, 음정, 말 등이 서로 조화를 이루며, 관계는 편하고 자유롭고 솔직하며, 자경심에 대한 위협이 거의 없다. 수평형은 바람직한 의사소통 방법이기는 하

---

23)Satier, V., *People Making*(California: Science and Behavior Bools, 1972). pp. 55-79.

지만 실제로 이 유형에 속하는 사람은 극히 소수에 불과하다. 그러나 수평형의 의사소통을 하기 위해서 많은 노력이 있어야 하겠다.

2) 부모 자녀 간의 의사소통 형태

부모 자녀 간의 의사소통은 부부 간의 의사소통과는 다르다. 왜냐하면 부부는 서로 성인인 대등한 관계이지만 부모 자녀는 성인인 부모가 미성년인 자녀를 양육하는 관계이기 때문이다.

토마스, 고든(T.Gorden)은 부모가 자녀에게 의사소통하는 전형적인 방법으로 다음과 같은 열두 가지 유형이 있다고 하였다.[24]

① 명령. 지시하기 : 자녀의 느낌이나 요구는 중요하지 않고 부모의 느낌이나 요구에 따라야 한다는 유형이다.

② 경고. 위협하기 : 자녀에게 공포심을 느끼게 하여 복종하게 만드는 유형이다.

③ 훈계. 설교하기 : 외적인 권위나 의무를 강조하는 유형이다.

④ 충고. 제언하기 : 자녀 스스로 해결할 능력이나 판단이 있다고 믿지 않는 유형이다.

⑤ 강의. 논쟁하기 : 논리나 사실로써 자녀를 가르치는 유형이다.

⑥ 판단. 비평. 비난하기 : 자녀를 부정적으로 평가하는 유형이다.

⑦ 칭찬. 동의하기 : 자녀의 능력을 인정하고 긍정적으로 대하는 유형이다.

⑧ 비웃기. 창피주기 : 부모가 자녀를 빈정대거나 조롱하여 자녀의 자존심을 상하게 하는 유형이다.

⑨ 해석. 분석. 진단하기 : 부모가 자녀를 분석하고 자녀의 동기가 무엇이며 왜 그렇게 행동하는가에 대하여 알고 있다고 말하는 유형이다.

⑩ 재확인. 동정. 지지하기 : 자녀의 문제로 인하여 부모 역시 불안을

---

24) T. Gorden, *PET: Parent Effectiveness Training* (New York: New American Library Inc., 1975).

느끼며, 부모 자신의 불편함을 얘기하며, 뚜렷한 대안없이 위로하는 유형이다.

⑪ 캐묻기. 질문하기 : 부모가 자녀를 불신하거나 의심한다는 것을 전달하게 되는 유형이다.

⑫ 물러서기. 농담하기. 딴 데로 돌리기 : 자녀에게 관심이 없거나, 자녀의 감정을 존중하지 않거나, 자녀를 거부하는 것으로 자녀에게 전달될 수 있는 유형이다.

부모가 자녀와 의사소통할 때에는 이상의 열두 가지 유형 중에서 명령이나 지시, 경고나 위협, 훈계나 설교, 강의나 논쟁, 판단이나 비평 또는 비난, 비웃음이나 창피줌, 해석이나 분석 또는 진단, 캐묻기, 딴 데로 돌리기 보다는 충고나 제언, 칭찬이나 동의, 동정이나 지지하는 방법이 더 바람직스러울 것이다.

그러나 부모나 자녀가 문제를 느낄 때에는 위의 열두 가지 전형적인 대화방법들 모두가 자녀들로 하여금 말을 중단하게 하거나, 죄의식 또는 열등감을 느끼게 하거나, 자존심을 상하게 하거나, 방어하게 하거나, 분노를 폭발하게 하거나, 수용되지 못하고 있다는 느낌을 갖게 하는 부정적인 영향을 나타내므로 부모 자녀 간에 효과적이고 지속적인 대화를 하기 위해서는 수용의 방법, 나-메시지 전달법, 무패방법 등이 적용되어야 한다고 고든은 주장한다.

4. 가족 의사소통의 장애요인

1) 부부 간의 의사소통의 장애요인
부부 간의 의사소통 장애요인으로는 다음과 같은 사항을 들 수 있다.[25]

---

25) Stinnett, N. Walters J, and Kaye, *Relationships in Marriage and the Family* (New York: Macmillan Publishing). pp. 273-276.

첫째, 문화적 차이이다.

개인은 성장하면서 경험한 지역적, 사회적, 경제적, 종교적 환경 등에 따라서 자신의 독특한 가치관이나 행동유형을 형성한다. 따라서 다른 문화환경에서 성장한 두 사람의 결혼은 여러 측면에서 차이를 나타내게 되는데 의사소통 규칙에 있어서도 차이를 나타내게 된다. 즉, 어떤 주제에 대해서 한 쪽 배우자는 논의할 수 있다고 생각하는가 하면 다른 한쪽 배우자는 논의의 대상이 될 수 없다고 생각하기도 하고, 먼저 이야기를 시작해야 하는 사람이 누구이어야 하는가에 대한 견해가 다르기도 하는 등 부부 간에 의사소통 규칙이 다르게 인지되어 의사소통에 장애를 가져오게 된다.

둘째, 성역할 학습의 차이이다.

남녀에 대한 사회문화적 기대가 다름으로 해서 성역할 학습에 차이가 있다. 즉, 전통적으로 남자에게는 도전적, 공격적, 적극적, 성취지향적인 특성을 기대하는 반면에 여자에게는 수동적, 의존적, 애정적, 정서적인 특성을 기대하여왔다. 이러한 기대에 의하면 성역할이 내면화된 남녀의 행동유형은 부부관계에서도 나타나게 되는데 부부라는 친근한 관계에서 중요하게 여겨지는 표현적, 지지적 행동을 남편들은 부인들에게 나타내기가 어려울 것이나 부인들은 그것을 요구할 것이다. 그리하여 부부 간에 만족스럽고 효과적인 의사소통을 하는 데에 지장을 초래하게 되는 것이다.

셋째, 간접적 의사소통이다.

간접적인 의사소통은 의도하는 바를 확실하게 직접적으로 표현하지 않고 암시만을 보내어 수신자로 하여금 메시지의 참뜻을 파악하기가 힘들게 한다.

넷째, 단어사용의 차이이다.

같은 단어의 의미가 다르게 사용되면 의사소통에 장애가 발생된다. 예를 들어 남편이 부인에게 지배적인 여자는 싫다고 말했기 때문에 부인이 집안 일에 대해 자신의 의견을 적극적으로 말하지 않는다면, 이 경우 남편이 말한 '지배적인 여자'를 부인은 '적극적인 여자'라는 의미로 받아들인 것이다. 또한 같은 말이라도 표현되는 억양에 따라 의미를 달리 받아들일 수도 있다.

다섯째, 지나친 일반화나 불확실한 가정이다.

모든 사람들이 다 똑같을 것이다. 또는 인간에 관한 어떤 사실들은 모든 사람에게 다 적용될 것이다 등의 잘못된 일반화는 의사소통을 곤란하게 만든다. 그리고 명확한 의사소통을 방해하는 잘못된 가정으로는, '부부 간에는 감정과 태도를 반드시 같이 해야 한다. 과거에 일어난 일이나 현재 일어나고 있는 일은 변화될 수 없다. 자신은 정확하게 검토하지 않고도 배우자의 감정이나 생각을 안다' 는 것 등을 들수 있다.

여섯째, 선택의 인지이다.

선택적 인지는 인간 행동을 경직된 태도로 받아들일 때나, 다른 방법으로 받아들이는 것을 거부할 때 일어난다. 이전에 습득된 주관적 생각을 고집하고 변화를 거부하며, 이미 가지고 있는 견해와 반대되는 사실 앞에서 변화되기보다는 그 사실을 인정하지 않으려고 한다. 특히 부정적인 면이나 견해를 강조하는 선택적 인지는 정확한 의사소통에 장애요인이 되고 대인관계를 불만스럽게 만든다.

일곱째, 모순적인 의사소통이다.

모순적 의사소통은 한 사람에 의하여 여러 가지 다른 메시지가 보내질 때 발생한다. 모순적 메시지는 같은 의사소통 수준에서 보내질 수도 있고 다른 의사소통 수준에서 보내질 수도 있다.

여덟째, 혼자 말하기이다.

혼자 말하기는 단지 자신만이 상대방에게 말하고 상대방에게는 생각이나 감정을 나타낼 수 있는 기회를 주지 않기 때문에 좋은 방법이 아니다.

아홉째, 방어적 의사소통이다.

방어적 행동은 일반적으로 다른 사람으로부터 위협을 느낄 때 취하게 되는 행동이다. 방어적 행동을 하는 배우자는 의사소통에 있어서 상대 배우자를 이해하려고 하기보다는 자기를 보호하려고 하며 따라서 상대방의 이야기에 대해서도 방어적 청취를 하게 된다. 방어적일수록 상대방의 감정, 요구, 의도를 덜 정확하게 인지하게 된다. 따라서 방어적 의사소통은 부부 간 의사소통의 장애요인이 되는 것이다.

2) 부모 자녀 간의 의사소통 장애요인

부모와 자녀는 가족 내 위치나 역할이 서로 다르며 세대의 차이가 있다. 따라서 부모와 자녀 간에는 의사소통이 원활하지 못할 수 있는데 그 구체적인 장애요인은 다음과 같이 들 수 있다.

첫째 부모 자녀 상호 간의 수용결여이다.

부모와 자녀 간의 상호작용에 있어서 각자가 처한 위치만을 강조하고 상대방의 입장이나 상태를 고려하지 않는다면 각자 자신의 기대나 요구만을 관철하고자 하는 것이다. 다시 말하면 부모가 자녀의 정서 상태나 능력 등을 고려하지 않고 자녀에게 부모의 원하는 바만을 일방적으로 이야기하고, 자녀 역시 부모의 요구가 부당하다는 주관적 판단 아래 부모를 비난할 뿐 부모의 이야기를 수용하지 않는다면, 결국 부모 자녀 간의 의사소통은 단절되고 만다.

둘째, 세대 차이로 인한 단어사용의 차이이다.

비슷한 연령층끼리는 또래집단, 또는 동료집단을 형성한다. 하나의 또래집단은 동질성을 띠게 되며 다른 또래집단과의 차이를 나타내게 되는데, 특히 부모와 자녀는 연령 차이가 크기 때문에 부모집단과 자녀집단 간에는 여러 면에서 차이가 있게 된다. 의사소통에 있어서 사용되는 단어 역시 차이가 있어 자녀들만이 사용하는 단어가 있는가 하면 같은 단어라 할지라도 의미를 다르게 사용하기도 한다. 따라서 세대 간에 달리 사용되는 단어나 그 의미를 정확하게 이해하지 못한다면 의사소통 장애가 발생하게 된다.

셋째, 부모의 권위주의적, 독단적인 태도이다.

부모는 자녀를 양육하고 사회화시킬 의무와 권리를 가지고 있다. 자녀를 양육하고 사회화시키는 과정에서 부모가 그 목표를 설정하고 미성숙한 자녀는 따르기만 하면 된다고 생각할 때 권위주의적이거나 독단적인 태도를 나타내게 된다. 부모의 이러한 태도는 자녀의 입장에서 본다면 자녀 자신이 무시당하는 것이며 상호작용이 아닌 일방적인 지시일 뿐이다. 따라서 자녀는 부모와의 의사소통을 거부하게 된다.

넷째, 부모의 지속적인 불쾌정서 상태이다.

자녀는 부모의 상태나 행위에 대하여 민감한 반응을 보인다. 특히 자녀가 자신의 잘못된 점이나 요구를 이야기하고자 할 때는 부모의 상태를 살피게 된다. 부모의 감정이 나쁠 때는 부모로부터 좋은 결과를 기대하기 어렵다는 판단 아래 부모와의 의사소통을 주저하게 된다.

다섯째, 부모의 부정적인 대화방법이다.

일방적으로 협박, 비난, 욕설, 조롱, 창피, 분노, 장황한 설교, 명령, 경고의 대화유형은 부정적인 대화방법이다. 이러한 대화방법은 자녀로 하여금 반발을 느끼게 하고 반항하게 만들어 원활한 의사소통이 이루어지지 않는다.

여섯째, 부모는 자녀들을 이해하지 못한다는 자녀 자신의 편견이다.

세대 차이로 인하여 부모와 자녀 간에는 견해의 차이가 있을 수밖에 없다. 일반적으로 자녀는 자신의 현재 요구를 중심으로 행동하려고 하지만 부모는 자녀의 요구보다는 성취지향적인 행동을 요구하는 경향이다. 이때 부모는 자녀보다 연장자로 생활 경험이 많으며 양육자이기 때문에 부모의 견해를 강하게 피력한다. 이러한 경우에 자녀는 자기 자신을 부모에게 이해 설득시키려 하기보다는 부모는 자신을 이해하지 못한다고 단정지어버리게 된다. 그리하여 계속적인 의사소통의 필요성을 부인하게 된다.

일곱째, 자녀의 자아긍정성 결여이다.

자녀는 사회화되어가는 과정에 있으며 부모는 사회화의 대행자이다. 따라서 부모는 자녀에게 사회화의 기대목표를 제시하게 된다. 일반적으로 자녀가 부모의 기대목표에 부응하게 되면 자아긍정성이 높아지고, 그렇지 못하게 되면 자아긍정성이 낮아진다. 다시 말하면 자녀가 부모의 기대에 부응하지 못한 경우에 부모가 자녀에게 비난적인 태도를 보이게 되면 자녀는 자신감을 상실하여 자아긍정성이 낮아진다. 자아긍정성이 낮은 자녀는 부모와의 관계에 위축되는 입장에 있기 때문에 의사소통 불안의식이 유발되어 편안한 의사소통이 이루어질 수 없다.

5. 가족원의 의사소통 촉진방안

1) 부부 간의 의사소통 촉진방안

먼저 일반적인 대인관계에서 제안하고 있는 의사소통 촉진방안을 살펴보면 자신의 상호작용 필요성을 솔직하게 인정할 것, 다른 사람을 정확하게 인지하도록 노력할 것, 항상 환경적 상황을 고려할 것, 대인관계(rapport)를 형성하도록 노력할 것, 가능한 한 최선의 인간관계를 형성할 것을 제안하고 있으며 바이텐(Weiten)은 긍정적 분위기 즉 지지적이고 개방적인 분위기를 만들 것, 효과적으로 말할 것, 효과적으로 들을 것을 강조하고 있다.[27]

다음으로 부부 간의 성공적인 의사소통을 위해서 스티넬은 다음과 같은 방법을 제안한다.

첫째, 대인관계에 대한 긍정적인 도덕성을 지닌다. 상호 간의 인정, 신뢰, 존중, 이해를 토대로 하여 부부 간의 긍정적인 도덕성을 갖게 되는 것이다.

둘째, 상호 간에 존중한다. 부부 간의 상호존중을 솔직하게 표현하면 위협을 느끼지 않게 되고 따라서 방어적 의사소통이 감소하게 된다.

셋째, 공통의 준거틀을 가진다. 비슷한 문화적 배경을 가진 부부는 경험, 생각, 태도 등이 비슷함으로써 준거틀이 유사하여 의사소통이 더 잘 된다. 그러나 과거 생활경험이 다르며 같은 사건에 대한 견해가 다를 수 있는데 서로의 준거틀을 이해하면 불일치를 극복할 수 있을 것이다.

넷째, 경청한다. 듣는 것은 적절하게 말하는 것만큼 중요하다. 들어준다는 것은 상대방의 메시지에 대하여 흥미가 있으며 상대방을 존중한다는 것을 나타낸다. 따라서 상대방은 자신의 생각이나 감정을 더 많이 표

---

27) Giffin, K. and Patton, B. R., *Fundamentals of Interpersonal Communication* (New York: Harper and Row, 1976). pp. 278-279.

현하게 되는 것이다. 배우자의 말과 함께 듣는 것도 중요하다.

다섯째, 메시지의 의미를 확인한다. 불명확한 메시지에 대한 부정확한 해석은 오해와 갈등의 원인이 되므로 메타 의사소통에 의하여 메시지의 의미를 정확하게 파악해야 한다.

여섯째, 공감한다. 부부 간에 공감하면 큰 일에서만이 아니라 사소한 일에서도 배우자의 감정, 분위기, 요구에 대한 이해가 높아진다. 공감의 정도가 높으면 언어적 의사소통 없이도 배우자의 내적 감정상태를 알 수 있다.

일곱째, 상대방의 감정을 알고 있다는 것을 알린다. 감정은 언제나 논리적이지는 않다. 배우자가 자신의 감정상태, 특히 부정적 감정상태를 알려준다면 부정적 감정은 해소될 수 있을 것이다.

여덟째, 자신의 의견을 분명하게 말한다. 상대방의 기분을 상하지 않게 한다는 명분 아래 말을 피하는 것을 삼가고, 부부 모두 사소한 일에 대해서도 거리낌없이 말해야 한다. 상대방을 공격하는 것이 아니라 자신의 감정을 표현하는 방법으로 말하고 간접표현이 아니라 직접적으로 표현해야 한다.

아홉째, 자기노출을 한다. 물론 적당한 수준의 자기노출이 필요하다. 특히 부정적인 자기노출은 오히려 부부관계를 약화시킬 가능성도 있으므로 자기노출의 표현방법에 유의해야 한다. 즉 부정적 감정도 긍정적으로 표현해야 한다.

2) 부모 자녀 간의 의사소통 촉진방안

일반적으로 부모는 부모 자신이 즐겁고 평안한 상태를 유지하면서 자녀에게 온정적으로 대하고 자녀의 이야기에 대하여 관심, 경청, 이해, 신뢰, 존중을 보여주어야 하며, 격려, 칭찬, 제안, 정보제공, 질문, 유머, 간결한 표현, 긍정적 표현의 방법을 사용하는 것이 바람직하며, 명령, 설교나, 장황한 훈계, 비평이나 비난, 욕설, 위협, 설득, 빈정거림, 분노의 말을 하지 말아야 한다.[28]

그러나 격려, 칭찬, 지지, 충고, 권유 등의 방법도 부적절하게 사용하면 비효과적이다. 고든은 부모의 효율적인 의사소통 방법으로 수용의 방법, 나-메시지(I-message)전달 방법, 무패방법(No-lose method)을 권장하고 있다. 각 방법이 적용되는 때와 구체적인 내용을 살펴보기로 한다.

첫째, 수용의 방법에 대하여 살펴보면 단순히 부모가 자녀 자신을 수용한다는 것을 느끼게 하는 것을 의미한다. 왜냐하면 부모의 수용을 자녀가 느끼지 못한다면 자녀에게 아무런 영향을 미칠 수 없기 때문이다.

수용방법은 자녀가 문제를 가지고 있을 때에 효과적인 방법이 될 수 있다.

부모가 자녀를 수용하는 구체적인 기술은 다음과 같다.

자녀가 어떤 활동에 열중해 있는 경우에는 부모가 자녀의 활동을 간섭하지 말고 그대로 둔다.

자녀가 이야기를 해 올 경우에는 부모가 침묵으로 반응하는 것, 즉 수동적인 경청도 비언어적인 수용의 방법이다. 언어적인 수용방법으로는 앞에서 수용한 열두 가지의 전형적인 대화방법을 사용하지 말고 말문을 열도록 하는 말이나 계속해서 말을 할 수 있도록 하는 말을 하는 것이다. 예를 들면, "그렇군", "응, 그래", "아 그러니?", "좀더 듣고 싶구나", "네 의견이 흥미있구나" 등이다.

자녀의 감정상태를 피드백해주는 적극적인 경청을 하는 방법이 있다. 적극적 경청(active listening)에서는 부모가 자녀의 감정상태와 메시지의 의미를 이해하려고 애를 쓰는 것이다. 부모는 들은 바를 자신의 말로 바꾸어 표현하며 자녀가 맞는지 틀리는지를 확인한다. 이때 부모는 평가, 의견, 충고, 논리, 분석, 설교 등을 피한다. 부모가 적극적인 경청을 하기 위해서는 부모는 자녀를 부모 자신과 분리된 개별적인 존재로 인정하여 자녀의 독특한 감정상태와 감정처리 능력 그리고 문제해결 능력

---

28) Samalin, N. and Jablow, M., 김진숙, 연미희, 이인수(역), 『바람직한 자녀와의 대화방법』 (서울: 학문사, 1990).

을 인정해야 하며, 충분히 들을 수 있는 시간적 여유를 가져야 하며, 자녀를 지도 조정하려는 태도를 억제해야 한다.

둘째, 나-메시지 전달법은 자녀 때문에 부모가 문제를 가졌을 경우에 자녀로 하여금 부모의 말을 받아들이게 하는 효과적인 방법이다. 나-메시지 전달법은 부모가 문제삼고 있는 자녀의 행동이 부모에게 어떤 느낌을 갖게 하는지를 자녀에게 솔직히 말하는 방법이다

부모가 나-메시지를 사용하면 자녀는 부모에게 덜 저항하게 되며 자녀 스스로 행동을 바꾸게 되어 자녀의 성장을 돕게 된다. 또한 부모와 마찬가지로 자녀도 자신의 감정을 정직하게 표현하는 경향이 있게 된다.

나 메시지 사용에 있어서 유의할 점은 "내가 보기에 너는 바보 같아"와 같은 나-메시지로 위장된 너-메시지를 사용하지 말아야 한다. 그리고 부정적인 감정을 강조하지 말아야 하며, 특히 자녀에 대한 분노는 분노로써 표현하지 말고 분노를 느끼게 한 부모 자신의 일차적 감정으로 표현하여야 한다.

셋째, 무패방법은 자녀와 부모 사이에 갈등이 있을 때, 효과적인 방법이다. 갈등은 있게 마련이라는 것을 인정하고 갈등이 반드시 나쁜 것만은 아니라는 것을 인식하여 갈등을 건설적으로 해결하는 것이 필요하다. 흔히 부모 자녀 간에 있어서 권력투쟁을 하는 승부지향적 태도를 볼 수 있다. 특히 부모는 자녀와의 관계에서 권위를 행사해야 하며 자녀를 통제해야 한다고 생각한다. 그러나 부모의 지혜가 완벽하지 못하며 자녀는 성장해가면서 독립성을 갖게 되어 부모의 권위에 도전하게 된다. 자녀는 부모가 자녀의 행동한계를 설정해주는 권위를 행사하기보다는 자녀의 행동에 대한 부모의 느낌을 말해주는 것을 원한다. 그리하여 부모의 권위에 의하여 직접 간섭받기보다는 자녀 스스로 판단하여 자녀 자신의 행동을 수정하고자 한다. 즉 자녀는 부모가 일방적으로 승리하는 방법을 받아들이려 하지 않는다. 이때의 효과적인 방법이 무패방법인 것이다. 무패방법은 부모 자녀 간의 문제에 대하여 부모 또는 자녀가 이기는 방법을 피하고 부모 자녀 양쪽이 다 받아들일 수 있는 제3의 방법을 찾는 것이다.

무패방법의 구체적인 실천과정은 다음의 여섯 단계를 거친다.

1단계: 갈등의 확인과 정의
2단계: 가능한 모든 해결 방법의 모색
3단계: 가능한 모든 해결 방법에 대한 평가
4단계: 가장 좋은 해결 방법의 결정
5단계: 결정된 해결 방법의 실천
6단계: 해결방법의 실천과 그에 대한 계속적인 평가

물론 각 단계에서 부모는 적극적인 경청을 해야 하고 나-메시지로 자신의 의사를 전달해야 한다.

그리고 부모와 자녀 사이에 의사소통을 할 때 부모들이 사용하지 말아야 할 의사소통의 걸림돌을 토마스 고든(T. Gorden)은 다음과 같이 제안한다.[29]

(1) 부모와 자녀 사이의 의사소통의 걸림돌
① 명령, 강요
"너는 반드시", "너는 꼭", "...해야 할 것이다"
　공포감이나 심한 저항을 유발시킬 수 있다.
　저지당하는 것을 시도해보도록 만든다.
　반항적인 행동, 말대꾸를 증가시킨다.
② 경고, 위협
"만약 ...하지 않으면, 그때는...", "...하는 게 좋을 걸, 그렇지 않으면..."
　공포감, 복종을 유발시킬 수 있다. 위협받는 결과를 시험하게 만든다. 원망, 분노, 반항을 유발시킬 수 있다.
③ 훈계, 설교
"너는 ...해야만 한다", "...하는 것이 너의 책임이야"
　의무감이나 죄책감을 일으킨다.

---

29) Thomas Gordon & Judith Gordon, 『부모역할 배워지는 것인가』 김인자 역(서울: 한국심리상담연구소, 1989). pp. 47-59.

자녀로 하여금 자기입장을 고집하고 방어하게 만들 수 있다.
자녀의 책임감을 믿지 못한다는 것을 전달한다.
④ 충고 해결 제시방법
"내가 말하고자 하는 것은...", "...하는 게 어떻겠니?"
"내가 네게 충고하자면"
자녀가 자신의 문제를 해결할 수 없다는 것을 암시할 수 있다.
자녀가 문제를 충분히 생각하고, 대안이 되는 해결책을 찾아
실생활에 적용해보고자 하는 노력을 방해한다.
의존성이나 저항을 유발시킬 수 있다.
⑤ 논리적인 설득, 논쟁
"네가 왜 틀렸냐 하면", "문제가 되는 것은", "그래, 그렇지만..."
방어적인 자세와 반론을 유발시킨다.
자녀로 하여금 부모의 말을 듣지 않도록 만든다.
자녀로 하여금 열등감, 무력감을 느끼게 만든다.
⑥ 비판, 비평, 비난
"너는 신중하게 생각하지 않아..."
"너는 게을러서..."
무능력하고 어리석고 형편없이 판단하는 것을 암시한다.
부정적인 판단이나 호통치는 것에 대한 공포를 넘어 대화를 단절시킨다.
자녀가 비판을 사실로 받아들이거나("나는 바빠")
대꾸를 한다("아빠는 뭐 그리 잘났어요!").
⑦ 칭찬, 찬성
"야, 너 참 잘한다", "네가 맞아! 그 선생님이 두렵게 생각된다"
자녀가 명령에 따르는지를 부모가 감시할 뿐 아니라 매우 기대하고 있다는 것을 암시한다.
선심쓰는 것처럼 보이거나 바라는 행동을 조장하는 교묘한 노력을 보일 수 있다.
자녀가 자신의 칭찬과 일치하지 않는다고 여길 때 불안이 생길 수

있다.
⑧ 욕설, 조롱
"이 울보야", "그래, 너 잘났구나"
자녀로 하여금 자신을 가치없고 사랑받지 못한다고 느끼게 할 수 있다.
자녀의 자아상에 파괴적인 영향을 끼칠 수 있다.
종종 말대꾸를 유발시킨다.
⑨ 분석, 진단
"무엇이 잘못 되었느냐 하면...", "너는 단지 피곤한 거야"
"네가 정말로 말하려고 하는 건 그게 아니야"
위험과 좌절을 줄 수 있다.
자녀가 궁지에 몰리고, 노출되거나 불신당했다고 느낄 수 있다.
자녀가 왜곡되고 노출되는 것을 두려워하여 대화를 멈춘다.
⑩ 동정, 위로
"걱정하지 말아라.", "앞으로 나아질 거야", "기운을 내!"
자녀로 하여금 이해받지 못한다고 느끼게 한다.
강한 적개심을 유발시킨다("말이야 쉽지!")
자녀는 종종 부모의 말을 "네가 안 좋게 느끼는 것은 옳지 않아"로 받아들인다.
⑪ 캐묻기와 심문
"왜...", "누가...", "무엇을...", "어떻게..."
질문에 답하면 종종 비판이나 해결책이 따르므로, 자녀는 대답하지 않거나 피하거나 대충 말하거나 거짓말을 하게 된다.
질문을 하면 자녀는 부모가 무슨 의도로 말하는지 혼란에 빠져 불안해하거나 두려워할 수 있다.
부모가 퍼붓는 질문에 대답하는 동안 자녀가 자기 문제의 방향을 잃을 수 있다.
⑫ 화제 바꾸기, 빈정거림, 후퇴
"즐거운 일이나 이야기 하자...", "세상 일 다 해결해보시지!"

침묵한 채 외면한다.

삶의 어려운 문제를 대처하기보다 회피해야 한다는 것을 암시한다.

자녀의 문제가 중요하지 않고, 사소하거나 쓸모없다는 것을 나타낼 수 있다.

자녀가 어려움을 겪고 있을 때 마음을 열지 않는다.

V. 고부관계와 가족생활교육

1. 고부갈등의 변화

고부관계를 갈등의 측면에서 보는 대부분의 연구는 전통적으로 우리나라의 가족구조가 가부장적 부계가족이면서 직계가족 특성을 갖기 때문에 수직적 인간관계 지향과 밀착된 특수한 모자관계, 열등한 여성의 지위 등을 낳으며, 그 결과 고부 간에 가장 허약하면서도 부정적인 정서 관계를 교환할 수밖에 없다고 생각한다.

실제로 고부갈등이 어느 정도 심하였는지는 문헌보다는 며느리의 시집살이를 노래한 시집살이요나 속담, 고대 문학이나 신소설 등에서 읽을 수 있다. 이들의 대다수는 시어머니에게 당하는 며느리가 주요 내용인 것으로 본다면 고부갈등의 방향은 시어머니에게서 며느리에게로 향하는 힘의 방향을 갖는다. 그러나 현대로 오면서 가족구조가 직계가족의 특성이 남아있는 핵가족으로서 평등지향적이고 부부중심적 가족으로 구조 자체가 변해가고 있으며, 사회가 산업후기사회 특성을 띠고 여성의 교육수준 향상과 취업의 증가 등으로 인하여 기존의 가치체계에 부합할 수 없는 세대가 되어가고 있다. 따라서 고부관계도 과거와는 다른 양상으로 나타날 수밖에 없으며 고부갈등의 방향도 일방적 관계가 아닌 쌍방적 또는 역방향적으로 힘의 방향이 돌려질 수도 있다. 그러나 인간관계가 있는 한 갈등은 있을 수밖에 없으므로 갈등의 양상과 원인을 파악한 후 타협과 조정의 기술과 조건을 만들어 갈등을 통제해나가야 한다.

전통사회가 가족의 윤리와 가족구조를 통하여 고부갈등을 다스려왔다면 현대 사회에서는 새로운 방안을 개발하여 할 것이다.

1) 전통가족에서의 고부갈등

전통한국은 가부장제 가족으로 부계, 부권의 특성을 가졌다. 따라서 가족구조의 중심핵은 아버지-아들로 이어지는 선이며 이 선을 향해 권력이 집중되었다. 또한 인간관계도 수직 지향적이고, 내면적으로는 지나친 모자관계를 가지며, 이에 따라 필연적으로 고부관계는 허약할 수밖에 없는 특성을 갖는다.

전통가족 속에 내재한 고부갈등의 원인을 보면 다음과 같다.

첫째, 가족 내의 수직적인 인간관계 속에서 며느리에 대한 예속성이 요구된다. 한 집단은 여러 관계로 이루어지는데 여기에는 반드시 어떤 하나의 관계가 다른 관계를 지배하는 체계가 형성되며, 지배적인 위치에 있는 관계에서의 요구는 다른 관계의 요구에 대해 항상 우선적이다.

이러한 지배 복종의 관계는 다른 가족관계에도 적용된다. 특히 고부관계는 윗세대 사람이 차지하고 있는 생활영역에 혈연관계가 전혀 없는 아래 사람이 들어와 같은 작업 영역에서 공존해야 된다는 상황 때문에 단순한 상하관계 이상의 갈등과 긴장을 지닌다. 즉 혼입한 며느리는 그 가정에서 최저의 지위를 갖고 예속적인 위치에 있기 때문에 권리보다는 의무가 많고 시가에 얼마만큼 순종하고 경제적으로 공헌하였는가, 가계를 계승할 아들을 출산하였느냐에 따라 자신의 위치를 확립해가게 된다.

둘째, 밀착된 모자관계의 형성이다. 결혼한 여성은 반드시 가문을 계승해야 할 아들을 출산해야 그 집안에서 의무를 다하게 된다. 무자는 이혼의 사유가 될 만큼 강력했기 때문에 남아선호 사상을 낳았고 어머니의 아들에 대한 일방적이고 맹목적인 애정관계를 형성시켰다.

아들을 출산하면 시가에서의 중요한 의무를 수행한 것으로 인정받고, 지위를 보장받으며 심리적 고충도 어느 정도 줄어든다. 아들은 곧 자신의 존재를 확인시키는 존재이며 여성의 자기실현의 목표이자 통로이다. 따라서 어머니의 아들에 대한 애정을 자극하게 되며, 아들은 어머니의 투사체가 된다. 이때 혼입한 며느리는 이러한 아들을 빼앗아간 애정의 침입자가 된다. 또한 부부유별의 유교원리는 아내에 대한 남편의 애정을 직접 표현하지 못하게 하였고, 실제 부자관계보다 부부관계가 열등한 위치에 있기 때문에, 어머니의 아들에 대한 애정은 훨씬 강력하며 심할 경우엔 부부관계에서 교환되지 못한 애정의 대리체로서 아들을 대한다는 측면에서 무의식적인 병리현상이 될 수도 있다. 시어머니는 며느리에 대해 강한 거부감을 지니며 아들에 대한 애정의 강도가 강한 만큼 며느리에 대한 적의가 증대될 수 있다. 이러한 부계가족적 상황에서 아들에 대한 지나친 기대와 선호가 모자관계도 밀착시켰다고 본다.

2) 현대가족에서의 고부갈등

한국사회가 산업화, 근대화되어가면서 고부갈등을 초래한 부계가족제도도 관습이 많이 남아있다.[29] 예를 들어 도시에서는 형제서열에 별로 구애됨이 없이 분가가 행해지고 있으나, 서구의 핵가족처럼 부모로부터 완전히 독립된 것이 아니며, 상호 밀접한 왕래와 유대는 계속되고 있어 시어머니의 영향력이나 간섭은 배제될 수 없는 실정이다. 그러나 남녀평등주의와 개인주의에 기반을 둔 젊은 세대의 핵가족 의식, 여성의 교육수준의 증가와 취업의 증대, 전통가족 윤리의식의 퇴색, 자녀세대의 직업에 따른 이동성의 증가와 경제적 독립, 부부중심의 가족구조로의 변화에 따라서 가족관계의 지배유형과 역동성도 변화를 하게 되었다. 그 과정에서 고부관계도 예외일 수 없어 순종과 인내로써 유지되어온 전통적 고부관계의 성격이 변화되고 고부 간의 갈등양상도 달라지게 되었다.

며느리가 시어머니에게 수동적으로도 시집살이를 하던 과거의 입장에서 오히려 시어머니에게 더 불리한 입장으로 그 양상이 바뀌어 과거보다 고부갈등이 더 첨예화되고 있지 않은가 생각된다. 이러한 변화요인을 대체로 가치관의 변화와 경제적 독립, 효(孝)사상의 약화로 나누어볼 수 있다.

---

29) 이광규, 『한국 가족의 심리문제』 (서울: 일지사, 1981), p. 131.

첫째, 가치관의 변화로 인한 전통가족 제도의 붕괴이다. 세대별, 성별, 연령별, 상하질서를 중시하던 유교적 가족윤리가 산업사회에서 그 가치가 감소되어 시어머니의 절대적 권위가 약화되었다. 반면에 해방 후 남녀평등사상에 입각해 교육을 받아온 세대는 무조건 순종하고 인내하던 인간관계에 저항하게 됨으로써 전통적인 며느리의 규범의식에 불만을 가지게 되고 이것을 갈등행동으로 표출한다.[30]

특히 시어머니의 지식이나 생활경험이 현대생활에서 그 유효성을 잃어감으로써 노인의 권위저하가 더욱 가속화된다.

둘째, 자녀가족의 부모가족으로부터의 경제적 독립이다. 전통사회는 농경사회이며 가산과 상속된 재산을 중심으로 경제활동을 하였으나, 현대산업 사회에서는 부모세대와 독립하여 가족 밖에서 직업을 갖고 수입을 얻고 있다. 따라서 자녀가족의 경제적 독립과 직업에 따른 주거이동은 부모세대와의 격리를 가능하게 했다. 또한 도시가족의 경우 경제관리와 소비권이 며느리에게 대부분 이양되어 있는 실정이므로 시어머니의 역량은 점차 감소되어가고 있다.

셋째, 효사상의 약화이다. 전통적인 효는 규범적이므로 신분적인 지배복종 관계가 있었고, 동시에 강제적인 성격을 지닌다. 이러한 효 개념은 현대 가족원리에 부합되지 않는다. 즉 의무적이고 맹목적인 부모에 대한 효의식을 요청하는 부모세대와 현대 가치관을 반영한 자식의 도리에 대한 자녀세대의 의식구조 차이로 세대 간의 분리현상이 두드러진다. 특히 부양에 대한 가치관을 보면 50대, 40대에도 자신의 부양을 자녀에게 기대하고 있지만 20대, 30대로 올수록 자신의 부양을 자녀에게도 기대하지만 스스로 해결하려는 쪽으로 준비함으로써 서구형 부양형으로 나타난다.

---

30) 유가효, 「한국 도시가족의 고부갈등의 실태와 전망」 (서울대학교 석사학위논문, 1976), pp. 8-9.

2. 고부갈등의 원인

1) 권력구조에 따른 고부갈등의 원인

가정관리의 주도권을 둘러싼 문제로써 전통사회에서는 경제권, 가사처리권, 제사, 대소사주도권, 자녀 양육의 모든 권리가 시어머니에게 있고 며느리는 무조건 순종해야 했다. 그러나 젊은 세대는 자신의 가정관리 주도권을 당당히 주장함으로써 권위체계상 갈등이 야기된다. 실제로 가사주도권과 경제주도권은 이미 시어머니로부터 며느리에게로 이양된 형태로 나타났다. 따라서 과거에 시어머니가 차지했던 권력의 지배는 약화되고 며느리가 가정관리권을 가짐으로써 권력의 자원을 우선적으로 갖고 있다. 동거형일 때 시어머니의 권위는 며느리에 대해 의존적이거나 논의형으로 나타나고 있다.[31]

2) 역할구조에 따른 고부갈등의 원인

고부 간의 역할기대와 역할수행면의 불일치로 인해 갈등이 생기게 되는데, 이것은 각 세대가 자라고 경험해온 환경이 다른 관계로 기대와 수행 간에 차이가 나타날 수밖에 없다. 특히 시어머니는 전통적인 사고방식을 갖고 여성의 역할 중 며느리의 역할을 중요하게 생각해왔고 그러한 기존의 틀을 갖고 역할을 기대한다. 또한 자신의 생활양식을 전수하거나 그런 방법이 옳다고 생각하여 모든 생활영역에 간섭하고 의견을 내놓게 될 때에는 며느리와 부딪힐 수밖에 없다.

산업사회에 속한 젊은 세대는 과학적인 사고방식에 입각하여 일을 처리하려고 하며 자신의 역할 중 며느리 역할보다 아내의 역할과 어머니의 역할에 더 비중을 두게 된다. 따라서 한 가족을 이루고 살 때는 시부모 부양, 가사역할 수행, 자녀교육, 예의범절 등을 중심으로 역할기대와 역

---

31) 고정자, 「한국 도시주부의 고부 갈등에 관한 연구」(한양대학교 박사학위논문 1989).

할 수행상 불일치가 일어나고 갈등이 생긴다.

그러므로 고부 간에 피할 수 없는 역할갈등을 현명하게 조정하고 타협하기 위해서는 양자 간의 양보와 이해, 재사회화의 과정이 있어야 한다.

3) 애정구조에 따른 고부갈등 원인

집안의 가계계승과 자신의 존재가치와 지위를 확고히 해준 아들에 대한 집착이 클수록 아들의 애정을 빼앗아간 며느리에 대해 질투를 느끼거나 강한 거부감을 갖는다. 대부분의 시어머니가 그렇다고 말할 수 없으나 젊은 시절 심한 시집살이를 하고 남편의 애정을 받지 못하였거나 아들이 독자인 경우 애정구조상 갈등을 더 강하게 느낀다. 며느리의 경우는 대부분 고등교육을 받고 평등주의와 개인주의 사고방식을 가지며 자유로운 핵가족화를 지향하고 부부중심적 애정결합을 이상으로 함으로써, 시어머니와의 감정과는 상반되며 시어머니를 이해할 수 없는 존재로 보게 된다. 시어머니측에서는 아들을 자신의 분신으로 보고 강한 모성본능과 비합리적인 감정으로 며느리를 애정의 경쟁자로 보는 관점을 바꾸어야 할 것이며, 며느리는 시어머니가 경험해온 세대의 가치관과 애정구조를 파악함으로써 적절한 선에서 타협하고 이해하는 기술이 요청된다.

4) 세대 차이로 인한 갈등

고부갈등은 서로 살아온 생활환경의 차이와 고부 간의 연령차에서 비롯되기도 한다. 고부는 서로 다른 연령이면서도 같은 집단으로 속함으로써 세대차가 있게 된다는 피셔(Fisher, 1983)의 지적처럼 고부 간에는 최저 20세 이상의 피할 수 없는 연령 차이가 있다. 이러한 연령 차이는 시대적 문화적 차이뿐만 아니라 가치, 취미 등에서도 상당한 차이를 낳는다. 또한 시어머니와 며느리는 새로운 가치체계를 받아들이는 수용도가 달라서 이른바 문화지체 현상이 일어난다. 즉 시어머니는 어디까지나 자기세대에 머물러 있으면서 자신이 경험한 가치를 표준으로 하는 효를 며느리에게 기대함으로써 고부갈등이 야기된다.

3. 고부 간의 적응

고부 간의 문제는 당사자 간에만 국한되는 것이 아니고 여타의 가족관계에도 파생적으로 갈등상황을 야기시킴으로써 가족전체의 불안상황을 조성하여 고부갈등이 심화될 때 부모 세대로부터 자녀 세대의 거주와 관계상의 독립(분가)이 불가피하게 된다. 기혼자녀의 독립은 고부 간의 직접적 불화요인을 제거하는 방법일 수도 있으나 반면에 노부모의 정서적 불안을 증대시킴으로써 사회적, 가정적으로 심각한 문제를 야기시키기도 한다.

따라서 가정과 사회의 안정을 위해서는 고부 간의 성공적 적응이 필요하고도 중대한 사안이라고 하겠다. 고부 간의 적응은 결혼과 더불어 시작되어 해를 거듭함에 따라 서서히 이루어지는 것으로써 시부모와 자부의 부단한 이해와 양보가 없이는 이룰 수 없다.[32]

또한 시어머니와 며느리 둘만의 문제가 아니라 가족과 친족관계의 화목을 좌우하는 것이기 때문에 고부 간의 적응과 갈등에 대한 대안방안 연구가 필요하다.

1) 고부관계 적응을 위한 여건

고부 간에 적응이 잘되기 위해서는 결혼 전부터의 상황까지도 고려해야 한다.

첫째, 배우자의 부모가 사회 문화적으로 비슷한 배경, 즉 같은 종교, 비슷한 교육 수준, 같은 경제적 계급에 속하여 있는 사람끼리 만난 경우는 가족 문화 배경이 아주 다른 경우보다 화목할 확률이 높다.

둘째, 부모가 반대한 결혼보다 부모의 승낙을 받아 성사된 결혼일 때 고부 간에 화목하다.

셋째, 부모 자녀 관계가 애정적이면서도 의존적이지 않을 때 화목하

---

32) 김명자 외 2인, 『결혼과 가족관계』 (서울: 숙명여대 출판부, 1990), p. 364.

다. 즉, 부모는 자녀를 심리적, 경제적으로 독립시키면서 부모 스스로도 자녀에게 의존하지 않을 때 고부가 화목하다.

넷째, 부모들이 부부관계가 좋고 행복한 결혼 생활을 영위할수록 자녀 세대도 그러기를 바라며 보상 욕구를 구하지 않는다. 따라서 부부금슬이 좋은 부모상인가를 진단해본다.

다섯째, 시부모와 동거시에는 가정운영이나 가사분담과 자녀양육 등의 문제로 일상에서 부딪히므로 역할 수행과 기대에 대한 불일치가 최소화되도록 조정하는 시간이 필요한 점을 인식한다.

여섯째, 가족관계의 역동성과 가족문화(예를 들어 가풍, 가문의 내력, 가족가치) 등을 파악할 수 있는 결혼과 가족에 대한 지식을 습득해야 한다.

일곱째, 인간관계의 일종으로 고부관계를 보며, 관계상에도 갈등이 있을 수 있다는 점을 인식한다. 그러한 갈등을 이해하고 수용하려는 자세와 대화를 통해 타협하고 조정할 줄 아는 능력을 키워야 한다

2) 고부 간의 적응과 갈등해소 방안
(1) 가족적 측면
오늘날 서구적인 핵가족 형태와 의식이 팽배해 있지만 우리 나라의 전통적인 가족가치인 효사상을 이어받을 필요가 있겠다. 그에 대한 절충 방안으로 다음 사항들을 들어볼 수 있을 것이다.

① 거주형태를 바꾸어 보는 것이다. 즉 수정 핵가족으로 같은 주택에 살면서 식사를 따로 마련한다든가, 윗층과 아랫층, 시부모님이 사시는 공간 분할 등을 통하여 독립적으로 가정운영을 하는 방법이 있다.

② 친족관계상 점차 친가와 시가와의 관계가 등거리 원칙을 추구하고 있다. 과거에는 시댁에는 의무적이고 형식적인 관계로 왕래를 하고 친가 쪽으로는 정서적, 물질적 도움을 받는 체계를 형성했으나, 앞으로는 친가, 시가 양쪽 모두 정서적, 경제적, 사회적 관계를 맺는 방향으로 가도록 바꾸어야 한다. 따라서 시댁과의 관계도 형식과 의무의 관계가 아니라 자발적이고 기쁜 마음으로 관계를 맺고 정서적으로도 공동체제를 갖

도록 며느리측이 노력한다.
　③ 가족 가치관의 변화가 시모측이나 자부측 모두 요청된다. 특히 며느리측은, 전통적 가족구조에서 내려오는 원천적이고도 부정적인 관계에서 고부갈등이 있을 수밖에 없다는 고정관념을 버리고 보다 긍정적인 인식과 태도를 갖도록 한다.
　④ 가족 역할 배분에 있어 융통성을 갖고 접근한다. 권위주의에 근거한 남녀 역할, 시모-자부 역할의 영역을 갖는 대신 시간과 능력, 경험, 상황에 따라 적절하게 역할을 배분한다. 시어머니의 적절한 가정경영의 참여, 자녀양육의 협조는 시어머니에게는 가정에 공헌할 기회를 제공하며 반면 며느리는 시어머니에게 고마움을 느낄 수 있게 한다. 또한 대소사 등 가풍과 경험이 요청되는 영역은 시어머니가 주도하고, 일상적인 소비생활과 가사운영은 며느리가 하는 등 역할의 융통성을 갖도록 양자가 노력할 때 갈등의 관계이기보다 상호협조 관계로써 화목할 수 있다.
　⑤ 고부관계는 결국 가족관계에 영향을 미친다. 이 관계는 시모와 자부에만 해당되는 문제가 아니라 아들(남편), 손자녀 등 모든 가족구성원의 힘이 역동성 속에 존재하는 관계이므로 가족원 모두 서로 이해하고 도우려는 의식이 필요하다. 특히 아들(남편)의 조정자 역할이 가족의 역동성에 중대한 지렛대 역할을 해야 한다.
　(2) 사회적 측면
　노부모 봉양은 가족문제이기도 하지만 사회의 관심이 요청되는 영역이기도 하다. 과거에는 효자, 효부를 칭송하는 제도가 있어 효자상을 전수했듯이 현대사회에서도 부모세대와 함께 사는 자녀가족에게 정적 강화를 주어야 한다. 노부모를 부양하는 가족에게는 다양한 세제혜택을 베풀고 3세대가 효율적으로 살 수 있는 주택을 짓도록 혜택을 주는 것, 경로효친 사상을 근대적 의미에서 교육시키는 것, 노인들에게 재취업의 기회를 제공하기 위해 적절한 직종을 개발하는 것, 노후대책을 강조하여 경제적 독립을 가능하게 하는 것 등 노인복지 전반에 걸친 관심과 실행 사업이 필요하다. 또한 평생교육 차원에서 노인에게 교육의 기회를 제공하여 현대 사회에 적응할 수 있는 지식을 습득하도록 한다. 노인대학과 경로당의 효율적인 교육을 통해 현대 사회의 변화, 대화하는 기술과 방법, 고부관계의 원만함을 위한 가치관 교육, 인생의 정리 등을 도움으로써 보다 성숙한 노인이 되고 조화로운 인간관계를 영위할 수 있도록 한다. 또한 매스미디어, 특히 TV 프로그램 등에서도 건강한 고부관계상을 제시하려는 노력이 요청된다.

(3) 개인적인 측면

시어머니, 며느리, 아들(남편)의 삼자가 우선 개별적으로 노력해야 한다. 시어머니의 측면으로는 며느리에게 가사주도권 과 경제권, 자녀양육권을 양도하고 협조하는 입장에 선다. 역할 분담이 필요할 때는 권위보다는 상황의 편의에 따라 분담하는 자세를 갖는다. ①아들 가족을 하나의 독립체로 받아들이고 자녀의 부부관계에 간섭하지 않는다. 정서적으로 자녀에게 의존하는 자세를 고친다. ②자신의 관심을 사회적인 일인 친구관계, 교회, 취미생활 등으로 돌린다. ③세속적인 가치로부터 벗어나 종교 등에 귀의하여 마음의 평화와 죽음에 대해 평정하고 안전을 추구한다. ④며느리를 자신의 딸처럼 여기고 상호존중하는 태도, 인격체로 받아들임으로써 애정과 믿음을 갖는다. ⑤항상 대화를 만드는 분위기를 만들고 서로 이해하려고 노력해야 한다. ⑥노인대학이나 경노당, 평생교육 프로그램 등에 참여하여 변화해가는 시대를 경험하고 이에 적응하려는 자세 및 재사회화에 적극적으로 마음을 개방한다. ⑦노인이 될수록 가족 속에 의존할 수밖에 없음을 인식하고 가족과 화목하려는 성숙한 노인이 되도록 자신을 개발한다.

며느리 측에서는 ①시어머니에게 무조건 부정적인 선입관을 갖지 않도록 한다. 자신의 친어머니와 같이 애정을 근거로 관계를 맺도록 한다. ②웃어른에 대한 예우를 하며 항상 의논하는 태도를 갖고 일상생활에 조언을 구한다. ③집안의 중요한 행사는 어른의 의견을 존중하여 실행하면 좋은 관계를 유지할 수 있다. ④세대 차이란 필연적으로 있을 수밖에 없다는 사실을 인식하고 서로의 입장을 우기기보다 필요에 따라 타협하고 조정하는 기술과 지혜를 습득한다. ⑤기념일이 될 만한 때, 예를 들어 생신, 어버이날, 명절 등에는 부모에게 즐거움을 주는 선물을 하거나 함께 외식을 한다든가 하여 생활의 잔재미를 마련해드린다. ⑥시부모는 노인 특성을 갖고 있다는 점을 인식한다. 즉 노인의 특성인 옛것에 대한 애착, 주장, 정서적 의존성, 반복적인 얘기, 고집, 관념을 바꾸고 비판하기 보다는 그런 부분을 수용하고 넘기는 요령을 터득한다. ⑦분가형일 경우는 전화를 자주 드리며 자주 찾아뵙는 등 친숙한 만남을 유지하도록 노력한다. 여건이 안되더라도 뵈올 때는 용돈을 드리는 것이 노인에게는 큰 기쁨이 될 수 있다. 함께 거주할 때는 규칙적으로 용돈을 드리는 것이 좋다. 노인들의 큰 요구 중 하나가 바로 용돈 부족 문제이며, 실제 친구와의 교류에도 돈이 필요하다. ⑧집안의 어른으로 대우하는 경노사상은 과거의 유물이 아니며 오늘의 보배이다. 웃어른을 모시는 습관은 곧 겸손과 질서의식을 갖게 한다. ⑨손자녀와도 좋은 관계를 유지할 수 있도록 환경을 제공하고 조부모의 역할을 갖도록 해준다.

다음으로 아들(남편)의 측면에서 살펴보자. ①고부관계를 조정하는 가장 중요한 역할자는 사실 아들이다. 중간자인 아들이 요령있게 중재하는 역할을 담당해야 한다. ②고부관계를 원만하게 한다. ③가정의 화목을 갖도록 전체 가족원의 만남과 관계의 역동성을 파악하고 있어야 한다. ④부모의 특성, 과거의 배경 등을 부인에게 이해시켜 오해의 소지가 없도록 사전교육과 대처방법을 함께 의논한다. ⑤부모에 대한 존경의식, 어른을 예우하는 태도가 요청된다. ⑥가족 전체가 자주 모임, 여행, 외식 등을 하여 가족원으로서 공동체 의식을 갖도록 한다. ⑦부모님의 경제적 상황에 따라 용돈을 드리는 등 작은 기쁨을 줄 수 있는 애정 표현이 필요하다.

제6장
교회와 가정사역론

Ⅰ. 가정사역의 이론적 기초

1. 교회와 가정의 상호 관계성

교회와 가정은 예수 그리스도를 머리로 한 유기체이다. 유기체인 교회와 가정은 예수 그리스도 안에서 하나의 공동체를 형성한다. 교회는 작은 교회인 가정이 모여서 만들어진 하나의 큰 가정이다. 그러므로 이 가정이 성숙되고 믿음에 굳게 설 때 교회는 성장하게 되는 것이다.

교회와 그 교회에 속한 가족들은 과거로부터 지금까지 매우 밀접한 관계를 맺어왔다. 교회와 가정은 서로 분리할 수 없는 역동적인 상호관계성을 가지고 있다.[1] 그렇기 때문에 교회는 가정에 대해 깊은 관심을 가지고 가정으로 하여금 기독교 가정의 본래의 의미와 기능을 회복하게 해주어야 하며, 가정의 발전형태, 가정의 생활양식, 각양 상황이 요구하는 특별한 필요를 알고 이해해야 한다.

교회는 가정의 가정화를 위해서, 가정의 현장화를 위해서 어린이, 젊은이, 그리고 부모들을 가정 안에서의 서로의 섬김과 치유에 관련시켜 줌으로써 가정 그 자체를 변화시키는 교육을 실시해야 한다.

가정사역은 근본적으로 교회와 가정이 역동적인 상호통합의 관계에 있다는 데 그 뿌리를 두고 있다.

교회와 가정은 뗄 수 없는 유기적인 관계인데 이 관계를 역동적 상호통합의 관계라고 부른다.

---

1) Leon Smith, Edward D. Steples, *Family Ministry Through the Church* (Tennessee : Nashville press, 1967), p.205.

가정과 교회의 역동적인 상호통합(dynamic interpenetration)의 의미는 다음과 같다.

첫째, 가정 안에 있는 교회에 대한 관심이다. 어느 때나, 혹은 어느 곳이든지 교회는 하나님의 백성들이 모인 곳이라고 한다면 하나님의 백성들은 교회의 건물 안에뿐만 아니라 가정 안에도 있을 수 있다. 그러므로 가정 안의 구성원들이 하나님을 믿는 사람들로 구성되어 있으면 가정 안에 교회라는 말을 사용할 수 있다. 이런 의미에서 가정 안의 교회에 관심을 갖는다.

둘째, 교회 안에 있는 가정에 대한 관심이다. 교회공동체의 회원들인 기독교 가정은, 가정 안에서도 기독교인으로서의 생활을 추구하는 이들이기 때문에, 가정 내의 식구들은 그들을 향한 하나님의 뜻을 가정생활과 동시에 교회 안에서도 성취하기를 원한다.

그러므로 기독교 가정은 교회에 속한다고 말하기보다는 교회 안에 있다고 말할 수 있다.

가정사역은 교회 안에 있는 기독교 가정을 교회에 통합되어 있는 것으로 간주한다.

셋째, 교회와 가정 사이의 상호 영향에 관한 관심이다.

가정사역의 세 번째 관심은 교회의 통합으로써, 가정과 하나님 백성으로서의 교회가 각각 서로에게 영향을 미치고 또한 그리스도 예수의 사역의 파트너(partner) 역할을 수행하는 것에 있다.

가정과 교회의 역동적 상호통합의 관계에서 교회가 먼저 수행해야 할 첫 번째 과제는, 교회는 교회 자체를 예배공동체이며 동시에 교육공동체(nurturing community)여야 한다는 신학적인 자의식과 함께 과감한 탈바꿈을 모색하는 일이다.[2]

이것은 교회의 목회의 우선적 관심, 교회의 체제와 조직, 교회의 프로

---

2) 은준관, 『기독교 교육 현장론』 (서울 : 대한기독교 출판사, 1988), p.117.

그램까지도 교육적인 것으로 재구조화하는 것을 뜻한다. 이러한 체계와 관심의 변화에서 교회는 비로소 가정을 위한 교회의 근거를 마련할 수 있게 된다.

두 번째 과제는, 교회는 그 교회를 구성하는 모든 사람들, 즉 유아로부터 노년에 이르기까지의 모든 사람들을 포괄하는 교육적 체계(educational system)로 바꾸어가는 일이다.

세 번째 과제는, 가정 그 자체를 살아있는 중요한 기독교 교육의 현장으로 다시 회복하는 일을 돕는 것이다.

가정은 전 교회 생활에서 인정되어야 한다.

이것은 가정의 현장화(contextualization of Christian home)를 돕기 위한 교회의 교육 - 어린이, 젊은이, 부모와 노인들을 가정 안에서의 서로의 섬김과 치유에 관련시켜 줌으로써 가정 그 자체를 변화시키는 일을 목적으로 하는 교육이어야 할 것이다.

또한 가정과 교회가 이처럼 유기적 연합, 공생의 관계에 충실해야 하는 이유는 다음과 같이 설명해볼 수 있다.

첫째, 가정은 본보기를 필요로 한다. 부모의 본보기는 충분치 않기 때문에 교회 전 회중이 청소년과 어린이들에게 그리스도와 같은 본보기를 보이는 또 다른 자원이 될 수 있다.

그와 같은 본보기와, 청소년과 어린이들 사이에는 열려 있는, 친밀한 관계가 이루어져야 한다.

어린이, 청소년, 어른들은 모두 인간경험의 전 영역에서 노출될 필요가 있다.

교회생활은 다른 세대들 간의 배움, 봉사, 놀이, 예배, 간증, 기도, 생활 등 다양한 면에서 이루어지는 것이다.

둘째로, 가정은 그리스도인으로서의 인간관계 훈련이 필요하다.

교회의 제도적인 형태 속에서 어떻게 관계를 맺는지 아는 것만으로는 충분하지 않다. 가정과 교회 모두 조직체이며 질서있는 생활로 구성되어 있지만 둘 다 그 이상의 것이다. 가족들은 신약시대의 교회생활의 일부였던 역동적인 상호관계의 전 범위 속에 포함될 필요가 있다. 곧 가정보다 더 큰 규모의 공동체 안에서 서로 돌아보고, 나누고, 꾸짖고, 격려하고, 고백하고, 용서해주는 상호 인간관계가 필요한 것이다.

셋째로, 가정은 현실주의를 필요로 하는데, 현대생활에 수반되는 갈등을 인식하지 못하고 현실과 동떨어진 이상주의에 빠진 교회는 가정에 관한 한 제 기능을 발휘하지 못한다.

모든 것이 잘되어가는 것처럼 가장하고 우리의 갈등과 실패를 서로 숨기는 것은 압박감과 죄의식을 가져오고 변화가 일어나지 않는다.

분명히 이상적인 것을 포기해서는 안된다. 그러나 어떤 현실성이 말로 표현되는 메시지 속에 포함되어 있어야 하고 몸된 교회 안에 상호작용을 일으켜야 한다. 사람들로 하여금 소그룹 교제를 나누게 하면 위선적으로 약점을 덮어버리는 일을 몰아내는 데 필요한 사회적이고 감정적인 근접성이 유발된다.

넷째로, 가정은 후원이 필요하다.

개인의 발달과 각성에 있어서 그룹의 역할은 매우 중요하다. 교회의 가족들이 자기가 처한 어려운 상황이나 문제에서 혼자가 아니라는 것을 깨닫게 되면 그 문제를 극복하는 적절한 하나님의 은혜에 합당한 용기를 얻게 될 것이다. 그와 같은 깨달음은 자기 문제가 유일한 것이라는 느낌에서 오는 외로움과 고립과 실망을 감소시킬 것이다.

교회생활이 잘 세워져 있을 때, 가족들이 약점이나 문제들은 물론 장점들도 나눌 수 있게 된다. 가정들의 모임에서 회중생활의 다른 면에서와 같이 개별적인 가정들이 다른 사람들을 위한 해결책이 있는 제안들과 본보기를 제시할 수 있다.

다섯째, 미망인, 이혼한 사람들, 편부, 편모들, 깨어진 가정의 자녀들, 독신자들도 온전한 가정들과 마찬가지로 가정과 같은 교회생활을 필요로 한다.

교회의 따스한 분위기 속에서 세대를 초월한 경험을 추구하고 있다.

2. 가정사역의 본질과 정의

가정사역이란, 단순히 교회의 일이 아니라 교회의 본질과 깊이 관련되어 있다. 가정사역은 교회의 부수적인 부분사역이 아니라 교회의 필수사역이다.

■ 가정사역이란

첫째, 기독교 가정생활의 주기를 통해서 살아가는 일을 지도하고 강화하는 목회이며, 둘째, 가족 내에서의 기독교적 양육을 포함하는 구성원들을 위한 사역이며, 셋째, 회중이나 교회기관 안에서 일정한 형식을 통해서 이루어지는 사역이며, 넷째, 세계 안에서 즉 이웃과 지역사회 속에서 선교를 성취해가는 사역이라고 정의해볼 수 있다.[3]

가정사역은 일시적이고 단속적인 목회사역이 아니라 끊이지 않고 계속되는 모든 가족들에게 행해지는 사역이라고 할 수 있다.

또한 가정사역은 모든 세대를 포함하여 젊은이층과 노년층이 함께 공동체를 구성하여, 가정생활의 실천적인 모습들 속에서 인간 관계성에 관한 성서적 개념들을 배우며, 모든 가정들의 건강과 관계성을 위해 교육하며 영향을 주는 일을 의미한다.

다시 말하면 가족구성원들을 양육, 축하, 교육, 그리고 훈련으로 인도하는 것이다.

가정생활은 개개인의 성격발달과 인격형성에 깊은 영향을 줄 뿐만 아니라 교회의 봉사와 그 지원에 있어서 개개인의 참여를 위해 많은 영향을 준다. 그리고 가정생활은 다음 세대의 가정생활에 깊은 영향을 끼치게 된다.

그렇기 때문에 교회는 가정의 중요성을 인정하고 교회의 교육자원을

---

3) 미국 감리교 교육부 *Work book : Developing your Educational Ministry*, 『교육목회 지침서』, 오인탁(역) (서울 : 장로회신학대학 출판부, 1980).

이용하도록 도와야 한다.
이러한 가정사역을 위하여 교회가 하여야 할 일은 다음과 같다.[4]

첫째, 가족구성원들이 하나님을 알고 사랑하도록 돕는다. 이를 위해 가정에서 드릴 수 있는 적절한 예배의식을 개발한다.

둘째, 자신을 알고 하나님의 자녀라는 자각을 갖도록 돕는다.

모든 식구들로 하여금 계속 성장하는 인간 생명 외경사상, 불우한 사람에 대한 동정, 하나님 자녀로서의 성윤리, 형제의식을 갖게 한다.

셋째, 가정, 공동체, 세계 안에서 다른 사람들과 협동하도록 돕는다.

이를 위하여 인간관계 형성의 경험으로 좋은 딸, 아내, 어머니, 좋은 아들, 남편, 아버지가 되도록 인화력, 봉사력, 이해력을 육성한다.

넷째, 세계 안에서 활동할 때 사회변혁에 건설적으로 참여하도록 책임성을 일깨워주고 격려해주는 일이 필요하다.

그리고, 가정사역은 인간관계에 대한 성서적 개념을 가정생활을 위한 실제적 모델로 옮기는 것이요, 생활주기에서 오는 모든 가족구성원의 필요에 응답하며, 모든 가정이 건강하고 온전해질 수 있도록 양육하고, 교육하고 영향을 주는 것을 말한다.[5]

이러한 가정사역을 위해 교회는 가정구성원의 영적 강화(spiritual strengthening), 정보제공과 상담(information and counseling), 생활패턴 제공(pattern for living) 등을 제공할 수 있다.

---

4) WCC, "Report of Family Education World Assembly", p.14.
5) Morris A. Inch, *Church Educational Ministries* (E.T. T. A, 1980), p.7.

3. 가정사역의 목표

가정사역의 구체적인 목표는 다음과 같다.[6]

1) 성인
① 남편과 아내들이 결혼, 가정, 사랑, 성, 역할, 그리스도인의 기준에 대한 성경적 개념들을 설명할 수 있게 한다.
② 성인들이 문제해결 능력, 다른 사람들과 함께 기도하는 법을 알고 계속 개발하게 한다.
③ 성인들이 정신적인 건강과 정서적인 건강에 관련된 원리를 말하고 실천에 옮길 수 있게 한다.
④ 성인들이 자신들의 특정한 문제와 의문에 적용할 수 있는 카세트, 책, 대화의 자원을 찾아낼 수 있게 한다.
⑤ 부모들이 자녀들을 훈계하고, 가르치고, 성교육을 시키고, 가치관을 전달하고 훈련시키는 데 필요한 기술과 정보를 소유하게 한다.
⑥ 독신자들, 과부, 이혼한 사람, 홀부모들이 자신들의 상황과 관련된 성경적 개념을 설명할 수 있게 한다.
⑦ 부모들이 청소년과 관련된 문제해결 방법을 발견하고 청소년의 특성들을 설명할 수 있게 한다.
⑧ 성인들이 이혼, 죽음, 그밖의 위기들과 같은 특별한 가정 문제를 다룰 때 성경적 자료와 정보를 논의하고 적용할 수 있게 한다.

2) 청소년
① 청소년들이 결혼, 가정, 사랑, 성, 역할, 가정 내에서의 그리스도인의 기준에 대한 성경적 개념들을 설명할 수 있게 한다

---

[6] Charles Sell, 양은순, 송헌복(공역), 『가정사역』 (서울 : 생명의 말씀사), pp.123-125.

② 청소년들이 문제해결 능력, 적응력, 대화 기술, 충돌 해결 능력, 다른 사람들과 함께 기도하는 기본적인 방법들을 알게 한다.
③ 청소년들이 우정, 데이트, 약혼, 배우자 선정과 관련된 성경적 기준, 목표, 정보들을 설명할 수 있게 한다.
④ 청소년들이 사춘기의 경험들을 논하고 사춘기 시절에 부모님과 적절한 관계를 맺는 법을 설명할 수 있게 한다.

3) 어린이
① 어린이들이 가정, 성, 결혼, 가정에서의 자신의 역할에 관련된 성경적 개념들을 말할 수 있게 한다.
② 어린이들이 문제해결 능력, 적응력, 대화 기술, 다른 사람과 함께 기도하는 방법, 충돌해결 능력의 개발을 시작하도록 한다.

4) 모든 사람
① 모두가 가정생활의 창조자인 하나님께 감사드리게 한다.
② 모두가 생활 속에서의 자기 역할을 받아들이게 한다.
③ 모두가 가정생활과 가정생활에 관련된 그리스도인의 가치관을 감사하게 여기도록 한다.

5) 다른 세대 간의 가정 단위의 경험들
① 가족 일원들이 그리고 독신자들이 매주 다른 세대 간의 그리스도인 교제를 갖게 한다.
② 특별히 독신자, 홀부모, 홀부모의 자녀들이 다른 세대 간의 그리스도인 교제를 맛보도록 한다.
③ 가족 일원들과 독신자들이 정기적인 세대 간의 학습과 예배 경험을 공식적 또는 비공식적으로 갖게 한다.

4. 가정사역의 원리

　가정사역의 교회 프로그램의 실제적인 원리들은 어떤 면에서 지역 교회의 기존 형태와 상황에 따라 좌우된다. 그와 같은 원리들은 신학적 지식, 교육적 통찰력, 가족들의 필요가 모아진 상태에서 생겨난 것이다.
　① 가정생활의 개념은 가족 관계와 가치관에 대한 전교회의 표현에 의해 가장 잘 전달된다.
　② 가정생활교육은 현존하는 프로그램 속에 집어넣을 수 있으며 계속되는 사역이 될 수 있다. 시간이 드는 문제는 현존하는 프로그램 속에 가정생활의 주제와 활동들을 삽입시킴으로써 해결할 수 있다. 주일학교 시간에 가정생활에 대한 선택 과목을 제시하는 것은 간단한 일이다. 전 연령층을 위한 계속적인 교육이 정규적인 주일학교 시간표의 일부가 되도록 해야 한다. 다른 세대 간의 행사가 때때로 주일학교 공부의 일부가 되어야 한다.
　③ 가정과 교회는 둘 다 하나님의 아이디어로써 서로 경쟁을 해서는 안되기 때문에 가정생활이 교회로 인해서 방해를 받아서는 안된다.
　④ 기독교 교육은 통합된 프로그램과 계획으로 가정과 교회 양쪽에서 모두 수행되어야 한다.
　⑤ 믿지 않는 부모를 가진 어린이들을 위해서도 준비가 있어야 한다. 그러나 어린이들을 위한 전도 프로그램은 부모들을 겨냥한 적합한 전도 프로그램 없이는 세우지 말아야 한다. 가정생활의 강조가 성인교육과 전도에 우선권을 둔다는 것은 너무나 자명한 일이다.
　⑥ 가정생활에 대한 강조가 독신자들을 포함시켜서 그들이 소외당하는 것 같은 느낌을 갖지 않도록 모든 노력을 경주해야 한다.
　⑦ 다른 세대 간의 경험들을 일부러 마련할 수도 있지만, 전 교회 프로그램으로 정기적이고 비공식적인 세대 간의 교류가 이루어져야 한다. 그러나 정기적이고 특별한 가족끼리의 교제로 가정이 필요로 하는 모든 지원을 다 받게 된다는 생각을 해서는 안된다.
　⑧ 가정생활 사역에 평신도들이 협조해야 한다. 그들에게 가르치고 훈

런시키는 프로그램을 맡길 수 있어야 한다.

⑨ 새로운 가정생활 프로그램이 자발적으로 시작되어야 한다. 여러 가지 가정생활 프로그램에 내포된 다각적인 위협들 때문에 사람들을 강요하거나 부추겨 참여시켜서는 안된다. 반응을 보일 준비가 되어 있는 사람들을 참여시켜야 비판이나 저항이 적고 나중에 변화될 여지가 더 많게 된다.

⑩ 가정에 영향을 주려는 시도에 있어서 아버지의 역할을 잘하도록 돕는 데에 우선권을 두어야 한다.

⑪ 교회 생활과 프로그램은 자녀양육의 책임이 부모에게 있다는 개념을 기초로 전달되고 세워져야만 한다(신6장, 엡6:4). 기독교 교육이 교회와 가정 양쪽의 협동적인 과업이긴 하지만 교회 프로그램이 부모들에게 "교회가 부모들을 위해서 해드리겠습니다" 라는 식의 태도를 전달해서는 안된다.

⑫ 교회 전체의 가르침과 훈련 사역들이 가정생활과 연관되어야 한다. 신약의 서신서가 적합한 때에 가정을 다루고 있는 것처럼 현재 교회 내의 설교와 가르침이 그래야 한다. 교리와 실제적인 가르침이 가정생활을 포함한 현재의 삶을 향해 외치는 것이어야 한다.

⑬ 가정사역은 신학적인 토대를 가지고 시작해야 한다. 목회자는 교회의 본질과 사역에 대한 올바른 이해를 가지고 프로그램이나 활동을 성경의 조명 아래서 판단할 줄 알아야 한다.

⑭ 가정사역은 현실성 있는 오늘날의 문제를 다루어야 한다.

⑮ 가정사역은 실제적이어야 한다.

⑯ 가정사역은 다양한 종류의 가정을 위한 사역이어야 한다.

⑰ 가정사역은 교회가 가정을 성도들의 공동체로 이루어줄 때 가장 큰 효과를 거둘 수 있다.

5. 가정사역의 과제

J. 레오나드(J. Leonard)는 가정사역의 과제를 '교육적 과제', '신학적 과제', '옹호의 과제'로 분류했고[7] 스튜어트(C. W. Stewart)는 '돌봄의 차원', '교육적인 차원', '충실화', '상담적 차원'으로 나누었다.[8] 이를 설명하면 다음과 같다.

첫째는, 가정사역의 교육적 과제이다. 이것은 좋은 가정사역 프로그램을 통해 정보를 제공하고, 가정이 위기로부터 문제들을 예방하는 데 필요한 대화와 계획의 기술을 배우게 하는 것이다. 다시 말해서 온 가족들이 교회의 가르침과 시범을 통하여 진리를 전달받을 수 있도록 조력하기 위해서 교회가 계획한 가정교육 프로그램을 제공하는 것이다.

교회는 가정의 중요성을 인정하고 교회의 교육적 자원을 최대한 공급해주어야 하며 가정의 발전패턴, 가정의 생활양식, 각양 상황이 요구하는 특별한 필요를 알고 이해해야 한다.

둘째는, 가정사역의 신학적 과제인데, 가정사역은 성서적 통찰과 인간발달에 대한 우리의 이해와의 교차점에서 일어난다. 하나님, 죄, 구원, 은혜, 용서에 대한 우리의 믿음은 우리가 성별, 결혼, 어버이다움, 직업, 그리고 인생의 목표를 결정할 때 영향을 준다.

셋째는, 가정사역의 옹호의 과제이다. 성서적 전통에 의하면 가정은 고립된 것이 아니라 항상 사회에서의 더 큰 공동체의 부분이었다. 그러므로 가정의 문제는 단순히 가정에서만 생긴 것이 아니라 가정 밖에서 기인한 것도 있다. 가정에 대한 압력은 막대하다. 가정사역은 어른과 젊

---

7) Joe Leonard Jr., *Planning Family Ministry* (Valley Forge : Judson press, 1982).

8) Charles W. Stewart, *The Ministers as Family Counselor* (Nashville : Abingdon press, 1979), p.173.

은이가 성서적 가치와 통찰력을 갖는 것을 도와주는 것을 포함한다.
　넷째는, 돌봄의 과제이다. 환자나 슬픔을 당한 가정을 심방함으로써 교회에 속한 가족들에 대한 관심을 표현할 수 있는 네트워크를 개발해야만 한다. 또한 위기를 겪고 있는 가정을 위한 중보기도는 교회예배의 정규적인 일부가 되어야 하고, 목회자는 회중들이 관심을 갖고 자발적으로 도울 수 있도록 하기 위해서 곤경에 처한 사람들의 이름을 공포해야 하는 경우도 있다.
　다섯째는, 가정사역의 상담의 과제이다. 위기상황에 있는 가족구성원들을 위하여 홀로 남게 된 부모그룹, 여러 가지 상실로 고통을 받는 사람들을 위한 슬픔극복 그룹 등 단기적인 충실화 경험의 기회를 부여할 수 있는 프로그램을 제공해야 한다. 그리고 이러한 충실화 그룹에서 보다 더 많은 조언을 필요로 하고 더 많은 주의를 요하며, 긴장 아래 있는 사람들이 누군가를 알아내어, 그러한 위기상황에 있어 충분한 그룹 상호작용과 지원이 가능할 수 있도록 가정들을 돕기 위해 상담에도 임해야 한다. 이상과 같은 가정사역의 과제를 자세히 정리하면 다음과 같다.

1) 교육적 과제
① 삶에 대한 풍부한 경험과 실천적인 도구들을 제공
② 정보를 제공하며 각 가정마다 의사소통의 기술과 계획하는 기술을 배우도록 도와준다.
③ 부모의 자녀교육, 가정예배, 헌신, 그리고 성에 대한 교육적 프로그램을 제공한다.
④ 하나님의 복된 소식과 삶을 풍요하게 하는 도구들을 발견하도록 도와준다.

2) 신학적 과제
① 성서 진리를 매일의 삶 속에 적용하도록 돕는다.
② 다음의 세 가지 것들을 통합해야만 한다.
　첫째, 우리의 삶 속에 나타나는 하나님의 뜻에 관하여 성서는 어떻게

가르치는가?
  둘째, 매일의 삶의 경험
  셋째, 인간관계가 어떻게 진행되는지에 대하여 우리가 아는 것은?
  ① 가정생활 문제나 질문들은 신학적으로 고찰되어야 한다.
  ② 하나님, 죄, 구원, 용서 등에 관한 믿음을 갖도록 한다.
  ③ 우리들의 믿음은 우리의 결정과 선택에 영향을 준다. - 즉, 성, 결혼, 자녀와 부모관계, 소명, 삶의 목적 등.
  ④ 하나님의 가정으로서의 교회관
  ⑤ 인간관계에 대한 신학적 표상

  3) 옹호적 과제
  ① 교회와 가정이 서로 돕고 서로 풍성해지는 관계로 발전하기 위하여 무엇을 해야 할 것인가를 발견하게 해준다.
  ② 각 가정의 삶의 질에 대한 관심을 갖는다.
  ③ 정의, 친절, 삶의 질, 그리고 개인의 가치존중을 증진시킨다.
  ④ 가정은 성서전통에 있어서 고립된 것으로 나타나지 않는다.
  ⑤ 교회공통체는 결혼에 대한 약속이나 부모와 자녀의 관계와 같은 문제들을 교인들에게 가르쳐야 한다.
  ⑥ 과부, 고아, 가난한 자, 불구자 등 모두가 가정사역의 중요 부분이다.
  ⑦ 젊은이, 문제아동, 정신질환자, 부양가족 모두가 다 하나님의 가족들이다.
  ⑧ 교회는 대중적인 권위를 가지고서 각 가정의 요구를 지지하여 주는 행동을 한다.

6. 가정사역의 영역

레오나드(Leonard)는 가정사역 영역을 내용영역과 기술영역으로 나누고 내용영역에서는 ① 믿음 안에서의 성장 ② 성별 ③ 가족관계들의 영역과, 기술영역에서는 ① 대화의 기술 ② 계획기술 ③ 조직적인 기술로 분류했다.9) 또한 리커슨(Rickerson)은 가정의 필요를 따라 ① 하나님과의 개인적인 관계 ② 남편과 아내의 관계 ③ 가족관계 ④ 가정교육 ⑤ 목회 속의 가정으로 나누었다.10)

토마스(Thomas)는 USCC(United State Cathlie Conference)에서 결정한 여섯 가지 영역을 소개하고 있는데, ① 결혼 전과 독신을 위한 사역(ministry) ② 신혼부부를 위한 사역 ③ 부모를 위한 사역 ④ 성장하는 가정을 위한 사역 ⑤ 상한 가정을 위한 사역 ⑥ 부부와 가정의 지도력을 위한 사역으로 나누고 있다.

이러한 가정사역의 영역을 종합해보면 다음과 같다.

① 결혼을 위한 준비 : 관계교육, 성교육, 결혼전 상담 및 결혼준비 교육
② 행복한 결혼생활 교육 : 신혼부부 교육
③ 부모교육
④ 행복한 가정생활 교육 : 부부 성장학교, ME(Marriage Enrichment)
⑤ 상호세대(간세대)적 교육 : 예배, 확대가족 그룹, 가족집단교육
⑥ 독신자를 위한 교육 : 편부모, 이혼자, 독신자 포함
⑦ 가정상담 : 위기상담, 중독자 상담, 가족치료사역, 문제가정 지원
⑧ 가족 의사소통 교육
⑨ 노인들을 위한 교육
⑩ 가족 영성 계발을 위한 교육
⑪ 가족 관계의 치유와 성장을 위한 교육
⑫ 가족 캠프 및 가족 소그룹 모임(Home Cell group)

---

9) Leonard. Jr. Joe, op. cit., pp.17-24.
10) Wayne. E. Rickerson, *How to Help the Christian Home*(Gtendale : G/L press), p. 9.

7. 가정사역의 계획 수립 단계

가정사역은 전문적인 지도자와 가정목회 위원회가 조직되었다고 되는 것이 아니라 구체적인 목적과 목표를 설정하고 그 구체적인 계획을 세워 나가야 한다. 가정사역 프로그램 계획의 여섯 단계를 살펴보면 다음과 같다.

1) 제1단계 : 가정의 필요를 파악한다.[11]
① 교회의 가정이 어떠한 생활주기에 처해 있느냐를 결정한다.
② 가능한 필요를 모두 목록에 적어본다.
③ 가정들을 인터뷰한다.
④ 조사를 통해 정보를 수집한다.
⑤ 가정치료가, 상담가, 사회사업가, 목사, 심리학자, 가정전문가를 찾아 인터뷰한다.
⑥ 잡지, 신문, 서적 등을 통해 정보를 수집한다.
⑦ 얻은 정보를 일반적이고 중요한 것부터 나열하고, 가정에서 일어나고 있는 일반적인 현상과 특별한 현상을 나누어본다. 가정생활 주기에서 가정의 종류에 따라 우선권을 결정한다.

2) 제2단계 : 목표를 기록한다.
목표를 기록하는 것은 달성하기 원하는 변화나 결과에 초점을 맞추도록 도와주는 훈련이다. 이미 발견한 필요와 관련하여 어떻게 차이점을 만들까 하는 것을 명확히 하기 위해서 목표를 기록한다. 목표는 회중의 필요에 근거해야 한다. 목적과 목표는 성서 신학적 근거를 가져야 하고, 현재의 것이어야 하고, 실제적인 것이 되어야 한다.[12]

---

11) Leonard, Jr. Joe, op. cit., pp.38-43.
12) Wayne E. Rickerson, op. cit., pp.55-57.

3) 제3단계 : 자원들을 발견한다.
여기 자원이란, 시간, 재정, 지도자, 인쇄된 자료, 도구들을 의미한다.

4) 제4단계 : 프로그램 계획을 발전시킨다.
명확한 목표와 사용할 자료들의 기초적인 개요를 갖고 목표를 이루기 위한 프로그램의 윤곽을 설정한다.

5) 제5단계 : 프로그램 계획을 시험해본다.

6) 제6단계 : 목적과 프로그램을 평가한다.
모든 프로그램 계획과 시험 후에는 평가해보아야 한다. 이것이 다음 계획을 위한 자료수집의 중요한 방법이다.

평가는 대체로 세 가지 기본원리를 생각할 수 있다.
(1) 목적, 주제, 그리고 되돌아보기
교회의 교육적 필요, 그리고 참여자의 필요에 의한 목적이었는가? 참여자들이 목적, 목표를 바로 이해하고 있는가? 프로그램의 진행과 방법, 그리고 내용이 주제와 연계성이 있는가?
(2) 교육의 과정 되돌아보기
프로그램의 수립과정이 옳았는가? (목적설정과 진행의 과정결정, 정책수립, 프로그램의 세부사항) 프로그램을 위한 준비와 절차는 바로 되었는가? 준비를 위한 참여도는 어떠했는가? 진행은 잘 되었는가? 진행과정에서 예기치 않던 일은 무엇이었는가?
(3) 결과 되돌아보기
참여자가 목적에 맞는 성과를 거두었는가? 참여자의 참여도는 어떠했는가? 참여자의 느낌과 의미는 무엇이었는가? 를 살펴본다.

8. 가정사역의 프로그램의 모델과 연중계획

1) 가정생활주기를 통한 가정사역의 모델

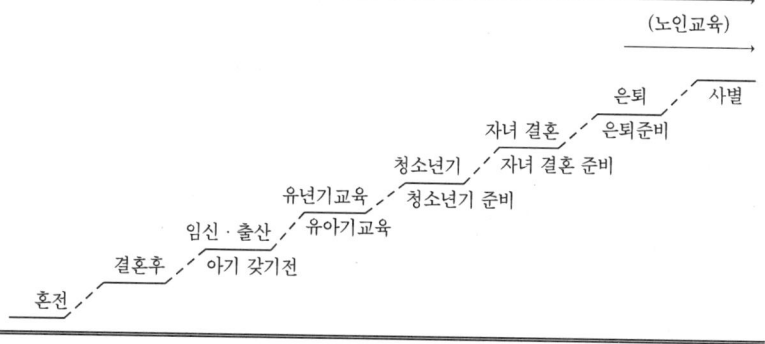

2) 교육적 목회로써의 가정사역에 관한 설정

	모든 세대	성인	청소년	아동
기본적	가족 모임과 예배	예배와 봉사	예배와 봉사	가정중심의 기독교 교육
지속적 프로그램	구역 그룹활동	선교와 친교활동	선교와 친교활동	
	주간교회학교 심방	주간성서탐구반	성서탐구	주별연구와 봉사의 집단들
	신입교인교육	취미모임	형식, 비형식적	
	가족자체	결혼 및 가정상담소	집단들	예배와 성서배우기

		모든세대	성인	청소년	아동
기본적 단속적 프로그램		가족의밤, 가족캠프 총동원주일 절기예배, 특별예배 여가와 친교모임들 전교인캠핑 인간관계훈련	각종 세미나 사회적 이슈모임 수련회, 부부집단 부모학교 가정주부를 위한 목회훈련	조직적 연구활동 예능발표회 수련회, 캠핑 계절학교 부모초청간담회 심방	계절학교, 캠핑 가정방문 부모초청예능발회 비형식적프로그램 봉사활동
선택적 지속적 프로그램		성가대 봉사대 주일학교 주일저녁의 친교	교사학교 주부학교 경로학교 성가대	예능교실 주간성서학교 성가대	음악과 찬양집단 주간영어교육 유치원 주간기독교교육
선택적 단속적 프로그램		가족축제 가정주간행사들 특별봉사대 비형식적 모임들	특별수련회 특별위원회 야외예배 회중예술잔치 개인적갱신퇴수회	특별수련회 잔치들 절기프로그램	현장여행 취미집단들 연극집단

3) 가정사역 프로그램
(1) 1월
① 가정생활위원회나 또는 가정사역의 팀에 들어온 신입회원의 훈련과 오리엔테이션을 실시한다
② 한 해의 활동계획과 프로그램을 살핀다. 무엇이 첨가되어야 하는가? 특별한 행사가 있는가? 추가할 자료는 무엇인가? 어떤 자료와 프로그램이 교인이나 교회공동체에 유용한가? 교인에 대하여 새로운 조사를 할 시간이 있는가? 등
③ 가정주간과 가정의 달을 위하여 정보와 자료를 수집한 후에 계획을 수립한다. 해야 할 일들에 대하여 사람들에게 책임을 부여한다.

④ 매주 월요일 밤에 부부의 성숙을 위해 부부 성서연구 모임을 갖는다.
⑤ 가정예배 자료를 각 가정에 배부한다.
(2) 2월
① 가정으로 하여금 사순절 활동에 참여하도록 유도한다. 가정에서 신앙적인 연구와 가족들이 함께 시간을 갖도록 유도하며 가정예배 모델을 배포한다.
② 가정이 소속해 있는 교회공동체의 기관이 제공하는 활동에 관한 정보를 제공해준다.
③ 부모들의 모임, 젊은 부부를 위한 연구모임을 시작한다.
④ 각 가정들의 중보 기도제목을 작성해 각가정에게 나누어준다- 영적인 연대의식을 강화시킨다.
(3) 3월
① 가족주간과 기독교인 가정의 달 계획들의 진행상황을 살핀다.
② 회원들에게 추가되는 훈련에 필요한 것들을 살피고 다가오는 훈련기간의 유용성에 대하여 다른 회중들이나 구역 또는 위원회와 상의한다.
③ 불신가정 초청의 밤을 갖는다.
④ 가족의 밤(family night) 을 갖는다.
⑤ 가족집단(family cluster)모임을 개최한다.
(4) 4월
① 고난주간, 부활절, 가정예배 자료를 배부한다.
② 가정주간에 실시할 예배, 설교, 주제 등을 결정한다.
③ 가정주간에 포상할 가정이 있는가?
교인들로부터 추천을 받는다.
④ 여름에 가르쳐야 될 부모님반이 있는가?
형식과 지도력, 그리고 자료에 대한 작업을 실시한다.
⑤ 부모의 교회학교 방문을 실시한다.
⑥ 가정을 심방한다.

(5) 5월
① 가정주간, 어린이주일, 어버이주일, 프로그램을 실시한다.
② 가족의 밤 행사를 갖는다.
③ 일일 가정야유회와 특별 세미나를 실시한다.
④ 부모교육 프로그램을 실시한다.
⑤ 가정개방 주간을 지키도록 각 가정들을 격려하고 좋은 모델을 제시해준다.
⑥ 가족 총동원주일와 노인을 위한 특별행사를 갖는다 - 가족 전체 세례를 갖는다.
⑦ 가정에 관한 도서나 자료를 배부한다.
⑧ 교회가족 간의 자매결연을 만들어 불우가정을 돕는다.
(6) 6월
① 5월의 행사를 살핀다 - 잘 진행된 것은 무엇인가? 배웠던 것과 새롭게 느끼고 통찰한 것은 무엇인가? 가정의 참여도가 높은 것은 어느 것인가? 행사 후에 뒤따르는 요구들은 무엇인가? 반복되는 문제와 요구사항은 무엇인가? 세부적으로 반성하고 평가하는 시간을 갖는다.
② 부부 영적 성장 세미나를 갖는다.
③ 신혼가정의 결혼생활교육을 실시한다.
④ 자녀들을 잘 이해하기 위한 부모들의 독서모임을 갖는다.
⑤ 가정예배를 갖도록 지지하고 좋은 모델을 보여준다.
(7) 7월
① 부모들에게 교회학교 참관수업을 시킨다.
② 일일 영아학교를 실시한다.
③ 가족캠프를 안내하고 홍보한다.
(8) 8월
① 가족캠프를 실시한다.
② 가족창 경연대회를 실시한다.
③ 독신자모임을 위한 세미나를 개최한다.
④ '신앙가족공동체' 의식 함양을 위한 다양한 간세대교육을 실시한다.

⑤ 9월에 있을 가정생활교육 시리즈에 대한 준비를 점검한다.
(9) 9월
① 가정생활교육 실시, 강의, 연구집회, 세미나, 그리고 위의 교육을 통합한 교육과정의 기획를 제공한다(어린이 성장 발달이해, 신앙발달, 가정과 학교의 협력관계, 가정의 재정문제, 가족의 의사소통, 어린이 학대, 알코올중독 등). 여러 가지 흥미있는 분야를 선정한다.
② 혼자 사는 사람(과부, 홀아비)을 위한 특별반(class)을 만든다.
③ 교회학교에서 부모교육을 실시한다.
④ 부부성장 교육을 실시한다.
(10) 10월
① 신혼가정의 결혼생활 교육을 실시한다.
② 할아버지, 할머니와 젊은이들의 대화모임을 개최한다.
③ 교회전체 가족의 연합운동회를 실시하여 교회 전가족 간의 친교와 우애를 도모한다.
④ 가정생활 세미나를 실시한다.
⑤ 경로대학을 개강한다.
⑥ 기독교인의 절기에 대하여 이해를 도와줄 자료들을 준비한다.
(11) 11월
① 추수감사절 특별예배 자료와 가정에서 의미있게 보내기 위한 교육활동자료를 배부해준다.
② 강림절을 준비하며, 각 가정에서 강림절을 맞이하는 각종 자료를 배부하고 교육시킨다.
③ 가족을 다룬 영화나 비디오를 감상하고 의미있는 토론의 시간을 갖는다.
④ 교회공동체나 교인 중에 도움이 필요한 가정을 보살핀다.
⑤ 시간이나 여러 가지 재능, 자원들을 갖고 있는 가정들을 알아보고, 그 가정들이 참여할 수 있는 선교계획을 세운다.
⑥ 가정대화 기술 세미나를 갖는다.
⑦ '가정의 밤'을 실시하여 '나눔, 용서, 그리고 감사'와 같은 주제들

을 사용하여 빛나는 계절로 만든다.

⑧ 교회전체 가족과 어려움에 처해 있는 가정들을 위한 가족 기도회를 실시한다.

⑨ 교회전체가족을 위한 특별행사를 준비한다.

⑿ 12월

① 교회와 가정에서 특별히 의미있게 보내기 위한 크리스마스 행사를 준비한다.

② 필요한 사람들에게 줄 선물, 옷, 음식 등을 모으는 일에 교인 가정들이 참여, 양로원에 있는 사람들, 집없는 사람들, 그리고 보호소에 있는 학대받았던 사람들, 또는 공동체의 기관으로부터 도움을 받는 사람들을 기억한다.

③ 가족 송년의 밤을 갖는다. 이 시간에 교회 가족을 위한 축복기도의 시간과 애찬의 시간을 갖는다.

④ 일년 동안 가정사역 프로그램을 반성하고 평가하는 시간을 갖는다.

Ⅱ. 가족생활주기에 따른 교회의 가족교육

1. 교회의 가족교육의 방향과 단계

1) 가족교육의 방향
교회에서 실시해야 할 가족교육의 방향은 아래와 같다.

① 기독교 가정이 가족의 영적, 그리고 도덕적 가치관을 기독교 안에서 형성하여 가족생활을 영위할 수 있는 방법을 계발 내지 보유하는 기능을 잘 수행하는 것이다. 기독교 가치체계는 기독교 가정구성원들의 행동, 사고와 업무를 수행하는 근거가 될 뿐만 아니라 인간행동을 판단하는 근거가 되므로, 기독교의 세계관에 근거한 가치체계로 기독교 가족의 양심이 형성되어 기독교 생활양식이 가정 내에 이루어지도록 교회는 교육할 수 있다. 이 같은 교육은 예수 그리스도를 통해 계시된 하나님 나라와 그리스도를 믿는 믿음, 그리고 하나님의 교회 안에서의 사귐, 하나님의 구원의 말씀과 행동의 증언, 정의와 인간 존엄성을 위한 적극적인 참여, 인간의 통전성을 저해하는 모든 것에 저항하는 의무를 포함하여 하나님의 사람으로 하나님의 사랑을 드러내며, 사회에서 책임적이고 창조적인 사람으로 삶을 살도록 돕는 것을 의미한다.

② 교회식구의 가족들이 의식주 문제를, 하나님 나라에 속한 피조물로서 하나님이 창조한 자연을 관리하고 개발하는 의미로 다루는 것이다. 하나님의 청지기 의식을 갖고 이 기능을 수행토록 교회는 이를 위한 가족교육을 할 수 있다.

③ 기독교 가정은 가족의 수입, 재산관리와 사용 역시 하나님으로부터 위탁받아 관리하는 청지기로서 하나님 나라의 건설을 위하여 바르게 사

용할 수 있어야 된다. 간혹 가족의 갈등을 대화나 시간을 들여 사귐을 통해 해결하기보다는 상징적으로 돈을 사용하여 문제를 해결하려는 경향이 있다. 다른 말로 표현하면 이것은 부유한 가정의 부부 사이의 갈등, 혹은 부모와 자녀 사이의 갈등을 사랑과 감정의 교류보다는 돈으로 보장하는 것을 의미한다. 이 경우 시간이 오래 지나면 돈에만 감정적 의미를 부여함으로 친밀한 가족관계의 결여가 생길 수 있다. 그렇게 되면 가정의 문제가 더욱 심화될 가능성이 크다. 그러므로 교회는 교회식구 가족의 소유물 모두가 하나님으로부터 온 것으로 믿고 책임적으로 하나님의 뜻에 따라 그들이 경제를 관리하고 사용하도록 교육한다.

④ 기독교 가정이 가정관리와 가족의 사귐을 하나님의 말씀에 따라 권위있고 책임감있게 수행하도록 돕는다. 가족의 사귐 속에 서로 간의 차이와 갈등이 있음에도 불구하고 지적, 영적, 그리고 감정적 교제가 이루어지고 유지되도록 돕는다. 갈등을 없애려는 교육보다는 갈등을 인정하고 신앙으로 다루고 해결할 수 있는 방법을 교회가 가르침으로 이 기능을 교회식구의 가족들이 잘 수행할 수 있도록 도울 수 있다.

⑤ 부부의 성생활을 포함하여 어린이, 청소년, 어른들, 즉 가족의 각 구성원들의 사회화, 애정, 사귐의 필요를 충족시켜 풍요로운 가족생활을 영위할 수 있도록 교회식구의 가족들을 교회는 도울 수 있다.

⑥ 자녀들을 위한 계획, 양육, 교육, 직업선택, 자녀출가, 어른이 된 자녀들과의 새로운 관계를 형성할 수 있도록 교회식구 가족들을 교육할 수 있다.

⑦ 기독교 가정이 친척과 친구와의 관계를 잘 유지하고 자녀들의 친구, 직장 동료들과의 사귐 등에 관한 기능을 잘할 수 있도록 교회는 도울 수 있다.

⑧ 기독교 가정으로 하여금 지역사회가 교회식구의 가족들에게 미치는 영향들을 인식하게 하여 다양한 지역사회의 활동들과 조직들에 참여하여 지역사회에 대한 책임을 수행할 수 있도록 교회는 이들을 도울 수 있다.[13]

2) 가족생활주기

가족의 생활주기(family cycle, family life cycle)는 인간의 가족생활에서 경험하는 미혼, 결혼, 출산, 육아, 그리고 일생의 각 단계에 걸친 시간적인 연속을 말한다. 가족이란 결혼으로 형성되고 자녀의 출산으로 확대되다가 자녀의 결혼이나 분가로 축소되고 사망으로 일생의 종말을 내린다고 볼 수 있다. 가족생활은 주기의 단계마다 그 내용이 변화되며 그 단계에 상응한 가족구성의 변화, 가족구조와 주택사정, 소비구조의 변화, 상호작용의 패턴의 단계에 따른 변화 등 그 변화의 형태는 매우 다양하다.

에벌린 드볼(Evelyn M. Duvall)은 그의 책 *Family Development*에서 가족의 생활주기를 아래와 같이 구분하고 있다.[14]

① 결혼 시작 단계
② 아이를 갖는 단계(임산기와 자녀의 영아기)
③ 자녀가 취학하기 전의 가정단계(자녀가 3-6세까지)
④ 초등학교에 다니는 단계
⑤ 자녀가 십대의 단계
⑥ 자녀가 출가하는 단계
⑦ 자녀의 출가로 인해 집안이 빈 단계
⑧ 은퇴와 배우자 사망의 단계이다.

---

13) 임창복, "교회와 가족교육", 기독교 윤리실천 운동본부. 장로회신학대학 다원화 목회 연구원(편), 『기독교 가족상담』(서울 : 예장총회 출판부), pp. 110-113.

14) Evelyn M. Duvall, *Marriage and Family Development* Philadelphia : J. B. Lippincott Company, 1977). pp. 127-134.

2. 신혼기의 가족생활교육

결혼에서 신혼가족 단계의 교육은 다음과 같다.

오늘날의 가족단계는 부부관계가 중심이 되고 있으므로 결혼의 의미는 대단히 중요하다. 이 단계의 주된 관심은 결혼생활을 위한 준비와 더불어 하나님 자녀로서의 자기인식을 갖도록 돕는 교육을 할 수 있다. 결혼한 두 사람은 서로에 대한 많은 것을 알아야 하고 결혼이 의미하는 바를 충분히 깨달아야 한다. 결혼은 부부에게 생을 살아가는 새로운 방법을 제시하고 있다. 그들을 만족시켜주고 표현해주는 일상생활의 모든 패턴을 함께 개발해야 한다. 따라서 신혼부부는 날마다 결정해야 할 수많은 사항들, 해결해야 할 문제들, 가정의 계획 등에 있어서 자신들의 최대한의 가능성을 발휘하여 대처해나가야 할 것이다.

신혼부부들이 해야 할 협동적 발달과업은 아홉 가지로 간추릴 수 있다.[15]
① 부부는 안정된 거주지를 확보하여 가정의 기반을 확립해야 한다.
② 부부는 소득과 지출상의 만족스런 체계를 수립해야 한다.
③ 부부는 역할과 책임관계의 기준을 수립해야 한다.
④ 부부는 상호 만족스럽고 연속적인 성관계를 수립해야 한다.
⑤ 부부는 지적이고 정서적인 대화체계를 수립해야 한다.
⑥ 부부는 친척과의 원만한 관계를 수립해야 한다.
⑦ 부부는 친구, 동료, 공동사회 조직체와의 접촉방법을 수립해야 한다.
⑧ 부부는 자녀의 출산에 대비하여 계획을 수립해야 한다.
⑨ 부부는 그들 고유의 생활철학을 확립해야 한다.

위의 발달과업 외에도 부부 간의 성적적응, 인격적 적응, 부부 간의 경제적 적응의 문제가 있다.[16]

---

15) 유영주, 『가족 관계학』 (서울 : 교문사, 1983), pp.130~135.
16) J. O. Brubaker, R. E. Clark, *Understanding people* (Illinois Teacher Training Association, 1981), p.78.

적응이란, 자아실현을 이룩함과 아울러 환경을 고려하고 사회의 기대에 맞춰나가는 과정이라 할 수 있는데, 이러한 적응의 본질에 비추어볼 때 부부 간의 적응이란, 부부 쌍방 간의 적응에만 국한 된 것이 아니고 여러 가지 외적, 즉 경제적, 인간적 환경에 대한 적응도 포함된다. 부부 간의 적응대상은 고정된 사물이 아니고 항상 변화하고 성장하는 개체 또는 사항들이므로 부부 간의 적응자체도 변화, 성장하는 것이다. 부부는 결혼의 만족도를 높이기 위해 끊임없이 노력해야 하는데 이러한 노력이 상호 간의 적응의 측면에서 이루어질 때, 부부관계는 비로소 질서와 안정을 찾게 되며 이것이 전 가족의 행복과도 직결되는 것이다.

3. 임신기 · 영아기 가족생활교육

가족생활주기의 두 번째 단계는 대체로 첫 번째 임신으로부터 첫아이가 세 살이 될 때까지의 가족에게 해당된다. 이 단계의 관심은 신혼부부에만 집중하는 것이 아니라 이들이 또한 기독교인 부모가 된다는 것에도 관심을 둘 수 있다. 설교나 특별연구그룹을 통하여 교회는 이것에 대한 교육을 시도할 수 있다. 또한 그룹상담이나 비정규적인 학급 운영으로 부모들과 첫아이의 관계에 대한 교육과 더불어 이 시기의 아이들의 성장발달에 관한 부모교육으로, 자녀에 대한 이해와 자녀의 성장발달에 준한 신앙교육을 수행하도록 이 생활주기의 가족을 돕는다. 특히 임신초기에는 임신 그 자체를 받아들여야 할 과제를 가지고 있다.[17]

임신기에 부부들이 수행해야 할 발달과업은 다음과 같다.

① 태어날 아기를 위해 주거환경을 재정비하고 물질적인 준비를 한다.

---

17) Ellen Galinsky, *Between Generations - The six stages parenthood* (N.Y : Times Books, 1981), p.22.

② 소득과 소비유형을 새로운 형태로 발전시킨다.
③ 부부 간의 역할을 재조명하여 가정 내에서의 분담의식을 강조한다.
④ 임신에 적응하는 성적관계를 유지시킨다.
⑤ 임신한 부부로서의 충분한 대화를 넓히도록 한다.
⑥ 친척들과 밀접한 유대관계를 맺는다.
⑦ 임신, 출산, 양육에 대한 충분한 지식을 습득하고 가족계획을 수립한다.
⑧ 생활철학과 가치관을 재정립한다.

또한 이 시기의 부모의 주요한 과제는 아기에 대한 애착을 형성시키는 일이다. 그리고 부모로서의 새로운 역할을 받아들인다면 그 부부는 서로 그들의 관계를 확장시키고 새로운 아기의 태어남으로 인해서 야기된 생활의 불균형을 회복시키기 위해서 노력해야 한다.
이 시기에 어머니가 수행해야 할 발달과업은 다음과 같다.

① 여러 가지 역할에 대한 갈등적인 개념을 조화시켜 안정된 자기역할을 인식하여야 한다.
② 경험이 부족한 어머니라도 새로운 긴장과 압력에 적응하고 이를 수용해야 한다.
③ 용기와 확신을 가지고 아기 돌보기에 대한 방법을 습득해야 한다.
④ 가족을 위하여 건강하고 즐거운 매일의 생활을 유지해야 한다.
⑤ 아기의 성장발달을 위한 충분한 기회를 준비하고 이를 제공해주어야 한다.
⑥ 부모로서의 책임을 남편과 분담하도록 협조를 구해야 한다.
⑦ 남편과의 만족스런 관계를 유지하도록 노력해야 한다.
⑧ 생활의 현실적인 문제에 적응할 줄 알고 만족하도록 노력해야 한다.
⑨ 어머니됨을 통해 개인적 자율감을 유지해야 한다.

또한 아버지가 수행해야 할 발달과업은 다음과 같다.

① 자신의 역할에 대한 갈등적이고 상반된 개념을 조화시켜야 하며, 부인이 자신의 아내일 뿐만 아니라 아기의 엄마임을 인정하고 능력의 한계를 이해해야 한다.
② 아기양육에 대한 지식과 기술을 습득해야 한다.
③ 아기가 태어남으로써 변경되는 새로운 생활형태에 적응해야 한다.
　이 단계의 교회의 관심은 부모로서의 첫경험을 하는 부부들에게 첫아이의 관계에 대한 교육과 더불어 이 시기의 아이들의 성장발달에 관한 부모교육을 실시할 수 있다. 교회의 이 같은 교육은 두 번째 단계의 생활주기에 속한 자녀들이 하나님을 신뢰하는 신앙으로 양육될 수 있도록 돕게 되는 것이다.
　더 나아가 이 단계의 자녀가 건강한 자아신뢰를 갖고 자율성을 계발할 수 있도록 해야 한다. 이 단계에 부모가 자녀를 도울 수 있는 부모교육에 교회는 중점을 둘 수 있겠다. 이 시기의 가족이 자녀의 세례를 책임있게 감당하도록 교회는 유아세례의 의미와 책임과 동시에 언제부터 교회학교에 자녀를 보내야만 되는지를 부모에게 교육한다.

4. 유아 자녀기의 가족생활교육

가족생활주기의 세 번째 단계는 자녀가 유아기에 속한 가족이다.
유아기 자녀를 가진 부모의 발달과업을 보면 다음과 같다.[18]

① 부모는 유아기 발달에 대한 정확한 지식을 알고 유아기 자녀에게 필요하고 바람직한 가정환경을 준비하여야 한다.

---

18) 유영주, op. cit., pp.198-202.

② 부모는 서로 사랑하는 분위기를 창조하여야 한다. 부모들은 그들의 창조적인 협동을 통하여 사랑관계를 유지하고 애정을 표현함으로써 부부관계를 건설적으로 이끌어가야 하는데, 그 이유는 이러한 분위기가 자녀에게 심리적인 안정감을 가져다주기 때문이다.

③ 부모는 유아기 자녀에 대하여 그들의 실수나 약점을 너그럽게 받아들여야 한다. 부모는 어린이가 잘못을 범할 수 있다는 사실을 인정해야 하고 책망보다는 인정과 격려로 용기를 북돋아주어야 한다.

④ 부모는 각각 개인적인 인간으로서 또한 결혼한 부부로서 계속적인 발달을 꾀하여야 한다. 이 시기에 어머니는 오직 자녀양육과 가정관리에만 힘쓰고 인간으로서의 개인적 발달을 등한시하는 경우가 있다. 또한 아버지는 오직 사회적 발전에만 전념하고 가족의 일원으로서의 역할을 소홀히 하는 경우가 있는데, 이 시기에도 개인의 계속적인 성장을 추구해야 하며 결혼의 만족을 유지시키고 남편과 아내 상호 간의 취미, 관심, 우정을 의식적으로 육성해야 한다.

⑤ 부부 간의 성관계를 만족스럽게 유지시키고 다음 자녀출산을 계획해야 한다.

⑥ 가족 간의 효과적인 대화를 유지시키고 증가시켜야 한다. 유아기 자녀를 포함해서 가족 간의 대화시간을 갖도록 한다.

이 시기의 어린이는 부모와의 대화의 분위기를 통해서 부모의 생활태도나 생활양식을 습득할 수 있게 된다. 이때 부모는 자녀 앞에서 언어의 발음이나 억양 등을 올바르게 하도록 노력해야 한다.

⑦ 친척과의 관계를 원만하게 유지시킨다. 할머니, 할아버지, 이모, 삼촌 등과 광범위한 친척관계를 가짐으로써 어린이가 타인과 많이 접하는 기회를 갖도록 함이 필요하다. 유아 시기만큼 친척이 중요한 시기는 없을 것이다. 그 이유는 어린이가 여러 사람과의 관계를 통하여 다양한 적응능력을 배우게 되기 때문이다.

5. 학동 자녀기의 가족생활교육

가족생활주기의 네 번째 단계는 자녀가 아동기에 속한 생활의 단계이다. 이 단계의 부모는 학교 및 교회와 협력하여 자녀교육을 하게 된다. 교회는 우선 부모들에게 자녀들의 정상적인 발달과정을 이해하게 하여 자녀들의 건전한 자아확인, 자아존중, 자아절제와 자아실현을 돕도록 한다. 또한 교회는 이를 위해 이 단계의 부모를 대상으로 정기훈련 프로그램을 운영할 수 있다. 이때 부모는 자녀들의 영적, 도덕적 가치관 확립 그리고 자녀들의 성역할 교육 내지 형제 자매와 가족 밖의 다른 이들을 존경하며 그들과 잘 지내는 법을 가르치도록 훈련받을 수 있다. 이외에도 교회의 부모교육으로 자녀들의 시간관리와 봉사활동에 관한 것과 가정예배의 방법, 자료들을 활용토록 돕는다.

이 시기에 부모들이 수행해야 할 발달과업은 아래와 같다.

① 자녀의 성장욕구를 잘 파악하여 바람직한 환경을 제공해주어야 한다.

② 자녀를 너무 억압해서는 안되며 나가서 놀도록 허용하고, 놀면서 성장할 수 있도록 격려해야 한다.

③ 가족 간의 대화를 통하여 부모 자녀 간의 관계를 더욱 친밀하게 유지해야 한다. 특히 학교에서 돌아온 자녀가 학교에서 일어난 일들을 자유롭게 이야기함으로써 그들의 문제를 집에 와서 해결하도록 하는 일이 중요하다.

④ 가족의 생활철학, 신념을 검토하고 재정리하여 더욱 공고한 생활철학을 정립하여야 한다. 자녀를 키우며 살아오는 동안 가족의 생활철학이 분산되거나 파괴되는 일이 있을 수 있다. 따라서 가족의 생활철학을 재정립하여 가족의 정신적 지주가 되도록 할 뿐만 아니라 그것을 자녀가 흡수하여 그들의 생활철학 수립의 밑거름이 되도록 해야 한다.

6. 청소년 자녀기의 가족생활교육

가족생활주기의 다섯 번째 단계는 자녀가 청소년기, 사춘기에 속하는 단계이다. 이때의 부모의 역할은 힘겹고 또한 부모와 자녀 사이의 갈등이 이전 단계들보다 훨씬 더 심화되고 노골화될 수 있다. 이 단계의 부모들은 인간으로서와 남편과 아내의 동반자로서 자신들의 목적성취의 측면에서뿐만 아니라, 역할수행에 있어서의 가치와 만족도를 재평가할 수 있는 안내를 받도록, 교회는 훈련된 상담자와의 상담을 통해서나 개인적인 면담이나 소그룹 토의를 통하여 이들을 도울 수 있다.
 이 시기에 이루어야 할 부모의 발달과업은 다음과 같다.

① 부모와 자녀 간의 의사전달과 대화의 간격을 줄이고 심리적으로 자유로운 관계를 유지하도록 한다. 청소년들은 항상 성장하며 진취적이 되고자 하므로 부모 자신도 계속 배우는 입장에서 새로운 지식과 경험을 쌓도록 하여 젊은 자녀와의 대화에서 틈이나 단절이 생기지 않도록 해야 한다. 또한 자유로운 분위기에서 솔직하게 받아들이고 합리적으로 해결하는 습관이 가정에서부터 형성되도록 해야 한다.
② 부모와 자녀관계를 수평관계로 확대시킨다. 아동기까지는 부모가 자녀를 보호와 격려로 지도함에 따라 때로는 권위적이 되어야만 했다. 그러나 청소년기에 들어오면서부터는 자녀를 독립된 인격체로 존중하면서 권위적인 태도를 버리고 친구와 같은 수평적 관계를 유지하는 것이 중요하다.
 이 단계의 부모들에게는, 십대 청소년들의 신체와 성기관의 발달로 인한 생리적 성숙과 지적 발달과, 동시에 정서적, 사회적으로 현저한 변화가 따르는 사회심리적 성숙의 현상이 나타나는 자녀들을 이해하도록 돕는 교육이 필요하다. 사실 자녀들의 현저한 생리 및 사회심리의 변화가 자녀 자신들, 자신들의 부모, 교우, 그리고 연장자에 대한 새로운 태도에로까지 변화를 가져오며, 아동기 때와는 달리 새로운 행동의 표준을 형성하고자 고심하기에까지 이른다는 것을 이해하는 부모교육도 필요하다.

이 단계의 부모들에게 중요한 것은 십대 자녀들과의 개방된 대화와 교제의 기회를 갖는 것이다. 교회는 그들에게 부모 자녀 세미나 프로그램을 통하여 이 단계의 가족을 도울 수 있다. 십대의 자녀들이 학업문제, 원만치 못한 교우관계, 자신들의 실수와 결점으로 인한 자기비하와 부모와의 적대감 내지 불신감으로 심한 좌절과 절망으로 심리적 고아라는 의식을 가질 수도 있음을 이 단계의 부모들은 알아야 한다. 여러 가지 특별한 문제 중에서도 이 단계의 자녀들은 그들의 외모와 성별을 있는 그대로 받아들이며, 하나님의 자녀로서 무한한 가능성을 지닌 남성이고 여성임을 자각할 수 있도록 십대 중심으로 교회와 가정이 협력하여 관심을 갖고 도와줄 수 있겠다.

7. 출가기 자녀의 가족생활교육

이 단계는 자녀들이 결혼하거나 자립해서 가정을 떠나는 시기이다.
이 시기에 가족이 당면하게 되는 문제는 부모와 자녀관계의 변화, 자녀의 결혼 등으로 인한 경제적 위기, 새가족의 출현으로 인한 가족 간의 유대감 상실 등의 문제이다. 그러므로 이러한 문제에 대처하기 위해서는 어느 때보다도 가족구성원 전체의 상호이해와 성실한 준비가 필요하다. 자녀는 자신의 독립생활에 대비하여 정서적 성숙과 지적능력을 갖추어야 하며 이를 기초로 자신의 직업과 결혼생활에 잘 적응하여 훌륭한 시민으로서의 역할을 수행하여야 한다. 그리고 부모는 가족관계를 원만하게 유지하면서 자녀의 자립을 도와주어야 한다. 따라서 이 시기에 부모가 이루어야 할 과제는 성숙한 자녀들과 계속적인 관계를 유지하면서 그들의 독립성과 개체성을 수락하는 일이다.[19]
성인자녀가 배우자를 선택하여 결혼을 하고 경제적으로 독립을 할 수

---

19) Ellen Galinsky, op. cit., p.307.

있게 되면, 이 시기의 장년 부모는 성인 자녀의 새로운 세계를 위해 분가를 시키게 된다. 가정의 가풍이나 환경에 따라 차이는 있겠지만 대체로 결혼한 자녀에게 그들 나름대로의 새로운 가정을 꾸밀 기회를 제공한다.

이 단계에 속한 가족들을 돕는 교육으로는 먼저 남편과 아내가 동반자로서 서로의 필요충족과 상호지지를 더 잘할 수 있는 방법들을 계발하도록 교회는 돕는다. 부부를 위한 교육 외에도 부모들의 소그룹 모임을 통하여 부모 곁을 떠나는 자녀들을 돕는 부모교육도 교회는 지도할 수 있다.

8. 가정 축소기의 가족생활교육

이 단계(empty nest ; 빈 둥지)는 모든 자녀의 출가로 인해 집안이 텅 비게 되며 조부모가 되는 단계의 가족으로서 은퇴를 준비하는 단계이다. 이 시기의 부모는 자녀의 분가와 함께 가정을 재정리할 필요를 느낀다. 장성한 자녀들이 하나씩 떠나감에 따라 비는 공간의 처리와 빈 공간으로부터 오는 심리적 공간을 처리하기 위해 대체로 나머지 가족들의 생활에 맞는 집을 구하게 된다. 이렇게 집을 재정리한다는 것은 심리적인 면에서 애정관계를 정리하는 것이 된다. 그래서 분가한 자녀들이 심리적으로 부모에게 덜 의존적이 됨으로써 그들이 부딪히는 문제들을 스스로 해결할 수 있도록 도와주어야 한다. 그러므로 부모는 분가한 자녀들의 일상사에 관여하기보다는 자녀들이 중요한 문제에 조언을 청해올 때 풍부한 인생의 지혜를 빌려주는 자세를 취하는 것이 바람직하다.

또한 이 시기를 통하여 자녀를 키우는 동안 자녀 중심적인 가정이었던 분위기에서부터 부부중심적 가정으로 변화시켜야 한다. 그래서 남편과 아내의 흥미와 가치관에 따라서 생활을 유용하게 하도록 하는 것이 중요하다. 새로운 관심과 활동들을 찾아 부부가 창조적으로 여가를 선용하고 결혼한 자녀들과 손자, 손녀와의 따뜻한 관계를 유지하고 더 나아가 사돈과도 좋은 관계를 맺도록 돕는 가족교육도 필요할 것이다.

또한 이 시기에는 은퇴를 준비해야 하는데 은퇴는 심리적으로 자신의 용도를 상실하였다는 느낌을 갖게 한다. 이 점에 대해서 자신의 취미나 관심을 고려하여 은퇴 후에 소일거리를 미리 생각하거나 마련해두는 것은 은퇴에 대한 심리적인 준비가 될 것이다.

9. 은퇴와 배우자 사망기의 가족생활교육

이 단계는 가족생활주기의 마지막 단계로써 남편의 은퇴로부터 시작하여 한 배우자의 사망을 거쳐 남은 배우자의 사망까지 두 배우자 모두 사망함으로써 끝을 맺게 되는 기간이다. 이 단계는 신체적, 정신적 노화의 시기로써 노화에 수반되는 신체적 기능의 쇠퇴는 물론 신체조직의 균형상실에도 적응해야 하기 때문에 정신적인 고충을 극복하지 않으면 안 된다. 신체적인 건강쇠퇴나 기능의 쇠퇴와 상실은 정신적으로 위축감이나 패배의식, 그리고 허무감을 동반하는 경우가 많다. 노년기의 신경증적 행동이나 우울증은 대체로 신체적 기능쇠퇴에 동반되는 정신적인 증세라고 볼 수 있다. 또 기억력이나 추리력에서 현저한 감퇴현상이 나타나는데 특히 기억력의 감퇴 때문에 고통을 겪게 된다. 또한 지각이나 사고에 있어서도 속도와 강도의 쇠퇴현상이 나타난다. 노년기에는 이러한 노화를 자연법칙으로 일어나는 현상으로써 현실적으로 받아들이는 것이 중요하다.

이 단계의 노인들에게는 고독감, 혹은 소외감을 극복함과 동시에 노년기의 육체, 정신, 사회, 심리적 적응을 할 수 있는 생활교육이 필요하다.

교회는 이 단계의 노인들에게 그들의 과거에 인도하신 하나님이 현재와 미래에도 인도하실 것을 믿어 평안한 삶을 누리도록 그룹별 성경공부를 그들에게 제공할 수 있다. 비록 이들이 육체적, 경제적, 사회적 변화와 노화에도 불구하고 하나님의 자녀로서 가치있는 사람들로 자신들을 인식하도록 돕는 방향의 성경공부가 필요하다. 또한 노인건강에 관한 강의를 통하여 교회는 이 단계의 가족인 노인에게 근육의 수축력이 약해져서 뼈에 많은 부담을 주게 되는 것, 근육수축의 속도와 능력의 점진적인 감소로 인해 근육활동 능력이 감퇴되는 등의 노화를 인정하고 수용하도록 돕는다. 또한 목회자의 방문과 죽음과 장례에 대한 공개토론과 강좌를 통하여 홀로서기, 고독감과 소외감의 극복을 할 수 있도록 돕는다.

또한 은퇴 후 책임있고 의미있는 업무들에 참여할 수 있는 곳을 교회나 사회 속에서 찾아 사회적, 심리적, 고립으로부터 벗어나 은퇴 이전에 이웃을 위해 살지 못했던 삶을 보상할 수 있도록 격려 내지는 그러한 일터를 마련해줌으로써 이 단계의 가족들을 교회는 도울 수 있다. 또한 자녀들과 손자 손녀와의 관계를 서로 간에 만족하게 유지할 수 있도록 다른 사람의 필요충족과 행복에 유익을 줄 수 있는 삶을 살도록 도울 수 있다.

이상과 같은 가족생활주기에 따른 교회의 가족교육은 가정의 문제들을 미리 예방할 뿐만 아니라 기존의 가족문제도 해결할 수 있는 매우 중요한 가정목회 프로그램이라 할 수 있다.

Ⅲ. 가정공동체 회복을 위한 교육 목회적 과제

가정은 제반 사회문제와 삶의 문제를 경험하는 원초적인 현장이며 가정의 영향력은 개인생활과 사회생활을 통해 가장 오래 지속될 수 있다.

한편 교회는 하나님의 인간구원의 구조선이다. 교회는 인간에게 관심을 갖고 인간을 구원하시는 하나님의 구체적인 현장이다. 교회와 가정은 하나님의 구원사역을 위하여 함께 연결된 하나님의 기관들이다. 그러기에 교회의 관심은 그리스도인들의 가정생활에 깊이 뿌리를 내려야 한다. 특히 오늘과 같은 사회의 급격한 변화로 인한 가정부재의 위기 속에서 가정과 유기적 연합체인 교회가 가정을 위한 목회에 소홀히 한다면 교회 또한 그 존재의 터전이 흔들리고 있음을 결코 간과해서는 안된다.

가정은 하나님께서 마련해주신 학교요, 작은 교회이므로 파괴된 가정의 구성원은 이미 하나님을 체험할 수 있는 직접적 통로가 제거된 것과 같다. 또한 가정은 하나님의 형상대로 지음받은 자녀들이 이 우주 가운데서 유일하고도 특별한 존재임을 배워야 할 장소이며 인간교육의 원초적 공간이고 종교적 모태인 것이다.

그러므로 가정이 이 본래의 사명을 잘 감당하도록 하기 위해서 교회는 최선을 다해 도와야 한다.

가정이 기독교 교육의 장으로써 그리스도인 가정생활의 충만함을 실현하도록 교회가 도울 수 있는 길은,

① 교회는 그리스도인 가정생활의 중요성을 인정해야 한다. 하나님께서 사회와 개인과 하나님 나라의 건설을 위한 본질적 기능을 수행하기 위하여 기본 단위로써 가정을 제정하셨다.

② 교회는 가족과 가족들이 살고 있는 문화가 다양하다는 것을 인정해야 한다. 가족의 필요를 채우기 위해서는 가족구조의 다양함, 가정생활

에 대한 태도의 변화, 가족이 봉착하는 여러 가지 문제들을 고려해야 한다. 또한 주변 공동체나 문화의 가치 전승이 가족에게 미치는 영향력을 포착할 수 있어야 한다.

③ 교회는 가정생활주기를 통하여 그리스도인 가정생활의 영역을 도와야 한다.

④ 가정으로 하여금 그리스도인 양육의 기능을 담당하도록 도와주는 것도 교회의 책임이다. 이것은 부모가 그리스도인으로서 믿음과 생활에 성숙하도록 도와줌으로 가능하다. 가정의 분위기가 어린이의 신앙에 영향을 미치며 삶의 깊이, 태도, 가족관계 형성에 따라 믿음의 형태가 결정된다.

⑤ 가정으로 하여금 전체 교회생활에 의미있는 참여를 해야 할 책임이 있음을 가르쳐야 한다. 즉 기독교적인 교제를 통해 얻을 수 있는 것과 그들이 공헌할 수 있는 것을 알게 하여 기독교 교제의 유익성을 알게 해야 한다.

⑥ 교회는 가족 자체가 세상 안의 교회라는 것을 가르쳐야 한다. 복음을 증거하고 봉사할 수 있는 기회들을 깨달아야 한다. 방어자세로 사회의 영향력을 개탄하는 대신에 그리스도인 가정은 사회저변의 문화에 영향력을 미칠 수 있는 적극성을 띠어야 한다. 교회는 가정의 구성원들이 그 지역사회의 교회가 되도록 선교와 봉사에 힘쓰고 참여하게 해야 한다.

이를 위해서 교회는 교회와 가정의 상호 연관성 속에서 교회의 목회사역이, 그리스도인의 가정이 진정한 그리스도인의 가정이 되게 하는 가정 중심의 목회로 돌아가야 한다. 그렇게 될 때 교회는 하나님의 은총의 매개체로서의 가정을 살리고 가정에서 양육되고 성장하는 하나님의 백성들이 온전하게 자라서 선교의 사명을 감당할 수 있다.

가정교육과 가정선교를 위한 교육 목회적 과제는 다음과 같다.[20]

---

20) 설은주,「한국교회 가정목회를 위한 교육목회적 접근」(이화여자대학교 교육대학원 석사학위논문, 1986).

① 목회자는 설교시간이나, 특강, 기타 교육시간에 가정의 중요성과 훌륭한 가정건설에 관한 내용을 다루어야 하고 각 가정의 가정예배를 권장하며 예배자료를 제공하고 공동세대(간세대) 교육이 이루어지도록 도와준다.

② 가정을 위한 부모의 교육 프로그램을 강화시켜 가정의 중요성과 부모의 교육적 책임을 인식시키는 계기로 만들며 부부 성경공부반, 가정대화 모임, 부모교육, 가족의 밤(family night), 가정확대 모임, 가정의 날(family day), 특별부모협의회(special parent class) 등을 만들어 가정교육에 주력하도록 한다.

③ 교회학교의 커리큘럼을 가정의 부모와 연결이 되게 하고, 기독교 가정이 신앙화되어 아동들의 침식장소에 그칠 것이 아니라, 가정은 하나님이 임재하는 작은 교회로서 부모와 자녀들 간의 진정한 만남이 이루어질 수 있어야 하며, 자녀들의 깊은 인생의 질문과 인생의 요청을 들을 수 있는 만남의 장이 되도록 해야 한다.

④ 교회는 각 가정이 건전하게 성장하여 기독교 가정의 사명을 다할 수 있도록 가족캠프, 가족집단(family cluster) 교육, 부모역할 교육(P.E.T ; *parent effective training*), 가족관계 기술훈련, 혼전상담, 가족풍요(*family enrichment*) 등의 가정목회 프로그램을 계획해야 하며 가정생활 주기에 따른 구체적인 가정생활교육을 실시해야 한다.

⑤ 교회는 가정을 새롭게 이해하고 가정의 회복을 위해 가정과 유기적인 관계를 유지해야 하며, 가정의 전반적 문제(이혼, 가족갈등, 가족계획, 노인문제, 가정경제, 성교육, 결혼전 지도, 자녀교육, 가족대화...) 등을 상담하고 연구하는 '가정생활위원회'나 '가정부서'를 교회 안에 설치하여 가정들을 구체적으로 교육하고 도와주는 것이 바람직하다고 본다.

⑥ 또한 교회와 가정을 통해서 이웃과 지역사회에 봉사하며 선교를 성취해가는 구체적인 프로그램 개발이 필요하다. 교회는 각 개인의 가정뿐 아니라 교회전체 가족을 이해하고 도와야 한다.

⑦ 교회는 자녀의 성장을 위한 보고서, 추천 도서, 기독교 가정과 자녀

등 가정의 성장발달을 위해 도움이 될 자료 등을 각 가정에 정기적으로 보내준다.

⑧ 부모교육 공과를 작성하여 가정에서 교육의 대상자인 자녀에 대한 신학적, 교육학적 이해로 효과있는 신앙교육을 실천한다.

⑨ 교회내에서 가족치료와 상담을 위한 전문인과 특별부서를 육성한다.

⑩ 노년층이 증가하고 있는 현실을 감안하여 노년목회사역을 활성화 시킨다. 노인들이 외로움을 극복하고 자존감과 가치감을 유지, 삶의 목적 의식 개발 및 유지, 전인적 건강에 대한 내용, 죽음에 대한 준비 등을 다루어 준다.

⑪ 평생교육을 통한 가정사역 프로그램(결혼예비교육, 신혼부부교육, 부부성장교육, 아버지, 어머니를 위한 교육, 독신자사역, 여성사역, 남성사역, 장애우사역, 실버사역, 임신과 출산교육, 가족대화교육) 등을 실시하여 교회의 전 연령층이 참여하게 한다.

제 7 장
가족상담론

Ⅰ. 기독교 가정을 위한 가족상담

1. 가족상담의 필요성

현대사회가 복잡해질수록 주변환경의 변화는 우리에게 스트레스와 문제를 가져다주고 있다.

특히 현대가족의 역할과 기능, 체계의 성격이 전통가족과는 질적으로 달라지면서 개인과 가족 사회는 양면적으로 위협을 받고 있다. 즉 과거의 가족이 가족체계 유지기능을 성실히 수행한 점에서 개인은 생활의 여러 사건을 경험하더라도 가족 안에서 보호와 안전을 약속받았다. 그러나 현대가족은 애정 중심적이고 핵가족 중심적인 가족으로 친족체계가 이미 약화된 상태이므로 가족원 간의 결속과 신뢰가 없는 한 깨어질 확률이 높다. 실제로 이런 문제는 현대가족에서 나타나는 이혼의 증가, 주부의 가출, 청소년기 자녀의 일탈행동, 정서적 이혼상태의 가족, 문제를 가진 가족이 계속 증가하는 것을 보면 알 수 있다.

또한 사회 자체도 개인에게 고독과 소외감을 갖게 하고, 경쟁하지 않으면 생존에 위협을 받는 특성을 갖고 있으므로 스트레스 요인이 계속 증가하고 있는 실정이다.[1]

따라서 사회 속의 인간관계와 가족관계의 어려움은 우리가 더 많은 능력과 자원, 대처전략을 갖도록 요청하고 있다. 그러한 능력과 자원, 대처전략이 부족한 경우에는 건강한 가족육성 교육과 예방 프로그램 참여,

---

1) 정민자, "임상-정상 가족의 가족체계 유형 및 가족 스트레스 가족자원과 대응책략에 관한 연구"(대한 가정학회지, 제30권, 2호).

훈련을 통해 개발할 수 있겠지만 위기를 넘어선 가족이나 가족원에게는 위기와 상처를 치료해주어야 한다. 그러한 역할을 수행하는 분야가 가족상담이다.

지금까지 정신병 장애는 일반적으로 정신 내적 과정(intrapsychic)의 원인으로 문제는 환자 자체였다. 그런 정신환자의 환경을 연구함으로써 모자관계, 부자관계 및 가족관계에 대해 관심을 갖게 되었다. 선천적 결함 외에는 오히려 개인환경으로써 가족환경의 영향력이 큰 것임을 인식한 것이다.

정신분열자의 발병 전단계, 인격형성 과정에 모친의 병적 경향, 부모상의 결핍, 아버지의 부정적 역할 등 가족관계와 발달상의 문제가 병의 원인이 되어왔다.

또한 청소년 가출이나 비행행동에서 가족의 상호작용 및 부부관계의 악화, 부모 자녀관계의 역기능이 가출이나 비행의 주요 요인으로 작용하였다. 부모의 알코올중독, 비도덕적 환경, 가족 간의 불화, 부모의 무능력, 부모의 별거상태, 주거빈곤, 부모의 태만 등의 요인도 비행의 원인으로 작용하였다.[2]

또한 가족은 가족원의 발달과 변화에 따라 가족이 적절히 변화하면서 가족의 발달과업을 실행해야 한다. 그런데 예견할 수 있는 사건-즉, 결혼, 자녀출산, 자녀입학 및 분가, 은퇴 등에 대한 스트레스와 전혀 예기치 못한 사건들인 천재지변, 교통사고, 사업파산, 사망 등의 스트레스를 받을 때, 가족이 적응대처 방법을 개발해야 함에도 불구하고 부적응 방식으로 대응할 때에는 이에 대한 상담이 요구된다.

그러므로 초기의 개인상담이나 개인 치료면에서 가족 속의 개인, 사회관계 속에서 가족을 인식시킴으로써 정신장애를 가진 가족원으로부터 문제를 일으킨 일탈가족원, 가족의 정상적 위기 상황까지 다양한 범위를

---

2) 유영주, 정민자, "가족생활교육 및 상담", 『가족학』, 한국가족학 연구회(편) (서울 : 학우사, 1993), p.373.

상담할 수 있게 된다.
 따라서 가족상담은 문제 가족원이나 가족위기를 다룸으로써 다른 가족원과는 원활한 관계를 유지하고 가족해체 상황이나 가족 스트레스 처리과정에서 구체적 도움을 주는 것을 목적으로 해야 한다. 이것은 가족의 현재 문제, 가족원이 열망하는 표준 및 목표, 가족의 욕구체계와 역동성, 가족자원의 정도 및 위기 전에 가족이 어떻게 생활해왔는지를 알아서, 가족이 현재 문제상황에서 성장방향으로 접근하는 방법과 과정을 가족상담에서 원조해야 함을 의미한다. 즉 가족상담을 통하여 가족의 역기능을 건전한 적응방식으로 전환시키고, 가족의 역할 관계면에 평형을 이루고 적절한 기능을 수행하게 함으로써 가족상담은 가족생활에 매우 필요하다.
 가족상담이 구체적으로 필요한 경우는 다음과 같다.

 ① 가족 중 어느 두 사람의 관계 때문에 다른 사람이 계속 긴장과 소외감을 가질 경우
 ② 모든 식구들이 서로 대화가 통하지 않고 서로 간에 오해를 자주 산다고 생각될 경우
 ③ 집에 들어와 있는 시간이 계속 불만스럽고 밖에 있는 시간보다 긴장을 더 느낄 경우
 ④ 식구 중 한 사람이 문제라고 생각되어 다른 식구들과의 관계가 계속 불안정한 경우
 ⑤ 식구 중 한두 사람의 존재가 갑작스럽게 변화함으로써 가족전체에 불안을 가져올 경우
 ⑥ 가정에 중대한 영향을 미치는 외부사건의 발생으로 식구 전체가 긴장 속에 빠져 있을 경우 등이다.

2. 가족상담의 목적

　가족상담은 인간의 문제행동이나 역기능적 행동을 건강하고 기능적인 행동으로 유도하기 위하여 한 개인이 속해 있는 가족체계를 균형적인 체계로 유도할 것을 목적으로 한다. 가족상담에서 문제란 개인 내적인 문제나 갈등이라기보다는 인간 간의 갈등, 각종 환경과 체계의 복합적인 상황이 반영되는 것으로 본다. 때로는 증상이 가족을 유지하는 기능을 할 수도 있고 가족 역기능을 표현하기도 한다. 그러한 증상은 한 개인의 문제로 나타날 수도 있으며 부부 또는 부모 자녀 관계, 가족전체로 나타날 수도 있는 것이다. 이러한 가족상담이 성공하기 위해서는 가족상담의 목표, 가족의 진단, 가족의 역동성, 가족의 역사, 가족 커뮤니케이션, 가족행동이 잘 정의되고 실천되어야 한다. 가족상담의 목표는 이론적 관점에 따라 다르다.[3] 대개 일반적인 가족상담의 목표는 ① 증상으로 나타난 표면상의 문제행동을 변화시키며 ② 가족전체가 가족구성원으로서의 역할을 좀더 만족스럽게 수행하여 가족전체와 가족성원이 성장하도록 한다 ③ 문제발생의 예상과 문제해결 능력을 향상시키는 데 있다.
　좀더 구체적인 목적은 다음과 같이 설명할 수 있다.

　① 감정과 생각을 자유롭게 표현하도록 하며 원하는 변화를 분명히 한다.
　② 의사소통 능력을 향상시키며 다른 가족원의 문제행동 원인을 좀 더 이해하도록한다.

---

　3) 액커만(Ackerman)은 가족 내의 연동병리로부터 탈피, 보우웬(Bowen)은 미분화 가족 자아 덩어리부터 자아분화 정서와 이성의 통제, 웨인(Wynne)은 가정 의사소통과 같은 외형적 관계유지보다 가족 내의 진정한 상호소통관계의 발전, 미누친(Minuchin)은 가족속박과 유리상태를 조절하여 가족구조와 가족원리의 명확한 경계선 설정, 사티어(Satier)는 욕구, 감정, 사고의 개방적인 전달, 자아존중감의 회복, 리버만(Liberman)은 부정 관계를 수정하여 서로 바람직한 행동에만 강화하는 방법의 학습 등을 강조한다.

③ 자기 자신의 견해가 다르고 분명하지 못한 다른 가족원의 욕구를 인정하고 존경하며 수용할 수 있는 개인능력을 향상시킨다.
④ 가족성원들이 각자의 역할과 기능을 좀더 만족스럽게 수행하도록 한다.
⑤ 가족의 규칙을 명확히 한다.
⑥ 가족체계와 가족의 역동성을 명확히 한다.
⑦ 가족에 의한 질병의 원인을 알고 가족의 스트레스 경감을 목적으로 한다.
⑧ 사회 지지망을 확대하여 가족의 자원과 능력을 향상시킨다.
이러한 가족상담이 개인상담과 다른 점을 요약해보면 다음과 같다.

〈가족상담과 개인상담의 비교〉

특성	개인 상담	가족 상담
문제원인	개인의 정신 내적 과정	가족관계, 가족체계
분석	원인	내용
인과관계	직선적	순환적
세계관	주체/객체의 이완율	전체론적
과학적 방법	객관적 측정	주관적
	가치 중립적	지각중시
초점	과거 역사	현재상황
내담자	수동적, 반응적 존재	능동적

3. 가족상담의 기초원리

① 가족의 문제는 한 사람에 대한 정신병리학적 관점에서보다는 다른 가족들과의 관계를 이해함에서 다루어진다. 즉 가족 중 한 사람의 문제는 가족체제의 문제성을 반영하는 것으로 간주한다. 예컨대 한 자녀가 흥분상태에서 조용한 상태로 바뀌면 어머니가 흥분하고, 자녀와 어머니

가 조용해지면 아버지와 다른 자녀가 흥분하는 식이다. 한 사람의 가족원을 이해하기 위해서는 가족체제 전체의 심리적 특성을 염두에 두어야 한다.

② 가족관계가 가족들의 내면적인 심리의 산물이기보다 내면적 심리과정이 가족관계의 산물이다. 예컨대 아내가 남편으로부터 심리적으로 학대받고 있다거나, 남편의 공격적인 충동을 아내가 만족시켜주고 있다고 생각하는 것은 가족관계를 내면적 심리의 함수관계로 보는 것이다. 그러나 부부관계가 심리적인 학대, 피학대 또는 공격 수용의 행동을 계속하게끔 만들고 있다고 볼 수도 있는 것이다.

③ 자녀의 행동이 부모 간의 갈등으로 인한 희생물이기보다 부모의 비정상적 관계를 유지시키는 데 기여하는 경우가 많다. 가령 초기 가족상담 장면에서 어머니가 아들을 심문하듯 따지고 들면 아들은 위축된다. 그러면 아버지가 그 아들을 이해해주거나 지원해주게 된다. 조금 지나서는 어머니가 아버지를 공격하고 아버지는 사과를 하면서 수그러지는 경우가 있다. 이 같은 경우에 아들은 지배적인 어머니와 복종적인 아버지 간의 비정상적인 상호작용을 유지시켜주는 역할을 하고 있다. 상담자는 어머니가 아버지를 공격할 때, 또는 어머니가 아들을 야단칠 때, 아버지가 어머니의 반박을 받고 뒤로 물러나려고 할 때 개입하여 조종한다.

④ 상담자가 현재의 상황을 이해할 수 없을 경우와, 가족들이 과거의 맥락에서 이야기해야 쉽게 상담이 진행될 수 있다고 생각할 경우에만 과거의 사건이나 경험을 묻고 듣는다. 다시 말하면 현재 일어나고 있는 양상은 과거로부터 지금까지 오랫동안 반복되고 있다는 전제 아래 현재의 양상에 상담의 초점을 맞추는 것이다. 그러나 상담의 초기과정에서는 내담자들이 자기의 입장을 이해시키기 위해서 상담자에게 많은 과거의 경험을 털어 놓는다. 만약 불필요한 과거의 이야기를 늘어놓는다면 상담자는 "그런 과거의 경험이 현재의 당신 행동에 어떻게 연결되는가?"라고 묻는 식으로 반드시 현재의 상황에서 생각을 정리하도록 촉진하여야 한다.

⑤ 처음부터 가족문제에 대한 자세한 진단과 평가를 내리기보다 가족상담에 대한 각 가족성원들의 기대를 알아보고 현재의 가장 큰 관심사를

이해하고 수용한다. 다시 말해서 처음부터 '문제적인 측면'을 탐색하면 저항을 받기 쉬우므로 우선 가족들로 하여금 가족상담을 시작하니까 무언가 기대할 만한 것이 있다는 생각이 들도록 하는 것이 중요하다. 실제로 가족관계에서의 변화나 의사소통의 촉진을 위한 것이 아니면 심리적 진단은 큰 의미가 없다.

⑥ 가족관계에서의 부정적인 감정을 노출시키거나 내면적인 욕구를 지적하기보다, 바람직하지 못한 행동과 심리를 이해하는 방향으로 또는 긍정적인 표현으로 어떻게 그런 행동이 필요했던가를 해석한다. 가족상담은 적개심이 생기는 관계적인 장애를 해소한다는 명제에서 출발하여야 한다. 따라서 노련한 가족상담자는 과거와 다른 행동을 시도하도록 설득하는 경우에만 기술적으로 해석적 반응을 한다. 또한 바람직하지 못한 특정상호 관계를 수정하기 위해 서로 간의 갈등을 명료화하는 데에는 적극적으로 임하지만, 대체로 부정적인 측면은 강조하지 않는 것이 원칙이라고 말할 수 있다.

⑦ 차례로 돌아가면서 말하기보다는 모든 가족성원들이 아무때고 서로 하고 싶은 말을 할 수 있도록 해야 한다. 그러나 가족성원 중에는 지나치게 내성적이거나 수줍음이 많아서 이야기하는 것을 두려워하는 사람이 있다. 이 같은 경우 상담자는 의도적으로 기회를 주어 자신의 의견이나 느낌을 표현하도록 촉진시켜야 한다.

⑧ 가족 내에서 무슨 일이 일어나고 있고 식구들 간에 어떤 갈등이 있는가에 초점을 두기보다 구체적인 상담목표로 보아서 어떤 결과가 일어나고 있는가에 주목한다. 다시 말하면 서로 얽히고 설킨 심리적 지원 및 갈등관계 자체에 '재미'를 느끼고 이를 뒷받침하는 여러 경험적 일화를 듣는 데 시간을 낭비해서는 안된다.

⑨ 단순히 가족성원 간의 감정 및 의사표현이 향상되고 전보다 자유스러워지는 것만을 상담의 목표로 삼기보다, 가족상태의 변화와 가족들의 구체적인 행동변화에 초점을 두는 것이 바람직하다. 그래서 이런 변화의 증거가 없으면 즉시 다른 접근방법을 사용해야 할 것이다. 상담자의 접근방법은 가족의 문제와 가족구성에 따라 달라질 수 있을 뿐만 아니라

상담과정에서도 필요에 따라 달라져야 한다.[4]

4. 가족상담의 접근 모델

실제를 바라보는 양식인 접근모델(또는 패러다임)을 여기서는 ①가족 정신역동 모델 ②가족 커뮤니케이션 모델 ③구조적 가족상담 모델 ④ 가족행동 모델로 세분하여 살펴본다.[5]

1) 가족 정신역동 모델(family psychodynamic model)

가족 정신역동 모델은 주로 정신분석학적 모델에 바탕을 두고 있기 때문에 인간의 동기나 불안의 원천을 이해하는 데는 개인 내의 양극적인 세력(id-ego-super ego 등)의 상호작용을 중요하게 보아야 한다. 따라서 어렸을 때 형성된 개인의 무의식적 갈등을 정신분석학적 방법을 통하여 의식화시키고 자아강도(ego strength)를 강하게 하도록 함으로써 개인의 문제(증상)를 치료하게 된다.

가족 정신역동 모델을 취한 초기의 가족상담가들은 정신분석의 개념과 치료과정을 도입하여 가족수준으로 확대시켜 개인의 내적 역동성과 가족원으로서 가족생활과 가족관계상에서 어떻게 맞물려 있으며, 사회적 가치가 어떤 양상으로 결합되어 가족성원으로서 문제 증상이 나타나는지를 규명하여 그에 대한 치료를 시도하고자 했다. 이 모델은 전통적인 가족상담 모형으로 평가하고 있으며 대표적인 임상가로 액커만파(Ackerman Group)로 본다. 또한 보우엔(Bowen)의 초기 연구도 정신분석을 기초로 하였고 체계론적 모형으로 평가하기도 하는 보우엔의 모델도 가족 정신역동 모델에 중첩되고 있다.

---

4) 최외선(편저), 『가족 상담의 이론과 실제』 (서울 : 성원사, 1992), pp.14-16.
5) 유영주, 정민자, op. cit., pp.382-384.

2) 가족 커뮤니케이션 모델(family communication model)

가족상담 모델 중 의사소통 모델은 초기부터 비교적 순수한 패러다임으로 사용되어 왔다. 가족치료는 성격을 상호작용 차원에서 설명하며 그들의 이론적 체계는 전통적인 심리 내적 모델과는 관계가 없다. 그들은 문제의 발생을(예를 들어 정신분열증) 가족구성원들 사이에 의사소통이 실제 경과 또는 과정상 나타날 수밖에 없는 것으로 보며 그들의 주된 관심은 바로 가족의 의사소통 방법을 개선한다는 것이다. 대표적인 이론가는 잭슨(Jackson, 의사소통과 인지), 해리(Harris, 의사소통과 지배력), 사티어(Satir, 의사소통과 감정)가 있는데* 이들은 보통 가족 의사소통 이론가로 다룬다. 왜냐하면 팔로 알토 그룹(Palo Alto Group)과 함께 관련되어 있고 이론적 개념이 유사하며 그들 모두 주된 관심이 가족체계와 의사소통하는 방법의 개선에 있는데 특히 의사소통의 중심요소에 관심이 많다. 또한 공통견해로는 모든 행동을 의사소통으로 보고 있다. 그들은 의사소통 가족치료 접근에 관심이 같지만 가족상호 작용의 다른 차원을 강조하는 이론을 갖는 것은 그들의 교육과 훈련 배경이 다르기 때문이다.

3) 구조적 가족상담 모델(structural family model)

미누친(Miunchin)이 처음으로 발달시킨 구조주의적 입장은 가족이라는 체계를 중시하여 가족 단위의 능동적이고 조직화된 전체성을 강조한다. 구조주의자들은 커뮤니케이션 이론가들과 마찬가지로 한 체계 내의 구성요소들이 어떻게 상호작용하고, 역기능적인 커뮤니케이션 유형이 어떻게 발전하는지에 대해 관심을 기울이고 있다. 그러나 이 양 이론 간에는 중요한 차이가 있다. 구조주의자들은 가족 의사거래의 기본요소-가족성원들이 어떠한 메시지를 주고 받는가-를 보기보다, 좀더 전체론적인 입장을 취하여 가족의 활동과 기능을 단서로 삼아 가족의 조직 또는 구도를 밝히려고 한다. 다시 말해 구조주의자들은 의사거래의 내용을 통해 가족이 어떻게 조직화되는지 이해하고자 하는 것이다. 따라서 구조주의자들은 대체로 가족성원들이 어떤 내용을 커뮤니케이션하는가

---

* Satir의 의사소통 가족치료 접근법의 주요 개념은 가치체계, 성숙, 자기존중, 의사소통, 가족규칙이다.

보다 어떻게 커뮤니케이션하는가에 더 관심을 둔다. 이 체계모형에서는 개인이 어릴 때부터 현재까지 가족성원들이 서로 미친 영향에 초점을 맞추어가면서 개인의 심리와 행동의 특성을 분석하려는 것이다. 구조주의자들은 인간의 과거 생활경험이 가족체계를 초월하고 있다는 점을 인정하지만, 가정 내에서의 경험이 각 가족성원의 행동 범위를 결정한다고 생각하고 있다.

4) 가족 행동 모델(family behavior model)

행동수정 원리를 가족상황에 적용시켜 가족관계와 가족원의 행동을 긍정적 방향으로 변화시키는 것을 목적으로 한다. 문제나 증상이 가족체계나 가족관계상의 부정적인 강화가 계속 일어나고 있는 상황이므로 긍정적 강화와 새로운 교환관계를 맺도록 훈련시킨다. 즉 행동주의 치료기법과 학습이론을 기초로 하되 가족체계 및 가족관계와 문제(증상)가 관련되어 있음을 인식하여 가족구성원의 대인관계적 환경을 재구조화시키고 행동변화를 추구한다. 가족행동 치료가는 교육자로서 직접지도 및 가족과의 공감, 따뜻함, 관심을 나타내어야 하고, 학습시킴으로써 바람직하고 원하는 가족환경과 가족관계를 갖도록 한다.

5. 가족상담의 과정

가족상담 과정은 상담가의 관점과 이론체계에 따라 다르다. 본 절에서는 일반적으로 통용되고 있는 측면과 체계론적 관점에서 주로 정리하고자 한다.

1) 가족상담의 대상

가족상담이 개인의 증세나 문제행동, 가족전체의 스트레스, 가족관계상의 역기능을 건강하고 기능적인 상태로 유도하고, 문제를 해결하기 위하여 가족원이 속해 있는 가족체계를 균형체계로 변화시킬 것을 목적으로 한다. 그 결과 가족문제를 해결하고 가족의 역할을 원만히 수행하고 가족관계를 조화롭게 유지하는 성장모형을 창조하고자 한다. 그러므로 가족상담에서는 원칙적으로 가족 단위가 상담의 대상이 되어 모두 참여하는 것이 바람직하다. 그러나 문제의 성격이나 상담의 목표에 따라 가족상담의 대상은 부분참여라도 가능하다. 보우웬(Bowen)은 만일 가족의 변화를 가져오는 유일한 방법이 가족원 하나를 치료하는 것이라고 진단된다면 가족원 한 명을 치료할 수 있다고 본다. 즉 가족을 기능적 단위로 보아 전 가족 중 두 명 또는 여러 명 또는 하나하나를 상담치료할 수 있다고 하였다. 만일 친척, 친구, 이웃사람이 가족상호 작용에 실제적으로 정서적으로 관련되어 있다면 이들을 포함하여 가족집단상담을 할 수 있다. 또 가족을 지역사회와 관련시켜 상호작용을 봄으로써 일반체계까지 고려한다. 즉 인간과 사건의 문제를 상호체계 속에서 인식하므로 일탈행동이나 문제가족이 가지는 구체적 의미를 현상황에 놓되 상호체계, 정보를 얻을 수 있어 상담의 효과를 증진시킬 수 있다. 그러므로 가족상담의 대상은 상황에 따라 충분히 융통적일 수 있다. 그러나 되도록 이면 상담의 초기단계나 종결단계에는 전 가족원을 참여시켜서 가족체계상의 문제를 정확히 진단하고 상담효과의 극대화와 지속성을 높여주는 것이 바람직하다.

2) 가족상담의 단계

가족상담은 크게 시작, 절정, 종결의 세 단계로 구성되며 이 과정은 가족상담의 전체과정뿐 아니라 매회 상담과정에도 적용된다. 가족상담은 대체로 6회에서 최고 40회 정도까지 지속될 수 있다. 보우웬에 의하면 5-10회 사이에 좋은 결과를 얻을 수 있지만 어떤 가족은 증상이 사라지는 데 20-40회 정도의 치료가 요구되었다고 보고한다. 단기 가족치료 경우는 평균 상담횟수가 6회 정도이고 성공률도 72%이상이 된다. 이러한 가족상담은 보통 1주일에 1회 약1시간씩 만나는 것으로 되어 있다.

(1) 시작단계

가족상담 중에서 가장 신중하게 다루어야 하는 것이 첫 면접일 것이다. 시작이 반이라는 속담과 같이 첫 면접은 많은 의미를 갖는다. 어떤 경우는 첫 면접 이전에 전화상으로 문제를 논의할 수 있다. 첫 면접을 통해 가족과의 신뢰를 이끌어내어 제시된 문제와 그 가족에 대한 가설을 만들고 바람직한 변화에 대한 목표를 설정한다. 그러기 위해서는 가족문제의 사정(assessment)과 진단이 필요하다. 상담가의 접근 관점과 이론경향에 근거하여 질문을 하고 관찰을 하여 가설설정에 사용하게 되며, 특히 가족도표(family map, genogram)를 이용하여 관계행동의 유형을 정리 기록한다. 여기서 문제의 정의와 목표설정이 주된 업무가 된다. 되도록 목표는 행동적이고 관찰가능한 것으로 정하고 측정 가능하도록 진술한다. 그리고 세워진 목표에 근거하여 구체적이고 하위목표를 갖도록 하며 다음 상담을 계획한다.

(2) 중간단계

중간단계는 치료과정의 핵심을 이루는 것으로 치료관점에 따른 다양한 기법을 사용하여 문제를 풀어나가는 과정이다. 가족의 근원적인 문제와 숨겨진 스트레스와 갈등이 밝혀지며, 역기능적 의사소통의 개선, 파괴적인 동맹관계의 변화, 잘못된 습관과 규칙의 탈피, 가족의 역기능 구조와 체계의 재구조화 작업을 수행한다. 즉 가족이 변화를 받아들이고 치료과정에 적극적으로 개입됨으로써 치료의 성과가 나타난다.

(3) 종결단계

각 상담기간의 마지막 5분-10분 정도는 그 시간 동안 경험한 것을 정리해 보고 재검토해봄으로써 경험의 통합이 촉진된다. 이때에는 상담에서 제시된 과제나 경험을 어떻게 실행할 것인가에 대한 논의가 이루어지고 다음 상담일정과 참여할 인원을 결정한다. 전체상담에서 종결은 상담의 목표, 상담과정, 변화된 가족관계와 가족체계, 학습된 행동양식 등을 재검토하고 증상이 제거된 면을 확인한다. 증상이 사라지고 가족이 서로 보다 만족하고 스스로의 노력을 통해 자기들 문제를 해결할 효과적인 방법을 터득하므로써 종결단계를 받아들인다.

6. 가족상담자의 수칙

가족상담도 일반상담이나 치료와 마찬가지로 상담가가 지키고 수행해야 할 원칙이 있다. 특히 가족이란 환경을 중심으로 상담이 진행되므로 특별히 고려해야 할 사항이 있다.

① 상담가가 가져야 할 기본자질인 신뢰감 형성과 긍정적 기대를 갖도록 해야 한다.
② 가족상담가는 내담자가 갖고 있는 문제나 증상의 유형, 긴장의 정도를 알아야 한다. 그러기 위해서는 여러 종류의 검사와 진단도구를 통하여 객관적 측정을 해야 하며, 상담가의 통찰력을 갖고 판단한다.
③ 상담가족의 생활형태와 가치를 파악한다. 특히 문화적 배경, 경제상태, 종교, 가족체계, 사회규범, 정서적 영역 등에서 가족이 어떤 위치에 있는가를 안다.
④ 가족상담가는 가족상호 관계를 파악해야 한다. 상호관계는 가족연대표(genogram)와 가족지도(family map), 가족구조(family structure)로 도표화해봄으로써 명확하게 정리할 수 있다. 가족의 역기능적 구조와 역사성, 역동성 속에서 현재 가족원의 증상 유지가 어떻게 가능한가를 인식할 수 있는 기회가 제공된다.
⑤ 가족상담가는 무엇보다 가족원과 전체 가족이 자기존중감을 구축하도록 돕는다. 여기서는 상담가가 교육자, 모델, 관찰자, 촉진자의 역할을 수행해야 할 것이다.
⑥ 가족상담가는 이 가족이 발달단계상 가족생활주기의 어느 단계에 있으며, 전환점의 인식, 그 단계에서 발달과업과 적응과제를 어떻게 수행하고 있는가를 검토해야 한다. 한 단계마다 독특하게 나타나고 있는 문제인가, 예측할 수 없는 사건인가도 살펴본다. 각 가족원의 성장과제와 가족의 발달과 조화가 이루어지고 있는가도 살펴보아야 한다.
⑦ 체계론적 가족상담가는 여기 지금(here and now)의 문제를 전체론적 관점에서 본다. 물론 현재의 상황을 이해하기 위해서는 자신의 과

거생활 경험과 가족력을 조사한다. 그러나 현재의 문제를 해결하는 데는 필요한 경우에만 과거의 사건을 다룬다.

⑧ 가족상담가는 가족원 간의 의사소통을 파악하고 조정해야 한다. 의사소통의 병리적 형태, 역기능적 의사소통을 성숙한 수준의 대화로 바꿀 수 있어야 하며 자신의 감정, 생각, 의도를 솔직하게 표현하고, 상대방에게 상처를 주지 않도록 한다.

⑨ 가족 내에는 가족의 규칙과 역할이 규정되어 있다. 가족상담가는 역기능적이고 불분명하며 현실에 맞지 않는 규칙을 찾아내어 바꿀 수 있도록 도와야 한다. 또한 가족의 역할기대와 수행의 불일치, 역할갈등과 역할과중 상태를 인식하고 가족원 간에 타협하는 기술을 가르치고 안내한다.

⑩ 가족상담가는 가족원과 가족관계의 역동성, 상호보완적인 면, 증세의 심각도와 유형의 역기능적 표현을 심층적으로 표면적으로 진단하고 치료하기까지는 많은 능력과 시간이 필요하다. 어떤 경우는 가치관의 불일치, 역전이가 있을 수 있는데, 그런 경우는 다른 가족상담가에게 내담자를 의뢰할 수 있다는 점을 받아들인다.

7. 가족상담의 내용

1) 미취학기 아동을 위한 상담
(1) 아동상담의 목표 및 상담관계

아동상담의 주요목표는 아동이 좀더 자기 자신과 주위환경에 성공적으로 대처할 수 있는 능력을 길러주는 데 있다. 아동이 좋은 '상담관계'를 경험하면 이러한 목표에 더욱 쉽게 도달할 수 있을 것이다. 또한 아동은 아직 주위환경을 충분히 통제할 수 없는 연령에 있기 때문에 아동의 행동변화를 촉진시키기 위해 주위 환경의 개선이 절실히 요청되는 경우도 많다. 아동과의 상담관계에서도 믿음과 수용, 그리고 자기존중의 세 가지 태도가 바탕이 되어야 한다. 아동의 자기평가는 자기에 대한 부모의 평가에 따라 많은 영향을 받기 쉽고 특히 상담관계에서는 상담자의 믿음과 격려가 중요한 역할을 한다. 그러므로 상담자는 "네가 어떻게 생각하느냐가 중요하단다"와 같은 격려의 말을 통해 아동에게 신뢰감을 전달해야 한다. 아동이 자기 자신의 감정이나 흥미가 상담자에게 이해되고 있다고 느낄 때 상담자가 자기에게 진정한 관심을 가진다고 믿는 것이다. 이와 같이 자유롭게 표현된 생각이 수용됨으로써 자기가 가치있는 존재임을 믿게 되면, 점차로 건설적이고 긍정적인 감정을 가지게 되고 또 긍정적인 감정을 표현하기도 한다. 즉 주위에 대하여 막연히 가진 불안과 불만을 이와 같이 '상담자라는 다른 인물'에게 표현할 수 있게 됨에 따라 긍정적인 태도가 나타나게 되는 것이다. 이런 과정을 통해서 아동은 주위환경에 대해 막연히 가졌던 부정적인 태도와 긍정적인 태도를 분리할 수 있게 되며, 환경에 대해 좀 더 현실적으로 대처할 수 있게 된다. 그러므로 상담자는 아동의 생각과 감정부터 수용해야 하고, 또한 아동이 의사소통의 수단으로 몸짓을 더 많이 사용하기 때문에 상담자 자신의 몸짓이나 표정이 어떻게 받아들여질지에 대해 세심한 신경을 써야 한다.

(2) 놀이치료

아동상담에서는 아동이 언어로는 자기 자신을 잘 표현할 수 없다는 점을 극복하기 위해 놀이치료를 많이 사용한다. 놀이를 통해 아동은 주위 사람들에 대한 증오나 두려움 등을 쉽게 발산시킬 수 있다. 또한 현실의 모형적 상황인 놀이 장면에서의 경험을 통해 환경에 대한 적응력을 키울 수 있게 된다. 아동상담에 있어서 놀이의 역할은 세 가지로 볼수 있다.

① 놀이는 감정발산의 수단이 된다. 아동이 주위 사람들에게 마음 속으로 느꼈던 증오와 두려움을 발산하는 것은 성인이 이야기를 통해 감정 표현을 하는 것과 비슷하다.

② 놀이를 통해 아동은 자기의 갈등뿐만 아니라 생각과 행동의 다양한 측면을 나타내보인다. 놀이 중의 아동을 관찰하면 어떤 방식으로 환경에 대처해나가는지를 알 수 있다. 아동 자신도 놀이치료가 진행됨에 따라

갈등적 행동이 줄어들고 점차 안정된 행동양식을 갖춘다.

③ 놀이는 아동상담에서 중요한 의사소통의 매체가 된다. 아동은 놀이를 통해 자기 자신에 대한 의사표현을 하기 때문이다. 그리고 상담자 앞에서 놀이를 하는 동안 상담자의 존재를 어떻게 받아들이느냐에 따라 놀이를 통한 자기 표현이 달라진다. 따라서 놀이의 내용과 방식은 상담자에 대한 의사소통의 기능을 갖고 있다.

놀이치료가 효과적이려면 아동에게 합당한 표현과 의사소통의 수단이 될 설비가 마련되어 있어야 한다. 아동에게 놀이를 시키는 방법은 크게 두 가지로 요약할 수 있다.

㉠ 지시적 접근 방법

아동에게 주어진 놀이를 하도록 시키거나 놀이의 장면을 상담자가 결정해주는 것이다. 이러한 놀이 방법은 취학전 아동을 진단하는 데 좋고 아동의 갈등을 표현시키는 데도 좋다.

㉡ 비지시적 접근 방법

아동이 놀이하는 방식대로 놓아두는 것이다. 아동이 자기 나름대로 자유롭게 자기의 생각과 감정을 표현하게 하는 것이다. 이 놀이방법은 보다 자발적이고 탐색적인 치료가 된다. 상담자는 '공감적인 관찰자'로 참여하되 놀이 중의 동작이 자기 표현적이고 상담자에 대한 의사 표현이라는 관점에서 아동을 이해하고 반응해야 한다. 아동은 아직 미숙하고 주위환경의 영향을 많이 받기 때문에 놀이치료 과정에 부모나 가족을 참여시키기도 한다. 그러나 아동의 문제가 얼마나 가족의 영향에서 온 것이며 상담과정에서 어느 정도로 가족을 참여시킬지에 대해서는 여러 견해가 있다. 부모를 아동상담에 참여시켜서 기대되는 성과는 다음의 두 가지 점이다.

아동이 가족에 대해 무엇을 기대할 수 있고, 또 가족이 아동에게 무엇을 기대하는지를 상담자가 분명히 알게 된다. 그리고 아동이 소속감과 안정감을 더 느끼는 경우도 있다.

비교적 안정되어 있는 가족의 경우에는 아동이 정서적으로 보다 건강한 발달을 할 수 있는 분위기가 촉진된다는 점이다.

2) 초등학교 아동을 위한 상담
(1) 6-9세 아동의 상담의 특징
 이 시기의 아동은 청소년이나 성인에 비해 주의력의 지속시간이 짧고 욕구불만에 대한 인내력이 약하다. 따라서 대화식 상담은 힘들거나 불가능하고, 아동으로 하여금 '움직이게 하는 상담장면'이 필요하다. 즉 신체적인 운동게임, 토막맞추기, 인형놀이, 표적맞히기 등의 놀이를 병행하는 것이 의사소통에 훨씬 도움을 주기도 한다. 어린이들은 때로는 자신의 욕구를 환상이나 상징적으로 나타내기 때문에 상담을 하는 동안에 손가락으로 물감을 칠하거나 그림을 그리게 하는 것이 좋다. 상담자는 이러한 행동과정을 관찰함으로써 어린이의 심리상태와 행동경향, 특징적인 걱정, 공포, 원하기는 하지만 억제된 충동 등을 이해할 수 있다. 놀이행동은 어린이들의 자아를 표현해주는 자연스런 매개물로써, 상담자는 장난감이나 놀이도구를 가지고 노는 행동을 관찰함으로써 어린이의 욕구체계를 잘 이해할 수 있다. 어린이를 상대로 말만 주고받으면 이러한 중요한 정보를 알아내기가 매우 힘들다. 게임을 할 경우는 승부에 관계없이 결과에 관해 아동이 얼마나 걱정을 하고 관심을 보이며 어떤 반응을 보이는지를 주목하는 것이 중요하다. 즉 이러한 반응들은 상담자가 참고할 가치있는 자료이다.
(2) 10-13세 아동의 상담
 이 시기의 어린이들은 독립성이 현저하게 자라나기 때문에 조금은 의도적으로 약속을 하게 하고 약속시간을 환기시켜주기 전에 학생 스스로 약속을 지켜서 책임감을 갖게 한다. 또한 교사에 대한 공경심과 부모에 대한 효도심 등이 아동들에 대한 충성심과 갈등을 일으킨다. 그래서 교사나 상담자가 친절하기만 한 인상을 부각시키거나 엄격하고 권위있는 인상을 주는 것은 바람직하지 않다. 이 나이의 어린이에게는 집단상담이 가장 적당하다. 즉 동성에 대한 동일시 욕구 때문에 모두 소년이나 소녀로 구성되는 동성 집단상담이 바람직하다. 집단상담은 동등한 관계라야 하고 서로 상충되는 이야기를 할 수 있어야 한다. 개인이 자기의 결점을 발견하고 교정하는 과정은 다른 구성원의 행동에서 무엇인가를 느끼고 또한 영향을 줄 수 있는 집단상담에서 쉽게 성취될 수 있는 것이다. 집단상담은 성인의 권위에 대한 갈등도 쉽게 발견하여 해결할 수 있는 기회를 제공한다. 또한 동료들로부터 지지를 얻을 수 있고, 자기 행동에 자신을 갖게 되고 협동적 문제해결의 태도를 배울 수 있다. 그리고 교사나 동년배로부터 우수하다고 인정받고 싶은 욕구 때문에 다른 어린이의 동기에 대해 무관심할 때는 다른 어린이의 동기에 주의를 기울이도록 깨우쳐주어야 하다.

(3) 아동상담의 목표

초등학교 학생을 위한 상담의 목표는 다음과 같다.

① 자기이해

학동기에 있어서의 자기이해의 발달은 우연에 맡겨서는 안된다. 사회에서 바라는 일꾼으로 성장하려면 어릴 때부터 자기가 누구이고 자기가 무엇이 될 수 있을 것인가를 생각해두어야 할 것이다. 자기이해와 자기수용을 할 수 있도록 도와주기 위해서는 그 방면에 훈련을 받거나 흥미를 느끼는 교사와 조직화된 지도 프로그램이 필요하게 된다. 상담자는 어린이들을 직접 도와줄 뿐만 아니라 간접적으로는 다른 교사나 부모들과 의논하여 지도할 수 있다.

② 건전한 자아개념의 발달

자아개념은 인간이 세상을 어떻게 느끼고 생활경험을 어떻게 받아들이고 주위의 중요 인물(교사, 부모등)들이 자기를 어떻게 본다고 느끼느냐에 따라 다르게 형성된다. 특히 어린이는 다른 사람이 대하는 태도와 반응을 느끼고 생각하는 과정에서 자아개념이 형성된다. 어린이가 건전한 인격을 형성하기 위해서는 자기에 대한 다른 사람의 태도와 생활의 주요 경험을 현실적이고 편견없이 받아들이는 습관을 가져야 할 것이다. 따라서 상담자의 역할은 어린이의 자아개념이 어린이가 받아들일 수 있을 만큼 현실적이고 긍정적이 되도록 도와주는 것이다.

③ 학습과정의 촉진

상담은 어린이로 하여금 자기의 능력과 취미를 발전시키며 잠재력을 최대한 활용할 수 있게 하여야 한다. 또한 학습방법의 결함을 보완해주고 장점은 더욱 발전시켜주어야 한다.
　④ 대인관계의 발달
　초등학생들은 상담을 통해 주위의 성인 및 동료들과의 인간관계를 이해하게 된다. 즉 지금까지 주위 사람을 대한 태도가 어떻게 바람직하지 못했고, 앞으로 어떻게 하는 것이 바람직한지를 상담자로부터 배울 수 있다.
　⑤ 정서적 문제의 해소
　초등학생들은 흔히 교사 및 상담자의 지도를 요하는 개인적, 정서적 문제를 갖고 있다. 예컨대 수줍음, 자신감의 결여, 습관적인 걱정, 동료와의 갈등 등은 상담을 통하여 많이 수정될 수 있다. 상담을 통해 한 문제를 해결하는 방식을 배움으로써 다른 문제들을 해결할 수 있는 요령을 터득하게 된다.
　(4) 아동 상담에서 고려할 점
　초등학생들을 상담하는 데 있어서 고려할 점은 다음과 같다.
　① 초등학교 아동들은 청소년이나 성인에 비해서 환경적 요소를 극복할 능력과 기회가 훨씬 제한되어 있다. 즉 행동선택에 있어서 많은 제약이 있으므로 상담자와 교사에게 의존적일 수밖에 없다.
　② 상담자는 아동들이 말로 표현하지 않은 심리적 단서를 민감하게 이해할 줄 알아야 한다. 즉 이 시기의 아동들은 표현력이 부족하다는 것을 알고 언어 이외의 행동이 의미하는 바를 파악해야 한다.
　③ 초등학생들은 주요 생활문제를 자신이 해결할 정도로 성숙되어 있지 않다. 특히 성인 상담에서 작용하는 인지적 요소가 아동들에게는 미숙하다. 그러므로 아동의 추리력, 기억력 등의 수준을 감안해서 상담해야 할 것이다.
　④ 계획을 세우고 결론에 도달하는 사고 능력의 개발이 장려되어야 한다. 이러한 사고과정의 발달을 통해 인격적으로 더욱 성숙해질 것이다.
　⑤ 초등학생의 상담은 하나의 재교육 과정이다. 따라서 이 과정의 방향은 자기이해의 발달, 행동의 수정, 사회관계적 관심의 증대 등이다.

(5) 아동상담의 기법

초등학생들은 성인에 비해 욕구좌절과 불안의 빈도가 비교적 높고 의존심이 강하기 때문에 성인상담에 사용하는 기법 및 과정상의 강조점과는 크게 다르다. 초등학생을 대상으로도 면접중심의 상담이 효과적으로 활용될 수 있다. 초등학생을 면접할 때에 사용되는 기법들은 다음과 같다.

① 평가

성숙수준과 이해능력에 합당한 자기이해를 하고 있는가를 알아본다.

② 정보제공

아동이 궁금해 하는 질문에 대해 응답해주고, 학교 공부와 가정생활에 긍정적인 태도를 갖도록 하는 데에 필요한 자료와 정보를 제공한다.

③ 격려

자신감과 적극적인 생활태도를 갖도록 하고 바람직하다고 생각되는 주요행동과 노력을 격려한다. 격려의 본질은 아동의 장점, 자질 및 관심을 부각시키고 인정해주는 것이다.

④ 생활 환경 및 자아개념의 분석

자신을 보는 관점 및 생활환경의 수용태도를 탐색해준다.

⑤ 명료화

아동이 관심을 두고 있는 생각이나 욕구를 분명하게 이해하도록 돕는다. 또는 취해야 할 바람직한 행동과 태도가 무엇인지를 사례를 통해 이해시킨다.

⑥ 보강

아동의 좋은 습관과 바람직한 생각을 보강해주는 것은 효과적이다. 특히 착실한 노력의 결과를 인정해주고 칭찬해주는 것이 효과적인 보강이 될 것이다.

3) 비행 청소년 상담

(1) 비행 청소년 상담의 특징

비행 청소년들의 심리적, 환경적 욕구는 다양하기 때문에 이들의 문제를 지도하거나 해결하는 데는 다각적인 접근이 필요하다. 비행 청소년들은 종종 무능한 자아상을 보이고 자신들의 감정, 희망, 가치와도 무관하게 행동하므로 정신적으로 건강하지 못하다고 판단되기 쉽다. 그러나 성숙한 사람으로서의 책임에 대처할 준비가 되어 있지 못한 그들의 입장에서는 이러한 행동이 당연한 것이다. 비행 청소년들의 문제는 강력한 사회적, 경제적 환경과 함수 관계가 있다. 비행 청소년들의 가정이나 친지들은 이들의 문제를 해결하기에는 무능력하며 학교가 교육적, 문화적으로 그들을 다루는 것도 충분하지 못한 일이다. 비행 청소년들은 동년배의 다른 친구들로부터는 못된 놈이라고 평가되어 냉대를 받으며, 그들의 삶에 건전한 방향을 제시해줄 수 있는 오락 및 활동의 기회도 부족한 실정이다.[6]

(2) 비행 청소년에 대한 접근방법

청소년의 비행문제에 접근하는 데는 적응력 향상, 인격적 성장의 촉진, 행동권리의 옹호 및 환경적 조정의 네 가지 유형의 접근 방법이 있다.

① 적응력의 향상

모든 청소년들이 한두 번은 비행행동을 한다. 그러나 그 중 일부는 만성적으로 사회규범에 역행하는 행동을 하고 결국 자기패배적인 종말을 맞게 되는 것이다. 청소년들이 일단 소년원 및 교도소와 같은 사법기관에 접촉하게 되었을 때는 이미 바람직한 적응력이 상실된 경우가 많다고 할 수 있다. 그러므로 이러한 교도시설을 접하기 전에 사회생활에 대한 적응력을 키워주는 것이 이상적이다.

② 인격적 성장의 촉진

사회적 규범에 잘 적응하는 것이 생존을 위해서 중요한 일이지만 더욱 중요한 것은 청소년의 자아실현이다. 대부분의 비행 청소년들은 자신의

---

6) 서울 청소년회관 운영회(편), "청소년의 건전한 생활태도 형성을 위한 기초 조사 연구" (1974), 오영환, "중·고교 학생문제의 분석" (행동과학연구, 1979. 12).

재능을 발휘하지 못하고 있으며 비현실적인 생활목표와 비뚤어진 자아개념을 가지고 있다. 상담을 통해 이들이 지닌 부정적 감정, 실패감, 무능력하다는 생각을 덜어주고 자기실현의 기회를 줌으로써 인간적 성장을 촉진할 수 있을 것이다.

③ 행동권리의 옹호

우리 사회에는 청소년의 권리를 보장하는 법률이나 선도대책기구가 있으나 대체로 청소년의 행동권리가 경시되는 예가 많다고 볼 수 있다. 이러한 상황에서는 효과적 상담이나 조정작업은 매우 힘들게 된다. 청소년 권익의 보호는, 부모 및 가정에서의 여건이 나쁘고 옹호할 의사가 있어도 능력이 없는 경우에는 국가와 사회기관에서 하여야 할 것이다.

④ 환경적 조정

상담자는 바람직한 청소년 지도를 위해 가정, 학교, 산업체, 정부 및 사회기관과의 유기적인 관계 속에서 적극적인 활동을 벌여야 할 것이다.

4) 성인상담의 영역과 접근방법

흔히 40-50대의 중년기에서는 자기의 인생을 변화시키려는 시도를 하게 된다. 또한 과거보다 쉽게 받아들여지는 이혼은 직업의 다양성, 또는 앞으로 적어도 이십여 년 동안은 일할 수 있다는 생각 등이 작용되어 이런 현상을 부채질 한다고도 볼 수 있다. 여하튼 급격한 사회변화와 늘어난 수명을 고려할 때 이러한 제2의 인생 형태는 일반적인 현상이 될 전망이다. 그리고 중년기에 이른 사람들은 과거에 찾기 힘들었던 존재의 미나 생활과정상의 문제로부터 자유로워지려고 노력하게 될 것이다. 나이가 많다고 하더라도 심각한 신체적 무력감이나 정서적 문제를 안고 있지 않다면, 관습적으로 생각했던 것과는 달리 늙지 않았다고 말하게 되었다. 그러나 사람은 생활연령에 따른 자연적 쇠퇴 이외에도 심한 내적, 외적 압력을 받음으로써 더 늙게 된다. 즉 전쟁상태나 여러 형태의 재해에서 오는 심한 긴장이나 압력은 단순한 세월의 흐름에 따른 노쇠보다 훨씬 더 사람을 늙게 만든다. 따라서 이러한 가속적인 노화를 늦추기 위해서는 의학적 치료기술이나 적당한 음식물과 운동의 활용뿐만 아니라 적절한 지적, 정서적 경험의 재조직이 요구된다. 다음은 상담이 요구되는 영역들이다.

① 모든 성인들이 직장을 바꾸거나 새로운 일을 시작하는 과정에서 심리적 조정을 위한 상담이 필요하고, 은퇴 전과 은퇴 후의 정신적 준비를 위해서도 상담이 필요하다.
② 휴식과 여가를 가장 잘 활용할 수 있는 방법이나, 직업 및 인생의 다른 역할과 휴식을 연관 또는 통합시키도록 교육하는 상담이 필요하다.
③ 중년기의 사람들에게는 자녀의 성격지도 배우자 상담 및 성문제 자문과 정신적 문제에 대한 심리치료적인 상담이 요구되는 경우가 많다.
④ 여러 가지 이질적인 사회생활과 생활과정상의 문제에 적합한 다양한 상담활동이 필요하다. 예컨대 며느리와 시어머니의 갈등, 노부모와 젊은 부부의 거리감, 자녀들의 희망에 역행하는 부모의 재혼 등이 상담을 통해 도움을 받을 수 있는 것이다.

5) 노인상담의 영역과 접근방법

노인들의 주요관심은 나쁜 건강, 고독, 재정문제, 독립성의 결여, 젊은이들로부터의 소외, 권태 등이라고 말할 수 있다. 이와 같이 노인들은 강요된 은퇴와 배우자의 상실, 자식으로부터의 거리감 등에 따른 심리적 고통을 겪는다. 따라서 이들에게 필요한 것은 동정이나 고립 또는 외면상으로는 친절하지만 심리적 타격을 주는 사회정책이나 보호적 대우보다는, 사회생활의 자원인사 또는 간접적인 지지자로서 대우하며 노인들에게 알맞는 생산적인 역할을 모색해주는 것이 바람직하다

상담은 이러한 인식의 변화 및 새 역할의 모색을 촉진해주는 것으로 치료적 영역과 예방적 영역이 있다. 먼저 치료적 영역으로써는 심각한 정신건강 문제를 가진 연금생활자를 위한 전인적 상담, 사랑하는 사람을 잃은 후의 우울증과 사회적 흐름으로부터 고립, 은퇴, 양로시설에의 강요된 수용, 신체적 문제 등을 다루게 된다. 나이 많은 사람들의 신체적 건강문제는 정서적인 문제 때문에 악화되기 쉽다. 상담자는 늙고 병든

사람들에게 정신적 지원과 지지를 하고 회복하려는 동기나 살려는 의지 등을 강화하는 것이 필요하다. 은퇴를 강요당한 노인들은 경제적 여건 등으로 여가 활동이나 취미, 부업에 대한 관심을 갖지 못하게 된다. 취미나 생산적인 부업의 결핍으로 노인들은 화를 잘 내고 분개하고 무감동한 상태가 되기 쉽다. 따라서 취미생활의 개발을 위한 상담이 필요하다. 상담을 통해 부업적 영역의 재훈련과 알맞는 직업을 모색하도록 하고, 여가 및 취미생활을 개발하도록 도와줄 수 있다. 한편 예방적 상담의 영역으로써는 다음과 같다.

(1) 은퇴적 상담

은퇴의 여러 가지 측면에 대한 사회적, 정서적, 재정적 정보를 제공하고 관련된 문제를 상담한다. 이러한 상담은 장래를 위한 경제적 예산과 건강계획을 세우는 데 도움을 주고, 변화하는 사회적 정서적 환경에 대비한 준비를 할 수 있게 한다.

(2) 건강문제의 상담

신체적, 정신적 건강의 중요성은 건강이 나빠질 때까지는 잘 인식하지 못하는 것이 상례이다. 따라서 적당한 영양섭취와 운동, 예방적인 건강진단, 긍정적인 정신상태 등에 대한 조언과 생애 건강교육과 가족, 교회, 학교 및 공동사회의 프로그램, 직장자원을 이용하는 것이다.

(3) 부업 및 여가 활동의 지원

모든 사람은 생산적인 일과 다양한 활동, 휴식에 대한 욕구가 있고, 이런 욕구는 65세가 넘어도 사라지지 않는다. 그러나 현실은 은퇴한 사람들에게 그러한 기회를 제공하려는 노력이 거의 없다. 따라서 상담자는 노인들의 재능과 기술과 경험을 이용할 수 있는 구체적인 프로그램을 개발하는 데 주도적 역할을 해야 한다.

(4) 활용 가능한 서비스에 대한 정보 제공

많은 노인들이 정보부족 때문에 지역사회에서 이루어지는 서비스에 참여하지 못하고 있다. 실제적이고 현실적인 정보를 모아서 가능한 한 개인적 차원에서 널리 알리고 지도하는 것이 필요하다. 지역사회가 앞장서서 교육적 프로그램과 오락시설을 재공하는 데에 보다 많은 노력과 관심을 기울이도록 추진한다.

(5) 일반 대중교육에의 참여

노인들에 대해 일반인들이 품고 있는 고정관념은 잘못된 것이 많다. 상담자는 현대 생활에 강력한 영향력을 행사하는 대중매체를 이용해서 정확하고 희망적인 견해를 가지게 하고, 노인들을 위한 긍정적인 프로그램을 발전시키도록 노력해야 한다.

(6) 노인 가족을 위한 상담

노인에 대한 일반적인 견해와 생활양식, 역할기대에 대한 가족과 노인들과의 의견 차이는 종종 불화를 초래하고 있다. 노인이 배우자의 죽음, 건강의 악화 및 은퇴의 강요와 같은 심각한 충격과 변화를 겪고 있으므로 특히 가족들의 도움이 중요하다. 가족 단위의 상담은 가족구성원의 고정관념을 재검토하여 객관적인 눈으로 상황을 파악하게 하여 편견과 감정에 대한 통찰을 가능하게 한다. 이것은 노인을 돌보는 선택적 방법을 발견하여 가족적 결합을 굳게 하는 계기가 된다.

(7) 전문적 상담자의 훈련과 적절한 고용

오늘날 노인을 위한 전문적 상담을 할 수 있도록 계획된 훈련 프로그램이 거의 없고, 노인의 정서적 건강을 무시한 채 신체적 욕구에만 주위를 기울이고 있는 형편이다. 즉 현재로써는 노인의 의식주와 신체적 불편을 돌보는 것에서 크게 벗어나지 못하고 있다. 앞으로는 노인문제를 전담하는 훈련된 상담자들이 고용되고 적극적으로 활동해야 할 것이다.

Ⅱ. 부부 위기상담

1. 부부 위기상담의 중요성

오늘날 결혼이라는 제도는 인간의 역사상 그 유래를 찾아볼 수 없을 정도로 위협을 받고 있다. 급증하는 이혼율, 가족 불법유기, 아내구타, 자녀학대, 청소년 범죄, 자살 그리고 부부 간에 보편적으로 나타나는 권태, 고통, 불행 등 결혼생활이 너무나도 자주 개인에게 상처를 주는 경험으로 나타나고 있다. 어느 부부든지 그들 관계에 위기를 직면하게 될 수 있다. 그러나 문제는 그 위기를 극복하지 못하고 부부관계가 서로 한 치의 양보도 없는 상황에까지 진전되어 마침내 이혼을 하게 된다는 점에 있다. 이러한 위기 속에서 성서의 바람직한 부부관 이해를 근거로 하여 부부위기를 미리 예방하는 훈련을 하는 것이 매우 중요하다고 볼 수 있다. 이런 의미에서 교회에서의 부부 위기상담은 매우 중요한 가정사역의 프로그램이라고 볼 수 있다.

2. 부부 위기상담의 목표

부부로 하여금 그들이 안고 있는 문제에 똑바로 맞서서 오히려 그 문제를 통하여 성장할 수 있는 방식으로 그 문제를 해결하도록 도움을 줄 수 있어야 한다.[7] 또한 배우자 양쪽 모두가 서로 북돋워주는 방식으로 각기 개인으로서 지닌 천부적인 재능의 극대치를 찾아내어 발전시킬 수 있는 관계를 공동으로 창출할 수 있도록 돕는 것이다. 부부 위기상담의 목표는 다음과 같다.[8]

① 막혔던 의사소통의 길을 다시 열고 더 효과적인 의사소통 기술을 터득한다.

② 상호 간 필요의 충족이 가혹하게 좌절된 것을 계기로 서로 공격하고 앙갚음을 하게 되는데 그러한 상호공격과 보복의 확대순환, 자체 지속적 악순환을 중단하게 된다. 그리고 서로 상대방을 뜯어 고치려는 노력을 비롯한 그들 자신의 형태가 헛수고에 불과하며 자기 파괴적인 결과를 낳는다는 것을 깨닫게 된다.

③ 그들 자신 속에 또한 그들의 관계 속에 많은 장점과 미처 쓰지 못한 보물이 들어 있다는 것, 그것들을 활용하여 그들 자신과 결혼생활을 건설적으로 변화시킬 수 있다는 것을 깨닫게 된다.

④ 위기를 종식시키고 서로의 필요를 보다 충분히 만족시켜주는 결혼생활로 만들기 위하여 제각기 그 자신의 행동의 어떤 영역에서 변화와 성장이 일어나야 되는지를 점검, 확인한다.

⑤ 실행에 옮길 수 있는 공정한 변화계획에 관해 협의한 다음 그를 실천한다. 이 계획의 범위 안에서 각자는 그들 간의 상호작용에 있어서 자신의 입장을 변화시킬 책임을 진다. 이러한 일이 진행되는 동안 그들은 잠재해 있는 자원 몇 가지를 동원, 활용하게 되고 새로운 문제해결 기술을 터득하게 되며 관계에 있어서 상호만족의 수준을 높이게 될 것이다.

⑥ 현실적인 희망 속에서 변화를 위한 힘을 다시 깨닫게 되는 체험을 한다. 부부가 변화하고 성장할 수 있는 힘을 가지고 있으리라는 상담자의 기대감이 감정이입되면서 현실적인 희망을 처음 발견한다. 건설적인 변화는 현실적인 희망을 낳고 희망은 한층 더 큰 변화를 낳는다.

⑦ 부모로부터 습득한 신경증적인 요구와 모순되는 역할 이미지 이 두 가지의 무의식적 근저를 탐구하고, 관계를 위축시키는 환상과 공포, 분

---

7) H. W. Stone, G. 피터슨, 오성춘(역), 『부부 위기 상담』(서울 : 대한기독교 출판사, 1986), pp.17-18.

8) H. Clinebell, 박근원(역), 『목회 상담 신론』(서울 : 예장총회 교육부, 1987), pp.394-396.

노 등을 다룬다.
  ⑧ 부부 간의 계약에 있어서 공정치 못하거나 실천에 옮길 수 없는 주요 측면에 대해 다시 협의하고 수정한다.

  부부 위기상담에는 단기 위기와 장기 위기에 처한 사람의 상담이 있다. 단기상담의 목표를 살펴보면 다음과 같다.

  ① 옹호적이고 감정이입적 관계를 제공한다.
  ② 정서적 정화작용을 통해 억압된 감정이 다소 풀어지면서 기능이 회복되도록 돕는다.
  ③ 어떤 특이한 결단을 하는 일이나 구체적인 문제를 직접적이고 책임성있게 처리하도록 돕는다.
  ④ 잠재적인 적응능력을 이용하고 발휘하도록 돕는다.
  ⑤ 객관적인 관찰을 함으로써 자기상황에 관해 더 넓고 건설적인 견해를 갖도록 돕는다.
  ⑥ 지금 바로 여기에서 우리에게 주어진 문제를 직면하고 대처하도록 도움으로써 훗날에 눈덩이처럼 쌓이게 될 퇴보적이고 병적인 요소들을 미리 없애준다.
  ⑦ 문제를 파악하고 대처방안을 개발하도록 돕는다.
  ⑧ 대처방안이 개발된 후에는 가장 자신있는 활동계획을 선정하고 그 계획을 단계적으로 수행해가도록 돕는다.
  ⑨ 유용한 아이디어와 정보를 제공하고 시험적으로 시도해볼 수 있는 제안을 해가면서 지도한다.
  ⑩ 상담횟수가 한정되어 있다는 것을 알려줌으로써 자립심과 능력을 촉진시킨다.
  ⑪ 피상담자가 다음 상담에도 평안한 마음으로 임할 수 있도록 따뜻하고도 수용적인 관계를 수립한다.

3. 부부 위기상담의 방법

상담은 강의가 아니라 일종의 과정이다.[9] 상담자는 앞으로 일어날 여러 가지 과정들을 예견하면서 문제들을 상담하고 치료를 돕는 과정 속의 조정자이며 조력자이며 지원자라고 할 수 있다. 상담자는 상담의 과정을 진행하고 위기가 진전되고 있는 과정도 숙지하고 있어야 한다. 웨인 오츠(Wayne E. Oates)에 의하면 부부관계의 위기는 다음과 같이 진전된다.[10]

첫단계 : 부부 간에 직업, 금전, 성, 자녀양육, 여가선용, 투자 등의 결정을 일방적으로 결정(unilateral decision making)함으로써 상대의 인격적인 면에 손상을 입힌다.
둘째단계 : 부부관계가 진실을 외면하고 속이는 단계(mutual deception)이다.
셋째단계 : 서로에 대해 실망하는 단계로 욕구불만의 감정이 강해져서 이 시기에는 과음과 과식, 약의 지나친 복용, 위장병, 호흡곤란, 그리고 성적 무기력 등의 증세가 나타난다.
넷째단계 : 정신적인 스트레스를 결혼계약과 관련된 사람과 관련(social involvement)시키고자 한다.
다섯째단계 : 이제까지는 한 집안에 살면서 정신적인 분리와 갈등, 충돌을 가져왔지만 이후부터는 같은 가정에서 사는 것을 거부함으로 육체적이고 사회적인 분리(physical and social seperation)를 원한다.
여섯째단계 : 법적인 이혼(legal divorce)단계로 모든 부부관계를 종결짓는다.

---

9) Clyde N. Narramore, *Growth Counseling for Marriage Enrichment* (Philadelphia ; Fortress press, 1975), p.23.
10) Wayne E. Oates, *Pastoral Care and Counseling in Grief and Seperation* (Philadelphia ; Fortress press, 1976), pp.24-31.

부부가 어느 단계에 위기감을 자각하게 되느냐는 개인에 따라 상당한 차이가 있다. 위기과정을 인식하고 있으므로 상담자는 내담자의 부부 위기과정이 어느 단계에 와있는지를 점검할 수 있게 된다. 위기를 상담한다는 것은 일반상담과 다른 면이 있으므로 상담자는 위기의 특성을 고려하면서 상담의 과정을 추진해나가야 한다. 위기의 특징은 다음과 같다.[11]

① 위기는 인간에게 존재의 의미를 생각나게 한다.
② 위기는 정신적 질환의 징후가 아니라 위기상황에 처해 인간이 나타내는 정상적인 반응이다.
③ 위기의 극복 여부는 위기를 경험하는 자의 주관적인 정서 경험에 좌우되는 경우가 빈번하다.
④ 긍정적인 인간관계 형성이 위기극복에 중대한 영향을 준다.
⑤ 위기는 하나님의 계시의 순간이 될 수 있기 때문에 목회상담을 통하여 새로운 영적인 도약의 순간이 될 수 있다.
⑥ 위기는 신앙공동체인 교회를 통하여 영적인 성장을 가져오게 하는 환경을 제공받게 됨으로 극복될 수 있다.

4. 부부 위기상담의 과정

부부상담의 과정은 다음과 같다.

1) 제1과정

상담자의 관심과 배려를 내담자에게 전달하며 편안한 환경을 조성하는 물리적 행동을 취한다. 간단한 다과접대와 안락한 좌석의 준비, 경청을 위한 주위의 산만한 소음 등을 제거한다. 내담자의 얼굴을 응시하고 상담자는 개방적인 자세를 가진다. 내담자의 언어 및 비언어적인 의사소

---

11) Howard W. Stone, *Crisis Counseling*, pp.99-101.

통에 주의를 기울여 정서적인 고통에 상담자도 언어 및 비언어적인 태도로 응답한다.[12] 이때 무엇보다도 판단의 언어를 사용하지 않고 위기에 처한 사람의 감정을 이완시켜주며 그의 감정을 수용하고 공감해야 한다. 공감(empathy)은 인격의 보다 깊은 동일화 상태를 의미하며 그 상태에서 자기 자신의 동일성을 일시적으로 잃을 정도로 타자에게 감정이 이입되는 것을 말한다. 상담자의 자아나 심리상태가 내담자의 그것과 융합되는 정신적 통합체로서의 공감은 인간 상호 간에 참된 이해를 위한 것이다.[13] 이 과정에서는 카타르시스가 중요하다. 이것은 정서적인 위험을 모면시킬 수 있는 작용을 한다. 즉 래포(rapport)와 카타르시스, 공감과 수용이 이 단계에서 일어나야 한다.

2) 제2과정(문제의 파악과 명료화, 객관적인 평가)

부부관계에 갈등과 충돌을 일으키는 문제점을 발견하기 위해 기본적인 질문을 한다. 또한 내담자로 하여금 문제를 전체적으로 볼 수 있도록 도움을 주고 필요한 정보를 준다. 문제에 직면하여 방향감각과 의식을 자각하게 하여 난관을 해결하기 위한 결정이 무엇인지를 발견하게 한다. 즉 그것은 자기통찰, 자기이해, 그리고 자기수용의 과정으로 새로운 표준의 모습을 향해서 발전하는 기반으로써 행동의 가능한 결정과 가능한 방향을 명확히 해주는 과정인 것이다.[14]

3) 제3과정(문제에의 적극적인 대처)

부부위기에 처한 사람의 자원을 평가하여 그 자원을 동원할 수 있도록 도와준다. 그리고 부부관계의 변화를 야기시키도록 교회의 프로그램에

---

12) Gerard Egan, *The Skilled Helper*(California : Brooks Co., 1982), pp. 57-65.
13) Rollo May, 『상담의 기술』 이봉우(역), *The Art of Counseling*(왜관 : 분도출판사, 1987), p. 67.
14) Carl. R. Rogers, 한승호(역), 『카운셀링의 이론과 실제』(서울 : 집문당, 1986), pp. 50-51.

인도한다. 특히 소그룹을 통한 부부 간에 비언어적 의사교류 표현의 훈련으로 몸언어(body language)를 습득하게 하는 것은 관계를 개선하는 데 도움이 될 것이다.[15] 그리고 문제해결을 위한 자원의 목록을 작성하고 그 자원을 적극적으로 활용한다.

5. 부부 위기상담의 내용

1) 가치관 및 종교관의 충돌에 관한 상담

부부 간에 가치관은 삶의 좌표가 되고 생에 목적의식을 부여하며 일상생활을 안내하는 개인행동의 기본적인 동기가 된다. 이것은 생활의 일관성을 부여해주며 부부연합과 애정의 핵이다.[16] 그러나 부부관계의 목적을 상실하게 될 때 가치관이 붕괴되어 삶의 의미를 상실하게 된다. 그러므로 가치관에 관한 상담의 목표는 삶의 의미를 자각하게 해주는 데 있으며 부부 간에 하위 가치들의 갈등과 충돌에 대해 여러 가지 상담방법을 통하여 갈등과 충돌을 감소하게 하고 극복할 수 있는 데 목표를 둔다. 바람직한 가치관의 부재는 심리적으로 죄책감을 야기시키고 다음과 같은 문제를 야기시킨다.

① 참회와 용서의 과정에서 응답하지 않으나 강박감으로 남아있고 ② 비교적 의미가 없는 윤리적 문제나 환상에 초점을 맞추게 되고 ③ 건설적인 수정이나 점진적인 변화를 유발하려고 하지 않으며 ④ 독선적일 수 있고 열등한 가치관을 갖게 하며 ⑤ 심판적이고 방어적이며 ⑥ 개인생활

---

15) Thomas. C. Oden, *The Intensive Group Experience* (Philadelphia : Westerminster press., 1975), p.98.
16) Chuck Gallagher, 심혜숙(역), 『참 부부가 되는길』 (왜관 : 분도출판사, 1984) p.25.

에서 파괴력을 행사하며 ⑦ 만성적인 무책임과 무능한 자제력, 감정이나 관계의 천박성이 나타난다.

하워드 클라인벨(Howard Clinebell)은 부부의 삶이 무력해지면 그들의 가치관을 개선하는 데 도움이 되는 고안된 질문을 다음과 같이 소개하고 있다.

① 우리의 가치관과 최우선적으로 생각하는 것, 그리고 생의 스타일이 우리로 하여금 육체적으로 감정적으로 좋은 건강을 유지하게 하는가?

② 우리의 가치관과 생의 스타일이 우리의 중년의 가능성을 지적으로, 영적으로 개발할 수 있는 시간을 허락하고 있는가?

③ 우리의 가치관과 생의 스타일이 우리에게 생의 좋은 것을 즐길 수 있게 하고 우리가 성취할 수 있는 창조적이고 가치있는 일을 할 수 있게 하는가?

④ 우리의 현재의 가치관과 생의 스타일이 우리가 가장 관심을 갖는 사람들과 충분한 시간을 갖게 하고 있는가?

⑤ 우리의 생의 스타일이 가장 의미있는 생명을 주는 가치관을 반영하고 있는가? 즉 진·선·미, 전인성, 생동감, 정의, 질서, 순박성, 놀이, 자율성을 말한다.

⑥ 우리의 가치관과 생의 스타일이 우리에게 공동체를 개선하고 다른 사람을 도울 수 있는 우리의 서클을 넘어서는 보다 의미있는 도전을 위한 시간을 갖게 하고 있는가?

⑦ 우리의 가치관과 생의 스타일이 우리도 한 부분이 되어 있는 인류 전체 가족을 위한, 건전하고 최후까지 남을 가치관과 일치하고 있는가?

이러한 질문들은 가치관에 대해 스스로 점검하게 해줄 수 있는 도구이다.[17] 상담자는 부부관계의 목적에 대한 의미 가치를 구해야 한다. 그것

---

17) Howard Clinebell, *Basic Types of Pastoral Care & Counseling*, pp.153-156.

은 다음과 같이 요약할 수 있다.

① 인류 번식, 또는 자녀출산을 통하여 하나님의 역사에 동참한다는 의미가치를 수용하도록 한다. 그 방법으로 창세기1:27-28을 읽어주고 풀이해주며 부부관계 목적에 대한 의미가치를 부여한다.
② 부부관계는 서로 함께 성장해야 한다는 사실을 인식시킨다. 그 방법으로 부부 간에 사랑하는 방법과 기술, 그리고 모델을 내포하고 있는 교육적 상담 프로그램으로 인도한다.
③ 실존적인 절망 앞에서 빅터 프랭클(Viktor Frankl)의 의미요법을 부여한다. 즉 "삶은 추구할 만한 가치가 있는 사명이 주어질 때 변화된다"는 것으로 창조적 가치와 실험적인 가치와 태도적 가치를 추구하도록 하는 것인데 이것은 신앙적인 사람을 형성하게 할 때 가능하다는 것이다.

2) 성격 차이의 갈등에 관한 상담
성격차이의 갈등에 관한 상담의 목표는 성격을 구성하고 있는 요인 가운데 도덕적 안정성과 적개심-죄의식을 먼저 다룸으로써 성격의 바람직한 변화를 유도해야 하며, 자아능력 의식을 강화시켜야 하며 자율성과 친밀성을 지니도록 도와야 한다. 이렇게 함으로 적응할 수 있는, 그리고 조화를 이룰 수 있는 성격의 변화, 즉 의식의 변화를 통한 성격의 변화를 모색하고자 하는 것이다.
(1) 제1모델 : 사사로운 죄책감을 가진 성격의 상담
① 인간의 전인성을 해치거나 저하시키는 모든 행위에서 비롯됨
② 원인 : 그가 소유했던 내적 자유를 어느 정도 잘못 사용한 결과로 옴
③ 치료방법 : 대결(confrontation)→ 고백(confession)→ 용서(forgiveness)→회복(restitution-파괴적인 행동의 변화)→ 화해(reconciliation)의 단계를 거침
④ 대결의 초점 : 고통을 알 수 있도록, 다른 사람들을 해치는 행동을 직면하도록 도와줌

⑤ 고백 : 자아적인 고백과 죄책감을 쏟아 놓도록 격려함
⑥ 기도 : 사죄가 은총의 통로로써 이루어짐
⑦ 회복 : 용서가 지속적인 변화와 화해로 이루어지려면 파괴적인 행동, 태도 및 신앙을 변화시키는 회복과 책임적인 행동이 따라야 한다.
　제1모델의 목표는 내담자들로 하여금 그들이 무시했거나 알지 못했던 현실(상처와 죄책감을 만들어내는)의 한 부분과 직접 부딪히게 하는 데 두고 있으며, 그들을 도와서 그들로 하여금 건설적인 삶을 살 수 있도록 그들의 행동을 변화시키는 데 있다. 즉 이 모델은 도덕적인 안정성을 이루고 적개심과 죄의식으로부터 해방됨으로써 책임있는 의식을 가지고 살 수 있게 하는 데 도움을 준다.
　(2) 제2모델 : 신경증적 요구에 관한 상담
① 정상적인 요구의 확대 과장적인 것으로 누구도 만족시킬 수 없다.
② 반대감정 양립적인 자기당착으로 인간관계의 갈등이 불가피하다.
③ 장기상담의 필요성이 요청된다.
④ 부부치료와 가족치료가 필요하며 관계치료를 해야 한다.
⑤ 상담자는 자신을 발견하여 자기 현실화를 향한 노력의 가능성을 도와야 한다.
⑥ 결국 자존심 체계, 가치 및 목표를 재정립한다.
　(3) 제3모델 : 독선적인 의식을 가진 성격에 관한 상담
① 독선적인 사람은 일반적으로 그들 자신의 문제로 인해 목회적인 도움을 청하지 않는다.
② 독선은 방어적인 증후이다.
③ 독선은 흔들리는 자만심을 도덕적인 우월감으로 강화하려는 한 방법이다.
④ 독선은 배우자를 압도하는 힘을 유지하려는 일종의 방법이며, 그들을 지배하려는 것을 정당화하는 방법이다.
⑤ 독선은 그들의 열등한 성격의 부분을 내버리는 일종의 방법이다.
⑥ 독선은 개인생활이나 역사에 엄청난 파괴력을 생성한다.
⑦ 치료상담 : 매우 강력한 대결방법의 사용이다.

제3모델은 치료하고 상담하기 어려운 케이스이다. 공동체 안에서의 관계훈련이 요청된다. 이것은 계속적으로 개발되어야 할 모델이다.

(4) 제4모델 : 미숙한 의식을 가진 성격에 관한 상담
① 그들의 특징은 사적인 죄책감이나 책임감이 결여되어 있다.
② 무능한 자제력, 만성적인 무책임한 행동, 감정이나 관계의 천박성이 조작된 절차로 표상된다.
③ 상담의 원칙:친밀한 관계의 형성, 무책임한 행동을 하려는 행위의 저지, 책임적 행동을 인정해주려는 보상, 그의 요구를 현실중심적인 방법으로 만족할 수 있는 방법을 가르쳐주는 일 등이다.
④ 대결방법이 필수적이다.

제4모델은 수용적인 대결방법을 사용한다. 대결방법의 양식을 사용한다고 할지라도 성격의 유형에 따라 상이할 것이다. 이 모델은 친밀감과 자율성을 형성해준다. 그외에도 심리치료를 받아야 하는 성격으로는 편집성 성격, 분열성 성격, 경조상태와 우울상태가 교차하는 순환성 성격, 수동 공격성 성격 등이 있다. 그리고 책임감과 도덕성이 결여되어 있고 동시에 충동 통제가 안되는 반사회적 성격장애가 있다. 이 반사회적 성격장애는 양심도 결여되어 있으며, 대인관계는 신의가 없고, 자기의 충동과 욕망에 따라 즉각적인 행동을 한다. 또한 갈등과 좌절을 견디지 못하여 행동으로 폭발하기 쉽고, 유혹을 뿌리치지 못하여 즉각적인 쾌락을 추구하며, 잘못을 저지르고도 죄책감이나 불안이 없는 것이 특징이다.

3) 역할기대와 권위의 충돌에 관한 상담

부부의 관계성의 질은 전인성장을 위해 요청된다. 기존의 역할과 권위를 수용하지 않으려는 도전들이 발생하고 있다. 부부 사이의 역할기대와 권위의 충돌에 관한 상담의 목표는 첫째, 하나님이 각자에게 맡겨주신 역할의 귀중성과 평등성을 인식하게 함으로 그 역할 나름대로의 독선적인 권위의식에서 벗어나게 하며, 둘째, 부부 각자에게 남녀로서의 역할의 한계성을 인식하게 하며, 그에 따른 적합한 기대감을 갖게 하며, 셋째, 권위에 대한 새로운 인식을 통하여 부부가 서로 수용할 수 있도록

한다. 이 목표를 수행하기 위한 몇 가지 모델을 소개하면 다음과 같다.
　(1) 제1모델 : 평등성에 대한 역할 학습
　① 전통적인 남존여비 사상의 근거는 남자의 역할을 여자의 역할보다 더 귀중하게 여기는 데서 오므로, 가능하다면 어느 기간 동안 부부가 서로 역할을 바꾸어 작업한다.
　② 경제를 담당하고 있는 역할이 더 권위가 있다는 것은 비성서적인 것임을 자각하게 하는 설교 및 세미나를 갖는다.
　③ 부부가 피차 기독교에서 행하는 세족식을 실시함으로써 각자 마음에 소유하고 있는 권위의식에 도전하게 한다.
　④ 권위란 자기 마음대로 하는 것이 아니라 부부가 서로 돌보는 책임으로써의 권위임을 느끼게 한다.
　⑤ 대단한 권위의식을 가진 자에 대한 역할을 여자가 담당하고 심지어 폭력의 양상까지도 나타낼 수 있을 정도로 실현해봄으로써 권위정립을 이루게 한다.
　(2) 제2모델 : 하나님의 소명으로써의 보람극
　① 부부관계에 있어서 누구나 삶의 보람을 느끼며 생활하고 싶어함으로 자기역할의 귀중성을 인식하게 한다.
　② 남편이 없는 가정의 상과 아내가 없는 가정의 상을 영화로 본다.
　③ 그 상황을 실제로 해봄으로 체험을 한다.
　④ 각자 역할에 대한 하나님의 소명의식을 주기 위하여 역할에 대한 헌신예배를 드린다.
　⑤ 이 역할에 대한 기대감을 어느 정도 소유할 것인가를 생각한다.

　4) 이혼의 위기와 슬픔에 관한 부부상담
　우리 사회에는 이혼한 사람의 슬픔을 위로하고 뼈아픈 경험으로부터 배우고 성장할 수 있도록 돕는 조직화된 지원체계가 거의 없다. 교회는 이혼한 사람들로 하여금 그들이 당한 상실을 정서적이고 영적이며 대인적인 성장의 기회로 이용하도록 도울 수 있는 전략적인 기회를 지니고 있어야 한다. 이혼할 때에는 보통 자아가 상처를 받고 자기 존중감이 약화되는 것을 느끼게 된다. 아내들은 결혼을 포함한 모든 인간관계를 성공적으로 이끌어가는 데 책임감이 있다고 느낀다. 그러므로 이혼할 때 그들의 실패감과 죄책감은 때때로 강렬하다. 이혼한 두 사람 모두가 상대 배우자로부터 배신당했다고 느끼는데, 특히 이혼을 원하지 않았고 주도하지도 않았을 경우에는 더욱 그렇게 느낀다. 해결되지 못한 분노, 쓰라림, 원한, 고독, 회의 및 우울감이 함께 소용돌이치면서 병든 슬픔의 상처를 만들어내는 이 상처가 이혼까지 초래하게 된다. 상대방이 지겹고 피차에 파괴를 미치는 관계에서 벗어나기를 원했다고 해도 이혼 후에는 안도감을 느낌과 동시에 고통과 슬픔도 함께 느낀다.[18] 이혼한 사람들을 위한 목회상담은 서로가 밀접한 관계를 갖고 있는 세 가지 목적을 성취하는 데 목표를 두어야 한다.

　첫째, 이혼한 부부들의 슬픔과 고통을 철저하게 분석하고 해결하도록 돕는 것이다. 둘째, 이혼한 사람들로 하여금 자신들의 경험에서 배우고 성장하도록 돕는 것이다. 자신들의 결혼을 파탄으로 이끄는 데 어떤 역할을 했든지간에 배우고 성장하는 과정에서 두 가지 필수적인 요소가 있다. 그것은 자신을 확인하고 변화하도록 돕고, 새로운 의사교통과 갈등처리 기술을 배우도록 지도하는 것이다. 세 번째의 목적은 자녀들이 받는 상처를 최소한도로 줄이는 것으로써 논의되어야 한다. 파괴적인 결혼으로 끝나려고 하는 결단을 종종 새롭고도 건설적인 생을 향한 것으로 바꾸는 것은 목회상담자의 도움과 효과적인 성장그룹의 지원이 있을 때 증진될 수 있다. 교회는 이혼을 해서 슬픔을 당한 사람들에게 치유의 손을 내미는 데 솔선수범해야 한다. 교회에서 이혼한 사람들을 위해 다루어줄 수 있는 주제는 '어린이 양육, 직장, 성문제, 개인적 성장, 법적문제, 내면의 치유' 같은 것들이 있다. 그리고 이혼한 사람들의 성장그룹을 통해 상호적 지원과 자기를 이해하는 다른 사람들과 함께 자기 감정과 문제를 서로 나눌 수 있도록 도와주어야 한다.

---

18) 한경혜, "가족해체와 부부문제", 『현대사회와 가족문제』.

Ⅲ. 혼전상담

1. 혼전상담의 중요성

 성경은 처음부터 끝까지 결혼과 가정의 중요성을 거듭 강조하고 있다. 그리고 성경에 성공적인 가정생활을 위한 구체적인 지침이 자주 제시되고 있다. 그러나 오늘날 이 성경적인 결혼에 도달한 사람은 그리 많지 않다. 많은 사람이 이혼하고 있는 실정이며 지속되는 결혼관계 중에 무수히 많은 부부가 좌절감과 불행을 맛보고 있다. 많은 상담의 사례 중 대부분이 결혼과 가정문제 때문에 찾아온다. 교회는 중요한 시점에 와있는 예비부부를 도움으로써 그들의 결혼과 가정을 성공으로 이끌어주어야 한다. 혼전상담은 주로 성경적인 원리를 기초로 하여 올바른 결혼관을 정립하며 이를 올바로 실천할 수 있도록 격려하는 활동들로 이루어지며, 머지않아 이루어질 결혼에 대한 안내와 결혼생활에서 발생할 문제예방에 그 초점을 두는 것이다.[19] 혼전상담은 성공적인 결혼을 위한 기초적이고 본질적인 조치라고 할 수 있다. 결혼을 앞둔 이들은 결혼에 관한 여러 가지 문제를 가지고 불안해 하고 고민하는데 교회는 이들에게 현대가족의 사회학적 분석과 법지식, 기독교적 결혼관, 결혼과 의학, 장래의 생활설계, 생활관리, 경제생활, 신앙과 생활에 관한 내용을 교육해야 한다.

---

19) 혼전상담은 여러 가지로 불리워지는데 ① 결혼전 상담을 준비교육면에 역점을 둔 Premarital education, ② 결혼을 앞둔 남녀가 의사결정이나 대화의 장벽과 같은 결혼전의 문제들과 관련된 문제해결에 강조점을 둔 Premarital Counseling, ③ 그 기간의 비공식적 성격을 반영하는 결혼전 대화(Premarital Conversations)라고 부른다.

2. 혼전상담 및 결혼 준비교육을 하는 이유

1) 환멸의 원인이 되는 비현실적인 기대감을 수정하게 한다.

결혼에 가까이 가면서 대부분의 남녀가 자신들의 관계는 독특하며 또 많은 다른 관계들을 파괴하는 위협에 공격을 받지 않을 것이라고 생각한다. 많은 결혼 전의 남녀들은 결혼이 자기발전과 성취감, 서로의 애정표현, 성적인 만족, 자녀양육의 책임분배, 지위의 상호경험, 소속감과 안전, 또 친구와 오락과 예배와 창조적인 일에 있어 관심을 함께 나누는 일 등을 제공하리라고 기대한다. 지난 시대와는 달리 오늘날 사람들은 이 모든 영역에 있어 동시에 높은 만족을 얻기를 기대한다. 하지만 의미 있는 결혼생활은 천천히, 그리고 노력에 의해서만 이루어진다는 것을 깨닫지 못하고 있다. 결혼에 대한 기대감이 빨리 채워지지 않을 때 흔히 조급함, 무감각, 자기중심적인 태도, 부적절한 관계기술, 그리고 큰 실망이나 환멸등이 나타난다. 혼전상담을 통해서 남녀들은 결혼에 대한 자신들의 기대감을 표현하고 함께 의논하며 현실적으로 이를 수정한다. 또한 상충되는 기대감을 볼 수 있으나 이것은 희망적으로 해결되어질 수 있다. 상담자의 도움으로 남녀는 서로의 헌신과 노력에 의해서만 기대감이 채워질 수 있다는 것도 배울 수 있다.

2) 무감각의 원인이 되는 인격적인 미숙을 발견하게 한다.

결혼에서 무슨 일이 생기느냐 하는 것은 근본적으로 그 관계 속에 무엇이 들어가 있느냐에 달려 있다. 서로 데이트를 하는 동안에는 흔히 장래에 대해 높은 기대를 갖는다. 미래를 계획하면서 서로의 차이점을 눈감아준다. 그렇지만 결혼을 한 후에는 일상적인 생활에 안착되면서 골치아픈 특성과 갈등과 태도가 표면화되기 시작한다. 이런 것들이 때로 감정적으로 표현되기도 하며 서로 이야기하고 이해하고 또 어떤 식으로 해결하거나 받아 들인다면 그 속에서 결혼생활이 확립되고 성장될 것이다. 그러나 이런 차이점들이 무시되거나 부인될 때는 결혼의 기초가 허물어지기 시작한다.

3) 혼란을 일으키는 역할의 변화에 대한 규정을 도와준다.

남자와 여자가 자기 자신들과 서로의 책임들에 관해 분명치 않은 역할 의식과 막연한 기대감을 갖고 결혼했을 때, 그후의 결혼 생활은 혼란과 갈등에 빠지게 된다. 결혼이 붕괴되는 것은 보통 의식적으로 악의있는 행동에서 시작하는 것이 아니라 배우자가 나태해져서 말하고 행동하기를 소홀히 하는 데서 비롯된다. 파멸을 향한 첫 단계는 대개 배우자의 시험되지 않는 기대들이 현실과 일치하지 못하거나 이를 소홀히 한 데서 기인한다. 혼전상담은 두 사람이 결혼에 있어 남성과 여성의 역할에 관한 자신들의 견해와 기대감을 논의할 수 있는 기회를 제공한다. 그들은 서로의 능력이 다르다는 것을 인정하고 책임의 영역을 결정하는 것을 함께 배울 수 있다.

4) 불확실성의 원인이 되는 결혼의 대체적인 여러 형태들에 대한 방지

시험결혼, 개방결혼, 부부교환, 혹은 동성결혼과 같은 비 성경적인 부분들을 깨우쳐줄 필요가 있다.[20]

3. 혼전 상담의 목적

혼전 상담은 젊은이로 하여금 행복하고 보람있고 성공적인 결혼을 준비하고 이를 이룩하도록 도우려고 노력하는 것이다. 혼전상담에는 일곱 가지의 기본목표가 있다.[21]

---

20) John Scanzoni, "A Christian Perspective on Alternative Styles of Marriage", *Making More of your Marriage*, Gary R. Collins(ed) (Waco, TX : Word, 1976), p.157.

21) Gary. R. Collins, *Effective Counseling* (Carol Stream IL : Creation Houes, 1972), pp.72-73.

1) 결혼에 대한 준비도를 평가한다.
이것은 다음과 같은 문제들을 관찰하고 토론하는 것을 의미한다. 즉 두 사람은 실제로 왜 결혼하기를 원하는가? 그들은 결혼에서 무엇을 기대하는가? 그들의 배경들(교육, 신앙, 연령, 인물, 사회, 경제적 수준 등)은 얼마나 서로 비슷한가? 그들은 결혼에서 각자의 다른 역할들에 관해 논의했는가? 이런 것들과 다른 문제들을 토론하면서 상담자는 미성숙과 긴장과 의사소통의 좌절 등의 기미를 관찰할 수 있다.

2) 결혼에 관한 성경의 가르침을 배운다.
성경은 결혼과 하나님께서 규정하신 남편과 아내의 역할에 관해 많은 것을 말하고 있다. 가정은 그리스도께서 교회와 관계하시는 그 관계를 본받는다.

3) 자기평가(self-evaluation)를 지도한다.
사람들은 때로 결혼으로 인해 빨리 성장하기도 한다. 그러나 결혼하기 전에 심리적으로, 정신적으로 성숙한다면 가장 좋을 것이다. 상담자의 격려와 함께 부부가 될 사람들은 반드시 자기 자신들과 또 서로의 장단점, 가치관, 편견, 신념, 결혼에서 남편과 아내의 역할에 관한 태도, 또 장래에 대한 기대나 계획 등을 숙고해야 한다. 약혼 기간 동안에는 흔히 손상된 감정을 위장하고 원만한 관계를 유지하기 위해 의견의 차이를 숨기는 경향이 있다. 따라서 내담자가 자기 자신과 서로를 보다 잘 이해하는 것을 배우면서 이런 차이점들이 인식되고 논의되어야 할 필요가 있다.

4) 효과적인 의사소통 기술을 자극한다.
의사소통을 할 능력이 없거나 하지 못하는 것이 불안한 결혼생활에 있어 가장 근본적인 문제들 중에 하나라는 사실은 널리 알려져 있다. 결혼하기 전에 남녀는 자발적이고 정직하며 민감한 의사소통의 가치를 알아야 한다. 내담자들은 자신들의 감정, 기대, 차이점, 태도, 개인적인 고통들까지 함께 이야기하도록 격려를 받으면서, 그들은 중요한 문제들에 관해 의견을 교환하고 서로를 이야기하기 위해 주의깊게 듣고 또 자신들이 느끼는 바를 숨기거나 서로를 끌어내리지 않고 문제들을 함께 이야기하는 것을 배울 수 있다.

5) 스트레스의 가능성을 예상한다.
서로 다른 성과 가정배경을 가진 두 사람이 친밀하게 함께 살아갈 때, 거기에는 분명히 적응의 문제들이 있다. 재정, 서로 다른 가치관, 법적인 관계의 압력과 기대, 관심의 차이, 친구의 선택, 직업적인 요구와 어려움, 이 모든 잠재적인 스트레스의 문제들은 반드시 논의되어야 하며, 필요하면 언제나 정확한 정보가 제공되어야 한다.

6) 결혼식을 계획한다.

7) 상담자와 함께 경험을 나눈다.

4. 혼전상담의 구성

1) 1차 상담
두 사람이 자기 자신들, 배경 관심사 등에 관해 이야기하도록 격려한다. 그들이 왜 결혼하기를 원하는지 묻고 결혼에 대한 그들의 기대가 무엇인지 듣는다. 혼전상담에 관해 논의한다. 그들은 무엇을 여기에서 성취하고 싶어하는가? 이런 종류의 상담에 관한 방침, 상담의 목적과 목표, 상담이 주는 유익, 상담시간, 또 진행법 등을 이야기한다. 두 사람의 영적인 성장과 예수 그리스도와의 관계에 대해 질문한다. 두 사람 모두 신자들인가? 그리스도가 그들 관계의 중심에 계시는가? 두 사람은 크리스쳔의 삶을 살기 위하여 함께, 또는 혼자서 무엇을 하고 있는가?
 * 혼전상담의 주제는 주로 ① 독립성의 문제 ② 부부의 성생활문제 ③ 부부의 커뮤니케이션의 문제 ④ 적응의 문제들이 다루어진다.

2) 2차 상담
결혼에 관한 성경적인 견해를 토론한다. 즉 결혼의 기원, 결혼의 목적, 결혼의 영속성(마19:3-9) 등을 말한다. 결혼을 다루는 중요한 성경구절들을 찾아보고 이것들이 어떻게 피상담자들에게 적용되는지 토론한다. 이때는 실제적이고 구체적이어야 한다.

3) 3-4차 상담

매일의 삶에서 일어나는 몇 가지 실제적인 문제들을 고려한다. 두 사람은 독신생활이 제공하지 못할 어떤 것을 결혼에서 얻으리라 기대하는가? 어떤 점에서 두 사람은 서로 다른가? 또 그들은 어떻게 같은가? 그들은 차이점을 가지고 어떻게 살아갈 수 있는가? 결혼에 대한 부모들의 태도는 어떠한가? 남자와 여자는 각자 결혼 후에 법적인 관계를 다루는 것을 어떻게 예상하는가? 두 사람은 서로의 친구를 좋아하는가? 두 사람은 앞으로 어디에 살 것인가? 가구와 주택에 관해 어떻게 결정할 것인가? 자녀에 대한 두 사람의 태도는 어떠한가? 그들은 몇 명의 자녀를 어느 시기에 원하는가?

이런 문제점들을 토론하려면 특히 그룹으로 만나서 각 사람마다, 이런 질문들에 대답하도록 권한다면 두 번 이상은 상담해야 할 것이다.

4) 5차상담

사랑의 의미와(고전13) 그것과 성(sex)과의 관계를 논의한다. 그들은 성에 관해 어떤 의문과 관심을 갖고 있는지 토론한다.

5) 6차상담

결혼식, 법적인 요구, 피로연과 그 경비, 신혼여행에 대한 계획 등을 의논한다. 그리고 결혼 후에 다시 상담할 것을 제의한다.

이상과 같이 상담자는 혼전상담을 통해 결혼과 가정생활의 어려움을 예상하도록 돕고 효과적으로 의사소통을 하고 문제를 해결하는 방법을 가르치며 또한 성서에 계시된 대로 하나님의 계획에 따라서 실현되는 결혼생활을 가르쳐줄 수 있다. 교회는 결혼 적령기에 있는 젊은이들에게 기독교적 결혼관과 가정생활에 관한 준비교육 프로그램을 가져야 한다. 즉 평생토록 삶의 중요한 장이 될 가정을 갖는 데 있어서 결혼의 의의를 이해하고 결혼에 임할 자세를 갖추도록 설교, 상담, 책소개, 자료안내, 수양회, 연구회 등을 통해서 도움을 주어야 한다.[22]

5. 혼전상담을 위한 준비교육

1) 혼전 자기평가 질문서

다음 질문들은 결혼을 앞두고 있는 남녀가 자신들에 대하여, 그리고 어느 정도 결혼할 준비가 되어 있는가에 대하여 생각해볼 수 있도록 하기 위해 고안된 것이다.[23] 옳은 답이나 틀린 답이 따로 있는 것이 아니다. 각자는 "네," "아니오," "?" 중 하나에 ○표를 함으로 질문에 답한다. 정말 확실한 것을 모를 경우에만 "?"로 답하도록 하라. 질문서가 다 작성된 다음에 예비 부부는 그들의 답을 서로 그리고 상담자와 상의해야 한다.

네. 아니오. ? ① 부모의 충고를 받아들이지만 중요한 결정은 당신 스스로 내리는가?

네. 아니오. ? ② 집에서 멀리 떠나 있을 때 종종 향수를 느끼는가?

네. 아니오. ? ③ 애정을 주고받을 때 당황하거나 불안하게 느끼는가?

네. 아니오. ? ④ 당신의 감정은 비판을 받을 때 쉽게 상처를 입는가?

네. 아니오. ? ⑤ 당신은 어린아이들과 놀거나 일하는 것을 즐기는가?

네. 아니오. ? ⑥ 윗사람이나 이성과 성에 대해 이야기할 때 당황해 하거나 불안을 느끼는가?

네. 아니오. ? ⑦ 성교와 출산의 생리에 대하여 분명히 이해하고 있는가?

---

22) Gary Collins, 피현희, 이혜선(공역), 『크리스찬 카운셀링』 (서울 : 두란노서원, 1984), pp. 225-230.
23) L. A. Kirkendall, *Marriage & Family Relations* (Pubuque ; Brown, 1965).

네. 아니오. ? ⑧ 원만한 성생활을 좌우하는 심리적 요인들에 대해 이해하고 있는가?

네. 아니오. ? ⑨ 다른 사람의 비용을 충당하기 위해서 당신의 수입의 일부를 써본 경험이 있는가?

네. 아니오. ? ⑩ 논쟁을 할 때 쉽게 침착성을 잃고 화를 내는가?

네. 아니오. ? ⑪ 당신은 약혼자와 의견 차이를 놓고 진지한 대화를 하여 피차 만족한 결론에 도달해본 적이 있는가?

네. 아니오. ? ⑫ 당신은 지금 원하는 것을 나중에 즐기리라고 생각하여 뒤로 미룰 수 있는가?

네. 아니오. ? ⑬ 당신은 보통 시기, 질투로부터 자유한가?

네. 아니오. ? ⑭ 당신은 결혼생활을 통해 추구할 목표에 대해 깊이 생각해본 적이 있는가?

네. 아니오. ? ⑮ 당신은 결혼, 직업 또는 가정생활의 책임을 이행하는 것에 대해 반발심을 느낄 때가 있는가?

네. 아니오. ? ⑯ 당신은 당신이 굉장히 원하는 것을 은혜롭게 포기해본 적이 있는가?

네. 아니오. ? ⑰ 당신은 성교를 즐거운 경험으로 생각하는가?

네. 아니오. ? ⑱ 당신은 행동이나 의복문제에 있어서 다른 사람과 의견을 달리하면서도 다른 그것을 표현하기를 어려워하는가?

네. 아니오. ? ⑲ 당신은 종종 싸움으로 목적을 달성하는가?

네. 아니오. ? ⑳ 당신은 종종 남에게 상처를 주는 말이나 냉소적인 말을 하는가?

네. 아니오. ? ㉑ 당신은 종종 결혼발표, 축하, 선물, 결혼예식 등 결혼의 매혹적인 면들을 강조하는가?

네. 아니오. ? ㉒ 당신과 약혼자는 상황 즉 아이를 돌보거나 어떤 일을 같이 하거나 스트레스를 주는 상황에서 함께 일해본 일이 있는가?

네. 아니오. ? ㉓ 당신과 약혼자는 결혼생활 중 갈등을 야기시킬지도 모르는 문제들을 상의해본 적이 있는가? 예를 들어(상의해본 것은 밑줄을 그으라) 종교의 차이, 자녀에 대한 계획, 성에 대한 태도, 가정배경의 차이, 결혼생활 중 재정관리(예:보험, 저금, 예산, 신용카드 사용, 교회 헌금 등), 필요한 경우 부모로부터 떨어져 사는 것에 대한 태도, 직업 및 교육에 대한 계획, 오락 및 취미생활, 상대 가족에 대한 태도, 친구선호, 인생의 기본 가치관 등.

네. 아니오. ? ㉔ 당신은 전에 결혼했거나 약혼한 적이 있는가?
네. 아니오. ? ㉕ 당신은 결혼하기를 원하는 이유를 말할 수 있는가?
네. 아니오. ? ㉖ 당신은 결혼에 대해 기도해보고 이를 하나님의 주관 하심에 의탁한 적이 있는가?

2) 결혼준비를 위한 자기평가 도표

나의 현재 상태

하나님께서 내게 원하시는 인간상
어떻게 이상적인 나의 인간상을 실현할 것인가

특히 아래의 영역들을 깊이 생각해보라
기도
결혼준비
가정적인 면 육체적인 면 그리스도인의 인격적인 면
목표달성을 위한 계획

3) 사랑의 여섯 가지 시험
① 나눔의 시험 : 우리는 서로 나눌 수 있는가? 나는 행복하게 되거나 혹은 행복하게 만들기를 원하는가?

② 능력의 시험 : 우리의 사랑은 우리에게 새 힘을 주며 창조적인 에너지로 채워주는가? 아니면 그것이 우리의 힘과 에너지를 빼앗아가는가?
③ 존경의 시험 : 우리는 서로를 존경하는가? 나는 상대방에 대하여 긍지를 느끼는가?
④ 습관의 시험 : 우리는 단지 서로를 사랑하는가? 아니면 또한 서로를 좋아하기도 하는가? 상대방의 습관, 결점, 그밖의 모든 것을 기꺼이 받아들일 마음이 있는가?
⑤ 다툼의 시험 : 우리는 서로 용서할 수 있으며 서로에게 순복할 수 있는가?
⑥ 시간의 시험 : 우리의 사랑은 굴곡이 있었는가? 우리는 서로 충분히 오랜 기간 동안 알았는가?

6. 혼전상담의 한 모델[24]

1) 면담1. 소개와 적응에 대한 토의
제1단계. 관계설정을 위해 두 사람이 배경에 관해 논한다.
제2단계. 혼전상담의 정책과 계획을 논한다.
① 상담한다고 주례를 약속하는 것이 아님을 설명한다.
② 절차와 기대에 관해 설명한다.
③ 혼전상담의 중요성을 약술한다.
④ 스케줄을 제시한다.
제3단계. 과제 내주기(책을 읽도록 한다)
 읽을책. ① 나는 너와 결혼하였다(생명의 말씀사 간)
    ② 결혼을 앞두고(생명의 말씀사 간)
    ③ 그리스도인의 결혼생활 설계(기독교 문서선교회)

---

24) 이 모델은 Charles Sell의 『가정사역』 책자의 뒷면 부록에 혼전상담을 위한 프로그램을 우리 실정에 맞게 바꾼 것이다.

④ 가정생활 세미나(새순출판사)
⑤ 행복한 부부대화의 열쇠(두란노서원)
⑥ 그리스도인의 가정생활(보이스사간)
제4단계. 적응에 관해 토의한다.
　　　　혼전설문 결과를 사용한다.

2) 면담2. 성경적 기초와 적응에 관한 토의
제1단계. 헌신이라는 결혼의 근거와 관련된 성경적 개념
　　　　토의(창2장), 한 몸을 이루는 결혼의 성격
　　　　(창2장)과 부부의 역할에 관한 토의
제2단계. 적응의 문제
　　　　혼전상담 설문을 이용한다.
제3단계. 기질의 적응에 관한 토의
제4단계. 성교육을 위한 설문분석
제5단계. 과제제시
(결혼을 앞두고 성에 관한 내용을 읽고 토의)

3) 면담3. 적응과 성관계를 위한 토의
제1단계. 혼전상담의 설문 결과를 가지고 토의한다.
제2단계. Sex Knowledge 내용을 읽고 함께 토의한다.
제3단계. 적응에 관한 토의
　　　　두 사람끼리 이야기하도록 한다.
제4단계. 성 적응에 관한 토의
　　　　책 읽은 내용을 기반으로 이야기한다.
제5단계. 과제 제시
　　　　Sex Knowledge에 관해 더 읽고 토의한다.

4) 면담4. 재정문제와 결혼식에 관한 토의
제1단계. 대화와 적응에 관한 토의

혼전 의사소통에 관한 책을 읽고 토의
제2단계. 재정 계획을 제시하고 논한다.
제3단계. 결혼식에 관한 토의
① 결혼식의 의미 분석
② 예배가 되도록 하는 일의 중요성
③ 두 사람의 예행연습 계획논의
제4단계. 다음 면담을 위한 임시적인 계획

5) 면담5(결혼 후). 결혼 생활에의 적응과 영적 생활에 대한 토의
제1단계. 두 사람과 함께 지금까지의 적응 상태를 토의한다.
제2단계. 개인 경건의 시간과 가정예배에 관한 토의
제3단계. 초대 손님을 모시고, 혹은 두 사람과만 헌신예배를 드린다.
제4단계. 개방 정책을 세우고, 두 사람이 원하면 앞으로도 계속 상담 해줄 수 있음을 분명히 말한다.

제8장
부모교육론

Ⅰ. 부모교육의 본질과 이론적 기초

1. 부모교육의 정의

사회의 급격한 변화는 가정생활에 심각한 영향을 주고 부모교육의 필요성을 절감하게 하고 있다. 가정에서의 부모의 역할과 기능을 제대로 하기가 전세대에 비하여 어려운 현실 속에서, 부모들은 자신의 역할과 사명을 다하기 위해서 바른 교육을 받아야 할 필요가 있다.

부모교육은 부모훈련(parent training), 부모참여(parent involvement) 그리고 부모역할하기(parenting), 부모지지(parent support)의 용어로 쓰인다.[1] 부모교육은 부모의 자녀에 대한 이해와 지식을 증진시켜서 사고와 감정, 그리고 행동에 있어서 습관적인 방법을 돌이켜 검토해보도록 함과 동시에 자녀를 양육하는 새로운 방법을 습득하도록 도와주는 다양한 교육적 경험을 말한다. 부모교육은 부모가 역할을 수행하는 데 있어서 변화를 주기 위하여 하는 교육적인 활동이라고 간략하게 정의할 수 있다. 부모교육은 부모로서의 역량을 키우고 효과적인 자녀양육 방법을 개발하도록 도와주기 위하여 시작되었다. 부모교육은 아동의 정서적, 사회적, 부적응을 막아보고자 하는 의도에서 일차적인 예방의 수단으로 사용된다.[2] 부모교육에는 여러 형태가 있고 그것을 시행하는 사람이나 기관도 다양하다. 부모역할하기(parenting)는 부모로서 하는 상태나 과정으로 정의될 수 있는데, 부모역할하기는 자녀를 양육하고 보호하며 지도하는 과정이다. 이 과정은 부모와 자녀 사이의 계속적인 상호작용이자 부모

---

1) 이기숙, 『유아교육과정』(서울 : 교문사, 1983), pp.326-327.
2) 유효순, 정원식, 『부모교육』(서울 : 방송통신대 출판부, 1984).

와 자녀를 변화시키는 것이기도 하다. 이 과정에서는 부모뿐만 아니라 아동의 신체적, 사회적, 정신적, 인지적 발달에 영향을 주는 형제 자매, 친척, 교사 등도 포함한다. 부모역할하기는 어머니역할하기(mothering)와 아버지역할하기(fathering)로 세분하여 사용되기도 한다.

그리고 기독교 부모교육은 기독교 부모로서 하나님께로부터 자녀를 양육할 책임을 부여받아 먼저 부모가 교육을 받음으로써, 어린이들의 선한 양심과 신앙을 자라게 할 수 있고, 부모교육을 통해 부모 자신의 성장과 발전을 도모하는 데 있으며, 나아가 교회와 연결되어 교육기관과 사회발전에 기여하도록 하는 데 있다.[3]

2. 부모교육의 필요성*

부모교육의 필요성은 다음과 같이 아홉 가지로 요약해볼 수 있다.

첫째, 대부분의 사람들이 현재 부모이거나 미래에 부모가 된다. 그러므로 중요 역할인 부모기에 대한 훈련이 필요하다.

둘째, 부모기에 대한 교육이 가정에서는 거의 제공되지 않을 뿐만 아니라 대부분의 교육체계에서도 등한시되고 있다.

셋째, 부모기를 성공적으로 수행하기 위한 지침이 충분하지 않아서 부모들을 혼란스럽게 하고 있다.

넷째, 효과적인 부모역할은 특히 아동기 초기 전반적인 발달에 걸쳐 중요하다. 가정은 한 사람의 생애에 있어서 최초로 대면하는 곳으로 가

---

[3] 이경숙,「교회학교 유치부에서의 부모교육에 관한 연구」(장로회신학대학원 논문, 1984). 현대사회에서 자녀교육의 어려움도 부모교육의 필요성을 말해주고 있다.

* 현대 사회에서 자녀교육의 어려움은 계속 심해지는데 그 요인은 ① 범죄와 폭력이 만연하는 사회 여건 ② 경제 발전으로 인한 자녀들의 욕구 상승 ③ 전통적 가치와 새가치의 모순과 갈등 ④ 결손가정의 증가 ⑤ 자녀에 대한 지나친 기대감이나 그 반대 현상 등이다.

장 중요하며 가장 지속적인 영향을 준다.

다섯째, 부모역할하기는 어렵다. 자녀양육에는 상당한 스트레스가 따르고 부모가 원하는 만큼 자녀에게 해줄 수 없기 때문에 죄책감이 따른다. 부모역할을 효과적으로 하기 위해서는 이에 대한 지식이 필요하다.

여섯째, 부모들은 도움받기를 원한다. 부모들이 그들의 역할을 수행하는 데 도움이 필요하다는 것을 여러 자료들이 밝히고 있다.

일곱째, 부모들은 도움이 필요하다. 급속한 사회변화는 가족에게 스트레스를 주고, 가정생활을 침해해왔다. 빈곤과 열악한 주거 환경, 건강문제, 아동학대, 그리고 이혼은 바로 이러한 스트레스의 원인이자 동시에 증상이기도 하다. 부모역할 수행을 도와준 확대가족에서는 이러한 증상이 드물게 나타난다. 부모, 혼합가족, 십대부모 등의 가정생활 형태가 다양해짐에 따라 그에 따른 독특한 욕구가 생겼다. 부모는 지원체계를 파악하고 유지하는 데 도움이 필요하고 스트레스를 극복하는 데에도 도움이 필요하다.

여덟째, 어머니가 직장을 가짐에 따라 부모가 자녀를 돌보는 시간이 줄어들고 있다. 그리하여 부모들은 자녀와의 시간을 잘 보내기 위하여 어떻게 하는 것이 수준높은 부모 자녀의 상호작용인가를 결정하는 데 도움이 필요하다. 더구나 부모들은 자녀를 양육하는 대안을 파악하고 확인하는 데 도움이 필요하다.

아홉째, 자녀양육에 아버지가 좀더 참여해야 할 필요가 있다. 남자도 부모역할을 효과적으로 할 수 있다는 연구결과들이 있다.[4]

3. 부모교육의 목적과 활동

계획된 부모교육의 목표와 활동은 다양한 내용을 포괄하게 된다. 부모

---

4) 이재연, 김경희, 『부모교육』(서울 : 양서원, 1989), pp.32-33.

교육 프로그램들을 조사해보면 정보나누기, 기술훈련, 자기인식을 증진시키기, 문제 해결하기의 네 가지 영역에 초점을 맞추게 된다. 부모교육 활동의 자세한 부분은 아래와 같다.

1) 정보나누기

프로그램의 지도자는 아동건강관리, 발달과업과 발달상의 이정표, 또래와의 상호작용, 혹은 지도방법과 같은 영역에 관하여 실제적인 정보와 이론적인 정보를 제시함으로써 정보나누기(information sharing) 활동을 한다. 정보나누기 영역의 목적은 부모에게 도움이 된다고 판단되는 개념이나 사실을 알려주는 일이 주된 것이다.

2) 기술훈련

정보제공이 부모의 행동상의 변화를 가져오기에는 불충분한 경우가 종종 있다. 그리하여 기술훈련(skill building)은 거의 모든 부모교육집단에서 실시된다. 부모들에게 어떻게 하라고 말해주는 것만으로는 교육의 효과가 없다. 역할놀이, 시범보이기, 행동연습 등의 방법이 정보나누기를 뒷받침해주고 부모에게 특정한 자녀양육 기술을 가르치는 데 자주 사용된다. 부모들은 나-전달법(I-message), 반영적 경청, 시범보이기, 칭찬, 격려, 아동의 행동형성 등의 방법을 익힌다.

3) 자기인식

부모교육 프로그램 목적의 세 번째 요소는 자기인식(self-awareness)을 증진시키는 것이다. 이것은 자신의 자녀 양육방식에 영향을 주어온 부모세대의 방식을 인식하는 것과, 부모가 가진 가치관이 어떻게 해서 부모가 원하지 않는 방향으로 자녀에게 영향을 주는가를 깨닫는 것을 말한다. 부모교육의 목적은 가치 명료화(value clarification)를 넘어서 부모의 가치체계에 변화를 가져오는 것까지 꾀하고 있다.

4) 문제 해결하기

부모교육 집단에서 이용하는 네 번째 요소는 문제 해결하기(problem solving)이다. 그 목적은 아동발달의 광범위한 영역에 적용할 수 있는 문제해결의 기본적인 방법을 부모들에게 가르치고 그리하여 부모가 중재할 수 있도록 하는 것이다. 문제해결은 문제파악하기, 문제의 소유자 결정하기, 가능한 개입방법을 탐색하기, 개입방법을 선택하여 시행계획 세우기, 시행된 계획의 효율성 평가하기의 단계로 진행된다. 이러한 목적을 가진 부모교육 프로그램에서는 프로그램 지도자가 부모들이 각자 가정에서의 상황을 어떻게 처리했는가를 보고할 때 주의깊게 듣고 피드백을 해주어야 한다.

4. 부모교육의 기본원리

부모가 자녀에 대한 교수(teaching)의 역할을 감당하기 위해 알아야 하는 원리가 있다.[5]

① 부모는 그들의 지적 추구에 대한 태도, 성취, 관심이 그들의 아동행동에 반영될 것을 알아야 한다.

② 부모는 그들의 중요한 교수 책임 중의 하나가 자아개념을 수립하고 자아존중감을 갖고 다른 사람을 존중하도록 아동을 돕는 능력임을 알아야 한다.

③ 부모는 아동이 적합한 신체적, 언어적, 정신적 활동에 참여하도록 동기화시키는 등 아동과 상호작용하는 기술을 알아야 한다.

④ 부모는 아동이 자유스럽게 표현하도록 허용할 때, 더 잘 적응하고 더 많이 배울 수 있음을 알아야 한다.

⑤ 부모는 학교에서 배우게 될 읽기, 듣기, 작문하기, 산수기술에 하위

---

5) 이재연, 김경희, 『부모교육』 (서울 : 양서원, 1989), pp.32-33.

구조로 쓰여지도록 언어기능과 관련된 정보를 아동에게 제공해야 한다.

⑥ 부모는 문제해결 과정에 아동을 이끌고 아동이 질문을 활용하도록 유도하는 반문기술을 알아야 한다.

⑦ 부모는 아동이 관찰만으로는 배울 수 없으며 형태적 내용과 언어적 설명으로 학습이 가능함을 알아야 한다.

⑧ 부모는 적절한 모델링, 언어적 설명, 단순화된 단계에서의 구체적 예, 아동의 이해수준에서의 언어적 교수가 학습을 증가시키는 것을 알아야 한다.

⑨ 부모는 학습한 것의 실습과 복습기회를 아동에게 제공해야 한다.

⑩ 부모는 어린 아동의 흥미와 활동은 계속 변화함을 알아야 하며, 심한 강압적 교수는 해로운 결과를 초래할 수 있는 환경을 제공하는 것임을 알아야 한다.

5. 부모교육의 방법

부모교육 프로그램을 진행하는 방법은 형식적인 강의에서부터 비형식적인 소집단 모임에 이르기까지 다양하다. 버저(Berger)는 부모모임의 종류를 형식적인 것에서부터 비형식적인 것까지 열다섯 가지를 예로 들고 있다. 그 방법들은 다음과 같은 것들이 있다.[6]

1) 브레인 스토밍(brain storming)

여러 사람이 다양한 아이디어를 산출하게 하는 방법이다. 참여자들이 적극적인 상호작용을 통하여 아이디어를 교환하고 많은 사고를 할 수 있도록 장려한다. 제안된 의견에 대하여 비판은 하지 않고 일단 받아들인

---

6) 이 경우, "부모교육 프로그램의 방법 및 전략방향", 『부모교육 프로그램 탐색』, 한국유아교육 연구회(편) (서울 : 창지사), pp.198-205.

후에 여러 아이디어를 종류에 따라 선정하고 분석한다. 이 방법은 서로 자극을 받기 때문에 다양한 사고를 이끌어낼 수 있고 또 문제 해결력을 기를 수 있다. 집단의 크기는 삼십 명 이하로 하고 좌석은 원으로 배치하는 것이 보다 많은 상호작용을 유도할 수 있다. 적당한 주제로는 좋은 습관 기르는 법, 가정 주변의 문제 등이 있다.

2) 원탁모임(round table)

전 구성원이 참가하도록 장려하는 공개토의 방법이다. 참여자는 서로 바라보며 시선을 교환할 수 있도록 원으로 앉는 것이 특징이다. 토의를 통하여 문제를 규명하고 결정을 할 때, 지도자와 구성원이 주제에 대하여 사전에 배경 지식을 가지면 보다 효과적으로 수행할 수 있다. 지도자는 주제를 명확하게 제시하고 토의자가 주제에서 벗어나지 않게 도와주어야 한다. 적당한 주제로는 좋은 행동과 문제 행동, 어린이에 대한 매스컴, TV의 영향, 형제 자매 간의 경쟁 등을 다룰 수 있다.

3) 동심원 모임(concentric circle)

공개토의나 원탁모임을 변형하여 큰 원 안에 작은 원을 만들어 모두 중심을 향하여 앉아 모임을 갖는 방법이다. 작은 원의 구성원이 토의를 하면, 바깥 원에 있는 사람들은 잘 경청한다. 지정된 시간이 지나면 전체집단이 함께 토의를 한다. 이 방법은 내부 원을 소집단으로 형성하여 보다 많은 토의를 할 수 있으며 전체집단은 토의에 대한 흥미를 높일 수 있다. 또한 역할을 바꾸어 바깥 원의 구성원이 내부의 소집단 토의에 참여할 수도 있다.

4) 소집단 토의(buzz session)

소규모의 공개토의로 여섯 명의 회원이 6분간 토의하기 때문에 6-6회라고도 한다. 매우 짧은 시간에 전원이 참여할 수 있다는 점에서 대집단의 공개토의와 다르다. 집단의 크기는 최소 두 명이며 혹은 대규모 집단에서도 사용할 수 있다. 소집단별로 토의한 후에 그 결과를 전체 구성원에게 보고하는 시간을 갖기도 한다.

5) 워크숍과 센터(workshops & centers)

프로그램과 교육과정을 직접 시범하는 것으로 절차를 설명하고 학습과정을 보여주며 실제 참여를 도모한다. 워크숍은 구성원이 직접 참여하여 퍼즐, 교구제작, 그림그리기, 신문편집, 실제행사계획 등을 하는 것이다. 워크숍과 달리 센터는 구성원이 실제로 참여하지는 않고 집단별로 각 영역에 모여 단지 시범을 보거나 설명을 듣고 매체들을 본다. 이 방법의 장점은 상호작용이 증진되고 개별적인 질문이 가능하며, 구성원은 자신에게 유익한 주제를 선정할 수 있고, 비형식적인 환경에서 하기 때문에 다른 방법보다 시범자의 심리적 부담이 적다는 것이다.

6) 참관과 견학(observation & field trip)

직접 현장을 견학하고 지역사회를 방문하는 것은 새로운 경험을 제시한다. 방문 전에 미리 토의를 가져 배경지식과 목표를 알고 있으면 의도대로 이끌 수 있으며 방문자도 만족스러운 학습효과를 얻게 된다.

7) 역할놀이(role playing)

상황을 극화하여 구성원들이 특정한 역할을 실행한다. 역할은 놀이자에 의해 스스로 주도되거나 놀이자에게 요구되는 어떤 형식이나 특정 상황이 있을 수도 있다. 주제를 가진 특정 상황에 참여한 후 자신이 한 역할에 대한 느낌과 반응에 대하여 토의를 한다. 이때의 토의는 자기 자신에 대한 묘사가 아니므로 심리적 부담이 없어 구성원들이 쉽게 참여할 수 있다는 장점이 있다. 또 부모들은 역할을 바꾸어 교사나 어린이가 되어 봄으로써 다른 사람의 입장에 대한 이해심을 발달시킨다. 소집단에서 특정 상황을 역할놀이로 해 본 후, 전체 구성원이 함께 공개적으로 토의를 가지면 가치를 명료화할 수 있고 해결책이 제시되기도 한다. 사용할 수 있는 주제로는 문제 행동, 적극적으로 들어주는 방법, 집단 내에서의 역할 등을 다룰 수 있다.

8) 극놀이(dramatization)

집단의 구성원이 구상하거나 다른 곳에서 선정한 연극대본을 사용한다. 참여자들이 만든 촌극은 집단의 욕구와 직접 관련이 있기 때문에 보다 적극적인 참여를 강화하고 길이가 짧아 쉽게 역할을 배울 수 있다. 적당한 주제로는 가정에서의 폭력, 고집있는 어린이 다루기, 어린이 간의 경쟁심 다루기, 가족 간의 의사소통 방법 등이 있다.

9) 공개 토론회(panel)

선정된 주제에 대하여 집단으로 토의하는 비형식적 모임이다. 여러 사람이 관심을 갖고 있는 주제를 택함으로써 구성원 간의 상호작용을 촉진하고 청중의 흥미를 높인다. 보통 주제에 대하여 서로 상반되는 의견을 논의하며 전문가를 초빙하지 않는 것이 심포지엄과 다른 점이다. 주로 4-6명이 토의자로 선정되며 이들은 청중을 마주 대한 채, 책상을 사이에 두고 서로 쉽게 보며 이야기할 수 있도록 좌석이 배치된다. 적당한 주제로는 어린이의 발달경향, 새로운 교수법, 훈육법, 어린이의 질서함양 등이 있다.

10) 대담(colloquy)

전문가가 참여하는 비형식적인 공개토의 형태의 하나이다. 청중은 사회자가 언급하는 점이나 질문 등을 통하여 배울 수 있다. 토의 후에는 질의, 응답 대신 청중과 관계된 정보를 제공한다. 적당한 주제로는 자녀의 공포심 다루기, 압박감을 해소시키는 방법, 가족의 건강문제 등이 있다.

11) 토론(debate)

논란이 되는 문제에 대하여 찬·반론을 들을 수 있는 효과적인 방법이다. 양 팀이 각각 2-6명씩 선정되면 이들은 사전에 관계자료를 조사 연구한다. 사회자가 토의주제를 알리면 찬성하는 의견을 가진 토의자가 먼저 2-4분간 이야기를 한다. 이에 대한 반대의견을 들은 후 사회자는 청중에게 질문을 하여 이 문제를 함께 토의한다.

12) 독서회(book review discussion)

선정된 전문가나 구성원이 좋은 책을 선정하여 각각 책을 읽고 나서 전체적으로 토의를 갖는 방법이다.

진행방법은 공개토론 형식이다. 사회자가 책과 토의자를 소개하고 발표자가 책의 저자와 내용을 소개한 후, 모두 함께 대화형식으로 토의하여간다. 주로 가치 명료화, 의사결정법, 의사소통법, 역할규명, 이혼 가정의 문제 등을 다룰 수 있다.

13) 시청각 교재(audiovisual)

시각적 자극, 계획된 자료, 필름 등을 제시하여 공개토의를 촉진시키는 효과를 가진 방법이다. 청각적인 것보다 시각적 자극을 첨가하는 것이 더욱 효과적이다. 집단에 필요한 주제를 결정하여 자료를 선정한 후 이것을 전달할 수 있는 적당한 기재를 설치한다.

14) 심포지엄(symposium)

한 주제를 여러 명의 발표자들이 여러 가지 측면에서 다루어 발표한다. 전문가들에 의하여 시행되는 점은 강연회와 유사하나 여러 명이 발표한다는 점에서 다르다. 발표 후 질의·응답시간이 주어지고 사회자가 중요한 점을 요약하여 결론을 맺는다. 적당한 주제로는 성차별 없는 교육, 다양한 문화이해, 가정의 교육환경 등이 있다.

15) 강연회(lecture)

전문가가 한 주제에 대하여 강연하는 것으로 많은 사람에게 특정한 지식을 전달하는 데에 좋은 방법이다. 단순히 듣는 것에서 끝나지 않고 질의·응답식으로 공개토의를 하면 요점을 분명히 파악하고 평가해보는 기회를 주므로 보다 효과적이다.

부모들이 공통적으로 관심을 가지고 있는 문제를 주제로 다루면 좋다.

주로 가정교육의 중요성, 부모의 양육태도와 어린이 행동과의 관계, 질병문제 등이 주제로 적당하다.

  이상과 같이 부모교육 프로그램의 진행형태는 형식적인 강연회에서부터 비형식적인 브레인 스토밍에 이르기까지 다양하다.

Ⅱ. 부모역할의 특성과 내용

1. 부모역할의 특징

사회학자들은 성역할에 관계된 용어로써 아내-어머니(wife-mother)와 남편-아버지(husband-father)의 역할을 설명하였다. 아내-어머니의 역할은 표현적인(expressive) 특징을 가지고 있다. 이 말은 사랑을 나타내고 따스함과 다른 가족구성원에 대한 정서적인 배려를 뜻한다. 전통적인 관점으로 볼 때, 아내-어머니 역할의 기능은 가족구성원의 중재자이며 안락하게 하는 위안자이다.[7] 남편-아버지 역할의 특징은 도구적인 기능이라고 할 수 있다. 이것은 전통적인 관점에서 볼 때, 관리자이며 행정자라고 설명된다. 아버지는 자녀의 행동에 대한 벌, 훈련, 통제의 최종 결정자이며 집행자로 보인다.

그러나 오늘날 자녀양육에서 강조하는 것은 아버지에게 도구적인 역할뿐 아니라 표현적인 역할도 하도록 하는 것이다. 로버트 윈치(Robert Winch)는 어머니와 아버지가 해야 할 부모행동의 두 가지 기능에 관해서 언급했다. 그것은 양육과 통제의 기능이다.[8] 양육기능은 원시적으로나 문화적으로나 아내-어머니의 기능이었다. 양육의 기능에 대해 좁은 의미로 정의하면, 매일 자녀를 돌보는 것을 말하며, 넓은 의미로 정의하면 말과 행동, 그리고 신체적 접촉을 통해 정서적인 욕구를 충족시키는 심리적 과정이다. 다시 말해서 양육이 아버지나 어머니 누구에 의해 이

---

7) Zeldition M. Jr., *Role differentiation in the Nuchlear family* (N. Y : Free press), pp.307-351.

8) Robert Winch., *The Morden family* (N. Y : Holt press, 1971).

루어지든지 그 상호작용에서 중요한 것은 온화함이다. 통제는 두 번째의 부모기능이다. 통제는 자녀의 복지를 위한 부모의 책임과 권위수행에 근거를 두고 있다. 이러한 의미로 볼 때 통제를 하는 것은 적당하고 중요하다고 생각되는 행동유형과 가치와 태도를 아동이 갖도록 사회화하는 것을 기반으로 한다고 생각할 수 있다. 웨슬리 벡커(Wesley Becker)는 통제기능을 보여주는 부모행동 모델을 기술하였다. 이 모델은 부모훈련에 관한 연구 결과의 복잡한 통계적 분석을 기초로 하였다. 도표로 나타내면 다음과 같다.

〈Becker의 부모행동의 가설적 모형, 1964〉

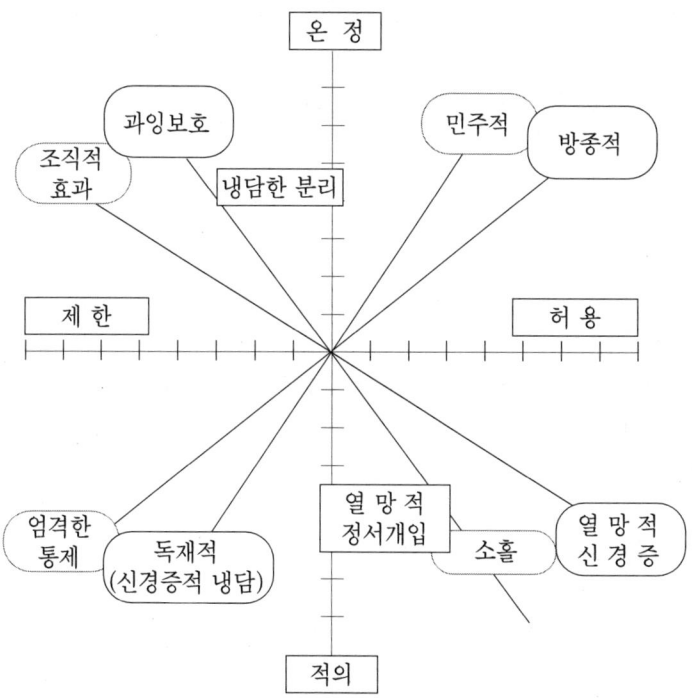

*자료: Becker. W.C., *Consequences of Different Kinds of Parental Discipline*, Review of Child Development Research, Volume 1, (New York : Rusell Sage Foundation. Co.,) 1964.

이 분석은 부모행동의 통제기능을 세 가지 차원에서 기술할 수 있다고 제시했다. 세 가지 차원의 행동은 도표에서 나타나는 것처럼 눈금이 매겨진 한쪽 끝에서 반대쪽까지의 계속된 범위 안에서 일어남을 볼 수 있다.

제한-허용(restrictiveness-permissiveness)의 차원은 수평으로 나타나 있다. W. 벡커는 부모의 제한은 아동에게 복종하도록 강요하며, 예의바른 생활을 요구하는 아동행동에 대한 엄격한 강요라고 규정하였다.

온화함-적대감(warmth-hostility)은 수직으로 그려져 있다. 온화함의 차원에는 온유하고, 사랑하며, 훈련에 대해 이유와 설명을 해주고 신체적인 벌을 덜 사용하는 부모의 행동을 포함한다. 적대적인 부모의 행동은 온화한 행동과 반대된다. 열망적 정서개입(anxious emotional involvement)과 냉담한 분리(calm detachment)의 차원은 서로 반대쪽에 있는 것을 볼 수 있다. 열망적 정서개입은 아동을 애기 다루듯하며 아동의 행동에 대해 지나치게 감정적 반응을 보이는 것이다. 냉담한 분리의 차원은 그 반대이다. 이 도표는 엄하지 않은 부모, 권위주의적인 부모, 과잉보호의 부모와 같은 다양한 부모형태를 나타낸다. 독재적인 형태의 부모행동은 도표에서 적대감, 제한과 열망적 정서개입이 높게 나타난다. 과잉보호인 부모의 행동은 온정, 열망적 정서개입과 제한에서 높게 나타난다. 민주적 부모의 행동은 허용, 온정과 냉담한 분리에서 높게 나타난다.

2. 자녀양육에 대한 부모의 태도

부모의 성격과 밀접한 관계가 있는 것은 아동과 자녀양육 전반에 대한 부모들의 태도이다. 그러한 태도와 신념은 그 사람의 사회화 과정과 과거 경험의 결과로 얻어지는 것이다. 이는 부모가 자녀와 상호작용하는 행동방식의 기초가 된다. 다이아나 바움린드(Diana Baumrind)는 자녀 양육태도에 관한 세가지 기본형을 다음과 같이 설명하고 있다.

1) 독재적 태도(authoritarian attitudes)

자녀양육에 있어서 독재적인 통제를 하는 부모는 자녀에게 즉각적이며 장기적인 복종을 요구한다. 전형적으로 이 관계는 자녀의 행동을 통제하는 것이다. 여러 가지 방법으로 복종하는데 때로는 체벌이나 강압적인 방법을 사용한다. 자녀에게 지켜야 할 규칙과 행동규범을 거의 설명하지 않는다. 자녀가 규칙에 대해 물어볼 때 "내가 하라면 하는 거야"라는 식으로 반응한다. 일반적으로 부모는 아동의 행동을 이미 설정해 놓고 절대적인 행동기준에 의해 평가하고 그에 맞추려 한다. 자녀에게 부모의 말은 곧 법이며, 부모의 행위가 자녀를 위한 최선의 것임을 믿도록 한다. 이러한 부모는 자녀를 정해진 자리에 있게 하는 것, 자녀의 자율성을 제한하는 것, 일에 대한 존경심을 가르치기 위해 집안 일을 하도록 정해주는 것 등을 중요시하고 있다.[9]

2) 허용적 태도(permissive attitudes)

허용적 태도를 가진 부모들은 자녀를 독립적인 개체로 대하여 자율성을 고무한다. 이들은 자녀를 이상적으로 다루며 권위를 과시하려 하지 않는다. 자녀양육 행위는 이러한 신념으로 표현된다. 예를 들면, 부모는 자녀에게 권위적 존재나 모방할 이상적 존재로 생각되기보다는 자원인사로 생각되기를 바란다. 아동의 행동반경은 매우 크며, 아동에게 자신의 의견을 제시할 기회를 주기 위해, 자녀와 상의해서 행동에 대한 제한이나 방법을 결정한다. 허용적 태도를 가진 부모는 아동에게 자신의 행동을 가능한 한 스스로 규제할 수 있게 하고 통제를 피하며 외적으로 규정된 기준에 복종하도록 권장하지 않는다.

---

9) Baumrind. D., *Effects of authoritative parental Control on Child Behavior* (Child Development, 1966. 37), pp.887-907.

3) 권위적 태도(authoritative attitudes)

이것은 독재적 태도와 허용적 태도의 장점을 잘 조합한 태도이다. 권위지향적인 통제는 어느 정도 제한된 범위 내에서 자녀가 자율성을 갖도록 한다. 자녀에게 어느 정도의 행동반경을 허용하며 이것이 부모의 권위에 의해 제한되지 않는다. 통제를 할 때, 부모들은 이성적인 설득, 명백한 권위 또는 심리적 강화 등을 이용하여 자녀의 행동을 통제한다. 이러한 부모는 의사소통을 권장하고 부모가 행하는 방식에 대해 이유를 설명해주며 자녀가 순종하지 않을 때에는 자녀가 반대하는 이유에 대해 경청한다. 다음에 제시하는 평가 설문지는 자녀교육의 형태를 평가하기 위한 자료이다.

■ 자녀교육의 형태평가

자녀들이 불순종하거나, 말을 듣지 않거나, "왜"라고 따지거나, 빈둥거리거나, 실수할 때 자신이 어떤 반응을 보이는지 해당되는 사항에 ○표한다. 정직하게 해보라.

① 너는 자야 해. 아무 소리 하지 말고 어서 네 방에 가서 자!
② 규칙은 규칙이야, 너는 식사시간에 늦었어. 오늘은 밥먹지 말고 그냥 자야 해.
③ 어쩜, 오늘 또 식사 시간에 늦었구나. 어떻게 하면 그 버릇 좀 고칠 수 있을까?
④ 너 오늘 밤에는 늦게 자도 좋아. 네가 이 프로그램을 좋아할 줄 알았어.
⑤ 네 마음대로 하렴. 나는 바쁘단다.
⑥ 또 말 대답할 거야? 잘못했다고 빌어 (혹은 "철썩!" 한 대 때린다).
⑦ 애들이 10시가 넘도록 안 자니까 일어날 수가 없는 거야. 그건 네 문제야. 난 지금 나가야 해.
⑧ 어휴, 맙소사. 좀 주의할 수 없니?
⑨ 얘, 나도 늦게까지 놀게 하고 싶지만 네가 잠을 못자면 안된단다.

⑩ 또 늦었어, 응? 한끼 굶어.

⑪ 우리 둘 다 마음이 가라앉으면 그 문제에 대해서 다시 이야기하기로 하자.

⑫ 너 피곤하지? 그건 정말 힘든 일이야. 내가 좀 해줄까?

⑬ 너 밥먹으라고 부르는 소리 못들었구나? 자, 앉아. 다 식어서 맛없는 밥을 먹이기는 싫구나.

⑭ 그래, 이 엄마가 바보인 줄 아니? 네가 문제야. 어서 나가버려.

⑮ 정말 힘들지? 이번에는 내가 도와줄게. 다음에 더 잘할 수 있는 길을 생각해보자.

⑯ 나한테 화내지 마. 정말 난리를 치는구나.

⑰ 꼭 이유를 말해야 되니? 잔소리 말고 시키는 대로 해.

⑱ 우리 집에는 빈둥거리는 사람이 있을 수 없어. 일단 일을 시작했으면 끝까지 마쳐야지.

⑲ 다른 애들은 다 간단 말이지? 된다, 안된다 말하기 전에 좀더 알아보아야겠구나.

⑳ 애야, 좀 서둘러. 네가 빨리 시작하지 않으면 엄마가 늦겠구나.

■ 점수내는 요령

①, ②, ⑥, ⑰, ⑱은 폭군적인 범주에 속한다. 통제는 많이 하지만 격려가 부족하다. ⑤, ⑦, ⑧, ⑩, ⑭는 방임적인 범주에 속한다. 통제도 격려도 없다. 돌보아주지 않는 태도를 드러내는 것이며 미숙하게 자녀를 비난하는 것이다. ④, ⑫, ⑬, ⑯, ⑳은 허용적인 범주에 속한다. 통제는 별로 안하고 격려는 많이 한다. 자녀는 자신이 운전대에 올라앉아서 부모를 자기 마음대로 조정할 수 있다고 생각한다. ③, ⑨, ⑪, ⑮, ⑲는 권위주의 범주에 속한다. 통제하는 어조는 있지만 침착하게 격려하는 느낌을 주고 있다. 자녀는 자기가 그 일을 자신이 해내야 한다는 것을 알고 있지만 또한 부모가 자기를 사랑한다는 것도 알고 있다.

이런 종류의 테스트가 최종적인 것은 아니다. 그런 말을 할 때의 어조나 얼굴표정, 기타 몸짓 등 말로 표현되지 않는 의사 표현(nonverbal communication) 등을 감안해야 한다. 이와 같은 테스트는 '자신이 자녀에게 하는 말을 듣고 생각하도록' 돕는 지시나 검토의 역할로 유익한 것이다. 과히 불편하거나 당황스럽지 않다면 자녀에게 이 테스트를 하도록 해서 그들이 어떻게 생각하는지를 알아보는 것도 흥미있는 일이다.

3. 어머니의 역할

어머니의 역할은 우리 사회에서 매우 중요한 것이다. 어머니의 역할은 자녀가 사회화되는 최초의 역할이었으며 또한 계속되어온 것이다.[10]

자녀양육은 여성들이 가정에서 수행해야 되는 중요한 임무들 중의 하나라는 것이 현재의 관점이다. 많은 가정에서 어머니는 계속해서 자녀에게 표현적인 역할을 수행하는 중요한 사람이다. 어머니 역할의 표현적인 특성은 좋은(good) 어머니라고 묘사하는 개념에서 찾아볼 수 있다.

에벌린 드볼(Evelyn Duvall)은 433명의 어머니에게 "좋은 어머니가 하는 다섯 가지 일은 무엇입니까?"라는 질문을 하여 그 반응을 비교하였다. 그 반응을 전통적인 개념과 진보적인 개념의 두 가지 범주로 분류하였다.

드볼이 해석한 어머니 역할의 전통적인 개념은 어머니가 가정과 자녀를 위해 하는 일과 관련되어 있다. 이를 도표로 나타내면 다음과 같다.

---

10) Jerry J. Bigner, *Parent-Child Relations* (N.Y : Macmillan Publishing), p.69.

⟨좋은 어머니에 대한 전통적인 개념과 진보적인 개념⟩

전통적인 개념	진보적인 개념
1. 가사의 의무(요리, 청소, 빨래)를 수행한다.	1. 자신감과 자율성을 위해 자녀를 훈련한다.
2. 자녀의 신체적 욕구를 충족시킨다.	2. 자녀의 정서적 욕구를 충족시킨다.
3. 자녀를 훈련시킨다(규칙적 습관).	3. 자녀의 사회성 발달을 격려한다.
4. 도덕 교육을 수행한다.	4. 자녀의 지적성장을 자극한다.
5. 자녀의 훈련을 담당한다.	5. 어린이의 양육환경을 제공한다.
	6. 개인의 발달적 욕구에 관심을 갖는다.
	7. 이해심을 가지고 훈육한다.

*자료:Duvall.E.A., *Marriage and Family Development*, J.B: Lippincott company.

전통적인 개념에서 좋은 어머니란 좀더 엄격하며, 양육과 통제의 기능을 모두 포함한다.

진보적인 개념은 전통적인 개념과는 달리 엄격히 정해진 방식에서 융통성있는 방식으로 역할수행을 변화하도록 강조하였다. 이러한 개념은 어머니 역할의 표현적인 면에 초점을 두었으나 도구적인 특성 또한 포함한다. 어린이가 지각한 어머니의 역할은 성인이 지각한 것과 다르게 나타났다.

슈바넬트 프라이어(Schvaneldt Freyer)와 오슬러(Ostler)는 어머니와 아버지의 역할에 대해 '좋다'와 '나쁘다'라고 지각하는 86명의 중류층의 유치원 단계 어린이를 면담했다.[11] 대부분의 어린이는 가정, 양

---

11) Schvaneveldt J. Freyer, M & Ostler "Concepts of goodness & Badness of parents as perceived by Nursery School Childen" *Family Coordinator* (1970. 19), pp.98-103.

육, 훈육, 그리고 사회적인 행동이 관련된 기능 등으로 좋은 어머니를 묘사했다. 이 어린이들에 의하면 좋은 어머니란 아이들을 때리지 않고, 해서는 안되는 일을 하지 않도록 지도해주는 어머니를 말한다. 즉, 음식을 만들고, 항상 행복하고, 아기를 돌보고, 키스해주며, 자녀를 보살피는 일을 하는 것이다. 나쁜 어머니는 아이들을 때리고, 키스해주지 않으며, 집을 정돈하지 않는 사람으로 묘사되었다.

어머니의 역할과 모성적 양육은 자녀들에게 지대한 영향을 끼친다. 자녀가 영, 유아기에 어머니로부터 정상적인 경험을 받지 못했을 경우 여러 가지 정서적인 장애를 겪게 된다.

마가렛 리블(Margaret Ribble)은 영아들이 출생 직후 어떻게 보살핌을 받았는가에 대단히 관심을 가졌다. 그는 거칠게 다루어지고, 심리적 손상을 경험하는 영아들을 관찰했다. 그는 영아들이 어머니로부터 적절한 보살핌을 받지 못하고 아동양육 전문가나 시설에서 보호되는 결과에 대해 특별한 관심을 보였다. 리블의 연구결과에 의하면 모성적 양육 경험이 부족한 영아는 marasmus(유아가 쇠약해지는 병)라고 불리우는 병으로 발전된다고 하였다. marasmus의 증세는 근육이 나약해지고, 복부가 볼록 나오며, 피부색이 나빠지고, 때로는 간이 과잉으로 커지는 것이다. 리블은 이렇게 중요한 영·유아시기에 모성적 양육이 결핍되면 marasmus에 걸릴 수 있고, 만일 이것이 계속될 경우 조기사망을 가져올 수 있다고 결론을 내렸다.

스피츠(Spitz)도 고아원과 시설의 영아들을 연구했는데, 이들도 모성적 양육의 결핍으로 anaclitic depression이라는 증세를 보였다고 보고하였다. 이 증세는 식욕감퇴, 환경에 흥미가 없음, 발달상의 지체, 체중미달, 그리고 잠자는 문제 등을 나타낸다. 모성애의 결핍이 미치는 영향은 존 보울비(John Bowlby)의 저술을 통해 더욱 큰 관심을 갖게 되었는데, 그는 어머니의 보호와 양육이 결핍된 아동들은 신체적, 지적, 그리고 사회적 발달이 항상 지체되었다고 결론지었다. 신체적인 증상뿐만 아니라 정신적인 병도 어머니의 보호와 양육의 결핍으로 나타난다는 것이다.

4. 아버지의 역할

어머니의 개념에 관한 드볼(Duvall)의 연구와 비슷한 레이첼 엘더 (Rachael Elder)의 연구는 전통적인 개념과 진보적인 개념이라는 두 가지 면에서 아버지의 역할이 어떻게 개념화되는지를 보여준다.

〈좋은 아버지에 대한 전통적 개념과 진보적 개념〉[12]

전통적인 개념	진보적인 개념
1. 아동을 위해 목표를 세운다.	1. 자율적인 아동의 행동을 강조한다.
2. 아동을 위해 일하고, 아동을 위해 무엇인가 주는 것을 강조한다.	2. 아동과 그 자신에 대해 이해하려고 노력한다.
3. 아동에게 무엇이 좋은 것인지를 안다고 스스로 생각한다.	3. 아동과 자신의 개성을 인식한다.
4. 아버지는 항상 옳고 강하다.	4. 아동의 성숙된 행동을 증가시킨다.
5. 자녀가 순종하기를 요구한다.	
6. 의무감으로 부모가 된다.	

도표에 나타나는 것처럼 전통적인 개념의 좋은 아버지는 가족집단의 지배자로 존재한다. 진보적인 개념에서 보면 전통적 개념과 비교하여 도구적인 특성이 적어진다. 슈베벨트(Schvaeveldt), 프라이어(Freyer)와 오슬러(Ostler)는 아버지의 역할 중 좋은 것(goodness)과 나쁜 것 (badness)을 유치원 어린이의 지각을 통해 분석하였다. 이 결과에 의하면 좋은 아버지란 유아를 위해 좋은 일을 하는 사람, 그리고 안아주거나 키스해주는 등 사랑을 의도적으로 표현하는 사람을 말한다. 또한 자녀들

---

12) Duvall, E. A., *Marriage and Family Development* (J.B : Lippincott Co., 1977).

과 함께 노래를 부르며, 일을 하는 사람을 말한다. 나쁜 아버지는 멋이 없고, 어머니와 유아를 버리고, 담배를 피우며, 신문만 읽고, 때리며, 일찍 재우는 사람이라고 했다. 그리고 어린이가 예의에 어긋난 행동을 해도 그대로 두거나 야단치지 않는 아버지를 좋지 않은 아버지로 생각했다. 파슨즈(Parsons)와 발리즈(Bales)에 의하면 아버지 역할의 도구적인 특성은 아버지가 자녀의 주(主)교사라는 뜻을 포함한다고 했다.[13] 어머니는 일상적인 생활방법에 관해서 주교사가 되며, 사회화 과정에서 인간화하는 중개인으로서 도움을 준다. 그러나 아버지는 사회의 책임자이며, 가정생활에 영향을 주는 모든 문화와 가정을 연결하는 고리와 같다. 또한 아버지란 아동에게 충분한 가치를 가르쳐서 각 아동이 사회의 유능한 일원으로서 자신의 행동과 행위에 대해 책임감을 가질 수 있도록 하는 사람이다. 즉, 아버지는 가정의 기능과 사회의 가치를 관련시켜 결정을 하는 데에 최후의 심판자라는 것이다. 젤디히(Zelditch)는 아버지란 교사, 결정자, 문제해결자의 역할을 하며 가족 전체의 삶과 존속을 위해 생존한다고 말했다. 이러한 아버지의 위치를 어머니의 위치와 비교해보면 삶에 대해 서로 다른 조망을 갖는다는 것을 알 수 있다. 아버지가 가르칠 수 있는 것은 오늘날의 사회에서 효과적으로 살아가는 것과 직접적으로 관련된 기술이다. 이러한 기술은 아버지의 행동을 모방함으로써 배우는 행동양식과 가치관이다. 여기서는 문제를 해결하고 위기에 대처하며 반응하는 방법이나, 또는 목표를 세우고, 목표를 향해 나아가는 방법 등이 포함된다. 또한 사회가 개인에게 기대하는 것은 무엇인가? 직업적인 역할은 어떤 기능을 갖는가? 하는 것도 포함된다. 이것은 직접적인 훈육보다 모델링을 통하여 가르치게 되는 것이다.

이뿐만 아니라, 자녀양육을 위한 아버지의 표현적인 역할도 대단히 중요하다. 예전에는 전통적인 남성다움이란 양육행동이나 특성을 표현하

---

13) Parsons T. & Bales R., *Family socialization and interactiion process* (N.Y : Free press), p.203.

지 않는 것으로 간주하였다. 즉 정서적 표현은 남성에게보다 여성에게 관련된 것으로 생각되었다. 남자가 일반적으로 이러한 표현적인 행동을 보이지 않는다고 해서 여성들처럼 정서적인 표현을 할 수 없다고 생각하는 것은 아니다. 남성의 이러한 면을 부정하는 것은 근본적인 인간성을 부정하는 것이다. 오늘날 가족생활의 특성은 아버지를 포함한 모든 가족이 표현적인 것을 강조한다는 것이다. 아버지가 표현적 행동을 하지 않고 전통적인 도구적 개념으로 역할을 수행하면 문제가 생긴다. 즉 아버지의 행동이 가족들과 정서적으로 거리가 있는 태도일 때, 자녀는 아버지와 의사소통이 힘들다. 현대사회에서 남성의 정서적인 냉담함은 정서적으로 메말라 있고 관료적이며, 도시화된 사회에서 자녀가 필요로 하는 안정감을 가지고 성장하도록 하는 데에 좋지 못하다. 아버지의 보살핌을 받은 경험이 부족한 아동은 인성과 사회성 발달에서 적응이 어렵고 어머니에게 지나치게 의존한다. 아버지로부터 보살핌을 받은 경험의 부족은 일반적인 발달영역에 영향을 준다. 즉, 아버지 부재의 아동은 인지능력 및 사고능력에 좋지 못한 영향을 받는다.

5. 부모역할의 내용

부모가 자녀양육의 역할을 수행하는 데에는 여러 요인이 작용한다. 오늘날의 부모들은 양성성(androgynous)의 역할을 수행하는 경향이 있어서 어머니의 역할과 아버지의 역할이 뚜렷이 구분되던 차이가 차츰 줄어들고 있다. 양성성의 성역할 개념을 갖고 있는 아버지들은 자녀양육에 많이 참여하고 자녀와의 상호작용도 빈번하다. 가족구조도 부모역할에 영향을 주는 요인이다. 핵가족에서의 부모-자녀 관계는 확대가족이나 편부모 가족에서의 그것과는 다르다. 그외에 아동이 영아에서 청소년으로 발달함에 따라 이러한 발달특성상의 변화가 부모역할에도 영향을 준다. 각 단계별 부모의 역할은 다음과 같다.

1) 영아기의 부모역할
(1) 보육자(caregiver)의 역할

영아와 상호작용하는 방식은 부모들마다 다르며 영아의 특성에 따라서도 다르다. 상호작용이 얼마나 자주 발생하는가 하는 양보다 어떻게 상호작용이 진행되는가 하는 질적인 면이 더 중요하다. 영아는 모든 것을 부모에게 요구하며 전적으로 도움을 받아야만 하고, 부모는 영아의 보호자이며 요구를 만족시키는 제공자로서의 역할을 수행하기 때문에 양육에 전념하던 어머니들은 어느 순간 갑자기 자신이 개인적인 일을 할 수 없다는 사실을 알게 된다. 이는 자녀가 부모의 시간을 다 소비하기 때문이다. 부모와 영아와의 관계는 부모 자신의 아동기 경험과 부부관계나 건강, 그리고 직업의 안정성과 같은 현재의 가정 분위기, 그리고 영아의 특성에 의해 영향을 받는다.[14]

(2) 기본적 신뢰감(basic trust)의 형성

에릭슨(Erikson E.)은 생활주기의 단계에 따른 심리적 발달을 제시하였다.[15] 각 단계마다 심리사회의 위기를 경험하는데, 영아기에는 기본적 신뢰감과 불신감을 형성한다. 기본적 신뢰감은 돌봐주는 사람이 영아의 기본적 욕구를 일관성있고 민감하게 충족시켜줄 때, 그 사람에 대해 갖는 믿음을 말한다. 영아를 양육하는 사람이 영아가 불편함을 느낄 때, 그 원인을 빨리 제거해주고 일관성있는 사랑, 관심, 놀이, 접촉, 자극 등을 통해 아동의 욕구를 충족시켜주면 영아는 세상이 안전하고 확실하며 살아갈 만하다는 믿음을 갖게 된다. 반대로 양육하는 사람이 일관성없이 부적절한 행동으로 영아를 돌보면 영아는 세상에 대해 두려움과 불신감을 갖게 된다.[16]

---

14) James & Mamy Kenny, *Whole-Life parenting*, pp.146-149.
15) Erikson E., *Identity & the Life cycle* : Selected papers psychological Issues. No. 1.
16) Erikson E., *Child & Society* (N.Y ; W. W. Norton).

(3) 상호성(reciprocity) 발달

부모와 영아는 서로 자극과 반응을 주고받는 상호성을 지닌 체계이다. 상호성은 두 사람이 상호작용하는 동안 긍정적이든 부정적이든 간에 서로 자극을 주고받는 평행의 줄다리기를 교환하는 것을 말한다. 이러한 유형의 행동을 핑퐁(ping-pong)이라고 한다. 이것은 어머니와 영아가 서로 눈을 마주보고, 소리를 교환하고 연속적인 반응을 하는 것이다. 어머니와 영아는 여러 상황에서 서로의 단서와 신호, 그리고 특수한 행동들을 인식하는 법을 배운다.

(4) 영아자극(infant stimulation)

영아는 스스로 어떤 것을 할 수 있다는 자신의 역량에 대해 자신감이 생기면 손에 잡히는 것은 무엇이나 호기심을 나타내고 열심히 탐색한다. 영아는 학습경험에 능동적으로 참여한다. 인간의 건강한 발달을 위해서는 영아기에 운동능력, 사회성, 인지능력 등의 발달이 선행되어야 한다. 이것은 부모가 영아기 동안 어떤 종류의 자극을 제공하느냐에 달려 있다. 부모는 영아에게 흥미있고 자극을 주는 환경을 제공하여 영아가 자기 주도적인 활동을 할 수 있게 도와주어야 한다. 그러나 부모의 역할이 환경을 제공하는 것으로 끝나서는 안된다. 부모는 영아를 가르치는 교사이므로 환경의 제공과 더불어 행동모델로서 영아의 활동에 참여하여야 한다.

2) 걸음마기(toddlers)의 부모역할

(1) 보호자(protectors)의 역할

부모는 아기가 걷기 시작하면서부터 새로운 차원의 보호자 역할을 한다. 부모는 아기가 자율성을 시험하고 학습능력을 증진시킬 수 있도록 가능한 한 가장 안전한 환경을 마련하여야 한다.

보육자에서 보호자로 역할이 변화되면 많은 어려움을 경험한다. 신체적으로 활동이 많은 아기를 보호하는 역할에 어머니는 에너지를 모두 소비하게 된다.

(2) 자율성의 발달

아기를 보호하는 역할보다 더 어려운 것은 자율성 발달에 효과적으로 대처하는 것이다. 1-3세 사이의 아기는 부모로부터 독립을 선언하며 심리 사회적 발달 단계에 따라 자율감 대 수치심과 회의를 경험하는 시기이다. 아기는 말하기 시작하고 걸을 수 있으며 문을 열고 닫을 수 있고 여러 가지를 새롭게 할 수 있다는 것을 알고 자신감을 갖는다. 부모가 아기의 능력에 맞게 어떤 것을 하도록 아기의 요구를 인정해주면 아기는 자신의 행동을 통제할 수 있는 능력을 발달시킨다. 아기를 지도하는 적절한 기술은 부정적인 행동보다 긍정적인 행동을 선택할 수 있도록 기회를 주어야 한다.

(3) 학습경험의 제공(learning experiences)

부모가 이 시기의 아이를 위해서 학습경험을 제공해야 하는 데, 사회적 기술과 언어, 호기심의 발달, 지적능력의 기초형성 등이다. 사회적 기술을 습득하기 위해서 아이는 또래와의 상호작용을 탐색하여야 한다. 부모는 자주 아이를 또래와의 놀이집단에서 놀게 하여야 한다. 사회적 기술을 습득하는 데 있어서 언어는 중요한 수단이다. 다른 사람과 의사소통하는 기술의 발달은 언어의 효과적인 사용에 있다. 대부분의 연구에서 아이의 언어발달은 가정에서 사용하는 언어의 질과 양에 달려 있다고 하였다. 아이의 초기의 언어는 다른 아동들에게서 습득하는 것이 아니라 성인에게서 배우기 때문에 부모는 초기 언어발달을 촉진시켜주어야 한다. 호기심의 발달과 지적능력의 기초형성은 언어발달과 밀접하게 관련된다. 아이에게 최적의 지적발달과 호기심을 만족시키기 위하여 부모는 안전한 환경에 다양한 사물과 경험을 제공하여야 한다.

3) 유아기의 부모역할

(1) 양육자(nurturer)의 역할

양육자(nurturer)는 애정과 관심을 가지고 보호하는 사람이고 양육(nurture)은 더 나은 발달을 하도록 이끌고 지도하는 것이라고 할 수 있다. 유아는 끊임없이 부모의 관심을 요구하고 부모의 시간과 에너지를 소비한다. 유아의 건강한 발달을 위해서는 부모의 구체적인 행동보다 가정의 정서적 분위기가 더 영향을 준다. 부부 간의 애정적인 관계는 양육자로서의 부모의 역할수행을 촉진시킨다. 부부가 서로 상대방을 존중하고 유아를 한 인격체로 존중하면 가정의 분위기는 긍정적으로 형성된다. 게다가 부모들이 서로 사랑하고 존중하면 아동의 정체감 형성과정을 촉진시키는 효과를 가져온다.

(2) 자아개념(self-concept)

유아기 교육의 가장 중요한 결과는 건강한 자아개념을 형성하는 것이다. 자아개념은 유아의 사회세계 내에서 중요한 다른 사람과의 상호작용과 밀접한 관계가 있다. 자아개념 발달에 관한 연구들은 세 가지 가정을 세우고 있다. 즉 자아개념은 학습된 것이고, 가정 내의 초기 사회화 과정에서 학습되며, 행동을 결정하는 강한 요인이라는 것이다. 유아기는 자신에 대한 초기 인상을 타당화하는 중요한 단계이다. 유아기에 온정적인 사랑을 충분히 받는 것이 유아의 좋은 자아개념을 형성하는 것과 깊은 관계가 있다. 자아개념의 두 가지 양상은 소속감과 존중감이다. 아동의 자아존중감이 중요하다는 것은 두말할 나위도 없다. 최근의 연구에 따르면 아동이 자신을 역량이 있는 존재로 지각하면 환경에 적극적으로 참여한다고 한다. 아동이 환경과 성공적으로 상호작용할 수 있는 능력은 자아존중감의 발달에 중요한 한 측면이다. 아동의 자아개념의 발달은 어머니와 아동의 초기 사회적 관계를 기초로 하여 형성된다. 아동의 자아존중감에 가장 영향을 주는 것은 가족과 가정상황이라고 하였다. 긍정적인 자아개념을 조장하는 부모의 행동은 아래와 같은 것들이다.

■ 긍적적인 자아개념을 조장하는 부모의 행동
아동에 대한 온정, 수용, 존중을 나타낸다.
아동에게 관심을 보인다.
아동을 위해 적절한 환경을 조성한다.
일정한 범위 내에서 아동의 자유를 허용한다.
성공적인 상호작용을 할 수 있는 환경을 제공한다.
아동을 대하는 데 일관성있게 사랑, 성실성, 안전감을 나타낸다.
아동에 대한 기대를 분명히 한다.

이해해주고 확고한 요구사항을 제시한다.
부모 자신이 긍정적인 자아개념을 소유한다.
(3) 주도성(sense of initiative)의 발달
유아기 단계의 아동은 기본적인 운동능력을 획득하며 비교적 자율적으로 행동한다. 다른 사람의 행동에 반응만 하는 것이 아니라 자신이 여러 활동을 시작한다. 부모가 아동의 주도적인 행동을 지지하고 도움을 주면 주도성이 발달하게 되고, 반대로 부모가 아동의 행동을 제한하고 질문을 귀찮아하면 죄의식이 발달하게 된다. 유아기의 주도성 발달은 양심의 발달과 관계가 있다. 아동이 다른 사람의 권리를 이해하고 옳고 나쁜 것의 차이를 이해하기 시작하면 양심이 발달한다. 유아기에 환경을 탐색하도록 허용받고 격려받은 아동은 그러한 탐색활동을 주도하는데 주의력이 있고 쉽게 접근하지만, 과잉보호를 받거나 벌을 받은 아동은 환경의 탐색을 금지하는 경향이 있다. 부모들은 아동이 불안을 느끼지 않고 새로운 환경을 주도적으로 탐색할 수 있도록 환경을 조성하여야 한다.

(4) 학습경험의 제공
유아기에 학습할 기회를 많이 주고 재료를 제공해주면 유아기 동안 습득하여야 할 지적, 정서적, 사회적 능력을 발달시킬 수 있는 기초를 마련하게 된다. 유아기의 교육은 아동의 주도성과 자유활동을 통해 유아가 긍정적인 자아개념과 자아존중감을 갖도록 하는 것이다. 유아는 자신이 처해 있는 환경과 경험하는 사건을 통해서 학습한다. 또래관계, 놀이, 환경과의 상호작용, 특히 부모가 아동의 호기심에 어떻게 반응하는가 하는 것이 아동의 학습경험에 영향을 준다.

4) 학령기의 부모역할
(1) 격려자(encouragers)의 역할
아동이 성장함에 따라 부모의 역할도 보육자에서 보호자, 양육자, 마지막에는 격려자로 변화한다. 학령기가 되면 아동의 역량과 독립심이 발달하면서 부모를 따르는 것이 점차 줄어들고 또래와의 관계가 깊어진다.

학교는 아동에게 보상을 주는 장소이기도 하지만 교사와 또래로부터 받은 평가 때문에 불안이 증가하기도 한다. 이러한 상황에서 아동은 무력감, 실패, 친구로부터의 거부를 경험하는 경우가 있기 때문에 이를 극복하기 위한 체계를 발달시켜야 한다. 따라서 격려자로서의 부모역할이 중요하다. 더우기 이 시기의 격려는 행동을 고치는 데 가장 영향력이 있다.

(2) 훈육

아동이 학령기에 이르고 부모 자신의 욕구가 변화함에 따라 훈육체계는 점차 바뀌어야 한다. 부모는 계속해서 아동의 행동을 강화하고 영향력 있는 모델로 작용한다. 아동은 초등학교에 입학하면서 다양한 행동과 태도를 취한다. 부모들의 가치관에 대해서 질문하기 시작하고 또래 아동과 그들이 존경하는 다른 성인의 행동을 더욱 흉내내고 싶어한다. 이때에 부모들이 자녀를 훈육하는 방법이 달라지는 것은 아동의 발달수준에 적합하고 더 효과적인 방법을 모색하기 때문이다.

아동양육 방법의 유형은 다음과 같다.

■ 아동양육 방법의 유형
① 권위주장(power assertion)
우월한 힘을 사용하여 아동을 통제하려는 시도
체벌, 권리/물건의 박탈, 처벌의 위협
② 애정철회(love withdrawal)
화내기, 그리고/혹은 인정해주지 않기, 아동의 어떤 행동에 대한 조건으로 사랑해주기
③ 유도(induction)
바람직한 행동을 설명하기 위하여 정당한 근거를 제시하고 설명하기, 행동이 자신과 타인에게 미치는 영향을 강조하기

(3) 근면성의 발달

에릭슨의 심리발달 이론에서 세 번째 단계인 근면성 대 열등감은 학령기에 해당한다. 학령기 아동은 생산적인 것에 모든 노력을 쏟음으로써

부단없는 에너지를 보여준다. 아동은 주변세계의 지식을 넓힐 뿐만 아니라, 확장해가고 있다. 이때 관심사는 어떻게 확장되고 어떻게 작용하며 무엇이 가장 우선적이냐 하는 것이다. 이러한 단계에서 아동은 또래를 매우 중요하게 생각하기 시작하고 또래와 관계를 맺고 의사소통하려고 노력한다. 또래에 의해 수용되는 것은 아동의 자아발달에 중요하다. 이 시기의 자신감은 의미있는 과제를 할 수 있다는 데서 생긴다. 단순히 무엇이나 한다는 데 흥미를 느껴서 과제나 계획을 착수하고 그 결과로부터 만족을 얻기 위하여 작업을 완성하는 것도 포함된다. 아동이 세련된 기술과 역량을 발휘하여 과제를 성공적으로 수행하고 부모, 또래, 교사로부터 인정을 받으면 근면성이 발달한다. 그러나 실패와 불인정이 반복되면 열등감이 우세하게 된다. 그러기에 부모는 아동에게 다양한 작업경험에서 성공할 기회를 주는 것이 중요하다.

(4) 학습경험의 제공

학령기 아동은 학교에서 구조화된 학습환경을 경험하지만 아직까지 가정도 중요한 학습의 장이다. 부모는 아동이 자신의 역량을 개발할 수 있도록 가정환경을 구조화하고, 학교 밖과 가정 밖의 행동을 적절히 조정하도록 도와주고 격려하여야 한다. 아동은 가정 밖에서의 조직적 활동을 통하여 학습범위를 넓히고 집단 내에서 지위를 획득할 기회를 갖는다. 가정 밖의 활동들은 스포츠, 음악, 공예, 종교활동, 캠프, 소년소녀 집단 등을 포함한다. 가정에서 제공할 수 있는 활동은 휴가, 캠핑, 소풍, 산책, 영화감상, 운동경기, 문화활동 등을 포함한다. 이러한 활동은 가족들이 공동의 관심을 즐길 수 있는 기회를 제공하고 새로운 경험을 나누게 한다. 아동에게 새로운 흥미가 발달하고 독립심이 증가하면 가족이 서로 맞추어서 계획을 세워야 한다.

5) 청소년기의 부모역할
(1) 상담자의 역할

청소년기의 발달적 특징으로 행동상의 혼란과 초조감이 생기므로 부모는 다시 한번 역할을 바꾸어야 한다. 청소년기의 특징은 다음과 같다.

■ 청소년의 성격 특성
① 가상적 바보(pseudo stupidity)
  너무 영리해서 바보처럼 보인다. 선택할 때 우선 고려해야 할 점을 생각지 않고 다양한 대안책을 상상하는 능력이 있다.
② 상상적 청중행동(imaginary audience behavior)
  자기 주위의 모든 사람이 똑같이 청소년의 행동과 외모에 큰 관심을 두고 있다고 생각하므로 다른 사람 앞에서 지나치게 자기를 의식한다.
③ 개인적 우화(personal fable)
  자신이 특별한 존재이며 타인에게 적용되는 자연법에 지배를 받지 않는다는 신념을 가지고 있으며, 자신만의 독특한 감정과 욕구를 부모는 이해하지 못한다고 믿는다.
  청소년기의 부모의 주된 역할은 상담이다. 물론 다른 역할도 병행하여야 한다. 유능한 상담자는 내담자와 긍정적인 의사소통을 하듯이 의사소통이 부모와 자녀관계에 가장 중요한 요소이다. 청소년과 의사소통하는 지침은 다음과 같다.

■ 청소년과의 의사소통 지침
  청소년이 표현하는 초조감, 외로움, 불만을 수용한다.
  십대 청소년이 겪고 있는 문제의 독특성을 인정한다.
  "나는 네가 느끼는 것을 정확히 알고 있어", "나도 한때는 너희들과 같은 시절이 있었어" 라는 말로 '즉흥적 이해'를 하지 않는다.
  수용과 인정, 용서와 처벌을 구별한다.
  십대의 언어와 행동을 흉내내지 않는다.
  십대의 행동에 대한 불쾌한 사실을 들추거나 성격적인 결함을 탓하지 않는다.
  십대가 지나치게 흥분하는 영역의 이야기는 피한다.
  의존성을 조장하지 않는다. 의존성은 적대감을 만든다.
  사실을 바로 잡으려고 서두르지 않는다. 십대는 수정하려고 하면 고집으로 맞선다.

십대의 사생활을 침해하지 않는다. 사생활을 존중함으로써 부모가 자녀를 존중한다는 것을 보여준다.

구태의연한 말과 설교를 하지 않는다. 특히, "내가 네 나이 때는-"이라는 표현은 피한다.

책 속의 말을 인용하지 않는다. 강의, 설교, 교화하지 않는다.

십대 자녀를 그 앞에서 낙인찍어 분류하지 않는다.

심리학을 역이용하지 않는다.

논쟁의 소지가 될 메시지를 주지 않는다. 갈등을 피하기 위하여 분명한 제한, 친절한 허용, 개방적 선택이 담긴 메시지를 보낸다.

미래보다 현재의 일에 초점을 맞춘다.

청소년과의 의사소통은 요람에서부터 시작된다. 부모는 영아의 다양한 행동에 반응을 보임으로 의사소통을 시작한다. 유아기 아동의 질문에 대한 대답은 의사소통의 방향에 영향을 주며, 학령기 아동의 감정과 태도에 대한 수용 정도는 의사소통의 통로를 개방하는 데 영향을 준다. 청소년기에 이르면 가족의 의사소통 체계가 개방적인가, 폐쇄적인가에 따라 자신의 문제를 이야기하고 싶은 느낌이 결정된다. 강요를 바탕으로 하는 부모의 권위는 효력이 없으며 합법적이지도 않다. 오히려 갈등을 일으킨다. 가족의 의사소통 체계는 청소년기의 자기노출(self disclosure)에 영향을 준다. 부모에게 긍정적인 감정을 갖고 있는 청소년은 자기노출을 잘하나, 반대로 엄격하다고 생각하면 자기노출을 거의 하지 않는다. 자아개념도 의사소통에 영향을 주는데 어머니의 자아개념은 딸이 지각하는 부모와의 의사소통에 영향을 미친다. 한편 아버지가 자신을 이해한다고 생각한 자녀는 아버지의 훈육이 합리적이라고 느끼며 이들의 관계는 친밀하고 서로 공동의 관심사를 주고받는다고 생각한다. 청소년기에 부모와 또래의 적합한 행동에 대한 의견이 일치하면 그 행동이 자주 일어날 가능성이 많으며 일치하지 않을 경우에 문제가 발생한다. 이러한 사실을 기초로 하여 상담자로서의 부모역할은 온정적, 애정적, 지원적, 이해적인 분위기를 만들고, 자기노출과 피드백(feed back)을 개방하여 긍정적인 의사소통 체계를 유지하고 또래의 영향력을 인정하여서 독립심을 키워주는 것이다.
 (2) 정체감의 발달
 청소년기는 정체감 대 역할의 혼동의 시기이다. 청소년은 심리적으로 새로운 감정, 감각, 욕망 등을 경험하고 정신적으로 세계를 바라보는 사고와 방법이 다양해진다. 다면적이고 갈등적인 사회를 조화로운 전체로 만들려는 철학과 이론을 구성할 수 있는 능력이 생긴다. 에릭슨은 청소년기가 사회적으로 공인된 성인기의 유예기간이며 이 시기에 자신을 성인으로 통합한다고 하였다. 정체감을 형성하려는 노력으로 반항적인 역할 '우리편'임을 나타내는 이상한 표시와 스타일, 그리고 다양한 이데올로기의 경험이 나타난다. 성공적인 청소년기의 준비는 아동기부터 시작하여야 한다. 정체감 도달에 실패하면 정체감 혼미나 역할 혼미를 초래한다. 사회적 환경은 정체감의 발달에 영향을 준다. 급격한 사회와 기술의 변화는 전통적 가치에 영향을 주어 청소년들이 어렸을 때 경험한 것과 연계성을 찾기 어렵게 한다. 이때의 청소년들은 삶의 의미와 방향을 찾으려고 노력하며 행동주의, 숭배주의, 혹은 다른 행동으로 부모를 당황하게 한다. 또한 청소년의 교육기간이 연장됨에 따라 외부세계의 경험이 제한되고, 따라서 독립하여 정체감을 형성하는 단계에 경제적으로 부모에게 의존하여야 하는 상황이 된다. 정체감의 형성과제는 부모와 청소년 모두에게 어려운 것이지만, 개인이 긍극적으로 의사결정을 할 수 있는 성인이 되는 데 필수적인 것이다.
 (3) 갈등의 예방과 해결
 부모와 청소년의 갈등은 급격한 사회변화, 청소년의 성인자격 불인정, 부모의 지나친 권위 등에 의해 영향을 받는다. 청소년기에 상황적 위기와 발달적 위기가 복합되면 스트레스와 갈등이 더욱 심해진다.

■ 청소년의 반항

전통적으로 부모와 청소년 사이의 갈등은 청소년의 반항에서 기인한다. 청소년의 반항은 경제적 역할의 혼란, 성적인 표현의 제한과 연기,

학업의 실패, 직업선택의 어려움, 권위주의적 양육방식, 극도로 제한적이거나 허용적인 양육태도, 부모의 불화 등이 원인이다. 부모의 행동 중에서 두 가지가 청소년기의 반항과 부모와 청소년의 갈등에 영향을 준다. 그것은 부모의 관심과 청소년의 참여, 부모가 사용하는 통제의 유형과 정도이다. 청소년에게는 부모가 온정적이고, 수용적이며, 지지적이고, 자율성을 인정한다는 것을 보여주는 것이 중요하다. 부모의 통제 정도가 지나치면 청소년의 도덕성 발달을 저해하며 청소년의 반항, 일탈, 그리고 갈등과 관계된다.

■ 청소년이 지각하는 부모

청소년이 지각한 부모의 태도와 행동은 실제행동과 태도만큼 중요하다. 십대의 자각과 부모의 지각이 일치하면 반항이 덜 일어나므로 부모와 자녀가 그들의 관계에 대하여 지각한 바를 의사소통하는 것이 중요하다. 스트레스와 갈등이 발생할 때, 방어기제를 사용한다. 남성은 심리적으로 외부지향적이면 여성은 내부지향적이다. 부모와 자녀 사이에서 귀가 시간, 용돈, 학업, 정리정돈, 친구선택 등과 관련하여 발생하는 갈등은 실제적으로 문제가 된다. 반면에 이러한 것은 도덕성, 혹은 이념과 같은 문제보다 쉽게 해결된다. 부모와 자녀는 행동과 특성에 관하여 합의하는 의사결정이 필요하다. 상호이해와 존경, 합리적이고 일관된 규칙, 자녀활동에 참여를 보이는 것이 갈등을 최소화한다.

■ 청소년의 성

청소년의 성행동에 미치는 부모의 영향은 뚜렷하지 않다. 거의 모든 부모와 십대 자녀들은 성(sex), 피임, 임신, 낙태에 관하여 정확한 정보를 알고 있어야 한다. 이러한 정보는 부모에게서 얻어야 한다.

(4) 부모의 발달적 요구

십대의 자녀를 둔 부모는 자신이 십대의 부모이기에 앞서 스스로가 청소년기에 접어드는 것처럼 중요한 시기를 맞고 있다. 이 시기를 낙맨(Nachman)은 중년기라고 하였다. 중년의 변화는 인생의 초기와 말기의 분기점이 된다. 이때는 현재의 자신의 자신이 되기를 원하는 것 즉, 현실과 이상의 차이를 심각하게 돌아볼 수 있는 '마감의 시기'(deadline decude)이며 현실에 몰두하여 이상과의 차이를 감소시키려고 마지막 노력을 하는 시기이다. 중년의 재안정을 찾으려는 시기에 압박감을 느낀다. 이러한 압박감은 직장과 가정, 일 모두에서 느낀다. 이것은 신체적인 노쇠현상과 자신의 죽음에 대한 인정, 그리고 좋은 시절이 가버렸다는 생각들과 함께 복합적으로 작용한다. 동시에 청소년기의 자녀는 부모를 점점 덜 필요로 한다. 부모의 이러한 발달적 위기를 학자들은 해약과 종결(disengagement-termination)의 단계, 동반 대 고립(companionship vs isolation), 상호의존(interdependent) 단계, 등으로 표현하였다. 이 시기의 부부는 서로를 동반자로서 재정립하고, 부모의 자녀에 대한 권위는 재규정되며, 자녀의 재정적, 정서적 독립에 따라 변화해야만 한다. 자녀가 출가하면 부모는 '빈 둥지'(empty nest)를 경험한다. 어머니와 아버지는 매우 다르게 반응한다. 이러한 시기에 부부는 자신을 평가하고 장점과 단점을 고찰해보아야 한다. 따라서 재구성 대 결속(regrouping vs binding or explusion)이 발생한다. 중년의 위기는 결혼생활의 만족과 생활구조와 자아의 적응 등에 영향을 받는다. 성인이 위기를 경험하면 인성에 변화가 온다. 여성은 더욱 자기주장적으로 되며 남성은 인정이 많아진다.

　중요한 것은 부부가 서로 더욱 가까워지게 되고, 이전에 가치를 느끼지 못했던 것들에서 새롭게 가치를 깨닫게 된다. 부모들은 자녀가 청소년으로 성장할 때 쯤이면 자아개발의 시간을 좀더 갖게 된다. 이때, 부모들은 좀더 의미있는 인간관계를 개발할 수 있고 창조적인 노력을 나타낼 수 있으며, 사회와 문화활동에 참여할 수 있다. 이렇게 되면 부모뿐만 아니라 동시에 십대 자녀에게도 건강한 발달을 이룰 수 있는 기회가 된다.

Ⅲ. 가정과 기독교 부모교육

1. 기독교인 부모의 개념과 자녀양육 원리

기독교 부모의 사명을 잘 감당하기 위해서 기독교 부모의 개념과 관심의 영역을 살펴보면 다음과 같이 정리해볼 수 있다.[17]

첫째, 부모가 된다는 것은 완전함을 필요로 하는 것은 아니다. 그러나 그리스도 안에서의 신앙은 부모가 되는 사람에게 있어서 근본적인 것이다. 왜냐하면 복종과 용서와 사랑이 기저를 이루기 때문이다. 실제적으로 가정은 싸움, 슬픔, 긴장, 고통, 그리고 죄악의 장소가 될 수도 있다. 부모들은 지혜의 은총 없이는 이와 같이 계속 일어나는 많은 문제들을 직면하기가 어려울 것이다. 기독교인은 기독교적 관계의 역동성이 용서, 자비, 인내, 이해, 사랑 등으로 이루어지고 있다고 이해한다.

부모가 되는 것에 관한 이런 역동성의 예는 심리학 서적이나, 매스컴에서 발견되는 것이 아니라 성서에 나타난 하나님의 특징 속에서 발견되는 것이다. 하나님은 긍극적인 모델로써 치료하시고, 훈련시키고, 관여하시고, 모든 것을 아시며, 용서하시는 분이시다.[18] 부모들은 긍극적으로 그들의 성공이 어떤 특별한 기술이나 관리에 의해서가 아니라, 하나

---

17) Charles. M. Sell, 양은순, 송헌복 (공역), 『가정사역』 (서울 : 생명의 말씀사, 1988), pp.158-165.

18) Myron R. Chartier, "Parenting : A Theological Model" (Journal of Psychology and Theology, 1978).

님의 은총 안에서 그들 자신의 인격적 성장과 발달에 기인한다는 것을 깨달아야 한다.

둘째, 부모의 힘은 제한되어 있다. 부모들은 자녀의 행동에 책임져야 하나 부모의 영향은 제한되어 있다. 그들은 어린이를 독립적인 존재로서 이해해야 한다는 것이 분명하게 성서에 진술되어 있다(잠22:6, 엡6:4, 딤전3:4-5). 어린이를 다루는 원리로써 잠언22:6에는 '마땅히 행할 길'이라는 귀절이 있는데 이것은 '그의 자신의 길에서'(in his own way)로 번역할 수도 있으므로 어린이의 천성과 인격에 따라 어린이를 다룰 것을 말하고 있다고 할 수 있다.

셋째, 기독교 부모가 되는 것은 좋은 관계를 맺는 것이다. 즉 가정에는 따뜻함, 정직, 애정이 깃든 관계가 있어야 한다. 그리고 부모가 되는 것은 돕고자 하는 관계를 형성하는 것이다. 하나님의 사랑은 엄격하거나 냉정하거나 권위적인 것이 아니라, 오히려 따뜻하고 친밀하며 용서하는 것인데 부모의 좋은 관계는 이와 같은 것이라고 할 수 있다.

넷째, 훌륭한 부모가 되는 것은 자녀들의 건강한 자아개념(self-concept)을 향상시키는 것이다. 어린이가 자기 스스로에 관해 무엇을 생각하는가를 이해하는 것이 부모가 되는 과정의 근본적인 것이다. 부모들은 가끔 자녀가 실패했거나 반발할 때 무시하거나 벌을 준다. 그리고 이것은 어린이의 잘못된 행실 때문이라고 생각하고 있다. 그러나 어린이의 행위를 향상시키기 위해서는 어린이의 자아개념을 향상시켜주어야 한다. 부모가 되는 것은 어린이에게 자아존중(self-respect)을 하도록 도와주는 것이다.

다섯째, 기독교 부모가 되는 것은 자녀들의 자아훈련을 일으키는 것이다. 어린이는 부모들로부터 독립하여야 하며 자진해서 사회에 적응할 수 있도록 키워져야 한다. 이것을 달성하기 위해서 부모들은 어린이가 가능한 한 독립적으로 자립하도록 훈련하는 것이 중요하다. 그리고 이런 것은 실제생활을 해나가는 데에 따라서 상과 벌, 그리고 격려를 해줌으로써 의존적인 데서부터 독립적인 생활로의 전이를 더욱 쉽게 할 수 있다.

여섯째, 기독교 부모가 되는 것은 감수성을 발달시키는 것이다. 훌륭한 부모가 되려면 어린이의 인격에 사랑과 동정심을 키우도록 이끌어주어야 한다. 우리의 이웃을 위한 사랑은 우리의 행동을 규정한다. 어린이들이 이런 사실을 알도록 인도해야 할 것이며, 신앙의 눈으로 세계와 이웃을 바라보며, 예리하고 민감하게 판단하고 선택해서 하나님의 뜻을 성취하도록 해야 한다.

일곱째, 부모가 되는 것은 힘을 내포하는 것이다. 어린이가 자라는 동안 하나님의 질서 안에서 부모의 권위를 존경하도록 성서는 가르치고 있으며(엡6:1), 부모의 힘은 성서적인 목적을 실천하기 위해서 친절과 사랑을 통해서 사용해야 한다. 그러므로 그리스도인은 하나님의 질서의 부분으로써, 부모의 힘을 정당하게 사용하도록 해야 한다.

여덟째, 기독교 부모가 되는 것은 행동의 수정을 활용하는 것이다. 행동을 형성하는 데 있어서 중요한 역할이 성서의 가르침에 잘 나타나 있다(잠13:24, 19:18, 23:13, 히12:5-7). 자녀를 사랑하는 부모는 훈계와 징계를 하며, 잘못된 행동의 훈육을 단순한 징계 이상의 것으로 해야 한다. 훈계는 직접적이고 적극적이며 사랑의 정신 안에서 기르는 것을 의미한다. 이제 그리스도인 부모는 자녀양육의 일차적 책임을 하나님께로부터 위임받은 자로서, 자녀가 하나님께서 허락하신 세상에서 문화적 사명을 완수할 수 있도록 자녀를 인도하기 위해, 어떠한 관심을 가지고 양육해야 하는가를 항상 인지하고 있어야 한다.

그것은 첫째, 부모들은 자녀들의 죄성을 감안해야 한다. 행동주의자들은 도덕적인 선악에 대해서 중립적인 태도를 취한다. 따라서 그들은 인간의 선악의 의지를 부정하며, 외부환경에 의해 조절되어진 것으로써 모든 행동을 관찰한다. 인본주의자들은 인간을 근본적으로 선하다고 보고 있으므로, 선과 악을 분별하여 스스로 선을 택할 수 있는 능력을 키워주어 악을 멀리 하도록 도와주어야 한다고 주장하며 성서에서 말하고 있는 악을 무시한다. 그리스도인 부모는 어린이가 때때로 자기가 중심이 된 사고 방식 안에서 또는 도덕적, 윤리적으로 잘못된 태도 속에서 행동하리라는 것을 알고 있다. 어린이는 하나님과 부모들에게 반항하는 경향을 가질 수 있기 때문이다. 성서적인 이해에 관심을 쏟고 있는 기독교 심리학자 제임스 돕슨(James Dobson)은 부모들에게 어린이가 부모를 지배할 수 없다는 것을 확실히 하도록 경고하고 있다. 그러므로 기독교 부모는 마음 속에 많은 이해들을 가지고 자녀들의 그릇된 행동에 접근해야 한다. 부모들도 역시 죄를 짓는다는 것을 시인하며 모든 잘못된 행동이 전적으로 어린이의 잘못만은 아닌 것을 알아야 한다.

다음으로 기독교 부모는 벌의 사용에 대해서도 생각하여야 한다. 글래서(W. Glasser)는 벌은 육체적, 정신적 고통의 원인이 될 것이기 때문에 그리고 어린이를 도와주려는 부모의 마음과 대립하게 될 것이므로 벌이 아닌 칭찬을 권하고 있다.[19] 그러나 성경의 잠언서는 육체적인 체벌(spanking)을 지지하고 있다. 성서에서 인정과 친절을 언급하고 있는 것은, 인정과 친절을 빼버린 엄격하고 권위적이며 형벌을 주는 통제는 아니기 때문이다. 냉정하고 부정적인 분위기에서 벌을 주는 배타적인 사용은 부모의 힘에 의한 잘못된 사용이다. 신체적인 징계는 반드시 의지적인 불순종이나 악의가 있는 잘못을 저질렀을 때에만 사용해야 한다. 징계에 있어 자녀가 징계의 이유를 확실히 알도록 해주어야 한다.

그리고 다음으로 자녀교육에는 하나님의 존재를 가르치는 것이 포함되어야 한다. 어린이에게 있어 이런 종류의 교육에는 결정적인 시간이 있다. 어린아이 시기에 교육을 잘못시키거나 시키지 않으면 아이의 신앙은 어느 한도 이상으로 깊어질 수 없다. 부모 스스로가 어린이에게 강요하지 않겠다고 말하는 것은 나쁜 방향으로 결정을 내리도록 내버려두겠다고 하는 것과 같은 행동이다. 그리스도인의 도덕적이고 윤리적인 체계는 하나님과 인간과의 관계에 기초한다. 바울이 주의 교양과 훈계로 양육하라(엡6:4)고 말하듯이 교육, 상담, 책망은 하나님과 관련되어야 한다. 그러나 이것이 하나님 중심교육에 인간 사이의 관계를 제외해놓은 것은 아니다. 고든(Gorden)의 효율적인 부모훈련(P.E.T)에서 강조하는 것처럼, 자녀들은 다른사람들의 감정을 어떻게 존중하느냐를 배워야

---

19) William Glasser, *Reality Therapy* (N. Y : Harper press, 1965), p.161

하고, 듣는 기술과 문제해결의 기술은 타인을 사랑하도록 돕는 기술을 가르친다. 글래서의 책임감을 근거로 한 방법 역시 도움이 된다.

2. 기독교 부모교육의 중요성

가정은 최초의 학교이며 부모는 최초의 교사라고 루터(M. Luther)가 이미 말한 바와 같이, 부모는 자녀에 대한 교육적 책임을 하나님으로부터 위임받은 청지기로서의 사명을 가지고 있다. 부모는 현재의 생활태도와 일상적인 대화를 통해서 가르치는 것이므로 가정 자체의 도덕성 및 영적 분위기는 매우 중요한 메시지를 자녀에게 전달한다. 그러므로 자녀를 하나님의 말씀과 율례로 가르쳐 잃어버린 하나님의 형상을 회복하게 하고, 주어진 삶의 터전에서 하나님께서 주신 문화적 사명을 완수하게 하여 결국 그리스도를 닮은 인격으로 변화할 수 있도록 인도해야 할 책임이 기독교인 부모에게 있다. 먼저 모범적인 신앙, 신뢰성, 정직성, 일에 대한 기쁨, 그리고 행복한 인생관 등에 대한 통찰력을 가져야 한다.

자녀는 또한 부모의 말과 행동 간의 격차에 대해 몹시 민감하게 눈치채고 있다. 부모는 먼저 부모됨의 모델을 가져야 하고 자녀들에게 말로만 가르치는 것이 아닌 삶의 본보기를 보여야 한다. 그러나 성실한 생활이 따르지 않는 말과 교리를 배척하는 점에 있어서 잘못하면 부모들은 입으로 하는 말보다 인격이 주는 감화가 더 영향력이 있으므로, 자녀들에게 기독교를 가르치는 데 자신의 인격을 보여주는 것 이상 아무것도 할 것이 없다는 도덕적 자기과신에 빠지기 쉽다. 또한 자녀들에게 부모의 신념을 부당하게 주입해서는 안된다는 경고 때문에 가정의 교육적 사명에 태만할 수도 있다. 그러나 부모는 자녀를 대신하여 결정을 내려주지 않도록 조심하여야 하겠지만 꾸준히 가르쳐나가기는 해야 할 것이다.

기독교인 부모는 자녀가 그리스도를 자신의 개인적 구주로 영접하도록 인도해야 한다. 기독교인이 아닌 어린이에게서 기독교인과 같은 행위를 기대할 수는 없다. 어린이가 하나님의 구원계획을 충분히 이해하고 정서적으로 준비된 자세를 가지고 있을 때, 부모는 그와의 개인적인 대화를 통해서 그가 스스로 결심할 수 있도록 인도해야 한다. 그러나 강요할 수는 없다. 가정생활이란 우리의 전인격을 구성하고 있는 모든 요소가 계속적으로 상호작용을 일으키는 분야이고, 가족의 일원이 되는 훈련이란 깊이있는 인격의 변화와 적응력을 요구하는 것으로, 가정생활은 전인격을 포함하고 있는 것이기 때문에 교실에서가 아닌 가정에서 가장 잘 배운다. 그러나 많은 사람들이 자녀육성에 관한 필수적인 원리와 방법을 학습하지 못한 채 부모가 되고 있다. 부모가 준비, 훈련되지 못한 채, 자녀교육에 임하게 되면 많은 어려움과 문제가 따른다. 누군가가 부모를 도와주어야 한다. 교회와 부모는 어린이의 종교적 양육을 위한 상호책임이 있다. 부모는 어떻게 자녀들을 도울 수 있는지에 대해 알기를 원해야 하고, 교회는 그와 같은 부모의 요구를 알고 충분히 배려해주어야 한다. 교회와 가정이 서로 협력하지 않으면 기독교 교육의 바람직한 성과를 기대하기란 어려운 것이다. 부모를 성경적 원리로써 교육시킬 책임은 교회에 있다. 교회는 부모들에게 기독교적 교육의 원리를 교육해야 하고, 부모들이 기독교적 인생관과 세계관을 가지고 자녀를 가르칠 수 있도록 훈련해야 한다. 그러므로 가정과 교회를 연결시키는 교육 프로그램이 절실하게 필요하다.

3. 기독교 부모교육의 모델

부모교육의 특징은 성서와 신학적 물음들을 불러일으키며, 단편적인 생각이나 이론들을 가르치는 것이 아니라, 포용력을 길러 진정으로 부모에게 도움을 줄 만한 것을 개발하는 것이다. 성서를 참조함 없이 그냥 현대의 심리학적 원리를 교회 내에 도입하는 것은 부모교육에 효과적이고 복음적인 방법이 될 수 없다.

부모교육 프로그램은 부모가 지닌 영향력을 중심으로 해서 세워지게 된다. 그 영향력을 '부모의 힘'이라고 부른다. 그 힘은 다섯 가지 기본형태로 나눌 수 있다. 그 모두가 어우러져 총괄적인 부모와 자녀관계를 이루는데 그것이 바로 부모가 영향을 미치는 영역인 것이다.

1) 모범(modeling)[20]

부모의 본보기는 자녀의 삶에 중요한 힘이 된다. 모범이 된다는 것은 완전한 것을 요구하지 않는다. 어떤 부모는 완전한 본보기가 되려는 노력으로 비현실적인 자기 모습을 만들어냄으로써 인간적인 갈등이나 결혼생활에서 오는 충돌을 감출 지도 모른다. 그러한 노력은 비현실적이고 위선적인 본보기를 연출시켜서 자녀로부터 존경을 받지 못하게 되고 심지어는 배척의 요인이 되기도 한다. 부모는 성숙한 본보기가 되어야 하는 것이지 완벽한 본보기가 되어야 하는 것이 아니다. 부족한 가운데서 자녀는 다른 사람들과 하나님을 사랑하며 살 수 있음을 알게 된다.

그리고 세부적이며 개방된 관계에서 자녀는 부모의 인생관, 가치관으로부터 도덕성과 가치기준을 배운다. 그러나 모범이 되는 것만으로는 자녀교육이 불충분하므로 다른 방법으로 자녀의 내적 지식과 가치관이 발달될 것을 요구한다.

2) 통제(control)

성서는 부모들에게 자녀들을 조심스럽게 통제하도록 권고한다(잠 22:15, 엡 6:4). 그 통제는 특별히 자녀의 어린 시절에 필요한 것이다.[21]

부모가 아주 어린 자녀를 다룰 때, 부모의 말에 수반되는 실제적인 몸으로의 통제가 필요하다. 예를 들어 장난감을 치우라고 몇 번이나 소리지르는 것은, 한 번 말하면서 치우는 것을 가르치는 것보다 못하다. 말로만 하는 통제는 실패한다. 언행일치로 통제하는 것이 중요하다. 통제

---

20) Charles Sell, op. cit., p.156.
21) Ibid., p.158.

는 어떤 행위를 하도록 내버려두어 부정적 결과로써 교훈을 줄 수도 있다. 또한 신체적인 벌을 줌으로써 통제할 수 있는데 체벌을 가할 때 몇 가지를 주의해야 한다. 자신이 통제할 수 있을 때에만 때리고, 설명한 뒤 때리고, 아무도 없는 곳에서 때리고, 손으로 하지 말고 상처를 주지 않는 매개물로 체벌하되 최후의 방법으로 해야 한다.

어린이들을 통제할 때, 다음과 같은 단계들을 포함하는데 첫째, 특정한 행동은 지적해서 변화되어야 할 행동을 확인하고, 둘째, 부모가 원하는 적극적인 행동을 확인하며, 셋째, 바람직하지 못한 행동은 무시하고 좋은 점은 인정하고, 넷째, 바람직한 행동을 강화하는 것이다.

3) 의사소통(communication)

부모와 자녀의 관계에서 자기노출은 매우 중요하다.[22] 자기노출을 통해 자녀가 자신의 행동의 결과를 보도록 도와주며, 자기노출은 현실세계에 대하여 자녀로 하여금 알게 하며, 부모-자녀 관계를 확립하기 때문이다. 그리고 들음으로써 흥미를 나누어야 한다. 부모가 자녀의 말을 듣기 싫어하는 것은 곧 치명적인 거부와 같다. 조심스럽게 듣고 완전히 들은 다음에 대답하는 것이 중요하다(잠18:13). 부모가 잘 들어주면 자녀는 스스로 생각하게 되고 자기존중과 자제력을 갖게 된다.

4) 상호작용(interaction)

상호작용이란 말은 가정 안에서 주고받는 모든 것을 가리킨다. 그것은 무엇보다 먼저 일반적인 가정생활과 분위기를 가리킨다.[23]

도로쉬 놀트(Dorothy Nolte)는 다음과 같은 말을 했다. "자녀가 만약 충돌 속에 산다면 싸움하는 것을 배운다. 자녀가 만약 두려움을 지니고 산다면 염려하는 것을 배운다. 자녀가 만약 동정을 받으며 산다면 자기

---

22) Ibid., p.162.
23) Ibid., pp.164-166.

비애를 배운다. 자녀가 만약 조롱을 받으며 산다면 부끄러움을 배운다. 자녀가 만약 수치스럽게 산다면 죄의식을 배운다. 자녀가 만약 격려를 받으며 산다면 자신감을 배운다. 자녀가 만약 관용 가운데 산다면 인내를 배운다. 자녀가 만약 칭찬을 받으며 산다면 고마워하는 것을 배운다. 자녀가 만약 용납을 받으며 산다면 사랑하는 것을 배운다"

  가정의 상호작용은 그 범위가 너무나 넓기 때문에 부모의 개인적 개발, 그 이상의 것을 요구한다. 부모는 자녀의 성장과정의 특징과 과제를 이해할 필요가 있다. 이해에 의한 상호작용뿐만 아니라 민주적인 의사결정에서의 상호작용이 매우 중요하다. 자녀들에게 권위 밑에서 살아가는 것을 가르치는 일은 성경적이지만, 그들이 민주적으로 사는 법을 가르치는 것 역시 올바른 일이다. 자녀가 토론과 타인과의 상호작용에서 규칙과 원리를 지키도록 만들지 않으면 도덕적으로 생각할 수 있는 능력을 질식시켜버리게 된다. 그러므로 부모들은 민주적인 기반 위에서 상호작용이 일어나도록 해야 한다. 또한 부모들은 문제해결을 위해 문제에 대한 확인, 분석, 해결점 발견, 해결방법의 선택 등 문제해결 과정에 있어서 자녀들이 동참하도록 한다. 또한 오락, 예배, 캠프 등의 상호작용은 가족의 관계를 증진시킨다.

  부모와 자녀 사이의 상호작용과 대화를 촉진하기 위한 하임 기노트(Haim Ginott)의 제안은 다음과 같다.[24]

  ① 아동과의 대화는 존중과 대화의 기술적인 면에 초점을 둔다. 부모들은 아동의 인성과 성격을 공격하거나 비평하지 말고 잘못된 행동에 관심을 두어야 한다. 부모는 아동이 행동한 것에 대해 긍정적인 자아개념을 갖도록 강화시켜주어야 한다.

  ② 부모는 칭찬과 긍정적인 강화를 남용해서는 안된다. 칭찬이나 강화를 사용할 때에는 '참 착하다'고 말하기보다는 실제적인 의도나 성취에

---

24) Heim Ginott, *Between parent and child* (N.Y: Macmillan, 1965).

대해 강화하여야 한다.
　③ 아동과의 상호작용에서 생기는 갈등이나 압박감을 다룰 때 다음 사항에 유의하여야 한다.
　　㉠ 아동의 어떤 특정한 행동은 성인들을 화나게 한다.
　　㉡ 성인은 아동의 인격을 공격하지 않고 그들의 감정을 표현하여야 한다.
　④ 부모-자녀 간 상호작용의 대부분이 자아를 좌절시킨다. 윽박지르는 것은 잘못된 행동을 불러일으킨다. 왜냐하면 아동들은 금지된 행동을 되풀이하고 싶어하기 때문인 것이다.
　또한 아동들에게 물품을 주는 것은 단지 단기간의 행동변화만을 얻게 되며 빈정거리는 비평은 단지 아동의 기분만 상하게 할 뿐, 아동들은 그들의 잘못과 결점에 대해 가르치고 훈계하는 부모에게 귀를 기울이지 않게 된다.
　⑤ 대화는 부모-자녀 사이의 신체적인 차이점이 적어질 때 더욱 효과적이다. 이렇게 하기 위한 한 가지 방법은 아동과 눈의 높이를 같게 하는 것이다.
　⑥ 아동들이 나이가 들면서 자기행동에 대해 책임지는 것을 배우게 된다.
　⑦ 규율과 책임감은 아동이 이해할 수 있는 범위 내에서 배우게 한다. '하지 마라'라는 명령은 받아들일 수 없는 행동이 무엇인지 알게 하지만, 받아들일 수 없는 행동이 무엇인지 이해하도록 하게는 못하므로 선택이 주어져야 한다.
　⑧ 신체적인 벌은 언어적 의사소통보다 효과가 덜하고 해가 더 많다. 아동의 잘못된 행동과 갈등은 문제를 토의함으로써 보다 효과적으로 다루어질 수 있다. 신체적인 벌은 '몸이 큰 사람들은 작은 사람들을 마음대로 때릴 수 있다'는 생각을 갖게 한다.
　기노트(Ginott)에 의하면 아동의 행동에 영향을 주는 것은 부모-자녀와의 관계에 기인한 것이며 부모도 이를 인정해야 한다.

5) 창조하는 경험(creating experiences)

부모의 영향력의 다섯 번째 형태는 자녀의 경험세계를 통제하는 능력으로 나타난다. 생활 속의 경험을 통해 너무나 많은 것을 배우기 때문에 경험의 질과 종류는 큰 영향력을 가질 것이다. 그리고 자녀들의 가치관 훈련을 인식해야 한다. 자녀들에게 꼭 심어주어야 할 가치관은 아래와 같다.

① 애정 - 사랑하고 돌보아줄 수 있는 능력
② 존경 - 자기존중과 다른 사람에 대한 존경
③ 깨달음 - 다른 사람과의 경험을 통해 배울 수 있는 기술을 말한다.
④ 기술 - 자기의 재능을 발견하고 개발시키는 것
⑤ 능력 - 의사결정에 참여하는 것
⑥ 부 - 자녀가 돈을 잘 다루어야 할 도구로 인식하는 것
⑦ 안녕 - 정신적, 육체적 건강을 얻고 유지하는 것
⑧ 정직 - 자신의 태도와 행동에 대한 책임감이 있는 것

이뿐 아니라 그리스도인의 덕들도 자녀들이 성취하도록 도와주어야 한다. 그리스도인의 덕은 아래와 같다.

① 믿음 - 하나님을 신뢰함
② 덕 - 선행을 존중함
③ 지식 - 지혜와 진리를 갖고자 하는 소원
④ 절제 - 자제력과 사회통제에의 적응
⑤ 인내 - 참고 일을 끝까지 완수함
⑥ 경건 - 하나님에 대해 신중함
⑦ 형제우애 - 다른 사람에 대한 존중과 사랑
⑧ 사랑 - 다른 사람을 위한 희생이다.

이와 같은 자녀들의 가치관을 개발시키기 위한 생활경험의 종류들을 열거하면 다음과 같다.

본보기를 보여준다.

① 깊이 있는 관계를 맺는다.
② 독서
③ 자연과 접촉하는 활동들
④ 많은 사람들과 함께 하는 활동
⑤ 소그룹에서의 활동
⑥ 지도력을 발휘하는 경험들
⑦ 섬기는 경험들
⑧ 의사결정의 경험들
⑨ 책임감이 따르는 경험들
⑩ 기술이 개발되는 경험들
⑪ 취미, 운동, 음악, 오락 등

자녀교육은 자녀의 경험들이 배워야 할 가치관에 들어맞게 해주는 것이다. 부모들은 가치관이 단순히 말을 자꾸 하거나 잔소리와 꾸지람을 해서 가르쳐지는 것이 아님을 알아야 한다. 오히려 가치관이란 개발되는 것, 즉 생활과의 상호작용과 다른 사람들과의 상호작용을 통해 서서히 형성되는 것이다.

4. 교회에서의 부모교육 프로그램의 실례

개 교회에서 실시할 수 있는 부모교육 프로그램을 소개하면 다음과 같다.
① 교회는 최소한 한 학기에 한 번 부모를 위한 협의를 가진다.
② 교회에서 가족잔치(family festival) 또는 가정의 날(family day)을 설정하고 지킨다.
③ 가정에서는 자녀들의 교사를 초대하여 자녀교육에 대한 협의와 상담을 한다.
④ 부모를 위한 6주 정도의 짧은 연구집회를 가진다.
⑤ 교회는 자녀의 성장을 위한 보고서, 추천하는 책, 기독교 가정과 자

녀 등 가정의 성장발달을 위해 도움이 될 자료들을 가정으로 보내준다.

⑥ 교회가 부모들을 위한 모임이나 공부반을 조직해서 자녀들을 기독교적으로 교육하는 데 있어서 당면한 문제와 질문을 서로 나누도록 한다.

⑦ 연중 계획 가운데 가정문제를 주제로 하는 새로운 기구를 설치하고 어린이 연구모임을 만들어 참여하게 한다.

⑧ 부모로 하여금 교회학교 교사나 보조교사가 되게 해서 교회활동에 참여하도록 권고한다.

⑨ 부모교육과 훈련을 위해, 가정심방, 특별부모 연구모임(special parent institute), 부모면담(parent interview), 부모반(parent class) 등을 실시한다.

⑩ 목사님의 설교계획에 가정을 주제로 하는 부분을 연중 절기별로 구성해야 한다.

⑪ 결혼 전 상담을 통해 예비 부모교육을 실시한다.

⑫ 교회 상담실 설치: 예비적이고 치유적이고 교정적인 부모상담 사역을 지속한다. 막상 문제아가 있는 부모는 여러 부모들의 모임과 같은 곳에서는 좌절감과 패배감, 죄의식 때문에 자신들의 문제를 드러내고 나눌 수가 없다. 그럴 경우 부모는 개인적이고 인격적인 상담을 통해 상처를 치유받아야 하고 그러한 문제점의 해결을 위해 교회가 도와주어야 한다.

⑬ 교회 신문에 일반적이고 종합적인 가정칼럼을 정기적으로 게재하여 자녀, 부모, 교육기관, 부모와 교사모임, 교육 과정에 대한 소개를 한다.

⑭ 가정생활 단원을 장년 주일학교 교과과정에 포함시킨다.

⑮ 교회학교 자녀의 등록시 부모가 동참한다. 부모는 주일학교에서 자기 자녀에게 교육을 강화시키기 위한 관심을 가지고 있어야 한다.

⑯ 부모와 교사가 합동으로 계획한 프로젝트에 부모가 참여하여 단체 교수를 한다.

⑰ 교회학교 교사로 부모들을 뽑고, 그리스도 안에서의 믿음, 상호적인 용서, 사랑 그리고 봉사로 훈련된 기혼자들을 뽑는다.

⑱ 월 1회 정도 강사를 선정하여 강연회를 가진다. 강연회의 내용은 부모들이 어린이 교육과 발달에 필요한 지식과 기술로 기독교 교육의 중요성, 부모의 양육태도, 아동의 발달특징, 아동의 문제행동과 지도방법, 가정환경의 중요성, 아동의 사회성 및 도덕성, 아동의 종교 개념, 아동심리와 자질계발, 가정예배의 중요성, 가정에서의 신앙교육 등이다.

⑲ 강연회가 성공적이 되기 위해서는 강연회 자체로 끝나지 않고 이어서 부모들끼리 토론회, 워크숍 활동이 이어지는 것이 좋다.

⑳ 부모로서의 경험을 이웃과 함께 나누며 추억을 만들고 부모됨을 기뻐하고 감사하도록, 부모로서 자신감을 갖고 부모역할을 잘할 수 있도록 실제적인 부모를 위한 저녁 프로그램을 실시한다.

가정과, 부모, 자녀의 영적, 전인적 성장과 발달을 위한 자료를 계속 배부해준다.

제 9 장
가정양육의 실제와 적용

Ⅰ. 부부목회와 가정생활 교육

1. 부부목회의 교육적 기초

부부목회를 시작하기에 앞서 가장 중요한 것은 그 방향, 목적을 결정할 수 있는 기초를 분명히 하는 것이다.
부부목회를 위한 기초는 다음과 같다.[1]

1) 부부목회는 주로 예방적인 것이 되어야 한다.
부부목회를 위한 전략은 부부의 위기가 더 커지기 전에 효과적으로 문제를 처리할 수 있는 필요한 기술을 부부에게 가르치는 것이다. 효과적으로 부부목회를 하려면 문제나 갈등이 커지기 전에 그것을 해결할 수 있도록 긍정적인 가르침들을 반영시켜야 한다. 부부목회를 할 때 주된 목표는 가족들이 성장하고 강건해지고 행복해질 수 있도록 돕는 일에 초점을 맞추어야 한다. 부부목회는 위기를 당한 사람들을 위한 상담 이상의 것이 되어야 한다.

2) 부부목회의 강조점은 가정을 든든히 세우는 것이 되어야 한다.
최근까지 가정에 대한 연구들은 개인과 가정이 무엇이 잘못되었는가에 대해 초점을 맞추어왔다. 부부목회의 기초적인 원리는, 부부를 위해 계획되는 것으로, 부정적이고 병적인 것보다는 긍정적이고 교훈을 주며

---

[1] Royce Money, *Building Stronger Families* (Wheaton illinois : a division of SP, 1978), pp.102-115.

영감을 주는 기독교 가정생활의 모델을 반영시켜야 한다는 점이다.

3) 프로그램들은 가족생활주기(family life cycle)의 위기를 염두에 두고 계획되어야 한다.

효과적으로 부부목회를 하려면 가족생활주기를 고려하여야 한다. 예방적인 사역을 하려면 장년들의 성장에 있어서 전이점에 대처하도록 해야 한다. 준비가 되어 있느냐, 없느냐에 따라 사건이 전이점이 될 수도 있고 위기가 될 수도 있다. 부부생활 프로그램은 사람들이 생애의 전환점을 위한 준비를 하도록 하며, 생애주기의 첫 단계에 그 경험의 방향이 어떤 것인가 알게 해주는 것이 되어야 한다.

4) 강한 사회적인 지원 체계(strong social support system)를 개발시킬 것을 강조해야 한다.

대가족으로부터 고립되어 있고 주변의 지역사회로부터 사회적으로 고립된 결과, 핵가족은 서로에게 도움과 지원을 구하게 된다. 가정의 긴장을 해소시켜줄 사람이 없으므로 불화는 더욱 더 심화된다.

효과적인 부부목회를 하려면 교회는 고립되어 있는 가정과 공동체를 재연결시키는 데 힘을 써야 한다. 교회는 가정들에게 공동체 생활(community life)과 의미있는 교제(fellowship)를 제공해주어야 한다.

5) 부부목회는 현대적이고 현실적이어야 한다. 현대 부부생활은 산업화와 기계화에 깊은 영향을 받고 있다.

그들은 급변하는 세계에 살면서 그들의 문제에 대한 긍정적인 대답을 구하기에 애쓰며 갈등하고 있다. 현대적(contemporary)이 되는 것은 현실적인 관점(realistic view)을 요구한다. 현실적인 부부목회는 기쁨뿐만 아니라 부부가 함께 살면서 느끼는 좌절감, 고통, 실망도 다루어야 한다.

6) 부부목회는 다양한 가족형태를 다루어야 한다.

교회 프로그램과 계획은 많은 가족 형태를 고려해서 모든 가족에게 목회하는 것이 되어야 한다. 모든 형태의 가정(홀어버이와 독신)까지 포함할 수 있도록 프로그램을 작성해야 한다.[2]

특별한 필요를 채워줄 수 있는 특별한 그룹들(과부, 노인)을 위한 프로그램도 필요하다. 그리고 프로그램 속에 가정문제와 위기를 다룰 수 있는 것도 포함시켜야 한다. 이혼했거나, 별거했거나, 상처와 위기를 당한 사람들은 특별한 관심을 필요로 한다. 신혼부부, 은퇴한 사람, 부모들의 상황을 고려하지 않으면 부부목회는 비효과적인 것이 될 것이다.

7) 부부목회는 교회중심일 뿐만 아니라 가정중심이 되어야 한다.

제도적이고 업무중심의 접근보다는 교제 가운데 가정의 역동성을 세우는 것이 중요하다. 교회가 지나치게 요구하는 시간 때문에 가족관계가 흔들려서는 안된다. 교회와 가정은 서로를 강화시킴으로써 서로 유익한 관계를 가져야 한다.

8) 부부목회는 배울 뿐만 아니라 경험되어야 한다.

사실이나 정보들을 습득하는 것만이 아니라 행동이나 관계의 변화를 가져오는 것이 중요하다.

9) 부부목회는 지역사회에 대한 공헌도 가져와야 한다.

대체로 부부목회는 보통 교회의 교제 안에 한정되어 있다. 교회가족과 지역사회가족에 모두 관심을 두는 것이 효과적이다. 교회가족과 지역사회가족이 서로 참여할 때 양자가 모두 풍요해진다. 이를 위해서 평일밤과 주말에 결혼준비교육, 부모교육, 풍요한 결혼을 위한 교육(marriage

---

2) Charles M. Sell, *Family Ministry : Family Life Through the Church*〉 (Grand Rapids : Zondervan), pp. 74 - 85.

enrichment), 가정적응 등을 프로그램의 내용으로 할 수 있다.

10) 부부목회는 신학적 기초 위에 세워져야 한다.
부부목회의 신학적 기초와 사역의 내용과 방향을 결정한다. 부부목회에 착수하기에 앞서 교회는 다음과 같은 성서적인 주제를 다루어야만 한다.
① 결혼의 본질, 기초, 영구성
② 가족과 결혼의 본질과 목적
③ 합법적인 생활양식의 결정
④ 부모신학
⑤ 가족과 교회의 관계
⑥ 결혼과 가족의 일에 관계된 죄, 회개, 용서함, 은혜와 긍휼에 관한 신학

11) 부부목회는 교회생활의 다른 모든 면과 연결이 되어야 한다.
부부목회활동은 전반적인 교회생활에 통합되어야 할 필요가 있다. 이를 위해 교회 회원 상호 간의 필요를 채울 수 있는 가족적인 분위기를 만들어주는 것이 중요하다.

2. 부부교육 프로그램의 계획과 작성단계

계획수립은 목표와 목적을 수립하기 위해 필요한 단계이다. 계획수립의 단계는 다음과 같다.[3]

1) 제1단계 - 교회 지도자와 함께 비전을 나눈다.
교회 지도자들과 함께 나누는 정이 중요하다. 함께 나누어야 할 이유

---

3) Wayne E. Rickerson, *How to help the christian Home*, pp. 49 - 58.

는 교회 지도자들이 동참하지 않을 경우 효과적인 부부교육이 어렵기 때문이며, 또 다른 이유는 교회 프로그램과 교회 지도자들은 성서적으로 건전한 가정원리의 모델이 되어야 하기 때문이다.

2) 제2단계 - 부부교육과 부부목회를 위한 행복한 부부생활 위원회를 조직한다.
위원회 위원들의 자격은 하나님과의 관계에서 성장하는 사람일 것과 원만한 부부생활을 하는 사람이어야 하며 또다른 부부들을 돕고자 하는 열망을 가지고 있는 사람이라야 한다.

3) 제3단계 - 부부목회의 성서적 근거를 진술한다.
행복한 부부생활을 위한 위원회를 조직하고나면 하고자 하는 사역을 위한 성서적 근거를 함께 생각해본다.

4) 제4단계 - 부부의 필요를 결정한다.
행복한 부부생활을 위한 위원회는 교회에 속한 부부들의 필요에 대해 깊이 연구해야만 한다. 부부들의 필요에 대한 정보를 수집한 후 그것을 재검토해본다. 가장 중요한 필요부터 순서를 정해본다.

5) 제5단계 - 목적과 목표와 주제를 설정한다.
목적은 회중의 필요에 근거한 것이어야 한다. 목표설정은 목적들을 달성하는 것을 가능하게 한다. 목표는 측정할 수 있고 성취할 수 있는 구체적인 활동이 되어야 한다.

6) 제6단계 - 목표를 달성하도록 계획을 세우고 프로그램을 작성한다.
많은 좋은 아이디어들이 '기발한 아이디어'로만 남아 있게 되는 것은 목표를 달성하도록 계획하는 데 실패하기 때문이다. 부부목회의 성패는 위원회가 얼마나 열심히 계획하고 그 계획을 성취하도록 노력하는가에 달려 있다.

7) 제8단계 - 프로그램을 평가한다.

평가는 대체로 세 가지 기본원리를 생각할 수 있다.

(1) 목적, 목표, 주제 되돌아보기 : 참가자들이 목적과 목표를 바로 이해하고 있는가? 프로그램의 진행과 방법, 그리고 내용이 목표, 주제와 연계성이 있는가?

(2) 교육의 과정 되돌아보기 : 프로그램의 수립과정이 옳았는가? 프로그램을 위한 준비와 참여도는 어떠했는가? 진행은 잘되었는가? 진행과정에서 예기치 않던 일은 무엇이었는가?

(3) 결과 되돌아보기 : 참여자가 목적에 맞는 성과를 거두었는가? 참여자의 참여도는 어떠했는가? 참여자의 느낌과 의미는 무엇이었는가? 이상과 같은 평가작업을 통해 새로운 부부목회, 교육을 위한 자료를 얻을 수 있다.

3. 부부목회를 위한 건전한 가정의 모델 설정

부부목회의 주된 관심은 건강하고 전인적인 가정을 만드는 데 있다. 건전한 가정을 만들어가기 위하여 먼저 필요한 작업은 건전한 가정이란 어떤 것인지에 대한 개념설정이다. 부부목회의 프로그램은 병든 가정을 치유하는 것이 목적이 아니고 정상적인 가정으로 하여금 더욱 풍성한 생활을 하는 가정으로 만들고자 함에 목적이 있다. 먼저 건전한 가정의 상태는 어떠한지 기준을 설정하면 다음과 같다.

1) 이해의 면

건전한 가족들은 서로가 잘 이해하고 격려하고 수용해준다. 가족성원들은 가족 전체로서의 요구와 개인으로서의 요구를 융통성있게 수용한다. 따라서 가족 전체로서의 강한 유대감이 있으면서 동시에 각 개인의 개성과 관심을 존중해준다.

2) 시간보내기

건전한 가족들은 시간을 사용함에 있어서 질적으로나 양적으로 잘 보내려고 애를 쓴다. 개인적으로 사용할 시간의 영역과 가족공동으로 사용할 시간의 영역을 잘 구분한다.

3) 대화의 방법

대화방법에 있어서 구성원들은 진지하게 자신의 감정을 나타낼 수 있고 또 듣는 입장에서는 진지하게 상대방의 이야기를 듣는다.

4) 참여의 정신

건전한 가족은 서로 강한 유대감을 갖고 있는 관계로 서로의 변화, 어려움, 위기 등의 시기에 진지하게 참여한다. 개인의 영역을 충분히 고려하는 분위기이나 위기상황에서는 위기해결을 위하여 참여한다. 이러한 참여의 정신은 가족끼리의 전통적 행사, 축하일, 기념행사 등에 적극 참여함으로써 나타난다.

5) 동일한 신앙

건전한 가족은 확고한 도덕적, 영적 신념을 갖는다. 행동의 옳고 그름에 대한 기준, 자신의 행동이 타인에게 미칠 영향에 대하여서도 깊은 고려를 한다. 특히 타인을 잘 돌보는 마음은 높은 우선순위를 갖고 있다. 따라서 건전한 가족은 정서적으로나 관계적으로 고립되지 않는다.

6) 위기극복의 방법

건전한 가족은 위기를 도피하려고 하지 않고, 이것을 긍정적이고 건설적으로 해결해내려고 한다. 이러한 요소가 변화되어가는 사회, 어려움이 존재하는 현실상황 속에서 건전한 가정으로 강하게 남아 있을 수 있는 요인이 된다. 하지만 이러한 위기에 대한 대처가 경직된 것이 아니고 유연하다는 점에 특징이 있다. 따라서 건전한 가정은 인생의 여러 주기를 통해서 오는 위기들을 맞으면서 또 극복해가면서 더욱 성숙해져가는 것이다.

4. 부부교육 프로그램을 위한 모델

1) 예비 부부교육

교회의 가정목회에서 이 영역의 중요성은 아무리 강조하여도 지나치지 않다. 연약하고 깨어진 결혼의 흐름을 바꾸기 위해서는 모든 젊은이들에게 다방면의 예비교육을 마련해주어야 한다. 결혼 실패의 주요요인은 부적합한 결혼 배우자의 선택, 결혼생활에서 배우자에 대한 비현실적인 기대, 결혼 전의 부족한 준비로 볼 수 있다.[4]

그러나 이러한 요인들은 적합한 예비 부부교육을 통하여 제거될 수 있으며 적어도 현저하게 감소시킬 수 있을 것이다.

예비 부부교육의 목적은 결혼에 대한 일반적 준비를 갖추는 데 있다. 결혼을 위한 개인적 성숙에 대한 통찰력을 얻고, 각자의 역할을 이해하도록 하며, 의사소통에 대한 기술을 개발시키고 갈등을 해소하는 방법을 다루며 공동의 삶을 준비하는 데 알아야 할 특별한 문제를 다룬다. 문제의 영역은 영적인 것, 신체적인 것, 경제적인 것, 심리적인 것, 결혼에 대한 가족의 태도와 관련하여 다룰 수 있다.

이러한 목적을 성취할 수 있는 방법으로는 다음과 같은 것들이 있다.

(1) 수양회(retreat)

과제가 포함된 자료를 사용하여 약혼자들을 위한 수양회를 주말을 이용하여 개최할 수 있다. 수양회는 짧은 기간에 집중적인 연구와 전체적인 삶의 경험을 함께 나누기 때문에 유익하다. 수양회에서 토의될 강좌는 다음과 같은 것이 있을 수 있다.[5]

① 그리스도인 결혼의 본질(the nature of Christian marriage)
② 자신과 자신의 배경을 이해하기 - 어떠한 모습으로 결혼에 임하는가(understanding myself and my background - what I bring to

---

[4] Howard Hendricks, *Practical process of premarital Counseling*, pp. 3 - 4.
[5] Leon Smith & Edward D. Staples, *Family Ministry Through the Church*. pp. 101 - 102.

marriage)
③ 결혼생활에서의 의사소통 - 갈등을 긍정적으로 사용(communication in marriage - including the constructive use of conflict)
④ 우정과 조화(companionship & compatability)
⑤ 결혼에서의 성(sex)의 완성(sexual fulfillment in marriage)
⑥ 결혼생활에서의 직업과 돈관리(work and money in marriage)
⑦ 시부모나 처가와의 관계(relationships with parents and in-laws)
⑧ 자신을 넘어서 - 친구, 공동체, 세계와의 관계(beyond ourselves - relationship with friends community, world)
⑨ 배우자로서의 영적인 성장(spiritual growth as a couple)

2) 부부상담
결혼상담은 위기에 처해 있는 부부를 위한 것이다. 결혼상담자는 전문가보다는 훈련된 평신도가 적합할 수 있다.[6]
부부상담의 목표는 아래와 같다.[7]

① 그들의 의사전달의 대화를 다시 전개하도록 돕는다.
② 상호보복의 악순환을 저지한다.
③ 그들의 상호작용의 성질을 인식하라.
특히 양자 간에 고통이 생기게 하는 원인과 그들의 태도, 마음 속에 있는 상호작용의 근저를 인식한다.
④ 상호 간 세웠던 목표를 향하여 함께 계획하고 함께 일했던 것을 이어서 그들의 결혼 중에 생기는 고통과 즐거움의 원천에 관하여 함께 사고하는 경험을 가진다.

---

6) Royce Money, op.cit., p.122.
7) Gary Collins, *Effective Counseling*, pp. 100-101.

⑤ 상호개혁에 관한 그들의 싸움의 무익성을 직면한다. 그리고 서로 '터놓고 이야기'를 한다. 또 그들 인간관계에 관한 불편의 형세를 받아들인다.
⑥ 결혼에 있어서 그들 자신의 무책임의 영역이 있음을 일깨워준다.
⑦ 가정 밖의 관심의 초점을 찾아내게 한다. 그리고 확대가족과 더불어 좀더 만족하는 인간관계를 찾아낸다.

게리 콜린스(G.Collins)는 부부상담의 목표를 다음과 같이 제시한다.[8]
① 부부 간에 대화통로를 재개하도록 도와주고 감정표현을 격려한다.
• 상대방은 물론 각자의 태도와 목표, 필요, 결혼관 등을 이해하도록 격려한다.
② 부부가 서로를 있는 그대로 받아들이고, 서로를 바꾸어보려고 하는 노력을 그만 두도록 돕는다.
③ 부부가 서로 이해하고 수용하는 것을 적절한 행동으로 옮김으로 관계를 형성하도록 돕는다.
④ 결혼생활의 안정을 위한 성서적 지침을 익히도록 돕는다.

결혼상담의 주제가 되는 부부생활에서 특히 마찰이 잦은 분야는 역할혼동, 금전, 시부모, 성, 임신과 출산, 영적인 갈등 등이다. 이러한 문제들을 효과적으로 해결하도록 부부상담을 하는 것이 중요하다.

3) 풍요한 결혼생활을 위한 프로그램(marriage enrichment education)

풍요하고 행복한 결혼생활을 위한 교육은 매우 다양하다. 견고하고 성장하는 결혼생활은 저절로 이루어지는 것이 아니라, 부부가 결혼관계에 높은 우선순위를 둘 때 가능하며, 실제적이고 계속적인 훈련 프로그램이 결혼생활의 성장을 도울 수 있다.[9]

---

8) Gary Collins, *Effective Counseling* p.114.
9) Wayne E. Rickerson, *How to help the Christian Home* (California : a division of G/L publications), p. 80.

프로그램을 작성할 때 고려할 점은 다음과 같다.[10]

① 프로그램은 주로 감정적(affective)인 것이 되어야 하며 치료보다는 삶을 부요하게 하는 데 중점을 두어야 한다.
② marriage enrichment는 자발적인 것이라야 한다.
③ 이미 어떤 종류의 marriage enrichment 활동에 참여해본 일이 있는 사람들이 배타적인 태도를 갖는 일이 없도록 경계해야 한다. 참여해 본 일이 없는 부부들이 열등감을 느끼지 않도록 해야 한다.
④ 장기간의 육성이 필요하다.
부부는 그들의 관계에 우선권을 두도록 동기유발이 되어야 하며 때때로 성숙한 결혼을 돕는 방법을 필요로 할 것이다. growing marriage에 대한 개념은 계속적으로 강조되어야 한다.
실질적이고 지속적인 풍성한 결혼생활을 위한 프로그램은 결혼의 성장을 이끌어줄 수 있다.

marriage enrichment 프로그램의 종류는 다음과 같은 것들이 있다.

(1) 부부 수양회
부부 수양회는 정상적인 가정생활의 책임에서 벗어나 결혼에 관심을 집중시킬 수 있는 방법 중의 하나이다. 긴장이 완화된 수양회 분위기에서 부부들은 그들의 결혼을 강화하는 데 열심을 내고자 하는 동기가 고조된다. 구체적인 프로그램으로는 목회자가 결혼에 대한 신학적, 신앙적인 기초를 놓아주고 부부는 올바르고 건전하게 서로의 감정을 이야기하도록 한다.
서로가 친밀감을 나타내기 위한 질문을 던지고나서 서로에게 연애편지 형식으로 대답을 쓰게 한다. 그런 다음 부부들이 각자 방으로 흩어져

---

10) Royce Money, *Building Stronger Families*, pp.120 - 121.

서 잠시 동안 이야기를 나눈다. 질문에 이어 의사소통에 대한 강의, 글쓰기, 서로 이야기하기, 그룹토의를 한다.

(2) 세미나 코스(seminar course)

결혼 세미나는 주말을 이용하여 혹은 어떤 기간을 택해 연속적으로 개최할 수 있으며 특별히 '부부의 밤'을 정해 하루저녁 프로그램을 가질 수 있다.

이 세미나 코스는 몇 가지 목표를 설정할 수 있다.[11]

첫째, 개인, 부부, 교회, 세계, 하나님을 포용해야 한다. 특히 결혼의 성격이 배우자로 하여금 자아를 보는 독특한 거울이 되게 하므로 자기이해가 주목적이다.

둘째, 결혼의 관계성 발견이다.

셋째, 배우자의 새로운 발견이다.

피상적인 대화로 전에는 자기노출의 순수한 관계를 방해하였으나 이러한 부부의 경험은 종종 혁명적이 될 수 있다. 성경공부와 예배, 그리고 기도를 통해서 부부는 서로의 사랑의 기반이 되는 그리스도의 사랑을 더욱 더 인식하게 된다.

넷째, 풍성한 결혼 세미나의 목표는 결혼을 초월해서 가정과 교회와 세계로 나아가게 하는 것이다. 가정 안에서의 사랑의 표현은 가정 밖에서의 사랑의 사역을 위한 바탕이 될 것이다.

(3) 소그룹(small group)

결혼생활을 풍성하게 하는 다른 하나의 방법은 소그룹 연구를 통해서이다. 3~5쌍의 부부가 정보교환, 나눔, 토론을 위하여 특정한 시간에 만난다.

매주 한 번씩 만나 결혼관계에 관한 책을 읽고 토의할 수 있다.

참석한 부부들은 그들의 결혼을 통한 기쁨과 좌절은 물론, 책에서 얻은 통찰력과 의문점들을 나눌 수 있다. 이러한 나눔을 통하여 다른 부부

---

11) Charles Sell, *Family Ministry*, pp.193 - 194.

를 격려할 수도 있고 격려받을 수도 있다.

(4) 성숙한 결혼을 위한 교제(growing marriage fellowship)

결혼을 성장하게 하는 훈련에 기꺼이 응할 수 있는 부부의 그룹을 만들어 교제를 시작한다. 각 부부는 결혼 관계에 관한 강의에 참석해야 하며, 결혼에 관한 책을 읽어야 하며, 그룹을 위한 요구사항을 이행해야 한다. 이러한 교제를 통한 이점은 풍성한 결혼생활을 위한 교육에는 계획과 방향이 있다는 것을, 그리고 특별한 목표를 가지고 있다는 것을 주지시키는 것이다.

(5) 설교를 통한 교육(sermon dialogue)

결혼관계에 대한 일련의 설교는 매우 효과가 있다. 설교의 효과를 증진시키기 위하여 설교 뒤에 이어지는 대화식 강좌를 제안한다. 대화식 강좌의 목적은 설교에 제시된 원리들을 더욱 분명히 하고 적용시키기 위함이다. 목회자가 가정생활에 대해 설교할 때 다음의 것들을 강조하는 것이 중요하다.

첫째, 자신됨, 결혼, 그리고 가정생활에 관한 성경적, 신학적 개념을 해석해준다. 교회가 이것을 가르치기를 게을리 하기 때문에 심리학자나 일반 매스컴에서 결혼에 대해 교인들에게 더많은 영향력을 끼칠지도 모른다.

둘째, 구속적인 용서와 사랑의 맥락에서 가족의 상호관계를 강조해야 한다.

정상적인 그리스도인의 가정이라 해서 항상 완전한 조화를 이루는 것이 아니며, 늘 서로 협력하는 것이 아니다. 건전한 가정과 파괴적인 가정의 차이는 문제의 부재에 있는 것이 아니라 어떻게 그러한 문제들이 보여지며 다루어지는가에 달려 있다.[12]

셋째, 일상적인 가정생활에 건설적인 지침을 제공한다. 출생, 죽음, 결

---

12) Howell, John C., *Church and Family Growing Together* (Nashville : Broadman press), p.42.

혼, 직업 등 일상적 대사뿐만 아니라 교인들이 가져오는 특별한 문제, 부부관계, 부모 자녀관계, 개인의 삶의 발달적 과업에 대해 가르칠 수 있어야 한다.

(6) 주별 또는 월별 결혼생활에 대한 강조(marriage emphasis week or month)

결혼생활 강조주간에 할 수 있는 구체적인 제안은 다음과 같은 것들이 있다.

① 결혼과 가정에 관한 일련의 설교를 연속적으로 제시한다.
② 한 주간 특별강사를 초빙한다.
③ 성인반으로 하여금 풍성한 결혼을 위한 일련의 수업을 진행하도록 한다.
④ 교회의 도서목록 가운데 결혼에 관한 도서를 특별히 크게 다룬다.
⑤ 결혼 서약을 회복하기 원하는 부부들을 위하여 특별한 의식을 계획한다.
⑥ 성경적인 결혼을 설명해주는 포스터를 가족이 함께 작성하도록 하여 전시한다.

(7) 성숙한 결혼의 모델(model a growing marriage)

교회의 구성원들이 성숙한 결혼에 대한 모델을 만드는 것이 매우 중요하다. 교회는 새로운 가정이 탄생하여 자라도록 도와야 하며 결혼을 양육(nurture)하기 위한 노력을 계속 경주해야 한다. 현대사회의 난제는 그리스도의 몸된 교회가 성경적 가치와 원리를 근거로 한 경험들을 체험하고 증진시켜야만 한다는 것이다. 그렇지 않으면 선포되는 이상주의와 실제 삶에 경험되는 것과의 간격이 점점 더 커진다.

Ⅱ. 노인을 위한 사역

1. 현대사회와 노인문제

현대사회의 급속한 변화는 인간의 생활과 환경에 많은 변화를 가져왔으며 과학기술의 발달과 생활수준의 향상으로 평균수명이 연장되어 인구의 노령화가 전세계적인 현상으로 나타나게 되었다. 과거의 전통사회에서 노인은 한 집단의 가장이나 연장자로서 권위를 지니고 있었고 젊은 이들로부터 존경받을 만한 심오한 지식과 풍부한 경험을 갖고 있었다. 그러나 사회변동은 오늘날의 노인들로부터 그 권위를 박탈해버리고 그 가치를 상실하게 하였다. 이로 인해 오늘날의 사회에서는 산업화와 가족관계의 변화에 따라 노인인구가 고립된 존재로서 문제시되고 있으며, 그들의 생활과 삶의 의미가 개인적인 적응의 문제뿐 아니라 사회적인 문제로까지 부각되고 있다.

우리 나라도 과거의 가족중심의 사회제도에서 개인중심적인 사회로 접어들면서 노인문제는 이미 사회적인 문제가 되고 있다.[13]

현대 의학의 발달, 영양학의 발달, 공중 환경위생의 개선, 생활조건의 향상 등은 인간의 수명을 연장시켜 그 평균수명이 계속 연장되는 추세에 있다. 그러나 평균수명은 높아졌음에도 불구하고 어느 일정한 시기에 이르면 자연적으로 은퇴해야 하기 때문에 건강하고 유능한 노인 인력이 실제로 사회 발전에 기여할 수 있는 기회를 얻지 못하게 되어 이것이 사회 문제로 등장하게 된 것이다.

---

13) 임춘식, "노인, 그들은 누구인가"(목회와 신학, 1994. 5).

현대 산업사회의 구조 속에서 가장 심각하게 존재의 위기에 직면해 있는 사람들은 바로 노인들이다. 산업화된 사회에서 대다수의 노인은 빈곤과 질병, 소외 또는 고독, 역할 상실들의 고통에 시달리고 있다. 노인에게 나타나는 이러한 정서적, 경제적, 신체적 고통에 따르는 제반 문제들은 더 이상 개인이나 가족의 수준에서 해결하기 어려운 정도로 심각해져 사회적 대처가 시급한 실정에 있다. 점점 문제가 되고 있는 노인문제의 인과적 관계와 노인인구의 비율의 추이는 다음과 같다

〈현대화 요인과 노인문제의 인과적 관계〉

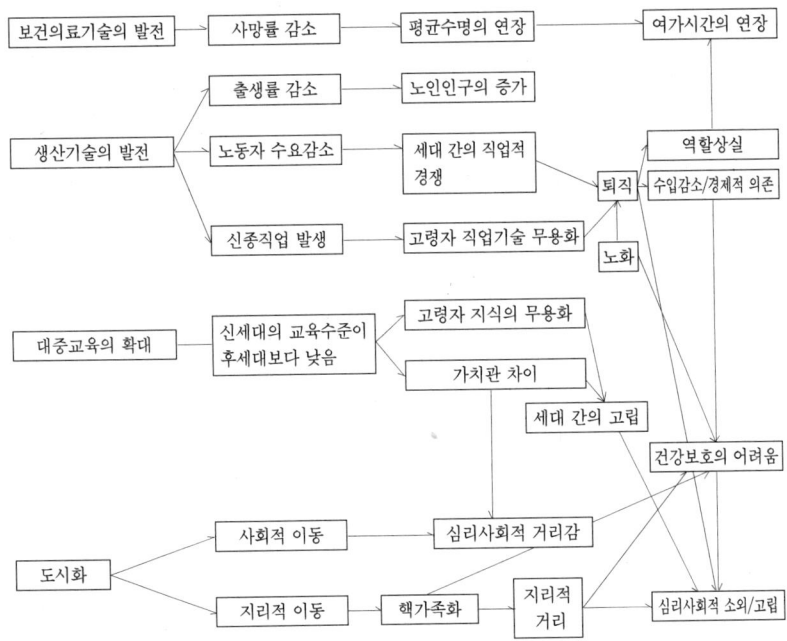

〈한국인의 평균수명, 노인인구 수 및 비율 추이〉

연 도	평 균 수 명			노인인구(60세 이상)		노인인구(65세 이상)	
	평균	남	여	수(천명)	비율(%)	수(천명)	비율(%)
1960	55.3	53.0	57.8	1,383	5.5	823	3.3
1970	63.2	59.8	66.7	1,705	5.4	1,039	3.3
1980	65.8	62.7	69.1	2,268	6.2	1,456	3.8
1990	71.3	67.4	75.4	3,300	7.7	2,144	5.0
2000	74.3	71.3	77.4	4,984	10.7	3,168	6.8
2021	77.0	74.9	79.1	9,268	17.7	6.625	13.1
2025	—	—	—	11,175	21.6	7,498	14.5

2. 노인(the aged, the elderly, older person)의 개념

1) 노인에 대한 추상적 정의

브린(Breen)은 노화의 개념을 생물학적, 심리적 및 사회적 노화의 개념을 포함시켜 노인을 ①생리적 및 생물학적인 면에서 퇴화기에 있는 사람 ②심리적인 면에서 정신기능과 성격이 변화되고 있는 사람 ③사회적인 면에서 지위와 역할이 상실된 사람으로 보고 있다.[14]

1951년 제2회 국제노년학회에서는 노인을 ①환경의 변화에 적절히 적응할 수 있는 조직기능이 감퇴되고 있는 사람 ②생체의 자체통합능력이 감퇴되고 있는 사람 ③인체의 기관, 조직, 기능에 쇠퇴현상이 일어나는 시기에 있는 사람 ④생체의 적응능력이 점차로 결손되고 있는 사람 ⑤조직의 예비능력이 감퇴하여 적응이 제대로 되지 않는 사람으로 정의하고 있다.

---

14) L.B. Breen, "The Aging Individual", In Handbook of Social Gerontology (ed) (Chicago: University of Chicago press, 1960), pp.150-157.

다시 말하면 노인은 '생리적, 신체적 기능의 퇴화와 더불어 심리적인 변화가 일어나서 개인의 자기유지 기능과 사회적 역할기능이 약화되고 있는 사람'이라고 볼 수 있다.

2) 노인에 대한 조작적 정의[15]

조작적 정의는 실제로 관찰하여 노인으로 규정하기에 편리하도록 된 정의로써 사회과학적 조사연구상 편의, 정책 및 행정적 편의를 위해서 쓰이고 있는 것이다.

(1) 개인의 자각(self-awareness)에 의한 노인

개인 스스로 주관적으로 판단하여 노인이라고 생각하는 사람을 노인으로 규정하는 것이다. 이 정의는 노화의 생물학적, 사회적 및 심리적 측면을 어느 정도 내포하고는 있지만 개인의 주관에 따라 다양한 면이 있어 객관성이 크게 결여되어 보편적으로 사용하기 힘든 정의이다.

(2) 사회적 역할상실에 의한 노인

주요한 사회적 지위와 역할이 상실된 상태에 있는 사람을 노인으로 보는 것인데, 사회적 직업활동에서 퇴직, 또는 가정에서의 주부의 지위와 역할을 이양한 상태에 있는 사람이 여기에 해당되는 노인이다. 이러한 정의는 노인을 사회적 역할면에서만 보았고, 사회적 지위와 역할이 분명하지 못한 사람이나 그러한 사회적 역할을 수행하지 않는 상태에 있는 사람에게는 적용하기 힘든 정의이다.

(3) 연령(chronological age)에 의한 노인

시간경과의 단위인 달력상의 시간에 의하여 일정한 연령에 도달한 사람으로 정의하며 일반적으로 65세 이상의 사람을 노인으로 규정하고 있다.

이와 같은 정의는 노인의 생리적, 신체적, 사회적, 심리적인 면의 노화의 제특성을 상당한 정도로 잘 수용하고 있다. 그러나 이와 같은 정의는

---

15) 장인협, 최성재, 『노인 복지학』(서울: 서울대학교 출판부, 1987), pp.45-48.

65세를 기준으로 그 이상된 사람을 일괄적으로 노인으로 규정함으로써, 노화의 개인 간 차이뿐 아니라 개인 간의 차이를 무시하고 이로 인하여 노인에 대한 고정관념과 편견을 갖게 만드는 단점을 지니고 있다.

(4) 기능적 연령(functional age)에 의한 노인

노인을 연령에 의해 일괄적으로 규정하는 것은 개인적인 차이, 특히 어떤 특수한 일을 수행할 수 있는 능력의 개인 차를 무시하고 있다. 이에 반하여 기능적 연령에 의한 노인은 개인의 특수한 신체적 및 심리적 영역에 있어서의 기능의 정도에 의해서 노인을 규정하는 것이다. 기능적 연령에 의한 노인은 노화로 인한 다른 능력의 감퇴에도 불구하고 어떤 특수한 신체적, 심리적 및 사회적 영역에 있어서의 업무를 수행할 수 있다는 전제에서 개인이 특수한 업무를 적절히 수행할 수 없는 경우에 노인으로 규정된다. 이러한 정의는 개인 및 개인 간의 노화의 특성이 다름을 감안한 장점이 있으나 실제 이러한 기능을 판단할 수 있는 의학적 및 기타 행동적 판단기준이 복잡하고 이러한 판단에 시간이 많이 걸리므로 편의성이 약한 것이 큰 단점이다.

3. 노인의 사회 심리적 특성

노인의 사회적 특성 가운데 첫째는, 사회적 고립과 고독이다.[16]
이것은 현대사회 노인들에게 중요한 문제로 등장하게 되었다.
노인의 사회적, 신체적, 정신적, 성적기능이 저하되고 자신들의 욕망이 행동화되지 못하므로 인하여 사회에서는 점차 노인이 할 수 있는 것까지도 기회를 주지 않는다. 그러므로 고립감, 고독감이 심화되며 이것은 인간관계에서 더욱 뚜렷하게 나타나게 된다.
둘째는, 무용성과 자각이다.

---

16) 윤진, 『성인, 노년 심리학』(서울: 중앙적성 출판사, 1985).

노인들은 자기가 오랜 세월 동안 유지해온 직업을 잃게 되고 그 결과 경제적 자립에서 탈피되므로 사회적 역할에 대한 능력이 없어진다.

셋째는, 배우자의 상실이다.

노인들이 가지는 가장 심각하면서도 현실적인 문제는 노년기에 와서 배우자를 상실하게 되는 것인데 이것은 노인들의 사회적 특성 가운데 대단히 중요한 비중을 차지한다.

넷째는, 고집과 거부성격을 띠게 된다. 특히 노인들이 단체를 구성하여 활동을 하는 경우에는 다른 단체와의 협력과 수용이 개인의 경우보다 더욱 어렵다.

다섯째는, 사회참여나 사회적 이익을 취하는 데 있어서 그 기회를 놓치기가 쉽고 불이익이 누적되어 소외되기 마련이다.

여섯째는, 가족구성원으로서나 일에 있어서 역할기능을 상실해가고 있다.

노인들의 이러한 사회적 특성을 가지고 사회에서 보다 적절하게 적응할 수 있는 기준을 규정해보면 다음과 같다.

① 내적 정신상태와 외적 환경과의 조화
② 과거와 현재의 삶의 유형에 대한 계속적인 적응도
③ 노성자각과 죽음을 긍정적인 자세로 받아들이는 것
④ 책임감으로부터의 해방과 안정에서 오는 행복
⑤ 안정과 적절한 경제적 환경
⑥ 계속적인 삶에 대한 목적과 의미
⑦ 정년퇴직이 인생에서의 퇴직이 아니라는 것 등이다.

오늘날의 사회적 상황은 젊은이의 능력과 지식을 원하고 있으므로 노인들의 사회적 기능을 요청하지 않고 있으며 그들의 사회 공동체 속에서의 역할이 저하되고 공동체의 핵심이라기보다는 하나의 소외자, 혹은 방관자의 입장을 취하게 되므로 이와 같은 사회적 특성을 지니게 되는 것이다.

노인들이 갖고 있는 요구도 대단히 중요한데 노인이 되면 자신이 원하는 사회적, 인격적 요구를 충족할 수 없는 상태에 직면하게 된다.

노인들이 대체로 갖고 있는 욕구를 살펴보면,

첫째로, 노인들은 안정된 생활을 희망하고 있다. 이것은 조기 정년퇴직과 핵가족화로 인해 정신적으로나 경제적으로 생활의 불안감을 초래하기 때문이다.

둘째로, 노인들은 자신의 존재가치를 인정받고 싶어한다. 노인이 되면 가족이나 사회에서 자기를 상대해주지 않는 듯한 느낌이 들어 고독감에 사로잡히며, 젊은이들과의 관계는 대화의 화제나 취미생활이 다르기 때문에 더욱 고독감을 피부로 느끼게 된다. 그래서 노인들은 사람들로부터 자기 존재 가치를 인정받고 싶어한다.

셋째로, 노인들은 일하고 싶어한다. 대개 노인들은 "이제 늙어서 아무 일도 할 수 없어"라고 말하지만 속마음으로는 무언가 일을 해보고 싶어하는 욕망에 가득차 있다. 아직도 하면 된다는 생각에 사로잡혀 있고 사회에 공헌할 수 있다고 자기 스스로를 인정받고 싶어한다.

넷째로, 노인들은 더욱 많은 친구들을 사귀고 싶어한다. 노인들은 가정에서 자녀, 손자들과 의사가 통하지 않는 경우가 많으며 그러기에 항상 고독에 사로잡힌다. 그래서 같은 입장에 있는 노인들을 찾게 된다.

다섯째로, 노인들은 장수할 것을 몹시 원하는 것이 일반적 경향이다. 노인들은 여생이 얼마남지 않았음을 인식하고 있고 또한 동료들이 하나, 둘씩 죽어가는 것을 직접 목격하고 있으므로 그 자신의 죽음이라는 것을 생각지 않을 수 없게 된다.

더욱 건강해지고 더 오래 살고 싶은 것은 노인들의 본심이기 때문이다. 비록 작고 보잘것없는 일이라 하더라도 무엇인가 할 수 있는 여력이 아직 남아 있다는 생각과 젊은이로부터 인정을 받고 싶다는 생각, 이것이 확인될 때 노인은 즐거움을 느끼게 된다.

4. 노인의 성격특성

성격은 한 개인의 정신적 기능과 행동양식의 복합적이고 상호의존적 체계로써 개인이 다른 사람과 구별되는 고유한 특성이라고 할 수 있다.

사람은 일생의 과정을 통하여 새로운 사회적 역할을 취득하고 새로운 경험을 하면서 그의 습관적인 반응양태를 변화시키므로 이에 따라 성격특성도 변한다는 사실이 최근의 연구에 의해 밝혀지고 있다.

노인의 성격변화의 특성은 다음과 같다.[17]

1) 우울증 경향의 증가

우울증적 경향은 노년기 전반에 걸쳐 증가한다. 신체적 질병, 배우자의 죽음, 경제적 사정의 악화, 사회와 가족들로부터의 소외 및 고독, 일상생활에 대한 자기통제의 불가능, 지나온 세월에 대한 회한들이 원인이 되어 우울증이 증가한다.

이러한 우울증적 경향은 많은 경우 불면증, 체중감소, 감정적 무감각, 강박관념, 증오심들의 구체적인 증상을 유발하기도 한다. 우울증은 개인의 적응능력 수준에 따라 정도가 다르며 전혀 우울증적인 현상을 보이지 않는 노인도 많다.

2) 내향성과 수동성의 증가

노화에 따라 내향성과 수동성이 증가된다. 노화에 따라 관심과 주의를 외부의 사물이나 행동에서보다는 내면적인 자기 자신에게 돌리는 경향이 나타난다는 것이다. 즉 외부자극에 대한 반응보다는 자기 자신의 사고나 감정에 의해서 사물을 판단하게 되는 경향이 많아진다. 노화에 따라 무슨 문제를 능동적으로 해결하려는 경향이 약해지고, 누군가의 도움

---

17) Woodruff and Birren J.E.(ed), *Scientific Perspectives and Social Issues* (Californiai Books/ cole,1983), p. 119.

을 받아 수동적으로 해결하거나 신비적으로 또는 우연히 잘 되도록 내맡겨버리는 경향이 증가한다.

3) 경직성의 증가

경직성은 융통성과 반대되는 개념으로 어떤 문제해결에 있어서 그 방법이나 행동이 옳지 않거나 이득이 없음에도 불구하고, 자기에게 익숙해 있는 습관적인 태도나 방법을 고수하고 이를 여전히 계속하는 행동의 경향을 말한다.

경직성은 노화에 따라 증가하는 경향이 있고 이러한 경향은 노인의 학습능력과 문제해결의 능력을 저해하는 요인이 될 수도 있다. 경직성은 노화 이외에도 문화적 및 경험적 요인에 의해서도 크게 영향을 받게 된다.

4) 조심성의 증가

일반적으로 노인이 되면 조심성이 증가한다고 본다. 조심성 증가의 이유를 설명하는 데는 몇 가지 이론이 있다.

첫째 이론은, 노인 스스로의 의지로써 정확성을 중요시하기 때문에 더욱 조심성이 증가한다는 것이다.

둘째 이론은, 시각, 청각 등의 감각 능력 감퇴를 비롯한 신체적, 심리적 메카니즘 기능이 쇠퇴한 결과 부득이 조심스럽게 된다는 것이다.

셋째 이론은, 노인의 경우 결정에 대한 자신감이 감퇴하기 때문에 확실성을 높여야만 결정이 용이해진다. 따라서 확실성을 기하기 위해서 조심성이 요청된다는 것이다.

5) 삶에 대한 회상의 경향

노령기에 이르면 특히 생의 시간이 얼마 남지 않았음과 죽음이 가까워옴을 지각할수록 지나온 생을 되돌아보고 회상하는 경향이 있다.

가까운 과거부터 시작하여 먼 과거로 거슬러 올라가면서 해결 안된 갈등적인 문제가 없는가를 찾아서 새로운 의미로 해결을 시도하고 남은 시간에 못다한 것을 해볼 생각을 한다.

해결 안된 갈등이나 두려움 등을 생의 전과정과의 연결 속에서 잘 해결하게 되면 생에 대한 준비를 잘할 수 있게 되고 또한 불안도 해소할 수 있게 된다.

6) 친근한 사물에 대한 애착심

노인이 될수록 오래 사용해온 물건에 대한 애착심이 증가한다. 그것은 집, 가재도구, 사진, 골동품, 일용품 등 여러 가지 친숙한 물건들이다. 이러한 물건들은 노인으로 하여금 지나온 과거를 회상하고 마음의 안락과 만족을 느끼게 하며, 나아가서는 비록 자기의 주변 세상과 세월은 많이 변하였지만 자신과 자신의 주변은 변하지 않고 일정한 방향으로 유지되고 있다는 느낌을 갖게 한다.

젊은 자녀들은 집안의 고물들은 버렸으면 하는데 노인들은 한사코 두려고 하는 상황들을 주위에서 많이 보게 되는데, 이것은 바로 노인들의 친근한 물건에 대한 애착심의 표현이라고 할 수 있다.

7) 시간전망의 변화

사람들은 40세을 넘어 중년기에 들어서게 되면 자기 일생의 시간을 보는 관점이 달라지게 된다. 노령기에 들어서게 되면 더욱더 이러한 경향이 나타나기 시작한다. 이리하여 많은 경우 노인들은 연령이 많아지고 있지만 사실상 생애는 나날이 짧아지고 있음을 느끼게 된다.

이러한 사실들을 심각하게 느끼는 사람들은 과거로 물러가 과거 속의 나날들을 회상함으로써, 생의 시간이 얼마 남아 있지 않다는 사실을 피하려 하거나 또는 자신의 나이를 부정하고 과도하게 미래지향적으로 되는 사람들도 있다.

8) 유산을 남기려는 경향

노인이 되면 자기가 죽을 때 무언가를 남기려는 경향이 나타난다. 노인이 남기고 싶어하는 것은 자손, 예술작품이나 문학작품, 독특한 기술, 지식, 교훈, 영적인 지식, 부동산, 돈, 때로는 아름다운 기억 등이다.

9) 의존성의 증가

노인은 신체적, 경제적 능력의 쇠퇴로 인하여 의존성이 증가하는 경향이 있다. 노인의 의존적 경향은 병리적인 현상이 아니라 정상적인 노화의 현상이며 노인의 의존성을 네 가지로 들고 있다. 임금 노동자로서의 역할상실로 인한 경제적 의존성, 신체적 기능의 약화로 인한 신체적 의존성, 중추신경조직의 퇴화로 인한 정신적 의존성, 생활에 있어서의 의미있는 중요한 사람을 상실함으로써 생기는 사회적 의존성이다.

노인이 될수록 심리적, 정서적 의존성이 더 커지고 특히 신체적 건강이 좋지 않을수록 이러한 심리적, 정서적 의존성은 더 커질 수 있다.

5. 노인의 발달과업

인간은 하나의 생물학적 유기체로서 생존하고 변화하고 사멸하는 존재에 그치지 않고 환경 속에서 어떤 사물이나 현상을 감지하고 생각하고 반응을 보이고 목적있는 행동을 하는 실체이다. 또한 노년기는 인간으로서의 발달이 정지하는 시기로써 수많은 발달과업이 완수되어야 할 시기이다.

노년기의 발달과업은 다음과 같다.

오늘의 사회는 인간이 늙어가는 것을 상실이나 하향, 또는 쇠퇴의 과정으로 이해한다. 그러나 칼 융(Carl Jung)이나 에릭 에릭슨(Erik Erikson)에 의하면 인생의 후반은 하향길이 아니라 새로운 인격의 통합을 이루는 절정의 시기이다.

노년으로서의 삶을 의미있게 있는 그대로 살도록 해주는 중요한 계기는, 지금까지 살아온 자신의 인생을 있는 그대로 받아들이고 그 삶이 어떤 것이었나에 관계없이 긍지와 애정과 보람을 가지고 바라볼 수 있는 긍정적인 태도를 지니는 것이다. 이를 에릭슨은 '자아통합성'이라 하였다. 만약 통합성 획득에 실패했을 때 대부분의 노인들은 깊은 절망감과 회의에 빠지게 된다. 이때 경험되는 절망은 특히 노인들에게 인생은 무의미하고 그 끝이 매우 가깝다는 감정을 강화시켜준다. 특히 융에게 있어서 노년은 자기 자신의 내적세계를 발견하는 기회인데 이 내적세계가 지금까지 오랫동안 예속되어 있었던 외적세계를 가치있는 세계로 완성시키는 시기이다.

　노년기에 성취해야 할 또 하나의 과제는 노년기의 전반적인 심리적 적응에 밀접한 관계를 가지고 있는 변화된 역할에 대한 적응이다. 자녀양육의 역할은 이미 상실되었고 경제적인 주도권도 자녀에게 옮겨진 상태에서 이제는 상징적인 집안어른의 지위와 조부모로서의 역할에만 만족할 수밖에 없게 된다.

　직업이나 가정, 사회에서 역할변화 내지는 역할상실에 대하여 노인들은 우선 자신의 변화된 현실을 직시하고 자신이 현재의 환경에 적절하게 적응할 수 있도록 재사회화의 노력을 해야 한다.

　비록 직접적으로 생산에 참가하지 않는다고 하더라도 반드시 무능하고 쓸모없는 존재는 아니다. 이들은 다만 자신의 커다란 일생 중에서 생산에 종사하지 않는 단계에 살고 있을 따름이다.

　하비거스트(Havighurst)에 의하면, 생의 발달단계는 생의 주기에 따라 여섯 단계로 구분되고 그 각각의 발달단계에 주어진 과업을 그 단계에 완수하면 행복해지고 다음 단계의 발달과업도 잘 수행할 수 있게 된다. 그러나 발달과업을 잘 수행하지 못하면 자신이 불행해질 뿐 아니라 사회에서도 용납되지 않고 다음 단계의 발달과업도 잘 수행할 수 없게 된다. 하비거스트가 제시한 마지막 여섯 번째 단계인 노인기의 발달과업은 다음과 같다.[18]

① 약화되는 신체적 힘과 건강에 따른 적응
② 퇴직과 경제적 수입감소에 따른 적응
③ 배우자의 죽음에 대한 적응

---

18) Havighurst, R.T., 김재은(역), 『인간발달과 교육』 (서울: 배영사).

④ 자기 동년배 집단과의 유대관계 강화
⑤ 사회적 역할을 융통성있게 수행하고 적응하는 일
⑥ 생활에 적합한 물리적 생활환경의 조성

클라크(Clark)와 앤더슨(Anderson)은 노령기에 오래 살게 되면 누구나 직면하게 되는 다섯 가지의 적응과업을 제시하고 있다.
그 다섯 가지의 적응과업은 다음과 같다.

① 노화의 현실과 이로 인한 활동과 행동에 제약이 오는 것을 자각하는 것
② 신체적, 사회적 생활반경을 재정의하는 것
③ 노화로 인한 제약 때문에 종전처럼 만족시킬 수 없는 욕구를 다른 방법으로 만족시키는 것
④ 자아의 평가기준을 새로이 설정하는 것
⑤ 노령기의 생활에 맞도록 생활의 목표와 가치를 재정립하는 것이다.

6. 노년기의 적응

1) 노화에 대한 적응

노년기는 인간으로서의 발달을 종료하는 시기로써 수많은 발달과업이 완수되어야 할 시기이다.
무엇보다도 이 시기에는 신체적, 정신적인 노화에 적응하는 것이 중요한 발달과업이 된다.[19]
노화에 수반되는 신체적 기능의 쇠퇴는 물론 신체조직의 균형상실에도 적응해야 하기 때문에 정신적인 고충을 극복하지 않으면 안된다.

---

19) 서봉연, 유안진, 『인간발달』(서울: 서울대학교 출판부. 1982).

신체적인 건강 쇠퇴나 기능의 쇠퇴나 기능의 쇠퇴 및 상실은 정신적으로 위축감이나 패배의식 그리고 허무감을 동반하는 경우가 많다.

노년기의 신경증적 행동이나 우울증은 대체로 신체적 기능 쇠퇴에 동반하는 정신적인 증세라고 볼 수 있다. 또 기억력이나 추리력에서 현저한 감퇴현상이 나타나는데 특히 기억력의 감퇴 때문에 고통를 겪게 된다. 또한 지각이나 사고에 있어서도 속도 및 강도의 쇠퇴현상이 나타난다.

노년기에는 이러한 노화를 자연법칙적인 현상으로써 현실적으로 받아들이는 것이 중요하다. 이와 같이 현실적으로 인정하고 받아들인다는 것은 노화에 적응하는 태도인 동시에 신체적, 정신적으로 건강을 유지하려 노력하는 태도가 된다. 그러나 노화를 극복하기 위해서 무리한 활동이나 목표를 설정하게 되면 이는 노화를 극복하기보다는 촉진시키는 것이 되며, 이들 목표가 달성하지 못했을 때는 자신의 무능력과 무가치에 대해 실망과 좌절을 경험하게 되어 결국은 노화를 촉진시키는 셈이 된다.

2) 은퇴에 대한 적응

사람이 인생의 후반부, 60-70대에 들어서면 누구나 사회적 활동에서 은퇴하기 마련이다. 은퇴는 한 개인의 일생에 있어서 중요한 분기점으로 특히 노동과 직업지향적인 산업사회에서 커다란 의미를 지닌다.

따라서 은퇴는 우리가 직업을 통하여 확인하는 자아 정체감에 변화를 가져오는 계기가 된다. 은퇴란 사실상 하나의 계기로 사회적 지위의 변화를 의미하는 동시에 점진적인 하나의 과정이기도 하다. 따라서 은퇴란 하나의 직업에서 물러나서 은퇴자로서의 사회적 역할을 수행해가는 과정을 의미한다.[20]

또한 은퇴는 노동생활에서부터 새로운 여가생활로 이행해가는 분기점이 되기도 한다.

---

20) 윤진, op. cit., p. 283.

은퇴는 갑자기 오는 것이 아닌 만큼 이에 대한 심리적, 현실적인 준비를 갖추게 되면, 일을 빼앗겼다는 감정이나 자신의 무능력, 무가치에 대한 감정을 극복할 수 있다.

그러므로 힘들지 않는 육체적 소일거리를 적성과 흥미에 알맞은 것으로 미리 찾아두고 대비하는 것도 좋은 방법이 된다. 또한 은퇴는 현실적으로 인간관계의 축소를 의미하므로 은퇴 후에는 직장에서 동료들과 접촉할 수 있는 기회가 없어지고 접하는 사람들은 이웃이나 친지 가족들로 한정되기 쉽다.

그런데 대체로 이 시기의 고독은 갑작스러운 대인관계의 단절화에서도 나타나기 때문에, 은퇴가 갑작스러운 환경의 변화나 행동범위의 제한으로 생각되지 않도록 심리적으로 미리 준비하는 것이 바람직하다.

3) 조부모 역할의 수용

노년기의 심리적인 적응문제는 가정 내에서 담당해오던 역할의 상실 혹은 변화와 긴밀한 관계가 있다.

대개 노인이 되면 경제적 주도권은 자녀세대에서 이양하고, 자녀양육의 역할도 이미 상실하게 되며, 오직 상징적인 집안어른의 지위와 조부모로서 역할을 맡게 된다.

손자녀는 조부모의 여생에 많은 만족을 주고 있을 뿐 아니라, 노부모는 손자녀에 대하여 권리나 책임도 없고 순수하게 무상으로 아낌없이 사랑할 수 있기 때문에, 조부모와 손자녀의 관계는 가장 우호적이고 밀접하게 맺어지는 관계일 수 있다.

조부모 역할의 수행에는 다섯 가지 유형이 있다. 손자양육 방법들은 자녀에게 맡기고 자신은 오직 주어진 조부모 역할만 수행하는 공식적인 형, 여가시간을 아이들과 놀아주는 것을 낙으로 삼는 기쁨추구형, 부모를 대신하여 육아와 교육을 담당하는 대리부모형, 가족 내의 최고권위를 유지하고 젊은 세대의 복종을 요구하며 가정 내의 지혜의 원천임을 내세우려는 형, 공식적인 가족모임 외에는 별로 가족관계에 관여하지 않는 원거리형 등이다.

4) 가족과의 정서적 유대

우리 나라 노인들은 전통적으로 가족주의적이고 자녀에 대한 정적인 태도가 강하며, 자녀와 동거하면서도 자녀들로부터 응분의 보상을 받지 못한다고 느낌으로써 정신적으로나 심리적으로 소외되어 있는 상태이다.

부모가 자녀를 양육할 때 그에 대한 보답이나 대가를 바라는 것은 아니지만 경제적 능력을 상실한 부모로서는 노후에 사회적, 경제적으로 자녀로부터 부양을 기대하지 않을 수 없다.

그러한 기대가 높은 노인일수록 그 기대가 빗나갔을 때 서운함과 좌절감을 크게 느끼게 된다. 한편 자녀의 입장에서는 노부모가 기대하는 만큼 그 요구를 모두 충족시켜드릴 수 없는 데에 자책감을 느끼거나, 때로는 노부모를 부양하는 일이 자신의 부양가족에 막대한 희생을 요구한다며 노부모의 요구에 대해 괴로움을 표현하거나 소홀히 대함으로써 노부모와의 관계가 악화될 수도 있는 것이다.

노부모에게 있어서 자녀는 자신의 분신이며 인생의 목표였지만 성인 자녀에게 있어서 노부모는 이차적 존재로 밀려나게 되는 것이다.

그러나 가정과 사회에서 열악한 위치에 처해 있는 노인들을 그들의 자녀와 나아가 사회가 부양해야 한다는 점은 누구도 부인할 수 없을 것이다.

노인들이 성인자녀나 손자녀와 동거를 한다고 하더라도 모두 행복하다고 느끼는 것은 아니다. 노후를 가족과 동거하느냐 동거하지 않느냐보다 중요한 것은 비록 동거하지는 않더라도 가족들과의 정서적 관계를 어떻게 유지시켜나가느냐는 점이다.

5) 죽음에 대한 준비

노년기에 접어들면 당연히 죽음과 자신의 붕괴라는 불가피한 현상을 자각하기 시작한다. 그리하여 지나온 일생을 회고하여 자신의 성격을 재조직, 재통합하려는 행동경향이 나타나게 된다.

노년기는 죽음에 대한 심리적 준비를 해두는 것이 중요하다.
노인이 죽음을 두려워할 경우에 심한 고통과 정서적 불안, 그리고 공포를 경험하게 된다. 따라서 노인에게는 죽음이 인생의 한 과정으로 받아들여져야 한다. 이러한 태도는 죽음에 대한 심리적 준비에 크게 도움이 된다.

6) 노인기 특유의 문제와 정서적 적응
사람이 노년기에 접어들면서 갖게 되는 심리적 적응의 문제에는 여러 가지 원인이 있다. 이를 크게 환경적 외부적 요인과 내부적 요인의 두 가지로 나눌 수 있다.
① 환경적 외부적 요인의 범주에는 배우자나 친구, 친족의 죽음과 같은 개인적인 상실과, 사회적 지위와 특권의 상실, 경제형편의 곤란, 정년퇴직, 노인에 대한 경시와 천대 등 사회적 상실의 두 가지 큰 문제들이 포함된다.
② 내부적 요인에는 개인의 성격, 적응구조와 같은 성격적 특성, 내과적 만성질환, 대뇌손상, 내분비계 장애 등의 신체적 질병과 반응시간의 느려짐, 갱년기의 행동장애, 신체체격과 외모의 노화 등 연령증가에 따른 객관적인 변화, 그리고 죽음이 다가오고 신체기능이 퇴화함을 자각하는 등의 주관적인 변화의 자각 문제가 포함된다.
이러한 주제와 더불어 특히 노년기에 두드러지게 나타나는 문제들은 다음과 같이 세 가지로 구분해볼 수 있다.

첫째, 배우자의 죽음으로 인한 상실이 대단히 크다.
둘째, 정년퇴직의 문제이다.
셋째, 감각능력의 감퇴도 중요한 의미를 가지는데 정신질환 문제에 있어서 생리적인 퇴화와 인지적인 퇴화가 대단히 중요한 역할을 한다.
즉, 시각, 청각 능력의 퇴화로 말미암아 타인과의 사교나 상호작용이 점점 더 어려워지고 자기 스스로도 외부적 감각자극에 대하여 정확하게 파악하여 대응하지 못한다. 젊은이들보다 신체적 반응속도와 자신감이

470 가정사역론

줄어들 뿐만 아니라 사회적 고립, 혼돈상태 등이 나타난다.
  그리하여 노령에 따른 지위하락과 더불어 자기 스스로 상당한 고통과 박해를 받고 있다는 감정을 갖게 되고 극심한 경우에는 정신병리현상도 일으키게 된다. 한편 신체적 퇴락으로 인하여 사회적 고립이 유발되고 그 결과 정신질환을 일으키는 수도 많다.

7. 노인의 성격 적응 패턴

  노화과정에 따른 적응양식을 보다 구체적으로 검증한 연구로는 레이차드, 리브슨 그리고 피터슨(Reichard, Livson and peterson)의 분류가 있다.
  이들은 노인의 성격 및 적응패턴을 면밀히 조사하고 대체로 다음과 같은 다섯 가지 성격 적응유형을 발견했다.[21]

  1) 성숙형(The matured)
  비교적 어려움 없이 노년기에 접어들고 신경증의 특이한 증세가 별로 없으며, 늙어가는 자기 자신을 현실 그대로 받아들이고 일상적인 활동이나 대인관계에 대해 만족을 느끼는 사람이다. 특히 자신의 일생 가운데 실패와 불운보다도 성공과 행운에 더 큰 비중을 두고 항상 그 점에 감사하는 자세를 갖는다. 이런 노인은 자기의 일생이 매우 값진 것이었다고 느끼고 과거에 대한 후회나 미래에 대한 무서움 등이 없고 일상생활과 사회생활에서 매우 활동적이다.

  2) 은둔형(The rocking-chair man)
  일생 지녔던 무거운 책임을 벗어던지고 복잡한 대인관계와 사회활동

---

21) 윤진, op. cit., pp.193-196.

에서 해방되어 조용히 지내게 된 것을 다행스럽게 여기는 사람이다. 이들은 매우 수동적이며 노년기에 이렇게 수동적으로 살고 싶은 욕구를 충족시키게 되어 젊은 시절에 갖지 못했던 좋은 기회를 맞았다고 좋아한다.

3) 무장형(The armored)

늙어가는 데 대한 불안을 방어하기 위해 사회적 활동 및 기능을 계속하여 유지하는 사람이다. 이들은 노년기의 수동적인 면과 무기력함을 액면 그대로 받아들일 수 없어 계속적으로 활동함으로써 신체적 능력의 저하를 막아보려고 노력한다.

4) 분노형(The angry man)

젊은 시절의 인생목표를 달성하지 못하고 늙어버린 데 대해 매우 비통해 하는 사람이다. 이들은 그 실패의 원인을 자기 자신이 아니라 불행한 시대, 경제사정, 부모, 형제, 자녀 등 다른 데로 돌림으로써 남을 질책하고 자신이 늙어가는 것과 타협하지 않으려고 안간힘을 쓴다.

5) 자학형(The self-haters)

이들은 인생을 실패로 보고 애통해 하면서, 실패의 원인을 자기 자신에게 돌리고 자신을 꾸짖는다. 나이가 더 많아질수록 더욱 우울증에 빠지고 자신이 보잘것없는 존재라고 비관하고 심한 경우에는 자살을 기도하기도 한다.

위에 제시한 이러한 적응형태는 노년기에 와서 갑자기 나타난 것이 아니라 일생을 통한 성격형성 과정의 결과로써 나타난 유형이다.

다섯 가지 노인의 유형뿐 아니라 노인의 성격특성의 변화와 적응양식 문제를 보다 포괄적으로 취급한 뉴우가르틴(Neugarten)에 의하면 노인의 대표적인 유형은 다음 네 가지로 규정지을 수 있다.

① 성숙형(Integrated) ② 방어형(Depended) ③ 수동 의존형(Passive-Dependent) ④ 비성숙형(Unintegrated)이다. 이들은 성격

유형과 역할활동의 정도 및 생활만족도의 세 차원을 동시에 연관시킴으로써 노년기에 특유한 여덟 가지 성격적응패턴을 발견하였는데 그 자세한 내용은 다음과 같다.

① 재구성자형(The reorganizer) 노인 - 은퇴한 후에도 자신의 시간과 생활양식을 재구성하여 모든 분야의 활동에 적극적으로 뛰어들고 일상생활에 잘 적응하는 사람을 말한다.
② 초점형(The focused) 노인 - 활동적이고 생활에 잘 적응하고 있으나 여러 분야에 관심을 분산시키지 않고 오직 한두 분야에만 활동을 집중시키며 생활만족을 구하는 사람이다.
③ 유리형(The disengaged) 노인 - 신체도 건강하며 생활에의 적응수준도 높지만 스스로 자원하여 활동하는 일은 별로 없으며 조용히 지내는 사람이다.
④ 계속형(The holding-on) 노인 - 심리적 적응은 비교적 잘하고 있으나 왕성한 활동의 기본동기가 노화방지에 있으며 만일 활동을 중지하면 빨리 늙어버릴까 두려워하여 활동에 얽매이는 사람이다.
⑤ 위축형(The constricted) 노인 - 신체적 쇠약과 감각기능의 퇴화와 같은 노화의 위협에 사로잡혀 타인과의 별다른 사회적 접촉없이 폐쇄적으로 살아가는 사람이다.
⑥ 구원요청형(The succorance-seeker) 노인 - 몇 명의 가족이나 친지에게 심리적으로 의존하며 보통 정도의 생활만족도로 살아가는 사람을 말한다.
⑦ 무감각형(The apathetic) 노인 - 신체적 건강유지를 위한 활동 이외에는 거의 활동이 없는 가운데 무기력, 무감각하게 되고 완전히 수동적으로 행동하는 사람이다.
⑧ 조직와해형(The disorganized) 노인 - 심리적 기능 즉 사고, 지능, 그리고 판단능력이 결핍되고 정서적 반응의 일관성이 없는 가운데 생활만족도가 매우 낮은 사람을 가리킨다.

⟨뉴우가르턴이 제시한 노년기의 적응형태⟩
(성격유형, 역할수행의 정도와 생활만족도를 고려한 유형, Neougarten, 1986)

성격유형	역할 수행의 정 도	생 활 만 족 도		
		상	중	하
통합형	상	⑨ A	2	
	중	⑤ B		
	하	③ C		
방어형	상	⑤ D		
	중	⑥	① E	
	하	②	①	1
의존형	상		① F	
	중	①	①	
	하	2	③	② G
와해형	상	2		
	중	1		
	하		②	⑤ H
합 계		34	16	9

*적응유형의 이름 : A-재구성자형 B-초점형   C-유리형
　　　　　　　　　D-계속형　　 B-위축형　 F-구원요청형
　　　　　　　　　G-무감각형　 H-조직와해형
(표 속에 나타난 숫자는 피험대상자의 수이다)

　이 연구의 전체적 결과를 보면 젊은 시절의 성격유형은 노년기에도 계속되며 사회로부터 절연된 은둔생활을 하는 것이 아니라 사회생활 및 대인관계를 지속하게 된다. 그리하여 개인의 성격유형에 맞는 적절한 정도의 활동을 통하여 심리적 안정을 유지하며 이는 일생을 통한 개인의 생활만족도와 연결되어 마침내 노년기에 특유한 성격 및 적응특성이 나타나게 된다.

8. 노인의 학습욕구와 노인교육의 원리

맥클러스키(H.Y. Mcclusky)는 노인들의 욕구를 다섯 가지로 분류하면서 노인이 왜 교육에 참가하며 이를 통해 어떤 욕구를 충족하고자 하는지를 체계적으로 제시하였다.[22]

노인의 학습욕구는 다음과 같다.

1) 대체능력 욕구(coping needs)

노인은 자신의 노화에 따라 능력과 자신이 감퇴하여 일상생활에 곤란을 겪기 때문에 이를 만회하고 사회에서 정상적인 기능을 유지하기 위한 교육을 받으려고 한다. 현재의 노인세대는 정규교육을 많이 받지 못해 이들이 변화하는 새시대에서 적응하기 힘들기 때문에 보수교육을 필요로 한다.

2) 표현적 욕구(expressive needs)

노인들은 자발적인 신체운동, 사회활동, 그리고 새로운 경험 그 자체로부터 만족을 얻게 된다. 학위, 졸업자, 취업 등을 목적으로 하는 것이 아니라 단순히 무엇인가에 관심을 가지고 새로운 것을 배우는 재미를 느낌으로 만족을 얻는 것이다. 서예, 미술, 음악 등의 활동은 표현적 욕구의 충족 이외에 친구를 사귀고 친교관계를 형성함으로써 심리적 적응과 높은 수준의 정신건강을 유지하기에 중요한 의미를 지닌다.

3) 공헌적 욕구(contributive needs)

노인들에게도 자신은 물론 남을 위해 헌신하려는 욕구가 있다. 이를 통해 자아개념을 충족시키고 스스로 만족을 구하는 것이다. 지역 사회활

---

22) Haward Y. Mcclusky, 장인협, 김성재(공역), *Education for Aging* 『노인 복지학』 (서울: 서울대학교 출판부), pp. 491-493.

동에의 참여, 의료보건 및 사회복지기관, 종교단체에 대한 자원봉사활동에 참여함으로써 노인의 자존심을 유지하고 개인적 지위를 향상시킨다. 그러므로 새로운 교육을 통해 어떤 기관이나 어떤 방향으로 자신의 에너지를 투여할 수 있는가에 대한 정보를 얻고 또한 사회봉사활동에 필요한 기능훈련을 받을 수 있게 된다.

4) 영향적 욕구(influence needs)

사람은 누구나 자신이 살고 있는 사회 속에서 단순히 남의 영향을 수동적으로 받기보다는 사회 전체의 변화와 흐름에 적극적으로 영향을 주고자 한다. 노인들은 지역사회의 친목, 혹은 봉사참여, 노인단체, 종교단체, 정치 및 사회적 압력단체 등에 가입하여 사회에 많은 영향을 끼치기 원한다. 노인들은 교육을 통해 자신들이 할 수 있는 사회적 역할, 개인적 혹은 집단적 활동을 위한 기술훈련, 사회적 지지, 그리고 그 활동에 대한 평가 등을 얻을 수 있다.

5) 초월적 욕구(transcendence needs)

노년기에 접어들어 눈 앞에 온 죽음을 실감하면서 인생의 의미를 더욱 깊게 깨닫고 파악하려는 욕구이다. 노년기에 현저히 나타나는 신체적 쇠퇴를 경험하면서 신체적 젊음보다 더 중요한 인생의 본질적 의미를 찾게 된다.

■ 노인교육 방법의 원리

(1) 현실과 연결된 생활의 원리[23]

노인들은 현실의 일상생활에서 그들이 직면하고 있는 문제를 해결하고자 하는 욕구를 갖는다. 따라서 노인의 학습활동은 그들의 과거 경험

---

23) 박재간, 임춘식, 『노인학교 노인교실의 현황과 대책에 관한 조사연구』 (서울:한국노인문제 연구소, 1983).

과 각각의 현실적 상황을 바탕으로 그들이 현재 부딪히고 있는 문제해결을 중심으로 행해져야 한다.

(2) 자기활동을 통한 개별화와 사회화의 원리

노인교육은 노인들의 자발적인 학습활동을 통해 궁극적으로 학습자 자신의 개별화와 사회화를 실현하도록 계획되어야 한다. 일률적이고 통계적인 학습방법보다 소집단 형태로 노인들이 모여, 어디까지나 주체성을 바탕으로 그들 개개인에게 일어나는 문제들을 해결하도록 도와줌으로써 사회구성원으로서의 적응능력을 개발 및 발전시키는 것이 매우 중요하다.

(3) 직관 및 경험의 원리

노인교육은 노인의 과거 경험을 바탕으로 하여 이루어져야 하고, 동시에 학습과정이 그들의 감각을 통해 구체적으로 이루어져야 한다. 감각을 통한 학습과정이란 추상적인 이론중심 학습이 아니라 뚜렷하고 분명한 학습자료를 제시함으로써 노인들의 이해를 증가시키는 것을 말한다.

(4) 다양화 및 체계화의 원리

학습자들이 노화로 인해 신체적인 피로를 쉽게 느끼기 때문에 노인교육은 융통성있고 다양한 학습체제가 있어야 한다. 학습활동이 학습자들의 상태에 따라 적절하게 대처하여 다양하게 전개될 수 있도록 하는 것이 바람직하다.

(5) 경로의 원리

노인의 학습활동은 교사에 의한·일방적인 지시나 학습자의 맹목적인 추종관계가 아니라 상호공동으로 모색하고 선택하여야 한다.

대부분의 경우 노인들이 강사보다 연령이 높으며 특정분야에서도 경험도 강사보다 많을 수 있다. 따라서 경로사상에 투철하여 예의 바르고, 친절하고, 겸손하게 하여 노인들이 소외감이나 좌절감을 갖지 않도록 함께 공동으로 계획하고 평가하는 것이 바람직하다.

9. 교회에서의 노인목회의 실제

1) 발달과업에 따른 노인기의 기독교 교육의 내용

노인교육의 내용이 무엇이 좋은가에 대해서는 여러 가지 의견이 있을 수 있으나 노년기이기 때문에 꼭 배워야 할 필요가 있는 내용을 선정, 조직함이 가장 좋다. 또한 노인교육에는 일반적으로 지난 날의 경험과 현재의 역할이라고 하는 서로 다른 요인을 고려하여 교육에 반영하여야 하고, 풍부한 경험들을 활동하며 이론적 교재 내용보다는 실생활의 문제 해결을 시도하는 생활중심 교육이라야 한다는 특수성이 있다.

이러한 특수성에 의해 발달과업에 따른 노인교육의 내용은 다음과 같다.[24]

(1) 신체적 영역의 발달과업의 내용
① 줄어가는 체력과 건강에 적응하기
② 노년기에 알맞는 건강한 운동을 규칙적으로 하기
③ 건강유지에 필요한 알맞은 식생활하기
④ 지병이나 쇠약에 대해 바로 처방하기

(2) 지적인 영역의 발달과업의 내용
① 세대차와 사회변화 이해하기
② 은퇴생활에 필요한 지식과 생활 배우기
③ 정치, 경제, 사회, 문화에 대한 최근의 동향 알기
④ 건강증진을 위한 폭넓은 지식 갖기
⑤ 지속적인 교육과 지적 자극을 통한 새로운 관심고취
⑥ 노인들은 다른 사람에게 필요한 존재요, 쓸모있는 존재로서 과거의 경험을 활용하여 보다 더 창조적인 것들을 산출해낼 수 있다는 자신감 고취

---

24) 유네스코, 한국 평생교육기구(편), 『평생교육의 기초와 체제』(서울:범문사, 1985), p.226.

(3) 정서적 영역의 발달과업
① 소외감과 허무감을 극복하고 인생의 의미 찾기
② 배우자 사망 후의 생활에 적응하기
③ 동료 또는 자신의 죽음에 대하여 심리적으로 준비하기
④ 경제적 저하에 따른 갈등을 해소하기 위한 직종개발과 직장 알선하기
⑤ 취미를 계속 살리고 여가를 즐겁게 보내기
(4) 사회적 영역의 발달과업
① 동년배 노인들과 친교 유지하기
② 가정과 직장에서 일과 책임을 합당하게 물려주기
③ 가정이나 사회에서 어른 구실하기
④ 자녀 또는 손자들과 원만한 관계 유지하기
(5) 영적 윤리적 영역의 발달과업[25]
① 노화로 인한 생동감 상실에 신앙을 통해 의욕 갖게 하기
② 심리적인 불안정과 심한 압박감을 해소시켜줄 수 있는 신앙적인 격려하기
③ 인생의 낙오감을 극복할 수 있는 용기를 갖게 하기
④ 자살 등 자기패배 의식에 대한 종교적이고 도덕적인 가치관 재인식시키기
⑤ 경제적 충격에서 오는 의뢰심과 비독립성을 인정해주기
⑥ 과거 회상적인 태도에서 미래 소망적인 신앙자세 갖기
⑦ 믿음의 선배로서 영혼구원 사업에 대한 적극적 참여와 후손에게 하나님의 말씀을 가르칠 사명 인식하기 등이다.

---

25) 장원철,「발달과업에 따른 노년주일학교 교육프로그램 연구」(총신대학원 논문1집, 1987), pp.14-15.

2) 노인욕구에 따른 노인교육 프로그램

알버트 딤목(Albert Dimmock)은 노인의 욕구를 아래와 같이 여섯 가지로 표현했다.[26]

첫째는, 음식, 옷, 건강을 위한 돌봄, 거처, 안정, 개인적 접촉 그리고 제한된 범주에서의 가사일, 봉사와 같은 생존과 안정을 위한 대처 욕구(coping needs)이다.

둘째는, 취미, 창조적인 수공예나 또다른 배움의 모험을 통해 성장하고 삶을 풍요롭게 하고자 하는 표현의 욕구(expressing needs)이다.

셋째는, 애정, 소속감, 다른 그룹과의 상호교환을 위한 기회, 그리고 유용하고 필요하다는 가능성을 느끼는 친교의 욕구(fellowshipping needs)이다.

넷째는, 자신의 재능을 발견하고 사용할 수 있으며 이러한 것들을 자신과 다른 사람들을 위해 쓸 수 있는 기여의 욕구(contributing needs)이다.

다섯째는, 삶의 회상과 신앙의 여정 속에서 삶의 의미를 발견하고 참된 가치는 일을 통해 무엇을 생산하는 데만 있는 것이 아니라, 수십 년을 살아온 삶에서 얻은 통찰을 나누며 또한 존재하는 그 자체에 있다는 것을 깨닫는 나눔의 욕구(sharing needs)이다.

마지막으로 자기를 초월하여 다른 사람들과 하나님께 나아가고자 하는 자기초월의 욕구(self- transcending needs)로 개인적 욕구나 욕망의 만족을 벗어나 가난한 자, 힘이 없는 자의 요구, 지구 전체 공동체와 그 안에 거하는 모든 것들, 그리고 현재만이 아니라 미래까지 돌보라는 명령에 순종하고자 하는 욕구이다.

그리스도 안에서 자아통합이 이루어진 노인을 위해 노인의 기본 욕구

---

26) 송남순, "교회에서 노인을 어떻게 교육할 것인가" (목회와 신학, 1994. 5), pp.69-71.

를 틀로 해서 실제 프로그램을 제시하면 다음과 같다.

첫 번째 대처 욕구를 위해서는 '노인의 자기관리' 라는 과목 속에서 줄어든 수입에의 적응법, 홀로 서는 학습, 새로운 직업상담, 법적 재정보조, 스트레스 관리, 자기시간 관리, 응급시 대처방안, 영양관리 훈련, 물품구입요령, 자기안전과 보호, 개인적 연락관계 등이 다루어질 수 있다.

특별히 노인들이 안고 있는 여러 가지의 노인병에 대처한 식이요법과 조리법에 따른 영양관리를 생각할 수 있다. 여기서는 건강을 위한 영양관리만이 아니라 신체단련 훈련도 필요하다.

노인의 건강을 위해서 필요한 운동, 그리고 또 가능한 운동을 정규적, 지속적으로 몸에 배일 때까지 실제 연습을 통한 교육을 해야 한다.

두 번째 욕구인 창조적인 표현의 욕구를 위해서는 '노인의 삶을 풍요롭게' 라는 과목을 생각하면서 어떻게 하면 은퇴 후 노인이 성취감도 맛보면서 창조적인 삶을 살 수 있을까를 생각한다. 여기서는 노인들이 학습의 모험을 할 수 있는 기회를 열어준다.

그 예를 들면 첫째는 성서연구이다. 학습량보다는 질을 생각하고 심도 있고 진솔한 학습을 개인의 삶의 경험과 관련시켜서 해가는 것이다.

노인반을 위한 성서연구는 좀더 솔직한 대화를 할 수 있도록 이끌어야 하며 융통성을 두어야 한다.

또 때로는 주제별 성서연구도 효과가 있다.

예를 들어, 죽음에 대한 성서적 신학적 연구, 성서에 나타난 노인들의 삶, 하나님의 나라, 정의롭고 평화로운 세계건설을 위한 그리스도인의 삶, 예수님의 비유, 구약의 선지자들, 신약의 사도들, 또한 성서를 각 책별로 공부할 수도 있다.

세 번째 욕구인 애정과 친교의 욕구를 위해서는 목회적 차원의 배려가 더욱 중요하다고 생각한다. 가정에서 또는 양로원과 같은 삶의 자리에서 가까운 친구를 사귈 수 있는 기회를 만드는 것이다.

교회에서는 주일에 예배만 드리고 가는 것이 아니라 가능한 한 공간과 여건이 허락한다면, 노인들을 위한 공부와 쉼의 방을 마련하여 그곳에서 주일예배 후 편히 앉아 쉬고 식사와 더불어 교제를 나누고, 또 가능하면 성서공부도 하고 교회의 소식도 들으며 한 주일 동안 일어난 얘기도 나눔으로, 노인들 간에 상호교류가 일어날 수 있으며 교회에 소속감을 느낄 수 있다.

네 번째 욕구인 공헌과 기여의 욕구를 위해서는 먼저 자신이 가지고 있는 재주, 재능, 또는 훌륭한 기능을 분석하게 한다. 아마도 많은 노인들은 자신이 가지고 있는 것이 아무것도 없다고 생각하기 쉽다.

여기서 지도자는 하나님의 창조의 섭리와 지금까지의 삶의 형태를 통해서 그들의 재능개발을 도울 수 있을 것이다.

특별한 재능을 아직까지 개발하지 못한 사람들에게는 두 번째 욕구인 창의적 시간들을 통해 배움으로 지금이라도 창의적 힘을 개발하고, 또 이를 통해 다른 이들과 사회를 위하여 공헌할 수 있는 길을 찾을 수 있도록 도와야 할 것이다. 노인들에게는 물질의 십일조 신앙생활도 중요하지만 시간의 십분의 일을 하나님의 나라와 이웃과 사회를 위해 바칠 수 있는 것은 더욱 중요하다.

노인들에게 가능한 자원봉사의 일과 기관을 안내하며 자원봉사의 필요성과 동기를 부여하는 자원봉사자 교육도 기여의 욕구를 위해 요청된다.

다섯 번째 욕구인 신앙나눔의 욕구를 위해서는 기도와 신앙간증의 시간, 나의 삶에 지침이 된 성경말씀 나누기 시간, 노인회원들의 신앙여정 얘기 등이 있겠다. 노인들만을 위한 철야기도회 또는 특별기도회 기간이나 신앙교육 기간을 마련하여 그러한 시간들을 통해 여러 가지 목적을 놓고 기도할 수 있으며 자신들의 신앙적 경험을 나눌 수도 있다.

마지막으로 자기초월의 욕구를 위해서는 영원한 삶을 경험하도록 도와야 한다. 노인은 정신적, 영적으로 지속적인 성장을 필요로 한다.

노인의 영적 성장은 하나님과 다른 사람들과의 관계에서 통합과 평화가 이루어진 내적 자질이다.

그러므로 노인이 하나님을 섬길 수 있는 방안들, 하나님의 뜻에 대한 깊은 이해와 신앙을 위한 세미나, 죽음을 위한 교육이 있어야 한다.

과거의 삶의 가치와 의미를 찾는 것을 돕는 가운데 이들이 영원한 삶의 복된 소식을 만날 수 있도록 해야 한다.

그래서 자신과 배우자의 죽음을 신앙적으로 받아들이고 죽음에 대한 준비와 슬픔을 감당할 수 있도록 돕는 것이다. 먼저는 성서적인 연구를 기초로 영원한 삶에 확신을 갖고 희망적인 미래를 살 수 있어야 한다.

이를 위해서는 신구약 성서 속에 나타난 성서적 죽음에 대한 이해와 신학적 죽음에 대한 이해가 공부되어야 한다.[27]

그리고 더 나아가서 장례식 준비와 계획에 대한 교육이 구체적으로 역할극까지 겸하여 있을 수 있다.

이밖에도 교회에서 노인을 교육할 수 있는 노인 프로그램은 다음과 같은 것들이 있다.
① 노인을 존경하는 내용의 프로그램
② 영적성숙을 위한 프로그램(성경공부, 기도회)
③ 하나님께 감사함으로 봉사할 수 있는 프로그램(자원봉사자에게 은퇴란 있어서는 안된다)
④ 노인 스스로 하는 프로그램(노인들은 축적된 경험과 지혜가 있고 가르칠 능력도 있기 때문에 경로대학을 노인 스스로 운영하고 커리큘럼을 정하도록 할 수 있다)
⑤ 세대교류 프로그램(어린이날은 노인들이 어린이를 위한 프로그램을 준비하고, 어버이날은 어린이가 노인을 위해 준비하고, 성탄절날은 어린이와 노인이 함께 준비하게 한다)
⑥ 건강을 위한 프로그램(등산, 걷기운동, 건강점검 등)
⑦ 신세대와 현대 사회를 이해하기 위한 프로그램
⑧ 유언장 작성과 죽음 준비를 위한 프로그램

---

27) Robert M. Gray and David O. Moberg, *The church and old person* (Grand Rapids:Edmans).

⑨ 양자녀 결연 프로그램(초대, 편지, 전화 등)
⑩ 노인 합창단 프로그램

3) 노인 교육을 위한 제안
한국교회의 현실에서 볼 때 노인들을 위한 교육은 특별히 관심과 노력을 기울여야 할 주요 영역이 아닐 수 없다. 교회가 노인들을 위해 관심 가져야 할 사항은 아래와 같다.
(1) 교회는 노인들의 영적욕구를 충족시켜야 한다.
교회의 주된 기능은 사람들의 영적욕구를 충족시키는 것이다. 이 욕구를 충족시킴으로써 노인들의 개인적, 인격적, 사회적 문제를 도울 수 있다. 목회자는 예배시의 설교나 각종모임에서 노인들이 가지는 영적욕구를 충족시키기 위해서 특별히 노력하여야 한다.
많은 노인들은 불안정감과 무용성과 죽음에 대한 두려움 혹은 과거의 실패에 대한 후회감을 가지고 있다. 그들에게 전해지는 교회의 메시지는 위로와 확신을 줄 수 있다. 그 메시지는 그들에게 자아의식과 유용성을 회복시키는 계기가 될 수 있고, 죽음에 대한 신앙적 준비를 하게 하며, 과거의 실패에 대한 후회를 잊고 사회의 은총을 받게 된다. 죽음에 대한 교육이야말로 교회가 해야 할 과업 중의 하나이다.
(2) 교회는 노인문제를 전교인들에게 교육하여야 한다.
교회의 교육적인 과제는 흔히 젊은이 중심이 되기 쉽다. 그러나 노인문제를 모든 교인에게 교육하여야 한다. 즉 노인공경은 하나님이 주신 축복이며, 이것을 통하여 모든 사람은 늙을 수밖에 없으므로 자기 자신이 노인이 되었을 때를 대비하여야 한다.
교회는 노인공경을 가르쳐야 하는데 이것은 하나님의 명령이며 성도가 이 땅에서 하나님의 축복을 받는 비결이기 때문이다. 그러므로 교회는 전교인을 가르치고 노인을 위한 특별한 프로그램을 준비해야 한다.
(3) 교회는 노인 개개인을 돕는 프로그램을 마련해야 한다.
교회의 프로그램은 모든 교인이 참여할 수 있도록 조직되어야 하며, 특히 노인들의 개인적인 문제들을 돕고 해결하도록 하는 계기가 마련되어야 한다.

　이러한 프로그램을 통하여 노인들이 자신감을 가질 수 있도록 해주며 그들에게 이 프로그램으로 하나님의 피조물됨을 자각하게 하고 구속의 은총을 체험할 수 있도록 해주어야 한다.

　(4) 교회는 노인들의 신체적, 정신적 건강에 필요한 도움을 주어야 한다.

　노인들의 신체적, 정신적 건강에 장애요소가 생겼을 때, 목회자와 교회의 지도자들은 그들에게 적절한 도움을 줄 수 있어야 한다.

　또한 노인들이 건강할 때에도 노인들의 유용성을 자각시키기 위하여 적절한 일을 맡기는 것이 좋다.

　즉, 교회학교 교사, 심방 등 각자의 능력에 알맞는 일을 주어 기쁨으로 봉사할 수 있도록 해주어야 한다.

　(5) 교회는 노인들의 사회적 욕구를 충족시켜야 한다.

　인간은 누구나 사회적 관계와 그룹에 참여하려는 욕구를 가지고 있다. 노인들이 젊었을 때의 생활에 대한 회상으로 우울증적 증세가 나타나지 않도록 하기 위하여 사회의 한 구성원으로서 자신의 기능을 긍정적으로 표현할 수 있게 해주어야 한다.

　(6) 교회는 노인들을 위한 특별한 시설 투자를 해야 한다.

　교회의 건물 구조가 노인들의 영적성장에 방해 요소가 되는 경우가 있다. 교회당의 많은 계단이나 작은 활자의 주보, 희미한 조명, 냉온방시설의 미비 등은 노인들에게 많은 지장을 준다. 교회는 노년부를 위하여 특별한 배려를 해야 한다.

　즉, 큰 글씨의 주보, 밝은 조명, 마이크 시설, 냉온방 시설 등을 마련하며, 노년부실은 계단이 없는 곳에 마련하는 등의 배려가 필요하다.

　(7) 교회는 노인들을 위한 계속적인 시설을 유지해야 한다.

　노인들을 위한 프로그램이 주일에만 국한될 것이 아니라 한 주간 동안 계속하여 노인들이 교회에 나올 수 있는 계획과 배려가 필요하다. 노년부실은 친교의 장소로 활용되고 성경묵상과 기도의 장소가 되게 해야 한다.[28]

교회는 노인들을 위하여 접대하는 기회를 많이 마련하고, 젊은이에게 노인공경을 실제적으로 가르치며, 노인들에게는 교회의 관심과 사랑을 나타내보이는 계기가 되어야 한다.

(8) 노인 목회사역에는 오락적 요소가 필요하지만 사역의 중심원리는 교육이어야 한다. 노인들에게 성경과 교양, 그리고 실제적으로 필요한 내용들을 가르쳐야 한다.

(9) 노인 목회사역을 통해서 노인으로 하여금 선교의 사명자로서 선교공동체를 지향하도록 해야 한다. 교회는 노인들로 하여금 사회와 세계에서 그리스도의 증언자요, 봉사하며 섬기는 자로서의 삶을 살아갈 수 있도록 해야 한다.

(10) 교회는 노인들의 전 인격적인 필요를 채워주는 사역을 제공해야 하며 또한 노인들을 단지 사역의 수혜자로만 대하지 않고 그 사역에 노인들이 참여할 수 있도록 훈련시키고 격려해 주어야 한다.

---

28) 정정숙, "주일학교 노년부 교육연구" (신학지남 제46권 2집), pp. 106-108.

Ⅲ. 청소년을 위한 사역

1. 청소년의 이해

청소년기는 쿨렌(Kuhlen)에 의하면 성적, 사회적, 이념적, 직업적인 적응기이며 부모로부터 독립을 추구하는 시기이며, 루소(J.Rousseau)의 표현처럼 제2의 탄생기로써 양심이 갖추어지고 도덕, 덕행이 가능하게 되는 시기이다.

또한 스탠리 홀(G. Stanley Hall)은 청소년기를 폭풍과 긴장의 시기로 설명하였고 에릭슨은 정체감 대 정체감 혼미(identity vs identity confusion)로서 설명하였다.

다시 말해서 청소년기는 격동기(a time of turmoil)요, 실존적 질문(existential question)을 하는 시기요, 동일성에 대하여 추구하는 시기이다.

청소년기 자아의식의 함양과 감수성의 증대, 지적 발달 등은 청소년으로 하여금 그들의 인생문제를 자각하게 한다.

자각이란 어떤 이상, 이념, 가치와 의의를 추구하는 태도이며 그들이 겪는 인생문제의 고뇌, 절망, 환멸 등도 여기에서부터 발단되는 경우가 많다. 특히 그들이 추구하는 이상과 가치를 저해하는 요인이 외부세계가 아닌 내부세계에 있을 때 절망과 회의는 더욱 심각해진다.

이때마다 그들은 저해의 요인을 극복하고 또 고뇌로부터 벗어나기 위하여 고심한다. 그러나 이러한 노력이 너무 현실도피적일 때는 더 한층 공허감을 가져다준다. 여기서 그들은 현실에 복귀하여 인생을 구체적인 사회현실에서 찾고자 한다. 그리고 정신적인 기둥이 될 수 있는 구원의 원리를 찾게 된다. 바로 이러한 마음가짐이 청소년의 종교적 사색, 종교

적 신조, 종교적 인생관 등을 낳게 해준다는 점에서 매우 중요한 의의를 가지고 있다.[29]

청소년기의 여러 가지 과도기적 현상인 모순과 혼란, 반항성, 비판성, 내면적 생활의 발견, 정신적 독립 등은 아동기에서 성인기로 가는 과정에서 발생되는 것으로써 성인체제에로의 재체계화, 재조직화되는 과정이라고 말할 수 있다.

거부와 항거는 청소년들의 특징적인 모습으로써 그들이 자아를 발견하기 위한 노력의 표현이다.[30]

그러한 과정을 거쳐 그들은 성숙한 자아에 이르게 된다.

청소년기의 정신적 독립은 먼저 가정의 내부에서 일어나게 되어 청소년 자신이 경제적으로나 정서적으로 부모로부터 독립을 얻으려고 애쓰게 된다.

이러한 부모로부터의 독립은 심리적 이유라 할 수 있는 것으로써 청소년이 앞으로 독립된 사회생활을 영위하기 위한 심리적, 사회적인 발달의 기초가 되는 것이다.

감리교 청장년 연구 프로젝트(Methodist Young Adult Research Project)의 고문으로 있었던 로스 신더(Ross Synder)는 아래와 같이 성장의 문제와 청소년기의 문제를 밝혔다.

1) 자기확인 대 허무(self-definition vs vagueness)
이것은 인간으로서, 또는 남자와 여자로서 '내가 누구인가'라는 문제와 관련되는데 한 사람이 자신을 유일한 존재로 이해하려는 체험이다.

많은 청소년들이 관심을 가지고 자기독특성을 알려고 노력하기보다는 합성인격(ready-made)을 갖기 쉽다는 것이다.[31]

---

29) 정인석, 『현대 청년 발달 심리학』(서울: 재동문화사, 1979), pp.249-250.
30) 오인탁, 『기독교교육』(서울: 종로서적, 1984), pp.93-95.
31) Marvin J. Taylor, *An Introduction to Christion Education* (Nashville: Abingdon press, 1980), pp. 198-199.

2) 소속감 대 소외감(belonging vs isolation)

소속감이란 자신과 또는 두 사람의 깊은 만남이다. 사람은 자신을 다른 사람에게 줄 수 있으며 동시에 다른 사람을 받아들일 수 있는 능력이 있어야 한다. 신더는 이것을 '공인격의 세계를 창조하는 것'이라고 했다.

많은 청소년들이 성(sex)을 통해 고독의 문제를 해결하려고 하지만 성적 관계는 소외감을 없애주지 못한다.

3) 성숙 대 퇴행(maturity vs regression)

성숙은 인생의 여러 면에서 책임감을 질 수 있는 능력을 가지고 성장하는 과정을 말한다. 무책임은 미숙한 생활의 표시이므로 성숙한 사람은 역사창조의 과정에 전적으로 참여하기를 원하며 미래를 형성해나가는 데 책임을 나누고자 한다.

4) 의미 대 혼동(meaning vs confusion)

사람이 삶의 의미를 부여하는 공동체를 찾을 때만이 의미있는 삶을 사는 것이다. 인생의 의미를 발견하지 못하면 혼란이 생기며 깊은 상실감에 빠지게 된다. 그러므로 청소년들은 인생의 목표와 방향감각을 찾는 일이 중요하다.

5) 자발성 대 강직(spontaneity vs rigidity)

자발성과 강직한 노력에서 청소년들은 그의 충동과 상투적인 행동에서 벗어나는 법을 배운다. 자발성을 갖기 위해서는 자신의 감정을 신뢰하고 수락하며 자신에 대한 확신을 가지고 언제나 새로운 체험에 대하여 개방적이어야 한다는 것이다.

특히 청소년기는 자아 정체감(self-identity)의 형성과 확립에 있어서 가장 중요한 시기이다.

그들은 자신의 물음에 골몰하게 되는데 이에 대한 대답이 쉽게 얻어지지 않거나 궁극적인 것이 아닐 때, 청소년들은 방황하게 되고 갈등과 불안을 경험하게 된다. 이러한 자아탐색과 자아확립 과정에서 일어나는 청소년들의 심리사회적 동요를 가리켜서 에릭슨(Erikson)은 정체위기(identity crisis)라고 부른다.

청소년의 자아의식의 발달은 곧 자신이 한 개체로서 명확한 개성을 가지게 된다는 것을 의미하며, 개인마다 특이성을 가지게 되는 것을 의미한다.[32]

그러나 개성이 지나치게 강한 경우에는 사회에 잘 적응하지 못하는 경우가 있는데 이것이 청소년의 문제점이다.

이러한 문제점은 청소년이 그 발달과업을 하나씩 성취해나감에 따라 해결되어나간다.

따라서 청소년기는 내적생활과 외적생활이 갈등하면서 새로운 차원으로 나아가는 중요한 시기라고 할 수 있겠다.

청소년 세대는 또한 '버려진' 그리고 '결박된' 세대라고 말할 수 있다.

그들은 기성세대의 관심 안에 있으면서 동시에 무관심의 대상이기도 하다.

기성세대가 말하는 의미는 청소년 세대에게는 무의미로 받아들여진다. 그래서 기성세대의 간섭은 반항, 무관심, 체념적 수용을 가져온다.

청소년들은 아무런 전제없이 의미를 추구하는 세대이다. 그러므로 그들은 끊임없이 삶의 의미를 추구하면서 무의미를 의미로 철저하게 받아들이는 특징이 있다.

그래서 철저하게 결박된 세대가 되기도 하는 것이다.

청소년들은 성장하는 과정에서 본질적으로 기성세대들과 인생관, 세계관, 가치관에 있어서 차이와 갈등을 갖게 된다. 기성세대들은 이와 같은 청소년들의 갈등에 대하여 이해하고 수용함으로 청소년들의 주체적이고 생동적인 의미추구와 자아정체 획득을 위한 노력에 대응해야 할 것이다.

---

[32] J. Conger, 안재정(역), 『사춘기, 청년기』 (서울: 한국기독교 청소년선도회 출판부, 1983), p.12.

2. 청소년의 특징

1) 청소년의 일반적 발달 특징
(1) 청소년의 신체적 특징

청소년기는 아동기의 안정적인 발달과는 다르게 심리적이나, 사회적, 신체적인 면의 급격한 발달로 인하여, 커다란 변화를 맞이하게 되는 시기로, 청소년들은 이러한 변화로 인하여 동요하고 당황하며, 불안정한 현상을 나타내게 된다. 이러한 변화 가운데 두드러진 것은 역시 외형적으로 나타나는 신체적 변화이다. 신장이나 체격이 급격하게 증가되며, 또한 성적으로도 성숙하게 되어 이성을 알게 되는 시기이다.

이때의 청소년들은 심신의 발달로 인하여 제2차 성징이 뚜렷하게 나타나며, 남녀의 성적 차이를 명확하게 구별할 수 있게 되는 시기이며, 또한 강한 성적욕구가 동반되기도 하는 불안정한 시기이다.

이러한 청소년기의 뚜렷한 신체적 변화는 환경과 유전이라는 두 요인에 의해 현저하게 그 차이을 드러내기도 하며, 대체적으로 12세에 시작하여 18세 경까지는 그 변화가 뚜렷하나 그 이후는 변화속도가 완전히 둔화된다.

힐가르드(E. R. Hilgard)는 청소년기의 신체적 특징을 다음과 같이 네 단계로 나눈다.

첫째 단계는, 사춘기 전 단계(pre-puberal phase)로 남자는 12-14세, 여자는 10-12세가 되는 시기로 사춘기가 시작되는 1년 또는 2년의 시기이고, 청소년들의 2/3가 신체적 비대현상을 겪게 되며 사춘기 중반쯤에서 사라진다.

둘째 단계는, 사춘기 단계(puberal phase)로 남자는 14-19세, 여자는 12-18세가 되는 시기로 가장 뚜렷한 신체적 변화를 체험하는 시기이다. 즉 키가 갑자기 크게 되며, 몸무게가 격증하게 되고 성기관이 성숙되는 시기이다. 그러나 모든 청소년들이 같은 시기에 사춘기로 접어드는 것이 아니라, 대체로 소녀들이 소년들보다 1-2년 정도 빠르게 나타나고 있으며, 사회환경이나, 가정환경 및 영양상태의 호전으로 요즈음은 더욱 빠르게 나타나고 있다. 이러한 사춘기의 기간은 2년에서 3년 반 정도의 시기가 일반적 현상이다.

셋째 단계는, 사춘기 후기단계(post-puberal phase)로 남자 19-23세, 여자 18-21세가 되는 시기로 이때는 신체적으로 이미 성숙이 완성의 단계에 도달하여 사춘기의 성장이 끝나는 시기이다. 그러나 근육의 강화현상인 피하조직이 계속적으로 발달하게 되고 체모가 계속 확산되는 시기이다.

넷째 단계는, 후기 청소년기로(cate adolescent phase)로 남자 24-25세, 여자 21-23세로 모든 성숙의 마지막 단계이며, 남자는 수염이 나고 가슴과 허벅지에 털이 날 때까지 성숙이 계속된다.

청소년기의 신체적 발달 특징은 남자는 13, 14세경부터 19세경까지, 여자는 11, 12세부터 18세경까지 급격한 성장을 보이고 있음을 알 수 있다. 그러나 오늘날은 이보다 빠르게 신체적 발달 현상이 나타나는 것을 볼 수 있다.

(2) 청소년기의 정서적 특징

인간은 외부에서 주어지는 자극에 대해서 개인의 내부에 강한 감정이 일어나게 되는데 이러한 감정을 보통 정서(emotion)라 부르며, 이 정서는 청소년기에는 과격하게 나타나기도 하며, 또 쉽게 변화하기도 한다.

정서는 개인이 어떤 일에 부딪힐 때에는 아주 강한 동요상태에 빠지게 되고, 동요상태에 빠질 때에는 생리적인 변화가 나타나고, 또 신체적인 표출운동을 수반하는 강한 감정을 의식하게 된다.

첫째는, 정서의 격렬함과 동요성이다. 청소년기에 나타나는 정서가 격심하게 변화하고 그들 자신의 의지와 사고에 의한 통제를 압도할 때에는 어른들이 이해하기 힘든 행동이 유발된다.

둘째는, 청소년기에는 정서를 자극하는 대상이 현저하게 변화한다.

셋째는, 정서를 표현하는 방법이 현저하게 변화한다. 청소년들의 정서가 아동들의 정서와 구별되는 특징은 정서의 내면화이다. 아동들의 정서

표현은 대체로 직접적이고 일시적이며 오래 지속되지 않으나, 청소년들의 정서표현 방법은 외부에 표출하기보다는 내면적으로 감추려는 경향을 나타낸다.

넷째로, 청소년들의 정서에 변화를 주는 요인으로는 신체적, 생리적 변화를 들 수 있다. 즉 내분비선의 활동이 활발해지며, 호르몬의 교체와 교감, 부교감 신경계의 상호작용이 변화하기 때문이다.

다섯째는, 청소년 개인의 생활 조건과 환경조건에 따라 정서적 발현에도 그 개인차가 나타난다. 그러므로 청소년기의 정서는 외부로부터 주어지는 자극에 대하여 과격한 현상을 띠기도 하지만 이러한 감정을 내면화시키려고 하는 경향이 많다.

(3) 청소년기의 사회적 특징

청소년들은 비록 신체가 발달하고 정신적으로 성숙하였을지라도, 사회적 행동의 유형에서 볼 때에는 아직은 아동기의 범주를 벗어나지 못한 미성숙한 집단이다. 그러므로 학교, 가정, 사회가 청소년들에게 요구하고 있는 것은 인격의 성숙화와 사회화이다.

인간은 안정감을 얻고자 하는 욕구뿐 아니라, 타인으로부터 인정을 받고자하는 근본적인 욕구를 가지고 있다. 이러한 욕구가 청소년기에는 더욱 강하게 나타나며 이들은 특히 어떤 집단에 소속하게 될 때에 안정감을 가지게 된다. 이들이 새로운 집단생활에 잘 적응하게 되면 갈등을 느끼지 않으면서 집단의 요구를 잘 받아들여, 그 집단의 행동규범에 쉽게 동화되며 타인에게 의존하게 되거나 맹종하는 결과가 되어 사고와 행동에서 독자성을 잃게 되는 위험성을 가진다.

또 집단에 잘 적응하지 못하면 집단의 요구가 개인의 자유를 제한하는 것이라고 생각하여 집단에 반항하거나 집단으로부터 이탈하게 된다. 그러나 일반적으로 모든 청소년들은 점점 그 집단이나 사회적 환경에 성공적으로 적응하게 된다.

믹(Meek)은 청소년기의 사회성 발달을 다음과 같이 설명한다.

흥미의 감소와 아울러 심화현상이 나타나며, 의젓한 성인의 행동을 본뜨게 되며, 성인의 문화형을 닮는다. 또한 선택된 작은 집단과 적응하여 동일화를 나타내고 가정의 사회적, 경제적 위치가 친구관계에 영향을 미친다.
 청소년들의 사회적 활동은 형식적이며, 데이트나 연애가 흔히 일어난다. 자기 자신의 가정생활과 준비에 흥미와 관심을 가진다. 적은 수의 친구를 갖게 되고 영속적인 우정을 갈구하며, 깊은 우정을 갖게 된다.
 재능을 발달시킬 수 있는 직업이나 학문에 흥미를 느끼며, 만족감을 얻고자 하는 행동을 한다. 인간관계에 대한 통찰력이 증대되며, 어떤 일을 결정할 때나 행동할 때 성인으로부터 독립하려고 하며, 같은 기초 위에서 성인관계를 갖기 원한다.
 청소년들은 아동기에 갖고 있던 가정에 대한 생각이 변화하게 되며, 가정이나 가족, 부모에 대한 의존적인 태도에서 벗어나 점차 자주적인 태도를 가지므로 부모와 간혹 마찰을 일으키게 되고 이로 인하여 갈등을 맛보게 된다. 이러한 마찰은 가정에 대한 불만으로 발전하여 점점 반항적인 태도를 갖게 된다.
 다른 또 하나의 특징은 집단을 형성하려고 하거나 어느 집단에 소속되려고 하는 욕구를 갖는다. 이들은 학교보다는 그들만의 집단에 더 큰 흥미와 관심과 애착을 가지며, 자아의식의 발현으로 반항, 대립, 자기주장, 독립, 자유와 같은 것을 통해서 비판적인 행동을 하게 된다. 이러한 현상을 심리적 이유라고 칭한다.
 헐룩(E. B. Hurlook)은 청소년 집단이 갖는 사회적 구조와 기능을 다음과 같이 구분, 설명한다.

 첫째는, 단짝으로 두 명으로 이루어진 집단이다. 이들은 정서적으로 긴밀한 관계를 가진 사이로 흥미의 공통점을 가진다.
 둘째는, 짝패(cligues)로서 서로 비슷한 사회적, 경제적 지위를 가진 가정에 속한 청소년들에 의해 형성되는 집단으로 3-4명으로 구성되며 폐쇄적이다. 이들은 강한 감정으로 맺어져 우정, 책임감, 협동심 등이 크게 작용한다.
 셋째는, 패(crowds)로 4-20명 내외로 형성되는 집단으로 일종의 동호집단이다.

넷째는, 갱(gang)으로 짝패나 패에 비해 조직력을 가진 집단으로 외부의 압력이나 갈등으로 인해서 생기며 구성원 상호 간의 이익 때문에 형성된 집단이다.

(4) 청소년의 지적 발달 특징

청소년기는 신체적 발달이 급속한 것처럼, 지적 능력의 발달도 현저한데 기본적인 지능인 이해, 기억, 사고, 추리, 표현, 창조력이 변화한다. 청소년기의 지적 발달의 특징은 양적으로나 질적으로나 현저하게 변화를 보이는 것이다. 기계적 기억에서 논리적 기억으로의 변화이며, 사고에 있어서는 구체적인 사고에서 추상적 사고에의 변화들이 나타난다. 이러한 것은 청소년기의 특징인 합리성, 논리성, 추상성 등이 깊어지기 때문이고, 이것이 청소년의 인격형성에도 크게 영향을 준다.

청소년기의 지적 발달은 아동기의 외계에 대한 지적 흥미가 이 시기에는 자기 자신에게로 향해지는 것이다. 그러므로 청소년은 정신적 특성에 대해 생각하게 되고 내향적 태도가 싹트게 된다. 그러나 청소년기에는 아직 아동기의 외형적 태도와 내향적 태도가 같이 공존하는 상태가 계속된다. 청소년의 추리적, 이론적 사고는 청소년 중기가 되면 발달을 계속한다. 그리고 현실적 영역에 눈을 돌릴 뿐만 아니라, 자기 자신을 독립적인 태도로 내다보고 판단하고 비판하기 시작한다. 청소년은 개인적으로 자기 자신의 최고 단계까지 지적 능력이 신장되고 각 개인의 특유한 지적 구조도 현저하게 나타난다.

청소년 후기에 와서는 개념적, 주관적 사고로부터 점차로 현실적, 즉시적, 사고를 하게 된다. 따라서 모든 것을 일반적인 명제로 처리해버리려는 경향은 적어지고 개인의 특유한 구체적 사정을 고려해서 판단하며, 사고에 관해서 비타협적인 경향이 뚜렷해진다. 청소년기에는 사고능력이 현저하게 발달하는데 사고 작용의 특징은 지각된 것이 개괄되어 전체와 부분, 혹은 부분 간의 관계가 명확하게 규정되어질 뿐더러 내적인 방법으로 문제를 해결하게 된다. 이 사고작용에는 주어진 자료에서 공통적인 요소를 유출하는 유상작용, 특수한 사물을 일반적인 개념에 의해서 위치화하여 그 본질을 밝히는 정의작용을 전제로 새로운 결론을 이끌어 내는 추리작용, 시간 및 공간의 대소, 전체와 부분 간의 관계 등을 판단하는 비교작용 등이다.

 이 시기에는 순수한 논리적 관계나 구조적 관계가 의식적으로 파악되기 시작하며, 언어적 이해 및 표현의 곤란이 제거되어 형식적 추리가 가능하게 되며, 삼단논법 추리가 가능하게 된다. 청소년기는 또한 이론적, 추상적 사고의 비약적인 발달과 경험적 지식의 현저한 증가와 함께 상상력의 뚜렷한 발달을 볼 수 있다. 청년기는 경험을 많이 얻으려는 의욕과 논리적으로 사고하는 작용이 생기는 동시에 상상이나, 공상작용이 시간적으로나 공간적으로 확대되어서 왕성하게 되는 것은 지적 발달상 중요한 의미를 갖고 있다. 이러한 작용은 필연적으로 청소년의 지적 의미에도 커다란 변화를 일으키는 원인이 된다. 따라서 청소년 지적 발달은 종합적인 지적 발달임을 알 수 있는데, 그것은 양적 변화뿐만 아니라, 질적 변화를 동반한다는 것을 알 수 있다. 물론 경험부족으로 인한 개념적, 관념적 특징이 있으나, 점차로 현실적이며, 주관적 특성도 띠게 되며, 논리적 기억과 논리적 사고의 발달 특성을 볼 수 있다.

 2) 청소년기의 종교심 이해
 청소년기에는 추상성이 발달하며, 불안감이 고조되므로 이 시기에 구주의 필요성과 구세주에 대한 확신을 가질 수 있는 시기이다. 하나님은 모든 기독교 교육적인 활동의 중심이며 초점이다. 그것은 또한 교회교육의 주체자인 교회가 하나님을 세계의 역사와 인간과 그리고 모든 것의 중심으로 믿고 있기 때문이다. 또한 청소년기에는 독립심이 발달하면서 흥미있는 일에 골몰하게 된다. 이때에 그리스도와 교회에 대한 헌신을 감명깊게 심어주면 큰 영향을 받기도 한다.
 청소년기에는 지적 발달과 더불어 강력한 영향력을 발휘하는 사람에게 의지하려고 하며, 또한 분석적인 경향이 많아지는 시기이므로 청소년들을 신앙으로 인도할 때는 성숙한 지도자를 요구하게 된다. 청소년들은 이유, 목적, 장소, 그리고 방법에 대해 요구한다. 그러므로 이들에게 활력있는 신앙을 전할 때에는 지적 믿음으로써의 신앙과 정적으로 신뢰하는 신앙, 그리고 행하는 것으로써의 신앙을 전제해야 한다.

청소년은 자기 관심과 욕구가 알맞는 교회 활동에서 활동적이다. 그래서 때로는 자신의 모든 것을 뒤로 미루고 일을 할 때가 있다. 이러한 욕구는 기독교 교육의 구체적 목표인 학생들의 신앙생활을 성장시키는 데 도움을 준다. 청소년은 개인적 신앙에 있어서 의심과 문제가 많은 시기이다. 중학생의 경우 자아확립이 되어 있지 않아서 친구를 따라 교회에 참석하는 경우가 많다. 그러나 자아에 대한 눈이 떠가면서 개인 속에 죄악감, 생사문제, 삶의 보람의 문제들이 의식되어 이것이 종교의식과 연결된다. 고등학생의 경우에는 종교는 비과학적이고, 기독교는 약자의 종교라고 생각하기도 한다.

그러나 '궁극적인 것에 대한 관심'이라 할 때 그들은 쉽게 기독교에 관심을 기울인다. 그러므로 이 시기에 종교적인 회심이 가능한 시기이기도 하다. 청소년은 속박에서 벗어나 독립하려고 하지만 경험부족으로 불안해 한다. 여기에서 그들은 인격적으로 성숙하고 경험이 많은 지도자를 따르게 된다. 그러므로 경험이 풍부한 지도자로 하여금 지속되는 경험과 반복되는 깨달음을 계속하므로 청소년들의 성장을 도울 수 있다.

3. 청소년의 유형

1) 자아학대의 유형

자아학대의 유형은 가장 평범하면서도 현격하다. 이것은 무가치성, 자아비판, 그리고 고독감에서 생긴다.

스트롬맨(Stromman)은 자존심이 약한 청소년의 특징이 되는 여덟 가지의 감정과 관심을 고찰하였다.[33]

---

33) Roy B. Zuck and Warren S.Benson (ed), *Youth Education in the church* 천정웅(역), 『교회 청소년 교육의 이론과 실제』(서울 : 말씀의 집), pp. 107-111.

그 중 세 가지는 자아에 대한 감정인 것이다. 즉 ① 개인의 허물에 대한 근심(자아비판) ② 자신감의 결핍 ③ 자기비하이다. 나머지 다섯 가지는 타인에 대한 관심인데 ① 급우관계가 서투름 ② 학업문제 ③ 하나님과의 관계에 대한 근심 ④ 가족과의 관계에 대한 근심 ⑤ 이성교제에 대한 고민이다.

2) 심리적인 고아들의 외침

이러한 청소년이 몰두하는 주요 문제점은 화목하지 못한 가족과 불우한 가정상황이다. 이들의 가장 통렬한 외침은 부모가 증오하고 불신하는 분위기 속에서 살고 있는 청소년들의 절망적인 흐느낌이나 완전한 좌절에서 나오는 비명이다. 그것은 종종 가출이나 범죄 행동, 자살이나 다른 자기 파괴적인 행동을 유발한다. 이러한 청소년은 용납, 보호, 그리고 사랑을 표현할 수 있는 안정된 가정의 구성원이 되고 싶어한다.

비참한 가정의 네 가지 주요특징은 ① 가족의 곤경, 예컨대 부모의 별거와 이혼, 병, 경제적 압박, 부모와 청소년과의 갈등, 편모, 실직, 죽음 ② 청소년과 부모 사이의 커뮤니케이션과 이해부족을 포함한 부모와의 관계에 대한 고민, 아동으로 취급받음, 부모가 청소년과 그의 친구를 불신하거나 혹은 거절함 ③ 완고한 분위기가 있는 가족 간의 불화, 상호 간의 생각과 이해가 부족함 ④ 가족 이외의 사람들의 필요에 둔감하고 가족성원들 간의 사회적인 관심이 결핍되어 있으며 사회적 활동이나 혹은 구제활동에 참여도가 낮다.

이러한 청소년이 비참한 가정상황에서 도피하기 위하여 취하는 가장 흔한 자멸적인 행동은 가출, 비행, 또는 자살에 대한 생각이다.

3) 사회적 저항의 유형

사회적으로 관심이 있는 335명의 청소년을 대상으로 한 표본조사에서 이 유형의 다섯 가지의 주요 특성을 구분할 수 있다.

① 인도주의자 ② 변화를 추구함 ③ 사회적인 문제에 개입 ④ 국가문제에 대한 관심 ⑤ 기성교회에 대한 비판이다.

그들은 또한 평범한 교회 청소년보다는 지적으로 뛰어난 경향이 있다. 그리고 그들은 현명하고 교양이 있으며 그들의 교회가 사회적인 영역에서 어떤 자취를 남기고 있는가를 지켜볼 만큼 성숙해 있다.

4) 편견을 가진 청소년의 유형
일곱 명의 교회 청소년들 가운데 한 명꼴로 교회에 맹종하는 편견을 갖고 있다. 그들은 가치있는 삶을 영위함으로써 하나님을 인정하게 된다는 일관성있는 신념을 갖고 있다는 점에서 교회의 다른 청소년들과 다르다.
그들은 사색적이 아니고 사려깊지 못하기 때문에 상투적으로 생각하기 쉽고 섣불리 판단을 내리기 쉽다.
그들은 학문적인 성취면에서는 교회의 다른 청소년들보다 못하며 가치관에 있어서는 그들보다 다소 자기 중심적이다.

5) 기쁨 유형의 청소년
예수 그리스도에게 깊이 몰두해 있는 기쁨에 찬 기독교 청소년들의 외침이다. 그들은 소수집단으로 그들이 존중하며 믿고 자각하는 것에 대하여 모범을 보이고 또 인격적인 하나님 및 신앙공동체와 의기상투하는 놀라운 일을 하고 있다. 그들은 그들의 삶 속에 질서를 부여하고 존재의 궁극적인 문제에 대해 해답을 주는 의미와 가치체계를 발견하였다. 이들이 갖는 여섯 가지의 주요특징은 다음과 같다.
① 이러한 청소년은 인격적 주체성을 갖는다. 그리고 그들에게 있어서 기독교는 주로 인격적인 교제인 것이다.
이와 같이 인격적인 하나님을 알고 있는 청소년은 회중과 사적인 종교행사에 활발히 참여하며, 특별히 하나님의 도우심을 필요로 하는 사람을 위하여 기도하며 선악의 행동을 결정하는 데 있어 하나님의 도우심을 추구한다.
② 이러한 청소년은 하나님의 백성과 협력한다. 그들은 충실히 교회에 출석할 뿐 아니라 개인적인 종교행사, 이를 테면 성경읽기, 기도, 헌금,

그리고 연합예배에도 충실하다. 그들은 그들의 종교단체가 제공한 것에 대해서도 적극적으로 참여한다.

③ 이러한 청소년은 그들의 신앙을 성장시키며 발전시키려고 자극을 받는다. 그들은 하나님에 대한 이해와 그분과의 교제와 타인과의 교제, 그리고 자신들에 대한 이해를 고양시키는 경험을 추구한다.

④ 이러한 청소년은 도덕적으로 자신들이 생활하고 행동하는 방법에 대해 책임감을 느낀다. 그들은 윤리적인 결정을 할 때, 하나님께 도움을 의뢰한다. 그리고 그들의 신앙은 그들의 행동에 지침이 된다.

⑤ 이러한 청소년은 타인에게 도움을 주고자 하며 타인과 하나님과의 교제를 통해서 인생의 의의를 발견하고자 한다.

⑥ 이러한 청소년은 긍정적이고 소망에 찬 인생관을 갖고 있으며 미래에 대해서도 희망적이다.

4. 교회에서의 청소년 목회의 방향

1) 청소년 목회의 목표

목표는 도달하고자 지향하는 최종점이며, 이것을 위하여, 어떤 행동이 수반된다. 청소년 목회에 있어서, 목표는 하나님에 관한 체험적 지식이 증가함에 따라서 그리스도를 닮아가려는 전체적인 목표가 바탕이 된다고 할 수 있다. 목회에 있어서 목표가 필요한 이유는 지도자나 청소년들로 하여금, 하나님의 사역에 어떻게 순응할 수 있는가를 제시해주고 전체적인 과정의 지침을 제공하며 프로그램과 자료의 단계적 사용을 위한 기초를 제공해주기 때문이다. 또한, 나아가고자 하는 방향으로 점진적인 단계를 취할 수 있도록 안내자 역할을 하기 때문이다.

또한 목표는 불필요하고 무의미한 활동으로 빠져들어가는 위험을 막을 수 있고, 지도자의 능력 안에서 집단적인 경험을 할 수 있는 단계를 그어주고 프로그램이 원만히 진행되는지에 대한 검토를 할 수 있게 해준다.

로이 주크(Roy B. Zuck)는 청소년 목회의 목표를 다음과 같이 제시하였다.[34]

그는 두 가지 방향을 제시하였는데 하나의 방향은 청소년 지도로, 청소년들로 하여금 그리스도를 영접하게 하고 그리스도에게 자신들의 생활을 헌신하게 하며 성령의 인도하심과 권능에 순종하게 한다. 그리고 교회에 가입하여 신실한 그리스도의 제자가 되게 하고 그리스도의 사역과 세계 선교에 참여하게 한다. 또한 그리스도의 증인이 되게 하여 다른 사람을 주님께로 인도하게 한다. 자신들이 소유한 시간과 재능, 돈 등을 아름다운 목적에, 참된 청지기가 되는 데 사용하고, 각자의 남은 시간을 건설적으로 이용하게 하는 데 그 목표가 있다고 하였다.

또다른 방향은 청소년들을 돕는 것이다. 마음을 다하여 주님께 예배드리게 하고 성경 진리를 아는 지식과 깨닫는 데에 계속 자라나게 한다. 그리고 생활 속에서 모든 영역에, 또 모든 관계에 기독교적 원리를 제공하게 한다. 개인적인 성경 공부의 습관과 헌신하는 습관을 가르쳐주고 하나님의 뜻을 깨달아 순종하게 하는 것을 목표로 제시하고 있다. 이러한 청소년 목회의 목표를 좀더 포괄적으로 다루어보면 첫째로, 청소년들로 하여금 예수 그리스도를 구주로 영접하게 하며 그분과 개인적인 관계를 맺도록 한다. 둘째로는, 성경 말씀을 자신의 체험과 의미있는 관계로 맺어서 받아들이도록 지도하는 일이다. 셋째로는, 하나님 말씀의 깊은 의미에 대하여 진지하고 건설적으로 생각하도록 청소년을 돕는 것이다. 넷째로는, 청소년들로 하여금 열심을 가지고 성경을 공부하고 근본적인 문제들과 스스로 싸우게 지도한다. 다섯째는, 그리스도 중심의 생활 태도를 발전시키며 그들의 기독교적 통찰력을 자신들이 가늠해보고 평가할 수 있도록 지도한다. 여섯째는, 청소년들로 하여금 신앙과 이성의 관계에 대한 쟁점에 물음을 열어 놓고 직면하도록 기도한다.

이상에서 청소년 목회의 목표를 살펴보았다. 청소년들은 자신들의 신

---

34) Ibid., pp. 63-69.

앙을 시험해보고 발전시키는데, 신앙을 폭넓은 삶의 경험에다 연결시킬 수 있는 학습 분위기에 들어가면 하나님과 성경 말씀에 대한 관념적인 신앙에서 직접적인 신앙으로 나아가게 된다. 그러므로 청소년 목회의 목표는 단지 청소년들의 신앙을 지식적이고 관념적으로 지도해서는 안되며, 청소년들이 대하는 진리를 온전히 주장하고 적극적인 태도를 갖도록 만들어야 한다.

2) 청소년 목회의 구조화에 대한 과제

청소년 목회를 위한 가장 좋은 구조화 방법이 무엇인가를 묻기 위해서는 그 구조를 통해서 이루고자 하는 것이 무엇이며, 누가 그것을 하고자 하는가를 물어야 한다.

다르게 표현하면 청소년 목회를 구조화하는 목적은 첫째, 청소년 그룹으로 하여금 정해진 목표를 성취할 수 있도록 도와주는 것이며, 둘째는 청소년 그룹의 회원들이 서로의 관계를 형성하는 일, 곧 책임 계통과 협력 계통을 설정하기 위함이다. 그러므로 청소년 목회의 구조와의 목적은 청소년 목회를 성취하는 데 있다고 할 수 있다.

청소년 목회의 구조화를 위해서는 세 가지 기초 분야가 있다. 첫째는, 신학적인 기반을 수용하는 과정이다. 어느 교회나 어느 그룹이 청소년 프로그램을 계획할 때에는 신학적 기반 위에서 시작되어야 한다. 둘째는, 청소년 목회를 위해서는 목회의 대상인 청소년의 특수성에 대한 이해가 이루어져야 한다. 청소년들의 그룹의 특수성에 맞게 구조화가 되어야 한다. 즉 청소년들의 연령, 욕구, 출신 등의 문제가 고려되어야 한다. 셋째로는, 청소년 목회를 효과적으로 수행하기 위해서는 신중하게 목표가 세워져야 한다. 목표는 전체적인 것과 세부적인 목표로 나뉘어서 마련되어야 한다. 청소년 목회의 '구조화' 란 청소년 목회의 프로그램이 그 기능을 다할 수 있도록 청소년 그룹을 형성하고 설계하는 전체적인 과정과 조직을 의미한다.

① 그룹의 전체적인 크기가 신중히 고려되어야 한다. 그룹이 크면 클수록 더욱 정교한 구조와 일관성있는 강력한 지도력이 필요하다.

② 청소년들의 욕구와 교회의 목표 사이의 문제이다. 어느 조직체든 그 구조 자체가 목적은 아니다. 그러므로 교육그룹이 구조화되는 길과 방법은, 그룹원 사이에서 확인된 요구들과 그 특정한 그룹에 의해 설정된 목표에 의존한다. 또한 그룹에 속한 그룹원들의 연령도 역시 구조에 크게 영향을 미친다.

③ 효과 대 능률의 문제이다. 많은 조직들이 능률 원칙에 의하여 이루어진다. 청소년 목회의 프로그램을 조직하는 데 있어서는 능률보다 효과 위주로 조직하는 것이 더 바람직하다.

④ 책임성과 협력성의 문제이다. 조직화된 구조는 반드시 분명하게 명시된 '종신 계층' 곧 책임 계통이 세워져야 한다.

⑤ 연속성의 문제이다. 연속성은 청소년 목회를 조직하는 중요한 원리이다. 조직의 책임이 계속적으로 계승되는 한 조직은 그 기능을 계속 발휘해나간다.

⑥ 계획 수령자 대 실행자의 문제로써 계획과 실천 사이에는 명백한 차이가 있다. 청소년 목회에서 발생하는 주요 실수 가운데 하나가 계획자가 실행자를 맡는 일이다.

3) 청소년 목회의 영역에 대한 관계

청소년 목회를 한다는 것은 그들을 위해 잘 계획된 코스를 항해하며 여행하는 것인데 그것은 청소년들의 영적성장을 꾀하는 것이다. 동시에 사회참여를 위한 인격지도, 신체 발달을 위한 지도, 부적응 행동에 대한 지도가 청소년 목회의 영역이다.

(1) 영적성장의 영역

그리스도인이라면 누구나 영적 성장이 필요하다. 이 영적 성장은 하나님께서 원하시는 일이다. 전체 교회의 성장은 소속된 그리스도인 한 사람 한 사람의 영적성장에 달려 있다. 따라서 청소년 목회도 이에 준한 것이어야 한다.

주님께서 교회에 목사와 교사를 세우신 목적은 성도를 온전하게 하며, 봉사의 일을 하게 하며, 그리스도의 몸을 세우려 함에 있다. 그리고 영적 성장의 목표는 에베소서4 : 13-14의 말씀에 "우리가 다 하나님의 아들을 믿는 것과 아는 일에 하나가 되어 온전한 사람을 이루어 그리스도의 장성한 분량이 충만한 데까지 이르리니 이는 우리가 이제부터 어린아이가 되지 아니하여 사람의 궤술과 간사한 유혹에 빠져 모든 교훈의 풍조에 밀려 요동치 않게 하려 함이라"고 하였다.

청소년 목회자가 청소년의 영적성장을 위하여 노력해야 하는데 이러한 영적성장을 위한 요소들이 사도행전2 : 40-45에 잘 나타나 있다. 이 말씀 속에는 교회 성장의 5대 요소가 들어 있는데 그것은 설교, 가르침, 교제, 봉사, 기도이다. 청소년 목회자는 청소년들의 영적성장을 위하여 위의 다섯 가지 요소들을 유념하여 목회에 적용해야 할 것이다.

신앙생활은 하나님의 부름에 대한 응답으로 다섯 가지 요소가 때를 따라 나타나게 된다. 그러나 일반적으로 우선순위를 정하면 첫째가 예배이다. 예배를 통해 선포된 말씀을 통하여 심령을 새롭게 하도록 하고, 둘째는 성경을 배우도록 하며, 셋째는 서로 교제하게 하고, 넷째는 이웃을 섬기는 봉사, 다섯째는 쉬지 않는 기도 생활을 하게 해야 한다. 이러한 생활은 계속되어야 하며, 예배와 생활을 바르게 인식하게 될 때 그들은 하나님과 이웃을 위해 진실하게 헌신할 수 있는 것이며, 삶의 참된 방향과 목적을 찾게 될 것이다. 청소년 목회에 있어서 청소년들의 영적 성장을 위하여 교회 출석에도 관심을 기울여야 할 것이다. 오늘날 학교 교육의 구조적인 문제로 신앙생활의 교회참여에 어려움을 겪는 학생들에게도 많은 관심을 기울여야 할 것이다.

(2) 사회참여를 위한 인격지도

인격지도는 영적성장과 함께 매우 중요한 일이다. 왜냐하면 참 하나님이시며 동시에 참 사람이신 예수 그리스도를 본받는 일은 믿음과 행실, 신앙과 생활을 연결하는 일이기 때문이다. 청소년 목회는 그들의 인격지도의 중요성을 인식할 때에 건전한 발전을 꾀할 수 있다.

인격지도는 개인의 주체가 되는 개개인의 인격을 올바로 인식하고 그들로 하여금, 원만한 인격과 품성을 갖추도록 조언하며 각 개인이 온전한 조화적 인간발달을 이룩해나가도록 지도해나가는 과정이다. 에베소서4 : 22-24에는 옛 사람을 벗고 새사람을 입으란 말로 표현되어 있다. 이것은 단번에 되는 일이 아니라 옛 사람을 벗어버린 만큼 새 사람을 입게 됨을 의미한다고 볼 수 있다. 여기에서 말한 새사람이란 예수 그리스도를 닮은 품성을 의미하며 가난한 자, 병든 자, 소외된자, 하나님을 모르는 자를 향한 사랑의 마음을 갖도록 하는 일이다.

새사람은 세상의 빛이다. 오늘의 청소년들은 여러 가지 비행으로 가장 어둡고 그늘진 세대이다. 그들에게 빛을 발할 수 있는 대상은 역시 거듭난 청소년들이어야 한다.

청소년 목회의 영역이 각 개인의 영혼 구원만으로 끝날 것이 아니라, 구원받은 그들로 하여금 세상의 빛과 소금의 역할을 담당하게 해야 한다. 그 일을 위한 인격지도는 우선 도덕성을 지도해야 한다. 도덕성 지도란 영적 삶을 기초로 하여 의도적으로 선한 행동을 하도록 발전시키는 지도이다.

청소년 목회의 사회참여를 위한 인격지도의 목표는 남을 섬기는 봉사적 삶을 살도록 지도하는 일이다. 또한 사회참여를 위한 인격지도는 지적발달을 유도함으로써 그 효과를 얻도록 해야 할 것이다. 교육이란 사람으로 하여금 자신이 가고 있는 길이 옳은지 그른지를 판단해주는 작업이라고 할 수 있다. 그러나 성경에서 말하는 교육은 하나님을 바로 아는 것이며, 또한 사람을 바로 알게 하는 일이다. 이 일을 효과적으로 수행하기 위해서는 가르치는 자가 전문적인 지식과 풍부한 경험을 가져야 하고 교육의 목표에 도달할 수 있는 학습장으로 유도해야 할 것이다. 세계적 동향으로 보아서 현장교육은 점차 강화되고 중요시되어가고 있다. 그러므로 청소년들의 인격지도를 위해서는 그들로 하여금 문화행사나 봉사적 활동에 직접 참여하게 하여 경험을 하게 하는 일이 무엇보다도 필요한 프로그램이다.

(3) 신체적 발달을 위한 지도

청소년기의 바른 신체적인 발달을 위해서는 휴식, 운동, 절제(음식, 성생활) 등이 필요하다. 구원받은 그리스도의 몸은 하나님이 거하시는 하나님의 전이 된다(고전6:19-20). 그러므로 그리스도인이 영혼이 잘

됨과 같이 육체가 강건하게 되는 일은 하나님께서 기뻐하시는 일이다. 그리스도인은 건강과 신체적 발달을 위해 노력해야 한다.

청소년기의 신체적인 발달이 왕성할 때 육체적 관리를 잘하는 일은 매우 중요한 일이다. 급격하게 발달하는 신체를 균형있게 발달시키는 일은 장래를 위해서 꼭 필요한 일이라 할 수 있다. 신체를 건전하게 발달시키는 일은 정신건강에도 크게 영향을 미친다.

특별히 청소년기의 발달 특성 중의 하나인 성의 발달에 관한 문제는 건전하게 유도하여야 할 문제들이다. 이성에 관한 문제는 선하고 의롭게 지도해야 하는데 그러기 위해서는 성에 대한 바른 인식을 청소년들에게 심어주어야 할 필요가 있다. 성 도덕관이 흐트러진 오늘날에는 성에 대한 호기심과 유혹이 강해져서 기회만 있으면 분별없는 성교제가 이루어지는데 이것이 성적 비행이다. 뿐만 아니라 대부분의 청소년들의 비행이 성적 비행으로 연결되고 있다. 청소년들의 이러한 비행은 주로 무지와 혼동에서 비롯되며 또한 건전한 청소년이라 할지라도 사회적인 성개방 풍조에 의해 경각심이 흐트러지고 있다고 볼 수 있다. 그러므로 청소년들의 성 윤리를 위해 교회는 성경에서 가르치고 있는 성에 대한 구체적인 교육 프로그램을 마련하여 교육할 필요가 있으며, 학교와 교사, 가정의 부모, 교회의 목회자는 그들에게 사랑을 가진 좋은 상담자가 되어서 그들을 지도해야 할 것이다. 청소년의 위기는 정체의 위기이다. 청소년의 정체 의식은 부모의 모방, 연애, 영웅숭배 등 초기의 의식을 통해서 얻은 이런 모든 것과 함께 직업적 야심과 욕망의 전체적 통합을 포함한다. 정체 확립은 청소년기 특유의 어려운 과제이다. 그러므로 인생에 있어서 가장 중요한 시기인 청소년기에 그들의 신체적 발달에서 일어나는 성에 대한 바른 지도는 청소년 목회의 한 영역이다.

(4) 부적응 행동에 대한 지도

청소년의 부적응 행동은 대체적으로 남모르는 근심과 걱정, 신체적 질병, 사회로부터의 소외감에서 나타난다. 그러나 보다 근본적인 원인은 주로 정서적 불안이라고 할 수 있다. 특히 청소년들의 정서는 지각이나 성격에 크게 영향을 받는다. 정서적으로 불안한 자들은 공격적 행동, 반사회적 행동을 하게 되는데 그것은 지나친 자기비하나 자기과시적 행동을 보임으로써 사회적 적응이 거의 불가능한 기능상의 비효율성이 나타난다.

청소년들의 부적응에 대한 생물학적 요인으로는 유전, 체격, 기질, 내분비선의 기능, 정신질환, 영양실조, 피로, 감염 등이 있는데 이것들이 부적응 형성에 원인으로 작용하고 있다.

이러한 부적응의 지도는 교육적으로나 신앙적으로 중요한 비중을 갖는다. 이들을 학교와 가정, 교회와 사회 생활에서 적응할 수 있도록 하기 위해서는 학교와 가정, 교회와 사회가 다같이 협력해야 한다. 우선 그들을 대하는 교사, 부모, 목회자 모두가 명랑하고 밝고 부드러운 분위기 조성을 위해 노력하는 것이 지도 방안이며, 또한 청소년 스스로가 부적응 행동의 심리적 원인을 합리적으로 처리할 수 있는 지적 감각을 학습시키고, 미적 표현과 감상의 능력을 통한 감정의 순화가 이루어지도록 미적 감각을 갖도록 힘써야 한다. 무엇보다 중요한 것은 그리스도의 사랑을 가지고 그들을 이해하고 그들의 욕구를 적절히 조절해주는 것이다. 청소년들은 그들의 욕구가 저지당했을 때에 이상 행동으로 처리하려 하며 그때 그들은 더욱 이상스런 행동으로 비뚤어져가는 것이다.

대체로 불안정한 가운데 있는 자들의 행동을 보면 첫째로 자주 반항을 하고, 둘째로 거짓말을 자주하고 핑계가 많다. 셋째로 다른 사람을 지배하려고 하거나 예속시키려 한다. 넷째로 남에 대한 시기심과 증오심을 갖고 있다. 이들을 좀더 깊이 살펴보면 모든 일에 자신이 없고 무엇이나 수동적이며 지나치게 신경이 예민하여 작은 비난을 받아도 상심하고 낙심한다. 그리고 항상 우울해 하며 타인과 어울리려 하지 아니한다. 그러므로 이러한 부적응의 행동을 보이는 청소년들에게는 개인적인 치료를 시도하는 것이 바람직하고 성경적 상담이 가장 좋은 방법이 된다.

Ⅳ. 가정의 영적성장을 위한 교육

1. 영성의 의미와 중요성

가정이야말로 하나님의 뜻을 이루어나가는 기초 공동체로서 가정의 구성원들이 영적으로 바로 설 때, 이 세계 속에서의 하나님의 역사가 가능하게 된다고 본다면 가정의 영성은 매우 중요하다.

특히 기독교 가정은 자녀들이 기독교적인 삶의 스타일을 형성하도록 영성훈련에 주력할 필요가 있다.

영성에 대한 신학자들의 정의를 들어보면 다음과 같다.

① 기독교 영성은 우리 속에 이루어지는 어떤 성품이라기보다는 하나님과 교제하는 삶의 과정이요, 성령의 역사로 이루어지는 하나님의 형상이요, 예수 그리스도와 함께 자기 십자가를 지고 고난받는 형제들 속으로 나아가 그들의 삶에 참여하고 그들을 구원하시는 구원사역에 함께 하는 것이다.[35]

② 기독교 영성은 하나님의 현존을 체험하면서 마음과 몸을 피조물의 존재양태로 지닌 인간이 이 세계의 고난과 투쟁 속에서 사람답게, 하나님의 형상을 지닌 피조물답게 살아가게 하는 것이다. 기독교 영성은 그리스도를 통해서 그리스도 안에서 하나님의 형상을 형성해가면서 끊임없이 구체적으로 그리스도의 형상을 개체 생명과 공동체 생명 속에 형성해가는 과정이며 하나님과 이웃을 향해 항상 열려 있는 영성이다. 다시

---

35) 오성춘, 『영성과 목회』 (서울: 장신출판부, 1989), pp. 26

말하면 기독교 영성은 한 인간의 삶과 공동체의 삶 속에 그리스도를 형성해가는 것이다. 그것은 성령의 능력과 은혜의 빛 안에서의 삶이다.[36]

③ 기독교 영성은 나사렛 예수 안에서 구체적으로 계시된 인간의 참 모습을 자기 안에 이루어나가려고 애쓰는 사람 가운데 오셔서 일하시는 성령의 열매이다(로버트 로비츠 : Robert Robeats).

④ 영성이란 기도와 묵상과 예식과 성서연구와 영적 자료를 통하여 조직적으로 깊이있게 삶을 개발하는 것이요, 그 영성을 표현하여 찬양과 감사로 하나님과 관계를 가지며 하나님의 사랑을 공동체 속으로 전달하는 삶이다(아이러스, 컬리 : Cully).

⑤ 영성은 하나님께서 우리에게 선물로 주신 성령의 교제 가운데서 경험하는 삶의 과정이다.[37]

⑥ 크리스천의 영성은 믿음과 사랑과 그밖의 어떤 덕행들로 말미암아 작용하는 은총의 내적 생활을 통해서 그리스도의 신비에 참여하는 성품이다(조던 오먼 : Jordern Orman).

영성이란 개념은 학자들에 따라서 매우 다양하게 정의되고 있다.

이러한 이해를 바탕으로 하여 기독교 영성이 포괄해야 할 요소는 다음과 같다. ① 기독교 영성은 본질적인 용어에서보다는 관계적인 용어로 설명할 수 있다. ② 기독교 영성은 하나님과의 인격적 관계에 기초한다. ③ 기독교 영성은 하나님과의 만남을 통해서 초월적 체험과 새로운 의식을 얻는다. ④ 하나님과의 관계에서 체험의 실제(본질)는 역사적 삶의 상황 속에서 공급받는다.[38]

⑤ 기독교 영성은 하나님과의 관계의 체험을 통하여 얻는 새로운 힘을 사용하여 주체적인 참여의 삶을 결단한다.

---

36) 김경재, 『그리스도인의 영성훈련』(서울: 대한기독교서회, 1988), p. 93.

37) Norman Showchuck, 오성춘, 황의자(공역), 『영성훈련』(서울: 장로회총회 출판부).

38) Urban T. Holmes, *Spirituality for Ministry* (San Francisco: Harper & Row, 1982), p. 12.

기독교의 영성이란 새로운 존재이신 그리고 신인적 존재이신 예수 그리스도의 생명과의 관계 속에서 결정적으로 규정되기 때문에 일반적인 정신성과는 다르다. 그러므로 기독교 영성이란 다음과 같은 세 가지 특성을 가지고 있다.

첫째, 기독교 영성이란 본질이 아니라 관계성이다. 기독교 영성은 인격적인 초월자이신 하나님과 관계를 맺는 삶을 강조한다.

둘째, 하나님과의 인격적인 관계의 삶은 초월의 체험을 가져오며 새로운 의식, 의식의 확장, 새 삶의 출발 등의 전환을 가져온다. 이것은 그리스도인의 신앙의 삶을 전반적으로 담을 수 있으며 한 인간의 전인적인 성숙이 무엇인지를 명료화할 수 있을 것이다.

셋째, 기독교 영성은 하나님과의 인격적 관계의 체험을 통하여 변화된 삶을 구체적인 역사현장 가운데서 구현시켜나간다. 그러므로 기독교 영성은 초월자와의 인격적 관계—변화의 체험—역사현장에 대한 참여라는 도식으로 설명할 수 있다.[39]

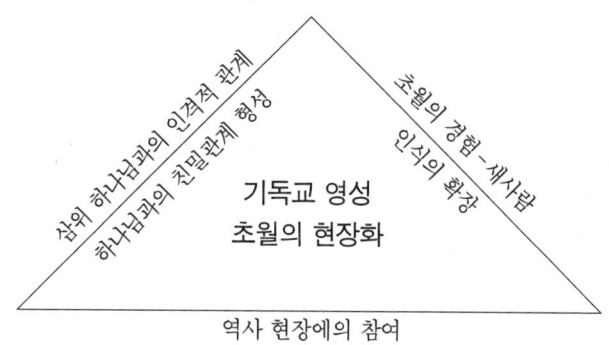

---

39) 오성춘, op. cit., pp. 70-71

2. 가족의 영성훈련을 위한 가정예배

1) 가정예배의 본질

가정예배는 기독교 정신을 창조하는 데 있어서 커다란 도움이 된다.

가정에서의 예배는 기독교 공동체의 생명이요, 삶의 내용이다. 신앙공동체로서의 가정은 행복한 보금자리요, 예배하는 특권과 영광이 머무는 곳이다. 이스라엘의 가정을 살펴볼 때 그들의 가정예배는 곧 생활이었다. 그들의 삶 전체가 예배요, 예배가 곧 삶이었던 것을 볼 수 있다. 크리스천 부모가 자연스럽게 예배 분위기를 형성하여 자녀들이 신앙공동체로서 가정의 모습을 자연스럽게 느끼고 응하고 받아들이도록 한다면 자녀들의 신앙성장에 큰 도움이 될 것이다.

그러면 가정예배는 어떠해야 하나? 예배의 의미를 살펴보면,

(1) 가정에서의 예배는 신비이다. 가정예배는 하나님의 자기계시와 더불어 영적인 '하나님 체험'의 공간이 되는 것이다.

(2) 경축이다. 예배는 하나님의 활동에 대한 경축이다. 이 하나님의 활동이란 그의 창조, 섭리, 구속의 언약, 예수 그리스도의 성육신, 십자가와 부활을 통한 하나님의 구속적 계시, 그리고 성령의 강림을 통한 하나님의 능력의 나타남 등이다. 물론 예배가 하나님에 대한 경축이지만 이 경축의 의미를 가족공동체 내에서의 축하의식으로 발전시킬 수 있다. 아기의 탄생으로부터 유아세례, 생일, 입학, 졸업, 결혼 등 인생의 통과의식 속에서 온 가족은 서로를 축하하는 의식을 가정예배 속에서 만들어갈 수 있는 것이다.

(3) 예배는 생활이다. 예배는 일정한 예식에만 국한되지 않는다. 예배는 기독교인에게 있어서 삶 전체를 의미한다. 예배는 생활의 모든 영역에서 하나님의 임재를 실현시키는 것이다.

(4) 대화이다. 예배는 하나님과 인간의 만남이며 이 양자 사이에서 이루어지는 일종의 대화이다. 계시와 응답의 대화를 통해서 인간은 하나님을 경외하게 된다.

(5) 드림(헌신)이다. 예배의 목적은 드리는 데 있다.[40] 예배는 우리

자신의 전체, 즉 지성, 감성, 태도, 소유 등을 하나님께 드리는 것이다. 봉헌의 가장 고상한 표현은 자기 자신을 드리는 것, 자신을 거룩한 산 제사로 드리는 것이다.

가정공동체의 목적 중 하나는 '기독교적 삶의 스타일 형성'을 통한 세상을 향한 봉사요, 증언자로서의 결단을 촉구하는 것이다.

그리스도인의 가정공동체는 예배를 통해서 잃어버린 종교교육의 영토를 회복해야 한다. 가정예배는 가정의 영적 활성화와 가정공동체 회복에 커다란 도움을 줄 것이다.

2) 가정예배의 중요성

가정예배는 기독교 정신을 창조하는 데 있어서 커다란 도움이 된다.

가정예배는 가족이 함께 모일 수 있는 식사 전후의 시간, 또는 어린이들이 잠들기 전인 저녁시간에 온 가족이 한자리에 모여 앉아서 드리는 것이 좋다. 가정예배는 가족 모두가 예배 인도자가 될 수 있고 예배의 각 순서를 맡을 수 있다는 점에서 교육적인 효과를 얻을 수 있다.

가족이 함께 예배드림으로써 가족들이 기독교인의 연대성을 형성하며, 가정생활에서 하나님의 실재를 체험하며, 하나님이 그들의 가정생활의 중심적 위치를 차지하고 계신다는 의식을 갖게 되며, 하나님께 헌신하고 그의 뜻을 따르려는 노력이 용솟음치도록 도와주므로 가정예배는 매우 중요하다.[41]

그리스도인의 여러 활동 가운데 가정예배만큼 중요한 역할을 하는 것은 없다. 교회출석과 교회모임, 봉사활동도 중요하지만 그러나 가정예배를 대행하지는 못한다. 가정예배는 숨겨진 보물이다.

---

40) Franklin M. Segler, 정진황(역), 『예배학 원론』(서울: 요단출판사, 1979), pp. 18-19.
41) George M. Schreyer, 채위(역), 『신학과 기독교 교육』(서울: 대한기독교교육협회, 1979), p. 249.

은혜의 보좌 앞에 오순도순 모여 앉아 하나님의 말씀으로 양육되고 공급받고 힘을 얻고 치유함을 받는 자리가 가정예배의 자리이다.

성경은 이렇게 명령하고 있다. "오늘날 내가 네게 명하는 이 말씀을 너는 마음에 새기고 네 자녀에게 부지런히 가르치며 집에 앉았을 때에든지, 길에 행할 때에든지 누웠을 때에든지 일어난 때에든지 이 말씀을 강론할 것이라"고 명령하고 있다(신6:6-7).

온 식구들은 가정예배를 통해서 하나님을 찬양하고 경외하기를 배우며, 성경지식을 배우며 기도생활을 개발하게 된다. 그리고 가정예배를 통해 자녀들은 경건한 그리스도인으로 자라게 되며 기독교적인 성품들을 배우게 된다. 가정예배는 가족을 연합시키며 영적으로 성숙하게 하며 가정 복음화의 첩경이 된다.

가정예배는 그 가정에 대한 하나님의 임재를 상징하는 것이다. 이것은 어른이나 어린이 할 것 없이 모든 가족들에게 주어진 하나님의 은혜이며 하나님을 향한 인간 마음의 응답이다. 가정예배의 효과에 대해 클라이드 네레모어(Clyde Narramore)는 다음과 같이 말하였다.

(1) 예배의 효과

하나님께서는 사람이 하나님을 예배하도록 창조하셨기 때문에 사람은 하나님을 예배하지 않고서는 만족할 수가 없다. 가족들은 가정예배를 통해서 영혼의 만족을 얻으며, 인간의 존재 목적을 달성하게 되는 것이다.

(2) 교육의 효과

가정예배를 통해서 부모들과 자녀들은 하나님의 말씀을 가르치고 습득하므로 교훈을 얻게 된다.

(3) 훈련의 효과

가정예배를 통해서 부모들과 자녀들은 훈련의 기회를 제공받게 된다. 찬송을 통해서 하나님께 더욱 가까이 가며 특히 기도의 훈련은 놀라운 삶의 변화를 가져오게 할 것이다.

(4) 가족 결속의 효과

가정예배가 주는 또다른 효과는 가족 간의 결속을 강하게 해준다는 것이다. 가족들 한 사람 한 사람의 어려움을 두고 온 가족이 서로 기도하며 애쓸 때, 서로의 풍성한 사랑을 확인할 수 있으며 진정 한 가족이라는 사실을 뜨겁게 체험함으로 가족은 한층 더 강한 공동체가 된다.

3) 가정예배의 실제 모델

첫 번째 가정예배의 모델은 전형적인 모델인데, 매일 저녁 일정한 시간에 온 가족이 모여 가정예배를 드리는 가정의 모델이다. 이 가정은 정해진 시간에 예배를 드리기 때문에 식구들의 귀가시간이나 기타의 개인활동을 이 시간에 맞추어 스케줄을 잡는다. 온 가족이 모이면 찬송가를 부르고 아버지가 성경말씀을 읽고 간단한 메시지를 전한다. 그리고 서로 돌아가며 기도를 하고 애창하는 찬송가 몇 곡을 부른 후에 마치는 전형적인 케이스(case)이다. 아버지가 메시지를 전하기가 어려우면 시중에서 판매하는 가정예배 자료를 한 사람씩 돌아가며 읽고 그것을 묵상하기도 한다.

그 다음 케이스(case)는 가정예배 시간을 가족경건회와 결부시키는 가정의 모델이다. 이 가정은 가족구성원 모두가 Q.T(경건의 시간)를 갖는다. 나이 어린 자녀들과 그들의 수준에 맞게 Q.T 시간을 갖는다. 온 가족 모두 가정예배 시간에, 자신이 했던 Q.T 묵상 내용을 함께 나눈다. 함께 나누는 시간을 통해 서로의 기도제목을 발견하게 되고 말씀으로 온 가족이 하나가 될 수 있으며 지속적으로 성경말씀을 연구할 수 있다. 이 케이스(case)는 온 가족 모두 Q.T를 지속적으로 해야 하며 Q.T에 대한 훈련이 따라야만 가능한 경우이다.

세 번째 모델은 성경공부 스타일(style)의 가정예배 모델이다. 이 가정은 어느 정도 장성한 자녀들이 있는 가정의 모델인데, 온 가족 모두, 가정의 정체성 회복과 성경적인 가정확립을 위한 가정 성경공부 시간을 갖는다. 이 모델이 사용될 수 있는 교재는 『그리스도와 가정』(루실솔렌버거에 저, 말씀사)과 『예수가정 코이노니아』(설은주 저, 무실)이다. 지속적인 가정 성경공부를 통해서 바람직한 그리스도인 가정모델을 건설해갈 수 있다. 그리고 가정복음화와 주변에 있는 가정들을 선교하는 데 좋은 모델이 될 수 있다.
　네 번째 모델은 가정기도회 형태를 가진 가정예배 모델이다. 이 모델은 중보기도의 성격을 띠게 되는데 자신의 가족만을 위한 기도가 아니라, 이웃, 교회, 국가, 선교, 문화 등등 다양한 주제를 가지고 기도를 드린다. 이 형태의 모델은 아래와 같다.

■ 가정기도의 모델(가정에서의 대화식 기도의 네 단계)
　(1) 제1단계 : 예수님은 여기 계신다(마18:19-20). 이 단계에서는 묵상카드를 사용하여 주님의 사랑과 은혜에 확신을 갖도록 도와준다. 묵상카드는 성경말씀 중, 주님의 사랑과 은혜에 관한 구절을 적어 카드를 작성한다. 묵상카드에 기록된 성경말씀을 온 가족이 함께 읽은 후, 깊이 묵상한다.
　(2) 제2단계 : 주님, 고맙습니다(빌4:4-7). 모든 것을 감사하는 감사의 기도를 한다. 가족 한 사람 한 사람이 하루 종일 일어난 모든 것에 대해 감사한다.
　(3) 제3단계 : 주님, 용서해 주세요(약5:13-16). "주님 도와주세요, 주님 용서해주세요" 용서의 치유하는 능력과 자백하는 기도에 대해서 온 가족이 경험하도록 한다. 이 단계를 시작할 때, 서로 정직하게 대하도록 한다. 정직함은 우리에게서 죄의식의 짐을 벗겨주며 서로에게 귀를 기울이게 한다. 또한 서로에게 마음을 열어야 한다. 우리가 서로에게 마음을 열면 거기에는 사랑이 있으며 진실이 흘러나오고, 모든 어두움은 빛 가운데서 폭로된다. 그러면 예수께서 우리를 치유하실 수 있다. 온 가족이 기도할 때는 마음을 열고 정직하게 신뢰하며 단순하게 기도하는 것이 좋다.
　(4) 제4단계 : 이웃을 도와주세요. "내 형제를 도와주세요" 이 단계는 서로를 위해 깊이 중보기도하는 시간이다. 빌1:9-11, 눅11:5-13, 약5:14-16, 딤전2:1-6을 읽는다. 특히 중보기도의 폭을 넓게 확장시켜 모든 사람을 위한 중보기도를 드린다.
　가정에서 드릴 수 있는 중보기도의 예문은 다음과 같다.

■ 중보기도문 모델

전능하신 하나님 아버지, 주께서 우리를 교훈하사, 모든 사람을 위하여 기도하라고 하셨나이다. 겸손히 기도하오니 우리의 간구함을 들어주소서.

또 간구하오니 진리와 화평의 성령으로 온 교회를 주관하사 주의 거룩하신 이름을 믿는 자들이 성령의 진리를 한 뜻으로 깨닫고 서로 화목하여 하나되게 하소서.

(1) 교회를 위하여 기도하오니 우리 교회가 주님의 진리 위에 굳건하게 서서 온전히 복음을 전하게 하시고 이 사회의 빛과 소금이 되게 해주세요.

(2) 예수님 믿는 우리가 먼저 회개하고 새로운 사람이 되어 복음을 전하게 해주세요.

(3) 복음을 전하시는 목사님, 전도사님, 선생님 모두에게 성령 충만하게 하셔서 담대히 복음을 전하게 해주세요.

■ 선교를 위한 중보기도

(1) 먼 곳에서 복음을 전하시는 선교사님들을 영육 간에 강건하게 해주시고 담대히 복음을 땅끝까지 전하게 해주세요.

(2) 선교사님 가정을 보호하시고 온갖 위험과 고난에서 보호해주세요.

(3) 하루빨리 북한에 복음이 전해져서 우리 나라가 하나님 안에서 하나되게 해주세요

(4) 특히 어려운 상황 속에서 믿음을 지키는 공산권, 모슬렘 지역의 성도들을 보호해주세요.

■ 사회 문화를 위한 기도

(1) 이 땅의 온갖 나쁜 문화(음란, 저질, 퇴폐)가 사라지게 하시고 예수 그리스도의 문화가 꽃피게 해주세요.

(2) 무질서와 폭력이 사라지게 하시고 서로 아끼고 사랑하는 사회가 되게 해주세요.

(3) 텔레비전, 신문, 잡지들이 바르고 유익한 것만 사람들에게 보도하게 해주세요.
(4) 사탄의 문화가 날로 번창해가는데 우리 그리스도인들이 정신차려 이를 경계하고 자신을 지킬 수 있게 해주세요.
(5) 학교에서 올바른 교육이 이루어져 도덕이 회복되게 하시고 모든 사람들이 하나님을 경외하게 해주세요.
(6) 이 땅의 가난한 사람들, 슬픈 사람들, 가슴 아픈 사람들을 주님께서 위로해주시고 모두가 서로 나누며 돕는 사회가 되게 해주세요.
(7) 대통령, 장관, 그외 정치 지도자 모두에게 하나님을 두려워하는 마음을 갖게 해주시고 선한 뜻으로 국민을 잘 다스리게 해주세요.

- 그리스도인들을 위한 기도

(1) 예수님 믿는 이 땅의 가정들이 회복되게 하시고, 불신 사회에서 아름답고 선한 열매를 많이 맺게 해주세요.
(2) 예수님 믿는 우리가 사치 낭비하지 않고 자연을 잘 보호하며 검소하게 사는 운동이 일어나게 해주세요.
(3) 이 땅의 크리스천 어머니들이 성경적인 자녀교육을 하게 해주세요.
(4) 특히 가난하고 힘없는 자들을 아끼는 사회가 되게 하시고 고아원, 양로원, 모자원 사람들을 잘 돌보게 해주세요.
예수 그리스도의 이름으로 중보기도 드립니다. 아 멘.

4) 가정예배를 위한 제안
그리고 가정예배를 의미있고 풍성하게 만들기 위한 지침은 아래와 같다.
① 가정예배 자료구입시 자녀들과 같이 구한다.
② 가정예배는 가족의 그날 경험과 연결되어야 한다.
③ 가능하면 어린이가 인도자가 되는 것도 매우 의미있는 경험이 될 것이다.
④ 부모의 기도내용은 그 자녀들이 추구해야 할 것을 결정하게 되고,

삶에 대한 부모의 훌륭한 태도는 그 자녀에게 영향을 미치게 된다. 예배를 통해 삶은 성스러운 것임이 자녀에게 설명된다.
 ⑤ 예배드리는 방은 경건한 분위기로 꾸미도록 해야 한다. 예배센터를 만들고 초를 켜두는 것도 좋은 분위기가 된다.
 ⑥ 가정예배는 다양한 변화를 갖도록 한다. 다양한 기도형태, 선교사나 신앙선배와의 대화시간, 연극, 예배 등으로 변화를 갖게 해야 한다.
 ⑦ 온 식구가 같이 모일 시간이 없는 것이 큰 문제이다. 혹시 가정예배에 동참하지 못한 가족이 있으면, 관대하게 대하고 가정예배시에 읽은 성경을 읽게 하여 따라오게 하여야 한다.
 ⑧ 가족 중에 누군가가 여행이나 변동으로 가족을 떠났을 경우에는 같은 시간, 같은 자료로 예배드림으로써 가족이 하나님을 발견하게 한다.
 ⑨ 온 식구가 야외에서 예배드리는 것은 잊을 수 없는 경험이 된다. 하나님은 어디에서나 함께 하심을 알게 되고 아름답고 경외스러운 이 세상을 창조하셨다는 것을 알게 한다.
 ⑩ 특별한 날들을 위한 예배, 가정에서 생일이나 대강절, 크리스마스, 사순절, 부활절, 어린이 주일, 어버이 주일 등 특별한 날에 온 가족이 함께 예배드리는 것도 강력한 교육이 된다.
 ⑪ 가정예배에 다른 가정을 초청하여 예배를 드리는 것은 의미있고 가족 전도에 도움이 되며 가정예배를 이해시키는 데 도움이 된다.
 더 구체적인 방안과 지침을 열거하면 다음과 같다.

■ 가정예배를 의미있게 이끌기 위한 제안들
 ① 한 사람이 좋아하는 성경 이야기들을 행동으로 표현하면 다른 사람은 그 성경 이야기에 나오는 인물을 알아맞히게 해본다. 혹은 인형들을 사용해본다. 더 재미있게 하기 위해서 제스처로 이야기를 꾸며본다. 그리고 아이들이 친구들을 초대하여 관람하게 해본다.
 ② 과일파티로 예배시간을 끝맺는다. 혹은 떡볶이 재료들을 주어 스스로 해서 먹게 한다.
 ③ 성경을 읽은 후 각자 질문에 응답할 기회가 주어질 것을 미리 말하

여 방심하지 않게 함으로 예배시간을 시작한다. 혹은 성경을 읽기 전에 한두 가지 질문을 하여 가족들이 그 대답을 찾기 위해 귀를 기울이게 한다. 혹은 벽보처럼 질문을 써서 그 질문의 답을 찾을 수 있도록 조용히 읽게 한다.

④ 전문적인 극작가들이 기록한 성경 이야기를 연극으로 꾸며본다.

⑤ 선교사 가정을 선택하여 그 선교사로부터 온 기도편지를 읽고 답장을 쓰고 그 선교사님을 위해 기도도 하고 그 선교사님이 필요로 하는 것들을 생각해보고 가족들이 채워드릴 방법들을 논의해본다

⑥ 예배시간이 너무 길거나 너무 복잡하면 어린아이들은 다른 활동들, 예를 들면 성경퍼즐 혹은 색칠하기 등을 할 수 있도록 해준다.

⑦ 좋아하는 기독교 방송 어린이 프로그램을 따로 예배시간과 일치하도록 예배시간을 변경한다. 혹은 나중에 사용할 수 있도록 특별히 좋은 프로그램은 녹음한다.

⑧ 성경 tape 시리즈를 이용한다.

⑨ 어린이 경건서적을 활용한다.

⑩ 때로 자녀들 각자에게 함께 나눌 수 있는 것을 가져오도록 청한다. 좋아하는 성구, 하나님에 관한 시, 녹음, 노래 혹은 의논할 의견들, 색다른 제시는 격려한다.

⑪ 개인적으로 쓸 수 있는 경건일지를 가족수대로 구입한다. 각자 영적 모험에 대한 비밀한 일지를 간수한다. 삶에서 하나님이 허락하신 경험을 통해 하나님이 가르친 것을 기록한다. 가끔 특별한 내용을 나눈다.

⑫ 비옷으로 무장을 하고 우산을 꼭 잡고 하나님의 빗속으로 산책해본다. 시간을 내어 주변을 둘러보고 얼굴에 떨어지는 작은 빗방울을 느껴본다. 잠깐 멈추고 이 비가 어디서 왔는지 생각해본다. 바람 소리에 귀를 기울이고 나뭇잎이 흔들리는 것을 바라본다. 진흙 바닥에 발가락을 넣어 모양을 만들어보고 하나님에 관해 말해본다. 하나님께서 어떻게 비를 만드셨는지 경탄한다. 민들레의 솜털을 불어보고 그 아름다움을 표현해 본다. 당신의 주변에 있는 모든 자연의 아름다움을 하나님께 돌린다. 집으로 돌아와 차를 마시며 욥기 37장을 나눈다.

⑬ 최근의 종교적인 행사들, 기독교적인 내용의 음악회, 영화, 연극상연이 있을 것이다. 적당한 날을 택하여 정장을 하고 밖에서 그 공연 전후에 저녁식사를 한다.

⑭ 재미있고 진실한 믿음의 이야기를 해주거나 읽어준다. 선교사의 기도편지들과 정기적으로 간행되는 신앙지들이 좋은 자료가 된다. 복음성가도 부른다. 악기나 성악으로 교향악에서 민요조로 된 것까지 그 가족의 음악적 취향에 맞게 선택할 수 있다.

⑮ 좋아하는 찬송가 가사를 소리내어 읽는다. 작자가 무엇을 말하려고 하였는지 논의해본다. 가능하다면 작자에 대해 알아본다. 위대한 믿음의 찬송가는 주님에 대한 사랑으로 다른 세대와 우리를 이어주는 연결고리가 된다.

⑯ 가끔은 예배시간을 찬양만으로 이어간다. 돌아가면서 인도한다. 합창으로 휘파람을 불어보고 손뼉도 치고 화음을 넣어 노래하고 하모니카, 피아노, 기타 혹은 다른 악기를 사용해본다.

⑰ 어린이로 하여금 주일학교에서 배운 새노래를 가르치게 해본다..

⑱ 어린이 합창을 녹음하였다가 뒤에서 틀어준다. 혹은 차분하게 분위기를 조성하도록 음악을 틀어놓는다. 가족들이 모여 예배를 드리는 동안 배경음악으로 부드러운 음악을 틀어놓는다.

⑲ 유명한 성화들을 보여준다. 그 예술가가 마음 속에 담았던 것이 무엇인지 토론하도록 한다. 각자가 예술가였다면 어떻게, 왜 다르게 표현할 것인지 질문한다.

⑳ 성경훈련을 한다.

㉑ 가족 중 한 사람이 영감을 주는 신앙서적을 읽으면 그 책을 읽을 시간을 준다. 다른 사람도 그 책을 읽기 원할 것이다. 그때에는 일주일 내내 신앙서적을 조용히, 개인적으로 읽는 것으로 가정예배를 대신할 수도 있다.

㉒ 가정예배를 가정의 감사축제로 만든다. 졸업, 생일, 결혼, 새아기의 탄생, 친척방문, 휴가 등을 축하한다. 가정의 대소사와 해당 성경구절과 연관시킨다. 일어난 일들마다 특별한 방법으로 역사하시는 하나님께 감

사한다.
㉓ 휴가로 본국에 와계신 선교사님 가정을 초대하여 그들 사역에 대해 들어본다. 목사님과 전도사님을 초대하여 예배도 드린다.
㉔ 성경퀴즈를 만들거나 퀴즈 책에서 발췌한다.
㉕ 개인적으로 혹은 여럿이서 시를 쓴다.
㉖ 주기도문, 십계명, 산상수훈 혹은 시편23편을 공부한다.
㉗ 가족에 관해 당신이 좋아하는 것을 말한다.
㉘ 하나님은 어떤 분이시며 그리고 우리는 그분에 대해 얼마나 알고 있는지 논의해본다. 시편139편, 욥기37-39장을 읽는다.

3. 가족 안에서의 신앙의 나눔을 위한 모델

존 웨스터호프(J. H. Westerhoff Ⅲ)는 가정에서 부모와 자녀와 함께 기독교적 삶을 나누는 다섯 가지 지침을 소개한다.[42]

1) 성서 이야기를 함께 나누기
성서는 다양한 내용이 기록된 책이다. 독특한 기능을 지닌 다양한 종류의 이야기들 - 변증, 설화, 비유 등이 있고 예언자의 심판과 삶을 축하하는 노래와 기도와 말씀이 있다. 그러나 이렇게 다양함에도 불구하고 그 중심은 하나님 사랑의 이야기이다. 이것은 기독교인이 되려면 알아야 하고 소유해야 하고 그대로 살아야 하는 기독교의 이야기이다. 부모는 성서 이야기를 평생의 과제로 배워야 하고 자신의 이야기인 것처럼 말하기를 배워야 한다.

---

42) John H. Westerhoff Ⅲ, *Bringing up Children in the Christian Faith* (Minnea Polis: Winston press, 1980), pp. 29-31.

2) 신앙과 삶에 대한 축하

부모는 자녀들과 함께 축하를 나누는 일로 말미암아 하나님에 대한 경험을 상징적으로 알게 된다. 축하에 함께 참여함으로 삶의 의미와 신비를 확증하고 축하를 나눌 때 신앙과 삶도 나눔의 중심이 되어야 한다.

3) 함께 기도하기

기도는 하나님과의 교제이며 기독교인 생활의 중심이다. 기도는 하나님의 현존에 대한 인식과 자각이며 인격적 응답이다. 기도는 하나님 앞에서 자신을 열어놓고 감사와 찬양과 참회와 간구와 중재를 통한 하나님과의 의식적 관계이다. 그러므로 하나님과의 관계 안에서 함께 삶을 나누는 것은 기도하는 것이며 기도하기를 배우는 것이다.

4) 함께 듣고 말하기

부모는 먼저 듣기를 배워야 한다. 말로된 질문이 아니라 말하는 자녀에 대해 배워야 하는 것이다.

5) 봉사와 증거의 신실한 행동의 수행

기독교인의 신앙은 삶의 한 방법을 의미한다. 신앙은 하나님 나라에 대한 비전을 바라보고 하나님의 현존 안에서 친밀히 사귀며 사는 것이고 세계 안에서 하나님과 함께 행동하는 것이다. 예수의 제자들이 예수를 본받음으로 배운 것같이 자녀는 부모를 통해 배운다. 그러므로 신앙을 나누는 것은 삶을 나누는 것이며 본보기가 되는 것이다. 부모는 봉사와 증거의 신실한 행동을 보여주어야 한다.

4. 가정 안에서의 신앙교육의 방법

다음은 자녀들이 하나님을 향한 열망을 갖게 하는 방법이다.
① 자녀를 위해 날마다 기도한다. 자녀들의 특별한 필요에 대해 늘 깨

어서 특별한 기도를 드린다. 자녀들에게 부모가 자신을 위해 기도하고 있다는 사실을 알려준다. 자녀의 삶 속에 나타난 하나님의 기도응답을 분명하게 지적해준다. 직업이나 배우자, 자녀 등 자녀의 먼 훗날에 일어날 일들을 위해서도 자주 기도한다.

② 웃음과 모험, 놀라움과 서로를 향한 관심, 아름다운 음악과 책, 좋은 친구들이 어우러진 안정된 집안 분위기를 유지한다. 즐거운 일로 집안이 가득차게 한다.

③ 가족 상호 간에 영적인 교감이 이루어질 수 있는 기회를 자주 마련하고 자녀들에게 관심과 주의를 기울인다. 자녀들의 삶에 변화를 준다. 성경말씀을 잘 외우면 상을 준다.

④ 식구들이 한마음으로 예배드리는 시간을 가진다. 축하해야 할 일이 있으면 다같이 찬양과 기도로 하나님께 감사한다.

⑤ 프로그램이 훌륭한 기독교 단체의 여름 수련회나 캠프에 자녀들을 보내는 한편 교회가 주최하는 프로그램에 참석시킨다.

⑥ 부활절, 크리스마스, 감사절 등의 기독교 절기의 장점을 잘 살려서 자녀들에게 신앙에 대해 이야기하는 기회로 삼는다. 인류를 향한 하나님의 사랑을 이야기하기에 크리스마스 이브보다 더 좋은 기회가 어디에 있겠는가? 부활절은 하나님의 능력에 대해 가르쳐주기에 가장 좋은 기회가 아닌가? 생일은 한 사람의 독특성과 존엄성을 하나님의 관점에서 존중하도록 역설할 수 있는 사건이다.

⑦ 자녀들이 교인들이나 예배순서, 교회에서 진행되는 여러 활동에 잘 어울리고 그 속에서 편안함을 느끼도록 도와준다.

⑧ 위대한 신앙을 가졌던 사람들의 전기를 보여주고 메시지가 담긴 최신 성가를 들려준다.

⑨ 벽에 지도를 걸어놓고 배고픔에 시달리는 지역, 정치적인 압박으로 고통받는 지역, 영적으로 메말라 있는 지역 등에 대하여 규칙적으로 공부한다.

⑩ 선교사나 헌신된 사람들을 집에 초대한다. 그런 사람들을 하나님께서 어떻게 부르셨는지 자녀들이 물어볼 수 있게 한다.

⑪ 가족 게시판에 안면이 있는 선교사의 사진들을 붙여놓는다. 그 선

교사들과 편지를 주고받는다. 온 가족이 선교사들을 위해 기도하고 그들을 도울 방법을 찾는다.

⑫ 아직 예수 그리스도를 알지 못하는 자녀들의 친구를 가려낸다. 그리고 같이 지내면서 복음을 전할 기회를 마련할 수 있도록 기도하고 계획을 세운다. 전도할 기회가 왔을 때 부모와 자녀가 무슨 말을 할 것인지 분명히 준비한다.

또한 자녀들에게 책임감을 심어줄 수 있는 몇 가지 방법이 있다.
① 자녀들이 가정 안에 세워진 규칙들을 따르게 한다.
② 자녀들에게 부모들이 세운 규칙과 기준들 외에 자신들의 규칙과 기준들을 세우도록 격려한다.
③ 가족들은 자기가 할 집안 일이나 의무들을 완수하며 계속적으로 해나가야 한다.
④ 자녀들은 기준과 규칙과 그 뒤에 있는 이유를 의논하는 가족회의에 참여한다.
⑤ 자녀들은 가족문제에 대한 민주적인 가족토론에 참여할 수 있다.
⑥ 자녀들은 교회에서 갖는 프로그램과 온 가족 행사에 참여해서 책임 있는 행동을 하는 어른들의 본보기를 많이 보도록 한다.
⑦ 자녀들이 책임있게 행동하는 가치를 보여주는 전기와 이야기책들을 읽도록 격려한다.
⑧ 자녀들에게 개인의 훈련과 다른 사람들과의 협조가 필요함을 보여주는 캠프와 운동경기에 참석하도록 격려한다.
⑨ 자녀들이 애완동물을 기르거나 책임감을 길러주는 취미를 갖도록 격려한다.
⑩ 자녀들이 충돌을 스스로 해결하도록 해서, 싸움을 중재하는 권위있는 외부의 간섭없이 서로 타협할 줄 알게 한다.
⑪ 자녀들을 가족 휴가나 식사초대, 가정에서 여는 파티 등의 특별한 행사에 참여시킴으로써 사교술과 품위의 중요성을 배우고 사용할 수 있도록 해준다.

V. 행복한 가족을 위한 교육

1. 건강하고 행복한 가정의 특징

건강한 가정의 특징을 연구하기 위하여 돌로레스 큐란(Dolores Curran)은 오백 명의 전문가들에게 설문조사를 하여 아래와 같이 건강한 가정의 특징을 요약하였다.[43]

1) 가족구성원들이 모두 공통된 종교적 신념을 가지고 생활하는 가정
주 예수를 자기 가정의 주인으로 삼고 섬기는 가정은 가치관, 생활태도, 삶의 목적 등에서 쉽게 공감대를 형성하고 상호 간에 지지그룹이 될 수 있다. 왈터 셀리반(Walter F. Sullivan) 추기경은 신앙에 대한 태도와 부부관계의 질은 밀접한 상관이 있다고 주장하고 신앙생활을 통해서 부부는 사랑 가운데 성장하고 서로 지지해주고 성숙한 인간이 되도록 협조할 수 있다고 진술한다. 하나님을 믿는 부부들은 일상생활을 통하여 사랑과 존경, 타인에 대한 따뜻한 마음, 지혜, 그리고 초월자에 대한 경외심을 자녀들에게 심어준다. 오늘날과 같이 복잡한 세상에서 온 가족이 함께 기도하며 성경말씀을 생활의 지침으로 삼는 가정은 그만큼 든든한 토대 위에 서있는 가정이라고 할 수 있다.

---

43) Dolores Curran, *Traits of a Healthy Family* (Minneapolis: Winston press, 1980).

2) 가족구성원들이 함께 대화하는 기회를 자주 가지고 자발적이고 진솔하게 대화하는 가정

건강한 가정의 구성원들은 부부 간에, 혹은 부모와 자녀 사이에 진솔한 대화를 자주 하는 것으로 나타났다. 진실하고 솔직한 대화를 할 수 있다는 것은 심리적으로 친밀하다는 것을 의미한다. 할 말과 해서는 안 될 말을 끊임없이 취사선택해야 하는 인간관계는 두 사람의 거리가 멀다는 것을 의미한다. 대화가 형식적이고 의례적인 차원에 머물러 있다면 그 가족구성원들은 돈독한 관계를 유지하지 못한다는 뜻이다. 솔직한 생각과 감정을 자발적으로 표현할 수 있는 가정이라야 가족구성원들의 유대가 공고해진다. 각 가정에서 텔레비전 보는 시간을 줄여야 한다. 가정 분위기가 허용적이고 수용적일 때, 개개인의 대화가 능동적이고 진실해진다. 대화를 통하여 늘 공감대를 형성하는 가정은 사회생활에서 생긴 좌절과 스트레스를 해소할 수 있고, 정서적으로 재충전할 수 있게 도와준다.

3) 가족구성원들이 서로를 신뢰하고 인정하고 지지해주는 가정

건강한 가정의 힘의 원천은 가족구성원들이 서로 사랑하고 서로 사랑한다는 말을 자주 해주는 데 있다고 데이비스 메이츠(Davis R. Mace)는 말한다. 그들은 서로 지지해주고 존재가치를 느끼게 해주며, 기회가 있을 때마다 애정을 가지고 말하고 행동한다. 따라서 그런 가정의 가족구성원들은 소속감을 가지고 서로 강화시켜주고 가족 관계에서 만족감을 얻는다. 가족구성원들을 거의 무조건적으로 수용하고 지지하고 격려하는 것이 건강한 가정의 특징이다.

4) 가족구성원들이 유머 감각을 가지고 생활하고 함께 어울려 즐거운 시간을 가질 줄 아는 가정

건강한 가정은 유머 감각을 즐기고, 함께 즐거운 시간을 보낼 줄 안다. 그들은 돈을 소비하는 것이 즐거움이라고 생각하지 않는다. 온 가정이 모여 함께 노는 것을 소중히 여기고 여가를 선용할 수 있다. 끊임없이

쫓기고 바쁜 생활과 지속되는 긴장감으로 말이 날카로워지고 오해와 갈등이 자주 생길 때, 조심해야 한다.

5) 가족구성원들에게 윤리와 도덕을 가르치고 실천하는 가정

건강한 가정은 옳은 일과 그른 일을 구분할 줄 알고 선한 뜻과 윤리적으로 타당한 수단을 통하여 인생의 목적을 성취하고자 한다. 부모는 중요한 가치관에서 서로 공감하고 자녀에게 납득할 만한 선악의 판단기준을 제시할 수 있다. 부모들의 말과 행동이 일치하지 않으면 자녀들은 부모들의 위선적 태도에 실망하고 반발심과 적개심을 가지게 된다. 건강한 가정에서는 어른들이 도덕적인 삶을 살고 자녀들에게 행동으로 모범을 보이는 것이 특징이다.

6) 가족구성원들이 서로 다른 점을 존중하고 개성을 인정해주는 가정

타인에 대한 존중심은 가정에서부터 배워야 한다. 가정에서 남다른 개인으로 존중받고 자란 사람은 다른 사람을 존중할 줄 알게 된다. 건강한 가정은 가족구성원들의 독특한 점을 인정해주고 저마다 존재가치가 있음을 알게 하며, 남다른 생각과 감정을 가질 수 있음을 인정하고 그것을 존중한다. 또한 구성원마다 자신의 문제에 관한 결단을 존중받고 그 결과에 대하여 책임지게 한다. 따라서 자주적이고 자율적일 수 있다. 건강한 가정은 가족 이외의 다른 사람에 대한 존중심도 모범을 보임으로써 가르쳐준다.

7) 가족구성원들이 동일한 전통과 풍습을 공유하고 긴밀한 유대감을 유지하는 가정

건강한 가정은 가족구성원들에게 소속감을 느끼게 하고 그 가정의 독특한 정체감을 부여한다. 얼마나 소유하고 있는가, 혹은 무엇을 하고 있는가에 관계없이 한 가족이기 때문에 조건없이 인정받고 지지받는 곳이 가정이어서 가족구성원들은 강한 소속감과 유대감을 갖게 한다. 그리고 집안의 역사나 전통을 공유하고 있어 공동체 의식이 강하다. 건강한 가정은 모든 가족구성원들이 모이기에 힘쓴다. 집안의 결혼식, 생일, 장례 등 기회가 있을 때마다 함께 모여 경험을 공유하게 되어 소속감과 유대감이 강화된다. 이렇게 단합된 가족은 스트레스나 좌절을 훨씬 더 잘 극복할 수 있다. 왜냐하면 그들은 어려운 일에 직면했을 때마다 혼자가 아니라는 믿음이 있고, 다른 가족들이 힘을 모아 지지하고 격려해줄 것을 알기 때문에 용기를 잃지 않는다. 건강한 가정은 그 가정의 전통과 의식, 혹은 약속을 기꺼이 준수한다.

8) 가족구성원들에게 이웃과 인류에 대한 봉사의 중요성을 가르치고 실천하는 가정

건강한 기독 가정은 도움이 필요한 사람들에게 구체적으로 도움을 줄 줄 안다. 일상생활에서 박애정신을 실천하며 살아간다. 경제적으로 꼭 여유가 있어서가 아니라 어려움을 겪는 사람들에게 쉽게 동일시할 수 있고, 그들의 필요에 민감하게 반응할 수 있는 건전한 가정은 남들을 돕는 일에 가담하기 위하여 자원봉사 단체 등에 가입하여 활동한다. 그러나 교회나 봉사단체에 지나치게 몰입하여 가정을 희생시키는 일은 없다. 가정에서 소속감을 느끼지 못하는 사람이 가정 밖에서의 활동에 지나치게 열성적일 가능성이 있음을 상기해볼 필요가 있다. 건강한 가정은 생활 스타일이 비교적 단순하다. 사회적 지위를 내보이기 위해서 지나친 행동을 하지 않아도 편안할 수 있으므로 시간과 정력을 남들에게 바칠 수 있다. 집단이기주의에 빠진 사람들은 자기 가족구성원들의 안녕과 복지에만 급급하기가 쉽다. 따라서 타인에게 관심을 가져줄 여력이 없다.

9) 가족구성원들이 저마다의 책임과 공동책임을 자각하고 감당하는 가정

건강한 가정은 가족구성원들이 집 안팎의 책임을 분담하고 그 책임을 완수했을 때 인정해주고 칭찬해줄 줄 안다. 책임을 완수했다는 느낌은 자부심을 갖게 하고 자신감을 키워준다. 그래서 각 구성원들이 자기가 할 일은 감당하고 실패든 성공이든 그 결과에 대하여 스스로 책임을 느끼게 내버려둔다. 건강한 가정의 부모들은 자신감이 있고 유능하다고 믿는 이들이고 그들은 그들의 자녀도 그렇게 되기를 기대한다. 그들은 자녀들의 능력을 믿고 스스로 해결해나가도록 허락한다. 따라서 과잉보호나 지나친 간섭이 없어 자녀들은 자주 독립적이고 진취적이고 인내를 가지고 노력하는 책임감있는 사람으로 성장한다. 건강한 가정의 가족구성원들은 자기가 해야할 일을 책임감있게 할 뿐만 아니라 다른 사람에 대한 관심도 크다. 자신이 무책임하게 행동하면 다른 사람들이 어떤 느낌을 갖게 될 것도 자각하며 산다. 가족구성원 중에 한 사람이 실망하거나 좌절을 느끼면 그를 위로해 주고 격려해 줄 줄도 안다.

10) 가족구성원들이 그들의 문제나 결점을 인정하고 필요하면 도움을 청할 만큼 개방적인 가정

문제없는 사람이 없고 문제없는 가정도 없다. 문제는 항상 발생하기 마련이다. 그러나 건강한 가정은 문제를 시인하고 그 문제의 성격을 잘 파악하고 있는 데 비하여 불건전한 가정은 문제가 있음을 시인하지 못한다. 그런 가정에서는 문제가 생기면 부끄럽게 생각하고 숨기려 한다. 건강한 가정은 문제가 발생하면 그럴 수 있다는 듯이 인정하고, 필요 이상으로 당황하지 않으며, 해결해야 할 일로 받아들인다. 따라서 가족구성원들이 함께 문제해결 능력을 키워갈 기회로 삼는다. 결혼 초기의 문제는 부부가 함께 해결해야 할 과제를 받았다고 생각하면 된다. 서로 신뢰하고 존중하는 부부는 서로를 지지하고 격려하여 마침내 문제를 해결하고 성취감과 자부심을 더해간다. 그와 같은 경험이 누적될 때, 그 가정은 더욱 건강해진다.

건강한 가정을 테스트하기 위한 진단질문은 아래와 같다.

■ 건강한 가정 진단지

〈당신의 가정은 건강합니까?〉

(1) 의사소통 — 개방성에 대한 질문

① 가족들은 직접적이고 공개적으로 대화하며 상대방에 대하여 잘 듣고 이해합니까?
② 가족들은 서로의 느낌을 알고 부모와 자녀들이 서로의 정서적인 요구에 반응합니까?
③ 가족들이 중요한 결정을 할 때는 심각하게 발생되는 서로의 관심을 다같이 생각하고 결정합니까?
④ 가족들은 서로를 신뢰하고 있고 신뢰할 만하며 신뢰감이 파괴되었을 때도 치유될 수 있습니까?

(2) 긍정 — 감사에 대한 질문
⑤ 가족들은 서로에 대하여 감사하고 지원하고 서로의 행복을 증진시키십니까?
⑥ 가족들은 서로에게 애정을 표시하고 비이기적인 방법으로 친근감을 표시합니까?
⑦ 가족들은 유머감각이 있고 함께 놀기를 즐깁니까?
⑧ 가족들은 가족역사(가족전통, 가족예식, 가족모임 등…)에 대한 그들의 이야기를 자주 즐깁니까?

(3) 함께 하는 결속력에 대한 질문
⑨ 가족들은 늘 함께 한다는 느낌을 가지고 있으며 아주 상호적입니까?
⑩ 가족들이 함께 있는 시간이 많은 편이며 대화를 많이 하고 그들의 경험을 서로 이야기합니까?
⑪ 가족들은 집안 일에 대한 책임을 서로 나누고 가정의 역할도 융통성을 가지고 합니까?

(4) 자발성에 대한 질문
⑫ 가족들은 개인성을 존중하고 개인적인 자발성을 요구합니까?
⑬ 가족들은 각 세대의 기여와 역할에 대한 감사한 마음을 가지고 있

으면서도 세대 사이에 분명한 구별이 있는 것을 좋아합니까?

(5) 신앙과 헌신에 대한 질문
⑭ 가족들은 그들의 영적 신념과 실천을 형성하는 종교적 신앙을 나눕니까? (가정 안에서 신앙에 대한 이야기를 많이 합니까?)
⑮ 가족들은 그들의 자녀들과 다른 사람에 대한 도덕적 책임감과 가치의식을 가르칩니까?

(6) 봉사 — 타자를 평가하는 일
⑯ 가족들은 다른 사람에게 하는 봉사와 다른 사람의 일반적인 복지를 위하여 기여하는 일을 평가합니까?
⑰ 가족들은 다른 사람들, 친구, 이웃, 방문자를 신뢰합니까? 가족은 낯선 이웃을 친구로 사귀기를 좋아합니까?

(7) 배척 — 적응력에 대한 질문
⑱ 가족들은 융통성있는 법칙을 가지고 있으며 부모의 지도력을 나누어 가지기도 합니까?
⑲ 가족들은 가정에 발생하는 문제들을 직접적으로, 공개적으로 다루고 가족에 위기가 있을 때는 부정적인 태도보다는 생산적인 태도로 다룹니까?
⑳ 가족들은 그들 자신의 삶을 성장하고, 성숙하고, 감사하는 삶으로 보고 있습니까?

2. 행복한 가정 만들기 교육

1) 교육의 목적
① 다른 가족들과 사귄다. ② 격식없이 노래하거나 의견을 나누는 시간을 가진다. ③ 가족끼리 함께 의미있고 좋은 시간을 보낼 수 있도록

계획을 세워본다. ④ 가족구성원 각자에게 감사의 마음을 표현한다. ⑤ 의사나 감정을 상호 전달하는 몇 가지 패턴을 설명하고 역할도 맡아 연기도 해보고 평가도 해본다. ⑥ 몇 가족을 사귀고 종교적인 전통을 이해한다. ⑦ 신앙이 가족에게 왜 중요한지 설명한다. ⑧ 예배와 의견을 서로 교환하는 시간에 참여한다. ⑨ 초점: 가족구성원 간의 관계를 더욱 튼튼히 묶어두는 데 중점을 두고 있다.

이 프로그램을 약간 변경하여 확대 가족에게도 적용할 수 있다.

2) 교육의 내용과 방법
■ 제 1 과정 (주제: 서로에게 감사하기)
(1) 소개 : 각 가족 단위로 종이 한 장과 펜이나 크레용을 주고 그들에게 자기들의 가족적 전통(특별 휴일, 생일축하, 휴가 보내는 방식)을 그림으로 그리도록 한다. 그리고 가족들이 그 그림을 서로 바꾸어보도록 한다. 서로 이야기를 나누고 벽에 붙여둔다.

(2) 노래 부르기 : 즐거운 노래를 가르치고 함께 노래하는 것이 가족에게 얼마나 즐거운 경험인지 말하게 한다.

(3) 도입과 토의 : 이 과정의 주제를 1, 2분 정도 소개한다. 이 과정에서 사용될 몇몇 주제들을 나타낸다. 가족에게 우리가 할 수 있는 가장 중요한 일 중의 하나는, 그들에 대한 사랑과 감사의 마음을 표현하는 것임을 말해준다. 다음 성구를 찾아 읽고 그리고 각 구절이 우리에게 무엇을 하라고 요구하고 있는지 참가자들에게 확인하도록 한다. (지금 세계가 필요로 하는 것은 …) 성구- 약2:17, 롬15:1, 엡4:15,16, 마22:39, 요일3:11, 고전13:4-6, 엡4:4-26, 엡4:32

하나님은 우리가 다른 가족에게 감사의 마음을 표현할 수 있기를 바라고 있다. 즉, 다른 가족들에게 느끼는 감사와 그들과 함께 느끼는 즐거운 마음을 표현하는 것뿐만 아니라 우리가 다른 사람의 감사를 받아들이는 법도 알기를 하나님은 원하신다. 즉, 남을 사랑할 뿐 아니라 사랑받을 수도 있는 자질을 말하는 것이다.

(4) 소그룹 토의 : 두 가지 질문을 그룹들에게 준다. 어떤 사람들은

다른 사람에 대한 감사와 사랑을 표현하는 것과 다른 사람으로부터 감사와 사랑을 받아들이는 것을 몹시 어려워하는 이유는 무엇인가? 사람들이 남을 더 사랑할 수 있고 또 더 사랑을 받을 수 있는 방법은 무엇인가?

(5) 전체토의 : 소그룹들이 위의 두 견해에 대한 소그룹의 의견을 대표가 발표하고 의견을 주고받을 때 전지에 종합 리스트를 만든다.

(6) 가족 간의 의견교환 : 가족끼리 둘러앉게 하고 가족수대로 A, B, C, D 순으로 나눈다. A부터 시작한다. 그 나머지 가족은 A에게만 특별히 느끼는 감정이나 좋게 느끼는 감정을 얘기한다. 참가자들이 가능한 한 확실하고 특정한 얘기를 하도록 격려한다. A는 들은 것을 요약함으로 반응한다. A가 끝나면 B. 이렇게 모든 가족원이 이 과정을 반복한다. 모든 구성원이 가족으로부터 감사와 사랑의 마음을 자기에게 표현해주는 것을 다 들을 때까지 계속한다.

(7) 마무리 : 전체가 모여 그룹 구성원들에게 이렇게 상대를 긍정하고 또 긍정받는 일이 좀더 쉬워졌다고 느끼는지 물어본다. 이 과정을 통해 다른 사람에 대한 감사와 긍정적인 마음을 표현하고 또 반대로 그것을 받아들이는 일의 중요성에 대해서 간략하게 요약해준다. 그리고 찬송을 부르고 우리가 함께 모일 수 있고 우리의 가족들이 훨씬 더 즐겁고, 행복해질 수 있다는 것을 배울 수 있는 기회를 주신 데 대해 하나님께 감사의 기도를 드리도록 한다.

■ 제 2 과정 (주제 : 함께 시간 보내기)

(1) 소개 : 각 가족에게 종이와 펜, 크레용을 주고 어떤 일을 하면서 누리게 되는 즐거움을 그림으로 그리게 하고 서로 나누어보게 한다. 소그룹을 통해 이 그림에 대한 의견을 교환한다.

(2) 노래 부르기 : 함께 즐거운 노래를 몇 곡 부른다.

(3) 도입과 토의 : 마지막 과정의 주제를 요약하고 감사와 사랑의 마음으로 타인에게서 받아들이는 것을 배우게 한다. 건전한 가정의 또 다른 하나의 중요한 책임은 시간을 함께 보내는 것이다. (아이디어들) ① 함께 식사하기, ② 함께 재미있게 지내기, ③ T.V 시청하기, ④ 함께 집

안 일하기, ⑤ 학교에 차 타고 갔다 오기 등 아이디어를 생각해본다. 그리고 자신이 가족과 함께 즐겼던 때를 생각해본다.

(4) 소그룹 토의 : 각 가족이 흩어져 소그룹을 만들고 충분한 좋은 시간을 함께 가지는 것, 즉 좋은 시간을 만드는 것을 생각하게 한다.

(5) 전체토의 : 의견을 나누고 싶은 사람들에게 이야기하게 한다. 극복하기 가장 어려운 문제를 묻고 그 항목에 체크한다. 함께 있기 위해 이런 장애물을 극복하는 법에 관해 이야기한다.

(6) 가족토의와 계획 : 함께 있기 위하여 계획을 세워본다. 남편과 아내- 언제, 어떻게, 아버지와 자녀, 어머니와 자녀 등 계획을 세운다. 그리고 약속하게 한다.

(7) 마무리 : 하겠다고 약속한 몇 가지 활동들을 확인하고 이 과정에서 배운 중요한 것을 요약한다. 다함께 원으로 서서 복음송을 부르고 기도한다.

■ 제 3 과정 (주제 : 함께 의사소통하기)

(1) 소개 및 사귀기 : "의사소통이란…"라고 쓴 종이를 붙여놓고 단어를 써넣든지, 그림을 그리게 한다(중심단어).

(2) 노래 : 재미있는 찬송을 부르게 한다.

(3) 도입 및 토의 : 의사 소통이 건전한 가족들에게 얼마나 중요한가를 이야기함으로써 시작한다. 만일 사람들이 그들의 생각과 감정을 나누는 법을 모르면 종종 갈등과 혼란이 있다. 말과 행동이 같지 않으면 어떻게 될까? 의사소통의 패턴을 이야기해준다.

(4) 토의와 활동 : 아이들을 따로 모이게 하여 가정의 식구에 대한 그림을 그리게 하든지 인형을 종이로 만들게 하든지 하고 부모들은 의사소통에 관한 강의와 토의를 한다.

(5) 가정 역할놀이와 토의 : 가족에게 일어날 수 있는 한 상황을 선택하고, 식구 각자에게 해보고 싶은 의사소통의 형태 중 하나를 선택하고, 상황을 실현해보고 토의한다. 어려웠던 점, 가장 쉬웠던 것, 어떤 형태가 실망을 주었는지, 왜 건전한 의사소통이 그렇게 중요했는지? 바라는

의사 소통은? 등.

(6) 마무리 : 다 함께 모여 가족들이 의사소통에 관해 가질 수 있는 의문이나 관심을 다루고, 활기찬 의사소통이 어떤 것인가를 말하게 한다. 노래를 부르고 (찬송) 기도로 마친다.

■ 제 4 과정 (주제 : 우리 신앙을 나누기)

(1) 소개 : 교회 절기에 무엇을 경축하는지 토의하고 가족전통이 이 날을 기념하는 것을 어떻게 도와주는지 토의한다.

(2) 노래 : 재미있고 공동체를 위한 노래를 부르는 시간을 마련한다. 그리고 새로운 노래를 배울 수도 있다.

(3) 도입 및 토론 : 가정이 건강하다는 것을 보여주는 방법 중 하나가 신앙임을 이야기한다. 신앙이 자신의 가정생활 속에서뿐만 아니라 개인적으로 어떻게 도움을 주는지 의견을 나눈다. ① 일치감을 가져다준다. ② 문제를 취급하는 뼈대를 제공해준다. ③ 문제해결하는 힘을 준다. 믿음이 자신들의 가족에 있어서 중요한 다른 이유를 확인하도록 한다.

(4) 소그룹 토의 : 믿음이 그들의 가정에 어떻게 도움을 주는지 의견을 나누고 신앙과 생활의 관계를 생각해내도록 격려한다.

(5) 전체 모임 : 소그룹의 생각을 나누고 그들의 생각을 적게 하고 애매 모호한 점을 분명히 해준다.

(6) 폐회예배 : 가정을 행복하게 하기 위한 비공식적인 의견 교환과 예배 시간으로 결론 짓는다. ① 노래- 가족들이 즐겨 부르는 노래를 1~2곡 이상 부른다. ② 의견교환- 개인들로 하여금 그들의 신앙이 개인적으로 그리고 그들의 가족들에게 어떻게 도움을 주었는지 의견을 교환한다. ③ 노래- 노래 한 곡을 더 부른다. ④ 의견 교환- 이 과정에서 그들에게 도움을 주고 뜻 깊었던 것이 무엇이었는지 서로 나누게 한다. ⑤ 5행시 짓기- 짝지어 나눈다(1행: 1단어, 2행: 2단어, 3행: 3단어, 4행: 4단어, 5행: 5단어로 짓는다). ⑥ 다음 단계: 이 과정에서 보람을 느꼈거나 감사한 것이 있으면 이야기하게 한다. 그리고 '가족들을 위한 자료'를 제공한다. ⑦ 감사 기도: 가족을 위한 노래, 감사기도 노래, 그

리고 다함께 기도로 마친다.

■ 다음 단계를 위하여 자료를 제공한다.
① 우리를 이해하기 : 네 과정 열두 시간의 부부 의사소통 프로그램, 세대 간의 연수회.
② 가족집단 : 가족 우의를 돈독히 하는 뛰어난 방법, 계속해서 만나고자 하는 가족집단을 통한 가족 증진(강화)은 여러 가지 자료로써(프로그램) 계속할 수 있다.

3. 행복한 부부 만들기 교육

1) 부부교육의 목적
① 부부가 함께 한 프로그램에 참여함으로써 부부 사이에 놓여져 있는 보이지 않는 담을 제거한다.
② 프로그램을 교회 안에서 진행함으로써 가정과 교회의 간격을 좁힌다.
③ 하나님을 중심으로 살아가는 가정이 얼마나 보람되고 행복한 것인가를 경험하게 하여 이를 결단하게 한다.
④ 부부가 종교전승의 지혜와 새생활에의 희망을 함께 나누고 그들이 중요한 변화를 할 수 있도록 개인의 장점과 요구를 살펴볼 기회를 제공한다.
⑤ 결혼 갱신을 위해 자기를 이해하고 결혼관계를 이해하며 결혼 배우자에 대한 새로운 발견을 하게 한다.
⑥ 계획과 생각없이 살아가므로 보람있고 가치있는 부부생활을 상실하고 있었음을 발견하게 하며 이를 통하여 계획적이고 창의적인 부부생활을 설계할 수 있도록 한다.
⑦ 기독교적 가치관을 재정립하게 하며 의미있고 가치있는 삶을 결단하게 하여 그리스도가 부부의 중심에 있게 한다.

2) 교육과정의 예

■ 제 1 과정
① 배우자 소개와 자신과 자녀에 대한 소개. ② '나'에 대한 인식, 존재의 가치성을 발견하게 한다. ③ 가정의 분위기를 점검하고 생각하게 한다. ④ 살아온 과정을 나눈다.

■ 제 2 과정
① 결혼생활 측정표 작성. ② 배우자에 대한 새로운 발견, 나의 단점 깨닫기. ③ 배우자를 어떻게 사랑할 것인가를 계획을 세우게 한다. ④ 과제: 사랑의 방법을 조사해오게 한다.

■ 제 3 과정
① 사랑의 방법에 대하여 토의하게 한다. ② 여러 문제점을 발굴하게 하고 해결 방법을 연구하게 한다. ③ 성서와 가정에 대하여 강의를 듣는다. ④ 성서 읽기를 과제로 주어서 말씀 속에서 자신과 부부의 위치를 찾게 한다.

■ 제 4 과정
① 부부가 교회와 가정에서 해야 할 역할이 무엇인지 토의하게 한다. ② 성서 연구와 교회와 가정에 대한 강의를 듣는다. 계속 연구과제를 준다. ③ 부부그룹을 만들게 하고 성경공부 시간, 사업계획 등을 세우게 한다. 이러한 프로그램에서 하나됨을 발전시키기 위한 경험들로는 다음과 같은 것들이 있다.[44]
 a. 배경을 나누기
 b. 감정을 나누기

---

44) Charles Sell, *Family Ministry* (Grand Rapidsizondervan press), p.142.

c. 희망과 바람을 나누기
d. 사랑의 이미지 나누기
e. 성에 대한 생각을 나누기
f. 서로를 인정하기
g. 완성을 바라보기
h. 신뢰를 평가하고 세우기
I. 친밀성을 평가하고 이해하기
j. 부정적 느낌을 이해하기
k. 느낌을 일체화하기
l. 갈등을 해소하기
m. 함께 계획하기
n. 차이점을 나누기
o. 대화를 평가하기
p. 영적으로 나누기
등이 있다.

4. 가족대화의 기술교육

1) 가족대화의 다섯 가지 수준

존 포웰(John Powell)은 그의 저서 *Why am I Afraid to Tell You Who I Am?*에서 "우리는 얕은 상투적인 대화에서부터 깊고 인격적인 진실성에 이르는 다섯 가지 차원의 대화를 한다"고 주장한다. 두려움, 무관심 혹은 열등의식 같은 방해물은 우리를 상투적인 수준에 머무르게 하지만, 만일 우리가 그러한 약점에서 벗어날 수 있다면 더 깊고 더 의미있는 수준으로 진보할 수 있다.

포웰이 말하는 대화의 다섯 가지 수준은 다음과 같다.

■ 제 5등급 : 상투적인 대화
　이 대화의 형식을 매우 간단하다. "안녕하십니까?", "가족들은 어떠신 지요?", "어디에 사십니까?" 이러한 대화의 형식에는 인격의 나눔이나 마음의 사귐이 없다.

■ 제 4등급 : 다른 사람에 관한 사실을 말하는 것
　이 단계의 대화에서 우리는 다른 사람이 말한 것을 상대방에게 말하지만 이 사실에 대한 개인적인 언급은 하지 않는다. 단지 매일 하는 9시 뉴스처럼 사실을 보고할 뿐이다. 우리는 약간의 이야기와 험담을 나누면서 우리가 그것을 어떻게 생각하는지는 말하지 않는다.

■ 제 3등급 : 나의 생각과 판단
　이 단계가 진정한 대화의 시작이다. 한 사람이 그의 굳은 제한 속에서 벗어나서 그의 생각과 결심의 어느 정도를 말한다. 그러나 여전히 조심스러우며 만일 그가 말하는 것이 받아들여지지 않는다면 그는 말하는 것을 그만둘 것이다.

■ 제 2등급: 나의 기분과 감정
　이제 그가 스스로 판단과 생각에 대하여 어떻게 느끼는가를 나눈다. 그리고 숨겨진 감정이 표현된다. 만일 한 사람이 다른 사람과 진실로 자신을 나눈다면 그는 그의 감정을 나누는 수준까지 도달해야만 한다.

■제 1등급: 완전히 감정을 나누며 인격적으로 신뢰하는 대화
　모든 깊은 관계는 특히 결혼이라는 것은 완전히 열린 마음과 정직함을 기초로 해야 한다. 이것은 우리의 정직함 때문에 거절당하는 위험을 포함하고 있으므로 어려울지도 모른다. 그러나 이것은 결혼생활에서 부부관계가 성장해나가기 위해서는 매우 중요한 단계이다.
　이러한 종류의 대화가 성취될 때도 있지만 대화가 완전하지 못할 때도 있을 것이다.

2) 건강한 가족대화를 위한 성경적 원리
(1) 가족 간의 진실한 대화를 위한 제언
"오직 사랑 안에서 참된 것을 하여 범사에 그에게까지 자랄지니라. 그는 머리니 곧 그리스도시라"(엡4:15).
"자기의 죄를 숨기는 자는 형통치 못하나 죄를 자복하고 버리는 자는 불쌍히 여김을 받으니라"(잠28:13).
"우리가 다 실수가 많으니 만일 말에 실수가 없는 자면 곧 온전한 사람이라. 능히 온 몸도 굴레 씌우리라"(약3:2).
"그러므로 생명을 사랑하고 좋은 날 보기를 원하는 자는 혀를 금하여 악한 말을 그치며 그 입술로 궤휼을 말하지 말고"(벧전3:10).
"혹은 칼로 찌름같이 함부로 말하거니와 지혜로운 자의 혀는 양약 같으니라"(잠12:18).
"노하기를 더디하는 자는 크게 명철하여도 마음이 조급한 자는 어리석음을 나타내느니라"(잠14:29).
"온량한 혀는 곧 생명나무라도 패려한 혀는 마음을 상하게 하느니라"(잠15:4). 사람은 그 입의 대답으로 말미암아 기쁨을 얻나니 때에 맞는 말이 얼마나 아름다운고"(잠15:23).
"경우에 합당한 말은 아로새긴 은쟁반에 금사과니라"(잠25:11).
"교만에서는 다툼만 일어날 뿐이라. 권면을 듣는 자는 지혜가 있느니라"(잠13:10).
"허물을 덮어주는 자는 사랑을 구하는 자요, 그것을 거듭 말하는 자는 친한 벗을 이간하는 자니라"(잠17:9).
"너희는 모든 악독과 노함과 분냄과 떠드는 것과 훼방하는 것을 모든 악의와 함께 버리고 서로 인자하게 하며 불쌍히 여기며 서로 용서하기를 하나님이 그리스도 안에서 너희를 용서하심과 같이 하라"(엡4:31-32).
(2) 의사소통을 향상시키는 방법
① 아는 체하지 말라. 물어보라.
② 개방적이고 용납하고 받아들이는 분위기를 만들어주라.
③ 칭찬의 말을 자유롭게 하라.

④ 서로를 위해 기도하고 함께 기도하라.
⑤ 의견은 얼마든지 달리하되 부드럽게 알리라.
⑥ 좋은 청취자가 되도록 힘쓰라.
⑦ 배우자의 자기 평가를 확립해주어라.
⑧ 이해시켜주기를 기다리기보다는 이해하기를 더욱 힘쓰라.
⑨ 배우자에게 잘못을 했거나 죄를 지었을 때, 그 사실을 인정하고 용서를 구하라. 그것을 구체적으로 말하라. "용서해주겠소", "그럼요, 용서하고 말고요"

3) 훌륭한 가족대화의 방법

훌륭한 의사소통을 개발하고, 유지하기 위한 열두 가지의 실제적인 제안들을 소개하고자 한다.

① 문제가 있을 때, 아내와 남편은 각자 기꺼이 그 문제에 대한 자기의 책임을 인정해야 한다(창3:9-19, 잠20:6).
② 아내와 남편 둘 다 변화되어야 한다(요5:6).
③ 감정 상하는 말들은 서로 피해야 한다. "당신은 정말로 나를 사랑하지 않아", "당신은 언제나…", "당신은 어느 것 하나 제대로 못해", "흥, 제겐 상관없어요" 등.
④ 자신의 감정, 말, 행동, 반응 등에 책임을 져야 한다. 상대편에게 책임을 전가하지 않는다. 화가 났다고 절제없이 내뱉고 우울해지는 것은 책임성이 없는 행위이다(갈6:5, 약1:13-15).
⑤ 과거에 나누었던 일들을 다시 꺼내지 않는다(엡4:26).
⑥ 한번에 한 문제씩 다룬다. 한 문제를 해결하고 다음 문제로 옮겨가도록 한다. 한꺼번에 여러 문제를 해결하려고 하지 않는다(마6:34).
⑦ 과거가 아닌 현재의 상황에서 문제를 다룬다. 현재의 문제 해결에 도움이 되지 않는 한, 과거의 일은 들추지 않는다(빌3:12-14, 렘31:34, 사43:25).
⑧ 문제의 부정적인 면보다 긍정적인 면에 중점을 둔다(빌4:8).
⑨ 말이 아닌 다른 방법으로 의사소통하는 것을 배운다(마8:1,2, 시

32:8).

⑩ 서로에게 깊은 사려와 관심을 표현한다. 당신의 활동들을 상대편에게 이야기한다. 상대편이 하고 있는 그 말을 집중해서 듣고, 이해하며 그 뒤에 숨어있는 뜻에 맞춰 반응을 보인다.

⑪ 마태복음7:12에 있는 황금률을 실천한다. 당신의 배우자가 진실을 말해주기를 원하는가? 당신이 의견을 물어주기를 원하는가? 어려울 때, 도움받기를 원하는가? 꾸밈없이 자연스럽게 되길 원하는가? 그렇다면 당신이 원하는 그대로 당신의 배우자를 위하여 그렇게 한다.

⑫ 누가복음6:35 "오직 너희는 원수를 사랑하고 선대하며 아무것도 바라지 말고 빌리라. 그리하면 너희 상이 클 것이요 또 지극히 높으신 이의 아들이 되리니 그는 은혜를 모르는 자와 악한 자에게도 인자로우시니라" 말씀을 실천한다.

4) 훌륭한 대화를 위한 테스트

부부 간의 의사소통을 살펴볼 때 당신 편에서 가지고 있는 문제들을 가리키고 있는 문장들을 골라 표시를 하십시오.

① 내가 말하고 싶은 것을 표현하기에 꼭 맞는 말을 찾을 수가 없다.
② 속마음을 드러내놓다가는 거절당하게 될까봐 두렵다.
③ 말하려고 애써봐야 무슨 도움이 될 수 있을까 확신이 없다.
④ 나는 가끔 내 의견이 틀렸을까봐 두려워서 입을 다물고 말을 하지 않는다.
⑤ 너무 화가 나서 말을 못하겠다.
⑥ 털어놓고 이야기하면 일이 더 악화될 뿐이다.
⑦ 이야기는 나 혼자 다해버리고 배우자에게는 말할 기회도 주지 않는다.
⑧ 하나님과의 원활한 의사소통이 잘 안된다.
⑨ 나는 진실을 숨기려 한다.
⑩ 내 말은 때때로 방어적이 된다.

⑪ 나는 남편(아내)의 과거의 잘못을 자주 들먹인다.
⑫ 나의 말과 행동은 일치되지 않는다.
⑬ 나는 말을 진정으로 들어주지 않는다.
⑭ 나는 분에는 분으로, 모욕에는 모욕으로 갚는다.
⑮ 나는 배우자를 너무 못살게 들볶는다.

제 10 장
가족공동체 회복을 위한 사역의 실제

Ⅰ. 가족캠프 사역(Family Camp Ministry)

1. 가족캠프의 중요성

가족캠프는 캠핑목회와 가정사역이 함께 엮어지는 것을 말한다.
기독교인 가족캠프는 야외에서 이루어지는 하나님 안에서의 생활모험이다. 가족캠프는 모든 가족들이 그리스도를 통해서 나타난 하나님의 사랑 안에서 하나됨(동질감)을 느끼며 자연환경을 즐기는 것을 말한다.[1]
가족캠프는 하나님의 말씀과 창조와 그리스도의 참된 지체가 된 공동체와 그리고 가정으로 돌아가자는 운동을 의미한다. 교회나 가정에서 자신들을 서로 서로에게 부분적으로 노출하는 것과는 달리 삶을 완전히 함께 나누며 생활하는 것이다. 가족캠프는 각 가정들을 돕기 위해 준비된 공동체 안에서의 삶의 경험이며, 기독교인의 생활 방식을 이해하며 가정생활의 역동적인 이해와 성숙의 기회를 제공해줄 수 있는 매우 중요한 교육적인 시도라고 볼 수 있다. 이스라엘은 초막절이란 절기를 통해서 일상생활과 매일 매일 부딪히는 압박감에서 벗어나서 하나님과 새로운 관계를 다짐하고 사람들과도 올바른 관계를 맺었다.
가족캠프의 가치를 살펴보면 아래와 같다.[2]
① 함께 재미있고 보람된 경험을 통해서 서로의 연합과 사랑의 증진을 도울 수 있다.

---

1) Elizabeth & William Genne, *Church Family Camps and Conference* (Valley Forge: Judson press, 1979), p. 18.
2) Charles Sell, *Family Ministry*, pp. 360-367.

② 인간관계의 역학(dynamics)을 배우게 되는데 자기 가족 사이의 상호관계를 통해 진지한 반성과 새로운 통찰력을 얻을 수 있다.

③ 다른 세대들과 깊은 교제를 나누게 되는데 이를 통해 청소년들과 어린이들은 더 많은 성숙한 그리스도인의 모범에 접할 수 있게 된다.

④ 가족의 정체감(identity)이 증가된다.

⑤ 영적인 역학관계를 개발하게 되는데 집을 떠나 자연적인 환경에서 하나님이 주신 선물들에 대해 기뻐하며 신비롭게 여기며 우리 자신들이 존재하는 의미에 대해서 교훈을 얻을 수 있다.

⑥ 가족들 간의 접촉점을 만들어준다. 피상적인 관계에서 벗어나 각각의 가정들이 진정한 사랑의 관계를 맺게 도와준다.

⑦ 가정을 강화시킴으로써 교회를 강화시켜준다. 가족캠프를 통해서 믿지 않는 사람에게 자연스럽게 복음을 증거할 수 있고 다른 사람들에게 그들의 믿음과 헌신이 두터워지게 할 수 있다.

다시 부언한다면 가족캠프는 전 가족들이 영적으로 성장하며 더욱 강한 그리스도의 증인이 되게 하고 가족관계를 의미있고 풍요롭게 하는 데 좋은 결과를 얻을 수 있게 한다. 가족 간의 유대를 강화시키며 가정생활에서 잃어버린 귀중한 것을 얻을 수 있고 야외에서 함께 하는 생활을 통해서 하나님에 대해, 선교에 대해, 다른 사람에 대해 성장할 수 있는 좋은 기회가 된다.

2. 가족캠프의 목표

가족캠프의 실제적인 목표들을 살펴보면 다음과 같다.[3]

1) 장년기 : ① 외로움을 극복하기. ② 가치감 유지 또는 개발. ③ 생의 목적의식 유지 또는 개발. ④ 은퇴 후의 경제문제의 대처. ⑤ 신체적

---

3) Ibid., pp. 254-256.

인 문제 다루기. ⑥ 죽음에 대한 준비.

 2) 중년기 : ① '빈 둥지'(자녀들의 출가 후) 상태의 대비. ② 며느리나 사위와의 건전한 관계 돕기. ③ 조부모님과 손주와의 건전한 관계 돕기. ④ 결혼생활을 즐겁게 유지하도록 돕기.

 3) 십대의 자녀를 둔 부모 : ① 대화의 문을 열기. ② 십대의 성적 성숙을 받아들이고, 그들의 성별을 용납하기. ③ 십대들의 생리적인 변화와 개인적인 필요와 특성을 이해하기. ④ 십대들에게 어느 정도의 자유를 허용할 것인가를 결정하기.

 4) 십대 이전의 자녀를 둔 부모 : ① 건전하고 한결같은 훈계방법의 개발. ② 자녀들과의 대화 개발. ③ 자녀의 성장과 발달에 필요한 것을 이해하기.

 5) 젊은 부부들 : ① 건전한 부부대화의 모형 배우기. ② 문제 해결의 기술 배우기. ③ 결혼 생활의 문제 다루기. ④ 가족의 신체적, 정서적 필요를 이해하기. ⑤ 가정의 종교적, 영적 문제를 가르쳐야 할 자신의 역할 감당하기.

 6) 청년들 : ① 결혼과 연애에 대한 기대와 실제를 이해하기. ② 배우자 선정에 대한 건전한 기초 다지기. ③ 건전한 이성관계와 성품 결정하기.

 7) 십대 청소년들 : ① 신체적으로 일어나는 생리적인 변화를 받아들이기. ② 이성에 대한 감정을 인식하고 다스리기. ③ 부모와의 대화. ④ 사랑, 연애, 성, 결혼에 대한 올바른 이해 돕기.

 8) 어린이들 : ① 부모의 권위를 존중하기. ② 부모에 대한 긍정적인 태도 갖기. ③ 자기 몸에 대한 건전한 개념 개발하기. ④ 가치감과 사랑을 받고 있다는 느낌 개발. ⑤ 자신이 가정의 일부임을 느끼기. 등이다.

3. 가족캠프의 계획과 준비

 ① 가족캠프의 준비위원회 구성 : 캠프에 대한 일반적인 원칙과 계획을 수립한다.

② 가족캠프 안내 및 홍보 : 일시, 장소, 주제 및 표어, 가족캠프에 관한 제반사항을 포스터나 안내 전단을 통해 홍보한다.
③ 캠프 프로그램의 내용을 결정한다. 또한 각 프로그램의 담당자를 선정한다. 가족캠프의 조직 준비는 준비위원장과 3-5인 정도의 준비위원, 신앙교육 담당의 전문 교역자, 찬양과 율동, 레크리에이션을 지도할 수 있는 사람, 어린이를 위한 프로그램 담당자, 자원봉사자, 사진 제작자, 의료 및 응급 조치를 위한 봉사자 등으로 구성한다.
④ 매일 프로그램의 흐름을 결정하고 계획서와 자료집을 작성한다.
⑤ 등록자에게 프로그램을 보내고 회비를 완납하게 한다.

4. 가족캠프 프로그램의 작성 요령

가족캠프 프로그램은 전 캠프 기간의 모든 진행을 성공적으로 하기 위해서 매우 중요하다. 이미 설정한 목적과 계획들이 프로그램을 통로로 하여 수행되기 때문이다. 효과적인 프로그램이 되기를 원한다면 다음의 것들을 참고해야 한다.[4]

① 성서적 근거(Biblical foundation objectives)에서 출발해야 한다.
② 참가자들이 필요로 하는 것이 무엇인가를 파악해야 한다.
③ 융통성있게 짜여진 프로그램이어야 한다.
④ 목적을 의식하면서 작성해야 하며, 전체가 참여할 수 있게 작성해야 한다.
⑤ 신앙적 분위기를 이루도록 작성해야 하며, 구체적이어야 한다.
⑥ 캠프 프로그램을 통하여 하나님을 만날 수 있어야 하고 책임의 이

---

4) Werner Graendorf, Loyd M. Mattson, *An Introduction to Christian Camping* (Chicago: Moody press, 1979), pp. 66.

행을 생활과 훈련 중에 행동하게 한다.
⑦ 예배, 성서 연구, 친교, 생활 프로그램의 균형을 이루도록 한다.

5. 가족캠프 프로그램의 실제

가족캠프의 활동계획은 몇 가지로 나누어 볼 수 있는데 첫째, 영적 활동으로 아침, 밤의 가족 경건회는 시편이나 경건자료 등을 읽고 돌아가며 기도하고, 저녁에는 전체가 강가나 호숫가, 노을이 지는 들판에 모여 예배를 드린다. 둘째, 물리적 활동으로 연령별 모임, 취미생활, 공작활동, 가족대항 친선게임 등을 한다. 셋째, 학습활동으로 부모를 위한 강의와 토론 시간, 청소년과 부모의 대화, 가족 단위 성경공부, 계층별 성경공부 등이다.
구체적인 프로그램으로는 다음과 같은 것들이 있다.

① 영상매체를 통한 교육: 활용방법은 영화나 슬라이드를 감상한 후, 패널토의나 그룹별 토의를 진행할 수 있다.
② 느낌의 통로를 활용하는 교육: 자녀들과 함께 온몸으로 부딪히는 게임이나 수영, 물놀이를 통한 친교, 감수성 훈련 등을 실시한다.
③ 공동 프로그램 제작을 통한 교육: 일방적으로 교육내용을 선정하는 것보다는 서로가 함께 모여 자신의 의견을 드러내놓고 그 중에서 가장 많은 이들이 선택하는 내용들을 교육 내용화하는 교육 방법이다.
④ 대화를 통한 교육: 많은 말을 하고도 대화가 되지 않는 가정과 개인들에게는 '툭 터놓고' 이야기하는 대화의 광장이 필요할 것이다. 대화를 꺼리는 이들을 위해서는 인간관계 훈련 프로그램을 활용한다.
⑤ 역할분담 및 역할 바꾸기: 자신의 부모뿐만 아니라 다른 부모와 한 팀이 되어봄으로써 자기 부모에 대한 또 다른 인식을 갖게 되고 자기 가족들 간의 유대를 강화시키는 좋은 시간을 만든다.
⑥ 신앙공동체 훈련: 가족과 함께 가정예배 시간을 갖게 하고, 또 저

녁엔 가족 기도회 시간을 마련하여 신앙 유산을 정하고, 연쇄식 돌림기도를 통해 부모가 또는 자녀가 서로 지니고 있는 신앙과 생활의 문제를 살펴보고 공동으로 관심을 갖는 시간을 가진다.

⑦ 주제 강의와 워크숍의 시간을 가진다.

⑧ 침묵의 시간: 우리는 항상 소리와 소음에 둘러싸여 있기에 능력있는 하나님이 이끄시는 침묵을 잊고 있다. 우리의 일상생활은 소음으로 가득차 있다. 자연 속에서 침묵을 지키며 고요 속에서 하나님의 말씀을 명상하는 시간을 갖는다.

⑨ tiptoe-hour : 저녁에 아이들을 재운 후 아이들이 깨어날까봐 발꿈치를 들고 가만 가만 걸어서 부모들끼리 모여 대화하는 시간을 의미한다. 주로 자녀 교육의 전문가를 초빙하여 자유 담화(free talking) 시간으로 전개하는 것도 바람직하다.

⑩ 부부 모임(couple meeting): 젊은 연인들부터 백발의 노부부까지 함께 모여 부부 간의 갈등과 문제점을 그리고 행복했던 시간들을 이야기하는 교육내용이나, 부부 간 산책의 시간을 마련한다든지 행복했던 순간의 사진들을 전시하여 그 배경 설명을 듣는 시간을 가진다.

■ 가족캠프 교육 구조와 프로그램 구성안

영성 프로그램 / 말씀묵상, 예배, 기도회,
　　　　　　　　성찬식, 간증시간

교육 프로그램 / 성경공부, 특강, 워크숍,
　　　　　　　　강의, 소그룹 모임, 토론 및 대화

훈련 프로그램 / 경험, 활동, 운동,
　　　　　　　　특별활동, 공작

교제, 봉사 프로그램 / 인간관계 훈련,
　　　　　　　　　　　친교시간, 협동, 레크리에이션

6. 가족캠프의 형태

1) 함께 거주하며 대집회를 중심으로 하는 가족캠프[5]

이러한 종류의 캠프는 전통적 형태이다. 기도원이나 수양관에서 가족들이 함께 거주하며 집회에 참석하는 캠프이다. 프로그램으로는 영적 집회, 운동경기, 장기자랑, 특별활동이 있지만 소그룹 모임은 갖기가 힘들다.

2) 함께 거주하며 절충적인 방법을 채택하는 가족캠프(resident- eclectic family camp)

대집회 중심의 캠프를 수정하여 가정을 활동의 중심 단위로 삼는다. 특별훈련반을 거친 아버지들이 아침 식사때 가족 경건의 시간을 인도한다. 저녁 시간에는 가정 집단모임과 세대 간의 교제를 위한 시간을 가진다.

3) 가정풍요 캠프(family- enrichment camping)

각 가정 식구들이 휴가를 내어 며칠씩 진행하는 캠프로써 결혼 세미나(marriage encounter) 및 가정 풍요 프로그램 등을 제공하고 있다.

4) 가족 캠포라마 캠프(family- camporama camping)

캠포라마는 여러 가족들이 모인 단합 집회이며 그들이 주말에 교외로 나가서 재미있고 열광적인 시간들을 함께 보내는 것이다. 프로그램으로는 예배 및 특강, 캠프 화이어, 공동체 훈련, 등반, 관찰, 소그룹 활동 등이 포함된다.

5) 가족집단을 구성하는 캠프(family- cluster camping)

가족집단 구성 캠프는 인원수를 열 가정 정도로 국한시킨다. 이 캠프

---

[5] Charles Sell, op. cit., pp. 371-377.

에서는 지도자 역할을 하는 가족의 도움을 받아 그룹 자체 내에서 스스로 목표들을 정하고 시간표와 프로그램을 짠다. 함께 식사를 하고 근처에 있는 흥미있는 지역에 함께 갔다 온다든지, 등반을 한다든지, 게임이나 혹은 함께 작업하는 것들을 통해서 서로 하나가 되게 하는 경험을 하게 된다.

6) 가족 콜로니 캠프(family- colony camping)

구성 인원을 약 16명(네 가정) 정도로 한다. 가정이 모여서 함께 연구하고 경험하고 일하고 놀며 자연에 관한 것과 캠프에 관한 기술을 탐구하며 서로 대화를 나누는 활동에 참여한다. 이 형태의 캠프는 어떤 캠프에서보다도 옥외 생활에의 관심을 더욱 불러 일으킨다. 이러한 소그룹 단위의 캠프는 서로 협력해나가는 것과 심지어는 갈등을 느끼는 것도 생생하게 체험할 수 있도록 해준다. 또한 전체의 모임 가운데 대인관계를 증진시키기 위한 시간이 있어 강력한 교육적인 환경과 교제의 분위기가 형성된다.

이상과 같은 여러 가지 형태의 가족캠프는 가족구성원 간의 대화를 증진시키며 이웃 가족들과의 친교를 통해 보다 객관화된 자신과 자기 가족을 발견함으로써 그리스도인으로서의 자아발견과 바람직한 가정관을 이해하는 데 유익한 도움을 제공한다. 또한 가족 상호 간의 소중한 인식, 가족의 일원으로서의 책임감과 협동심, 도덕성, 영성을 개발시켜준다. 그렇기 때문에 가족캠프는 꼭 교회에서 장려되고 시도되어야 한다. 교회가 가족캠프 시행에 노력을 경주할 때, 교회에 속한 가정들은 가족 의식을 든든히 하고 멀어졌던 이웃과의 신뢰의 관계를 회복하며 교회가 생명력있는 공동체로 바뀌어질 것이다.

Ⅱ. 상호세대간 교육(상호세대 - Intergenerational Christian Education)

1. 상호세대간 교육의 정의와 필요성

간세대(intergenerational) 기독교 교육은 기독교적 신앙공동체 안에서 둘이나 혹은 그 이상의 다른 연령 그룹 사람들이 공동 경험의 교류, 평행적 학습, 공헌적 기회들, 상호 작용적 나눔을 통하여 믿음 안에서 배우고, 성장하고 살도록 돕는 교육이다. 간세대 기독교 교육의 목표는 교육 참여자들로 하여금 세대와 세대 사이의 '관계의 질'을 높이도록 하며 학습자들이 '의미있는 인지적 학습'을 할 수 있도록 하며, 학습자들이 '전인적 차원에서의 적극적인 영향'을 서로 주고받을 수 있도록 하며, 신앙공동체의 모든 회중들이 분명한 '기독교적 삶의 양태'를 형성할 수 있도록 돕는 데 있다. 다시 말해서 간세대적인 교육의 배경은 사람들로 하여금 연령, 태도, 신앙의 다양한 색상들을 경험하고, 전체교회가 되도록 돕는 데 있다.[6] 그것은 아동들과 성인들의 상호성을 확신하며 각 연령층의 사람들을 풍성하게 하기 위하여 모든 연령층의 상호의존성의 필요를 인식한다.[7]

---

6) George E. Koehler, *Learning Together*(Nashville : Discipleship Resources), p. 14.
7) C. R. Foster, "간세대적인 종교교육", Mavin Taylor(ed)『기독교 교육의 새방향』(서울 : 예장총회 교육부), p. 468.

2. 상호세대간 교육의 형태

사람들은 서로 함께 하는 방식들을 통해 서로의 진리, 생명, 믿음, 가치들을 나누어 가지므로 무엇인가 배우게 된다. 간세대 교육에서는 믿음으로, 또한 믿음 안에서 함께 배우고 함께 살아감으로 함께 성장을 한다는 의미가 강조된다. 여기서 배움, 삶, 성장은 각각 분리되는 것이 아니라 서로 깊이 연관되어 각 요소는 다른 요소를 필요로 한다. 배움만이 강조될 때 그것은 철저하게 지식의 인지적 결과에 머무르게 될 것이며, 삶만이 강조될 때 그것은 개인의 내면만의 강조로 그쳐 주관적인 것에 머무를 수밖에 없기 때문이다. 따라서 참 배움은 성장적 요소와 상합할 때 비로소 올바르고 건전한 행위 즉 삶의 스타일 형성에 이바지하게 되는 것이다.

간세대 교육에서 이루어지는 인지적, 정의적 삶의 형식적 형성은 다음과 같은 네 가지 관계의 형태를 통해 진행된다. 이것은 ① 공동 경험에의 교류의 참여, ② 평행적 학습, ③ 공헌적 기회들, ④ 상호 작용적인 나눔이다.

첫째로, 공동경험(in-common experience)은 간세대 교육에 관해 논의할 때, 가장 빈번히 거론되는 프로그램의 형태이다. 참여자들이 연령을 초월하여 동일한 프로그램에 공동으로 참여하여 경험을 함께 하는 것이다. 예를 들면 8-9세의 어린이들과 70대 노인들이 함께 같은 경험활동에 참여한다. 이야기 듣기, 비디오 감상, 연도문, 암송, 율동, 운동, 떡떼기, 쓴나물 먹기 등에 함께 참여한다.

다른 경험과 비교할 때, 이 공동경험은 보다 덜 언어적이고 보다 넓게 관찰적인 특성을 지니고 있다.

둘째로, 평행학습(parallel learning)은 간세대 교육에서 두 번째로 중요한 것이다. 이 형태에서 각 세대들은 동일한 주제나 프로젝트를 작업하기 위해서 연령적으로 나누어지지만, 그 주제나 작업을 위해서 인간 발달적인 차원이나 흥미 및 관심상의 차원이나 기술적 차원에서 가장 적합한 방법으로 각각 다르게 활동하게 된다.

즉 학습의 목적과 내용은 동일하지만 추구하는 길은 연령층에 따라 다르다는 것이다. 인간 발달의 수준은 인지적 측면, 신체적 측면, 심리적 측면, 도덕적 측면 그리고 가치적 측면에서 현저하게 다르기 때문이다.

셋째로, 공헌적 기회(contributive occasions)는 대개의 경우 평행학습이 이루어진 다음 단계에 오는 것이 일반적이다. 어린이 그룹이나 또 다른 연령층 그룹이 평행적인 선행학습에서 터득한 바를 가지고 다음 단계에 임하여 서로 공헌을 주고받는 기회를 갖게 된다. 즉 연령층별로 학습한 후에 얻을 수 있었던 성과 중에서 단편들이 모아져 유용하게 통합되는 것이다.

넷째로, 상호작용적 나눔(interactive sharing)은 보다 분명한 성격을 지닌 학습형태라고 할 수 있다. 이 형태에서는 상이한 연령집단들이 서로 연관되어 상호작용하는 것을 목표로 한다. 즉 대인교환(interpersonal exchange)이 이루어진다. 구체적으로 경험들의 교류, 느낌들의 교류, 생각들의 교류, 그리고 행동의 교환이 이루어진다.

상호작용적 나눔의 최상의 경지는 아마도 상대자의 전망을 서로 서로 체득하기 위해서 상호작용적인 나눔이 가장 넓고 깊게 교차하는 자리가 된다.

이상적인 간세대 기독교 교육의 형태는 공동경험→ 평행적 학습→ 공헌적 기회→ 상호작용적 나눔이 순차적으로 연결되어 발전되는 것이다.

먼저 여러 연령층 사람들이 함께 모여 공동학습으로 들어간다. 그리고는 연령별로 나뉘어 공동의 주제를 각각 최상의 학습능력을 동원하여 적절한 수준으로 추구한다. 다시 전체가 함께 모여 나눔의 프로그램을 통해서 각 그룹 자체가 통찰한 바와 작업한 결과를 제시한다. 그리고 다른 연령층들이 각자의 생각, 느낌, 행동 양식을 서로 주고받음으로써 상호작용을 심화시킨다.[8]

---

8) 정웅섭, "공동체 형성을 위한 간세대적 교육 접근법" (기독교교육, 1993, 1-5월호).

여기서 참여자들은 자기 것을 주기도 하고 반성하기도 하며 때로는 논쟁도 하면서, 타자의 것을 받아들이며 동시에 자신의 계발과 향상을 위해 꿈을 가꾸어가는 것이다.

3. 상호세대간 교육의 모델

상호세대간 기독교 교육을 전개해나감에 있어서는 실천적인 의미에서의 교육모델 분류가 있어야 한다.
간세대적 교수-학습의 경험적 모델을 조오지 쾰러(George Koehler)는 이렇게 분류하였다.[9] ① 간세대 계절단원 학습반, ② 간세대 휴가 교회학교, ③ 단일 단원 간세대 교회학교 교실, ④ 간세대 선택 학습반, ⑤ 간세대 견신례 교육반, ⑥ 간세대 철야 학습모임, ⑦ 가족교육 프로그램, ⑧ 간세대 친교 및 학습의 밤, ⑨ 간세대 특별학습 행사로 분류했다.
한편 마거리테 베이셔트(Marguerite Beissert)는 교수 학습의 형태 또는 교수 매체의 선택이라는 시각에서 간세대 교육모델을 다음과 같이 분류하였다. 그것은 ① 하나의 특정한 공통적 주제에 관하여 모든 참가자에게 강의 또한 자료를 주어 그것을 기초로 하여 공동작업을 전개시키는 방법, ② 교차 연령그룹의 나눔 학습으로 선행 또래그룹에 의한 단일 주제에 관한 직업에서 얻어진 최상의 결과를 가지고 여러 하위 그룹들이 이것을 나누는 학습법, ③ 학습자의 흥미, 관심, 필요, 정도에 따라 자유롭게 선택하며 이를 결론 부분에서 통합하는 학습센타 접근법이다.
또한 가족집단(Family Cluster)의 창설자 마가렛 사윈(Margaret Sawin)도 보다 조직적이고 철저하게 꾸며진 간세대 교육모델을 다음과 같이 분류하고 있다. ① 가족성장 그룹(Family Growth Group), ② 가족운영 기술 모델, ③ 종교교육을 위한 가족 기초 모델, ④ 레크리에이

---

9) G. E. Koehler, op. cit., p.12.

션과 사회화를 위한 가족 기초 모델로 분류한다.
 M. 사원의 모델들은 신앙공동체인 교회가 주축이 되어 계획, 실천하는 것이지만 가족 및 가정의 상호 교류를 통한 신앙 및 생활형성이 그 중요한 목적이다.[10]
 여러 가지 다양한 교육 모델 중 중요한 간세대 교육의 모델은 ① 가족 그룹 모델, ② 주간 교실 모델, ③ 공동작업, 특별행사 모델, ④ 예배를 위한 활동 모델, ⑤ 예배-교육의 통합 프로그램, ⑥ 교회 온 회중을 위한 공동캠프 모델을 들 수 있다.
 이 모델을 자세히 설명하면 다음과 같다.

1) 가정 안에서의 상호세대간 교육의 모델
 가족이 지닌 교육의 역할의 근본은 상호 세대적 경험을 나눌 수 있는 장이라는 데 그 강점을 둔다. 가족과 함께 경험하는 이에게 인격적, 사회적, 영적 성장을 얻게 하는 가족세대(familihood)의 본질이다.[11]
 가족에서의 상호 세대적 경험은 가치관, 세계관, 자아상의 형성을 갖게 한다. 그러므로 상호 접촉하며, 나누며, 모이는 가족의 식구는 신앙과 삶의 스타일의 역할 모델(role model)이 된다. 부모 자신이 분명히 숙고할 점은 자녀를 그리스도인으로 성장시키고 양육시키는 것은 부모의 역할이라는 점이다. 부모는 가치관, 세계관, 자아상을 형성하는 모든 것을 지녔기 때문이다. 그러므로 교회는 부모로서의 역할을 위하여 부모교육을 제공해주어야 한다.[12]
 왜냐하면 가정은 간세대적 경험이 주어지는 사회화 과정으로써 특성 있는 교육의 터가 되어야 하기 때문이다.

---

10) M. Sawin, "Educating by Family Groups : A New Model for Religious Education" (N. Y : Family Clusting : 1977), p.17.

11) Wesner Fallaw, "The Role of the Home in Religious Nurture", Marvin J. Taylor(ed), *Religious Education*, pp. 146-147.

12) C. Ellis Nelson, *Where Faith Begins*(Atlanta: John Knox press, 1971), pp. 209-210.

이에 대하여 웨스터 호프(Westerhaff Ⅲ)는 부모와 자녀 사이의 경험을 위하여 다음과 같이 부모의 역할을 제시한다.

"부모는 먼저 '어린이처럼'(childlike) 다시 태어나야 하며 하나님께 대한 새로운 경험에로 자신을 열도록 용기를 가질 필요가 있다. 부모는 자녀와 더불어 신앙의 삶을 함께 나누며 부모와 자녀는 함께 신앙 순례의 길에 서있는 인간이다. 자녀도 부모와 같이 신앙의 순례의 길에 그들과 함께 동행하여줄 사람이 필요하다. 그리고 부모와 자녀는 함께 그리스도인이 어떻게 되어야 하나를 물어야 한다."[13]

그러므로 기독교 부모들의 역할은 자기 자녀들과 함께 참다운 그리스도인이 되려는 노력을 하는 일이며, 또한 모든 그리스도인들은 다른 사람들과 함께 그리스도인이 되려는 노력을 하여야 한다. 이것은 자신의 가정을 통하여 또 다른 가정과 함께 상호 세대적 경험을 나누는 일에 용기를 가져야 함을 의미한다.

특히 간세대(상호세대)적 경험을 위하여 먼저 다음의 질문을 숙고해야 한다. "자신과 타자와 함께 신앙생활에 있어서 어떠한 환경, 경험, 상호작용이 필요한가? 기독교적 삶의 스타일로 타자와 함께 사는 것은 무엇인가? 우리의 언어를 행동으로, 행동을 언어로 변화시키는 일은 어떠해야 하나? 타인과 함께 생활을 나누는 일, 영향을 주고 동시에 영향을 받는 것을 거절하지 않으려면 어떻게 하여야 하나? 기독교 공동체 안에서 다른 신앙인들과 관련을 맺고 활동하는 일은 어떠해야 하나?" 등이다.

이러한 가정의 간세대(상호세대)적 경험을 나누기 위한 교육으로 가족집단 교육이 시행되고 있다. 이 프로그램은 여러 가족이 일정한 기간 개방적인 경험에 참여하는 것으로 같이 먹고, 게임도 하고, 촌극도 하고, 토의하고 서로 묻고 대답할 기회가 주어진다. 이 프로그램은 그들의

---

13) John H. Westerhoff Ⅲ, *Bring up Children in the Christian Faith*, p. 29.

삶의 물음, 관심사, 문제들에 관련된 학습 경험들을 나눈다.[14]

　가족-교육-교회 이 세 가지는 서로가 해야 할 일이 많이 있다. 그러나 이것들은 상호작용(interaction)에 의해서 연결된다. 그것은 서로가 어떻게 이해하고(감사하며 사랑하는 것), 어떻게 사는가?(성도의 교통을 배우는 것)를 배운다는 것은 가정교육이나 기독교 교육을 위해서 모두 가치있는 목표이다. 간세대적 참여는 타인의 존재를 인식하며 불성실을 배제한 신앙 안에서의 공동체 모임이다.

　가족의 상호 세대적 상호작용을 통해 가족원이 성장하고 풍요해지고 역동적인 영향을 받을 수 있다. 더 자세히 이 모델을 설명하자면, 이 모델은 친교, 레크리에이션, 예배, 사회적, 심리적 성장, 가정의 성숙, 종교학습 등의 목적을 위해 가족성원들 사이에서 또는 가족과 가족이 교류, 화합하는 모델이다. 여러 가족들이 그룹으로 나누어 다른 가족성원들과 함께 확대가족을 형성하여 활동하는 모델이다. 이와 같은 모델은 연령층 사이의 나눔과 배움을 증진시켜준다.

　이 가족집단의 모델은 다음과 같은 특성이 있다.

　가족집단이란 그 어느 한 기간 동안 정기적으로 함께 만나기로 약속한 4-5가정(전가족)이 참여하는 프로그램이다. 그들은 그들의 삶의 질문, 관심, 그리고 문제들과 관련된 경험들을 함께 배우고 또 함께 나누기 위해서 만나는 모델이다.

　가족집단 모델은 사랑과 돌봄, 창조와 나누임의 경험과정을 거쳐서 그것에서 자기들의 잠재력을 발견하고 또 그것을 개발하려는 데 목적을 둔다. 그뿐 아니라 부모들은 다른 집 어린이들과의 상호작용에서 자기들의 자녀를 더 알며, 어린이들은 다른 집 부모들과의 상호작용을 통하여 자기들의 부모들을 더 아는 기회를 얻게 한다는 것이다. 한걸음 더 나아가서 가족집단 모델은 가정 안에서의 문제들, 결정해야 할 일들, 또한 훈

---

14) Margaret M. Sawin, *Family Enrichment with Family Clusters* (Valley Forge: Judson press, 1979).

련과 관계된 문제들을 함께 해결해가는 틀을 찾도록 (intra-families) 기회를 마련해주는 데도 크게 기여하는 것으로 알려지고 있다.

전 가족이 참여하는 공동의 학습경험인 가족집단은 4-5 가정의 전 가족이 10-12주 동안 정해진 날과 시간에 만남으로 진행된다. 만나서 진행하는 순서와 시간의 배정은 대략 다음과 같은 형태에서 이루어진다.

① 준비단계(pre-session) : 15분. 이때에는 자유놀이, 식사준비, 대화, 그림 그리기, 게임
② 기도와 식사 : 30분
③ 게임과 노래 : 20분
④ 주제와 학습진행 : 45분. 구조화된 교육 경험
⑤ 평가와 폐회 : 10분

다시 정리해보면 가족집단(family cluster)은 한 가족과 다른 가족들이 함께 참여하는 교육경험이며 그것은 문제를 미리 알고, 삶을 함께 살아가는 기술을 배우며, 친밀감을 계속 지키며, 그리고 삶의 축하를 배우는 구조화된 교육경험인 것이다.

2) 주간교실 모델

이 모델은 교회에 속한 성원들이 주간에 또는 정규적으로 계획된 보다 장기적인 기간 교수 학습을 운영해나가는 학습교실이다.

이 모델은 정규시간 형태와 비정규시간 형태로 구분할 수 있는데, 정규시간 형태는 약 25명의 참가자들이 모여 학습목표, 학습과정, 학습내용 등을 함께 논의하도록 독려를 받는다. 주제에 따라 전문성을 띤 지도자가 지명되어 학습활동을 지도한다. 학습방법으로는 일반적으로 학습센터법이 채용되며 교사-학생에 의한 제시-질의 형태가 제한을 받는다. 학습 멤버의 자발성과 자율성이 극도로 보장되며 멤버들은 가능한 한 함께 머물고, 함께 일하고, 서로 작용하고 교류하도록 이끌어진다.

비정규시간 형태는 보다 큰 학습효과를 위해 시시때때로 장기간에 걸쳐 사전의 계획을 초월할 정도로 빈번히 모임을 계속하는 형태이다. 이

형태의 활동에서 다루어지는 주제들은 성원들 사이에 대인관계의 성장 또는 친교와 성숙보다는 주로 인지적 종교 교육과 삶과 결부된 종교학습 등에 초점을 두고 있다.

3) 공동작업 - 특별행사 모델

이 모델은 연령을 초월하여 다양한 연령층 사람들이 함께 모여 공동작업 또는 특별행사를 진행시켜나가는 프로그램이다. 주로 정의적 학습내용이나 인지적 학습과제보다는 행동화를 목적으로 하는 실천적 과제를 주요 내용으로 한다.

공동작업 속에는 여러 가지 다원적인 물질적 자료와 인간적 자원들이 활동되어야 하므로 그 특성과 효과에 있어 바람직한 간세대 기독교 교육의 모델이 된다. 이 워크숍 활동의 초점은 특수한 주제, 문제, 일거리에 모아진다.

이 초점 속에서 여러 연령층 사람들이 혼성으로 참여하여 다양한 방법으로 상호 연결된다. 식사를 나눔, 예배를 드림, 시청각 자료를 나눔, 함께 무엇을 만듦, 예술적 표현을 함께 함 등의 다양한 활동을 통해 작업이 진행된다. 우선 함께 의논하여 주제를 결정하고 계획을 세워 차츰 깊은 차원으로 활동해나가는 것이다.

'특별행사'는 다양한 연령층의 사람들이 함께 모여 지속적 시간 단위 속에서 두세 시간 동안 무엇인가 함께 경험하고 배우는 교육적 행사이다. 신앙공동체인 교회 안에서의 간세대적 행사의 예로는 야유회, 노인의 밤, 가족의 밤, 교회 창립 축하회, 그리고 생의 주기마다의 아기세례, 성인식, 세례, 결혼 예식, 장례식 등을 거행하는 행사들이 있다.

간세대적 특별행사에 있어 여러 연령층이 함께 포함되지만 주 연령층의 특성은 어느 정도 부가되어야 한다.

4) 예배를 위한 활동

예배는 신앙공동체의 존재 양식이며 활동의 핵심이다. 예배생활은 회중을 가장 확실히 기독교 교육의 목적으로 끌어들이는 교육적 구조라고 할 수 있다. 예배는 그것 자체가 그대로 의미있고 효과있는 간세대적인 교육의 자리가 될 수 있다. 예배 속에서 전 연령층을 포함하는 예배를 강조함으로써 바람직한 공동체적 예배를 형성할 수 있다.

간세대적 예배 봉사는 두 가지 형태로 구분될 수 있는데, 첫째는, 현실 가능한 형태로써 그것은 부분적으로 연령층을 포함시키는 예배 형태이다. 이것은 한 연령층의 예배 속에 특정한 한 연령층을 함께 참여시키는 것이다. 예를 들어 주일 11시의 성인예배에 어린이를 동석시키는 간세대 예배이다.

둘째는, 완전히 모든 연령층을 함께 포함하는 예배인데, 이것은 간세대적 예배 형태의 가장 이상적 형태이다. 신앙공동체의 정체성(identity)을 살릴 수 있는 중요한 모델이라고 볼 수 있다.

함께 모이는 간세대적 예배활동을 통해서 어린이들은 교회가 어른들만의 자리가 아니라 여러 세대들이 함께 하나님의 이름을 높이며 그 뜻을 따르는 공동체적 삶의 자리임을 체험적으로 배울 수가 있다.

5) 예배 - 교육의 통합 프로그램

이 모델은 비교적 짧은 시간 내에 보다 큰 간세대적 효과를 올릴 수 있는 프로그램으로써 예배와 교육의 통합 프로그램을 들 수 있다.

이 모델은 세 가지 단계를 거쳐 순서적으로 진행된다.

첫째 단계는 경험의 단계로써 모든 연령층 학습자들이 함께 모여 예배와 학습을 통해 공동의 경험을 나누는 단계이다.

둘째 단계는 가르침의 단계로써 노소가 분리되어 각각 다른 학습상황에서 연령적 특성을 중심으로 활동을 심화하는 단계이다.

셋째 단계는 다시 모든 참여자가 함께 모여 연령층별로 정리한 것을 함께 나누며 정리하고 그 의미를 축하하는 축제를 함께 갖는 단계이다.

이 모델이 보다 효과적이고 생산적이기 위해 몇 가지 교육적인 배려가 있어야 하는데 ① 적절한 활동시간의 고려: 시기가 적절해야 하며 실험과 경험을 위한 충분한 시간이 확보되어야 한다. ② 참여와 관여의 깊이의 고려: 이 활동은 충실한 넓이와 깊이가 요구되므로 참여자들이 깊은 차원에서 상호작용할 수 있도록 배려해야 한다. ③ 전인적 의미의 강조: 이 모델은 모든 사람들의 다양한 삶의 측면을 모두 고려하여 계획, 진행함이 바람직하다. ④ 진행 순서 계획의 철저함: 이 프로그램은 대개의 경우 교회 행사 시간의 중요 부분을 차지하게 되므로 신중을 기해 진행계획을 세워야 한다. ⑤ 적절한 지도력의 고려: 교역자의 지도 차원, 전문가의 지원 차원, 중간 지도자의 협력 차원 등이 고루 고려되어야 한다. ⑥ 헌신과 결단의 의미와 자세가 갖추어져야 한다.

6) 온 회중의 공동캠프 모델

이 모델은 가장 풍부한 간세대적 기독교 교육 학습모델이다. 이 프로그램은 모든 교인이 남녀 노소를 불문하고 동일한 시간, 동일한 장소, 동일한 목적으로 시행되는 캠프에 참여하는 교육 모델이다.

전교인 전 회중 캠프는 그 목표에 따라 다양한 내용들에 초점을 둘 수 있을 것이다. 그 중요 초점은 '종교적 신앙적 공동체 형성', '바람직한 놀이와 삶의 재창조', '영적 삶의 증진', '봉사 작업활동', '기독교 유적지 순례와 신앙 계승', '예술 활동을 통한 신앙적 삶의 표현' 등 다양할 수 있다.

Ⅲ. 가족송이집단교육(Family Cluster Education)

1. 가족송이집단운동의 배경

가정을 다시금 하나님이 세워주신 본래의 사랑의 공동체로 회복시키기 위한 가정회복운동이 1960년대에 가브리엘 칼보(Gabriel Calvo)와 데이비드 베라 메이스(David & Vera Mace) 등에 의해 시작되었다. 가정회복운동의 최초 모형은 그룹역학(group dynamics)이었다. 이 그룹역학을 가정교육에 처음 응용한 사람은 버지니아 사티어(Virginia Satir)였으며 이를 구체적으로 프로그램화 한 사람은 허버트 오토(Herbert Otto)였다. 그리고 1965년 퀘이커 교회에서 시작한 부부를 위한 풍요로운 결혼(marriage enrichment for couple) 프로그램, 그리고 카톨릭 교회의 칼보(Calvo) 신부에 의해 실험, 발전된 결혼만남그룹(marriage encounter group) 등도 가정의 거룩함과 결혼의 신성함을 재발견하게 하는 노력으로 평가되고 있다. 그러나 본격적인 실험과 그 결과로 부상된 가정회복운동은 1970년 당시 뉴욕주 로체스터 제일침례교회의 교육목사였던 마가렛 사윈(Margaret Sawin)에 의해 시작된 가족송이집단운동(family cluster movement)이었다.[15] 1970년 여섯 가정을 한 집단(cluster)으로 하는 두 개의 집단을 실험적 모델로 하여 시작한 이 프로그램은 1973년에는 '주말 워크숍', '3일 워크숍' 등의 고도화된 훈련 프로그램으로 발전하여 갔다.

---

15) 가족송이집단(Family Cluster)이란 4-5 가정이 꽃송이가 모여 하나의 꽃을 이루는 것처럼 전 가족이 참여하는 공동의 학습경험을 하는 가정 소그룹 모임을 말한다.

2. 가족송이집단교육의 이론적 기초

1) 조직체계로써의 가정, 즉 가정은 각 구성원들이 모인 집합체 그 이상이라는 데 있다.

가정은 끊임없이 인간관계를 연결하는 체계이고 각 개인들은 그 체계 안에서 다른 구성원들에게 영향을 미치며 결과적으로 가족전체에게 영향을 준다. 가족 내의 한 사람이 다른 가족구성원에게 영향을 끼칠 수 있는 것은 그들 간에는 상호관계가 존재하며 이 관계는 지속적이며 서로 맞물려 있기 때문이다. 그러므로 가족 한 사람에게 어떤 변화가 일어나면 가족 모두가 영향을 받게 되며 가정 전 체계에 변화가 오게 되는 것이다. 이것이 바로 완전한 가정이란 각 구성원들이 모인 집합체 그 이상이라는 원리이다.[16]

일반적으로 사람들은 자신이 속한 가정을 객관적인 시각에서 하나의 체계로 인식하지 못하기 때문에 가정에 문제나 갈등이 발생했을 때 문제의 현상만을 주목하며 그 현상에 관한 처방만을 꾀하기 쉽다. 그러나 가족집단은 자신이 속한 가정이 한 사람, 한 사람의 집합이라고 생각하는 종전의 사고방식으로부터 벗어나 체계로써 인식하게 하고 그 체계 속에 포함된 관계들을 발견하게 된다. 가정은 우리가 생각하는 것보다 훨씬 복잡한 관계들이 존재하며, 그 속에는 강한 역동성이 있음을 알 수 있다.

2) 가족송이집단 모델의 두 번째 이론적 기초는 집단역학(group dynamics)이다.

집단이라는 것은 두 사람 이상이 함께 모이는 것을 말하는데, 여기에는 구성원들이 의식하든 의식하지 못하든 어떤 복합적인 힘이 작용하고 있으며, 여러 가지 형태의 상호작용이 이루어지는 것이다. 이러한 다양한 상호작용들과 집단 내에 산재해 있는 여러 가지 현상들을 체계화시킨 것이 집단역학이다.

---

16) M. Savoin. "가정목회워크숍자료", 1992.

3) 세 번째 이론적 기초는 경험학습이다.

경험학습이란 집단 내에 일어나고 있는 여러 가지 인간 경험과 그에 소속되어 있는 구성원 자신을 교재로 삼아서 연구 학습하는 것이다. 이 경험학습이 가족집단(family cluster) 내에서 일어나게 된다. 이것은 가족집단에 참여하고 있는 모든 구성원들, 그들의 경험과 생각들이 바로 경험학습의 교재가 되는 것이다. 이러한 학습은 교훈적인 내용이 학습활동의 중점이 되는 기존의 방식에서 벗어나 구성원들의 경험에 중점을 두며 그들의 경험을 학습자료로 삼는 것이다.

(1) 경험학습의 첫 번째 목표는 집단 구성원들로 하여금 공동체의 의식을 갖게 하는 것이다. 공동체 의식을 갖는다는 것은 과거의 억압된 열등의식, 공격심, 편견, 권위주의의 사고 등에서 탈피하여 공동체 내에서 각자의 마음을 개방하여 구성원 전원이 일체감을 가지고 보다 적극적으로 참여하며 거기에 몰입하는 것을 의미한다. 뿐만 아니라 이 목표에는 집단 내에서 자기 통제와 더불어 집단의 의사와 결정을 존중하며 다른 구성원들과 상호 의존적 관계를 유지하는 것도 포함된다.

(2) 경험학습의 두 번째 목표는 자율정신이다. 자율정신이란 집단 지도자가 구성원들을 가르치고 이끄는 것이 아니라, 구성원 모두가 함께 스스로 참여하거나 활동하여 자신의 느낌을 말하고 종합해나가는 과정에서 자율적으로 학습해나가는 것이다. 이것은 가족집단 내의 구성원들이나 가족들이 문제나 질문, 관심, 희망 등을 제시할 때 가족집단 프로그램의 주제, 혹은 내용에 적극 반영될 수 있다는 점에서도 경험학습의 자율정신을 발견할 수 있다.

(3) 경험학습의 세 번째 가치는 합리적인 방법을 통해 갈등을 해소하는 것이다. 그룹 내에 여러 가지 불만과 갈등이 존재한다면 그 부정적 요인들을 억지로 없는 것처럼 부인하거나 억눌러버리거나 적당히 타협하지 않고 관련된 문제들을 개인 또는 집단들과 의논함으로써, 신뢰의 분위기 속에서 해결방안을 합리적 수단을 통해서 탐구, 해결해나가는 것을 말한다. 이와 같은 경험학습의 목표는 가족집단 내에 가족구성원 개인이나 가족들이 불만과 갈등을 갖고 있을 때, 이것에 대해 수용적이고도 신뢰

있는 태도로써 직면하여 갈등을 해결하도록 돕는 데 사용된다.

3. 가족송이집단(family cluster) 교육의 기본 목표와 형태

가족집단(family cluster) 운동은 마가렛 사윈(Margaret Sawin)에 의해 실행 시도된 것으로 4-5가정이 일정한 기간 정기적으로 교회에 모여 공동으로 경험하는 모임이다. 이때 4-5가정의 참가 수는 25-30여 명이며 기간은 10-12주간 동안 매주 1회씩 모인다.

이 가족집단은 개방적인 경험에 참여하는 것으로 같이 먹고, 게임도 하고, 촌극도 하고, 토의하며 서로 묻고 대답을 한다.

프로그램은 그들 삶의 물음, 관심사 문제들에 관련된 학습경험들을 나누기 위하여 마련된다.[17]

이 가족집단에 참여한 이들은 가정의 문제나 병리적 현실을 은폐하지 않고, 가족구성원 한 사람 한 사람의 삶을 있는 그대로 수용하며 가족집단 내의 구성원들 모두의 성장단계를 주시하게 된다. 이 결과 가족구성원들의 성장단계로 말미암아 파생되는 문제들을 보다 높은 성장에 이르는 필수적인 과정으로 용납하는 수용적 자세와 분위기 속에서 진행된다. 특히 성장과정 중 위기가 통제할 수 없는 정도에 이르기 전에 위기를 창조적으로 승화시켜갈 수 있는 능력과 관계를 미리 키워가는 교육이기 때문에 가족집단은 예방적 모델이라고 말할 수 있다. 이렇게 하기 위하여 가족집단은 문제가 노출되어 가정이 파괴되기 이전에 삶의 관심들을 솔직히 나누고 대화하도록 돕는다. 더 나아가 배우는 과정에서 창조적으로 위기 및 문제들을 극복하는 능력과 분위기로 발전하는 데 가족집단의 목적이 있다.[18]

---

17) 은준관, 『기독교 교육 현장론』 (서울: 대한기독교 출판사), p. 97.

18) M. Sawin, "An Overall View of the Family Cluster Experience Historically, Leadership-Wise, Family-Wise"(*Religious Education*, 1974. March/April), p. 184.

이런 관점에서 가정집단의 기본목표를 살펴보면 다음과 같다. [19)]

① 첫째는 세대 간에 관계형성을 보다 쉽게 하는 것이다. 가정집단 모델이 기존의 연령별, 학년별 구성이 아니라 간세대 그룹이므로 이것을 통하여 아이들이 어른들과, 어른들이 아이들과 쉽게 관계할 수 있도록 하는 것이다.
② 부모와 자녀들 사이에 서로에 대한 이해의 폭을 넓게 한다. 즉 부모들이 다른 가정의 아이들과 관계함으로써 그들의 자녀들에 대한 이해의 폭을 넓힐 수 있다. 그리고 자녀들은 다른 부모와 관계해보고 다른 가정의 부모와 자녀의 관계를 봄으로써 자신의 부모에 대한 이해의 폭을 넓힐 수 있다.
③ 가족집단의 세 번째 목표는 그들 가정의 고유한 의사소통(communication), 의사결정 및 상호관계의 양상 내지 문제해결의 유형 등과 같은 것을 인식하게 하는 기회를 제공하는 것이다. 이것은 자신의 가족을 객관적인 시각에서 조명하여 갈등이나 문제의 근본적인 원인이 어디에 있는가를 발견하도록 도와주는 것을 의미한다.
④ 넷째는 가족집단을 통해 세대 간의 경험을 나눌 수 있는 기회를 제공하는 것이다.
⑤ 가족집단의 목표는 가족 간의 사랑과 돌봄, 기쁨을 증진시킴으로 가족구성원들 사이의 역동성을 발견하고 발견시키도록 돕는다. 더 나아가 가족집단은 그들의 삶이 서로 간에 용이할 뿐 아니라 더욱 생산적이 되도록 돕는다.
그리고 가족집단의 진행순서와 시간의 배정은 다음과 같은 형태로 이루어진다.

---

19) Margaret Sawin, *Family Enrichment with Family Clusters* 설은주(역) 『풍성한 가정 만들기』(서울: 한국가정연구소. 2001) p. 38.

① 준비단계(pre-session) : 15분. 이때에는 자유놀이, 식사준비, 대화, 자유로운 그림 그리기, 게임 등으로 진행한다.
② 기도와 식사 : 30분. 기도로 시작한 후 간단한 식사를 나눈다. 이때에 한 가족이 후식을 준비하는 것도 좋다.
③ 게임과 노래 : 20분.
④ 주제와 학습진행 : 45분. 미리 정한 과제를 중심으로 학습진행. 구조화된 교육경험이라고 부른다.
⑤ 같은 주제에 대한 두 번째의 구조화된 교육 경험 : 60분
⑥ 평가와 폐회 : 10분

이상에서 본 것처럼 가족집단은 한 가족과 다른 가족들이 함께 참여하는 교육경험이며, 그것은 '문제'를 미리 알고 '삶'을 함께 살아가는 기술을 배우며 친밀감을 계속 지키며 그리고 삶의 축하를 배우는 구조화된 교육경험(structured educational experience)인 것이다. 거기에는 합의된 주제가 있었기에 계획된 교육진행인 것이다. 그러나 주제의 설정은 클러스터마다 그리고 가족들의 합의에 따라 이루어졌으며 그것들은 삶의 문제와 깊이 관련되어 있는 것들이라는 것이 특징이다.

'죽음', '가난', '자유'와 '책임', '성', '가정의 역사', '직업', '가족제도', '신앙과 가치' 등은 가족 클러스터에서 얘기된 주제들의 몇 가지 예들이다.[20]

그러나 클러스터의 진행은 순환제로 실시되는 두 명의 지도자들에 의해 안내되며 지도자의 역을 맡은이는 독점하거나 권위주의적인 것이 아닌 관찰자, 안내자, 촉진자로서의 지도법을 사용하는 것으로 되어 있다.

삶의 경험들을 나누는 자유로운 대화의 기법을 사용하는 것이 상례이지만 동시에 클러스터는 '역할 연극', '진흙 모형 만들기', '인간관계 훈련', '인형극', '손 그림 그리기', '게임과 노래' 등 어린이와 부모들이 함께 참여할 수 있는 교육적 매체를 사용하는 것으로 알려지고 있다.[21]

---

20) 가족송이집단교육에서 사용되는 교육주제들로는 의사소통, 신념과 가치들, 가족의 미래, 상호인격적 관계, 갈등해결, 가족의 장점들, 세계의 굶주림, 자유와 책임, 꿈과 소망, 교류분석, 가족체계, 자기가치, 기도와 중보 등이 있을 수 있다.

21) M. Sawin(ed), *Hope for Families*(N.Y., 1982).

4. 가족송이집단(family cluster) 교육의 가치

　가족집단은 가정을 하나의 체계(system)로써 인식하게 한다. 이것은 가족구성원 한 사람, 한 사람에 대한 중요성을 새롭게 부각시켜준다. 왜냐하면 각 가족구성원은 생명을 지닌 하나의 유기체적 체계인 가정을 구성하는 데 없어서는 안될 중요한 부분으로써 받아들여지기 때문이다. 뿐만 아니라 가정은 각 구성원이 모인 단순한 집합체 이상이며 가족관계에 의하여 연결된 체계이므로 가족 중 한 사람에게 어떤 변화가 일어나면 가족구성원 모두, 즉 가정 전체에 변화가 초래된다. 그러므로 가정집단(family cluster)은 가족관계 내의 문제나 갈등에 대해서도 문제의 현상만을 주목하거나 갈등을 야기하는 한 사람에게 변화와 개성을 촉구하기보다는 문제나 갈등의 근본적인 원인과 처방을 체계(system)인 전체 가정에서 찾게끔 하는 것이다. 다시 말해서 가족집단은 가정을 하나의 체계로 보게 하는 새로운 인식을 통해 가족 관계 내의 갈등을 접근하며 근본적인 해결의 가능성을 열어주는 것이다.

　가족집단의 이론적 기초가 되는 집단역학을 활용하는 것은 갈등관리에 더욱 구체적인 방법이 될 수 있다. 집단역학의 가장 중요한 부분은 의사소통(communication)이 기초가 된다. 가족집단(family cluster)에서 가족들 간의 의사호통을 분석하여 의사소통 유형과 문제점을 발견하게 된다. 대부분의 가족관계 갈등은 미숙한 의사소통이 그 원인이다.

　갈등이 습관화된 부부의 의사소통 유형은 논쟁적이고 문제에 대한 자신의 감정과 생각을 솔직히 나눌 능력이 없다. 부부관계뿐만 아니라 부모-자녀 관계에서도 의사소통의 수준은 갈등의 원인이 된다. 이를테면 상투적인 대화 혹은 자녀가 부모에게 사실들을 보고하는 수준의 대화, 특히 부모가 강압적이고 지배적인 경우 자녀가 부모와 대화를 하다가 부모가 자신의 의견을 받아들이지 않고 있다고 느끼면 곧 물러서버리는 대화의 수준에 머물러 있을 때 부모와 자녀관계에서는 갈등이 계속되거나 자녀의 탈선이 표면적으로 나타날 때까지도 부모가 모르고 있을 수 있다. 그러므로 가족집단의 의사소통의 문제점 발견과 수정, 그리고 감정과 느낌을 솔직히 나누는 깊은 인격적 대화의 수준을 경험하게 함으로 갈등의 근본적인 원인을 제거하고 동시에 갈등의 발생을 예방할 수 있다.

또한 가족집단은 경험학습을 통해 자기와 타인, 그리고 집단을 깊이 이해하는 데 도움을 준다. 이뿐 아니라 경험학습이 제공하는 집단에 대한 이해 및 경험은 가정이라는 집단을 움직이는 힘, 즉 가족마다 지니고 있는 내재된 힘을 발견하게 하며 이 힘이 가정을 활성화하고 가족관계를 회복하기 위해 활용될 수 있다.

개인주의에 젖어든 핵가족들에게 가족집단(family cluster)이라고 하는 큰 가족을 경험하도록 하는 것은 대가족에서 가질 수 있는 공동체 의식을 부여한다. 그리고 노부모들의 허탈감, 소외감 등의 심리적 고통을 가족집단의 경험학습을 통해 가족구성원 모두와 나눌 수 있게 하여 갈등의 소지를 제거할 수 있는 것 등도, 가족집단이 건전한 가족관계를 회복시키며 더 나아가 예방할 수 있는 가능성을 보여주는 것이다.

5. 가족집단(family cluster) 교육 프로그램의 실례

1) 제 1주 프로그램
(1) 가정 소개하기
   ① 우리 가정의 이름은? 의미는?
   ② 우리 가정의 가훈은?
   ③ 자녀들에게 기대하는 것은?
   ④ 남편, 아내가 나를 부르는 애칭은?
   ⑤ 남편의 자랑할 점은?
   ⑥ 아내의 자랑할 점은?
   ⑦ 부모에게 자녀들이 소원하는 것은?
(2) 서로 각 가정을 소개하면서 친교의 시간을 갖는다.
(3) 가족집단 교육에 대한 오리엔테이션을 실시한다.
(4) 서로를 위한 기도를 하고 마친다.

2) 제 2주 프로그램
■ 목표 : 가정을 하나의 체계로써 이해하도록 도우며 또한 가족 내에 얽혀 있는 관계들을 발견하도록 한다.
 (1) 기도와 식사하기
 기도로 시작한 후 각 가정에서 한 가지씩 마련해온 음식을 나누어 먹는다. 이렇게 함으로써 가족집단 내의 공동체성을 인식하게 한다.
 (2) 게임과 노래
 가족이 함께 화음을 넣어 부를 수 있는 노래를 선곡하여 부른 후 가족 구성원들 한 사람씩 순서대로 올려놓은 물건이 무너지지 않도록 쌓아본다. 이 집짓기 게임을 통해 가족이 하나의 체계임을 체험하도록 돕는다.
 (3) 우리 집 짓기
 지점토와 수수깡을 재료로 하여 자기 가족의 특성을 살린 집을 짓는 공작활동이다. 이때 반드시 수수깡 네 개 이상으로 기둥을 세우게 한다. 이중 한 개의 기둥을 제거해보고 기둥에 비유된 가족구성원의 중요성 및 역할, 가족구성원 한 사람이 미치는 영향에 대해 깨닫게 한다.
 (4) 가족관계 확인하기
 이 활동은 가족체계 안에 복잡하게 존재하는 가족관계를 인식하도록 해준다.
 ① 가족집단에 참여한 이들 중 자원하는 네 명이 이 게임에 참여하도록 한다. 이들 중 두 명에게 남편과 아내 즉 부부의 역할을 자원하도록 한다.
 ② 남편과 아내 사이에 관계를 상징하는 표로써, 끈의 한 쪽은 남편의 허리에 묶고, 다른 한 쪽은 아내의 허리에 느슨하게 묶는다.
 ③ 이 부부 사이의 자녀를 등장시켜 자녀의 허리에 묶인 하나의 끈으로 한 끝은 아버지의 허리에, 그리고 다른 한 끝은 어머니의 허리에 느슨하게 묶는다. 이로써 부모-자녀 사이의 관계를 나타낸다.
 ④ 시어머니를 등장시켜 그의 허리에 묶인 세 개의 끈을 하나는 아들의 허리에, 다른 하나는 며느리의 허리에 그리고 나머지 하나는 손자의 허리에 여유있게 묶는다. 이렇게 함으로써 아들과 노부모와의 관계, 고

부관계, 조부모와 손자의 관계를 표시하는 것이다.

가족체계 안에 복잡하게 존재하는 가족관계를 인식할 뿐만 아니라, 다음에 이어지는 활동을 통해 가족관계 사이의 긴장 내지 갈등에 대해 해결 가능성을 발견하도록 한다.

① 우선 부부 사이에 역할 분담의 문제로 갈등이 야기된 상황을 나타내는 표로써 하나의 끈으로 묶여 있는 남편과 아내 사이의 거리가 멀어진다. 따라서 두 사람을 묶고 있는 끈이 팽팽해지고 갈등이 심화되면 팽팽한 끈이 끊어질 가능성이 있음을 인식하게 한다. 즉 부부 사이의 관계 단절을 의미한다. 그러나 남편, 혹은 아내가 갈등의 해소를 위해 상대편 쪽으로 옮겨감으로 말미암아 팽팽한 끈이 다시 느슨해진다. 이것을 통해 갈등의 해소는 두 사람 중 어느 한 사람이 움직임으로써 끈이 느슨해지듯이 부부 중 한 사람의 행동개선을 통해 갈등 해소가 가능함을 인식하도록 돕는다.

② 부모-자녀 관계의 갈등상황과 노부모와 성인 및 기혼자녀의 갈등상황, 역시 ①번과 같은 방법으로 활동해봄으로써 갈등 해소의 가능성을 인식하도록 돕는다. 역할극 도중에 가족집단(family cluster)의 지도자는 "지금 가족구성원 가운데 가장 큰 힘을 행사하는 사람은 누구인가요? 혹은 이 상황에서 누가 행동을 가장 많이 변화시켜야 할까요?" 등의 질문을 던진다. 그리고 역할극이 끝난 후에는 각 배역을 맡았던 사람들로부터 소감을 듣는다.

⑤ 마침 기도

3) 제 3주 프로그램
■ 목표: 원활한 가족 구성원 간의 의사소통이 주는 유익을 체험해보고 의사소통의 중요성을 자각하며 가족의 고유한 의사소통 유형 및 그 속에 포함된 문제점을 발견하도록 돕는다.
(1) 기도와 식사
(2) 게임과 노래
가족이 함께 부를 수 있는 노래를 선곡하여 부른다. 릴레이식 의사 전달놀이란 두 개 집단으로 나누어 맨 마지막 사람에게 전달된 내용과 전달 원문을 비교하여 본다. 이 의사전달 놀이는 한 집단이 친밀감과 협동심을 기르는 것을 목적으로 하며 의사전달의 어려움을 체험하여 원만한 의사전달을 위한 노력과 올바른 태도를 기른다.

(3) 의사소통 유형 분석을 한다

의사거래 분석체크 질문지는 아래와 같다.

〈의사거래 분석체크 질문지〉

다음의 질문에 예(○), 어느 편도 아니면(△), 아니오(×) 등과 같이 답해주십시오. 단, 가능한 ○나 ×로 답해주십시오.

성명 :   나이 :

* ○표-2점, △표-1점, ×-0점

항목	번호	질 문	○	△	×
C P ( ) 점	1	자식이나 배우자가 잘못하면 곧 추궁한다.			
	2	당신은 규칙을 지키는 것이 엄격한 편입니까?			
	3	최근에는 아이들을 엄하게 대한다고 여기십니까?			
	4	당신은 예의나 습관에 지나칠 정도입니까?			
	5	무엇이든 끝까지 하지 않으면 속이 후련하지 않습니까?			
	6	자신을 책임이 강한 사람이라고 생각하십니까?			
	7	작은 부정이라도 우물우물 넘겨버리는 것이 싫습니까?			
	8	'못 쓰겠다', '해야만 해' 등의 말을 잘하는 편입니까?			
	9	시간이나 금전에 대해서 흐지부지하는 것이 싫습니까?			
	10	좋은 것, 나쁜 것을 명확히 하지 않으면 마음이 편치 않습니까?			
	1	남이 길을 물었을 때, 친절히 안내해줍니까?			

항목	번호	질 문	○	△	×
N P ( ) 점	2	부탁을 들으면 대체적인 것은 승낙합니까?			
	3	친구나 가족에게 무엇을 사주는 것을 좋아합니까?			
	4	아이들을 자주 칭찬하거나 다독거려주는 편입니까?			
	5	남의 일을 도와주는 것을 좋아하는 편입니까?			
	6	타인의 결점보다는 장점을 보는 편입니까?			
	7	남이 의욕을 상실한 상태이면 위안해주고 싶은 편입니까?			
	8	자식이나 배우자의 실패에 관대한 편입니까?			
	9	당신은 동정심이 있는 편이라고 생각하십니까?			
	10	경제적 여유만 있다면 길가에 버린 아이를 기르겠습니까?			
A ( ) 점	1	당신은 감정적이기보다는 이성적인 편입니까?			
	2	아이들을 꾸짖기 전에 사정(상황)을 잘 조사합니까?			
	3	일을 능률적으로 명확히 끝맺는 편입니까?			
	4	당신은 여러 책을 잘 읽는 편입니까?			
	5	아이를 지도할 때 감정적으로 대하는 것이 적은 편입니까?			
	6	사건은 그 결과까지 예측하고 행동에 옮기십니까?			
	7	무슨 일을 할 때는 자신의 이해관계를 생각하십니까?			
	8	신체조건이 안 좋으면 자중하고 무리하지 않는 편입니까?			
	9	육아에 대해서 배우자와 냉정히 의논하십니까?			
	10	아이에 대해서 모르는 점이 있으면 타인과 상의해 처리합니까?			
F C ( ) 점	1	기쁘거나 슬플 때는 곧 표정이나 동작으로 나타냅니까?			
	2	당신은 농담을 잘하는 편입니까?			
	3	말하고 싶은 것은 사양하지 않고 말할 수 있습니까?			
	4	아이들이 떠들거나 장난하는 것을 그대로 방치하십니까?			
	5	갖고 싶은 것을 손에 넣지 않고는 마음이 풀리지 않는 편입니까?			
	6	영화, 연극 등에서 오락을 즐길 수 있습니까?			
	7	아이들과 노는 데 열중할 수 있습니까?			
	8	만화책, 주간지 등을 읽고 즐길 수 있습니까?			
	9	"야! 굉장하다", "멋진데!" 등 감탄사를 잘 쓰는 편입니까?			

	10	아이들에게 농담하거나, 악의없이 건드리거나 하는 것을 좋아합니까?		
A C ( ) 점	1	당신은 조심성이 많고 소극적인 편입니까?		
	2	무리를 해서라도 타인에게 잘 보이려고 노력하는 편입니까?		
	3	당신은 열등감이 강한 편입니까?		
	4	아이들을 위해서는 어떤 싫은 일도 참아야겠다고 생각합니까?		
	5	타인의 표정을 보고 행동하는 점이 있습니까?		
	6	자신의 생각보다 부모나 주위 사람의 말에 영향을 받는 편입니까?		
	7	윗사람이나 아이들이 비위를 맞추는 면이 있습니까?		
	8	싫은 것을 싫다고 말하지 않고 참아버리는 일이 많은 편입니까?		
	9	우울한 감정이나 슬퍼지는 감정이 될 때가 흔히 있는 편입니까?		
	10	마음먹은 것을 말 못하고 후회한 적인 흔히 있습니까?		

■ 의사소통 유형분석

의사거래 분석표를 나누어주고 이것을 작성하도록 한다. 모두 작성한 다음 지도자의 지침에 따라 채점한다. 이 점수의 수치를 이고그램을 통해서 자아상태를 분석한다.

분석의 결과는 다섯 개의 자아상태인 CP(Critical Parent: 비판적 어버이)와 NP(Nurturing Parent: 양육적 어버이), A(Adult: 어른), FC(Free Child: 자유로운 어린이)와 AC(Adapted Child: 순응하는 어린이)의 분포를 통해 나타난다. 각 자아상태의 특징은 다음과 같다.

CP가 강한 사람은 명령이나 지시 등 자신의 가치관을 강요하는 것과 같은 지배적인 언행을 보여준다. 또 남을 칭찬하기보다는 책망하는 일이 많으며 일반적으로 위압적이고 자신과잉형의 불쾌한 성격을 가진 사람으로 비춰진다.

NP는 어린이의 성장을 도와주는 어머니 같은 부분이며 동정적, 보호적, 양육적이다. 상대방이 원조를 필요로 할 때 부모처럼 보살펴주고 위로해주며 따뜻한 말을 해준다. 그러나 이것도 지나치면 상대방의 독립심이나 자신감을 빼앗는 결과나 친절을 마지못해 받는 일이 되고 만다.

A는 원인을 추궁한다든가 어떤 일을 객관적으로 평가하려고 하는 합리적인 면을 말한다.

FC 자아상태는 여러 가지 감탄사를 사용하며 있는 그대로의 감정이나 욕구를 솔직하게 표현하며 놀이나 섹스 등에 자유분방한 행동을 취하며 공상적이고 창조적 사고를 한다. AC는 순종형이고 참을성이 있어 대인관계를 원만하게 끌고 나가는 것같이 보이나 실제의 자기를 억제하고 있으므로 내부적으로 여러 가지 문제를 숨기고 있다.

이 과정은 자아상태 및 자신의 고유한 의사소통을 발견하도록 하여 삶에 대한 태도 내지 의사소통의 문제점을 개선하도록 돕는다.

4) 제 4주 프로그램

■ **목표**: 다른 가정의 부모-자녀 관계를 관찰함으로 자신의 부모에 대한 이해를 넓히도록 한다. 뿐만 아니라 자녀세대와 부모세대가 서로에 대해 갖고 있는 기대에 대해 알게 되며 더 나아가 세대 간의 생각과 경험을 나누는 기회를 제공한다.

(1) 기도와 식사하기
(2) 받쳐주기 게임하기

가족집단에 참여한 가족단위로 한 가족씩 따로 따로 실시하는 게임이다. 가족 중 한 사람이 눈가리개로 눈을 가리고 나머지 가족들은 그를 둘러선다. 눈을 가린 장님이 두 발을 모으고 꼿꼿이 선 다음 어느 쪽으로든지 쓰러진다. 쓰러질 때 가족들이 장님을 받쳐준다. 가족들이 장님 역할을 교대로 해본다. 활동 후 장님이 되었을 때의 느낌을 발표하도록 한다. 이 과정은 어느 쪽으로든지 쓰러지더라도 가족들이 받쳐주는 경험을 통해 가족 내의 한 사람이 어려움 내지 고통으로 쓰러질 때 보호하고 받쳐주는 가족관계를 강조하는 게임이다. 이 게임을 통해 가족들 사이의 특히 부모와 자녀 사이, 신뢰를 높이는 데 그 목적이 있다.

(3) 자녀그룹과 부모그룹으로 나누어서 자녀는 부모에 대하여, 부모는 자녀에 대해 원하는 바를 생각나는 대로 마음껏 적게 한다.

한 그룹씩 나와서 기록한 것을 발표한다. 발표하는 가운데 그것을 듣고 있는 그룹과 자유롭게 토론하도록 한다. 이 과정은 부모와 자녀가 서로에 대해 갖고 있는 기대를 마음껏 이야기하여, 각자의 원하는 바와 세대 간의 차이를 인식하게 하며 이를 통해 부모와 자녀 모두가 자기중심적인 자신의 모습을 뒤돌아보게 한다.

(4) 역할극 하기

각 가족별로 역할극을 꾸미되 자녀가 역할을 바꾸어 수행한다.

역할을 바꾸어 경험함으로써 부모는 자녀에 대한 이해, 자녀는 부모에 대한 이해의 폭을 넓게 갖도록 한다.

(5) 마침기도

자녀 가운데 자원하는 한 명과 부모들 중 한 사람이 자원하여 기도하고 마친다.

5) 제 5주 프로그램

■ 목표 : 가족 간의 사랑을 구체적으로 표현하는 과정을 통하여 가정을 묶고 있는 힘을 발견하도록 한다.

(1) 기도와 식사하기

(2) 원 안에 뛰어들기 게임 및 노래

한 가족이 술래가 되고 나머지 가족들 모두가 서로 팔짱을 끼고 원을을 만든다. 술래가족은 어떠한 방법으로든 그 원 안으로 들어가야 하고 나머지 가족들은 될 수 있는 대로 술래가족이 들어오지 못하도록 막아야 한다. 모든 가족들이 돌아가며 술래를 해본다. 팔짱을 끼고 술래가족을 막는 가족들은 가족의 응집성을 나타내며 술래가족은 가족의 응집성을 깨뜨리는 외부환경을 상징한다. 이 과정은 가정 혹은 부부관계를 깨뜨리는 요소들 내지 문제들로부터 가정을 지키기 위해서는, 가족이 모두 한 마음으로 협동심을 발휘하여 결속력을 갖도록 노력해야 한다는 것을 깨닫도록 돕는다.

(3) 사랑의 언어 표현하기

방법: 아래에 기록된 사랑의 언어는 가족원들이 신앙생활하는 가운데 언제나 아름답게 표현해야 할 언어이다. 하나님께서 주신 사랑의 언어를 전달하는 데 전체 가족에게 사랑의 언어를 웃으면서 표현한다.

■ 소요시간: 30분~1시간 정도
1. 사랑해
2. 그것은 참 훌륭하구나
3. 대단히 고맙다
4. 좋은 생각이야
5. 좋은 점을 생각했구나
6. 나는 그것을 좋아해
7. 대단히 재미있구나
8. 굉장한데
9. 네가 옳아
10. 멋진 일이야
11. 훌륭해
12. 잘해가는구나
13. 그것 참 독특하구나
14. 계속해봐
15. 정확하다
16. 그게 훨씬 낫다
17. 아주 깨끗하게 했구나
18. 대성공이다
19. 잘 시작했구나
20. 잘 해결했구나
21. 늘 고마워
22. 올바른 생각이다
23. 감사한데
24. 넌 정말 훌륭한 일을 했어!

■ 역할을 바꾸어 실시해본 후에 서로의 느낌을 나눈다.

(4) 부부끼리 그들의 결혼생활을 통해 즐거웠던 일과 어려웠던 일을 회상하면서 부부가 서로 회상한 경험들과 그때의 느낌을 나눈다. 특히 어려웠을 때 어떻게 부부가 신앙으로 해결하였는지에 관하여 이야기하도록 한다. 부부가 서로 회상한 경험들과 그때의 느낌을 나눈다. 마지막으로 부부의 느낌이나 의미있는 과거의 일들을 가족집단의 구성원들과 나눔으로써 부부 사이를 묶어주는 사랑의 줄의 중요성을 새롭게 인식토록 돕는다.

가족집단 안에서 자유롭게 발표하는 시간을 갖는다.
(5) 최근에 있었던 갈등의 실례를 발표하면서 갈등의 원인을 분석해낸다.
(6) 마침기도

6. 가족송이집단교육 교과과정의 요소와 기술

　가족송이집단들은 풍성하고 건강한 가족을 위한 지지그룹의 한 형태이고 가족체계의 양육과 지지를 강조한다. 가족송이집단교육의 교과과정은 다음을 포함한다.
　① 개인들과 가족들이 어떻게 다른 개인들과 가족들에게 영향을 주는가를 인식하게 되고 이해하는 것
　② 상호작용의 과정에서 적극적인 변화를 촉진시키는 방법들을 사용하는 것
　③ 확신하고, 가르치고, 지지하고, 그리고 경축할 수 있는 신앙 가족을 제공하는 것
　④ 안정, 사랑, 경계들, 그리고 그 구성원에 대한 용기를 육성하는 '사람들 기반'을 제공하는 것
　⑤ 자신들이 성장할 수 있는 헌신의 기회를 제공하는 것이다. 이런 교과과정에 도움을 주는 기술(방법)들은 다음과 같다.
　a. 함께 협정을 맺는 것
　b. 경축하는 것, 예배를 드리는 것
　c. 자신과 가족들을 개방하고 드러낼 수 있도록 용기를 북돋우는 것
　d. 공동의 임무를 함께 수행하는 것
　e. 관찰하고, 함께 나누고, 함께 대화하고 토론하는 것
　f. 서로서로 돌보고 관계를 성장시키는 것 등이 가족송이집단교육의 교과과정에 도움이 된다고 볼 수 있다.

제11장
결론

결 론 - 가정사역의 방향과 과제

　가정은 하나님의 창조질서에 있어서 가장 기본적인 단위이며 인간형성이 이루어지는 최초의 중요한 교육의 장일 뿐 아니라 신앙과 사랑과 신뢰의 기초공동체이다. 가정없이는 인간이 존재할 수 없고 사회집단으로써의 가정이 없다면 사회 자체도 존속할 수 없다.
　특히 기독교 가정은 가장 기본적인 인격공동체로서 하나님의 뜻과 목적에 부합하도록 생활하는 신앙의 공동체이고 자녀들의 훈련장소이다. 가정에서 인간은 삶의 과정에 필요한 모든 기초적인 행동양식을 배우고 인격을 형성해간다. 다시 말해서 가정은 인간이 창조한 것이 아니라 창조주 하나님에 의하여 끊임없이 창조되는 과정이며, 동시에 그 속에서 인간들이 참여하여 형성하는 전인적인 과정이며 전인적인 인간형성 - 감정, 사회, 도덕, 가치관, 종교가 다 포함되는 장인 것이다.
　세상의 어떤 기관도 가정을 대신할 수는 없다. 그러나 가정이 이토록 중요함에도 불구하고 오늘의 가정들은 각종 가족병리 현상으로 가정의 존립이 위협받고 있다. 그리고, 가정과 부모의 종교교육적 역할과 기능이 여타의 많은 교육의 기능에 비해 견줄 수 없을 만큼, 중요한 위치를 차지함에도 불구하고 오늘날 많은 가정들은 가정에서의 종교교육 부재 및, 부모들의 교육적 책임회피, 가정기능의 상실로 인해 가족해체 및 가정 공동체성의 상실이라는 위기적 상황에 직면하고 있다. 점점 가족제도의 붕괴현상이 증가하고 있는 것이다.
　이와 같은 가정의 위기 시대를 맞고 있는 우리에게 필요한 것은 건전한 기독교 가정의 회복 및 가정양육과 새로운 가정건설이라고 본다. 가정의 붕괴는 인간 자신의 생활의 붕괴요, 신앙과 도덕, 사회의 몰락을 가져오기 때문에 교회는 가정생활 원리와 행동규범을 가르치고 훈련시켜야 한다. 그러나 그동안 한국교회는 가정을 위한 사역과 봉사에 무관심했고, 가정을 교회구조의 중심적인 핵(core)으로 수용하지 않았다.

가정에 대한 이러한 무관심은 가정문제를 일으키고 또한 이 문제가 바람직하게 해결되지 못할 때, 더 심각한 사태가 야기될 수 있다. 이러한 가정의 위기와 붕괴를 방지하기 위한 교회의 목회적이고 교육적인 사명이 가정사역(family ministry)이다. 가정사역은 가정에 대한 교회의 신학적, 목회적, 교육적, 양육적 배려에서 시작하는 것이다. 다시 말해 가정사역은 가정에서 하나님의 창조질서를 회복할 뿐 아니라, 가정의 정체성(identity)과 사명을 발견하게 하는 교회의 총체적 사역이다.

가정이 하나님께서 제정하신 본래의 모습과 기능을 찾도록 교회가 영적, 정신적, 신앙적, 전인적 차원의 각종 훈련과 교육을 실시하는 것을 포함하여 가정의 위기들을 극복하기 위한 예방과 치유의 사역이 가정사역인 것이다. 그러므로 가정사역이란 단순히 교회의 프로그램이 아니라 교회의 본질과 깊이 관련되어 있는 필수적인 사역이며, 선교, 예배, 교육, 봉사처럼 교회의 중요한 요소가 되어야 한다.

또한 가정사역은 모든 세대(all-generations)를 포함하여 젊은 층, 어린이, 노년층이 함께 공동체를 구성하여, 가정생활의 실천적인 모습들 속에서 성서적 개념들을 배우며, 모든 가정들의 정체성과 관계성을 위해 교육하며 영향을 주는 사역이다. 그렇기 때문에 가정사역은 임시적이고 단속적인 몇몇의 프로그램 목회가 아니라 끊임없이 계속적으로 모든 가족들에게 행해지는 교회의 필수사역인 것이다.

이러한 교회의 가정사역을 위한 구체적인 대안들은 다음과 같은 것들이 있을 수 있다. 먼저 교회는 가정 그 자체를 살아있는 중요한 기독교교육의 현장으로 다시 회복하는 일이 중요하다. 다시 말해서 신앙형성의 현장으로써의 가정을 재창조하여가도록 가족들을 돕는 것이다.

가정의 현장화(contextualization of Christian home)를 돕기 위한 교회의 교육이란 어린이, 젊은이, 그리고 부모와 노인들을 가정 안에서의 서로의 섬김과 치유에로 관련시켜줌으로써 가정 그 자체를 변화시키는 일을 목적으로 하는 교육이어야 한다. 이를 위해 교회와 가정은 역동적인 상호침투(dynamic interpenetration)의 관계가 되어야 한다. 그리고 교회의 우선적 관심, 교회의 체제와 조직, 프로그램을 교육적인 것으로 재구조화하는 것이 필요하다. 이러한 체제와 관심의 변화를 가져올 때, 교회는 비로소 가정을 위한 근거(base)를 마련할 수 있게 된다.

둘째, 가정이 그리스도인 양육의 기능을 담당하도록 도와주는 것도 교회의 책임이다. 이것은 부모가 그리스도인으로서 믿음과 생활에 성숙하도록 도와줌으로써 가능하다. 가정의 분위기가 자녀의 신앙에 영향을 미치며 삶의 깊이, 태도, 가족관계 형성에 따라 믿음의 형태가 결정된다. 따라서 부모들을 대상으로 하는 부모교육 프로그램을 개발해야 한다. 부모교육을 통해서 부모들의 잘못된 교육적인 견해를 수정해주고 자녀를 교육하는 데 필요한 올바른 지식을 제공해주며, 부모들에게 기독교적인 신앙과 관련된 제분야를 알게 해줌으로써 자녀를 위하여서뿐 아니라 부모 자신이 스스로 신앙적으로 성장하도록 해야 할 것이다.

셋째, 교회는 가족 자체가 세상 안의 교회라는 것을 가르쳐야 한다. 복음을 증거하고 봉사할 수 있는 기회들을 깨달아야 한다. 방어자세로 사회의 문제를 개탄하는 대신에 그리스도인 가정은 사회저변의 문화에 영향력을 미칠 수 있는 적극성을 띠어야 한다. 교회는 가정의 구성원들이 그 지역사회의 작은 교회가 되어 선교와 봉사에 힘쓰도록 도와주어야 한다. 그렇기 때문에 그리스도인 가정은 그리스도를 섬기는 신앙공동체이며 신앙을 실천하는 공동체로서의 가정이다. 사도 바울의 표현처럼 "그리스도로 말미암아 화목함을 얻었고 화목의 사자로 세상에 보내어(고후 5:18)"진 것이다. 그러므로 그리스도인 가정은 '나의 가족', '나의 자녀'라는 가족 이기주의를 버리고 모두가 하나님의 자녀요, 가족이라는 평등의식을 가지고 이 땅 위의 모든 가정이 그리스도로 말미암아 속량되어 그의 나라와 의를 구하는 가정이 되도록 힘써야 할 것이다. 그리고 오늘날 불안과 절망과 분노에 가득차 있는 이웃을 찾아가 화해를 이루는 가정, 그리고 가정의 아픈 상처를 치유해주는 가정이 되도록 힘써야 할 것이다.

넷째, 교회는 각 가정이 건전하게 성장하여 기독교 가정의 사명을 다할 수 있도록 구체적인 가정사역 프로그램인 가족캠프, 가족성경공부, 가족집단교육, 부모교육, 가족관계 기술훈련, 혼전상담 및 위기상담, 가정소그룹 모임, 노인교육 및 청소년 교육, 가족워크숍, 가족영성훈련, marriage encounter, 가족성장그룹 등을 지속적으로 실시해야 하며 가정생활주기에 따른 구체적인 가정생활교육을 실시해야 한다.

다섯째, 교회는 가정을 새롭게 이해하고 가정의 회복을 위해 가정과 유기적인 관계를 유지해야 하며 가정의 전반적인 문제들(이혼, 가족폭력, 가족갈등, 가족계획, 노인문제, 청소년문제, 성교육, 가정경제, 가족위기 등)을 상담하고 연구하는 '가정생활위원회' 나 가정부(family government)를 교회 안에 설치하여 가정들을 구체적으로 교육하고 도와주는 것이 필요하다.

여섯째, 교회는 자녀의 성장을 위한 보고서 및 추천도서, 가정 영성훈련 자료, 가족성장에 필요한 제반정보를 각 가정에 정기적으로 보내줄 뿐 아니라 부모교육 공과 및 가정예배 자료를 작성하여 효과있는 신앙교육을 실시하는 것도 매우 중요하다.

끝으로, 제안하고 싶은 것은 가족 간의 유기적인 상호연합을 통해 하나님 가족공동체(family of God)를 형성하는 일이 중요하다. 혈연, 지연을 뛰어넘어, 피상적인 교제가 아니라 그리스도 안에서 진정한 사랑과 교제로 이루어진 가족 간의 연합이 필요하다.

이를 통해 성도의 교통(communion of Saints)의 아름다움을 세상에 보여줄 수 있다. 하나님 가족의 아름다운 코이노니아는 강력한 복음전파의 채널이 될 수 있다. 이러한 가족 간의 연합(unity)을 형성하는 데 좋은 통찰을 줄 수 있는 프로그램으로는 가정 소그룹 모임 및 신앙공동체 교육 프로그램, 가족집단(family cluster)모임, 가정 중보기도 모임 같은 것들이 있다.

이상과 같이 종교교육의 장으로써의 가정의 재발견과 부모의 종교교육적 책임 재조명, 기독교 가정관의 회복, 가정과 교회의 현장화를 위한 가정사역의 정립, 가정공동체의 회복과 가정의 신앙교육 활성화를 위한 가정종교교육의 다양한 모델들, 여러 가지의 가정사역 프로그램의 심층연구와 실험응용들이 활발히 전개될 때 이 땅 위의 가정들은 새롭게 변화되리라 본다.

참고문헌

가족환경연구회 편(1988). 『가족과 환경』. 서울: 교문사.
권유순(1993). 『가정목회 원리와 실제』. 서울: 보이스사.
권장희 외 2인(1995). 『요즈음 아이들 힘드시죠?』. 서울: 청우출판사.
공세권(1987). 『한국가족구조의 변화』. 서울: 한국 인구보건 연구원.
기독교윤리실천운동본부(1992). 『기독교 가족상담』. 서울: 대한예수교장로회출판국.
김경재(1988). 『그리스도인의 영성훈련』. 서울: 대한기독교서회.
김경희(1986). 『아동심리학』. 서울: 박영사.
김계현(1996). 『상담 심리학』. 서울: 학지사.
김광일(1987). 『가정폭력: 그 실상과 대책』. 서울: 탐구당.
김만두(1986). 『가족치료의 이론과 기술』. 서울: 홍익제.
김명희(1996). 『자녀와 함께 하는 부모 교육』. 서울: 양서원.
김성순(1981). 『노인복지론』. 서울: 이우출판사.
김성일(1994). 『다 컸지만 갈 곳 없는 청소년』. 서울: 교육과학사.
김숙자(1989). 『부모참여 교육론』. 서울: 교육과학사.
김양희(1991). 『가족관계』. 서울: 수학사.
김영모(1990). 『한국노인복지정책연구』. 서울: 한국복지정책연구소 출판부.
김영숙(1995). 『유아의 자존감과 언어환경』. 안양대 인문과학 연구.
김용욱 · 이기숙(1977). 『한국의 고부관계』. 서울: 청림각.
김유숙(2000). 『가족상담』. 서울: 학지사.
김외식(1989). 『풍성한 결혼생활을 위하여』. 서울: 나단.
김정옥(1988). "가정 폭력에 관한 연구". 한국가정관리학지 6권 1호.
김정환(1982). 『전인교육론』. 서울: 세영사.
김주수(1982). 『가족관계학』. 서울: 동아학연사.
김준호(1990). 『청소년 비행의 원인에 관한 연구』. 서울: 형사정책 연구원.
김중술(1992). 『사랑의 의미』. 서울: 서울대출판부.
김재은(1992). 『요즘 아이들 이것만은 가르치자』. 서울: 이레서원.
김행자(1988). 『유아심리학』. 서울: 교문사.
김혜석.(1990). "결혼준비 성인교육 프로그램 개발연구". 이대박사학위논문.
김혜선(1982). "현대 가족문제에 관한 연구" 대한가정학회지 20권 1호.
노용찬 편역(1994). 『부모가 변해야 자녀도 변한다』. 인천: 글샘.
맹용길(1976). 『기독교윤리학 입문』. 서울: 기독교출판사.
문태식(1994). 『우리 아이를 사랑한다는 것은』. 서울: 양서원
문미옥, 이해상(1995). 『바른 부모교육 프로그램』.
박종규(1994). 『엄마, 올바르게 키워주세요』. 서울: 재능출판사
박진경(1995). 『이 시대의 자녀 양육』. 기독교대학설립동역회 출판부.

방현덕(1985). 『기독교 가정교육론』. 서울: 바울출판사.
서봉연, 이순형(1985). 『발달심리학』. 서울: 중앙적성출판사.
서봉연, 유안진(1982). 『인간발달』. 서울: 서울대출판부.
설은주(1993). 『예수가정 코이노니아』. 서울: 무실출판사.
설은주(1994). "가정과 기독교 교육" 『기독교교육개론』. 서울: 기성출판사.
송명자(1995). 『발달심리학』. 서울: 학지사.
송성자(1987). 『가족관계와 가족치료』. 서울: 홍익제.
숙명여대 아동연구센터(1996). 『현대 사회와 부모』. 서울: 숙명대학교출판부.
아산사회복지재단(1986) 『현대사회와 가족』.
양춘(1984). 『청소년문제와 노인문제』. 서울: 정음사.
엄예선(1988). "한국가족과 가족치료" 『한국사회복지학』. 통권 12호.
연문희(1989). 『성숙한 부모 유능한 교사』. 서울: 양서원.
연문희(1992). 『청소년 이해와 지도』. 도서출판: 한일.
오인탁 외(1984). 『기독교교육론』. 서울: 대한기독교교육협회.
우리누리(1995). 『아이들에게 상처를 주는 101가지 말과 행동』. 서울: 한뜻 출판사.
유안진. 김연진(1993). 『부모교육』. 서울: 동문사.
유영주 외 5인(1995). 『결혼과 가족』. 서울: 경희대출판부.
유영주(1985). 『신가족관계학』. 서울: 교문사.
유효순(1994). 『아동발달』. 서울: 창지사.
유효순, 정원식(1984). 『부모교육』. 서울: 방송통신대출판부.
윤기(1994). 『성장의 아픔과 삶의 교훈』. 서울: 자유세계.
윤진(1984). 『성인. 노인 심리학』. 서울: 중앙적성출판사.
은준관(1988). 『기독교 교육현장론』. 서울: 기독교출판사.
은준관(1986). 『교육신학』. 서울: 대한기독교서회.
이강천(1980). 『기독교 윤리개설』. 부천: 서울신대출판부.
이규동(1992). 『위대한 콤플렉스』. 서울: 문학과 현실사.
이광규(1974). 『한국 가족의 구조 분석』. 서울: 일지사.
이기숙(1983). 『유아 교육과정』. 서울: 교문사.
이동원(1985). "한국가족의 변화와 여성" 『여성학』. 서울: 이대출판부.
이문용외4인(1989). 『부모의 리더십』. 서울: 형설출판사.
이선구(1976). 『자녀교육』. 서울: 성바오르출판사.
이연섭 편역(1991). 『자녀교육 양육프로그램』. 서울: 이레서원.
이영실(1990). 『부부갈등과 성생활』. 서울: 범문사.
이원영(1995). 『부모교육론』. 서울: 교문사.
이옥임, 이옥주(1982). 『가족관계학』. 서울: 수학사.
이정덕(1985). "한국의 전통적 가족윤리에 대한 고찰". 한국가정관리학지지 3권 2호.
이정순, 박성연(1991). "부부간 커뮤니케이션 유형에 관한 연구". 대한 가정학회지 29호.

이정우, 김영자, 계선자(1990).『결혼과 가족관계』. 서울: 숙대출판부.
이정연, 장진경, 정혜정(1996).『가족 생활 교육의 기초, 실제』. 서울: 하우.
이재연, 김경희(1995).『부모교육』. 서울: 양서원.
이재연(1988).『아동발달』. 서울: 문음사.
이태영(1987).『한국의 이혼율 연구』. 서울: 한국가정법률상담소.
이형득, 이성태(1989).『인간관계의 개선과 치료』. 서울: 중앙적성출판사.
이효재(1983).『가족과 사회』. 서울: 경문사.
조복희, 정옥분, 유가효(1991).『인간발달』. 서울: 교문사.
장선철(1993).『유아 부적응 행동의 이해와 지도』. 서울: 창지사.
장인협, 최성재(1987).『노인복지학』. 서울: 서울대출판부.
전경숙(1994).『좋은 정서경험이 올바른 인생을 만든다』. 서울: 민지사.
정갑순(1996).『부모 교육론』. 서울: 창지사. 1996.
정보인(1992).『어린이 문제행동지도』. 서울: 중앙적성출판사
정동섭(1995).『당신의 가정도 치유될 수 있다』. 서울: 하나출판사.
정동섭(1996).『어떻게 사람을 변화시킬 수 있는가?』. 서울: 요단출판사.
정우식(1986).『청소년문제. 그 실상과 대책』. 서울: 삼성출판사.
정웅섭(1980).『기독교 교육개설』. 서울: 대한기독교교육협회.
정정숙(1994).『성경적 가정사역』. 서울: 베다니출판사.
지원용(1977).『루터의 사상』. 서울: 컨콜디아사.
차호원(1995).『부모와 자녀를 잇는 사랑의 다리』. 서울: 신망애출판사.
차호원(1995).『부부 부모 그리고 자녀문제 상담의 실제』. 서울: 신망애출판사.
최신덕(1979).『결혼과 가족』. 서울: 이대출판부.
최재석(1982).『현대가족 연구』. 서울: 일지사.
최재율(1988).『현대사회학 이론』. 서울: 형설출판사.
표갑수(1986).『청소년비행원인론』. 서울: 한국복지정책연구소 출판부.
한순옥(1992).『아동의 성장. 발달과 양육』. 서울: 양서원.
한국가족학연구회 편(1993).『가족학』. 서울: 하우.
한국가족학연구회 편(1993).『이혼과 가족문제』. 서울: 하우.
한국가족학연구회(1991).『가족학 연구의 이론적 접근』. 서울: 교문사.
한국청소년개발원 편(1993).『청소년 문제론』. 서울: 서원.
한국청소년연구원 편(1991).『문제아이 문제사회』. 서울: 한샘출판사.
한국청소년연구원.『부모의 높은 기대 자녀의 스트레스』. 서울: 한샘출판사.
한국행동과학 연구소편(1998)『가정중심부모교육 프로그램 중간보고서』. 서울: 한국행동과학 연구소.
한국 어린이육영회.『태아 및 영아를 위한 예비 부모 교육』. 서울: 한국어린이육영회.

게리 콜린스(1984).『크리스찬 카운슬링』. 피현희, 이혜련(공역). 서울: 두란노.
게리 스몰리 · 존 트렌트(1989).『축복의 선물』. 이장우 역. 서울: 요단출판사.

넬슨 타이어(1992). 『영성과 현대목회』. 이윤복(역). 서울: 성광문화사.
노만 라이트(1991). 『낭만적인 결혼생활』. 서울: 임마누엘.
데이비드 필드(1991). 『결혼의 일곱가지 얼굴』. 이종록(역). 서울: 두란노.
도로시 브리그(1988). 『후회없는 어버이의 길』. 편영자, 이형득(공역). 서울: 형설출판사.
돈 하일랜더(1995). 『격려하는 부모 성공하는 자녀』. 서울: 목회자료사
듀안 쿠드버슨(1992). 『작은 목소리로 키우라』. 신민호(역). 서울: 두란노.
듀에인 슐츠(1987). 『성장 심리학』. 이혜성(역). 서울: 이대출판부.
레이몬드 크레이머(1985). 『예수님의 심리학과 정신건강』. 정동섭(역). 서울: 말씀사.
레커스 조지(1995). 『가정상담』. 오성춘(역). 서울: 두란노.
로렌스 크랩(1993). 『인간 이해와 상담』. 윤종석(역). 서울: 두란노.
로렌스 크랩(1993). 『결혼 건축가』. 윤종석(역). 서울: 두란노
로드니 프랜시스(1986). 『상담과 자유』. 권영규(역). 서울: 생명의 샘터.
로날드 리드(1995). 『아이와 대화는 이렇게 하세요』. 황경식(역). 서울: 샘터.
로스 캠벨(1991). 『왜 청소년 문제는 심각한가?』. 서울: 말씀의 집.
루이스 스메디스(1993). 『크리스찬의 성』. 안교신(역). 서울: 두란노.
매스턴(1991). 『성서 그리고 현대 가정』. 이석철(역). 서울: 요단출판사.
바링통 버렐(1990). 『왜 하나님은 성을 만드셨나』. 현순원(역). 서울: 말씀의 집.
버지니아 샤티아(1991). 『사람만들기』. 성문선. 송준(공역). 서울: 홍익제.
베티 체이스(1992). 『인격적인 사랑, 효과적인 훈육』. 주순희(역). 서울: 두란노.
수잔 포워드(1990). 『이런 사람이 무자격 부모다』. 서울: 삼신각.
스톨 피터슨(1986). 『위기상담』. 오성춘(역). 서울: 기독교출판사.
아브라함 매슬로우(1985). 『존재의 심리학』. 이혜성 (역). 서울: 이대출판부.
알란 스토키(1985). 『결혼과 가족』. 황영철(역). 서울: 서울서적.
에디스 딘(1981). 『성서적 가정관』. 도한호(역). 서울: 요단출판사.
에디스 쉐퍼(1986). 『가정이란 무엇인가?』. 서울: 말씀사.
웨슬리버어(1996). 『새로 보는 가족관계학』. 최연실 외 (역). 서울: 하우.
웨스터호프 III(1991). 『기독교 신앙과 자녀교육』. 이숙종(역). 서울: 대한기독교서회.
웨인맥(1986). 『부부생활성경공부』. 조숙현. 노현숙(공역). 서울: 두란노.
웨인 앤더슨(1970). 『가정생활 설계』. 안신영(역) 서울: 가정생활위원회.
오토 파이퍼(1976). 『성과 결혼』. 전경연. 강한균(공역). 서울: 기독교출판사.
자크 엘룰(1992). 『폭력: 기독교적 반성과 전망』. 최종고(역). 서울: 현대 사상사.
잭볼스윅 & 쥬디볼스윅(1995). 『크리스챤 가정』.. 서울: 두란노.
조오지아 하크니스(1978). 『가독교 윤리학』. 김재준(역). 서울: 대한 기독교서회.
존 그레이(1995). 『속마음을 열어야 사랑이 자랍니다』. 서울: 친구.
존 그레이(1994). 『화성에서 온 남자, 금성에서 온 여자』. 서울: 친구.
존 맥아더(1992). 『복받은 가정』. 김성욱(역). 서울: 강성출판사.
존 윌리암스(1988). 『결혼과 가정생활』. 김영배(역). 서울: 신망애.

제이 아담스(1990). 『우리 가정은 왜 이럴까?』. 이한수(역). 서울: 말씀사.
제이 아담스(1978). 『그리스도인의 가정생활』. 한준수(역). 서울: 말씀사.
제임스 답슨. 『가정교육 독본』. 보이스사 편집부 역 서울: 보이스사.
제임스 답슨(1993). 『가정생활과 자녀교육에 대한 문답』. 황을호(역). 서울: 말씀사.
찰스 셀(1992). 『가정사역』. 양은순. 송헌복(역). 서울: 말씀사.
찰스 셀(1992). 『아직도 아물지 않은 마음의 상처』. 서울: 두란노.
케슬린 M. 갤빈(1996). 『가족 관계와 의사소통』. 노영주 외 (역). 서울: 하우.
테오드로. Epp(1992). 『결혼. 이혼 그리고 재혼』. 고광자 (역). 서울: 바울서신사.
하워드 클라인벨(1995). 『전인건강』. 이종헌·오성춘(공역). 서울: 성장상담연구소.
하워드 클라인벨(1987). 『목회상담신론』. 박근원(역). 서울: 예장총회교육부.
하워드 클라인벨(1988). 『성장상담』. 서울: 한국신학연구소.
하워드 클라인벨(1990). 『부부의 성장과정』. 이종헌(역). 서울: 대한기독교서회.
하워드 핸드릭스(1993). 『부부에게 위기가 다가올 때』. 서울: 파이디온.
헤롤드 사라(1983). 『한몸이 될지니라』. 오진관(역). 서울: 생명의말씀사.
헬뮤트 틸리케1988). 『기독교 성윤리』. 이종윤(역). 서울: 기독교문화사.
휴 미실다인(1987). 『몸에 밴 어린 시절』. 이종범, 이석규(공역). 서울: 카톨릭출판사.

외국문헌

Ackerman. nathan W(1980). *The Psychodymics of family Life*. New York:Basic Books.
Adams. jay E(1972). *Christian Living in the Home*. Grand Rapids: Baker Book House.
Adams. jay E(1975). *Pastoral Counseling*. Grand Rapids:Baker Book House.
Beavers. W. R.(1977). *Psychotherapy & Growth:Family Systemems perspective*. NY: Brunner/Mazel.
Binger. Jerry J(1979). *Parent-Child Relations*. N.Y: Macmillan Publishing Co.
Berne. Eric.(1983). *Games People Play*. New York:Ballantine.
Brunner. Emil(1937). *The Divine Imperative*. London:Lutterworth Press.
Bradshaw John(1988). *The Family*. Deerfield Baech. FL:Health Communications.
Christoph Arnold. *Sex. Marriage & God*. Plough pub.
Curran. Dolores(1983). *Traits of a Healthy Family*. N. Y.: Ballantine.
Curran. Dolores(1985). *Stress & the haelthy Family*. Minnesota:Wonston Press.
Cleveland Macdonald & philip M. Mcdonald (1994). *Creating a Successful Christian Marriage*. Grand Rapids: Baker Books.
Duvall. Evelyn M (1971). *Family Development*. Philadelphia: J.B Lippincott.
Duvall. Evelyn M(1977). *Marriage and Family Development*. Philadelphia: J. B. Lippincott.
Eavey. C. B.(1979). *History of Christian Education*. Chicago: Moody Press.
Edwards. Cliff(1997). *Biblical Christian Marriage*. Atlanta: John Knox Press.
Feucht. Oscar E(1971). *Family Relationships and the Church*. St. Louis: Concordia Publishing House.

Feucht. Oscar E(1963). *Ministry to Famlies* . St Louis: Concordia Publishing house. New York: Macmillan Publishing Co.
Fine. J(1980). *Handbook on Parent Education*. N Y: Academic Perss.
Gage. Joy P(1980). *When Parents Cry*. Denver: Accent books.
Getz. Gene A(1972). *The Christian Home in a Changing World* . Chicago: Moody Press.
Ginott. Haim G(1965). *Between Parent and Child*.
Gordon. Thomas(1970). *Parent Effectives Training*. NY: Wyden Books.
Guernsey Dennis. *A New Design for Family Ministry*. David Cook Pub.
Herbert Anderson. *The Family and Pastoral Care*. Fortress Press.
Holms. Urban T(1982). *Spirituality for Ministry*. Sanfrancisco: Harper & Row.
Maston. T. B. *The Bible and Family Relations*. Broadman Press.
Herbert Anderson & Robert cotton Fite. *Becoming Married*. Westminster John Knox press 1993.
Macdold. Gorden(1976). *Magnificent Marriage*. Wheatdn ILL: Tyndale House.
Mace. David(1976). *Marriage Enrichment in the church Nashville*. Tenessee: Broadman press 1976.
M. E. Arcus. J. D. Schvaneveldt. J. Joel Moss. *The practice of Family Life Education*. sage pub 1993.
Nick stinnett & J. walters(1977) *Relationships in Marriage & Family*. Macmillan Publishing Co.
Oates. Wayne E(1968). *Premarital Pastoral Care and Counseling*. Nashville: Broadman Press.
Otto. Herbert A(1976). *Marriage & Family Enrichment*. Nashiville: abingdon Press.
Westerhoff III J. H(1980). *Bringing Up Children in the Christian Faith*. Minesota: Winston Press.
Williamson. Robert. C(1972). *Marriage and Family Relations*. New York: John Wiley&Sons.
Woititz. Janet(1983). *Adult children of alcolics*. FL: Health Communications.
Wright. H. Norman. *Communication: Key to your Marriage*. Gospel Light p.
Zuck. R. B., Clark. R. E(ed)(1975). *Childhood Education in the Church*. Chicago: Moody Press.
Zuck. Roy .B. & Getz. Gene(ed)(1970). *Adult Education in the Church*. Chicago: Moody Press.